人伦至理

协调的伦理学

THE ETHICAL PRINCIPLES

COORDINATED ETHICS

李建华　著

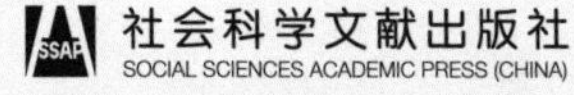
社会科学文献出版社
SOCIAL SCIENCES ACADEMIC PRESS (CHINA)

李建华

字若木，1959 年生，湖南桃江人，哲学博士，教育部“长江学者”特聘教授，享受国务院政府特殊津贴专家，武汉大学哲学学院教授、应用伦理学中心主任，博士生导师，教育部人文社科重点研究基地——中国人民大学伦理学与道德建设研究中心政治伦理研究所所长。现任国家哲学社会科学基金规划评审专家、国家出版基金学术评委、中国伦理学会青年工作者委员会名誉主任、中共中央宣传部“马克思主义理论研究和建设工程”专家、教育部高等学校马克思主义理论类专业教学指导委员会委员、湖南省伦理学会会长等职，曾任国务院学位委员会第七届学科评议组（哲学）成员、中国伦理学会常务副会长、湖南省社会科学界联合会兼职副主席、湖南城市学院党委书记、教育部文化素质教育教学指导委员会委员、教育部高等学校公共管理类专业教学指导委员会委员等职。主要从事伦理学基础理论、应用伦理学、道德心理学、政治伦理学、中国传统伦理等研究。主持并完成国家哲学社会科学基金项目 5 项，在《中国社会科学》《哲学研究》等报刊发表学术论文 600 多篇，其中 140 多篇被《新华文摘》《中国社会科学文摘》和中国人民大学复印报刊资料等转载、转摘，出版著作《道德原理——道德学引论》《道德情感论》《现代德治论》《趋善避恶论》《官员的道德》《政党伦理论》《走向经济伦理》《行政伦理学》《国家治理与政治伦理》《道德的社会心理维度》《公共治理与公共伦理》《法律伦理学》等 20 多部，另著有时评集《伦理与事理》、学术对话集《成人与成事》、散文随笔集《此路曾经》，获省部级以上科研教学奖励 40 多项，获罗国杰伦理学教育基金优秀著作奖、唐凯麟伦理学奖优秀著作奖等专项奖。任学术集刊《伦理学与公共事务》《应用伦理》主编，受聘于清华大学、北京大学、中国人民大学、中南大学、湖南师范大学等多个伦理学研究机构，任兼职教授或研究员。

谨以此书献给我尊敬的导师许启贤先生和马博宣先生

内容简介

本书是作者在《道德原理——道德学引论》出版之后的又一部伦理学著作。本书坚持人本主义伦理立场，以人伦世界的本体及主要伦理关系调节为研究对象，提出一种有别于传统伦理学的“协调的伦理学”，强调“伦理学就是利益均衡之学”。全书按照中国哲学“体”“相”“用”“理”“养”的内生逻辑，分为“存在论”“法则论”“主相论”“机理论”“摄养论”五个部分，共二十五章，另加“导论”与“结语”，对伦理合法性、伦理载体的虚与实、伦理普遍主义、伦理的关联方式、伦理学知识的依赖性、主要伦理法则、伦理效度、伦理应用、当代中国面临的重大伦理关系、伦理实现的机制等重要问题提出了富有创见的观点。与此同时，本书还对中国式现代化、人类文明新形态、人类命运共同体、风险社会治理、后疫情时期等重大时代命题和前沿问题从伦理学视角给予了高度关切，并进行了全新的阐释、拓展与构塑。本书在知识借鉴、概念厘定、体系构架和理论阐发上均有创新，是一种建构具有理论开拓性、知识自主性和时代回应性的当代中国伦理学的大胆探索。

自序

在以人类文明内容或形式出现的各种学科显示中，伦理学应该是一门相对成熟的学科，因为它是古希腊三大哲学领域之一（除此之外，还有逻辑学和物理学），也是中国最古老的哲学智慧和处世智性，人类曾在其指导下受益无穷。已经有无数的思想者或学问家均以伦理学家的身份，在人伦领域为人类的幸福生活与社会的和谐秩序而谋划，并提出普遍而具权威性的规范。但是，我们千万不要认为，我们对伦理与道德的认知已经接近真理，或者说，我们对伦理与道德的理解已经非常真实。也许，恰恰相反，我们的认知与思考还处于一个坐标系的某一区间，看到的只是虚假的那个真实，那个一直被我们习惯于“常识”的真实，而未必就是真实本身。因为我们都只是历史进程中的“插队者”或“中间的起步者”，或许还基本上是游离于“队伍”之外。我们只有依靠对过去的那些书本记载和对未来的无限想象，去了解、觉解、理解过去与以后的真实，但是，那种真实也许根本不属于我们，就连对当下世界的知觉也是似是而非。

但我们也不必对切入真实世界过分担忧，“一切皆有可能”是这个时代最可以接受的简单判断。这个判断的背景意义是风险社会的来临，其行动策略是为选择而选择，其基点就是近于本能似的“过好一点”。人如果能真正撕下所有的伪装，还原为纯粹的动物，并且相互称道、认可甚至赞赏还好，可问题在于，人越本能、越自私、越丑恶，就越需要“讲”伦理与道德。这似乎让人顿生疑问：伦理与道德难道真的成了丑恶的遮掩物？不是！是我们没有认清伦理与道德的真实本质，伦理只是在人类行动模式意义上的行为规范，这种规范以协调人们的利益关系为目的，无法必然保证人的心性纯正，但同其他社会规范一道，可以保证社会秩序的相对正义与和谐。道德是与“自我”相关的存在，是与人性相通的，人们如果修炼功夫到家，虽然不一定确保成“君子”，但起码可以保证不会沦为“小人”。而伦理是与“他者”相关的存在，其目的不是培养“君子”，而只是不让“小人得势”“好人吃亏”，实现“好人有好报”的基本正义。在我们身处的精神世界中，伦理与道德原本是两个不同层面的存在，与其“同步走”而遇“独木桥”，还不如“分开走”而找各自的“阳光道”。

我曾在《道德原理——道德学引论》一书中承诺要写一本“自己所理解”的伦理学，以形成“道理”与“伦理”的互衬与互补。特别是当《道德原理——道德学引论》（社会科学文献出版社，2021 年）出版之后，听到一些肯定（此书侥幸获得教育部第九届人文社会科学优秀成果二等奖和第二届唐凯麟伦理学奖优秀著作奖），也听到了不少批评意见。批评主要集中在：伦理与道德在具体的社会生活中是否可以真正分离？如果不能分离，那这种理论（或知识体系）的分离又有何意义？如果可以分离，如何使二者的研究内容不发生交叉或重叠？其实，我深知，这种分离是有一定学术风险的，因为它打破了人们的习惯性思维，甚至连我自己也许都没有真正从习惯中跳出来。唯有写完这本伦理学著作，来看是否可以大致消除上述担忧了，这是我这几年加速完成此书写作的根本原因。当然，也许就是这种“速成”，导致了本书的不成熟，甚至出现无法原谅的片面性，这也只能请求大家原谅了，因为我的本意是想谋求一种“片面的深刻”，而不是“肤浅的全面”，尽管事实上依然是“肤浅的片面”。

关于伦理学研究，从来就存在两种不同的看法或立场：一部分人（大部分人）将道德作为伦理学的研究对象（唯一对象），这是一条将伦理学特殊化、狭隘化、“专业化”、单一化的道路。在这条路上，当强调道德的内涵、本质、结构、功用时，在不经意间就夸大了其特殊性、独立性和功能性。这种立场与思路在导致道德本质主义、道德绝对主义、道德终极主义、道德万能主义的同时，使伦理学成了一座无背景照映的、孤立无援的“死岛”，难以在知识领域和实践层面进一步拓展。另一部分人（小部分人）愿意将伦理学研究对象作更加宽泛的理解（不限于道德现象），认为伦理是一种比道德更加普遍的社会现象，与政治、法律、宗教、经济、教育、艺术等现象是一体化存在，而不是被解释的结果，或者人为划界的结果。中外思想史上许多著作，如《理想国》《道德情操论》《互助论》《法哲学原理》《正义论》《论语》《孟子》《大学》《中庸》等，是公认的伦理学经典，但又不止于伦理学，具有强大的知识辐射功能和吸纳功能。我尝试着追随第二种立场，并努力为之。

本书讨论的主题是如何建构一种“无道德”的、从规范到协调的伦理学，呈现一种有别于传统伦理学的新类型或范式。所谓“无道德”就是不再仅仅以道德作为伦理学的研究对象，而是以伦理现象作为研究对象。这并不意味着伦理不需要道德精神支撑，相反，我在研究伦理学时一直坚持的是“以道德入伦理”的进路，即伦理是建立在道德基础之上的特殊文化形态。所谓“从规范到协调”就是强化一直被忽视的伦理的协调功能，通过协调实现社会利益的大体均衡。这也不意味着伦理学就不讲规范，相反，任何协调都需以某种特定的价值规范为前提，特别是在多元文化共存与多元利益共享的当代社会背景下，亟须倡导一种利益均衡的伦理学致思路径与方法。在此基础上，深入讨论伦理的合法性、伦理的实体与虚体、伦理的共相与功能、伦理法则的生成与适应、伦理的协调机制与领域、伦理的时代嬗变等伦理哲学问题。与此同时，在全球化和智能化背景下，必须讨论全球伦理（人类伦理）、网络伦理和人工智能伦理问题，并且要立足当代中国的社会现实与实践，对诸如“风险社会”“人类命运共同体”“中国式现代化”“人类文明新形态”“人工智能时代”等重大理论命题进行伦理学回应与审视。

应该承认，我深受黑格尔《法哲学原理》《论自然法》《伦理体系》等著作的影响，产生了“伦理也是一种法”或者“法学就是狭义的伦理学”的感觉（也许是错觉）。尽管在中国人民大学攻读博士学位时，跟宋希仁教授交流过，只可惜我当时没有时间和精力去细究，没有很好地向宋先生讨教。但可以肯定的是，这本书也许并不是什么全新的思路，只不过是偏重于对社会共同体生活秩序的伦理考究，充其量是对纯伦理内容的重新“组装”，以谋求对伦理的大至视见与粗浅识见。这些讨论虽不成独立的完整理论体系，但至少是提出一些值得思考的问题和不一样的角度，以我有限的学术见识和学术能力，也只能如此。

这本书为何以主标题“人伦至理”命名，也是需要说明的，主要是区分对“至”的两种理解。当“至”作为动词理解的时候，在本书中带有探讨、切入、挖掘人伦道理之意，强调拙作的过程性。探索与追求是“至”的主题，也是本书的题意。如裴頠在《崇有论》中有言：“‘以为文不足’。若斯，则是所寄之涂，一方之言也。若谓至理信以无为冠，则偏而害当矣。”当“至”作为形容词理解时，在本书中就是对人伦之理的掌握程度，虽然不成“至理名言”，但至少追求提纲挈领。如葛洪《抱朴子·喻蔽》言：“言少则至理不备，辞寡即庶事不畅。是以必须篇累卷积，而纲领举也。”应当承认，本书无力达到这种境界。无论是作为一种主观努力，还是一种客观的境界，本书所“至”都是非常有限的，甚至是“本无所至”，祈望大家将“至”仅作动词理解。人伦世界异常复杂，人伦道理千头万绪，学无止境，“至”不停步，吾当恒乐之、至之、守之。

今年是我的博士生导师许启贤先生逝世20周年。许先生是中国马克思主义伦理学的重要建设者之一，也是马克思主义伦理学时代化的先行者，为我国的社会主义精神文明建设和思想道德建设做出了重要的理论贡献。先生生前对我多有关爱与提点，有求必应、有难必帮，弟子唯专注学术并不断提升自己来报答师恩。马博宣教授是我的硕士导师，后任首都经济贸易大学党委书记，一直鼓励并要求我学术创新，先生对现有伦理学知识状况比较忧虑，我的这本书算是向先生再一次提交了一份“作业”，期望至少能获得“及格”的评价。“群峭碧摩天，逍遥不记年。拨云寻古道，倚树听流泉。花暖青牛卧，松高白鹤眠。语来江色暮，独自下寒烟。”抄录李白的这首《寻雍尊师隐居》于此，师恩永记，并将此书献给两位先生！

本书得以出版首先应该感谢武汉大学提供的人才引进基金。还要特别感谢社会科学文献出版社的周琼编辑，她的敬业精神无数次感动了我，不但对我提交的作品认真编辑，而且一直关注我的学术研究动态与进程。这种学术人与出版人的高度信任与合作，大大提高了学术生产力。乐哉！幸哉！惭愧与感恩之余，唯有不断精进。

2024年2月13日于“三思书屋”

李建华

目 录

❖第三部分　主相论

Contents

导论　作为协调的伦理学

伦理学是一门古老而又常新的学问，也“可以被视为有关人类自我实现的理论”。[①] 说它古老，是因为自人猿揖别，人就要开始思考“我们如何活着”“什么才是最值得过的生活”这类伦理学问题，形成最早的“人文学”之一，并且无论东方还是西方，皆是如此；说它常新，是因为伦理学从产生之日起就伴随着人伦关系的变化和人类社会发展的历史进程，在不断更新内容，并充满活力，备受世人关注；说它是人类自我实现的理论，是因为它是对人类整体性问题的理性思考，而非个体意义上的“修身学”或“人生哲学”。我不敢断言，伦理学在什么时候成了或者将要成为“显学”，但我敢坚信，只要有人的存在，只要有人伦关系的处理，只要这个世界还是一个“讲理”的世界，就会有伦理，就会有伦理学，就会有对伦理问题的不懈思考与寻究。正因为有对伦理问题的不断思考与寻究，才会有对伦理学理解的不断出新，才会形成如此丰富多样的伦理学理论。在此，我无意对以往伦理学进行全面的理论发问，仅想提供一种新思路，为伦理学理论大厦建设提供一颗微不足道的“沙粒”。

一　伦理学研究的经典范式

在伦理学漫长的发展过程中，形成了众多的观点、理论与流派，这些都是我们今天思考伦理学问题的宝贵思想资源和逻辑起点，时至今日它们仍具有不可替代的历史影响，我们还在继续着这些理论与观点，并将其发扬光大。基于伦理学理论的复杂多样性，对已有伦理学理论进行分类本身

① 〔美〕伍德：《黑格尔的伦理思想》，黄涛译，北京：知识产权出版社 2016 年版，第 27 页。

并非易事，尽管有不少学者对此进行过有益尝试[①]。综合学术界的研究成果，可以看出伦理学研究大致有描述伦理学、元伦理学、规范伦理学、美德伦理学和应用伦理学五种类型，也许这种划分存在标准不一问题，相互之间也不存在完全的对应关系，这种划分也仅仅只有学理分析梳理的意义，但我们至少能由此看出伦理学"知识图像"的大概，可以将其作为伦理学研究的经典范式，并从这些范式中找到某些拓新学理的启示。

"范式"（paradigm）是美国著名科学哲学家托马斯·库恩在《科学革命的结构》一书中提出的重要概念，其本质是指一种理论体系、理论框架，或者说是一种公认的模型或模式。通过一种范式，来实现对科学研究本体论、认识论和方法论的承诺，并且可能在研究者内心形成某种共同信念，这也许是任何学科都需要的。伦理学研究的经典范式同样存在这些特征，即独特的致思路径与方法、独特的价值主张与学术信念，甚至包括独特的理论命题和论证方式。当然，任何一种研究范式形成的同时，也就意味着存在某种天然的局限，这些局限也为另一种新研究范式的产生提供了机会与空间。在此，就伦理学的几种经典范式依次简析，分析其得失，吸收其精粹，形成新理论汇聚。

1. 描述伦理学（descriptive ethics）

描述伦理学是与规范伦理学大致相对应的一种伦理学研究类型。之所以说是大致，是因为规范伦理学中其实也有描述的因素，如规范形成的历史学描述。如果认定伦理学的研究对象是社会的道德现象，那么，描述伦理学就是"根据具体的历史材料，描述和研究各种社会、民族、阶级和社会集团中实际存在的道德关系、道德规范、道德观念、道德结构、道德风尚传统和社会纪律等，并进行社会学与历史学的分析。"[②] 描述伦理学的最

① 如美国伦理学家弗兰克·梯利在《伦理学概论》中将伦理学区分为理论伦理学与实践伦理学；魏英敏教授在《新伦理学教程》"导论"中就把伦理学分为描述伦理学、元伦理学、规范伦理学；何怀宏教授在《伦理学是什么》中将伦理学分为元伦理学、规范伦理学和应用伦理学；廖申白教授在《伦理学概论》中从伦理学的历史演变中将伦理学分为目的论伦理学、德性论伦理学和义务论伦理学；甘绍平教授在《伦理学的当代建构》中把伦理学分为描述伦理学与规范伦理学、元伦理学与应用伦理学；台湾学者王臣瑞在《伦理学》中将伦理学分为描述伦理学、规范伦理学与分析伦理学；等等。

② 朱贻庭主编《伦理学大辞典》，上海：上海辞书出版社 2002 年版，第 7 页。

大特点就是重客观存在的“道德事实”，重道德现象的客观描述与现象还原，重经验分析与科学分析，排斥价值性和规范性，“它是对道德的社会本质、心理本质、民族特征、历史特性的一种再现和记录。”[①] 所以有时也称为“记述伦理学”。一般来说，道德社会学、道德心理学（试验心理学）、道德人类学、道德历史学、道德民俗学都属于描述伦理学的范围，因为学科主要是采用实证科学的方法，如社会调查方法、统计学方法、社会志、民族志等。描述伦理学作为伦理学的组成部分，以定量分析为伦理学研究提供经验材料、理论印证、检验手段，具有不可替代的作用。当然，描述伦理学得以成立，就在于它以“价值中立”或“价值无涉”为特点，即不对自己研究的对象作出价值判断。也正因为这一特点，让描述伦理学的“合法性”遭到了质疑。凡是在“伦理学”名下的类型，都应该具备伦理学的基本特性，即规范性或规约性，都应该关涉行为“应当如何”和“为什么应当”的问题，而描述伦理学恰恰排斥这一点，这就使得“它与伦理学这一学科所包含着的应是对规范的辩护与论证，而非仅是对规范现象的纯粹描述的本义相冲突。”[②] 所以，描述伦理学在学科地位上仅仅为经验科学，而没有上升到哲学的层面。我倒是认为，这也许是我们对伦理学应该是规范性科学的偏执理解所致，描述伦理学的定量分析恰恰是当代伦理学研究的“短板”。描述伦理学要做到描述的客观性、全面性，我认为是非常困难的。所谓客观描述难，就是研究者在描述对象的时候，特别是在解释对象时是否可以做到“纯客观”，按照现代解释学的观点，人是有“先见”的，根本无法做到解释的纯客观性。所谓全面把握难，是因为道德事实不同于物质体，往往依存于人的心灵结构、社会心理等隐性文化层面，成分十分复杂并处于运动状态，难以全面捕捉。相反，如果按我对伦理学研究对象的理解，伦理学要以利益均衡为目的，而这种均衡是可描述的，那么描述伦理学是大有用处的。

2. 元伦理学（meta ethics）

元伦理学也叫分析伦理学（analytic ethics），也有人称为批判的伦理学、伦理学的认识论或伦理学的逻辑。1903 年英国哲学家 G. E. 摩尔发表

① 魏英敏主编《新伦理学教程》，北京：北京大学出版社 1993 年版，第 7 页。

② 甘绍平：《伦理学的当代建构》，北京：中国发展出版社 2015 年版，第 41 页。

《伦理学原理》，将逻辑分析方法引入伦理学，将伦理学分为关于知识的科学（元伦理学）与关于实践的科学（规范伦理学）两大类。元伦理学主要是指以逻辑和语言学的方法来分析道德概念、判断的性质和意义，研究伦理词和句子的功能与用法的理论。其实，自元伦理学产生以来，其理论也在不断分化与丰富，出现了直觉主义元伦理学和新实证主义元伦理学两种类型。在直觉主义元伦理学内部又可分为价值论直觉主义与义务论直觉主义，强调对道德的直觉把握；新实证主义元伦理学也可分为情感主义与语言分析学派，强调对道德的学科求证。① 元伦理学之所以产生与发展，与分析哲学和逻辑实证主义的兴起具有必然联系。分析哲学认定，只有经验命题与分析命题才有真假可言，因此伦理或道德命题就没有真假可言，因为伦理或道德命题不谋求“是什么”，而是“应当如何”的价值命题。这对规范伦理学来说是一个致命的挑战：如果伦理命题没有真假可言，那规范伦理的讨论就没有意义。问题的核心是道德判断是否具有有效性或具有何种意义上的有效性，于是原本隐而不显的元伦理学命题凸显出来。元伦理学论域很广，但主要有四个方面：在语言哲学领域对道德概念和道德命题进行语义分析；在心灵哲学领域对道德信念所对应的心灵状态进行探讨；在本质论领域对道德事实存在问题进行分析；在认识论领域对道德认知问题进行探讨。② 这也形成了元伦理学与规范伦理学在问题域上的根本区别，但这种区别仅仅是角度的不同，或者说元伦理学是“退后一步”看问题，追问规范伦理学背后的问题，虽然不提出并论证规范，但在谋求规范问题上持中立立场。就此而言，元伦理学也是对规范伦理学的必要补充，或者是为规范伦理学“抄底”而奠基。当代德国伦理学家卡尔-奥托·阿佩尔对此进行了充分肯定，“元伦理学的中立性命题的意义并不在于分析哲学向规范伦理学的告别，而在于彻底表达了那种对规范伦理学作非独断的终极奠基的哲学要求”。③ 这种奠基对于规范伦理学而言也许只是“瞎操心”，但对于提醒规范伦理学注重前提性反思还是有重大意义的。但

① 魏英敏主编《新伦理学教程》，北京：北京大学出版社 1993 年版，第 11 页。

② 参见罗亚玲《元伦理学的学科任务和意义》，《中国社会科学评价》2016 年第 2 期。

③ 〔德〕卡尔-奥托·阿佩尔：《哲学的改造》，孙周兴、陆兴华译，上海：上海译文出版社 1997 年版，第 294 页。

是如果仅仅是为了道德概念的精确与道德判断的真假，拒绝任何价值性观照，仅仅是进行纯粹科学性的逻辑推演，那么，道德概念或道德判断既不通达“天理”，也不脚踏实地。[①] 如果对伦理学与道德学进行分离，使伦理学真正成为人伦关系的处理学问，伦理判断与伦理事实的精确科学是非常必要的，在此意义上，元伦理学与规范伦理学并不矛盾，而是相互补充，这就意味着现代伦理学已经不再是传统意义上的规范伦理学，而是也需要有科学上的可求证性与合逻辑性。

3. 规范伦理学（normative ethics）

规范伦理学又译“规定伦理学”，它是研究人的行为准则，探索道德原则与规范的本质、内容和标准，规定人们应当如何做的理论体系。自伦理学成为一门相对独立的学科以后，直至元伦理学产生以前，规范伦理学一直是伦理学的传统理论形式，或中西可通用的经典范式，抑或伦理学的“独此一尊”。所以规范伦理学源远流长，又内容丰富，至今的伦理学仍然以规范伦理学为主导，尽管它不断遭遇挑战。规范伦理学成立的学理依据是：人之所以为人，必须与其他动物有别，因此，人也必须有做人之道。然而，人与动物的不同在于有理智，所以做人之道，应该是依据人的理智而生活，这本身就说明了伦理学的规范性质，因为如果理智是我们生活的依据，理智自然便要求理想、标准和原则。[②] 从人的独特存在引出规范要求，并说明这种规范的依据，这是规范伦理学的特点，也由此而展开其主要内容。规范伦理学一般会涉及四个方面的问题：一是道德价值问题上的善与恶的问题，这也是伦理学区别于其他学科的标志；二是道德根据问题即应当层面上的道德义务问题——人为什么会有道德义务；三是品德层面上的人的道德修养问题，即如何成为一个道德的人；四是实践理性层面上的道德践行问题，强调道德的知行统一。规范伦理学是一整套关于“如何成人”的学问，包括“应该是什么”“为什么应该”“如何做”。对这些问题的回答就是规范伦理学的特征：强调以价值分析方法作为道德研究的基本方法；强调以“应然”对“实然”的统摄的规范性；强调知与行的统

① 参见邓安庆《分析进路的伦理学范式批判》，《中国社会科学评价》2015 年第 4 期。

② 王臣瑞：《伦理学》，台北：台湾学生书局 1970 年版，第 4 页。

一。规范伦理学之所以遭遇到元伦理学、描述伦理学，甚至美德伦理学的挑战，主要在于对“善恶价值的最终依据是什么”无法给出令人折服的答案，最终只能是自我“预设”或者循环论证，并且在逻辑上也遭遇“休谟问题”，即由“实然”推不出“应然”的诘难。其实，我们也大可不必纠缠于这些老问题，要建构当代伦理学，或者要承续好规范伦理学的传统，需要我们思考的是，伦理学作为规范性科学与其他规范性科学如政治学、法学等的区别在哪里？伦理规范与道德规范是不是可以不加区分？作为道德价值的善恶与作为伦理价值的正义与非正义是不是始终一致？对个人的个体行为规范与对群体的群体行为规范如何统一？伦理学规范与社会通行规范之间是否存在价值断裂或冲突？如果这些问题讲不清，作为现代知识形态的规范伦理学就可能难以适应社会生活而重新遭质疑。这就有一个从规范到价值的跃迁问题。从价值哲学的层面去说明规范的正当性和可行性，避免以道德证明道德，而是要从人的利益（权益）去说明伦理规范性的来源与必要，这才是现代规范伦理学的真正出路。

4. 应用伦理学（applied ethics）

应用伦理学有时也叫“实践伦理学”，是与所谓“理论伦理学”或“元伦理学”相对应的。这种理解，令人感觉“应用伦理学”就是一个“行动纲领”或者“行动指南”，毫无理论可言。其实，应用伦理学也是一种伦理学的理论形态，只不过是把伦理学原本就固有的实践品格凸显、光大出来而已。“应用伦理学的产生与发展，体现了伦理学反思从单纯的理论构造、规范论证过渡到关注实践这样一种历史性的转变。”① 这种关注也是理论性而不是具体操作“流程图”。如果把应用伦理学定义为“研究如何运用道德原则去分析解决现实生活中具体的、有争议的道德问题的学问”，② 那么，这就涉及如何认定道德原则的正确性、以何种方式应用（解释性的？指导性的？还是替代性的？）、应用效果如何检验等问题，其最大应用风险是生硬化的“两张皮”问题。所以，正确理解应用伦理学要注意如下几点。（1）应用伦理学是哲学伦理学的一个分支，而不是一门实证科

① 甘绍平：《伦理学的当代建构》，北京：中国发展出版社 2015 年版，第 46 页。

② 卢风、肖巍主编《应用伦理学概论》，北京：中国人民大学出版社 2008 年版，第 3 页。

学，不能仅仅是案例分析，不是模型建构，而必须是符合哲学品质的智慧之学。[①]（2）应用伦理学必须是从具体的道德伦理问题出发，而不是从道德原则出发，所遵循的是生活逻辑本身而不是单纯的理论逻辑，更不是拿抽象的道德理论去对鲜活的社会生活指手画脚。（3）应用伦理学的结论是开放性的和可能性的，因为它所面对的是社会有明显争议的道德问题，其理论答案不能是单一化的，可以有多种解释，容许争论与讨论，这是伦理学“应用”之真谛。（4）应用伦理学的论证问题，即“体现在对不同的价值诉求或论证方式的考察上，看它们各自到底具何特点、有何得失利弊，看它们是靠什么向应用伦理学提供解答道德难题的理据的，看它们是否值得应用、如何得到应用”。[②] 其实质的问题是，当我们在选用无法相容和相洽的各种伦理学理论和原则时如何做出正确选择。因为许多道德原则如果放到具体的生活情况中就不适应，甚至出现“反道德”，如何“应用”本身就成了应用者的价值选择问题。这就说明应用伦理学是伦理学范畴而非道德学，因为伦理学注重生活情境性、情境变化性与变化的不确定性。应用伦理学只谋求“应用”，而不是本质主义的“共识”[③]；谋求“具体问题具体分析”，而不是绝对主义的普遍化道德原则。

二 从规范到协调的伦理学

尽管关于伦理学研究的范式有很多，但伦理学是研究人伦秩序关系及其实践智慧的人文学，是关注人类整体性利益问题与秩序问题的学问，这是可以成为共识的，但它至今还没有跳出“伦理学就是道德哲学的思维模式”，在某种程度上限制了伦理学的发展。我在《道德原理——道德学引论》中曾对伦理学与道德学作出区分，认为“伦理学是研究伦理实体及其关系调节的理论体系”，[④] 把协调作为伦理学的主要功用。其实，“一种较

① 卢风、肖巍主编《应用伦理学概论》，北京：中国人民大学出版社 2008 年版，第 3~4 页。

② 甘绍平：《应用伦理学的论证问题》，《中国社会科学》2006 年第 1 期。

③ 参见邓安庆《无本质的应用伦理学——对当前应用伦理学本质特征争论的质疑》，《哲学动态》2005 年第 7 期。

④ 李建华：《道德原理——道德学引论》，北京：社会科学文献出版社 2021 年版，第 16 页。

为准确的学术刻画似乎应该是：规范与协调始终是道德伦理的文化功能，甚至可以看作是道德伦理始终不渝的根本目标”。[①] 可见，无论何种类型的伦理学，其初衷都是服务于规范人的行为和协调人伦关系的，但我们常常是注重了前者而忽视了后者。规范功能带有单向度的“绝对命令”的意味，而协调功能则具有多向度的“协商解决”的意味。如果我们认可道德与伦理在现代社会中可以适当分离从而产生道德学与伦理学在知识体系上的相对独立性，那么，伦理学研究就应围绕协调利益关系功能，并从知识伦理学、价值伦理学和生命伦理学三大领域展开。[②] 由此避免伦理学在是规范还是美德、是理论还是应用、是概念判断还是道德价值等问题上的纠结，以及各种伦理学研究范式自身无法克服的局限，使与道德学相对分离的伦理学成为合理协调利益关系、促进社会和谐的价值学科。

1. 伦理学研究存在的“问题集”

一般认为伦理学基本问题构成伦理学的起始问题，由此形成了伦理学研究的丰富视野，这里首先涉及对“伦理”的理解。如同 B. 威廉斯一样，我愿意对“伦理”作不等同于“道德”的广义理解，“那就是它与他人有关，它把他人的要求、需求、主张、欲望以及一般来说把他人的生活与我们及我们的行为联系在一起”。[③] 伦理学作为人文学科，既研究人文学的一般问题即“人学”主题，又研究自身的特殊问题——伦理现象问题。所谓伦理现象就是可以用伦理分析（观照）的东西，或者说可以进行“伦理考虑”的一切现象。由于伦理现象的复杂性，伦理学问题也由一系列理论问题和实践问题组成，包括伦理学的核心问题、伦理学的基本问题、伦理学的具体问题和伦理学的扩展问题，这四类问题的核心问题都是利益关系问题，均构成伦理学研究的主要领域。[④]

善与恶的问题当然是道德学的核心问题，虽然伦理学也离不开善与恶

---

① 万俊人：《关于美德伦理学研究的几个理论问题》，《道德与文明》2008 年第 3 期。

② 参见李建华、邹晖《从规范走向价值的伦理学：问题、定位与使命》，《哲学研究》2011 年第 8 期。

③ 〔英〕B. 威廉斯：《伦理学与哲学的限度》，陈嘉映译，北京：商务印书馆 2017 年版，第 18 页。

④ 李建华、邹晖：《从规范走向价值的伦理学：问题、定位与使命》，《哲学研究》2011 年第 8 期。

的价值判断，但是善恶的关系本质是利益关系的体现，由此决定伦理学的核心问题是利益关系的调节问题，是基于“正当”而向有利于弱势方的调节（后文专门论述）。伦理学研究的起点和根本范畴应该是“利益的正当”，它与政治、经济、法律等一起构成广义的社会伦理场。这种通过利益协调而达到的“正当”在道德层面就体现为“善”，它与艺术的“美”、宗教的“圣”、科学的“真”等一起构成人类精神把握世界的基本方式，即对世界的艺术的、宗教的、科学的把握。如果说，道德学是关于善恶问题的学问，那么伦理学就是权益“正当与否”的学问。尽管善与恶作为道德中的特有矛盾，也会与伦理学有关，但决定伦理学在人文社会学科中特殊气质的还是利益正当与否的问题。选择“正当”与否问题作为伦理学的核心问题，既符合罗尔斯对正当与善的分离立场，也切合了西季威克在《伦理学方法》一书中的伦理学研究思路，因为善与正当“这两个概念是明显不同的：一方面我们通常认为服从道德规则的责任是绝对的，另一方面，又很少有人认为，人的全部善就在于服从道德准则”。[①] 正当与善的分界是十分明显的：“正当”包含了能够，而“善”则没有这样的意义；“正当”还包含了命令，“善”则不含这种命令；“正当”是一个不可分析的基本概念，而“善”是可以分析的；“正当”可以用来指称行为本身的性质，而“善”概念则区分目的善还是手段善。“正当”是“善”的具体化，应该超越一般的道德哲学而置于社会生活层面来审视，由此而形成的伦理学已经兼有了社会科学的某些特征而非单一的人文学视角。

伦理学研究的不同侧重点和关注点构成各派伦理学的研究重心，形成各自的学术旨趣和研究方向。从传统伦理学的不同学术向度看，概其大要，一是义务与价值合理性问题，这是规范伦理学向度，强调道德的规范意义；二是秩序与自由的关系问题，这是行为伦理学向度，强调道德行为的秩序意义；三是道德行为与特定的时间和环境（共同体）的关系问题，这是描述伦理学向度，强调道德经验的客观性和实践性；四是事实与价值的关系问题，这是分析伦理学向度，强调价值分析的语言—逻辑基础。伦

① 〔英〕亨利·西季威克：《伦理学方法》，廖申白译，北京：中国社会科学出版社 1993 年版，第 406 页。

理学基本问题研究构成伦理学的学科框架和基本结构，是伦理学学科区分和学科判断的依据。“规范”“行为”“经验”“分析”四大向度是伦理学的基本维度，也是伦理学研究的前提。但是“规范”“行为”“经验”“分析”只是具有特殊性的方法论意义，而并不构成伦理学研究的真实实体，伦理学的基本问题只能基于“正当”价值的个人利益与社会整体利益的关系，当然也包括不同伦理共同体之间的利益关系，甚至还有物质利益与精神利益之间的关系。

伦理学需要在核心问题和基本问题的基础上展开具体研究内容。站在多元的学术立场，结合前文我们对伦理学研究范式的审视，伦理学的研究向度各有侧重，一般都从三个方面展开：一是从学科属性和研究侧重点上，区分为理论伦理学、描述伦理学、规范伦理学、行为伦理学、分析伦理学等研究视野；二是从研究领域上，区分为伦理实体、伦理领域、伦理原则、伦理规范、伦理行为、伦理心理、伦理语言、伦理判断等；三是从研究方法上，区分为历史方法、比较方法、内省方法、外求方法、追溯方法、分析方法、描述方法等。当然，这些具体问题并没有达到具体的要求，因为伦理的存在不是囿于思维世界的，而是由伦理实体来承载，如家庭伦理、社会伦理、国家伦理、世界伦理、网络伦理、人类伦理、宇宙伦理等。

伦理学扩展问题是社会利益结构复杂化的体现，也是学科交叉的需要，任何一门学科必须要有一定的包容性和开放性。理论交叉与实践介入是伦理学的学术品格。作为理论性与实践性交织、规范性与价值性并存的人文学科，交叉问题是伦理学研究的关注点。一是与其他把握世界的精神方式的交叉、依存、融贯。伦理学具有旁通的融贯性，与人文知识的交融即产生伦理知识，德性是一种知识，也是一种善；与人文审美的交融即产生伦理审美——和谐是一种美，美也具有伦理价值；与人文信仰的交融即产生伦理信仰，神圣即信仰——对道德信仰和政治信仰具有伦理意义；与人类文化的交融即产生伦理文化，教化成人；与社会科学知识交叉即产生实用理性，使伦理学进入可操作领域。二是研究伦理学参与社会生活的途径，即伦理学的应用性研究，探索社会生活伦理化的标准、规则及有效途径等。丰富多样的伦理生活是扩展问题的真实来源，如政治伦理、经济伦理、科技伦理、生命伦理、文化伦理、生态伦理、网络伦理等。特别是当个体伦理、社会伦理与人类伦理出现某种断裂可能时，以社会伦理为基点的利益协调显得十分迫切。三是为人生的价值与意义的实现提供伦理条件。人生哲学虽然处于道德学与伦理学的交汇处，但伦理学必须为人的终极价值追求给出科学的答案，必须为人的生存与发展提供伦理方案。如果我们把个体生命的意义置于人类之中，伦理学特别要为人类命运共同体构建贡献伦理智慧。伦理学的扩展问题是伦理学研究的延伸、深化与应用。

2. 传统伦理学的“二分”定位

上述伦理学研究的四类问题的集成构成伦理学的研究内容、学术特性和研究方式，由此决定了伦理学的学科定位和体系结构。伦理学的元概念与问题视域是我们分析的起点。“德性”是传统伦理学的元概念，即根本的起始性和支撑性概念。在古希腊，“德性”即人的能力和优秀性。苏格拉底从“德性”这个元概念出发，提出了“德性即知识”的命题,[①] 开启了伦理学探索的一个基本方向，即“德性”与“知识”的基本维度，也是伦理学中价值与真理关系问题的基本视域，它蕴含了对“有益”的肯定。苏格拉底认为“没有人是故意作恶的”，恶行乃是由于缺少善的知识的缘故，因而拥有关于善的知识就成为伦理行为的前提。[②] 苏格拉底力图通过“助产说”，即讨论“善的知识”来寻求道德的客观终极标准；通过“舍身取义”——“在正义与不正义之间从容选择”来实现伦理的理想性和确立伦理的普遍性。但苏格拉底对“德性”未加区分，这种“未分化的德性”是内在地包含了知识、价值、生命的浑然一体的伦理整体，其核心是有益性的伦理价值，即德性=善知+善生，可以说它规定了伦理学发展的基本方向就是对身心、对社会的有益性探寻。

从“德性”发展出“道德”与“伦理”的区分，使“道德”和“伦理”成为伦理学的基本概念，也规定了伦理学的自近代以来的基本学科格局。概言之，从亚里士多德、休谟到黑格尔的“德性二分”之理路，使西方传统伦理学体系得以形成。首先我们来看亚里士多德对“伦理的德性”

① 苗力田主编《古希腊哲学》，北京：中国人民大学出版社 1989 年版，第 200 页。

② 苗力田主编《古希腊哲学》，北京：中国人民大学出版社 1989 年版，第 201 页。

与“理智的德性”的区分。从“德性即知识”的命题，经过柏拉图的“理念论”洗礼，到亚里士多德，再到康德和黑格尔，大致区分了伦理和道德。理性活动的德性，即理智德性，可以由教导生成；欲望活动的德性，即伦理德性，需要习惯来养成。理智德性又分为理论理性的德性（智慧、奴斯）和实践理性的德性（明智）。亚里士多德认为，合伦理德性的生活与合理智德性的沉思的生活可是浑然一体的，“合伦理德性的生活之所以也是幸福，乃是因为它也分有人的最好德性的实现活动即沉思：透过实践理性，奴斯与智慧的光也照亮了伦理德性，提升了实践的水准。理智德性，使伦理德性的‘领域拓宽，层次加深，目光放远’，使它们不再局限于个别而成为普遍；实践理性的德性——明智的实现活动与伦理德性的实现活动不可分离”。①可见，亚里士多德初创的伦理学雏形，是从“理智”（知识）与“伦理”（生活）两个维度展开的，其中贯穿的是“德性的完善”，可谓“伦理-知识论”的先声，体现了伦理学追求的身心相益的特点。

再来看休谟对“事实与价值”的区分。休谟对伦理学的最大贡献，是提出了“事实与价值”的区分。在《人性论》中，休谟提出道德命题的联系词不是科学命题中的“是”与“不是”，而是“应该”与“不应该”，休谟认为自己发现的这个法则“会推翻一切通俗的道德体系”。② 后来，在《道德原理探究》中，休谟从三个方面继续作了论证：一是道德认识不同于科学认识，科学和道德反映两种不同的关系；二是道德命题和事实命题判断的角度不同，事实命题的出发点是客体，道德命题是价值判断；三是道德判断与事实判断依靠的力量不同，道德判断依靠情感，事实判断依靠理性。③ 休谟关于“事实与价值”的区分，突出了道德价值在伦理中的主体地位，揭示了伦理学作为价值学科的独特性质，开启了追求有益性“价值伦理学”的先河。不可忽视的还有黑格尔对“伦理与道德”的区分。真

① 罗国杰、宋希仁编著《西方伦理思想史》，北京：中国人民大学出版社 1985 年版，第 65 页。

② 〔英〕休谟：《人性论》（下册），关文运译，北京：商务印书馆 1983 年版，第 510 页。

③ 〔英〕休谟：《道德原理探究》，王淑芹译，北京：中国社会科学出版社 1999 年版，第 49 页。

正从伦理关系上研究伦理和道德并确立了古典伦理学体系的是黑格尔。在《法哲学原理》中，黑格尔把伦理的发展看作客观精神发展的过程，伦理关系本质上只是现实合理性的秩序中的关系，法和道德都是伦理关系发展过程中的阶段或环节，道德是这个过程中主体意志的主观规定，而主体只有进入客观的伦理关系才能形成现实的道德，“无论法的东西和道德的东西都不能自为地实存，而必须以伦理的东西为其承担的基础”。[①] 黑格尔区分道德和伦理具有深刻的意义，道德是纯主观的自由意志，伦理是善和主观性的真理，是主观性和法的真理，主观道德只有在具体的生命行程中才具有现实性，家庭、市民社会和国家等“客观伦理”应是人行善所达到的“必然性的圆圈”。可见，黑格尔通过“道德”与“伦理”的区分，指出了生命价值实现的基本形式是自由，自由具有价值优先性，可谓“生命伦理学”的先导。从“伦理的德性”与“理智的德性”、“事实的判断”与“价值的判断”、“主观道德”与“客观伦理”的“二分”路线，可以看出伦理学研究内容、研究范围和研究方式的演化线索，即从“自由与秩序”的基本关系出发，围绕“善与恶”这个伦理学根本问题，寻求伦理的知识基础、价值基础和生命基础，而这些基础的“基础”是社会利益关系的和谐，由此产生“应当”“正当”“失当”的伦理分界。

3. 基于“正当”的现代“三维”伦理学

从对西方伦理思想的粗浅考察中可以看出，围绕伦理学的元概念——“德性”，通过“二分法”，生发出“道德”与“伦理”两个基本概念，衍生出基于“正当”的“知识”“价值”“生命”三个扩展概念。由此可见，伦理学的学科维度可以从“知识伦理”“价值伦理”“生命伦理”（这是广义的生命伦理，是基于生存论意义上的生命伦理，不是应用伦理学意义上的生命伦理）三个方向展开。季塔连科在《马克思主义伦理学》一书中提出，伦理学把道德研究提高到了哲学世界观的实质，“这门科学是一门哲学科学”[②]。而一般意义上的伦理学也可称为风俗经验伦理学，它收集描述

① 〔德〕黑格尔：《法哲学原理》，范扬、张企泰译，北京：商务印书馆1982年版，第162页。

② 〔苏〕A. И. 季塔连科主编《马克思主义伦理学》，愚生、重耳译，上海：上海译文出版社1981年版，第9页。

社会各个历史时期的实际伦理风俗，揭示伦理道德在其最重要的参数上的实际状态，为理论伦理学提供具体材料。理论伦理学则从一般概念方面解决伦理问题，通过对伦理关系的揭示和伦理意识的“结构—职能”的建造，描述出作为完整体系的伦理结构。规范伦理学则利用理论伦理学的成果，用“评价—命令”的语言同人对话。将伦理学体系结构分为经验伦理学、理论伦理学和规范伦理学三大块，是富有启发性的，比较符合伦理学研究的实际状况和历史状况。但是，从伦理学的学科属性、功能把握和目的归宿来看，经验—理论—规范的区分显然窄化了伦理学的学科视域，是在“科学”的分界线内界定其学科体系。需要从更宽广的视角，从“学科研究”（理论证成）与“价值把握”（有益分析）的双重视角，从知识论—价值论—生命论的广度看待伦理学的基本架构。

从伦理学的问题集成看，根本问题、基本问题、具体问题、扩展问题是经验伦理学、理论伦理学、规范伦理学都要研究的内容，是人文学在伦理领域的问题呈现和主要课题。经验—理论—规范侧重伦理学知识形成的形式，即“理论伦理学”；而知识—价值—生命的向度则从理论与实践的结合上，解决伦理学的学理研究与价值规范的双重使命问题，实现从知识论到价值论再到生命论的伦理学延伸和深化，即达到“理论伦理学”与“实践伦理学”的统一，体现伦理学的人文学属性和实践性品格的统一。伦理学应是伦理知识、伦理价值、伦理生命（生活、实践）研究的统一体，其前提是利益性。伦理知识是基于利益需要而对其规范性的默会或明述，伦理价值是利益的直接表现，伦理生命是利益的维系之源。当然，伦理学在知识、价值和生命论域上的这种区分是相对的，是从不同角度对伦理学学科定位的区分。虽然三者是一个统一整体，互相贯通、互相依存、互为参照，共同构成伦理学研究的主要内容，但现代伦理学体系的构架也未必要如此区分，它可以有多种呈现形态。伦理知识的研究可以为伦理学奠定人文知识论的基础和学理依据，伦理价值的研究可以为伦理学指引人文价值论的意义方向和学术责任，生命伦理学可以为伦理学启发敬畏生命、珍爱生命、实现生命意义的学术归宿和学科理想，三者共同构成以人类“利益协调”的伦理方式把握世界的完整过程。

4. 当代伦理学的“有限”使命

规范性的伦理学可能凭借理论想象达至“无限”从而可以“无所不能”，而作为协调性的伦理学则只有凭内在功能承担“有限”的社会使命。这种“有限性”在于伦理学本身的理论限度和协调方式的实践限度。伦理学作为人文知识学、人文价值学和人文生命学的统一学科，其学术使命包括知识论、价值论和生命论三个方面，是知识创新、价值创造和生命创意的协调性统一。伦理学是研究利益关系协调的人文学，在人文学的知识系列中，伦理学具有独特的人文价值。所谓人文价值无非就是以“人的方式”来协调“人的关系”以实现“人的目的”的价值。这种人文价值体现在知识和生命的不同层面，对其的研究越深入，人文价值的内涵就越丰富；对其的把握越细致，人文价值的境界就越高；对其的反思越彻底，人文价值的支柱就越巩固。同时，伦理学作为自足的人文学科，既要与其他人文学同步发展，又要有自己的超前性和创造性，以自身独特的理论视角观照社会生活，推动人文学术的发展。特别是在人文科学社会科学化的大趋势下，伦理学要充分汲取社会科学的最新成果与研究方法，使之发挥更大社会作用。伦理学是一门价值建构学，从学理上揭示伦理价值的存在、彰显伦理价值的意义、论证伦理价值的基础、判断伦理价值的等级和含量、鼓励社会的价值创造，是一种智慧性的协调。同时，伦理学也是一门重要的规范性学科，要探讨人类在追求自由的过程中如何协调好各方利益关系，保持社会的和谐良序。从理论和实践的结合上研究伦理规则与逻辑规则、法律规则和宗教规则各自调节的差异性及共同性，呈现价值规则的伦理向度，可以为自由而有序的和谐社会建设提供前提。优化生命追求、形成和谐氛围、通达文明境界，可使人类的生存环境具备庄重温暖的伦理色彩和浓厚的生命意义。

要真正使伦理学体现基于利益协调的价值学意义并完成它在今天的历史使命，一是要注重知识论意义上的“价值创造”，二是要注重价值论意义上的“伦理能力”，三是要注重生命论意义上的“真人境界”。由此展开伦理学的深化之路。一是从传统的创造性转化中寻求伦理学的理论建树。要真正完成自身的使命，伦理学必须不但要告诉人们应当如何做的规则，还应告诉人们这样做的道理。以往的一些伦理学范式都从不同方面为伦理学的理论建设提供了智慧，但也在解决“论理”的问题上有各自的局限。例如，“描述伦理学”关注人们在特定时间和特定的共同体内所持的道德原则，尽管它力求对道德世界作出客观的描述，但是缺少对作为日常的道德行为出发点的日常的道德观念的哲学反思；它也试图解释道德论说和陈述，但没有超出一般的文化背景之上；它也没能清晰说明客观陈述与主观判断之间的逻辑条理，对日常经验缺乏理论概括，导致了伦理学的“常识化”。“规范伦理学”着力于寻找某种独立于人们日常道德观念的客观正确的道德原则。虽然它不仅要发现（提出）各种具体的行为规范，而且力图回答“究竟什么东西使得一个行为或规则成为道德的行为或规则”的问题，然而其着重点仍在“应该如何”，在“什么是道德的”而非“道德是什么”，因而难以全面体现伦理学的广泛意义与理论幅度，难以体现伦理学的“论理性”之深度，以致有可能使“社会意志”缺乏理论共识，使伦理规范“教条化”。“分析伦理学”通过对道德概念的分析与道德判断、道德推理的研究，极大地提高了伦理问题讨论的精确性和理论水平，但难以完全涵盖伦理学的多样方法，没有体现伦理学的价值性，语言分析与逻辑分析过滤掉了实质性的伦理问题，也不恰当地忽视了实际问题，从而导致了伦理学的“空洞化”。因此，伦理学如何克服伦理“常识化”的经验性，将理论概括作为伦理条理的起点的问题；如何克服伦理“教条化”的武断性，将理论诠释作为伦理理解的基点的问题；如何克服伦理“空洞化”的虚幻性，将伦理生活作为理论分析的支点的问题，都是伦理学理论建构必须考虑的课题，更是当代伦理学综合发展的主题。二是从现实的创造性活动中实现伦理学的实践意义。伦理学的根本在于引导人们过上美好生活，为社会治理提供良序规则，实践才是伦理学的生命所在。伦理的实践是一种基于生命本体的自觉的向善活动，不同于一般意义上的主体作用于客体的实践活动。“应用伦理学”把伦理学理论运用于具体社会生活，并为之提供理论解释与价值标准，为解决实际的伦理争端提供方法，把伦理学拓展到全新的领域，也发展出了新的方法。但应用伦理学的大量工作仍要以某个哲学派别的观点为先决条件，在面对对立观点的问题时往往显得乏力。今天，人们在伦理问题上已很少能达成一致的意见，何况某些现存的理论原本可能就有这样那样的不足。此外，一些应用伦理领域“两张皮”

现象严重，如经济伦理学理论，要么以伦理限制经济，要么把经济规则直接提升为伦理规则，这样的经济伦理学既指导不了经济活动，也背离了伦理的精神。伦理学需要将价值境界作为伦理实践的归宿，将社会和谐作为伦理行动的激励，将利益均衡作为伦理创造的中心。伦理学的未来不但是与政治学、法学等规范性学科融合，也会与教育学、美学、艺术学等教化性学科融合。从规范走向利益协调的伦理学，将体现人的“自由发展”与“和谐社会”统一的人性真实化进程，体现人的“有意义的生活”与“有规范的生活”的统一的人生完美化进程，体现人的“我如何生活美好”与“我们如何在一起”相统一的人类连接化进程。

三　伦理学是利益均衡之学

伦理学的协调对象是人伦关系，以“正当”为前提，以仁爱、公正、中道、和谐等作为价值原则，并以某种非制度化的规范形式出现，以实现社会秩序的优化。[①] 所谓优化，就是社会利益关系的大体均衡，包括个体权利与义务的均衡、应得权益与实得权益的均衡，包括个人利益与社会利益、人类利益的均衡，包括族群间、区域间、国家间利益的均衡，甚至还包括网络世界虚拟利益与现实利益的平衡，以及智能世界中自然人与机器人关系的利益平衡。平衡之理源于万事万物的对称性，对称性是解释物理世界、心理世界、伦理世界的“通则”，或者叫“第一原理”。在此意义上说，相对于传统伦理学将道德现象作为其研究对象的“狭义的伦理学”，以利益均衡为目标的伦理学则属于“广义的伦理学”。如果说，作为规范性学科的法学有概念法学、目的法学、利益法学等多种区分，我所理解的伦理学，或许也可以叫作“利益伦理学”或“协调伦理学”，它可能成为一种不同于传统伦理学类型的伦理学新形态，成为当代中国构建人类伦理文明新形态的有机部分。[②]

1. 利益关系是伦理学的根基

在 20 世纪 80 年代，中国伦理学界有过一场关于伦理学基本问题的大

---

① 李建华：《道德原理——道德学引论》，北京：社会科学文献出版社 2021 年版，第 16 页。

② 本节的部分内容已经发表于《上海师范大学学报》（哲学社会科学版）2022 年第 2 期。

讨论，讨论的焦点是，道德与利益的关系问题究竟是不是伦理学的基本问题。中国人民大学的罗国杰先生在他主编的《马克思主义伦理学》《伦理学》《伦理学教程》等多部论著中，强调道德和利益的关系问题是伦理学的基本问题，其具体内容有两个方面：经济利益和道德的关系问题、个人利益与社会整体利益的关系问题。[①] 后来有学者提出质疑，主要原因有两点：一是“利益”是一个有待进一步精确的概念，不只是经济利益，实际上利益还包含了精神利益，道德是精神性的，精神决定精神，不符合历史唯物主义原理；二是有套用哲学基本问题之嫌，道德与利益的关系不具备本体论的意义，并且几乎所有人文社会科学都要以利益为基础，没有显示出伦理学的特殊性。由此引发出一场关于伦理学基本问题的大讨论，提出了多种不同的观点，[②] 并被评价为“为沉寂的伦理学注入了一支兴奋剂”[③]，“实属新中国伦理学事业整体画面的重彩之笔。”[④] 这种讨论的背后其实隐含了伦理学的基础性（核心）问题：伦理学何以能存在和以何种方式存在，或者说，伦理学的“合法性”和特殊性问题。以往的伦理学大都从人性理论来构建，如柏拉图将伦理学建立在心理学基础上，亚里士多德认为人类善等同于人的最佳状态，康德式的伦理学将人性视为一种有限的理性意志，功利主义则将人性视为一系列情感欲望。“这些伦理学理论的共同错误在于，它们有关人性的观点太薄弱、太片面、太抽象了，或者在很大程度上受命于某种方便构建理论的需要。”[⑤] 其实，就其现实性而言，人性就是需要体系（欲望总和），它构成道德的基础，人性的实现，就是利益，即需要什么与如何满足需要的统一。实现何种需要，如何满足需要，就构成社会利益关系问题，也是伦理学的根基。所以，伦理学研究的正确思路就是应该把伦理学的基本问题设定为道德与利益的关系。不过问题在于，如果我们认定伦理学是研究道德现象的，那么，伦理学的基本问题就应该是其研究对象——道德自身的内存矛盾，而不是研究对象与其他事物的关系。这也说明没有区

---

① 罗国杰：《罗国杰文集》（上卷），保定：河北大学出版社 2000 年版，第 629 页。

② 参见王小锡等《中国伦理学 60 年》，上海：上海人民出版社 2009 年版，第 10 页。

③ 韩东屏：《“伦理学基本问题之争”外议》，《国内哲学动态》1985 年第 11 期。

④ 夏伟东：《〈“伦理学基本问题之争”外议〉质疑》，《国内哲学动态》1986 年第 12 期。

⑤ 〔美〕伍德：《黑格尔的伦理思想》，黄涛译，北京：知识产权出版社 2016 年版，第 28 页。

分道德学与伦理学会给理论论证带来麻烦。其实很清楚，善与恶的矛盾是道德学研究的核心问题，而伦理学是研究利益的均衡问题，这里涉及三个问题：究竟什么是利益？伦理学如何认识利益？为什么利益是伦理学的基础？

关于什么是利益，古今中外的先贤哲人有过许多观点和理论，在中国古代主要有“欲望论”和“义利论”等。墨子认为“利，所得而喜也；害，所得而恶也”（《墨子·经上》），利益其实就是得到某种东西从而使内心感到高兴和满足，他提出“兴天下之利，除天下之害”（《墨子·兼爱下》）、社会要“交相利”的思想主张。儒家则从人格的高下提出“君子喻于义，小人喻于利”（《论语·里仁》）。认为谋求利益是小人勾当。荀子提出“欲望论”，认为“好利而恶害，是人之所生而有也，是无待而然者也”（《荀子·荣辱》）。把人的本性规定为趋利好恶，应该是看到了人性的本真。这些都说明，利益是由人的欲望而生，并且人人皆有，这就注定了利益的恒久性和内在性，为人的行为动力和人伦秩序建立找到了真实依据。西方思想家要么是从快乐论的角度、要么是从幸福论的角度来理解利益。第一个给什么是利益作明确规定的是霍尔巴赫，他认为，“所谓利益，就是每一个人按照他自己的气质和特有的观念把自己的安乐寄托在那上面的那个对象；由此可见，利益就只是我们每个人看作是对自己的幸福所不可缺少的东西”，并认为“利益是人的行动的唯一动力。”[①] 与霍尔巴赫同时代的爱尔维修把利益理解为感性的印象、自私的欲望和快乐，实际上就是个人利益，并视之为伦理道德的基础，他认为：“就是一般的利害给人们各种行为定下价值，按照它们对于众人有益、有害，或者无益、无害，而给它们以善、恶或者可以允许的名称，并且这同一利益还不曾是对于人们观念所系的尊重或轻视之唯一分配者。”“众人只是一切个人的集合。他们只有以自己的利益作为判断的准绳。”[②] 亚当·斯密认为人人都追求利益，而所谓利益就是出于互相交换的需要而选择对自己有利的东西。[③]

① 〔法〕霍尔巴赫：《自然的体系》上卷，管士滨译，北京：商务印书馆2017年版，第260~261页。

② 〔法〕爱尔维修：《论精神》，杨伯恺译，上海：上海人民出版社2019年版，第16页。

③ 〔英〕亚当·斯密：《国民财富的性质和原因的研究》上卷，郭大力、王亚南译，北京：商务印书馆1997年版，第12~14页。

功利主义思想家边沁所谓的“最大多数人的最大幸福”，表面是强调了大多数人的利益，而实质上他所认为的利益仅仅是个人利益，只有个人利益才是实在的，而社会利益只不过是一种抽象，充其量不过是个人利益的总和，“不理解什么是个人利益，谈论共同体的利益便毫无意义”。[①] 也有思想家把利益简单理解为对维持动物生存有用的东西，如弗格森就把利益定义为“人们关注那些对于维护动物性生存有用或必需的事物”。[②] 马克思恩格斯从历史唯物主义立场出发，认为利益是一种客观存在，是满足人的生物性和社会性需要的客观条件，特别是“共同利益不是仅仅作为一种‘普遍的东西’存在于观念之中，而首先是作为彼此有了分工的个人之间的相互依存关系存在于现实之中”。[③] 简单归纳思想家们对于什么是利益的认识，无非是三个问题：利益是动物性的还是社会性的，利益是主观的还是客观的，利益是个体属性还是集体（共同体）属性。基于此，我们可以把利益简单定义为：利益是指在一定的社会形式中由人的活动实现的满足主体需要的客观存在。这个定义至少包含了四个要点。第一，利益是在社会关系中人的利益，即利益是社会分工、相互交往、彼此成全的产物，利益是一种客观存在，不能等同于纯粹精神现象。第二，人的需要是利益的自然基础，人有什么样的需要就可能有什么样的现实利益，如人有物质需要就有满足这种需要的物质利益，人有精神需要就会有精神利益；利益是具有丰富多样性的存在，即使是动物性需要的满足，也是社会性的。第三，利益是一种现实的客观存在，既表现为满足需要的客观对象或劳动成果，又表现为某种精神的非实体性客观属性，如人的权利、名誉、尊严等。第四，利益是一种“集合体”，不仅表现为个体性存在，也表现为整体性存在，并且整体利益不是个体利益的简单相加或还原，而是一种黏合性的有机结构，但并不排除二者的矛盾与冲突。如何处理这些矛盾与冲突，就是伦理学的出发点和研究使命。只有科学地理解利益范畴，才能科学地认识什么是伦理学。

---

① 〔英〕边沁：《道德与立法原理导论》，时殷弘译，北京：商务印书馆2000年版，第59页。

② 〔英〕亚当·弗格森：《道德哲学原理》，孙飞宇、田耕译，上海：上海人民出版社2005年版，第44页。

③ 《马克思恩格斯文集》第1卷，北京：人民出版社2009年版，第536页。

从伦理的视角看利益，其核心问题就是如何正确处理个人利益与整体（共同体）利益的关系，这是伦理学区别于其他人文社会科学的关键点。如果说，人性是道德的第一土壤，那么利益就是伦理的第一土壤，而利益又是人性的社会实现化，所以人性不能直接决定（解释）伦理这样的“大事情”，如果解释也只是“细小的”利益。马克思认为，人性更多的是一种心理存在，“它正确地猜测到了人们为之奋斗的一切，都同他们的利益有关，但是它由此得出了不正确的结论：只有‘细小的’利益，只有不变的利己的利益”。[①] 尽管从人性出发也能看到道德与利益的某种关联，但也只能导致个人利益至上的道德原则。因为“利益的狭隘小气、愚蠢死板、平庸浅薄、自私自利的灵魂只是看到自己吃亏的事情”。[②] 所以，作为伦理学基础的“利益”是“大格局利益”，是个人利益、社会利益和人类利益的一体化，这就是伦理学所谋求的目标，也是伦理学研究的根本宗旨。社会利益从时间上可以分为目前利益和长远利益；从利益重要性的程度上可以区别为一般利益和根本利益；从利益所涉及的范围上可分为局部利益和整体利益；从利益主体划分上可以分为个人利益、集体利益和社会利益。伦理学就是要在人类的利益体系中合理协调好个人利益、社会利益和人类利益，维护好人类整体的、根本的、长远的利益。人类的整体利益就是命运共同体的建构与维护，人类的根本利益就是和平与发展，人类的长远利益就是“世界大同”。这就是伦理学看待（认知）利益的独特视角，它区别于其他与利益密切相关的学科。特别是进入近代以来，随着知识体系由整体性向明细性转化，各个学科都仅仅关注自身领域的利益部分，如经济学只关注效益，政治学只关心权力，法学专心于权利，等等。只有伦理学能超越利益的局部视野，从利益的协调和联结来看利益，从利益的互助机制来获得利益的大体平衡，这也是现代伦理学的主要任务。因为“我们这个时代的伦理危机也就是个体—社会—种属的连接危机”，[③] 伦理断裂的本质是利益的冲突甚至互反、互损，伦理连接的纽带只能是利益的互助与一体化。

---

① 《马克思恩格斯全集》第1卷，北京：人民出版社1995年版，第187页。

② 《马克思恩格斯全集》第1卷，北京：人民出版社1995年版，第254页。

③ 〔法〕埃德加·莫兰：《伦理》，于硕译，上海：学林出版社2017年版，第47页。

既然对利益的伦理理解有特殊性，那么对利益何以成为伦理学的基础的理解就简单多了，因为利益与人类活动的一般性和伦理实践的特殊性相关。利益是伦理学的基础，首先是由人类活动的一般规律所决定的，这个规律就是人类的所有活动都与利益有关，哪怕是“思想”活动，一旦离开了“利益”，“就一定会使自己出丑”。[①] 关于这一点，马克思主义为我们提供了强有力的理论支撑。马克思主义认为，人作为一种有生命活动的社会存在物，有其“内在规定性”，这就是人的需要。正因为有诸多需要，人“同时就是需要有完整的人的生命表现的人，在这样的人的身上，他自己的实现表现为内在的必然性、表现为需要”。[②] 需要本身就成为人的本质的基本规定。而“人的本质不是单个人所固有的抽象物，在其现实性上，它是一切社会关系的总和”。[③] 这就决定了人的社会关系也是由人的需要产生的，“把人和社会连接起来的唯一纽带是天然必然性，是需要和私人利益”。[④] 需要构成了利益的自然前提，并且由物质需要而产生的物质利益在人类生存和发展中，具有决定性的意义，因为“为了生活，首先就需要吃喝住穿以及其他一些东西。因此第一个历史活动就是生产满足这些需要的资料，即生产物质生活本身”。[⑤] 但人的需要的实现是社会性的，只有在一定的社会关系的基础上，才能真正形成社会的利益关系，才会有伦理关系可言。人的利益关系不仅会表现为因内在需要体系的矛盾与冲突而产生的不协调，如生存与道义、世俗与崇高、肉体与灵魂，这需要道德的调节，是道德学的任务；更会表现为因需要主体的不同而产生的矛盾与冲突，如个人利益与他人利益、个人利益与社会整体利益、部门利益与部门利益、部门利益与社会整体利益之间的矛盾与冲突，这些都需要伦理的调节，这种调节不是简单地要求个人利益服从社会利益，而是要以利益的正当性为前提，实施双向调节，实现利益均衡，这是伦理学的任务。没有人伦世界的利益关系及其矛盾与冲突，伦理学就没有

---

① 《马克思恩格斯文集》第 1 卷，北京：人民出版社 2009 年版，第 286 页。
② 《马克思恩格斯全集》第 42 卷，北京：人民出版社 1979 年版，第 129 页。
③ 《马克思恩格斯选集》第 1 卷，北京：人民出版社 1995 年版，第 60 页。
④ 《马克思恩格斯全集》第 1 卷，北京：人民出版社 1956 年版，第 439 页。
⑤ 《马克思恩格斯选集》第 1 卷，北京：人民出版社 1995 年版，第 79 页。

存在的必要。

2. 均衡是伦理学的特殊协调方式

均衡（equilibrium）最初是从物理学中借用的概念，“指的是一个系统的特殊状态：在其中相互对立的力量同时对这个系统发生作用，但它们相互抵消、作用的结果等于零，因此系统处于某种稳定的状态”。[①] 均衡用来分析人的行为和社会现象时，它表明相互对立中的任何一种力量在现有条件约束下均不具备改变现状的动机与能力。伦理学讲的均衡是指各种伦理主体之间的利益大体平等。人伦世界的利益矛盾是客观的、不可避免的，这就需要有行之有效的调节、化解方式与方法。鉴于现实的社会利益“发生地”多集中于经济、政治、法律、伦理等诸领域，因而利益关系的调节常有经济的、政治的、法律的、伦理的等方式。这些方式相比较而言，经济的方式注重利益的最大化；政治的方式注重利益之上的权力干预；法律的方式注重合法权利的维护；伦理的方式注重利益的大体均衡，特别是个体利益与群体利益之间的均衡。

人要生存，首先必须满足物质生活需要，物质生活资料的生产直接体现为最基本的经济活动，经济活动带来的就是经济利益，所以经济利益在利益的价值排序中具有某种天然的优先性。利益关系的经济调节就是按照经济规律的调节，就是资本逻辑的调节，就是利益最大化的调节。经济规律本质上就是市场规律与价值规律，人有什么样的需要，就一定会有什么样的市场，市场又决定了价值，价值体现为一种现实的利益。所以经济对利益关系的调节是自发的，也是最简单的，按市场要素进行分配一般情况下能让人心服口服。所以，在市场社会里，按市场规律办事本身就是一种伦理要求，是一种自然的伦理法则，是一种内生的伦理秩序。但是一旦有资本进入，市场的天然秩序就可能被打破，因为资本的本性就是“贪得无厌”，利益就彻底金钱化、资本化，拜金主义就不可避免。“资本不是一种物，而是一种以物为中介的人和人之间的社会关系。”资本是带来剩余价值的价值，资本家就是“人格化的资本”。[②] 资本的逻辑

① 曾峻：《公共秩序的制度安排——国家与社会关系的框架及其运用》，上海：学林出版社2005年版，第127页。

② 《马克思恩格斯全集》第44卷，北京：人民出版社2001年版，第877~878、359页。

就是金钱至上、金钱万能、金钱越多越好，正如马克思在《资本论》中所描述的那样："一旦有适当的利润，资本就胆大起来。如果有10%的利润，它就保证到处被使用；有20%的利润，它就活跃起来；有50%的利润，它就铤而走险；为了100%的利润，它就敢践踏一切人间法律；有300%的利润，它就敢犯任何罪行，甚至冒绞首的危险。"所以，"资本来到世间，从头到脚，每个毛孔都滴着血和肮脏的东西"。[①] 资本逻辑就是利润至上，经济行为的目标就是利益最大化，尽管可以在协调利益时实现量的增加，为利益均衡创造条件，但它在趋利上表现得没有丝毫节制，也给利益伦理化带来危机。可见，经济调节的局限主要有两点：一是经济调节只能限定在经济利益领域，而伦理领域不能完全被经济化、市场化；二是经济调节基本上是按资本逻辑，而伦理领域绝对不能资本化，经济对伦理的作用只能是提供物质基础，而不能把伦理经济化，或者使经济伦理化。

政治也是调节利益关系的重要力量。什么是政治？《布莱克维尔政治学百科全书》是从制度和思想两方面来界定的。就制度方面而言，"政治是在共同体中并为共同体的利益作出决策和将其付诸实施的活动"。由这一定义，得出三项重要的推论：第一，政治是一种活动，第二，政治是作为决策付诸实施的活动，第三，政治是发生在某个共同体中并为该共同体服务的一种活动。[②] 就思想方面而言，"政治可以被简要定义为一群在观点或利益方面本来很不一致的人们作出集体决策的过程，这些决策一般被认为对这个群体具有约束力，并作为公共政策加以实施"。这个定义隐含了四个基本要素：政治预先存在观点上的分歧；政治意味着某种和作出集体决策的方式有关的东西；政治还意味着无论一种决策的作出有多么神秘，有关群体却仍把它看作是权威性的；政治总是与权力分不开，即将决策强加给不愿意服从的成员。[③] 对政治内涵的把握当然离不开制度的维度，但

① 《马克思恩格斯文集》第5卷，北京：人民出版社2009年版，第871页。

② 参见〔英〕戴维·米勒、韦农·波格丹诺主编《布莱克维尔政治学百科全书》，邓正来中译本主编，北京：中国政法大学出版社2002年版，第629页，"政治"（制度卷）词条。

③ 参见〔英〕戴维·米勒、韦农·波格丹诺主编《布莱克维尔政治学百科全书》，邓正来中译本主编，北京：中国政法大学出版社2002年版，第630页，"政治"（思想卷）词条。

由于研究的特殊性，我们更倾向于在思想层面使用“政治”概念，即政治是公共权力主体强制推行公共政策的一种活动，这种公共政策包括了公共资源的分配、公民权利的保障、政府服务、国家间的交往等，这样就可以彰显政治的利益调节功能。政治调节的特殊性在于如下几点。第一，政治调节利益关系特别是经济利益关系的方式特殊。一般来讲，政治总是运用国家机器，或者是以国家机器为后盾，这种干预式调节往往是强制性、单向性、自上而下的，没有讨价还价的余地。第二，政治调节利益关系的程度也是特殊的。由于政治对利益的调节要么是建设性的，要么就是破坏性的，所以对利益关系的调节相对迅速和直接，有时会表现为一场革命，特别是当国家间利益无法协调时，往往会发生战争。第三，政治调节常常是通过公共政策来完成的。在当代，调节国内利益关系，需要公共政策制定的完整过程，在这一过程中需要有公民的广泛参与，而公民参与本身就是政治伦理要求。政治调节的局限主要是容易导致权力的权利化，即政治主体通过公共权力在协调利益过程中牟取个人私利，即以权谋私。这就需要政治权力约束的伦理化和法治化。

法律是调节利益关系的有效手段。也许我们可以通过个别的政治主体（某一层级的官员）来协调某种利益矛盾，并且也会非常有效，但这并不能确保具有普遍的效应，“因为没有哪个社会有足够的官员去个别地通知每一个社会成员该做什么”。所以需要一种普遍化的控制形式，这就是法律。这种普遍性在两方面表现出来：“一方面，它指出普遍的行为模式；另一方面，它又把这种模式适应于一个普遍的角色群，属于该角色群的人们被期待着能够注意到这一行为模式适应他们，他们应该对之加以遵行。”[①] 在民主法治相对健全的社会里，法律调节是超越于任何人的最普遍有效的方式，不容许有特殊的权益凌驾于法律之上，这样可以保证平等调节。法律调节的特殊性主要体现在三个方面。第一，法律调节所凭借的力量是强制性的，并且依靠有组织的惩罚机关和系统的惩罚措施。因为“法律上的制裁是由国家司法和行政部门来执行的，凡缺乏组织强制力之直接

① 〔英〕哈特：《法律的概念》，张文显等译，北京：中国大百科全书出版社 1996 年版，第 22 页。

并即时支持的事，都不是法律。”[①] 法律调节的强制性会以专门的司法机构（法院、司法部门）来强制执行，不会因被调节者的主观意愿而改变。政治调节尽管也有强制性，但它也必须限定在法律允许的范围内，较之于法律的“上位”调节，它是“下位”调节，所以，政党与政府都必须依法执政、依法调节。第二，法律调节的范围是相对有限的。由于法律制定的不可周延性和法律手段使用的条件性，法律只能在它所规定的范围（领域）内进行调节，这个范围无论怎样扩大，也不可能广及整个社会生活。对于超出现有法律范围的事物，法律同样无权调节、无力调节，因为法治的前提是有法可依。现存社会利益关系涉及面肯定大于法律所能调节的范围，就此而言，法律调节总是存在“真空”。第三，法律调节的结果往往具有不可更改性，具有严肃性和生硬性。利益调节的过程也许就是利益博弈的过程，如果是经济调节会考虑其利益的变化过程及其后续的经济效应，但法律调节是“切面”式的，一锤定音，不留余地，不讲人情，甚至不顾人性，除非是重大误判，否则不可更改。就此而言，法律对社会利益关系的调节是相对公平、稳定和有效的，尤其是在法治社会，人们习惯用法律来解决利益问题。因为“利益是权利的核心，法律是权利的外壳”。[②]

相比于经济调节、政治调节、法律调节，伦理对于利益关系的调节是非常特殊的，这种特殊性不但体现在调节的范围、方式、途径上，更重要的是体现在调节效应上。伦理调节的范围比经济调节、政治调节和法律调节都要广，不但涉及物质利益，还可扩展到人的精神利益；不仅会涉及公共（政治）领域的利益，也关注人的私人空间；不仅可以调节法律规定内的事，也可关注无法律规定的领域。可以说，只要有社会性的人存在，就有客观的人伦关系，只要有人伦关系存在，就有人的现实利益关系存在，就有伦理调节的必要和可能。“凡涉及现实利益关系，特别是涉及个人对社会整体利益和他人利益态度的关系和活动”，都属于伦理调节的范围，

① 〔美〕罗斯科·庞德：《法律与道德》，陈林林译，北京：中国政法大学出版社 2003 年版，第 34~35 页。

② 梁上上：《利益衡量论》，北京：法律出版社 2013 年版，第 23 页。

也才能属于伦理调节的范围。[①] 这也决定了当代伦理学被各种人文社会科学所关注、所涉猎，同时，也使伦理学始终具有其他人文社会科学不可替代的功能与作用，甚至可以说，伦理学是人文科学中适用性最广、时间最恒久的学科。人与自然、人与动物、人与神虽然不直接构成现实的利益关系，但从人的立场出发，通过对象化的关联，他们也会形成间接的伦理关系，于是就有了生态伦理、动物伦理、宗教伦理的调节。

伦理调节虽然也是规范性的，但没有明显的强制性，更没有相关的、固定的组织机构，而是依靠社会舆论和个人内在良知来调节利益得失。所谓“道德法庭”的说法只不过是借了法律的用语，而实指“道德审判”的严肃性和深刻性。这里既体现了道德的内在力量，也体现了伦理的规制力量，因为如果没有强大社会舆论所产生的伦理评价压力，个体道德自律总是有限的，甚至是微弱的。所以，伦理调节对于行为个体而言也是一个由外入内的心理过程，其他的调节方式无法进入人的内心。我们说伦理调节没有强制性仅仅是与政治、法律比较而言的，事实上任何规范性评价和约束都有某种强制性，只不过是“无形”的强制罢了，如行为习惯或风俗习惯，我们常常称之为“习惯法”。习惯法作为一类隐形的社会规范，在中西方文化体系和人们的日常生活中广泛存在，它是独立于国家制定法之外，依据某种社会权威确立的、具有强制性和习惯性的行为规范，如我们最常见的家规、族规、行规、乡规、民约等。它既非纯粹的道德规范，也不是完全的法律规范，而是介于道德与法律之间的“准法律”规范，其实就是伦理规范。习惯有“势力”，习惯也成“自然”，这里起作用的是道德的力量，这是道德对伦理的支撑，因为伦理的效力有时就是道德效力，它是自然法与理论法规范的基础，而“自然法与理论法规范的效力既不依赖社会实效，也不依赖权威的制定，而只依据由道德所证明的内容正确性”。[②] 这就是伦理调节不同于法律调节的特殊性力量。

---

① 〔英〕哈特：《法律的概念》，张文显等译，北京：中国大百科全书出版社 1996 年版，第 22 页；〔美〕罗斯科·庞德：《法律与道德》，陈林林译，北京：中国政法大学出版社 2003 年版，第 79 页。

② 〔德〕罗伯特·阿列克西：《法概念与法效力》，王鹏翔译，北京：商务印书馆 2020 年版，第 72 页。

从调节效应上看，伦理调节对于对抗性利益关系就显得力不从心。利益矛盾与冲突是不可避免的，而利益矛盾又可分为对抗性与非对抗性两种，对抗性利益矛盾只能通过政治的和法律的手段来解决，而非对抗性利益矛盾的协调，伦理则大有用武之地，虽然也需要辅之以政治、经济、法律的方式。所以，我们应该正确看待伦理调节效力的有限性，既同“伦理无用论”划清界限，在一切应当或尽可能运用伦理调节的时候或场合充分发挥伦理调节的作用；又要同“伦理万能论”划清界限，在一切不应当或不可能运用伦理调节的时候或场合尽量用政治的、经济的、法律的等其他方式调节。其实，问题的关键是如何理解伦理领域的“应当”，或者说，什么是伦理“应当”调节的。人的活动经过无数次的反复，自然会形成某种秩序和要求，这些秩序和要求又通过人的意识被自觉认识到，正如列宁所指出的那样：“人的实践活动必须亿万次地使人的意识去重复各种不同的逻辑的格，以便这些格能够获得公理的意义。”① 秩序、要求、公理等，相对于每个人而言，就是一种预先“约定”的普遍规则，理所当然地要遵守，不容置疑，这就成了“应当”。这样，就可以区分现有与应有、事实与应当，从根本上改变了人们只知道生活“是什么”的被动状态，使人们趋于一种“应当”怎样生活的主动态，一种秩序就会形成。这种秩序“保留了原先的强制性，又具有了相当大的灵活性，人不是秩序的奴隶，而是秩序的主人，因为正是人发现、制造了应当，形成了秩序”。② 这种应当的秩序一旦形成，人就变得不那么任性，开始克制欲望，放弃偏执，按照应当的生活方式和行为模式去生活。从此，人们无须仅仅生活在政治、法律“必须这样”的强制中，而是可以按照自我认可的“应当怎样”来实现“从心所欲，不逾矩”的伦理自由。

当然，伦理调节的最大特殊性在于以利益均衡为目标。如果说经济调节是谋求（经济）利益的最大化，政治调节是保障政治权力的威严，法律调节是维护好法定权利，都带有此消彼长的意味的话，那么，伦理调节则是追求利益关系的大体均衡，以此来维护好“最少受惠者”的利益。均衡

① 《列宁全集》第38卷，北京：人民出版社1959年版，第203页。

② 罗国杰主编《伦理学》，北京：人民出版社1989年版，第52页。

是一个含义丰富的多学科概念，有时指人体内阴阳之平衡，如《素问·五常政大论》："升明之纪，正阳而治，德施周普，五化均衡。"均衡也是博弈论中的核心概念，指博弈达到一种稳定状态，没有一方愿意单独改变战略。在摄影中均衡属于一种视觉稳定的心理现象。在美学上，均衡是指布局的等量不等形的平衡。经济学的均衡，从最一般意义上讲就是经济体系中一定量的经济变量在一系列经济力量的相互制约下所达到的一种相对静止并保持不变的状态。在电信技术中，噪声干扰会导致信号失真，这时就需要对信道进行补偿和校正，这种技术也叫均衡。伦理调节的均衡是指利益相关者各方处于相对稳定的和谐状态，具体包括如下内容：全体社会成员享有均等的权利与义务；每个利益主体自身的权利与责任大体相等；社会各阶层的利益大体均等；个人利益、社会利益、人类利益有机统一；国家间相互尊重、平等相处；人与自然和谐共存；历史维度的代际均衡；网络世界中虚拟与真实的均衡；人工智能时代的人机均衡；等等。可见，均衡作为一个伦理学概念谋求的是平等、平衡、稳定、相容、和谐，反对冲突、消除差等、避免斗争、化解矛盾。这也许与现实世界的利益图景相距甚远，但伦理学的理想值得我们去坚守、去实现。经济学尚且有帕累托佳境[①]的追求，伦理学更应该有"理想国"的情怀，有"大同世界"的谋划。

均衡是一种伦理的境界，更是一种调节方式，其调节的特殊性在于，由"有利方"或"多利方"向"不利方"或"少利方"平衡，从而避免"福者更福""穷者更穷""强者更强""弱者更弱"。虽"杀富济贫"是野蛮的，但"移富补贫"合乎伦理。这样一种平衡宗旨与方向，罗尔斯在《正义论》中作过明确阐释。罗尔斯在《正义论》中开宗明义："正义是社会制度的首要价值……某些法律和制度，不管它们如何有效率和有条理，只要它们不正义，就必须加以改造或废除。"[②] 这意味着所有制度安排

① 经济学所讲的帕累托佳境，是指资源和财富在每一种用途和每一个人之间实现了最优配置，社会福利实现了最大化，以至没有人愿意改变这一状态，其前提条件有"完全竞争""无外部性""完全信息""交易费用为零"等。

② 〔美〕约翰·罗尔斯：《正义论》，何怀宏、何包钢、廖申白译，北京：中国社会科学出版社 1988 年版，第 1 页。

在价值排序上都要让位于正义价值。在此基础上罗尔斯对正义的范围进行了明确的限定："正义的主要问题是社会的基本结构，或更准确地说，是社会主要制度分配基本权利和义务，决定由社会合作产生的利益之划分的方式。所谓主要制度，我的理解是政治结构和主要的经济和社会安排。"①在此前提下，罗尔斯经过层层的推演，最后提出两个正义原则，即平等原则与差别原则。第一个原则是讲每个人在政治上的平等自由，每个人的权利都是相同的；第二个原则是讲在社会和经济安排中，应对"最少受惠者"进行适当补偿。可见，罗尔斯就是通过正义这个伦理原则调节在社会分配中对最不利者的利益。特别是当社会和经济出现不平等的情况下，"在与正义的存储原则一致的情况下，适合于最少受惠者的最大利益，依系于在机会公平平等的条件下职务和地位向所有人开放"。② 不仅如此，罗尔斯还对于"最少受惠者"的范围进行了更进一步的规定，那就是选择一种特定的社会地位，比方说不熟练工人的地位，然后把所有那些与这一群体在收入和财富上相当或更少的人们合在一起，算作最不利者。由于他们的出身和天赋的不平等不是自己造成的，是不应得的，所以，这些不平等就应该多少给予补偿。但是，这种补偿不应就是一种简单的福利，而是要从制度上给予根本性的补偿。这也是伦理调节不同于道德调节之处，前者主要仰仗制度性要素，后者主要依赖良知良能。所以，同情弱者，帮助弱势群体，达成利益的相对均衡，以实现社会最基本的公平与正义，是伦理学特有的品质与品格。同时，伦理学的这种"向弱者倾斜"的调节方式也与法律调节有某种相同之处，法律虽然拒绝同情与人情，但"法律选择保护的是一种需要优先加以保护的利益"，③ 如出台对妇女、儿童、残疾人、老年人优先保护的法律法规。

3. 和谐是利益均衡的伦理目标

有利益矛盾就需要伦理调节，而调节的目标是实现利益均衡，从而实

① 〔美〕约翰·罗尔斯：《正义论》，何怀宏、何包钢、廖申白译，北京：中国社会科学出版社 1988 年版，第 5 页。

② 〔美〕约翰·罗尔斯：《正义论》，何怀宏、何包钢、廖申白译，北京：中国社会科学出版社 1988 年版，第 292 页。

③ 梁上上：《利益衡量论》，北京：法律出版社 2013 年版，第 25 页。

现社会的整体性和谐。“和谐”理念是中华传统文化中最具代表性的思想精髓之一，也是最具特色的中国价值观。和谐是中国古代人民在生产劳动中总结出的一种生存、处世之道，创造性地融合、吸收了中国古代儒家、道家、墨家、佛家等思想，遍布各种文献和典籍之中，并在此基础上形成了一套关于社会和谐共生发展的思想理论。“和谐”一词来源于“和”与“谐”两个字的组合。“和”有“和合”“和顺”“和平”等义，“谐”多谓“语言之合”，有“合”“调”“偶”等义。从汉字的结构上讲，“和谐”最原初的意义就是“人人有饭吃，人人都可自由言说”。这虽然有“望文生义”之嫌，但不能不说这是对“和谐”的本义解读。《左传》曾记载，作为霸主晋王侯“八年之中，九合诸侯。如乐之和，无所不谐”。这里，“和谐”就是一种协调优美的状态。东汉魏伯阳在《周易参同契》中首次把“和”与“谐”连起来使用：“三五既和谐，八石正纲纪”。由此，“和而不同”“求同存异”“协和万邦”“天人合一”便成了和谐理念的题中应有之义，它包含着对实现社会的和谐发展与合作共赢的期盼，预示了人伦关系的和睦、融洽状态，更是对人类友好共生伦理秩序的期盼。

和谐文化源远流长，在发展中逐渐形成了一个庞大的价值体系。和谐就是对世界上众多不同事物之间关系平衡、统一状态的描述，也就是多样性的统一。中国传统文化本身就是一种崇尚和谐的文化，从诸子百家的相关论述中可见一斑。孔子把“和”引入社会生活领域，并将其视为一种重要的个人品德，他认为“君子和而不同，小人同而不和”（《论语・子路》）。换言之，“和”而非“同”是区分君子与小人的重要标准。孟子继承了孔子对“和”的社会性理解，并将其视为比外在自然环境更为重要的内在因素，“天时不如地利，地利不如人和”（《孟子・公孙丑下》）。荀子则将这种自然规律与人类社会联系起来，提出了“制天命而用之”的社会治理理念，认为“天地合而万物生，阴阳接而变化起，性伪合而天下治”（《荀子・礼论》）。因此，社会的治理应该遵循“和合”的原则，强调要顺应、掌握事物变化发展的规律。道家的始祖老子则提出“万物负阴而抱阳，冲气以为和”（《老子》第四十二章）。他认为事物都有阴阳两个矛盾面，只有二者的相互作用才能构成“和”，和则万物生发。在社会现实层面，只有遵循与利用这种自然规律才能达到“无为而无不为”。墨子则从

“合”的一面来解读“和谐”理念，将汇合、集合等上升为执政者团结民众的治理策略，提出了爱无差等、亲疏的“兼相爱”思想。汉代董仲舒则将“和谐”理念与个人的修身养性结合起来，指出：“和者，天地之正也，阴阳之平也，其气最良，物之所生也。举天地之道，而美于和。”(《春秋繁露·循天之道》)而后来佛教文化中的“因缘和合”“圆融无碍”等思想也被“和谐”理念所吸收、融合。由此，中国古代的儒、释、道等文化都对“和谐”理念的形成与发展产生过重大的影响。可以看出，“和谐”的内在包容性、多样性、辩证性体现出了中国传统文化的核心与精髓。“和谐”作为中国优秀的传统文化，反映出中国古代人民对于世界起源、自然规律、社会生活等多个领域的深刻认知，充分体现了中华民族崇尚和平、友好团结的伦理精神特质。

其实，和谐是人类永恒的价值追求，不但中国的思想家重视，也是西方文化价值中的重要组成部分。[①] 古希腊哲学家毕达哥拉斯就曾提出过“和谐最美”的命题，柏拉图则认为“公正即和谐”。西方学者在提出各种社会理论的时候几乎都会以和谐作为核心价值，如协和社会论、结构功能论、社会系统论等。空想社会主义者更是追求和谐，如法国空想社会主义者于1803年发表《全世界和谐》一文；1824年英国空想社会主义者欧文在美国印第安纳州进行共产主义实验，也是以“新和谐”命名的；1842年德国空想社会主义者魏特林出版《和谐与自由的保证》一书，直接把社会主义社会称为“和谐与自由”的社会。马克思恩格斯创立的科学社会主义把共产主义社会的实现直接定义为建立自由人的联合体。他们在《共产党宣言》中明确指出：“代替那存在着阶级和阶级对立的资产阶级旧社会的，将是这样一个联合体，在那里，每个人的自由发展是一切人的自由发展的条件。”[②] 在这样的自由联合体中，将消除阶级之间、城乡之间、脑力劳动和体力劳动之间的差别，社会物质财富极大丰富，人的精神境界极大提高，个人自由而全面地发展，消灭了私有制，没有压迫，没有剥削，没有仇恨，所有人都可以和谐相处。

---

① 参见韩震、章伟文等《中国的价值观》，北京：中国社会科学出版社2016年版，第213~214页。

② 《马克思恩格斯选集》第4卷，北京：人民出版社1995年版，第730~731页。

古今中外的和谐思想所蕴含的丰富智慧，对构建当下新时代社会伦理新秩序和解决全球化时代的人类生存困境，有着十分重要的伦理价值，具体表现在许多方面。其一，和谐有利于正确处理国家与社会的关系，确保国家的长治久安与社会的稳定团结。其二，和谐有利于正确处理人与自然的关系，使自然界能够得到有效保护，改善全球自然环境，实现绿色、低碳的可持续发展。其三，和谐有利于正确处理自我与他者的矛盾，有效避免自我对他者的漠视与伤害，从而从深层次上化解人际矛盾和冲突。其四，和谐有利于正确处理个体身心矛盾，有效避免身体沦为物质主义的奴隶，实现人的自由全面健康发展。其五，和谐有利于正确处理代际矛盾，为子孙后代留下宝贵资源，更好地实现代际正义。其六，和谐有利于处理国家间的关系，有效避免霸权主义和单边主义，在全球化时代促进世界的和平与发展，实现世界“大同”。

作为利益均衡伦理目标的和谐，是伦理学的价值追求，天然具有理想主义的情怀，但绝不是空想或幻想，而是基于实践理性可行动的战略，有自身的“所指”与“能指”，这就是全面的和谐、相对的和谐、手段的和谐、过程的和谐，这本身就构成秩序的和谐与和谐的秩序，就是伦理的宗旨与境界。所谓利益均衡的全面和谐是多种利益呈现形态的高度和谐，包括物质利益与精神利益的和谐、个人利益与社会利益的和谐、眼前利益与长远利益的和谐、国家与国家之间的利益的和谐、国家利益与世界（人类）利益的和谐、人类利益与自然环境利益的和谐等，这些利益必须形成一个和谐的有机整体。利益关系是一个多层次、主体交叉、错综复杂的利益网络格局，各种利益之间不仅发生横向关系，也发生纵向关系；不仅发生直接关系，也发生间接关系；不仅发生直线关系，也发生反馈关系；不仅有差别关系，也有对立关系；不仅有相容相助的关系，也有此消彼长的关系；由此形成一个复杂的利益体系。[①] 在众多利益关系中，最根本的关系是个人利益与社会利益的关系，它构成伦理调节的核心，是实现利益均衡全面和谐的重要抓手。因为集体利益与个人利益的关系既是道德关系的根本，也是伦理关系的核心，只不过在道德关系调节时，强调个体利益的

① 参见王伟光《利益论》，北京：中国社会科学出版社 2010 年版，第 148 页。

适当让步或自我牺牲而成全集体利益，而伦理关系调节时，则要充分考虑二者的平衡，不盲目主张牺牲一方而成全另一方，要看哪方的利益是正当的。同时，当集体利益与个人利益作为哲学范畴使用时，已经超越了利益的实体性，是作为利益的两极来考察其是如何表现为恰当、正当、应当、失当的。追求利益的应当状态，调整利益的失当状态，坚持利益的政治状态，回归利益的恰当状态，其灵魂是实现利益均衡的和谐而非对立与冲突。这就是一种伦理的思维方式，是一种处理利益关系的伦理学进路与方法，已经超越了具体政策的局限，形成以和谐为目标的思维定式，避免利益的对抗与撕裂。伦理学不是充满火药味的打打杀杀，而是充满人情味的温柔沟通与协商。掌握了集体利益与个人利益关系伦理调节的和谐思维，其他利益关系的处理就会易如反掌、得心应手。

伦理调节的和谐不会沉迷于理想的浪漫，不会把和谐视为绝对佳境。任何利益的和谐都是相对的，如果把和谐绝对化，就会导致空想化，空想化只能走向反伦理，因为伦理总是实体性与实践性的。利益和谐的相对性主要表现在两方面：利益应得的差异性和所得的不稳定性。利益应得主要有两个依据，一是作为平等的利益（权利）主体在社会中的获得，不能有人格、身份、出身、长相、性别等对先天性因素的歧视与不公平对待；二是作为有差别的公民应该依据自己能力、贡献的不同而取得有所不同的获得，即多劳多得、少劳少得、不劳不得。正义的社会要确保第一种应得的绝对公平，而对于利益应得的第二个方面努力做到相对公平。相对公平就是正义的差别原则，只要这种不平等能促进社会地位和职务向所有人开放，就是合乎伦理的。在社会中，“当且仅当境遇较好者的较高期望是作为提高最少获利者的期望计划的一部分而发挥作用时”，其利益调节才是合乎正义的，所以利益均衡的伦理调节的制度预设是，“社会结构并不确立和保障那些状况较好的人的较好前景，除非这样做适合于那些较不幸的人的利益。”[①] 承认差异，就意味着承认利益均等的相对性，只不过这种差异不能太大，需要利益的补偿，这种补偿就是要把不平等产生的额外利益

① 〔美〕约翰·罗尔斯：《正义论》，何怀宏、何包钢、廖申白译，北京：中国社会科学出版社1988年版，第76页。

转移给那些获益最少的人。承认利益和谐的相对性，更能彰显伦理调节的价值：一是促使了社会补偿机制的形成，保障好“最不利者”的基本权益，因为显现的差别，如果没有正义的要求，不可能有补偿；二是表达了一种互惠的观念，补偿虽然是词典式的排序，但在完全正义的条件下，利益的流动并不是单向度的，而是相互的；三是表现了一种仁慈的情怀，如果不帮助那些最需要帮助的人，不改善社会最不利者的生存状态，那就没有体现“博爱”的要求；四是激发了“最不利者”的工作积极性，让他们看到和承认自己的不足，并在社会补偿中受到鼓舞和鞭策，尽量缩小后天因素的差距。如果说“差别原则从社会正义的立场表达了它的基本意义”,[①] 那么，利益和谐的相对性则从社会正义的立场表达了它的基本正确。

实现利益相对和谐的调节手段也不可滥用，它本身只能是合乎伦理的手段。在社会生活中，从功利主义的立场出发，政治和经济领域中的行为往往为了目的而不计手段，只以结果论英雄，“成者为王败者寇”“能挣到钱就是真本事”，因为它们的逻辑就是权力和效益的最大化。法律要适当考虑手段问题，因为它涉及违法犯罪的动机、情节、过程问题，但还是存在目的主义的倾向，手段的“正当”不能为犯罪的结果做辩护。伦理调节是完全在乎手段正当性的，即合乎伦理的行为目的必须通过合乎伦理的手段来实现，否则，行为目的再善良、再正义，也是不伦理的，甚至是反伦理的，至少其行为价值量要大打折扣。也许在道德宽容主义看来，只要实现了正义的目的，手段的不正当不影响其价值，但从伦理的立场上看，正义目的是不能为非正义手段进行辩护的，相反，手段的恶劣会直接损害目的的正义性，甚至彻底改变整个行为的性质。所以，要实现利益和谐，伦理调节必须慎重选择手段。问题在于，伦理调节自身的手段是非常有限的，甚至调节力度也非常有限，必须借助于其他手段，如经济的、政治的、法律的、科学的、艺术的、宗教的等，这就更需要慎而又慎。罗尔斯为了实现社会利益的和谐与正义，选择了从社会结构上建立正义的制度，

---

① 〔美〕约翰·罗尔斯：《正义论》，何怀宏、何包钢、廖申白译，北京：中国社会科学出版社 1988 年版，第 106 页。

并具体到分配正义制度，应该是充分考虑到了政治、经济、法律手段的综合性。但是这些手段的选择是否真正行之有效呢？他还不得不依赖人们普遍的道德感尤其是正义感。这说明任何一种手段的选择都会是相对的，其效果总是有限的，伦理调节手段也不例外，只能尽可能选择既合乎伦理又相对有效的调控手段。

利益均衡的实现也不是一蹴而就的，它需要一个过程，甚至是一个渐进的过程，中间可能出现反复。利益均衡的过程性，主要源于现实利益关系的变动性与均衡的相对性，最根本的原因是人的欲望的变动性、无止境性和再生性，由此产生的利益需求也是变化的，有时甚至是不确定的，而利益的均衡总是暂时的。实现和谐状态，需要一个过程。人有诸多欲望，但要实现欲望并变为现实的利益需要有良好的理由，而要找到这个理由，又必须反思自己的欲望，“就是要考虑自己当前的任何欲望是否具有良好的理由”，这个理由“就是行善避恶，做善良之事，防邪恶之行”。[①] 只有当我们的欲望目标实实在在成就了某种善时，我们满足这种欲望而获得的利益才具有合理性。因此，欲望必须在理智的指导下才能找到满足的良好理由，“有理智的欲望又需要善的价值引导，能够给人们带来好处或益处，而什么是好处或益处则需要有所共识”。[②] 这种共识就会形成若干规则，而“每个主体所接受的规范规定了某种利益的权衡，可能还规定了在特定场合进行这种利益权衡的程序”。[③] 所以，从欲望到利益均衡是一个漫长的过程。问题的复杂性在于欲望是一个变量，不但单个的欲望是无止境的，而且在满足一个欲望的同时会产生新的欲望。欲望的扩张与再生带来了欲望与满足欲望条件之间的巨大反差，使欲望满足形成的利益总是滞后于欲望本身，使利益总是处于匮乏状态。利益的匮乏与利益的追求形成了一个无止境的过程，利益均衡的和谐状态也“总是在路上”。我们还应该注意的是，在调节过程中应始终保持标准的一致，保证前后调节的和谐。

---

① 〔英〕阿拉斯代尔·麦金泰尔：《现代性冲突中的伦理学：论欲望、实践推理和叙事》，李茂森译，北京：中国人民大学出版社 2021 年版，第 7 页。

② 〔英〕阿拉斯代尔·麦金泰尔：《现代性冲突中的伦理学：论欲望、实践推理和叙事》，李茂森译，北京：中国人民大学出版社 2021 年版，第 11 页。

③ 〔英〕阿拉斯代尔·麦金泰尔：《现代性冲突中的伦理学：论欲望、实践推理和叙事》，李茂森译，北京：中国人民大学出版社 2021 年版，第 38 页。

总之，“利益的冲突是真实的、不可避免的、无法根除的。绝不可能取消它们，不过，越来越重要的是，它们应该受到限制和包容。冲突应该被限制、被调整到一个相对和平的方式，这或许不是每一个个人的利益，但却是每一个由个体以及他们的后代组成的群体的利益，当然，也是所有国家和人种的利益”。[①] 利益均衡的全面和谐、相对和谐、手段和谐、过程和谐，在理念上有帕累托佳境的追求，这正好体现了伦理学的特殊性。当代伦理学应该是有理想、有信仰的伦理学，而“伦理信仰即是爱。然而在爱中维持理性之光则是一项伦理义务”。[②] 我们就是要在理性的审慎中保持伦理之爱，在伦理之爱中坚持利益均衡的和谐。

---

① 〔澳〕约翰·L. 麦凯：《伦理学：发明对与错》，丁三东译，上海：上海译文出版社 2007 年版，第 240~241 页。

② 〔法〕埃德加·莫兰：《伦理》，于硕译，上海：学林出版社 2017 年版，第 293 页。

第一部分

存在论

提示语：讨论伦理问题，不能不涉及其本体及存在问题。而本体是一种先于存在的“存在”，鉴于伦理的特殊性，在此视伦理之体为具体的存在，即人伦世界。伦理是调节人伦关系之理，而人伦之理源于自然法则，在中国文化语境中叫作“天理”，在西方文化语境中叫作“自然法”，这意味着人伦是天伦的延伸，是“天人合一”的伦理确证。“天道”与“人道”是天人相分的产物，也是天人感应的结果，但统一于“道”，所以，伦理合法性首先只能源于自然法则。伦理也是实体性的，主要由家庭、社会、国家、人类（世界），甚至虚拟的网络世界来承载，还可能会由宇宙太空来承载。伦理实体是一个不断升级同时也是不断“虚化”的演变过程，人工智能是否会导致人伦世界的瓦解，目前无法验证。伦理作为一种存在是精神、制度、信仰的有机统一，无论是道义形态的伦理，还是后果主义的伦理，抑或相对主义的伦理，都是伦理的存在，这决定了伦理是一种共相与殊相的统一。伦理的共相确保了其规范秩序性的可普遍化，而伦理的殊相保证了伦理在具体情境中的具体落实。伦理也是一种开放性的存在，伦理与物理的关联决定了伦理的物质基础，与心理的关联反映了伦理的社会心理沉淀，与法理的关联使伦理获得了制度性支撑，与艺理的关联使伦理充分表现出柔美的一面，与事理的关联使伦理在历史中留下深刻记忆。伦理本身的依赖性与开放性，决定了伦理学知识的依赖与开放。伦理学的知识依赖表现为伦理作为一种思想意识形态或规范文化的特殊类型在整个社会结构中是依赖性存在的，具体有横向依赖、纵向依赖与交叉依赖。伦理学知识开放就是要向哲学母体开放、向人文科学开放、向社会科学开放、向道德学开放，并进行知识伦理化、伦理知识化和知识方法化的工作，由此使伦理学知识获得更多的合法性资源与确证。

第一章　伦理合法性*

自德国思想家马克斯·韦伯在20世纪初提出“合法性”（legitmacy）概念以来，其使用非常复杂也非常广泛，似乎所有人文社会科学均有涉及。就其本义（狭义）而言，合法性比较贴近政治学，是指一种政治统治或政治权力能够让被统治的客体认为是正当的、合乎道义的，从而自愿服从或认可的能力与属性。[①] 就其广义而言，合法性是用来描述社会规范和秩序的权威、认可、遵守的状况，所含“合乎某种正当标准”之义，很贴近伦理学。所以，伦理合法性问题，就是伦理可否作为和如何作为一种独立存在，具体探讨伦理关系、伦理规则与伦理秩序的正当性依据是什么的问题，或者我们为何要探究伦理问题以及伦理学“出场”的理由是什么的问题。

人伦世界之理，应该如何证成，事关伦理合法性的确立，即伦理为何具有权威以及何以被人认可并遵守，这自然有多种思想进路。因为人无论作为个体存在还是群体存在，实在是过于复杂，但从思想史而言，伦理的产生方式，无非是“神启”与“人启”两种。如果承认人是上帝的创造物，是神的意志体现，那么伦理归于“神理”，在中国文化语境中就是归于“天理”，自然是理所当然、不容置疑的。如果承认人是社会性动物，其本质是社会存在，那么，伦理归于社会进化之理，“人理”也就天经地义，不可轻视、不可否认。这样就抛开了原有伦理学在自身划定的理论“圈套”里找进路的范式，比如目的论还是义务论，责任论还是权利论等。伦理自然主义在西方语境中一般是从自然规律和人的自然本性来引申出伦理道德要求，而在中国传统哲学中则是基于“天人合一”的基本理念，从

* 本章部分内容已经发表于《海南大学学报》（哲学社会科学版）2022年第3期。

① 参见〔美〕杰克·普拉诺等《政治学分析辞典》，胡杰译，中国社会科学出版社1986年版，第82页，“合法性”词条。

“天伦”引申出“人伦”，先阐明天道天理，再澄明伦理之缘由。在此，所遵循的自然主义思路综合了中西方的伦理思想传统，强调人伦世界源于自然世界，伦理秩序是自然秩序的伸展，伦理的理由是“自然而然”。这种思路不但获得了自然法思想的印证，而且在新技术主义时代可以避免对伦理“人为”地随意构设。当然，在社会结构要素及其相互作用日益复杂的背景下，遵循自然主义的思路，还需要有一种综合性的视野，这样才能真正科学把握好伦理的实体性或实在性，才能相对完整、系统地确立伦理合法性。

一　天伦、人伦与伦理

在中国文化语境中，天人关系是最高的哲学问题，也是探讨人伦关系的逻辑起点，或谓之绪端。为了叙述的方便，需要先对“伦”作些归纳性解释。在中国语境中，对“伦”的诠释主要有三重含义[①]。其一，“伦”者从“人”从“仑”，许慎《说文解字》训“伦”为“辈也”，讲“伦”起码要两人以上，“伦”即指人与人之间的辈分关系，单个人无所谓“伦”。同时，由“辈”之一义引申出“类”“比”“序”“等”等含义，“人群类而相比，等而相序，其相待相倚之生活关系已可概见”。[②] 其二，“伦”通“乐”，如《礼记·乐记》曰：“乐者，通伦理者也。”强调音乐与伦理、美与善的相通性，或者说“乐”是通伦理的最佳方式，伦理以快乐与和谐为要。其三，“伦”同“类”，如郑玄注“伦理”曰：“伦，犹类也。理，分也”，强调“伦”的本质是一种“类”的“分”。但是，根据黄建中先生的考察，“伦”有集合关系之义、对偶关系之义，以及连属关系之义，指谓人类群体相待相倚的各种关系。可见，“伦”就是一种关系、一种规则、一种秩序。但问题是，“伦”从何而来，是否像有的伦理学家所认为的那样，从价值的主观预设开始？上帝？或善理念，抑或善良意志？是否也应该单纯以“社会人”作为逻辑起点，从而实现“社会人”与“社会关系”的互证与自证？正如我在《道德原理——道德学引论》中把

---

① 参见尧新瑜《“伦理”与“道德”概念的三重比较义》，《伦理学研究》2006年第4期。

② 黄建中：《比较伦理学》，济南：山东人民出版社1998年版，第21~22页。

人性作为道德学的起点一样，伦理学也应该把人视为自然的组成部分，视人伦为天（自然）伦的要素与延伸。这是基于中国古代“天人合一”“天人相通”“天人感应”哲学观念的伦理本源性扩展，这些纲领同时也构成了伦理学的合法性来源。

于是，我们就可以把“伦”分为两类：天伦与人伦。天伦就是自然之天的秩序与规则，而人伦则是社会之人的关系秩序。何谓“天伦”？“天”是中国哲学最古老、最重要的概念，也是所有人文学的起点，所以有许多名篇专门研究，如墨子的《天志》、屈原的《天问》、荀子的《天论》、董仲舒的《天道无二》、王充的《谈天》、柳宗元的《天对》、刘禹锡的《天论》等。冯友兰先生在《中国哲学史新编》中认为“天”有五义：“物质之天”“主宰之天”“命运之天”“自然之天”“义理之天。”[①] 如果要使“天”与“伦”对接，我们取“自然之天”、“主宰之天”与“义理之天”三义。作为自然的天，就是指自然界，是人存在的外部物质世界，即天空之天、天地之天与天然之天，在此似乎是与西方的“自然界”（nature）等义的。作为主宰一切的天，意指一种超自然的力量，具有人格神的意味，属于皇天之天、天命之天，类似于西方的上帝（God）概念，甚至可用天堂（Heaven）来代译。所以，“天”除自然界之外，还有了神灵的意味，这是权威性之所在。作为义理的天，则表现为精神实体或伦常义理，这也决定了在什么意义上使用天之理，其意义是不一样的，可为“天道”，亦可为“天理”，这是由“天伦”到“天理”的必备之义。“自然之天”、“主宰之天”与“义理之天”构成完整的“天伦”，即由关系、秩序、规则构成的“天序”。只要顺从“天意”，就无所不能，“天”具有至高无上的权威，不容置疑地具有天然的合法性。从本体论意义上讲，不存在“天外有天”，天已经是不能被再定义的“元概念”，也就是最高位概念，是所有含义、意义、演义的最终来源。这里，我们必须明确的是，中国文化中的“天”虽然具有西方文化中“上帝”的意味，具有至上性和精神本源性，但绝不是主观臆造的，也不是什么“客观精神”，主要是指自然界，具有自然本体的性质，具有统摄万物（包括人类社会）的强大功能。或者

① 冯友兰：《中国哲学史新编》第1册，北京：人民出版社2014年版，第89页。

说，人类社会本身就是自然界（天）的一切部分，“天伦”本身包含了“人伦”。所以，“天伦”就是物质世界的内在关系，就是自然规律呈现的有机秩序，在此意义上可以说，“人伦”就是“天伦”。所谓“天伦之乐”就是“人伦之乐”，“人伦之乐”就是最大的幸福快乐了，因为它源自“天伦”自然而周到的安排。

这里实际上涉及对“天人合一”概念中的“合”对人来说是主动态还是被动态的不同理解。可以成为学术共识的是，天人合一是中国人独特的思想方式和基本精神。“天人合一”思想起源于先秦时代，但却又有多种不同的表述，真正把这样一种思想概括成“天人合一”四个字的是张载。按照著名哲学家张岱年先生的说法，“天人合一”思想是中国传统文化的四种基本精神之一。[①] 除此之外，还有“刚健有为”“和与中”“崇德利用”三种精神内涵，都是讲人与人之间互动的关系问题。而“天人合一”则指的是，人与自然界万物如何相处，是中国传统哲学的根本问题，也是文化方向的基本问题。在中国古代哲学中，关于人与自然的关系存在三种思想主张。庄子主张因任自然：“不以人助天”[②]，也“无以人灭天”[③]。荀子主张改造自然：“大天而思之，孰与物畜而制之？从天而颂之，孰与制天命而用之？”[④] 最有名的是《周易大传》的辅相天地说：“天地交泰，后以财成天地之道，辅相天地之宜，以左右民。”“天人合一”有人理解为人应该主动迎合自然，本质上还是强调人的问题。而实际上，“天人合一”绝非主客二分的思维模式，而是强调天去“合”人，而不是人去“合”天，强调的是天对人的联合、统合与组合，主动方是“天”而非“人”；人与自然“合为一体”，意味着人本身就是自然存在的一部分，甚至只是很小的一部分，而非“融入”其中，不是一种二元结构，人即为自然物，人顺应自身就是顺应自然。

特别有意义的是，从天的本意看，天就是颠，是人的模拟，是人的引申。如《说文解字》：“天，颠也”。陈柱在《释天》中说，“盖天本训颠。

① 张岱年：《中国文化的基本精神》，《齐鲁学刊》2003年第5期。

② 姜国钧：《庄子精讲》，长沙：湖南大学出版社2018年版，第81页。

③ 姜国钧：《庄子精讲》，长沙：湖南大学出版社2018年版，第194页。

④ （清）王先谦撰《荀子集解》，北京：中华书局2012年版，第310页。

《易》曰：‘其人天且劓’，即其人颠且劓。颠，顶也，天为人顶。”（《说文解字诂林》）[①]殷商时代，有意志的至上神是帝，而周代以后天为至上神，是人的假借或转注，是“人的模样的神”，天与人就有了另外一种内在的联系，即“天人相通”，这是人伦即天伦的另一注脚。“天人相通”的观念，发端于孟子，中经《中庸》而大成于宋明理学，实现了由自然之天向人伦之天的过渡。“天人相通”包含了三层意义：一是天与人不是对立的，而是息息相通的统一整体，二者之间没有隔阂；二是天与人统一于“伦”，“伦”于天地间就是“阴阳”甚至“五行”之序，于人世间就是“三纲”之伦；三是天是人伦之本源，人伦秩序与道理源于天，并且二者相互灵通。在伦理上实现天人相通，孟子贡献最大。首先，孟子否定君权神授，认为是“天受之”，而“天受之”又是由“民受之”来决定的。他援引《尚书·泰誓》篇说：“天视自我民视，天听自我民听，此之谓也。”（《孟子·万章上》）这样，在“天命”论的命题中加进了“民意”的内容，与其说是“民意”，还不如说是“人意”更确切，开始呈现出“人伦”的主导性地位。其次，为了进一步凸显人伦的重要，孟子大力倡导“义理之天”，并且以心性释天，认为“四端”（恻隐之心、羞恶之心、辞让之心、是非之心）演化出“四德”（仁、义、礼、智），进而外化为义理之天或伦理之天。换言之。在孟子看来，天之伦源于人之善端，而人伦之理不过是天地宇宙的发现，人是因为禀受了天之伦才有了自己的人伦世界。人之心性与天之伦理是相通的，人伦又因天性获得了合法性。他说，“诚者，天之道；思诚者，人之道也。”（《孟子·离娄上》）这表明，天伦与人伦是相通的，并且相互作用，这就摆脱了人伦对天伦的绝对依赖，使人伦世界获得了独立性的意义。这种对人伦世界的肯定到了宋明理学，就是坚持认为“天即理也”。张载的“民胞物与”、程颢的“仁者以天地万物为一体”、朱熹的“与理为一”、王阳明的“大人者，以天地万物为一体”，都把天伦到人伦，推到了伦理的高度。也就是说，无论天伦与人伦同一，还是天伦与人伦相通，都应该拥有“理”的品质，“理”既有天的属性，更

① 转引自张立文《中国哲学范畴发展史》（天道篇），北京：中国人民大学出版社 1988 年版，第 66 页。

是人的心性体现。

“理”的本义是治理、规则的意思，如《说文解字》曰：“理，治玉也”。现代汉语对“理”有了更多的引申，如物质之理（纹理）、人文之理（道理）、科学之理（物理）、行为之理（管理）等，[①] 后由此引申出条理、规则、道理、治理、整理等多种含义。一般而言，“理”是指事物和行为当然的律则和道理。“伦”与“理”二字合起来形成“伦理”，指处理人伦关系的道理或规则。最早将“伦”与“理”合起来连用的，是《礼记·乐记》中的“乐者，通伦理者也”。可见，伦理的要义在于和谐有序，乐理之通于伦理的地方恰恰在于和合、和谐，黄建中先生由此认为：“伦理义蕴甚富，指归在和，语其封畛，既可兼赅道德人生，而又不至与它名混；循旧名而立新说，不亦可乎？”[②] 伦理的本义可以归纳为：第一，人伦，伦理只发生在人的世界及其秩序中，与人之外的世界无关；第二，关系，伦理一定是发生在主客关系之中，没有关系的地方没有伦理；第三，秩序，人伦关系一定是以某种秩序呈现，如中国传统伦理强调的“君君”“臣臣”“父父”“子子”就是一种封建社会的秩序；第四，规范，伦理一定是应该或不应该的规范性说明，是“所以然”的说理。

在西方语境中，从词源上说，伦理起源于希腊文 ethic，这个词最初表示习惯恒常的住所、共同的居住地，如在荷马史诗中，便是如此来描述的，如海德格尔也曾指出，在赫拉克利特那里“伦理”一词的最初含义就是“寓所”。后来经过不断演绎，虽然可以理解成风俗、性格、品质等，但并不具有伦理的意味。有学者认为，从现代观点看，西方的伦理概念与中国传统的伦理概念的不同在于一开始就具有了原始的、朴素的理性特征。[③]“伦理”（ethic）及“伦理学”的概念最初都是由亚里士多德通过改造古希腊语中的“风俗”（ethos）一词所提出的。因道德 moral 一词源于罗马词 moralis，罗马人在征服希腊后，翻译希腊人的伦理一词时，经常就用 moralis，而 moral 又源于“mores”，主要指“传统风俗”“习惯”等意

① 中国社会科学院语言研究所词典编辑室编《现代汉语小词典》，北京：商务印书馆 1980 年版，第 329 页。

② 黄建中：《比较伦理学》，济南：山东人民出版社 1998 年版，第 21 页。

③ 参见尧新瑜《“伦理”与“道德”概念的三重比较义》，《伦理学研究》2006 年第 4 期。

思，即都是用来说明人的行为活动养成的习惯品质，指向人类对社会文化、生活方式的认同与遵循，这也是后来伦理与道德互释互用的主要原因。其实，亚里士多德创造过一个新名词 ethika，这就是人们后来所说的伦理学。亚里士多德认为，伦理学就是追求个人的善与幸福，政治学则是求得社会的善与幸福，如果我们对伦理与道德作严格的区分，亚里士多德所认为的伦理学反而像道德学，而政治学则可以理解为是伦理学。可见，在西方语境中，伦理同样包含了人伦之序及其规范的意思，只不过因与道德混用，在风俗之外增加了德性、品质的意味。只有到了康德、黑格尔时代才开始严格区分伦理与道德，并把后者看成是前者的前提条件，由此开启了"由道德入伦理"的思想路径。尽管后来哈贝马斯、海德格尔等人也为区分道德与伦理作过努力，但并不是为了解决伦理合法性问题，因为他们也还是普遍认为，只有通过道德，才能证明伦理的合法性，或者说，说明何为伦理还需要借助道德，因为道德要么是神性的产物，要么是人性固有的善良意志，完全是自我证成的，无须"外援"，这形成了道德与伦理的循环互证，其结果就是在"闭环"中自成，直至僵化。

二　天道、人道与伦理

如果说对"天伦"与"人伦"的问题的思考是基于"天人合一"的哲学观念，那么思考"天道"与"人道"问题，就是基于"天人相分"的哲学观念。"天人相分"是解决伦理合法性的另一种路径，不但可以使人伦世界获得独立性，而且也开启了从道德进入伦理的路径，这种"进入"不是基于理性预设的强行"闯入"，而是强调了其"中介"机制，这就是"天人感应"。

"中国哲学范畴系统构想中的道，是最普遍的范畴。它涵盖天道与人道，又存在于天道与人道之中，离开了天道，人道无所谓道，无道亦没有天道与人道。"① "道"原指由此达彼的道路。道是有方向和两边的，循道

① 张立文：《中国哲学范畴发展史》（天道篇），北京：中国人民大学出版社 1988 年版，第 38 页。

而行才不会迷失方向并抵达目的地。由此“道”逐渐引申出正确规则之义。春秋末期，经老庄等哲人的本体论论述，“道”被擢升为哲学范畴，意指天地之“本原”和万物运动演化之原始规则，并有“天道”“人道”之分。“天道”是自然万物的演行法则，“人道”是人生活依存、活动交往、处理人事的规则。故荀子说：“礼者，人道之极也。”（《荀子·礼论》）天道与天命有相似之处，但天命是从天的神性主宰衍化而来的，所以是一种神秘力量，人是无法把握的。与此相反，天道是从天的自然义衍化而来，“是从对四时、历法等自然现象观察而来，并且与五行、阴阳等观念结合起来，成为对天地运行规律的一种总结和概括”。[①] 根据张立文先生的考究，道的原变有八义：道为道路、规律；道为自然界万物的本体或本原；道为一，为原初的混沌状态；道为无，为本；道为理，为术极；道为心；道为气；道为人道。[②] 这当然是立足于历史演变过程，而真正把天道作为伦理依据的应该首推《易传》。《易传》不但提“天道”的次数最多，而且直接把天道、地道、人道相提并论，并且天、地、人三才之道都有自身的对立统一性质，天道为阴阳、地道为刚柔、人道为仁义，此所谓“兼三才而两之”（《周易·系辞下》）。所以，道是“作为普遍联系的一个信息系统，或是一个场。它是由天道和人道诸要素组成的，是一个具有多层次、多结构的整体系统”。[③] 如果要对天道与人道进行功能区分的话，天道往往是体现道的客观方面，如世界的本原、宇宙的演化、物质的存在方式等，表现为自然观、世界观、宇宙观。而人道则是体现为道的主观方面，如人的价值、伦理道德、社会制度，表现为人生观、伦理观、道德观、历史观等。但是，在终极意义上，人道是从天道中推演出来的，或者说人道秉承了天道的属性，天道是人道的终极依据，人道只有合乎天道，才具有权威性。

而人道要获得充分的合法性，还要“下移”并与“德”联系，或者说，让“人道”转化为“天德”。在《易传》中有“乾道变化，各正性

---

① 张鹏伟：《天理与人欲的历史蕴含与现代意义》，北京：人民出版社2018年版，第23页。

② 参见张立文《中国哲学范畴发展史》（天道篇），北京：中国人民大学出版社1988年版，第38~47页。

③ 张立文：《中国哲学范畴发展史》（天道篇），北京：中国人民大学出版社1988年版，第49页。

命”的说法，这里的乾道就是天道，其变化会引起万物各正其性命，这也就是天之德了。如坤卦《文言》中就有“坤道其顺乎，承天而时行。积善之家必有余庆，积不善之家必有余殃”的说法，这很明显就是将天道地道的刚柔与人间人道的善恶联系在一起了。“如果说天道是对天地运行过程和规律的一种描述的话，那么天德完全可以是以道德的角度对天地功能和力量的一种形容和称颂。”① 我们常说的“天行健，君子以自强不息；地势坤，君子以厚德载物”，都是对天地之德的称颂。“日新之谓盛德，生生之谓易”也是表明天道的变化，天德影响人事之德。这样就由天人合一进入了天人合德，即以人德上合于天德，又本天德以立人德，完美实现天道向人道的过渡，中介环节就是天德。“德”字在中国文化中含义颇多，其中至少有三种含义与“道”发生关联。殷商时期，甲骨文中的“德”字后被写作“徝”，金文写作“悳”，前者是正直行为之意，后者是正直心性之意。后来两种写法统写为“德”，“德”同时含有正直行为和正直心性的含义。由于正直的行为就是合乎人道的行为，即德行，正直的心性就是具有人道的心性，即德性，加之“德”自商至先秦，一直与“得”字通，逐渐有“得道”之意。宋儒朱熹就明确说：“德者，得也，得其道于心而不失之谓也。”(《四书章句集注》)可见“德”与“道”存在极为密切的关系，二字连用后形成的“道德”既有“德行与德性的规范”之意，也有“符合规范的德行和德性”之意。如“道德仁义，非礼不成”(《礼记·曲礼》)与“赏不用而民劝，罚不用而威行，夫是之谓道德之威”(《荀子·强国》)，把道德视为规范。荀子“故学至乎礼而止矣，夫是之谓道德之极”(《荀子·劝学》)与韩非子“上古竞于道德，中古逐于智谋，当今争于气力”(《韩非子·五蠹》)中的“道德”，则有德性之意。目前所知最早的“道”“德”连用，是《史记·夏本纪》所记载的约四千年前的皋陶之语：“信其道德，谋明辅和”。道与德的结合，不仅表明天道、人道已经人伦化、实体化、实在化，而且奠定了中国“道德相济”“德得相通”的基本原理，为道德的伦理化提出了形而上学的前提。

其实，“道”与“德”什么时候合用并不重要，我们要关注的重点是

---

① 张鹏伟：《天理与人欲的历史蕴含与现代意义》，北京：人民出版社2018年版，第25页。

“人道”是如何得“伦理”的。这里涉及两个环节：一是天道与人道的区分是基于“天人相分”的，天道与人道的相通或转化有“天人感应”的机制；二是从人道到伦理如何过渡，是“道”在先，还是“理”在先？或者说，是道德说明伦理，还是伦理说明道德，抑或相互定义与说明？

与天人合一相对应，中国传统的天人关系之处理，还有天人相分之说，此说以荀子为代表。在天的意义演绎过程中，孟子拓展了伦理道德之义，而董仲舒发挥了神性主宰之义，唯有荀子却选择自然法则之义，并进行了创造性发挥，提出“天人相分”和“制天命而用之”的思想。荀子讲：“天行有常，不为尧存，不为桀亡”，“强本而节用，则天不能贫，养备而动时，则天不能病；修道而不贰，则天不能祸”，“故明于天人之分，则可谓至人矣。”① 荀子认为，天道完全是一种自然现象，天的运行也是天自身内存动力所驱，与君主是否英明、政治是否清明没有任何关系，更不决定人世的吉凶福祸，与其等靠天道，不如实施人道。所以，荀子的天人相分是功能主义的，而不是本质主义的，即天人各有其职、各有其能。人不能指望天来改变自身，天也不能指望人去感动。“大天而思之，孰与物畜而制之？从天而颂之，孰与制天命而用之？望时而待之，孰与应时而使之……故错人而思天，则失万物之情。”（《荀子·天论》）自然界的事交给天道，人世间的事交给人道，人不能把社会治理之事交由天，人应该发挥主观能动性，掌握好天的运行规律，这才是真正的人伦之理。可见，荀子的天人相分是天人合一的另一种表达，强调的是人应该主动认识自然规律，认识天道的本质，遵天而行、循道而行，从而获得更多人事之自由，使人道与天道达到更高程度的吻合。完全按照自然法则来建构人类社会的生活，安排社会人伦秩序，这是一种实然形态的天人合一，是一种主动态的人伦世界与秩序的切入，从而使人事之理、人伦之序找到了基本依据。

这里的问题是，人是如何能认识天的，或者说天人关系是通过什么机制打通的？不回答这个问题，天道到伦理就会有阻隔，天人合一就成为不可能。中国人创造了自己的智慧，叫作“天人感应”。其实，在殷周之际，已经有了天人相感应的思想，因为天或帝就是人格神，但很模糊。春秋之

① （清）王先谦撰《荀子集解》，北京：中华书局2012年版，第317页。

际天人关系变得复杂起来，因为许多人把周的灭亡归罪于天，出现了怨天、骂天的思潮。孟子不能再重复天与人的“直通”之论，于是就把人的心性与天联系起来，“尽其心者，知其性也；知其性，则知天矣”（《孟子·尽心上》）。天是最高实体，何以能知？只因心这思维器官，其功能就是知善恶，是“天之所与我者”，所以，尽心即能知性，知性就是知天，“存其心，养其性，所以事天也”（《孟子·尽心上》）。从人的心性出发实现天人相通，不失为一种好的路径，但不免有人为的因素，特别是如何证明人的心性在任何时候都是纯正的，天也没有办法。所以，孟子的天人相通之说遭到了庄子的批评，庄子认为以人识天、经人助天，损害了天道自然的特性，人只能顺从天道，抛弃人为，才能真正与天为一。庄子表面上看是否定了天人感通，实际上只不过是换了一个与孟子不同的角度而已，即从自然出发，遵循自然之天的本性就能与天同感。荀子在《天论》中试图将天、地、人统一起来，提出“天有其时，地有其财，人有其治，夫是之谓能参”（《荀子·天论》），但由于没有一个可以贯通三者的东西，各自能“参”就显得意义不大。于是，汉代董仲舒基于“天人一也”提出用“王者”来贯通天、地、人三者。“古之造文者，三画而连其中谓之王。三画者，天地与人也。而连其中者，通其道也。取天地与人之中以为贯而参通者，非王者孰能当是。”（《春秋繁露》卷十一）显然，这是为王权统一作论证。董仲舒对天人感应进行了论证，其理由有三：一是“人副天数”，天是按人的模样塑造的，具有相同的意识和伦理道德本质，所以完全可以通感；二是“同类相动”，天人同类而合一，人能影响天，天人相互作用；三是因天、地、人是由王用道来贯通，王既可以影响天，又能主宰人。[①]董仲舒的“天人感应”说在形式上确实是架起了天人相通的桥梁，但缺少科学依据，仅仅是为王权和中央大一统作论证。但是“天人感应”说在伦理道德上的意义是比较特别的，一是为人伦世界的规则规范提供了合法性依据，尽管不是科学的，亦如西方文化中的神或上帝为伦理道德之源一样；二是树立了一种道德理想主义的基本模式，即善恶报应，如果作恶，

① 张立文：《中国哲学范畴发展史》（天道篇），北京：中国人民大学出版社 1988 年版，第 53~54 页。

是要受到老天惩罚的，没有天人感应，因果报应是无法解释的。这样，“天人感应”说把伦理带到了信仰层面，打通了天道、人道与伦理。

如果我们抛开信仰层面，认定从天道到人道是相通的，那如何由天道、人道过渡到伦理呢？除了以上论述过的由天人关系过渡以外，实际上还存在一个“道”“理”关系问题。从已有哲学文献来看，“道”早于“理”。《说文解字》云：“道，所行道也，一达谓之道。”这意味着，道的本义是人行之路，具有一定的方向，后引申为天和人所必须遵循的轨道或规律。“道”字虽然在《尚书》中多次出现，但作为哲学范畴则始于老子。老子的“道”是先于天地万物的，在宇宙间是独一无二的，也是永恒存在的，无形无象，无始无终，不可被感知。相反，所有事物都是道所生，此所谓：“道生一，一生二，二生三，三生万物。”（《老子》第四十二章）包括万物之“理”也是“道”派生的。尽管老子也讲天道和人道，但他的“道”已经超越了天人之争，是一种无为而无不为的存在，除了道法自然，再无他理。“理”在《老子》《论语》等古籍中还未曾提出，只有到战国中期才出现“理”这一哲学范畴。[①] 先秦时期，对“理”的理解有三种。一是以“义”“礼”释“理”，如孟子讲“心之所同然者何也？谓理也，义也”（《孟子·告子上》），荀子讲“礼也者，理之不可易者也。”（《荀子·乐论》）以礼、义解理，实际上就是把理的伦理性突出出来，“理”主要是讲伦理。二是以事物形式与特性释理，如《庄子·天地》中说“物成生理，谓之形”，《荀子·正名》中讲“形体色理以目异”。这都表明“理”是客观事物的表现原则，是可以观察到的存在，它不同于完全形而上的“道”，是“道”派生的。三是以条理、规律、秩序释理，如《庄子·天道》讲“夫至乐者，先应之以人事，顺之以天理”，就是要顺从自然规则，这是人事之理，即伦理。可见，对“理”的理解基本上是以人伦为视角的。还有一点可以成为共识的是，虽然“道”与“理”都有规律、规则之意，但“理”是具体事物的特殊规律，而“道”是物质世界的一般规律，“理”体现于“道”，“道”与“理”是一般与特殊的关系。显然，特殊之“伦理”是需要一般之“道德”来说明的，或者说，道德才是进入伦理的

---

① 参见葛荣晋《中国哲学范畴史》，哈尔滨：黑龙江人民出版社 1987 年版，第 80 页。

大门，这也就是中国人讲“道理”而不是讲“理道”的原因。

这里，还需要重申一下，我不同意李泽厚先生“由伦理入道德”的思路，并且明确主张由道德来解释（说明）伦理。[①] 我非常赞同李泽厚先生对伦理与道德的区分，但不同意他的由外而内、由伦理而道德的路线，他称之为的“历史—教育路线”。[②] 李泽厚先生对“伦理”的理解是比较宽泛的，伦理“指的是人类群体或社会，从狭小的原始人群到今天全人类的公共规范，先后包括了原始的图腾、禁忌、巫术礼仪、迷信律令、宗教教义，一直到后代的法律规范、政治宗教，也包括了各种风俗习惯、常规惯例”。[③] 而道德则“指个体的自觉行为与心理，从自觉意识一直到无意识的直觉。而且道德不能只是‘善念’，而且还须是‘善行’”。[④] 在他的视界中非常明确：“伦”乃外序，“德”乃内心，伦理指外，道德向内。他继而指出了现代伦理学存在“道德泛化”与“伦理窄化”的问题，即道德概念的使用超出“本有”的含义而突破边界，没有层次、意义、情境的区分，相反，伦理则没有守好自己的“地盘”，从全部的公共规范“退”到了与道德规范同一的境地。他的认识与判断都是对的，也许正是“道德泛化”导致了“伦理窄化”，是道德抢了伦理的“地盘”。可问题在于，既然伦理是包括了从原始图腾到现代法律的所有规范，那么如果把道德排除其外，显然就是说道德不是规范或者不具有规范性，这与他把道德区分为宗教性道德与社会性道德的做法有些矛盾，无法自圆其说，所以他只能说道德是伦理派生或解释的结构，因为他所说的“社会性道德”实际就是“伦理”。他在强调由伦理进入道德的致思路径的同时，没有解释伦理又从何来，又不得不从“道德立法”处寻找根源，又回到了人本身，这是一种循环论证，造成了理论的内在混乱。这显然不符合中国“由内而外”的哲学解释思维模式。

从“天人合一”到“天人感应”，从“道”在天、地间的贯通到“人

---

① 关于由道德入伦理的问题，我在《道德原理——道德学引论》一书中有所论及，在此重申，就是强调伦理的合法性依据之一是道德，是根源于人性的善良一面。

② 李泽厚：《伦理学纲要续篇》，北京：生活·读书·新知三联书店 2017 年版，第 333 页。

③ 李泽厚：《伦理学新说述要》，北京：世界图书出版公司 2019 年版，第 25 页。

④ 李泽厚：《伦理学新说述要》，北京：世界图书出版公司 2019 年版，第 25~26 页。

道”的落实，无非是要说明伦理的依据是什么，倡导一种由道德入伦理的思想进路，在此做简要归纳。第一，从作为文化的本源性表征的文字来看，其产生顺序是“天”“道”“理”，并依照次序前者对后者具有解释权。第二，从客观世界的演化过程看，其过程也是“天”“地”“人”，其由“道”贯通且体现为“王”，形成“天道”、“地道”与“人道”，成为社会生活的价值序列。第三，当“道”具体化时就产生“德”，“道”“德”相通，“德者，得也”，奠定了人存在的坚实基础及其相关活动原理，如道德合宜主义、道德理想主义、道德终极主义、道德美化主义等，这些即为“伦理”。第四，中国传统哲学，在思维方式上强调由内而外，在人伦处事上强调内圣而外王，“道”为应有，“理”为实有，[①] 只有深悟其道，才能知晓其理。第五，从中国人的叙述习惯看，也是“道”在先而“理”在后，我们的哲学就是遵“道”而穷“理”，“理”在“道”中，能讲清“天道”就是知“天理”，能讲清“人道”就是知“人理”，人与人之理，就是伦理。

三　自然法则：一种隐性伦理

如果说中国传统哲学中的天人关系及其匹配的“伦”“道”“理”是理解伦理合法性的前提或唯一进路，那么，西方的自然法传统（确切地说是观念）及其精要则为伦理合法性提供了“隐性”依据，或者说自然法本身就是一种隐性的伦理存在。“自然法的核心观点是，合乎自然的行为就是正确的，不合乎自然的行为就是错误的。”[②] 所以，自然法理论有助于解决伦理学中一些难题：如有望解决道德如何有可能是客观的问题，或者说，道德标准如何能够不依赖于人们的意见的问题；可以轻而易举地解释为什么道德只适应于人类；清楚地讲明了道德的起源；能够解决伦理学最难的问题之一，即如何获得道德知识。[③] 这其中，自然法对伦理道德的起

---

① 张岱年：《天人五论》，北京：中华书局 2017 年版，第 225 页。

② 〔美〕拉斯·谢弗-兰多：《伦理学基础》，陆萌译，北京：中国轻工业出版社 2020 年版，第 82 页。

③ 参见〔美〕拉斯·谢弗-兰多《伦理学基础》，陆萌译，北京：中国轻工业出版社 2020 年版，第 82~83 页。

源或来源的解释是最有说服力的，也为伦理赢得了合法性支撑。

西方有着悠久的自然法传统，该传统甚至是源自整个西方历史的深远之处，对基本制度和价值观念产生着或明或暗的重大影响。这并不是说西方思想家真的先于世人亲自见证过人类社会诞生前的某个阶段或自然状态，而是要“建构一个与人类现实生活不同的状态，作为理解、批判乃至改造道德与政治的出发点”。[①] 尽管中外历代学者对自然法存在不同的甚至是相反意见的解读，“就是因为我们不认识的人本性的缘故”，[②] 但有一点是可以肯定的，“自然法一定是人类试图对自身本性加以规制的一种理性法”。[③] 也就是说，对自然法的探究有着深刻的人性根源，而人性又一定与人的生物学基因和物质生存条件，以及生存状况所决定的基本价值、伦理道德密切相关。因为人作为理性存在，对事物道理的要求总是多于事物本身，所以需要设想一个自然秩序的宏大背景来对现实世界进行比照，这也是有理论建构倾向的思想家们的基本“手法”。当然，在人类社会产生以前，客观世界肯定存在某种自然状态。所以，“人是自然的产物，存在于自然之中，服从自然的法则，不能超越自然，就是在思维中也不能超出自然”。[④] 我们要研究自然的种种法则，观察它的能力及它活动的不变方式，并且要无言地顺从这些法则。这就是对自然的敬畏与顺从，把自然视为一切道德权威和政治权威的前提，在许多个世纪中，“自然法都是西方伦理和政治思想的基石”。[⑤] 自然法思想最早可以追溯到古代希腊罗马国家时期，其中以古希腊人的自然法思想为典型，希腊城邦国家是从氏族内部自然而然形成的，希腊人根据对这种现象的朴素直观的观察和世代传统的见解，形成一种根深蒂固的观念，即认为国家和法就像山川草木一样，纯属大自然现象，因而就应当从大自然的延长线上把握它们，柏拉图和亚里士多德就是坚

---

① 李猛：《自然社会：自然法与现代道德世界的形成》，北京：生活·读书·新知三联书店 2015 年版，第 91 页。

② 〔法〕卢梭：《论人类不平等的起源和基础》，李常山译，北京：商务印书馆 1962 年版，第 64 页。

③ 冯亚东：《平等、自由与中西文明：兼谈自然法》，西安：陕西人民出版社 2012 年版，第 133 页。

④ 〔法〕霍尔巴赫：《自然的体系》上卷，管士滨译，北京：商务印书馆 2017 年版，第 3 页。

⑤ 吴彦、杨天江主编《自然法：古今之变》，上海：华东师范大学出版社 2018 年版，第 4 页。

持“自然正当”（natural right）的代表。当亚里士多德在《政治学》中说“人就自然而言是政治动物”时，其实对“政治”的理解也是基于自然属性的。因为在他看来，城邦不是人唯一的生活共同体，家庭与村坊同样是自然共同体，并且城邦政治共同体是家庭和村坊的自然成长。家庭作为共同体可以产生两种关系：夫妻关系和主奴关系，前者是一种自然必然性力量，如果没有夫妻，个人无能力存在；后者是自然主义与自然奴隶的结合，其目的是城邦安全。这样，在家庭这样的自然共同体中延伸出了作为城邦政治的三种层次：共同居住、共同活动和统治关系。所以夫妻关系和主奴关系都是自然构成的人类结合方式，在比较充分的意义上成全了城邦的政治性，或者说，城邦伦理秩序就是源于人的自然关系。特别是村坊作为家庭的自然延伸，是最自然的共同体形式。“等到由若干村坊结合而成城邦，社会就进入到了高级而完备的境界，在这种社会团体以内，人类的生活可以获得完全的自给自足。”① 自足是特殊化、多维化、复杂化、自主化、自觉化的进化过程，其中充满善意与伦常，同时也是与恶相随。② 从人的本能到欲望，再到利益，直至到理性，这是一个自然过程，但同时又是一个不断被超越的过程。这就是我们所理解的社会进步与人的发展，其实只不过是人的自然原始动因的不断替代与修饰罢了。“人之所以为人，或人之不同于其他生命，正在于他是生命者之中，唯一可能理解和实践这整体修饰过程的存在者。”③ 伦理与道德就是一种重要的修饰方式。

历史地看，早期社会各种团体都是自然地生长起来的，都是自然的产物。而每一自然事物生长的目的，只要是自然所趋，就是为了显明其本性，其终点，或其终极原因，必然会达到至善。④ 后来，希腊的思想家们大都认为，自然法是要求人们与自然一致地生活的法。在他们的心目中，城邦的各种制度、伦理、风俗和法律，甚至连奴隶与自由民的划分，都是不能改变的自然。这就是所谓自然主义的自然法。从西塞罗开始，自然法就被引进到罗马法传统中，随着大规模领土扩张对狭隘城邦观念的冲击和

① 〔古希腊〕亚里士多德：《政治学》，吴寿彭译，北京：商务印书馆1996年版，第7页。
② 江山：《法的自然精神导论》，北京：法律出版社1997年版，第3页。
③ 江山：《法的自然精神导论》，北京：法律出版社1997年版，第3页。
④ 〔古希腊〕亚里士多德：《政治学》，吴寿彭译，北京：商务印书馆1996年版，第7页。

实证法的空前发展，希腊人那种自然主义的自然法思想被突破，但其痕迹在思想家们中间仍到处可见。这一思想被吸纳到基督教神学传统之后，奥古斯丁利用自然法为他自以为正义的战争作理论辩护，因为他认为，遵从自然法与完善整体人类是一致的，所要求的“低位者服从高位者”的准则，不仅适应于个人，而且也适应于社会。[①] 托马斯·阿奎那则把自然法则区分为首要法则与次要法则，前者是不可变的，后者是可变的，特别是首要法则具有自明的特性，不需要他物证明，就是理智德性的对象。霍布斯和洛克的观点与传统自然法观念不同，认为人自由地进入社会，不是对自然状态的留恋，完全是为了逃避在自然状态中所遭遇到的威胁，市民社会不是自然状态的东西，而是“可欲”的结果，这样，自然法则就被理解为人类理性思考权利的自我保护的结果。法国大革命爆发和实证主义兴起后，自然法思想开始走向衰败，因为自然状态既不被历史所证明，更不能被逻辑所证明，纯粹是主观猜想与判断。

虽然西方的自然法传统最终归于法学或政治学领域，并被大多数人怀疑，自然被认为过于模糊，与国家公共事务的灵活性相冲突，“但经验表明，完全抛弃自然法并不是件容易的事情，因为如果没有它，人们就无法拥有一种有价值的道德论证，以驳斥人们经常被迫生活于其中的那些邪恶的法律。”[②] 所以，自然法对于说明政治、法律、伦理的合法性和权威性还是必不可少的视角。特别是作为最具自然属性的伦理，能从自然法则中找到来源，无疑具有自明的特殊意义，即自证合法性。一个基本的客观事实是，人们需要伦理或推崇伦理，并不是因为它能给人带来快乐之感，它不是人性的直接产物，甚至也不是依靠科学推理或说教获得的，而是因为它是在具体的生活中“由利益的互动、互克、互让、互益所生成的”。[③] 生活的状态与模式大体相似，调节利益关系的伦理准则也基本相同。思想家们对“自然状态”的描绘大同小异，在对社会生活的价值诉求上，无论从正

① 吴彦、杨天江主编《自然法：古今之变》，上海：华东师范大学出版社 2018 年版，第 6 页。

② 〔美〕恩斯特·佛丁：《自然法》，吴彦译，载吴彦、杨天江主编《自然法：古今之变》，上海：华东师范大学出版社 2018 年版，第 9 页。

③ 冯亚东：《平等、自由与中西文明：兼谈自然法》，西安：陕西人民出版社 2012 年版，第 135 页。

向还是反向所推演的原则，如平等、自由、权利等都是一致的。这种伦理诉求的一致性，绝对不是源于思维方式的一致性，而是基于对人类“自然状态”想象的一致，这种相同想象同时又印证了人性的一致性。哪怕是中西方伦理文化存在根本性的差异，如中国人信奉整体主义，而西方人崇尚个人主义，甚至在大多数情况下很难有通约性，但是至少“己所不欲，勿施于人”这样的伦理“金规则”是相通的。这除了充分说明在自然性上人与外部生存世界是相通的外，更衍生出进入社会状态后人伦之理的相通性，并且后者是基于前者的。但这并不意味着伦理会走上生物竞争之路，认为弱肉强食的“丛林法则”也是合乎伦理的，这只是纯粹的理论想象。也许，我们从生物规律出发，可以断定，物种的自然进化一定会依从弱肉强食这一生存定律，但真正意义上的人或社会人为何能背离这一自然法则而走上互助共生之路呢？唯一可能的解释是人是有理性、有精神的存在。人“之所以能走上背离之路，则又取决于人在与环境之互动中所获得的独有之精神力量。在此过程中人类以树权威求平等的生活方式，战胜了弱肉强食的生物法则而保持了人的种群”。[①] 人在适应自然法则中获得了自身进化，获得了理性，获得了群生性，与此同时，又在背离自然法则的过程中创生了互助与平衡法则。这种对自然法则的适应与反适应双重进路，同时催生了人类伦理的进化与升华，这就是人与一般动物的根本区别。虽然自然状态或自然法是对“前社会”的规定，但如果我们认定这是一种物质世界或生物世界的存在，那么至少这种“物理”或“生理”是内生的。当人生活其中并通过意识活动体认出“物理”的时候，便会将其视为自己的禀性，“物理”或“生理”直接表现为“人理”了。当人人都有此“共识”，“人理”就变成了“伦理”，自然法就成了打通“物理”与“伦理”的最有效方式。

我一再强调，自然法对于伦理生成的合法性意义，还在于自然法的本性与伦理的本性也是一致的，这就是互助与平衡（或均衡）。自19世纪以来，达尔文的进化论影响巨大，甚至形成社会达尔文主义思潮，其思想核

① 冯亚东：《平等、自由与中西文明：兼谈自然法》，西安：陕西人民出版社2012年版，第140页。

心在于认为生物进化的规律就是物竞天择、适者生存，并把这一原则运用于社会生活，认为社会竞争就是“你死我活”的竞争，于是乎，掠夺、战争、屠杀等罪恶充斥于社会，这种生死竞争的观念一直伴随着现代社会。与此相反，也有不少思想家，如俄国思想家克鲁泡特金，就看到了人类进化的另一种自然法则，这就是互助法则。克鲁泡特金反对把生存竞争看成人类进化的主要因素，认为互助才是一切生物（包括人类在内）进化的真正原因。他认为，在生物界个体与个体之间不存在竞争，只有互助。如果有竞争，也只存在于群与群之间，并且竞争的抉择不是适与不适的问题，而是群的互助性强弱问题，互助性强的生物群才能生存并延续下来，人类是互助性最强的群体，可以最终消除竞争。克鲁泡特金认为，竞争不是规律，相反，消除竞争才符合自然法则，“以互助和互援的办法消除竞争，便能创造更好的环境”。[①] 互助才是自然法则和进化的要素，这确实弥补了达尔文、赫胥黎、霍布斯等人过分强调竞争对人类的意义的另一个空白。[②]人类借助于互助的自然本性便可以建立好一个和谐的社会，无须借助于权威和强制，政府和国家都是多余的。撇开这种所谓的“无政府主义”立场不说，强调互助作为自然法则对社会伦理的决定性意义，是非常有启迪价值的。人类是顺应自然的产物而不是反自然的产物，也许我们因受制于自然而会产生征服自然的欲望与行为，但“自然法之底蕴在于是一种关于价值冲突的衡平法”[③]。这里的价值冲突可能是人与自然的冲突，可能是个体与社会群体的冲突，也可能是社会不同阶层、行业、部门之间的冲突，也许会由具体的“实在法”得以解决，但真正要实现均衡，需要有超越实在法的正义，这个标准就是自然法。关于这一点，亚里士多德在《政治学》中有大量论述，如对穷人与富人之间利益冲突如何协调，各种相互冲突的价值如何居中考量，为维护政治共同体长治久安如何处理好眼前利益与长远利益，等等。在这里，自然法与其说是一种规则，还不如说是一种观念

---

① 〔俄〕克鲁泡特金：《互助论——进化的一个要素》，李平沤译，北京：商务印书馆 1984 年版，第 76 页。

② 参见〔俄〕克鲁泡特金《互助论——进化的一个要素》，李平沤译，北京：商务印书馆 1984 年版，第 12~13 页。

③ 冯亚东：《平等、自由与中西文明：兼谈自然法》，西安：陕西人民出版社 2012 年版，第 160 页。

（理念）。只有超越于具体利益冲突之上的平衡，才有可能真正实现平衡，这也是西方一直坚持把自然法作为实体法的价值前提的缘由。“自然法由于只是人类群体特有的一种价值冲突法，而价值又更多升华为一种人们追求和向往的理想状态，于是有史以来的自然法，便始终以一种对观念及理想进行抽象的理论状态而存在，并不直接具有实定法的强制功能。”① 如果伦理无论作为规范还是秩序都带有某种理想性，那么这种理想正好与自然法精神是高度契合的，伦理是鉴定社会生活好坏的核心尺度。“即使绝对的理想不能被证实，这种鉴定可以确定和陈述出一定时间和地点的社会理想，并且使它成为对各种论证、解释和适用标准的出发点进行选择的尺度。”② 这里，虽有对伦理的自然主义过度解释或拔高，但自然法是伦理的直接来源或表现为隐性伦理，是肯定无疑的。

如果说，自然法与实在法（实体法）相对应，那么隐性伦理和显性伦理也是对应的，尽管不存在两两直接对应的关系，但隐性伦理只可能属于自然法的范畴。如果把伦理理解为一种特有的文化形态，可以有隐性与显性之分。隐性伦理就是直观不到、没有文字、无正式制度规定的伦理，如风俗习惯、生活禁忌、伦理信仰、大众心理，甚至各种所谓的“潜规则”（这里不能做完全的贬义理解）。显性伦理是文字化、制度化、条规化、强制化的伦理，如各种伦理公约、公民伦理、职业伦理，还包括各种社会制度中的伦理条款。尽管这种区分只具有学理性价值，在具体的伦理生活中这些是无法截然分开的，但对隐性伦理的重视是我们在探讨自然法的伦理学价值中得出的结论。其实，我们对人类生活法则关注的重点只是人自为状态下的“人定法则”，如如何对待权利与义务、索取与奉献、身份与责任等，这些都是对称性存在，可以通过学理去解释。但人的生活还有许多规则无须说明，就是一个自然而然的过程，如生死规则、食欲规则、快感规则，甚至包括许多“潜规则”，它是说不清道不明的，它们就是隐性的存在，是自在法则，并且也只有隐性存在才是“合理”的。特别需要注意

① 冯亚东：《平等、自由与中西文明：兼谈自然法》，西安：陕西人民出版社 2012 年版，第 174 页。

② 〔美〕罗斯科·庞德：《通过法律的社会控制》，沈宗灵译，北京：商务印书馆 1984 年版，第 3 页。

的是，显性伦理法则未必有隐性伦理法则真实，它只是理性思维中出现的“非真或人为必然是真必然的形式化呈现。”[①] 尽管自然法理论在现代社会受到了各种挑战，特别是在法学领域诘难更多，但当我们讨论伦理来源时，都会涉及自然法传统，因为二者一开始也许就是并成的，甚至是同一的。黑格尔在研究法哲学和道德哲学时，清醒地发现了道德和法律的内在矛盾在于它们都只是作为抽象的概念，与现实、感性或欲望是对立的，成为实定之物之后，作为“命令”仅仅在形式上获得了“应当”，而非“存在”本身。黑格尔讲的“存在”有时就是“生命”，或者本性，或者就是自然。所以，黑格尔为了恢复人的完整性，通过爱来扬弃道德，又通过道德扬弃法律，以回归于生命（或“自然”），与生命本身达成和解。特别有意思的是，黑格尔在撰写《论自然法》的同时，写下了另外一本法哲学著作《伦理体系》，其思想与《论自然法》基本统一。[②]这种统一的基础就是自然或生命，如果将其抽象就是绝对理念（或“绝对物”），这种“绝对物”是无差异的统一性，是自然和必然的统一。在此前提下，黑格尔区分了伦理自然与物理自然，这是“绝对物”的两种属性，前者经验多样性占支配地位，后者则是统一性占支配地位。这里的伦理自然实际上是自然法的隐性存在，后发展为实在法，而物理自然后发展为自然科学。黑格尔把自然法作为伦理体系的理论来源，并且认为人民才是伦理总体。但由于各国的人民是并立的，有时甚至是对立的，于是战争就不可避免，也只有战争才能提振民族精神，才能保证伦理生活整体的健康。这样作为隐性伦理的自然法则就变成了显性的伦理，主要表现为三大领域：军政领域（国家）、法权领域和经济领域。国家伦理是绝对伦理，经济法权领域是相对伦理。但是，这种显性伦理也并不排除其自然属性，因为“从绝对伦理的自然的理念产生了一种关系……就是个体的伦理与实在的绝对伦理的关系”。[③] 实际上，黑格尔把绝对伦理直接定义为个人的伦理，因为个人伦理是实在的，同时又是普遍的，是整个伦理体系的脉动，“这就是：绝对伦

---

① 江山：《法的自然精神导论》，北京：法律出版社 1997 年版，第 13 页。

② 参见〔德〕黑格尔《论自然法》，朱学平译，北京：商务印书馆 2021 年版，“译者序言”，第 19 页。

③ 〔德〕黑格尔：《论自然法》，朱学平译，北京：商务印书馆 2021 年版，第 86 页。

理的自然中即有一种普遍物或伦常（Sitten）”。[①] 伦常就是一种隐性的不证自明的伦理常识，“表明伦理的希腊词，还有德语词，都卓越地表明了伦理的这种自然”。[②] 当然，我们说绝对伦理是所有人的伦理，但并非意味着它在个人身上得到反映，因为“当伦理本身在个人身上表达出来时，也只是一个否定的东西”。[③] 所以，当自然法中所隐藏的伦理用于个人常识的时候，就是一种绝对伦理，之所以绝对，就在于其实在性和普遍性。显性伦理，如法律，虽然也是普遍的，但它属于整体性意志，需要人民的共同参与。这也是黑格尔把道德学与自然法作为伦理学体系两大主干的原因。

四　伦理合法性的“四重奏”

应该承认，我沿袭了自然主义伦理学的思路来引申出伦理的合法性，无论是依赖天理、天道，还是依赖自然法，都是想说明伦理为什么能存在并能被人们所接受。而实际上，对伦理合法性论证不仅有自然主义的思路，也需要有一种综合性的视野，才能真正科学把握好伦理的实体性或实在性。在此，我从四个层面对伦理合法性进行简要归纳。

其一，伦理的本体是自然之理的延伸。依前述，伦理本体无疑是人的存在，或者说人是伦理的本体，这肯定不会有大的分歧，问题在于对人如何理解。大多数哲学家都承认，古希腊哲学有一个从对自然追问到对人的追问的转折，这就是由“物理学”向“伦理学”的转向，特别是以亚里士多德的《尼各马可伦理学》为标志。于是乎，人与自然的“二分”在古希腊就埋下了“种子”。随着普罗泰戈拉“人是万物的尺度”口号的提出，似乎人就成了优于自然、高于自然的“自然外存在”，人在此基础上也容易被“神化”。这样，与自然的“二分”在高扬了人的主体性的同时，容易使人忘记了“人从哪里来”这样一个根本性问题。另外一个问题是，当人从自然中“抽离”出来并凌驾于自然之上的同时，似乎已经没有了自然

① 〔德〕黑格尔：《论自然法》，朱学平译，北京：商务印书馆2021年版，第87页。
② 〔德〕黑格尔：《论自然法》，朱学平译，北京：商务印书馆2021年版，第87页。
③ 〔德〕黑格尔：《论自然法》，朱学平译，北京：商务印书馆2021年版，第87页。

本性，只有纯粹的社会性，或者说人性被等同于社会性。基于“完全人”的伦理当然是神圣的，但未必真实可靠，它往往是被解释、被构想的真实。因为人有自觉意识，而很少有人对这种自觉性有足够的警惕和约束。其实，伦理之始的思考离不开“人之初”的追问，与其就社会性谈社会人，不如后退一步，回到自然本身，把人视为自然的有机部分，并且重视人的自然本性，这就是我所强调的伦理上具有本体意义的自然之理。伦理的这种自然属性不是与社会性对立的，相反是社会性的基础，社会性是自然性的延续与升华。本体是全部世界的根本存在或本源，“一切均从它那里获得可能性”。[①] 我们从自然本体出发，揭示伦理合法性，这里主要聚焦于人的自然属性（关于人本身就是自然存在，前面已有论述）。人的自然属性是真实存在的，只不过如果仅仅是局限于自然性并当作唯一性，那就只不过是动物罢了。“无论是在人那里还是在动物那里，类生活从肉体方面来说就在于人（和动物一样）靠无机界生活，而人和动物相比越有普遍性，人赖以生活的无机界的范围就越广阔。”[②] 人对无机界生活资料的依赖是作为生物性存在的前提，没有了这个前提也就不成其为人，也谈不上人的社会关系属性。其实，人的自然属性是“人域”问题，而人的社会属性是“际域”问题，前者具有“实体”意义，而后者具有“实际”意义，并且前者决定后者。“正确理解生物基础对人的生命活动的意义，并没有取消，反而强调了人这种社会存在物的质的规定性的问题的紧迫性。”[③] 我们习惯于谈论人与动物的区别，却忘记了一个更根本的事实，那就是人本身就是动物，无非是高级动物而已。虽然人的社会性存在是伦理的直接原因，但绝不能用社会性去否定人的自然性，社会性只不过是对自然性的超越，或者说，人的自然性是以社会存在的方式呈现而已，这就是伦理学产生的机理，因为伦理学不但不排斥人的自然属性，相反从自然属性出发，引导人升华、超越自然属性，实现人伦关系的和谐，这本身就构成伦理学的任务。“因为只有在社会中，自然界对人来说才是人与人联系的纽带，

---

① 江山：《法的自然精神导论》，北京：法律出版社 1997 年版，第 9 页。

② 《马克思恩格斯文集》第 1 卷，北京：人民出版社 2009 年版，第 161 页。

③ 〔俄〕尼·彼·杜比宁：《人究竟是什么》，李雅卿、海石译，北京：东方出版社 2000 年版，第 2 页。

才是他为别人的存在和别人为他的存在”。[①]

其二，伦理的来源是血缘宗法的扩展。既然伦理的原始基点是人的自然属性，人需要与自然同步进化，又要成为诸多物种中的“优胜者”，那么人类自身的繁衍及其人际关系的调节就具有了特别重要的意义，其中“血缘”就是所有“人缘”的基础与前提。血缘关系是自然关系，也是最原初的社会关系，前者是人域（人的通约性）意义上的，后者是人际（人的关系性）意义上的。也可以说，血缘关系是由人的自然关系向社会关系过渡的中介，血缘共同体是人类最初始的共同体。这种关系的普遍性根基在于“由于出生，人与人之间形成了相互的‘植物性生命’的关联”。[②]斐迪南·滕尼斯认为，由于出身与性别，人的意志容易结合在一起，并且通过这种结合产生直接的相互肯定，可以通过三种关系表现出来：一是母亲与她孩子们的关系；二是从自然属性所理解的夫妻关系；三是兄弟姐妹之间的关系。这三种关系“就是最有力的关系，或者说是最有可能发展成为共同体的萌芽”。[③] 血缘共同体会逐渐进化为地缘共同体。“地缘共同体直接地体现为人们共同居住在一起，它又进一步地发展并分化为精神共同体，精神共同体意味着人们朝着一致的方向、在相同的意义上纯粹地相互影响、彼此协调。”[④] 血缘共同体关联着的是人们共同的关系，是对人类本质自身的拥有；地缘共同体是建立在土地和耕地的占有基础上；精神共同体则关联着神圣的场所或受到崇拜的神祇。三者之比较，血缘共同体虽然最原始，但也是最牢固的，其中蕴藏着享受与劳动的交互关系，更有威严、敬畏与温情的伦理。在中国传统社会中，所谓宗法伦理就是基于血缘共同体的，特别是在“家国同构”的模式中，家族制度是国家制度的缩影，国家制度是家族制度的放大，这就是“宗君合一”。家族生活从两个方面强有力地支撑着宗法政治结构。一方面，通过重建宗法家族来强化

① 《马克思恩格斯文集》第 1 卷，北京：人民出版社 2009 年版，第 187 页。

② 〔德〕斐迪南·滕尼斯：《共同体与社会——纯粹社会学的基本概念》，张巍卓译，北京：商务印书馆 2019 年版，第 76 页。

③ 〔德〕斐迪南·滕尼斯：《共同体与社会——纯粹社会学的基本概念》，张巍卓译，北京：商务印书馆 2019 年版，第 77 页。

④ 〔德〕斐迪南·滕尼斯：《共同体与社会——纯粹社会学的基本概念》，张巍卓译，北京：商务印书馆 2019 年版，第 87 页。

“天下共主”的观念，使“大家”与“家长”的伦理观念高度契合；另一方面，通过对宗法伦理进行修改与调整，将宗法伦理纳入政治秩序，将血缘关系投射于政治关系，使血缘关系趋于政治，其伦理机制就是“忠”与“孝”的互释与互移。表面观之，这是打通了私域伦理与公域伦理，而实际上中国传统政治的血缘宗法基因过于强大，致使中国政治的私人性非常明显而公共性非常匮乏，公共政治被基于血缘的私人关系与情感所包围而无可奈何。与此同时，伦理的公共精神也是非常不足，特别当社会流动性增大而使陌生人社会形成之后，伦理的公共聚集力就非常弱小，这是中国传统伦理的先天不足。这两方面都证实了血缘宗法伦理的基础性和中介性。

其三，伦理的呈现是人际关系的调节。从纯“自然人”到“半自然半社会人”，再到“社会人”，虽然谈不上是人的现代意义上的进步，但也是伦理合法性升级的表征。“社会人”不是包含在自然界的自然存在物，也不是与物相对应的存在（人域），而是处于社会关系中的存在，就其现实性而言，“它是一切社会关系的总和”。[①] 这里，对人的本质的规定其实并不是讲社会关系的量的相加，因为本质是存在的根本，是质的规定性而非量的描述。列宁认为对事物本质的认识有初级本质、二级本质，甚至可以不断加深，以至无穷。按此思想，人的本质甚至有三级。一是作为人与动物相区别的一般的本质，就是社会性，也可叫人域本质；二是作为人存在的不同共同体之间的本质，就是群际性；三是作为个体与个体之间的本质，也就是人际性。我们可以把人的群际性和人际性存在总称为人际本质，伦理需要调节的就是此人际本质意义的关系。人与动物（或自然）不构成现实的伦理关系，所谓动物（自然）伦理不过是人际本质的伦理投射，即保护动物（自然）是为了保护好生物链和生态链，最终是为了保护好人的生存环境，所以，生态伦理、动物伦理乃至植物伦理，都是打着“非人类中心主义”的旗帜，最终落实在对人类利益的维护上。我无意反对关于生态伦理的构想与研究，只是想说明，凡是由伦理规范或调节的只能是人伦关系。因为现实的伦理关系构成均是以双方或多方具有伦理意识

① 《马克思恩格斯文集》第1卷，北京：人民出版社2009年版，第505页。

为前提，无论是权利还是义务，都是伦理主体能自觉意识到的，除此之外，均为“强加”、“投射”或“想象”。我们平常所谈论的“自然权利”、“动物权利”或“植物权利”都是人主观“赋予”的，因为真正的权利主体必须是自己能意识到并被认可，否则不可能双向调节。凡是单方面的权利关系“假想”，并不能构成真正的伦理关系，更不是伦理的调节对象，所谓生态伦理等调节的还是人际关系，如群际关系、代际关系等。当然，在现代科学技术飞速发展的条件下，“人”的观念也在发生变化，出现了拟人、化人、智人、超人等现象，伦理调节的广度与难度也在不断增加。在不断将自在的纯粹自然转化为自为的人化自然的时候，生态伦理就获得了合法性。当人工智能技术不断创造机器人的时候，自然人与机器人伦理，甚至机器人之间的伦理都将成为可能，但未必会变成现实，因为无论怎么变化，自然人、虚拟人、机器人，只有在“人伦关系”的意义上，才是伦理的调节对象，才能纳入伦理学的视野。

其四，伦理的本质是利益关系的平衡。我之所以认为伦理学是利益均衡之学，以表明伦理学与道德学的差异，其基本的逻辑是，道德基于人性，而利益又是人性的现实化，使伦理基于利益，与“以道德说明伦理”的进路同向。这时的关键是如何科学理解伦理学所理解的利益关系。首先，伦理学所理解的“利益”是一个比较宽泛的概念，是一般意义上“应得”“所得”的总和，对此可以做多因素、多层面、多方位的透析。就利益自身的内涵而言，内含了“利”和“益”，其前提又是“权”，故利益是权利、收益、好处、满足的总括，“得”与“失”就是利益的衡量尺度。就利益的基本结构而言，有物质利益和精神利益之分，物质利益是人的物质需求的现实化，精神利益是人的精神需要的满足。当人类进入后工业化时代之后，精神需求往往上升为“第一需要”，如自由、尊重、包容等。所以，伦理学已经不能仅仅满足于物质利益的平衡，还要注重物质利益与精神利益的均衡，甚至要注重精神利益间的平衡，如协调对自己自由的追求与尊重他人自由和社会公共规则之间的关系。利益实现的主体条件与工作能力、职业操守有关，伦理学虽然偏倚、关心“弱者”，但绝不纵容“懒汉”，绝不容忍“违规”。利益还与外部条件有关，如天资、机会、境遇等，伦理学虽然无力改变人们获利的外部环境（条件），但力图使现实利益与外部条件相一致。其次，伦理学所理解的“关系”就是利益相关者之关系。人都是关系性存在，但并非所有关系都是利益关系，也并非所有利益关系都是永恒地存在于某一特定的关系之中，都是伦理调节的对象。利益相关者理论最早是在企业管理理论中产生，以企业为中心而形成的与股东、消费者、员工、供应商、社区、国家等的关系。[①] 而当代利益相关者模式与以往相比呈现全球化的特征，出现了以人与地球为中心的利益相关者模式，[②] 更加凸显了公共利益的重要性，这也更加强化了伦理调节的重要性和独特性。因为只有伦理才是基于利益调节的“大格局”和“大思路”，才能实现整体性正义。这种整体性正义超越了个体、局部、地域、单位，甚至民族、国家的狭隘利益。利益相关者的模式、层次、空间、时间的不同，使利益调节更加具体化，甚至可能出现其间的价值矛盾与冲突，由此也可看出伦理调节的复杂性。不过，我们可以循迹于“个人—社会—人类”的主线，再具体分析各种利益相关者模式，制定具体的伦理方案，其最终目标就是实现利益均衡。

总之，作为自然存在的人及所产生的人伦之理，首先是自然之理的体现，而人伦之理的初始形态就是基于血缘关系的家庭（家族）共同体之理，血缘关系的扩展就是宗法国家，经由血缘宗法伦理上升到真正意义上的社会伦理，而伦理的社会本质就是利益关系的调节与平衡。这既为伦理合法性的四个层面，也是其不断升华的过程，最终形成“体”“相”“功”“用”俱备的、具有不可替代性的独特社会文化形态。

① 参见〔德〕克劳斯·施瓦布、〔比〕彼得·万哈姆《利益相关者》，思齐、李艳译，北京：中信出版社 2021 年版，第 218 页。

② 参见〔德〕克劳斯·施瓦布、〔比〕彼得·万哈姆《利益相关者》，思齐、李艳译，北京：中信出版社 2021 年版，第 222 页。

第二章　伦理的载体*

伦理的产生或出场虽然是"自然"的，但绝对不是纯粹的思想虚构，抑或是心理想象的过程，而是有实在的承载体，这就是伦理实体。伦理实体不仅意味着伦理具有坚实的具体主体，而且伦理本身是具有多样性的"关系构造"，在不同的关系中又需要不同的主体来承担。在传统社会中，伦理主体通常由家庭、社会与国家来充当。但随着现代社会的发展，特别是科学技术的突飞猛进，人类的伦理生活空间发生了许多变化，特别是随着人类"人化"和"化人"能力的提高，伦理主体在延伸与增多，甚至出现了虚拟主体，已经开始突破传统意义上的"人伦"世界，如网络、智能人、太空站、海底世界等，完全可能人伦化。现代社会伦理载体出现多样性的趋势，需要我们重新思考伦理的限度问题，抑或伦理学应用的"节制"问题，因为一切可能被"滥用"的东西，一定会成为"无用"的东西。

一　伦理的载体、实体与主体

伦理的载体无疑是人，既不是抽象意义的人，也不是个体意义的人，而是处在一定人伦关系中、具有现实生活特性的人，具有关系主体性、意识自觉性、利益相关性等特性。这些特性不但决定了从"人"到"人伦"再到"伦理"的社会性文化与文明进路，同时也决定了"人"作为伦理载体（ethical carriers）而不同于其他文化形式载体的特殊性，甚至还决定了"伦理载体"与"道德载体"的区分，尽管这种区分只有相对意义。

没有人的存在，就没有文化以及诸形态的存在，这虽然是人文学的常

* 本章部分内容已经发表于《求索》2022 年第 1 期。

识，但在理解人如何成为伦理文化形态的载体问题上，存在发生学意义上的不同理解，主要体现为生物学与文化学的差异。如果说，伦理从哪里来是伦理的合法性问题，那么伦理由什么承载就是伦理的合理性问题。伦理学讨论人的存在，其实质是为自身寻找真理性的基础并由此获得合理性依据。生物发生学意义上人的存在是一种自然性（物的）存在，经历了由物变动物、由动物变人的二次进化，这种进化的结果为伦理合法性奠定了基础，生物学意义上的“人”还不是社会意义上的“伦理人”，“伦理人”是文化发生学的结果。“人从动物成为人的原初文化意识，就是瞬间性永恒的对象意识、分离意识和敬畏冲动。这是人成为人的起点。”① 所以当人成为“文化人”的时候就已经是伦理的载体，因为人成为“文化人”的同时，本身就开辟了一个伦理的世界：制定各种规则、禁忌，创设各种法律、制度，形成各种风俗、习惯，等等。这也就同时决定了“伦理人”已经不是个体性存在，而是处于人伦关系中的人，尽管这种关系可能不具有直接的对应性，但它必须是与“他者”有关联。这是否也意味着，当纯粹的个体人虽然具有文化属性但处于某种“独处”状态时就不是伦理载体呢？回答应该是肯定的。因为伦理具有交互性特征，单一个体可以是道德载体，但不一定会构成伦理载体，离开了关系性，就无伦理载体可言，这也是我们长期以来把道德载体等同于伦理载体所忽视的主要问题。一个具有勇敢德性的人是道德载体，但只有当他知道了为谁勇敢、为什么事勇敢并付诸行动时，才具有伦理属性，才是伦理的载体，如杀敌很勇敢、救火很勇敢、见义勇为很勇敢。这种关联本身就隐含了对道德主体的某种“成全”。一个最勤劳的人，如果无事可做、无人可帮，其爱劳动的美德也实现不了，所以只有伦理场域才能真正实现道德价值。只有在健康的、有序的、正义的伦理社会中，个人的美德才可能是普遍性的存在，因为伦理是一种“活的善”，“就是成为现存世界和自我意识本性的那种自由的概念”。② “现存世界”就是关系世界，就是人们自由的交往关系，在生活和秩序中体现伦理，就需要伦理实体（ethical entity）。

① 唐代兴：《伦理学原理》，上海：上海三联书店 2018 年版，第 57 页。

② 〔德〕黑格尔：《法哲学原理》，范扬、张企泰译，北京：商务印书馆 1982 年版，第 164 页。

当然，伦理载体不等于就是伦理实体，因为“伦理关系是实体性的关系，所以它包括生活的全部，亦即类及其生命过程的现实”。[①]“实体就是还没有意识到自身的那种自在而又自为地存在着的精神本质”，[②] 而伦理作为精神的具体化，其本质就是社会生活、关系和秩序，伦理的观点就是社会而非个体的观点，就是实体而非抽象的观点。[③] 在此意义上，可以将“伦理”概念进一步理解为“社会伦理”，或者说，“社会伦理”与“伦理”是同一概念，因为伦理的特质是社会性承载而非个体性承载，所以，伦理的实体只能是某种社会生活共同体。“伦理是关系性概念，无关系则无伦理，而道德是个体性概念，现之于社会关系则需要伦理的介入。”[④] 只有社会生活共同体才构成伦理实体。黑格尔在《精神现象学》中对伦理实体曾有过精深论述，他认为，伦理实体就是“现实的实体”，是“在实际存在着的意识的复多性中实现了的绝对精神”，这个“绝对精神，即是公共本质（或共体）”。“这个共体或公共本质是这样一种精神，它是自为的，因为它保持其自身于作为其成员的那些个体的反思之中，它又是自在的，或者它又是实体，因为它在本身内包含着这些个体。”[⑤] 在黑格尔的思路中，伦理实体是具有伦理性的实体性存在。这个实体性存在往往表现为一种生活的共同体，它具有多种关系性，是自在与自为的统一，也是群体与个体的统一；它已经不是纯粹的实然、实存，而是具有应然性的存在，是既具有应然性又具有时空规定性的有限、特殊存在。加拿大学者泰勒对此进行过归纳，他认为，黑格尔的“伦理实体”是作为客观世界的公共生活、实践世界，是以社会公共生活为目的而超越了个体自我的制度性存在。[⑥] 这个归纳显然是全面而准确的。其实，关于伦理实体康德有自己的

---

① 〔德〕黑格尔：《法哲学原理》，范扬、张企泰译，北京：商务印书馆 1982 年版，第 176 页。

② 〔德〕黑格尔：《精神现象学》下卷，贺麟、王玖兴译，北京：商务印书馆 1996 年版，第 2 页。

③ 高兆明：《心灵秩序与生活秩序：黑格尔〈法哲学原理〉释义》，北京：商务印书馆 2016 年版，第 205~206 页。

④ 李建华：《道德原理——道德学引论》，北京：社会科学文献出版社 2021 年版，第 33 页。

⑤ 〔德〕黑格尔：《精神现象学》下卷，贺麟、王玖兴译，北京：商务印书馆 1996 年版，第 7 页。

⑥ 参见〔加拿大〕查尔斯·泰勒《黑格尔》，张国清、朱进东译，南京：译林出版社 2012 年版，第 526~529 页。.

思想主张，他在《纯然理性界限内的宗教》中提出，伦理实体“也就是按照彼此之间权利平等和共享道德上善的成果的原则的那个联合”。[①] 这里康德抓住了伦理实体的核心要素，这就是平等的权利义务关系。也就是说，伦理实体必然是一个平等享有权利的同时也要尽同等义务的生活共同体。他在伦理实体是基于“活的善”和生活共同体的看法上与黑格尔是基本一致的。不过，康德关注的主要是道德上的上帝所统治的伦理共同体对道德教育的作用，他把伦理实体遮蔽在道德宗教的彼岸世界中，没有真正揭示出伦理实体的社会生活内涵与本质。伦理实体确实是一种独特的存在，它具有客观现实性、关系秩序性、权利对等性、形式多样性等特点。

如果说道德指向的是个体的主观精神世界，偏重于个体的精神境界，那么伦理指向的则是社会的客观生活世界，偏重伦理是社会正义关系及其秩序，“在这种对社会客观生活世界的探讨中，在总体上完整地揭示人类自由存在的历史与现实”。[②] 所以，黑格尔认为：“伦理是客观精神的完成，是主观精神和客观精神本身的真理。”[③] 既然伦理是主观性和客观性的统一，那么伦理的表现形式可能是精神性的，但其本质还是“人理”，是人伦世界的“道理”，具有客观性。其实，这种客观性不仅仅是它反映了社会生活的客观内容与形态，而且是一种精神的现实化。就实体的本意而言，也是“客观存在的具体东西”，在哲学也称“本体”，“一般指一切属性的基础和本原的东西”，[④] 后来也引申为某种具体机构或领域，如经济实体、政治实体等。伦理实体的客观性体现在人伦关系、人伦秩序的实体化。“客观的伦理实体既是各种相对应的具体的伦理关系的实体，又是由这些关系最后所形成的社会伦理秩序的复合体。”[⑤] 当然，伦理实体以伦理关系为客观内容，但并非伦理关系本身具有实体意义，而是只有当这种关

① 转引自〔德〕伊曼努尔·康德《康德论上帝与宗教》，李秋零编译，北京：中国人民大学出版社2004年版，第452页。

② 高兆明：《心灵秩序与生活秩序：黑格尔〈法哲学原理〉释义》，北京：商务印书馆2016年版，第203页。

③ 〔德〕黑格尔：《精神哲学——哲学全书·第三部分》，杨祖陶译，北京：人民出版社2006年版，第329页。

④ 辞海编辑委员会：《辞海》，上海：上海辞书出版社2000年版，第1228页。

⑤ 樊浩：《中国伦理精神的现代建构》，南京：江苏人民出版社1997年版，第341页。

系得到充分实现并构成具体的某个社会伦理生活领域时，伦理关系才具有实体的意义。如国家是伦理实体，但只有当国家与公民形成有机互动，产生现实的权利与义务关系时，才构成伦理的实体，没有公民的权利诉求和相应的应尽义务，国家就是一个“虚体”概念。与此同时，伦理实体也是伦理秩序的实体化，因为伦理秩序是伦理规则的有机性排列，当相关伦理载体被这些伦理规则秩序化之后，就成为伦理的实体。如中国的孝伦理强调“父慈子孝”，由此形成“长幼”之伦，父子就构成了现实的伦理实体。这里，我们要特别强调的是，伦理实体中的伦理关系一定是一种直接关系而非间接关系，并且这种直接关系是相互性的，或者说，只有直接对应的互动性伦理关系才可能构成伦理实体。如人与植物的关系是直接的，但并没有互动性，人与植物并不构成现实的伦理实体。所以伦理实体中的秩序是通过权利与义务关系来实现的，或者说，人的现实生活关系及其秩序会形成一种内在结构，其中权利与义务在伦理实体中的有机统一是核心和纽带。黑格尔在《法哲学原理》中的抽象法阶段讲权利，在道德阶段讲义务，但这两个阶段权利和义务处于分离状态。[①] 只有在伦理阶段可以使权利与义务“合而为一”，达成统一。这就要求在具体的伦理实体中“一个人负有多少义务，就享有多少权利；他享有多少权利，也就负有多少义务”。[②] 黑格尔在这里不仅规定了伦理实体的特殊性，同时也确定了启蒙时代以自由权利为基础的正义社会的基本规则，形成了评判合理性的最终依据。但这些规则从何而来？权利—义务要求为什么具有恒久性？回答这种问题，就必须从主观深入客观，才会发现它们是“从事物本性中产生出来的规定”。[③] 那么，我们又是如何把握这个“事物本性”的呢？答案是只能源于理性，只能源于伦理实体本身，这就是人们长期形成的相对稳定的交往关系结构。当然，伦理实体虽然遵循普遍的善或活的善，但它不是空洞的抽象概念，是具体的行动、具体的善，权利—义务关系渗透于社会生活的各个方

① 参见〔德〕黑格尔：《法哲学原理》，范扬、张企泰译，北京：商务印书馆 1982 年版，第 173 页。

② 〔德〕黑格尔：《精神现象学》下卷，贺麟、王玖兴译，北京：商务印书馆 1996 年版，第 173 页。

③ 〔德〕黑格尔：《法哲学原理》，范扬、张企泰译，北京：商务印书馆 1982 年版，第 165 页。

面，形成特殊性伦理实体。这就意味着作为普遍善（活的善）的伦理总是具体的特殊样式存在，这种具体就是社会伦理关系、伦理生活世界本身，在黑格尔那里就是家庭、市民社会和国家。当然，“一切作为社会生活实践世界的共同体，即，一切具有伦理性的实体，均为伦理实体”。[①] 甚至可以说，伦理主体间的相关利益者均可构成特殊的伦理实体，如民族、村落、单位、社团、企业、行业等。

可见，伦理实体的构成是始终离不开伦理主体（ethical subject）的。“伦理实体不仅是伦理主体构成的一个有机的伦理结构，而且还是具有主体性的伦理结构。在这个意义上说，伦理实体本身也是一个具有鲜明伦理主体性的实践性的自由实体。”[②] 虽然在具体的伦理生活中，伦理主体是实体性的主体，而伦理实体又是主体性的实体，但伦理实体与伦理主体不能等同或者直接同一。构成现实的伦理主体必须具备四个基本条件：行为实践、自觉意识、交互主体、利益相关。人是现实世界的主体，当人在社会实践中能自主、能动、自由地实施合目的性行为时，就有了主体性。作为伦理载体的人不是自然人，或者仅仅是作为生物性存在的人，而是处于社会生活实践的人，是有主体性的人，并且这种实践具有伦理道德属性。唯有承载起伦理实践的人（包含个体与群体），才有资格称为伦理主体。与此同时，人的主体活动不是动物性的刺激—反应活动，而是有自觉意识的活动，没有自觉意识的主体，不是伦理主体。这里的自觉意识有两层含义：一是主体行为是在有明确的意识指导下进行的，不是盲目的、机械式的适应；二是具有一定动机、目的，出自内心的行为，即能够意识到自己的意识，是一种自知的状态，这也是自然界（包括动物和植物）不能成为伦理主体的原因。当然，没有客体也就无所谓主体，伦理关系中的主客关系一定是交互性的，即可以互为主客体，如父子关系，当“慈”时，父亲是主体，而当“孝”时，子女是主体。并且主客体之间要有感知，即主客双方都能知道和感受到对方的行为及其意义，这样才能成为伦理主体，也只有这样的伦理主体关系及秩序，才能构成伦理实体。这种主体的相互性不是无缘由的，而

---

① 高兆明：《心灵秩序与生活秩序：黑格尔〈法哲学原理〉释义》，北京：商务印书馆 2016 年版，第 210 页。

② 任丑：《伦理学体系》，北京：科学出版社 2016 年版，第 91 页。

是基于利益的相关性，或者说，正是因为双方或多方有利益关系（权利—义务关系）才有可能有交际与交往，才形成一种“没有对方就没有自己”的关联。也许这种利益相关不是利益上的对等，但起码共处于利益共同体中。

总之，处于社会关系中的人是伦理的载体，但并不是所有“人”都会是伦理主体，只有处于利益共同体中、构成交互主体性的人才是现实的伦理主体。两个以上的伦理主体因“权利—义务”关系而存在，并形成一定的规范秩序，由此构成现实的伦理实体。

二　伦理实体的传统类型

按照黑格尔在《法哲学原理》中的构设，客观伦理可以代替抽象的善，可以“通过作为无限形式的主观性而成为具体的实体”,[①] 而具体的实体因在自身内部设定了差别，这样，差别就是自在自为的规章制度，它超越了主观意见和偏好，所以“伦理就有了固定的内容”。[②] 可见，伦理的考察只能有两种可能：一是从实体性出发，二是从单个人出发，而单个人只是“现实的偶性”，只有“做到集合并列”,[③] 只有实体才能实现单一物和普遍物的统一。伦理实体主要存在家庭、市民社会、国家三种形式，这是基于黑格尔所处时代的现实考虑，但更多是出自“绝对精神”演化的逻辑照应（正、反、合的三段论）。因为在黑格尔那里，伦理性的实体是一种精神的现实性，“它是它本身的客观化，和通过它各个环节的形式的一种运动”,[④] 从家庭到市民社会再到国家，就是实体性向前的推移。但如果按照黑格尔自己承认的，民族也是“现实精神”，伦理实体起码也应该有家庭、民族、市民社会、国家四种形式。

家庭（family）“是由婚姻、血缘或收养关系等为纽带结合起来的人组成的社会基本单位”。[⑤] 家庭作为一种最初始、最自然、最直接的伦理实

① 〔德〕黑格尔：《法哲学原理》，范扬、张企泰译，北京：商务印书馆1982年版，第164页。

② 〔德〕黑格尔：《法哲学原理》，范扬、张企泰译，北京：商务印书馆1982年版，第164页。

③ 〔德〕黑格尔：《法哲学原理》，范扬、张企泰译，北京：商务印书馆1982年版，第173页。

④ 〔德〕黑格尔：《法哲学原理》，范扬、张企泰译，北京：商务印书馆1982年版，第173页。

⑤ 中国大百科全书出版社编译《不列颠简明百科全书》上，北京：中国大百科全书出版社2005年版，第760页。

体，其核心要素是亲子关系。所谓“最初始”“最自然”“最直接”，是指家庭是人类最先出现的共同体形式，是以自然血缘关系为基础所形成的自然血亲性伦理实体，也体现了人从自然存在向社会存在的过渡性，是“连接口”。家庭是一种直接的实体，“以爱为其规定”，处于多种关系的统一中，因而可以使个体不再是独立的人，“而成为一个成员”。[①] 需要特别注意的是，作为家庭伦理精神的爱，不同于社会性的“博爱”和“仁爱”，也不同于男女双方的情爱（性爱），而是一种血亲之爱、亲情之爱、家庭之爱，是对家庭作为伦理实体自身的伦理规定。这种爱无须理由来证明，因为自然血亲关系本身就是理由。如果从最基本的两人结婚所形成的社会单元不断繁衍，会形成不同阶段上的各种家庭利益集团，即家族。家族是一种广义的家庭，除了具有家庭的基本功能外，其伦理空间与时间广于和久于家庭，会形成一种特定的文化，叫家族主义。家族主义文化是中国伦理文化尤其是儒家伦理文化的特色，虽然它的政治演绎为专制主义进行了伦理铺垫，但不失为中国伦理传输的重要文化基因。按照社会学的一般标准，家庭大体可以分为核心家庭、主干家庭和空巢家庭。核心家庭是指由父母和他们的未婚子女组成的生活共同体。在核心家庭中主要有夫妻关系和亲子关系两种伦理关系，其中夫妻关系的好坏是决定核心家庭生活质量的关键。主干家庭是由父母和已婚子女组成的家庭，在这种家庭中伦理关系复杂而多样，除了父母、子女关系以外，还增加了第三代的关系，其中影响家庭是否和睦幸福的是婆媳关系。空巢家庭是儿女长大成人，“他们抑或有了自己新建的家庭，抑或参加工作远离父母而去，在原来的家庭里，只留下白头偕老的夫妻”。[②] 特别是在中国实施“独生子女”政策之后，这种空巢家庭越来越多，子女如何孝敬好父母成为空巢家庭的伦理核心。传统家庭随着家庭功能的丧失会不会消亡，暂时无法判断，但是家庭形式的多样化趋势不可避免，如丁克家庭、单亲家庭、独身家庭、混合家庭等在不断增多，其伦理规则性也发生变化，具体的家庭伦理需要有专门论述，在此仅提及传统形式的家庭作为伦理实体的基本表征。

---

① 〔德〕黑格尔：《法哲学原理》，范扬、张企泰译，北京：商务印书馆 1982 年版，第 175 页。

② 曾钊新、涂争鸣等：《心灵的碰撞——伦理社会学的虚与实》，长沙：湖南出版社 1993 年版，第 299 页。

民族（nation）是人们用来划分人群类型的方式，有时也叫“族群”，是“基于人民的一致认同而创造出来的心理纽带，同时也是政治共同体。这些人的政治认同，通常是由共同的语言、文化、种族和历史等特质所构成的”。[①] 在日常生活中，我们虽然能够真切地感受民族的存在，甚至可以准确地区分不同的民族，但学者们却不能对“民族是什么”做出精准的定义。如盖尔纳就感觉到给民族下定义要比给国家下定义困难得多。“民族（nation），民族归属（nationality），民族主义（nationalism）——这几个名词涵义之难以界定，早已众所周知，遑论对之加以分析了。”[②] 对民族内涵的确定，尽管有血统、地域、文化、政治多重角度，但如果从伦理学去理解，可能采用一种综合性的理解比较可靠。就词源学角度而言，“自身，承袭某一血统、生于某一地、某一语言，甚至某一道德：这些就是民族的词源学组成部分”。[③] 不过，民族定义的开放性和相对性使人们更难把握“民族”概念，因此也促使学者们努力寻求关于民族的确定性定义。在中国多数学者看来，斯大林所下的民族定义是迄今为止最具有广泛认同性的定义：“民族是人们在历史上形成的一个有共同语言、共同地域、共同经济生活以及表现在共同文化上的共同心理素质的稳定的共同体。”[④] 这样，民族作为一种特殊的共同体，与伦理实体就切近或切合了，这种切合还可以通过对民族的分类来说明。我们可以将民族划分为血缘意识或地缘意识维系的民族、非正式制度维系的民族和正式制度维系的民族三类。血缘意识或地缘意识维系的民族是最早出现的民族，虽然在当今世界上这样的民族已经为数不多，主要存在于非洲，但几乎所有现存的民族都曾经经历这样一个发展阶段。这种“在日常生活中提到的族裔特性，往往指的是共同的血缘背景以及世代相传的家系，族群的共同特性与集体认同，便是借由它们代代相传下来。‘亲属’及‘血缘’这两大特性，

① 中国大百科全书出版社编译《不列颠简明百科全书》上，北京：中国大百科全书出版社2005年版，第1172页。

② 〔美〕本尼迪克特·安德森：《想象的共同体——民族主义的起源与散布》，吴叡人译，上海：上海人民出版社2005年版，第2~3页。

③ 〔法〕吉尔·德拉诺瓦：《民族与民族主义：理论基础与历史经验》，郑文彬、洪晖译，北京：生活·读书·新知三联书店2005年版，第6页。

④ 《斯大林选集》上卷，北京：人民出版社1979年版，第64页。

乃是联系族群团体于不坠的主要因素，同时还能用来排斥不属于这个族群的外人”。[①] 非正式制度维系的民族是超越了其自然性局限的民族。在这样的民族中，语言（准确地说是言语或者地方方言）已经不是人们彼此承认对方的民族成员资格、凝聚民族共同体的至关重要的因素，取而代之的是以书写语言（即文字）和公共语言为主要载体的非正式制度。这样的非正式制度并非只有伦理观念、伦理规范、文化传统和宗教信仰，还包括风俗习惯。这些因素不同于以言语和情感为载体的血缘意识或者地缘意识，而是民族精神的构成要素，成了民族识别的标志和民族内部团结的力量。正式制度维系的民族不同于前两种民族。如果说前两种民族是没有其实体的想象的伦理共同体，那么，这一类型的民族则是使其成员能够真切地感觉到有其实体的民族，是有其政治文化并往往建立了独立政治实体的民族。一旦形成了自己的政治文化并建立了独立的政治实体，一个民族就会意识到有其独特的政治利益，并号召全体民族成员来维护和实现这种利益。尤其是当民族为自己建立了政治上的家园的时候，民族的政治家园因此也就成了伦理家园，政治共同体与伦理共同体也就合一了。当然，无论是基于血缘的民族，还是非正式制度维系的民族，都可视为想象的共同体，同样是伦理实体的体现。这种实体性（实在性）体现的是，民族的根本目的就在于维持本民族的生存和发展，民族本身就是一种追求其根本利益的社会群体。格莱泽、莫尼汉曾指出：“今天的民族群体如同其他由利益所构成的群体一样在实行有效的利益追求，而且事实上他们的追求比其他利益集团的追求更加有效。”[②] 民族所追求的利益主要有文化利益、经济利益和政治利益，集中表现为各民族之间如何平等地获得相同权益，理所当然是实实在在的伦理实体。

市民社会（civil society）是严格意义上的西方学术概念，是西方学者在理论和实践上构建社会理想的常用概念或理论框架。也许正是因为“常用”，其含义越来越复杂与模糊，以至于哈贝马斯认为要在有关书籍中寻

---

① 〔英〕埃里克·霍布斯鲍姆：《民族与民族主义》，李金梅译，上海：上海人民出版社2000年版，第72页。

② 转引自马戎编《西方民族社会学的理论与方法》，天津：天津人民出版社1997年版，第7页。

找关于市民社会的清晰定义自然是徒劳的，但并不妨碍我们对市民社会作伦理实体的描述。作为描述性的市民社会，其概念指涉一种特殊的、感性的生活状态的生活世界，或者说，市民社会是指资本主义出现以后，以市场经济为基础、以契约关系为基本交往关系、以法治对个人权利的保障为前提的社会形态。作为分析性的市民社会，它指涉一个国家结构中的独立领域，指在整个现代市场社会中，社会成员按照契约性规则，进行自主的经济和社会交往活动的私人领域，它是与政治国家相对应的概念。作为价值性概念的市民社会，它所表达的是一种价值观念、一种社会理想。这是通过对国家与社会的区分，在二者之间划出一条明确界线，避免国家对私人生活的不当干预，以此达到对个人自由的有效保障，与“专制国家”概念相对应。在对市民社会的三种理解思路中可以发现，其实市民社会的“伦理原点是主体的觉醒与自由意志的确证，这种抽象的伦理价值必须现实化”,[①] 需要发展自由人格。自由人格通过需要体系形成契约，进而形成制度化的伦理实体。这一点在黑格尔《法哲学原理》中已经十分明确。“市民社会，这个各个成员作为独立的单个人的联合，因而也就是在形式普遍性中的联合，这种联合是通过成员的需要，通过保障人身和财产的法律制度，和通过维护他们特殊利益和公共利益的外部秩序而建立起来的。”[②] 在这个定义中，我们明显地看出，独立的单个人联合起来保护自身权利是伦理价值和伦理动力，普遍化的法律制度和外部秩序是市民社会的伦理保障。可见，市民社会作为伦理实体是一个单个人相互依赖又相互独立的联合体。在这个联合体中每一个人都是一个独立的个体，又由于个人间的相关性，每一个人都必须是以自身为目的、以他人为手段。同时市民社会还是需要的体系。市民社会不仅有物质需要，还有精神需要，甚至有自我发展的权利和掌握国家权力的需要，是一个充分张扬和满足人的欲望的社会，是物质生活的社会。作为伦理实体的市民社会是一个保护公民权利的社会，必须通过司法来维护市民的所有权，即保护公民权利。当然市民社会也天然地存在两个方面的伦理缺陷：自私与世俗。因为市民社会的

---

① 庞俊来：《不惑之路：伦理经典与当代中国伦理问题研究》，南京：南京大学出版社 2019 年版，第 27 页。

② 〔德〕黑格尔：《法哲学原理》，范扬、张企泰译，北京：商务印书馆 1982 年版，第 174 页。

人都是有物质需要的，容易使社会物欲横流；世俗使人们丧失了道德追求，个人的意志遭到了瓦解。

如果说家庭属于血缘亲情生活，民族是基于地缘的区域性文化，属于政治生活，市民社会属于私人物质交换的经济生活，那么国家则属于公共政治生活。作为特殊概念的市民社会必须要上升到普遍的国家意识，这样的市民社会才是有用的。国家意识是普遍意识，市民社会是特殊意识，作为伦理性存在的国家，是高于市民社会的另一种独特的伦理实体。从抽象的角度看，国家是一定范围内的人群所形成的共同体形式。国家政权是国家的具体化身，这也是通常意义上对国家的理解。国家是一种拥有治理一个社会的权力的机构，在一定的领土内行使主权。在国际关系的理论上，只要一个国家的独立地位被其他国家所承认，这个国家便能踏入国际的领域，而这也是证明其自身主权的关键。严格来说，通常我们所认可的具有本质和属性的国家（state），只是现代才有的概念。在16世纪马基雅维利发表《君主论》之前，希腊人使用policia概念指涉城邦的政体，罗马人使用rei publica表示公共事务，但还没有一个人使用stato来指称国家，甚至直到霍布斯时，他在其名著《利维坦》中，还只是使用common wealth这样保有rei publica流风余韵的概念。从洛克开始，state才正式成为现代国家的标准用语。国家作为伦理实体的真正意义在于建立一种有组织的、公共的权力体系和法治体系，形成一种公共价值的精神目标。国家作为“自由的现实化”[①]，消除了个别与整体、个人与社会的绝对对立，是一种普遍实现了的自由，没有普遍的伦理精神规定，就不是真实的国家。所以，国家是最现实的伦理实体，这种“现实性在于，整体的利益是在特殊目的中成为实在的。现实性始终是普遍性与特殊性的统一，其中普遍性支分为特殊性，虽然这些特殊性看来是独立的，其实它们都包含在整体中，并且只有在整体中才能得到维持。如果这种统一不存在，那种东西就不是现实的，即使它达到实存也好”。[②] 所以区分国家的“好”与“坏”，就是看是否有现实性的品格。值得一提的是，正如密尔所看到的，一个国家采用什

① 〔德〕黑格尔：《法哲学原理》，范扬、张企泰译，北京：商务印书馆1982年版，第258页。
② 〔德〕黑格尔：《法哲学原理》，范扬、张企泰译，北京：商务印书馆1982年版，第280页。

么样的政体，既非完全从历史中自然生长出来，也并非可以任意选择。但是马克斯·韦伯的提醒永远具有深意，即国家只受两种律法的支配：要么在奢侈安逸中苟且偷欢，要么就在艰难困苦中对历史负担责任。这就是国家伦理价值的真正的分界，而对国家伦理实体的超越需要有“世界”“人类”这样一些“大概念”的视界。

“世界”“人类”“天下”这几个概念本义上讲大体一致，都是超越了民族国家整体性概念，它们虽然不是经典的伦理实体，但随着人类交往和视界的扩大，特别是伴随经济全球化而来的世界“大联动”，经济、文化、军事、外交、环境等领域的合作也日益增强。尽管有暂时的“反全球化”和“逆全球化”的现象，但全球化的潮流不可逆转，全球伦理的构建势在必行，这是我们在思考伦理实体时必须注重的问题。“世界”一词从使用习惯来看，往往是表达地理形态整体性概念，强调对国家疆界的超越。世界主义认为，世界是一个种群意义上的整体，是一种原子式的构成，其中的个体皆为世界公民，他们从属于精神与伦理共同体。如古希腊犬儒派的第欧根尼（Diogenes）在被问及“你属于哪个城邦”时，第欧根尼答曰：“我属于世界”。[①] 芝诺根据理性统一性的宇宙因式，认为有理性的人类应当生活在统一的国家之中，这是一个包括所有现存的国家和城邦的世界城邦。它的存在使得每一个人不再是这一或那一城邦的公民，而只是“世界公民”。世界主义“坚持正义的优先权”，[②] 认为所有人都有责任培育和改善，并且尽全力去丰富总体人性。“人类”一词更多地表达了人的情感整体性，强调作为人类一般的共同性，弱化人的差异，关心共同的命运，因而容易将人类意识提升到伦理层面。“这种人类意识在全部人类属性的多样性中承认统一性，在统一性中承认多样性，由此产生了到处保护人类统一性与多样性的使命。”[③] 随着“人类命运共同体”概念的提出，人类作为一个伦理载体的实际意义越来越大。“因此，变得实在了的普遍伦理也就

---

① Diogenes Laertius, *Lives of Eminent Philosophers*, Vol. II, Book VI. London: William Heinemann, 1925, p. 65.

② Christine Sypnowich, "Cosmopolitans, Cosmopolitanism, and Human Flourishing," in Gillian Brock, Harry Brighouse, eds., *The Political Philosophy of Cosmopolitanism*, Cambridge: Cambridge University Press, 2005, p. 57.

③ 〔法〕埃德加·莫兰：《伦理》，于硕译，上海：学林出版社 2017 年版，第 232 页。

是人类伦理：在当前寰球时代的日益发展中，人类伦理登堂入室，它不但使全人类进入交流并相互依存，而且使人类命运共同体得以显现。”① “天下”是一个最具中国文化意味的概念，它虽然与“世界”同义，但已经超出了地理学意义上的“天底下所有土地”的局限，指向了人心，指向了一种政治伦理的制度，“是关于地理、心理和社会制度所保证的‘世界政府’”。它“是个哲学视野中的世界，它涉及世界的各种可能意义，是个满载所有关于世界的可能意义的饱满世界概念”。② 赵汀阳实际在这里已经把“天下”作为实体性世界来理解了，其中最核心的要素就是认为“天下”就是制度世界，必须通过“无外原则”来理解和处理更进一步的事情，这无疑是理解全球伦理的一种新思路。但“天下”能否成为一种伦理实体，完全取决于天下制度可否在共同商议的基础上真正建立起来。

当然，上述伦理实体的划分具有相对意义，五者之间具有前后相继、交叉重叠的关系，仅仅以共同体生活方式的独特性而具有实体性。并且，每一种伦理实体都具有自身无法克服的缺陷，存在解体或被取代的可能，只要社会结构发生根本性改变，加之以人类无穷的想象力和现代科技手段，这种可能就会变成现实。特别是“世界”“人类”“天下”这类伦理实体的形成还需要诸多条件，如人类共同价值的形成、人类命运共同体建设等。“宇宙”“太空”“元宇宙”等存在空间，无疑会有伦理的进入，甚至是“主义”的“所指”（如“宇宙主义”等）也是某种意义上的生活共同体，但并没有实体化，还不能列入伦理实体的“清单”。也许，这只是我一种保守主义的估计，对将来的变化，我们当然会以一种开放的姿态相迎。不过，谨慎的学术立场还是能防止伦理的过度滥用导致的伦理的丧失。

三　伦理载体的现代虚拟、延伸与替代

显然，伦理载体是社会性的纽带，更是最基本的生活共同体。但随着生产力的发展特别是科学技术的进步，社会结构发生变化，原有的共同体生活

① 〔法〕埃德加·莫兰：《伦理》，于硕译，上海：学林出版社 2017 年版，第 233 页。

② 赵汀阳：《天下体系：世界制度哲学导论》，北京：中国人民大学出版社 2017 年版，第 28 页。

纽带会发生撕裂甚至断裂，使原有伦理实体不“实”，甚至发生瓦解与“变体”，如家庭向家族的转移、家庭向国家的转移、国家向“世界”的推移、世界向宇宙太空的伸展等。现代以降，人的主体性不断被强化和扩张，自然界不断被“人化”，“人化”之后的物质体被强行赋予人的属性，如人化自然往往被视为伦理载体。人的想象与现代科技的结合还可以虚拟出伦理实体（网络），甚至人直接把自身“延伸”（机器人），导致伦理载体出现了更加复杂的形态。对此，我们需要加以认真对待，尽管我并不认为它们是传统意义上的伦理实体，但它实实在在地具备实体功能。

网络世界是虚拟的伦理载体。网络是一个由计算机、服务器、传输设备连接，并通过“传输控制协议”（TCP）和“网络间协议”（IP）而形成的技术范畴，诞生于20世纪40年代。人类社会进入20世纪90年代以后，网络以一种无可阻挡之势迅速传遍全球，几乎将全世界所有的国家和地区都联结在了一起。而网络的建立和发展，又为人类开拓了一个新的生存空间——网络空间。正如原始社会以石器为标志、农业社会以铁器为标志、工业社会以蒸汽机为标志那样，网络是信息时代的重要标志。网络既是有形的，因为它离不开通信设备以及计算机等设备，又是无形的，因为它所蕴含的是浩如烟海的信息流。“正是这种特质，导致网络实际上成了一种信息载体、一种生存空间、一种生活方式”，[①] 继而成为伦理实体。“任何媒介（即人的任何延伸），对个人和社会的任何影响，都是由于新的尺度产生；我们的任何一种延伸（或任何一种新的技术），都是在我们的事务中引进一种新的尺度。”[②] 网络不仅延伸了人的视觉、触觉、听觉，而且彻底改变了人的生活交往方式，创造出了一个全新的世界和崭新的人类环境。人们在网络空间中结成了各种各样的社会关系，最终使网络空间变成虚拟社会的“网络社会”。以计算机为节点的“物的网络”与以人为节点的“人的网络”的复合使得网络空间既成为我们生活的一部分，又成为我们生活的空间。网络社会是一个由数字和符号构建而成的虚拟社会，网络

① 李建华、周谨平、袁超：《当代中国伦理学》，北京：中国社会科学出版社2019年版，第369页。

② 〔加拿大〕马歇尔·麦克卢汉：《理解媒介：论人的延伸》，何道宽译，南京：译林出版社2019年版，第17页。

社会的形成和快速发展意味着“人类从现实性的生存方式和思维方式进入到虚拟性的生存方式和思维方式”，[①] 人们在这样一个数字化存在的虚拟空间当中以一种崭新的生活方式开展自己的活动，形成真真切切的伦理关系，如权利义务关系、信用关系等。

网络世界的虚拟性主要表现在数字化、信息化、超时空化以及构造性等几个方面。网络世界的数字化其实就是人类现实社会的延伸，网络世界建立的基础就是数字信息的编译、控制以及传播交换，人类在网络中的所有活动都是通过数字化的信息表现出来的。在数字化的基础之上，人们通过网络平台可能在任何时间、任何地点进行交流，无论是声音、图像还是文字都能够通过数字化技术处理之后在网络中进行组合和传播。这也就直接改变了人们的交往方式，人们获取信息的能力空前增强，获取信息的速度也得到前所未有的提高，获取的信息内容更为形象生动。数字化带来信息传播的高效、快速的同时也带来了网络社会的最大特性——匿名性。网络社会信息的传播都是通过数字化来完成的，网络主体在传播和接收信息的过程中对于对方信息的了解极其有限。现实生活中人与人的互动表现为“现实人—现实人”，而网络社会中则表现为“网络人—网络人”。现实生活当中人与人的互动或多或少会有一定的“身份感”，会对对方的信息有一定的了解，而网络社会当中人与人的交流过程中双方的“身份感”随着数字化的出现而消失，互动双方可能都不知道对方的社会地位、社会角色，甚至于对方的性别都无从知晓。互动过程当中能够获取的信息也只有对方的兴趣、爱好之类，换一句话说，在网络的世界当中人与人之间的交流是完全平等的，是不存在身份、地位差异的，在网络这一虚拟的空间当中，“网络社会中‘个人—个人’的关系可以简单地归结为‘情感人—情感人’的关系”。[②] 信息化的过程其实就是网络发展的过程，是通过网络技术手段提升开发网络资源的能力，进一步推动“网络人”生活方式变革的过程。网络社会中符号按照一定的规则排列组合之后就形成信息，一种抽象但又同时无所不在的存在，一种不同于物质和精神但又具备物质和精神

① 陈志良：《虚拟：人类中介系统的革命》，《中国人民大学学报》2000 年第 4 期。

② 童星、罗军：《网络社会及其对经典社会学理论的挑战》，《南京大学学报》（哲学·人文科学·社会科学版）2001 年第 5 期。

某些特性的存在，作为一种中介联系着物质和意识。网络社会中信息是无处不在、无时不在的，网络主体可以在任何时间、任何角落通过网络与任何地方的其他的网络主体进行各种形式（声音、图像、文字等方式）的信息交流，获取自己生活中所需要的各种信息资源。网络将世界不同地方、不同时间的信息资源整合到一起，信息的普遍享有成为网络社会的重要特征，世界任何角落的个人或者机构能够通过网络获取其他地方的信息资源，不同地方的信息资源也能够通过网络为人们所开发和利用，网络社会的信息资源也逐步成为人们生产和生活的必需品。网络社会的信息化其实也反映出其超时空化特征，信息的传播已经打破了时间和空间的界限，信息资源通过网络这一传播媒介实现了快速、跨区域的传播，这也就意味着人类社会在时空范围的跨越式扩张。网络社会打破了物理空间的束缚和局限，它不能像现实世界一般为人们的交流提供一个实体的区域，但是作为一个交流平台，网络社会为人们提供了一个虚拟的空间，在这样一个虚拟空间当中“网络人”的“空间感”逐步淡化甚至消失。现实社会当中人们对于人和物的认知都是通过感觉器官来感知，而在网络社会当中“网络人”无论是人还是物都不需要处于同一时间和空间当中，交流完成了对时间和空间的超越。网络社会的虚拟性的最后一个体现就是其构造性，它是在网络技术快速发展的基础之上由人所构造出来的。作为一个自由开放的空间，网络社会没有身份、地域的限制，“在这里，人类的想象力有了它的用武之地，人类的确能从中获得现实社会中无法获得的创造力与契机”,[①] 只要网络参与者遵循一定的规则，网络世界随时为之开启。这样“现实人”通过虚拟技术变为“网络人”，无数关联的“网络人”形成“网络社会”，这样作为“现实人”的世界就被虚拟为“网络人”的世界，新的伦理载体就自然产生了。

如果说网络是伦理载体通过技术手段而形成的虚拟实体，那么自然作为伦理载体则是由人的主体力量对象化并通过想象机制实现的结果。人与自然原本是一体的，或者说人是自然的一部分，这是古代自然哲学的基本主张。但随着由关注自然向关注人的哲学转向，所谓人与自然的关系就在

---

① 默然：《网络时代的哲学问题评述》，《学海》2000 年第 6 期。

“二元论”的哲学思维中被构设出来。特别是随着当代环境危机的出现，人与自然关系协调的紧迫性和重要性前所未有地凸显出来。虽然“人与自然是历史的基础”，[①] 也是人类生存与发展的基本关系，但对这种关系的认识一直存在偏差。特别是近代以来，大多数哲学家一直将人与自然的关系片面理解为外在的主客体关系，认定社会和社会中的人是外在于自然界的，人与自然是分离的，形成主客体关系。所谓“主客体”关系是指人相对于自然来说是高高在上的主体，自然则是供人类认识和改变的客体，因而人与自然的冲突往往以人类征服自然的粗暴方式来加以解决。[②] 人与自然的关系可以分为两个层次：一是作为肉体组织的个人与自然的关系，即我作为生物体与自然是融为一体的；二是作为人的存在形式的社会与自然的关系，这是一种相互依赖的关系。这是与“一体论”与“二元论”不同的关于人与自然关系的认识，强调了人与自然的差异与统一，克服了各自的片面性。但自近代以来关于人与自然的关系则以“人类中心主义”为主导，强调人的主体性及其力量，强调人对自然的征服与改造，强调对自然界进行对象化与拟人化活动。虽然，从表面上看这样的人类努力给自身带来了可见的利益，甚至是某种意义上的“进步”与“发展”，但无论如何这种粗暴的方式也给人类埋下了祸根。正如德国作家狄特富尔特等所说：“在以往数百年中，人类就是这样执着于从自身的思想和文化成就中去探讨自己的本性和生存意义。人类所在的自然则是为了体谅我们而降格为一种布景，进入此景的我们，便不得不上演特殊的人类历史剧并经受考验。这种观点肯定不是全然谬误，但它的片面性有碍于人们的认识，未免令人遗憾。”[③] 生态主义，或“非人类中心主义”，或伦理平等主义，注重人与自然的整体性，将人类视为自然界的一部分，强调人与自然的平等性，从而强调人对自然与环境的保护，当然对于人类的可持续发展具有特别重要的意义。所以从更根本的意义上讲，人与自然的关系本质上还是人与人的

---

① 〔美〕罗·麦金托什：《生态学概念和理论的发展》，徐嵩龄译，北京：中国科学技术出版社1992年版，第177页。

② 王正平：《环境哲学——环境伦理的跨学科研究》第2版，上海：上海教育出版社2014年版，第21页。

③ 〔德〕狄特富尔特、瓦尔特编《哲人小语——人与自然》，周美琪译，北京：生活·读书·新知三联书店1993年版，“导言”第2页。

关系（人伦关系），也是在此意义上，“生态伦理”才是“客观”存在的。自然可以通过与人联结形成利害关系而成为伦理载体，但绝对不是伦理实体，从载体到实体一定有意志机理的进入，而自然（包括动物与植物）是没有意志（意识）的。学术界之所以有人误把自然当伦理实体，就是过分强调“自然价值”与“自然权利”的“自在性”和“客观性”。其实，所谓“价值”与“权利”不是自然本身所固有且为自然自身所意识的，而是对人的意义而言的，“物的尺度”是“人的尺度”的心理（价值）投射。

那么，机器人有意志吗？机器人是否会替代自然人？这目前还是一个有争议的问题。但自然人与机器人之间（人机关系），甚至机器人与机器人之间（机机关系）的伦理关系正在形成并出现在诸多领域。虽然处理这些关系的具体而科学的规则之间并未达成共识，但机器人通过仿真机理成为伦理载体的可能日益增大，这是无法回避的事实。如果有一天真的出现了具有意识和自我意识的机器人，那机器人由伦理载体成为伦理实体就为期不远了。从社会功能的定位来看，机器人还只是人类的替代品，“虽然机器人是不能独立思考和行动的工具，但它们能够服务于人类社会”，[①] 如人类在劳动与服务、军事与安保、研究与教育、娱乐与消遣、医疗和保健、护理和陪伴、环境和自然等领域都可能被机器人替代。问题在于，这种替代不是简单的“物理”转化和“物质体”转移，而是很可能给人伦世界带来巨大挑战，带来诸多没有任何理论准备的伦理问题。我们应该用何种伦理学理论来规范机器人的行为？如果将机器人设计成“自动杀人机器”，这种行为是否具有法律或伦理风险？是否可以阻止机器人与自然人之间产生感情关系？如果将机器人当恋人或性伴侣，是否存在伦理问题？我们是否应当把机器人当“人”看待，并赋予它相应的权利与责任？如果机器人拥有权利和责任，机器人是否可以与自然人处于法律和道德的平等地位？随着赛博格仿生人的能力不断增强，它们相对于普通人而言是否具有更加特殊的法律地位？等等。[②] 机器人涉及与人的关系，但并不意味着

---

① 〔美〕帕特里克·林、凯斯·阿布尼、乔治·A. 贝基主编《机器人伦理学》，薛少华、仵婷译，北京：人民邮电出版社 2021 年版，第 4 页。

② 〔美〕帕特里克·林、凯斯·阿布尼、乔治·A. 贝基主编《机器人伦理学》，薛少华、仵婷译，北京：人民邮电出版社 2021 年版，第 10 页。

机器人会是伦理主体或者“机器人群体”会是伦理实体，机器人的功能性替代并不是对人作为伦理主体的替换。这里实际上涉及两个根本性的问题：一是机器人是不是具有内在的情感；二是机器人是否会拥有权利。关于第一个问题，“一些研究学者认为，除非机器人具有内在的道德感并拥有完整的内在情感生活，否则机器人根本不可能完全变成成熟的人类道德主体”。[①] 但是从目前的研究来看，机器人还没有自身的认知与情感，更谈不上道德感。即便有一天机器人有了情感，也不能证明它就是伦理主体，如黑猩猩也有情感，但它不能被称为“伦理生物”。只有人类除了本能系统之外，还具有基于自由意志的商议系统和行为选择。也正是自由意志使人类成了伦理主体，具有了权利与责任。这就涉及第二个问题，即机器人要成为伦理主体必须是权利与责任的统一者，对此就有“意志论”与“利益论”之争。利益论认为，权利与利益相关，每个拥有利益的主体自然就是权利主体，每个人都有义务去尊重拥有利益的主体（包括机器人）的权利，然而，机器人显然是没有利益的，它无非是人类“操纵”的结果。意志论则与此相反，认为拥有自由的权利是一切权利的基础，根本的权利是自由选择权，权利并不依赖于权利持有者，而是依赖于能够或不能够履行行为的自由意志。就此而言机器人还没有这种自由意志，所以它构不成伦理主体。这不是机器人的“无能”，而是人伦实体之“人”的规定和伦理自身特有的限度。

四 伦理载体的虚实结合及其限度

伦理载体虽然在形态上会随社会历史关系和人伦关系的变化，特别是科学技术的突飞猛进而发展，出现由“实”到“虚”的一些变化，但其实体性是牢固的，充其量是虚实结合的状态。这里，我们必须清楚的是，“虚”并非“无”，而是相对于传统伦理实体而言，实存于某种载体中。就伦理载体而言，可以是直接的人伦场域，也可以是人伦关系的延伸甚至虚

---

① 〔美〕帕特里克·林、凯斯·阿布尼、乔治·A. 贝基主编《机器人伦理学》，薛少华、仵婷译，北京：人民邮电出版社 2021 年版，第 47 页。

拟，还可能是替代。这种“伦理虚体”的出现不但大大丰富了伦理的载体，而且也扩大了伦理的边界，更是扩展了伦理学的研究领域。

首先，伦理载体的虚实结合与伦理本身的主客二重性相关。伦理就其本质而言是生活化的，即伦理不是一种理论的存在，而是生活的存在，是一种生活方式，伦理即生活，比如黑格尔常用“伦理生活”（sittlichkeit）来代替“伦理”（ethics）。[①] 伦理生活的客观性表明它是一种伦理秩序，是通过理性地分化而形成的社会制度体系，或者说是一种整体性制度，在黑格尔的法哲学体系中就是家庭、市民社会、国家这些伦理实体的体现。所以，当我们说伦理生活的时候，本身就意味着我们在遵循着某种客观的制度秩序；当我们说伦理实体的时候，就意味着这些实体本身就是某种秩序的客观体现。这样，在秩序制度中实现了伦理生活和伦理实体的同一，这仅仅是伦理的客观性一面。伦理作为“活着的善”，在客观世界中还具有自我推动的能力，这种能力源自伦理秩序制度的目标，即保障和促进个体的权利与福利。通过个体行动可以达成这一目标，这种行动本身是正当的、善的，“通过已经是善的实现的行动促进善”。[②] 这样一种善的循环就是伦理客观存在的“正能量”。伦理生活就这样按照康德的“目的王国”模型，通过理性行动者的目的形成特定的秩序，构成一个和谐整体，这就是伦理的实定性。而伦理的主观性就是指伦理意向或伦理态度（gesinnung）。既然人是秩序中的人，伦理法则对个体来说就不是外在的，而是自我给定的，伦理秩序从根本上讲是个体本质的“集合”。当客观的伦理制度秩序表现为个体的某种伦理义务的时候，伦理就是主观的了。伦理义务对于伦理秩序中的个体而言已经不是限制，而是它美好生活的有机部分。伦理义务虽然采用了欲望、情感、态度，甚至“冲动”的形式，但它直指自己内心，成为个体真正想做的事情，而非不得已而为之。伦理义务不同于道德义务，它是从与其他个体和社会制度的具体关系中产生的，具有普遍的具体内容。“因为我意识到它们是伦理秩序的一部分，但我是在自身特定欲求和性格禀赋的基础上履行这些义务的，而出于自身不偏不倚

① 〔美〕伍德：《黑格尔的伦理思想》，黄涛译，北京：知识产权出版社 2016 年版，第 320 页。

② 〔美〕伍德：《黑格尔的伦理思想》，黄涛译，北京：知识产权出版社 2016 年版，第 326 页。

的仁慈心或对普遍法则的尊重履行这些义务。”[①] 当然，伦理的客观性与主观性之间存在十分密切的关系，基于秩序要求的制度会促使身处其中的个体产生特定的伦理态度，这种态度“不仅指对它自身的态度，而且包括对其他个体的态度，还包括对制度自身的态度”。[②] 与此同时，社会制度体系也有赖于个体所持有的特定态度。没有个体所形成的态度，这种社会制度体系就会遭个体心理拒斥而难以形成，即便已经存在也难以发挥作用。正因为伦理有客观与主观的双重规定，所以任何一方的夸大或放纵都不利于伦理秩序的健全，甚至可能导致伦理共同体的瓦解。就伦理主观而言，不能随意伸展主体手脚，甚至“胆大妄为”，凭想象制造、移植伦理主体，使之超出伦理载体界限。就伦理客观而言，伦理载体及其制度空间在坚守实定性的同时，也要保持适度的开放性，特别是制度秩序的更新，是接纳伦理主体及其立场的基本条件。把握好二者结合的度，对于实现好伦理载体的虚实结合是非常有意义的。

其次，伦理载体的虚实结合与伦理关系的形态变化有关。伦理关系原本是黑格尔用来指称具有必然性的伦理性关系，[③] 是伦理生活中经过反思的、具有必然性的伦理共同体的内在联系。[④] 就伦理实体而言，伦理关系就是一种现实的利益关系，并存在于家庭、市民社会、国家生活中，尽管在利益的背后可能隐藏着道义或情义的成分，但伦理可以调节的就是直接发生的关系，它因有伦理性规定而表现为一种必然性。就此而言，伦理关系与其他社会关系没有什么质的区别，都具有直接性，也是属于实然性的关系。但是实然性的关系未必就是“合理”和“应然”的关系，只有通过反思的实然关系，才是合理的、应当的关系。伦理关系经过理性反思从实然到应然，因而具有了天然的合理性。人在反思的过程中，完全有可能增加“价值扩大”的成分使伦理关系“增值”，这是人类认识“应然”的常态，但这有“虚化”的可能。随着人伦关系的复杂化和多样化，出现了间接的、虚拟的、延伸的、替代的，甚至想象的人伦利益关系。这些关系一

---

① 〔美〕伍德：《黑格尔的伦理思想》，黄涛译，北京：知识产权出版社 2016 年版，第 345 页。
② 〔美〕伍德：《黑格尔的伦理思想》，黄涛译，北京：知识产权出版社 2016 年版，第 323 页。
③ 〔德〕黑格尔：《法哲学原理》，范扬、张企泰译，北京：商务印书馆 1982 年版，第 167 页。
④ 高兆明：《道德失范研究——基于制度正义视角》，北京：商务印书馆 2016 年版，第 58 页。

方面是实的，因为它们都是人活动的结果；另一方面又是虚的，因为它们并不是直接实存于具体的人际中，而是有诸多“中介”因素。当我们由“人类中心主义”转向“自然中心主义”的时候，就有可能夸大自然的价值与权利，甚至把人置于自然中可有可无的地位，这时会让人感觉自然才是伦理的载体。其实，在人与自然的背后，还是人与人的关系，横向而言是人与族群和族际的关系，纵向而言是代际的关系，人与自然并不构成直接的伦理关系。网络是人虚拟的世界。在这个虚拟的世界中我们似乎可以“隐匿”真相而逃脱现实世界的伦理制约，但网络世界的主体还是真实存在的人，特别是随着“实名制”的普遍化，网络的虚拟性也在逐渐弱化。网络的真实性得以加强就意味着虚拟世界与真实世界走向同一，压根就不存在“两个世界”，人有不同的伦理要求，依靠网络伦理就可以把虚拟世界治理好。机器对人的替代只有功用，要实现伦理替代是不可能的，因为人才是机器人最终的操控者和决定者。至于通过想象的所谓“元宇宙”更不可能产生所谓的伦理关系，它充其量就是一个想象空间，或想象共同体。伦理关系的变化多样只能证明人的创造性是无穷的，可能适度想象、虚拟、延伸出一些伦理载体来减轻人的“伦理压力”，但无法证明人作为伦理载体是可以被取代的。

最后，伦理载体的虚实结合还与人类伦理空间的变化相关。伦理空间、伦理实体、伦理共同体都是相近的概念，但是伦理空间又可能超越后两者，它是地理空间、物理空间和心理空间的统一，是可以构造的。比如，家庭作为伦理实体是基于血缘通过家庭之爱而形成的伦理共同体，但由于家庭形态的变化，其伦理关系也发生了变化，特别是在中国传统家庭向现代家庭的转型过程中，其空间结构也发生了重大变化，这就需要调整亲属之间的关系，包括孝、慈、敬、悌等具体伦理规则。虽然当代中国的乡村不再聚族而居，传统宗族纽带的物理硬约束已不复存在，宗族关系逐渐转化为更具包容性的亲族关系，但是，我们文化基因里亲亲尊尊、慎终追远的观念并没有改变，这就需要构造新的亲情伦理空间。这就是在传统的家庭伦理空间中，在敬天法祖、家国一体伦理文化的感染下，亲族认同的文化最终指向的是国家认同，也就是说，“老吾老以及人之老，幼吾幼以及人之幼”的伦理，推己及人就成为“四海之内皆兄弟”“天下一家”的民族伦理和国家伦理，最终导向人类命运共同体的伦理。这样一种伦理完全是空间开放性的伦理。与此同时，如果我们要恢复传统的亲情家庭伦理，是可以通过空间构造来实现的。因为就亲情伦理而言，家庭虽是基础单元，但是，要形成普遍性、整体性的伦理认同，还需要超越家庭的空间，例如祠堂、祭坛、祖墓、牌坊甚至水井、树木等特殊纪念物，因其直观性、神圣性和中心性，可以形成普遍的影响力，具有更特殊的空间意义。“这些空间通过集体的仪式活动，可以强化亲族的心理共鸣和情感认同。这种通过耳濡目染的行为塑造固化而成的伦理规则，具有持久性、普适性和强制性，进而形成生于斯长于斯的特定空间伦理。”① 在城市也出现了介于家庭与社会之间的社区空间，这相对于传统社会而言也是一种新型的伦理空间，正好也是处于传统伦理载体意义上的虚实之间。在现代国家之间还出现了“联合国”这样的伦理载体，它是处理国际事务的最高机关，但相对于国家这样的伦理实体而言，它又是“虚”的。对网络的广泛使用甚至对其完全的依赖，使人们大部分的时间生活、工作在网络上，网络空间呈现出“由虚变实”的趋势，甚至让人产生了在虚拟的世界里更真实的错觉，在网络空间出现的伦理问题也日益增多。对人现实生活造成巨大挑战的问题是，网络是否可以无限制使用？网络是否可以“实体化”？“元宇宙”更是一个模糊的概念，是一个被构想出来的虚拟世界，包含身份、朋友、经济系统和文明性等要素以及沉浸感、低延迟、多元化、随时随地等特征，也具有时空性、独立性、真实性、连接性等特性。元宇宙是一个完全的空间上虚拟而时间上真实的数字世界，在这个世界里既有现实世界的数字化复制物，也有虚拟世界的创造物。这样一些高科技时代的空间形态是无法用传统意义的伦理载体概念去把握的，要保持伦理实体的“纯正”，必须充分认识到伦理载体的限度。

伦理载体的限度主要有两个方面，一个是伦理本身的局限，另一个是人（伦）是伦理载体的限定。黑格尔曾将伦理的局限表述为伦理事物的短暂性和伦理生活的循环性。② 黑格尔认为，国家是最完备的伦理实体，是伦理理念的实现，但它也只是“地上的”和“尘世中”的，不是“绝对精神”的最高领域，而仅仅属于实践领域，无法与艺术、宗教和哲学相

① 李凤鸣：《高度重视构建乡村伦理空间》，《学习时报》2019年12月26日。

② 参见〔美〕伍德《黑格尔的伦理思想》，黄涛译，北京：知识产权出版社2016年版，第359~365页。

比，无法达到永恒真理的境界。正因为伦理生活是实践的，所以它本身就包含了意志与目的的分离，并且它是在特定的时间和地点发生的，超出这种时空就是无效的。如法律和习俗的伦理有效性取决于人们相信它们能够实现自由，“但伦理制度不仅是有关自由的理论陈述，也是实现自由的实践方面的尝试”。[①] 比如说奴隶制在古代社会是其伦理结构的一部分，也是最大可能地实现了精神的自由，但从现代观念看，它是侵犯人格的永恒权利，是绝对的错。任何社会制度置于历史的审察中，都不可能是完美无缺的，伦理制度也一样。伦理事物不仅受绝对精神的永恒领域所限制，而且在时间上也是受限制的。伦理生活是朝向自我认识和自我实现的阶段，每一个连续性的伦理法则都是从前一原则中内生的，一种伦理秩序向另一种伦理秩序的过渡看似是伦理上的进步，其实只是伦理知识的循环，并没有体现最高级的伦理知识，因为“伦理秩序被认为在其合理性方面是有限的和不充分的”。[②] 如伦理秩序的最高法权国家法权，在历史中却是为世界精神的法权所取代。但从伦理有效性来看，世界性法权又显得是无生命的和虚假的，还是需要落实到国家法权。既然伦理本身具有难以超越的局限，那么，作为伦理载体的人更应该有严格的限定，“拟人”“机器人”“智能人”“飞人”“太空人”等都不是真正意义上的人，都不具备充当伦理主体的“资格”，不宜参与社会伦理事务，否则伦理学就失去了边界、失去了作为学科应有的独立品格。

① 〔美〕伍德：《黑格尔的伦理思想》，黄涛译，北京：知识产权出版社 2016 年版，第 361 页。

② 〔美〕伍德：《黑格尔的伦理思想》，黄涛译，北京：知识产权出版社 2016 年版，第 367 页。

第三章　伦理的共相*

伦理的共相问题，是伦理本体论问题，也是伦理呈现问题。如果从知识论的角度看，伦理的载体及其虚实变化是伦理的“原给”问题，[①] 那么讨论伦理的一般性存在，则是伦理的“共相”问题。换言之，伦理“载体”是伦理的“能指”，即讨论伦理能由什么来承载的问题；而伦理“共相”则是伦理的“所指”，即讨论伦理何以作为一般性存在，其具体呈现是什么，如何处理“共相”与“殊相”的关系等问题。

张岱年先生在《天人五论》中认为，“相”就是“实有中之可注意者”，是超越于“感相”之上的“所待”“所有”，是“最为普泛之名称，不论其如何，凡是可注意者皆谓之相。最基本之相，有三双：一广与延，二异与同，三变与常”。[②] 而“共相”就是事物的普遍性，“凡共相皆为一类物所共。凡有同一共相之物，自共有同一共相言之，可谓这一类，而共相即将为此类物所共有之相”。[③] 伦理作为一种精神文化现象，不仅具有一般的精神哲学本质，而且与其他文化形态“共相”，共享诸如规范、制度、秩序、信仰等。这种对“共相”的“共享”不是简单地“复制”，而是以其特殊属性而呈现为“殊相”，即伦理以特殊性的伦理精神、伦理规则、伦理秩序、伦理制度、伦理信仰等“共享”着精神、规则、秩序、制度、信仰等一般性文化本性。我们只有从一般与特殊的关系中，才能澄清伦理存在的普遍性要求与特殊性价值，由此也引发出对伦理普遍主义和境遇伦

---

* 本章部分内容已经发表于《浙江社会科学》2023 年第 1 期。

① 张岱年先生在《天人五论》中认为，人对客观世界的认识有“原给”、“感相”与“实相”之分。“原给”也可以叫“今有”，即今此所见，就是知识中不可疑的东西，是身有所感的东西。参见张岱年《天人五论》，北京：中华书局 2017 年版，第 90~91 页。

② 张岱年：《天人五论》，北京：中华书局 2017 年版，第 140 页。

③ 张岱年：《天人五论》，北京：中华书局 2017 年版，第 187 页。

理学的重新认识，特别是对于以不确定性为特征的风险社会和非常态社会治理，具有独特的理论意义和实践旨趣。

一　伦理的共相与殊相

伦理的共相与殊相问题，其实就是伦理的普遍性与特殊性问题，这是一种中国哲学的话语表达，也是一种独特的哲学思维方式，即“理一分殊”。理一分殊是中国古代哲学家把握世界（人伦）本体的方式，认为天地万物既有其殊相，以区别于其他事物，也有其共相，以实现万物一体的联通，此所谓“物以类聚”。“五味万殊，而大同于美；曲变虽众，亦大同于和。”[①] 这里的“美”与“和”就是“共相”。“理一分殊作为中国哲学特有的思维方式，是主体把握客体的理性体认方式，是由诸多方面、不同质料构成的思维活动的复杂系统，是在连接不断的实践活动中形成的思维结构，是一种相对稳定的思维样式，是主体把握客体，主体通向客体的中介、桥梁，而具有典型性、普适性、广大性，潜移默化地指向人们的实践活动。”[②] 张立文先生对“理一分殊”含义进行如此长的表达，足见这一命题的重要，这是中国人把握事物的普遍性与特殊性的最高哲学智慧。当然，共相与殊相是相对而言的，殊相可以区别事物，这是认识事物的前提，也是体认不同事物之间之所以有不同价值和意义的方式，更是发现事物差异、矛盾的起点。没有对殊相的深刻体认，就不可能有协调矛盾、化解冲突的伦理方案。但认识不能停留于殊相，相反要善于超越殊相去发现共相，探究事物的共相是为了更好地彰显殊相的价值。在西方的知识话语中，伦理的共相可以被理解为伦理的一般性、普遍性、统一性，这些不同的概念性表述虽然会有细微的差异，但在描述普遍适应性上应该可以获得一致性的尊重，而伦理的殊相就是讲伦理的特殊性、个性、差异性。在具体的伦理实践中，伦理的共相与殊相相互依存、不可分离，从共相中观照殊相，在殊相中发现共相。特别是“在全

---

① 《嵇康集校注·声无哀乐论》，戴明扬校注，北京：人民文学出版社1962年版，第216页。

② 张立文：《中国哲学元理》，北京：中国人民大学出版社2021年版，第100~101页。

球化、信息智能时代，全球互联、万物联通、合作共赢、命运共同体等之所以可能，就在于其事物运动中普遍地、共相地存在着的共性”。[①] 其实，追求普遍性曾经是启蒙思想家们的宏愿，他们总希望能不受任何宗教偏见和文化成见的影响，制订出一整套关于真理与正义的普遍标准，一劳永逸地解决问题，让科学从此可以取代迷信，宗教冲突得以消除，国家实现永久和平，人伦世界充满友善，等等。尽管这种宏愿还在努力之中，但不排除普遍性问题对伦理存在的意义。关于伦理的普遍性，我们只扼要分析三个问题：何为伦理的普遍性？如何获得伦理的普遍性？伦理普遍性有何用？

伦理的普遍性就是指伦理作为一种文化现象存在的一般性规定，是对伦理实体、伦理关系与伦理秩序一般本质的规定性，并且是“按其普遍真实意义而被规定为自在而又自为存在着的本质”，虽然是抽象的，“却构成着事情自身的规定”。[②] 如果把这一概念再进行分拆，伦理的普遍性包含三层要义。第一，伦理的普遍性是一种抽象的普遍而非具体的普遍，是相对于特殊的具体的存在，其本质还是实体性的，但又是对具体伦理实体的超越；第二，伦理的普遍性是一种伦理价值而非伦理事实的普遍性，即它是伦理价值的共识而非伦理事实的同一，是具有可记录、表达性的共同伦理价值，如自由、平等、正义；第三，伦理的普遍性是一种适应的而非固化的普遍性，即在适应性的动态调整中的普遍性，没有适应性就没有普遍性。这种对伦理普遍性内涵的简单概括，有利于把握其要义，但需要向伦理生活本身敞开，因为伦理普遍性的真实逻辑是伦理生活本身的可欲性，如果是遭拒斥的东西，不可能被接受，更不可能是普遍的。康德认为，伦理学与物理学一样，都是以普遍必然规律为对象的科学，只不过伦理学所遵循的普遍规律是人类意志在自然的影响下给自己规定的规律，如自由规律、道德规律、责任规律等。所以，道德命令的必然性和强制性只有来自其普遍性，意志不具备遵循特殊规律的动力，“只有行为对规律自身的普遍符合性，只有这种符合性才应该充当意志的原则。这就是，除非我愿意

① 张立文：《中国哲学元理》，北京：中国人民大学出版社 2021 年版，第 108 页。

② 〔德〕黑格尔：《精神现象学》下卷，贺麟、王玖兴译，北京：商务印书馆 1996 年版，第 1 页。

自己的准则也变为普遍规律，我不应该行动”。[①] 这样，伦理从普遍性就获得了规范性的意义，有了规范性，才有协调的可能，伦理学才能真正实现自身的使命。

伦理普遍性的获得路径有许多，但从内容上应该是来自伦理共同体对“共同善”的价值追求，而从形式上无非是来源于人类所具有的“公共理性”。自古典时代以来，伦理学始终把至善作为最高的理想，真正的幸福就是至善，而智慧、正义、勇敢、节制等都不过是实现至善的途径，这是一种基于城邦共同体生活的伦理价值。甚至可以说，没有对“共同善”的设计与追求，就没有城邦生活，哪怕今天，“共同善”仍然是人类社会得以维系的最有力的精神纽带。这样一种至善理想代表的是人类对“好生活”的追求，它与人类自身的活动紧紧勾连，力图达成二者的一致性。也许现代政治国家的建立、市场理性的张扬、个体主义的盛行和科学技术的加入，会从不同方面和不同程度地消解这种至善理想，但它始终是照亮人类前行的灯塔，不会因为个体的“偶恶”或社会的“暂恶”而失去其基底价值。“共同善”是一个共同体所有成员追求的至上目的，在多元化的共同体社会中，国家是最大的共同体，也是最强势的伦理共同体，所以，国家必须是实现“共同善”的主要责任承担者。但常常使我们不解的问题是：“共同善”成为一种共同目的如何可能？或作为目的的“共同善”是如何产生的？因为近代以降，社会行动逻辑的基点是个体的自由与权利，这不得不让人正视人的存在方式与特性。人是社会性的存在，在社会体系中，人与人之间的关系涵盖了社会生活的各个方面，这种关系表现为人类社会自发形成的一种伦理秩序，它不以个体成员的目的为转移，而是统合了单个人的目的并又惠泽于每个人。我们每个人是社会这台大机器上的一个零件，有着各自的分工，脱离了任何一个零件，其他零件就无法有效工作，整个机器也会无法正常运转。这种连带关系，是社会成员之间共享的有价值的关系，“一荣俱荣，一损俱损”“人人为我，我为人人”，这种关系同时也是个人追求特殊善的基础与基本法则。当然“共同善”的目的就

---

① 〔德〕康德：《道德形而上学原理》，苗力田译，上海：上海人民出版社 1986 年版，第 51 页。

是维护连带关系，从而最大限度地使得这个共同体的每个成员最终都能获得幸福，其实现需要一定的条件，这就是成员共处、利益共赢、成果共享。成员共处应当遵循平等互惠的基本原则，当遇到利益冲突的时候，成员倾向于采取退让妥协的态度，而不是强制性暴力性的压制。在社会共同体中，为了最大限度实现每个共同体成员的利益，应该采取合作的方式以实现利益共赢。并且政府、社会、个人之间的合作越普遍，共同体与个人之间的双赢局面出现的频率就越高，机会就越多。当然，利益共赢并不等于利益共享，也不意味着成果的平均分配。这就需要合理的分配正义，既调节利益在共同体的强者之间的分配，同时也包容共同体成员之中的弱者，实现包容性增长。

但作为伦理内容的“共同善”要普遍化还需要有理性的介入，因为“善（好的）与理性是紧密相关的，所谓的善是纯粹从理性的视角来考察的，善是单纯由理性来决定的”。[①] 罗尔斯认为：“公共理性是一个民主国家的基础。它是公民的理性，是那些共享平等公民身份的人的理性，他们的理性目标是公共善，此乃政治正义观念对社会基本制度结构的要求所在，也是这些制度服务的目标和目的所在。”[②] 理性在三个方面是公共的：作为自由而平等的公民们的理性；它是公共的理性；它的主题是关乎根本性政治正义问题的公共善。[③] 当然，罗尔斯所讲的公共理性主要局限于政治领域特别是公共决策领域，伦理虽然没有一种程序上的公共理性证成，但毕竟是共同价值的理性呈现，就此而言，公共理性在伦理生活中已经不是一种纯粹形式化的东西，而是普遍化的伦理本身。问题在于，个体理性凝聚成公共理性，传统社会靠的是个体权威（权力，如皇权），现代社会靠的是民主基础上的商谈，这也是我们在思考伦理普遍性来源时必须加以区分的。从某种意义上可以说，没有基于民主、平等的商谈，就没有真正意义上的公共理性；此外，没有对公共理性的确信与证成，商谈也只是一

---

① 杨伟清：《正当与善：罗尔斯思想中的核心问题》，北京：人民出版社 2011 年版，第 111 页。

② 〔美〕约翰·罗尔斯：《政治自由主义》，万俊人译，南京：译林出版社 2000 年版，第 225 页。

③ 参见谭安奎编《公共理性》，杭州：浙江大学出版社 2011 年版，第 122 页。

种“骂街式”的争吵。没有公共理性与平等商谈的高度融合，民主化的现代伦理协调就无法实现。

伦理一旦获得普遍性的品格，就具有了无法替代的效应，具体表现为可规范效应、可协调效应、可持续效应。由于伦理是一种主体间性的文化存在，其规范性基础是一个复杂的问题，哈贝马斯曾以交往行动理论进行解释，认为单纯的主体理性不足以实现规范性，只有交往理性才可能与社会事实发生联系，才能超越自律的“自我”，才能实现主体间的互认，只有行动才能有规范的普遍有效性。[①] 也就是说，要实现行动对规范的普遍遵循，需要一种普遍化的形式（语言）作为中介来实现商谈伦理，而这种商谈是有条件的。它“涉及的是这样一些条件，即任何人按照这样的条件业已同意服从规范，这些规范在主体间互相承认，而这样的条件同时能够预期所有其参与商谈的人同样准备符合这些规范”。[②] 如果说伦理形式的可普遍化是实现其规范性的主要条件，那么，普遍化了的伦理规范就具有了调节普遍化利益关系的功能。换言之，伦理协调是否有效取决于其协调的规范是否具有普遍化的要求，因为规范（规则）的权威性不取决于单一的特殊性，具有单一的特殊性的规范也许是适应的，但不一定是权威的。并且，越是普遍化程度高的伦理越具有可持续的规范性，如正义、仁爱、和谐等，它们似乎可以跨越时空，成为人类社会发展中永恒的追求，常追常新、永不止步。

正如事物的普遍性与特殊性是相互依存的一样，伦理的殊相也是客观存在的，没有殊相就没有共相，共相是殊相的抽象“炼达”，殊相是共相的具体“分至”。中国古代哲学中有“道一化万”的观念，如老子说：“道生一，一生二，二生三，三生万物。”[③] 这种由一而分殊的思维，强调的是由普遍性到多方面、多层面的具体落实。孔子也强调：“参乎，吾道一以贯之。”朱熹对此解释为：“盖至诚无息者，道之体也，万殊之所以一

① 杨丽：《重建法的规范性基础——哈贝马斯法哲学思想探源》，北京：中国社会科学出版社 2021 年版，第 60 页。

② 〔德〕尤尔根·哈贝马斯：《对话伦理学与真理的问题》，沈清楷译，北京：中国人民大学出版社 2005 年版，第 22 页。

③ 任继愈译著《老子新译》，上海：上海古籍出版社 1985 年版，第 152 页。

本也；万物各得其所者，道之用也，一本之所以万殊也。以此观之，一以贯之之实可见矣。”① 这说明万殊是存于一体的，一本而分殊为万，万殊之不同在于道一（理一）。中国哲学对于共相与殊相的辩证思想，包含了伦理实践的智慧，而“行动与实践智慧相关，涉及行动的普遍有效性和具体行动情景两方面”。② 当然，伦理的殊相不仅仅是行动情景，这只是作为伦理行动的环境而言的，更不是对伦理普遍性的“切割”，而是需要我们分层次去把握。首先，伦理是社会结构因素的共相，但又因其是一种精神文化现象而显示出殊相；当伦理以精神文化现象作为共相存在时，又因其规范性文化特征而显示出殊相；当伦理以规范性文化显示其共相时，又因其非强制化规范的特征显示出殊相。这种层层的差异性“剥离”彰显伦理实体与伦理场域的差异性，以至“具体问题具体分析”地使伦理普遍性得以深层次消解。在此，我们不得不承认，伦理的共相与殊相的内在紧张是前所未有的，特别是在文化多元主义的背景下，普遍主义伦理观与特殊主义伦理观的冲突，已经使行动选择与评价几乎失去可能性。“无所适从”是当代伦理生活的最大隐患，重新认识并强化伦理的共相是非常必要的，但也不得不正视伦理的殊相。在此，我不想去重复关于普遍性与特殊性之间相互关系的那些陈词，只是强调伦理的共相与殊相必须各安其位，伦理的实践需要在适应性的基础上对二者进行分别处理，不可相互代替，需要认真探索各自有效的行动方案。

二　精神、法则与秩序

强化伦理共相意味着要凸显伦理的“具相”，即伦理普遍性的具体存在主要为伦理精神、伦理法则与伦理秩序。伦理精神是统领伦理世界的灵魂，伦理法则是协调平衡的标准，伦理秩序是复杂伦理关系的条理化（清晰化），三者虽然不构成伦理共相的全貌，但也可称得上是“主架构”。

---

① 朱杰人、严佐之、刘永翔主编《朱子全书》第 6 册，上海：上海古籍出版社 2002 年版，第 95~96 页。

② 杨丽：《重建法的规范性基础——哈贝马斯法哲学思想探源》，北京：中国社会科学出版社 2021 年版，第 61 页。

爱尔维修在《论精神》中认为，精神有两类：一类是人自身具有的，如肉体感受性、记忆，是“精神的自体”；另一类是与社会相关的精神，如风俗、见解、观念等，[①] 伦理精神显然属于后者。黑格尔在《精神现象学》中也表达过同样的思想，当精神停留在自我分析时，“精神就是本身包含着感觉确定性、知觉和知性的一般意识。反之，当精神停留于另一分析环节，认为它的对象是它的自为存在时，精神就是自我意识”。[②] 作为意识和自我意识的统一体，精神就是具有理性的意识，这种意识本身具有自在地隐含有理性的性质或范畴的价值，但只有当它是存在的理性时，精神才达到了真理性，“它即是精神，它即是现实的、伦理的本质”。“活的伦理世界就是在其真理性中的精神。”[③] 在黑格尔那里，伦理精神是与伦理实体相关联的存在，如家庭、民族、市民社会、国家等。与此同时，伦理精神也是理性与实在的统一，更具有行动（或实践）的意义。“伦理精神”是“精神”解释“伦理”的结果，以至于有学者认为，“精神”是与伦理在道德哲学本性上相通甚至同一的概念。[④] 如果我们从伦理的普遍性和伦理实体的根基性出发，就会发现伦理精神应该是一种“自主性”存在，即伦理精神既不是“伦理”与“精神”的简单相加，更不是“伦理”与“精神”互释的结果。伦理精神是内生于伦理实体及实体间的协调伦理关系的规范精神，可以具体化为理性精神、平等精神、正义精神、和谐精神等，其主要特性是理性与普遍性。尽管在哲学层面精神是高于理性的，但伦理精神一定是实践理性与“它的世界”相统一的。“当理性之确信其自身即一切实在这一确定性已上升为真理性，亦即理性已经意识到它自身即是它的世界、它的世界即是它自身时，理性就成了精神。”[⑤] 在伦理精神里

① 参见〔法〕爱尔维修《论精神》，杨伯恺译，上海：上海人民出版社 2019 年版，第 5、15 页。

② 〔德〕黑格尔：《精神现象学》下卷，贺麟、王玖兴译，北京：商务印书馆 1996 年版，第 3 页。

③ 〔德〕黑格尔：《精神现象学》下卷，贺麟、王玖兴译，北京：商务印书馆 1996 年版，第 4 页。

④ 参见樊浩《伦理精神的价值生态》，北京：中国社会科学出版社 2001 年版，“再版序言”，第 7 页。

⑤ 〔德〕黑格尔：《精神现象学》下卷，贺麟、王玖兴译，北京：商务印书馆 1996 年版，第 1 页。

实现了理性与伦理世界的高度统一，甚至因理性的作用，伦理世界本身就是伦理精神的世界，无论其价值理念还是行动法则都是伦理精神的存在样态。也正是因为伦理精神是理性的，才具有了普遍性的品格，因为理性的本质就是对普遍性的追求，即在伦理空间上实现“统一性”，在伦理时间上实现“一贯性”。也正是因为伦理本质上是整体的、普遍的、公共的、实体性的，当个体进入伦理生活时才需要放弃一些个性化的意愿而秉持伦理精神，只有精神才是单一物与普遍物的有机统一。如在古希腊时期，柏拉图所倡导的精神生活，就是追求达到这样一种统一性和永恒性，把“理念”或共相作为个体必然追求的永恒不变的东西，因为唯有它有可能超越于一切感性上的“杂念”而获得共同体的认同与容纳。近代以来，人们把追求自由、平等作为最基本的权利诉求，但如何实现每个人的自由，则需要伦理精神的统摄，只有当一个人的自由同时又是另一个人的自由实现的条件时，才有真正的自由，并且需要给出责任伦理以对自由加以限定。有了责任的伦理设定和精神浇注，才有了自由伦理关系的有效协调，自由的实现才可能真正有序，而不是一个人的自由成为另一个人自由的障碍。现代个体权利意识的过度强化，导致了自由主义的困境，即“个人—社会—人类”的伦理断裂，随之而来的共同体主义（社群主义）伦理的重新“出场”，更加证实了伦理精神作为一种“社会精神”会逐渐与以“个体意识”为基底的道德精神相区别。当然，伦理精神作为一种精神“共相”要发挥好协调功能，也许要上升至“集体无意识”性质的社会伦理信仰，但更为重要的是，需要转变为规则性的“强制”条件，这就是人类在漫长的社会生活中日益形成的能共同遵守的最普遍的伦理法则。

如果说伦理精神反映了社会伦理生活的一体性，那么伦理法则就是在社会交往（交流）中形成的，这种交流使较高层次的伦理法则被选择并日益成为“共相”。精神与法则在社会伦理层面是高度契合的，排除了个体道德因素的不当干预，从而实现社会生活的整体化、稳健化协调。美国社会学家 E. A. 罗斯在《社会控制》一书中认为，伦理法则的起源主要与人类生存的竞争法则和伦理上的英雄人物相关。人类在基本的物质生产劳动、两性关系、子女教育等活动中，会不自觉地形成一定的行为标准，这些标准因为几乎对所有人都合适而获得某种权威性的推崇，形成文化法则。文化法则不但可以通过风俗和生活方式的演变得到印证，而且可以真实地被具体生活所证实，“由此产生了普遍的信仰，并且最终获得了巨大的社会力量”。[①] 也许一种文化法则在竞争中成功出现之后会伴随习俗而自然地稳定下来，但随着各民族间交流的加强，文化法则的淘汰也可能会重新开始。并且“交流的扩大又带来了健康的生存竞争的过程，它保证了文化法则的全面进步”。[②] 或许一些不适应的文化法则会遭淘汰，在淘汰中适应性强的文化法则会变得越来越集中而具有普遍性，甚至成为排除“杂多”的抽象法则。当然，仅仅是生存意义上的文化规则还不足以称为伦理法则，因为它们有可能会随着生存境况的改变而失去其存在的理由，只有经过长期沉淀并成为具有普遍性的观念，它们才可能成为伦理法则。“每一种伦理法则都是意见一致的表现，是社会中各种庞杂见解的会合。”[③] 可见，伦理法则本身是隐含了价值共识的，尽管这种共识是十分有限的。基于价值共识的伦理法则的维持有三种力量：一是逝去的“圣者”与传统的力量；二是父母，他们可以将伦理法则直接传给后代；三是维持秩序的“团体人”，即各种组织领导、行业主席、社会领袖等。[④] 这三种力量是自然性的，没有太多刻意与装饰，这也是伦理法则产生控制力的重要原因。伦理法则还存在一个优胜劣汰的选择过程，这种选择的优势趋向是以是否改善社会伦理秩序为标准的，个体道德水平可以通过适应伦理法则得到提升，但它难以改变伦理法则。个体所面对的伦理法则往往具有一种“天然”的合理性和权威性，个体无力挑战，唯有服从，这也是伦理法则少有颠覆性变更的原因之一。尽管一些道德上的“英雄人物”，如孔子、耶稣，对伦理法则有某种先知性的“发明”，但他们也不过是有超出“凡人”的社会洞察力而已，伦理法则始终是与社会秩序紧密相关的。

① 〔美〕E. A. 罗斯：《社会控制》，秦志勇、毛永政等译，北京：华夏出版社 1989 年版，第 260 页。

② 〔美〕E. A. 罗斯：《社会控制》，秦志勇、毛永政等译，北京：华夏出版社 1989 年版，第 261 页。

③ 〔美〕E. A. 罗斯：《社会控制》，秦志勇、毛永政等译，北京：华夏出版社 1989 年版，第 262 页。

④ 参见〔美〕E. A. 罗斯《社会控制》，秦志勇、毛永政等译，北京：华夏出版社 1989 年版，第 278~279 页。

在伦理的“共相”框架内，精神、法则与秩序几乎是不可分割的。精神体现为法则，法则构成秩序；反而言之，秩序需要法则规范，法则需要精神支撑，三者形成重叠关系（非完全重合）。在中国古代文献中，秩序是一个组合词，可以分“秩”与“序”两层意义来理解。秩者，常也，具有常规、规矩的意义；序者，次也，列也，具有次第、行列之义。这样，秩序与英文 order 相近，“大致上是指自然、社会、事物运动的次序性和变化的规则性”。[①] 如果说“历史的秩序来自秩序的历史”[②] 成立的话，那么“伦理的秩序来自秩序的伦理”是没有问题的。因为“伦理”与“秩序”在社会运行层面几乎是“同义”和部分“同构”的，“每个社会都承载着在自身的具体境况下创建某种秩序的责任，这种秩序，基于神的或人的目的，将赋予该社会生存（existence）的事实以某种意义”。[③] 可以说，伦理秩序是维持社会生存的重要保障与理由，与历史发展之间形成相互牵制的关系。如果说经济、法律、政治等秩序是直接性的“实然性”秩序，那么伦理秩序首先是具有超越于具体“实然”形态秩序的“应然”秩序。这种应然虽然是超然性的，但通过人的意志就成了必然，[④] 所以，伦理秩序的初始要义就是表明秩序的伦理性，并通过自由意志而获得普遍性的基本规定。我们所处的人伦世界往往受两种规律支配，一种是因果必然律，另一种是意志自由律，前者是伦理的必然王国，后者是伦理的自由王国。也许因果必然性呈现的伦理秩序直接表现自然秩序，但这仅仅是当人作为自然存在时才有意义，而人在本体意义上是属于自由意志的存在。与此同时，如果人的自由意志离开了日常人伦，就是一个空洞的概念，这是由于自由意志向人伦生活敞开并产生了伦理关系，伦理关系构成了伦理秩序本身。在此意义上讲，伦理秩序不是一种独立的秩序形态，因为伦理性把精神、

① 李向平：《信仰、革命与权力秩序——中国宗教社会学研究》，上海：上海人民出版社 2006 年版，第 228 页。

② 〔美〕埃里克·沃格林：《以色列与启示》，霍伟岸、叶颖译，南京：译林出版社 2010 年版，第 19 页。

③ 〔美〕埃里克·沃格林：《以色列与启示》，霍伟岸、叶颖译，南京：译林出版社 2010 年版，第 19 页。

④ 高兆明、李萍等：《现代化进程中的伦理秩序研究》，北京：人民出版社 2007 年版，第 31 页。

关系、法则融为一体，使伦理秩序成为一种“主观性”存在或“内在秩序”。而伦理秩序的真正实质是“一种客观性关系结构，这种客观关系结构自身具有客观交往规则系统”。[①] 通过交往关系的协调，伦理秩序即为现象性的协调秩序，这就是伦理法则协调伦理关系的“外在秩序”。所以，伦理秩序是内在秩序与外在秩序的统一，前者以个体的自由意志基础上的“习惯性”力量为前提，后者以维护社会的整体利益“强制性”力量为前提。这与哈耶克将社会秩序分为“自生自发的秩序”与“人造的秩序”，即“非设计的秩序”与“设计的秩序”有所不同。哈耶克把自生自发的秩序叫作“传统”，伦理秩序也属其中，它基于两种法则：“第一种是先天的、遗传继承的关于人的行为的普遍规则，它形成于人种的生物进化过程；第二种是习得的、文化传承的关于行动的规则。”[②] 哈耶克不但否定了伦理秩序的人为设计和制度化，而且还揭示了伦理秩序是人们在社会生活中自动生存的原理。事实上，伦理秩序也具有制度（人为设计）的属性，因为任何自然生成的“传统”都会随着时代的变化从内容到形式发生变化，甚至可能因人为的制度设计而改变，使传统与制度处于互动之中。在这个意义上可以说，伦理秩序是一种与环境相调适的秩序，是“设计秩序”与“非设计秩序”的统一，抑或自由的秩序与自为的秩序的统一。这种统一，一方面得益于个体间的主动协调性，而且“这种自发的协调又通过其对公益的助益性证明了这种自由的正当性”，[③] 体现了一定限度的常规性；另一方面又要充分考虑实现社会和谐目标的强制性，“而且我们所强制实施的制定法的目的也在于确保这种有限的常规性，因为正是这种常规性使秩序的型构具有了可能”。[④] 我们常说“伦理学要顶天立地”，“顶天”就是需要有信仰境界，“立地”就是要有制度支撑，特别是法律制度，从

---

① 高兆明：《制度公正论——变革时期道德失范研究》，上海：上海文艺出版社 2001 年版，第 59 页。

② 〔英〕弗里德利希·冯·哈耶克：《自由秩序原理》上，邓正来译，北京：生活·读书·新知三联书店 1997 年版，“译者序言”，第 36 页。

③ 〔英〕弗里德利希·冯·哈耶克：《自由秩序原理》上，邓正来译，北京：生活·读书·新知三联书店 1997 年版，第 200 页。

④ 〔英〕弗里德利希·冯·哈耶克：《自由秩序原理》上，邓正来译，北京：生活·读书·新知三联书店 1997 年版，第 201 页。

某种程度上说法律秩序也是伦理秩序的体现，甚至二者在某些方面有重叠。特别要说明的是，正如我们强调不能把自然法与实在法完全对立起来一样，伦理秩序的自然性与强制性也不能截然分开；并且随着时间的推移“设计的秩序”同样会以自然的常规性、习惯性秩序姿态出现新的型构，并获得正当性。

当然，我们在这里仅仅是基于正常社会或常态社会的讨论，要把握好伦理秩序，还需要注意两点。第一，尽管在良好社会中，伦理秩序与伦理法则是一致的，但无论在历史上还是现实生活中，都存在伦理关系秩序与社会伦理法则错位甚至对立的情况。有些应当的、合理的伦理法则在现实生活中难以遵守，无法成为协调的主导性价值；而一些不正当的，甚至是恶性的伦理法则却以“潜规则”的形式大行其道，构成一种不正当但有效的秩序，销蚀、瓦解、扰乱了主导性伦理秩序。所以，消除人伦世界中的各种“潜规则”是优化社会伦理秩序的重要任务。第二，常态社会中的伦理秩序与非常态下的伦理秩序存在差异甚至背反，不确定性日益增加的风险社会需要有两套社会治理规则，需要有紧急预案，需要有紧急状态下的非常规伦理应对机制。新冠疫情打破了常态伦理秩序，以保证个体自由、权利、安逸、舒适为主导价值的伦理秩序显然不能适应疫情防控，以保护生命安全，提倡攻坚克难、团结的伦理秩序就必须作为重要补充而起到应有作用。这也正好体现了伦理秩序普遍性与特殊性的统一。

三　伦理普遍主义的现代遭遇

对伦理精神、伦理法则和伦理秩序的简单描述，是把三者作为伦理的基本面向作了普遍性的敞开描述，而对普遍性形成起核心作用的是“适应”机制而非“变革”机制。无论人伦空间的结构性适应，还是人伦时间的替代性适应，都为伦理普遍主义的形成提供了条件。一直以来，思想家们对伦理道德的苛求是，如果要使之获得合理性，必须从内容到形式都要可普遍化，换言之，只有找到伦理学的普遍精神与法则，才会有绝对的基础，才能便利而有效地处理一切伦理问题。伦理普遍主义理论与方法在传统社会结构相对稳定和单一的条件下也许可以实现，但随着社会结构的松弛化、价值的多元化和社会发展不确定性的增加，伦理普遍主义遭到了前所未有的挑战，如后现代主义、多元主义、特殊主义的挑战。如何看待伦理普遍主义的境遇？伦理学是否应该坚持以及如何坚持普遍主义立场？这些是探究伦理“共相”无法回避的问题。

伦理普遍主义思想传统在西方源远流长。[①] 古希腊时期，普罗泰戈拉的“人是万物的尺度”，为苏格拉底的伦理普遍主义提供了思想准备，但也带来了伦理相对主义的隐患。因为人虽然是宇宙的中心，但人是历史的人、具体的人，用人自身的主观欲望来为自己制定生活规则，难免会出现主观相对主义，难以实现客观普遍的立场。于是苏格拉底就主张用普遍理性来规定伦理理念和伦理法则，确定普遍、客观、绝对的善，其“美德即知识”的命题试图以知识的普遍性为伦理道德的客观确定性和普遍规范性奠基，让伦理学知识如同数学、逻辑学一样具有普遍性。近代以来，欧洲伦理学家在建构自己的伦理体系时几乎都是遵循自然科学的普遍化要求，如斯宾诺莎试图用几何学原理来构建伦理学，认为只有从公理和公设开始才能得出可普遍接受的结论。康德认为，逻辑推理只能是得出结论的工具，解决不了人的行为基础的可行性问题，人的行动一定是受“绝对命令”的支配，产生“一定要这样做”的指令，“使你的行动准则能够成为普遍立法的准则”。[②] 如果说唯理论的伦理学家借助于自然科学、逻辑学使伦理学具有同样的客观普遍性还可以理解，那经验论的伦理学家从人的欲望、利益、幸福等共同人性方面寻找伦理普遍性就有点令人费解了，如功利主义伦理学家都持有一种普遍的福利主义价值观，即以最大多数人的最大利益为依据，功利的最大化就是普遍标准。

可见，这些理论都具有普遍化的企图与思维进路，都期望有一种不仅对个体或群体有效，而且对所有理性行动者都有效的理论体系，这种体系可以不考虑特定的时间与空间，甚至具体情境。这些理论，不论是基于理性形式还是共同经验，都是为了确立伦理学的终极价值来源，这种来源必须是统一的、可普遍化的，这就是普遍伦理主义的特性之一。与此同时，

① 参见赵永刚、屈雪姣《西方普遍主义伦理学：发端、流变及当代特征》，《求索》2016 年第 11 期。

② 〔德〕康德：《实践理性批判》，邓晓芒译，北京：人民出版社 2003 年版，第 30 页。

这些理论因对普遍化过度追求，无法避免“一元论”的色彩，即通过“一”的独占性来建立普遍性。而事实上，伦理学的理论根基可以是一个，也可以是多个，而哲学思维惯于“复杂问题简单化”，“一”就是最简单并最具绝对性的，如康德的“绝对意志”、功利主义的“最大幸福”、黑格尔的“自由意志”等。用“一”来解释“多”、统合“多”，又难免使伦理普遍主义具有还原论的特点。所谓还原，“一般就是认为一个现象的领域可以归结到另一个更低层次或更深层次的领域加以理解”。据此，“一切科学真理最终可以通过揭示支配那些最基本层次的实体与行为基本规律来加以说明”。[①] 作为一种认知模式，还原论注重用单一因素来解释复杂现象，这不失为一种哲学智慧。社会生活特别是伦理生活是错综复杂的，还原论也许可以解决我们对现象的复杂性的认知难题，通过一级概念去解释二级现象，又通过二级现象来印证一级概念。如义务论可以从“义务”派生出“正确的行动”“美德”，然后又把“正确的行动”还原为“义务”概念，即正确的一定是合乎（出于）义务的。伦理普遍主义自身的三个特性同时也决定了它自身的缺陷及可能带来的挑战，主要是来自后现代主义、多元主义、风险主义的挑战，这些挑战有的是“根基性”的，有的是“枝叶性”的，需要具体分析。

普遍主义曾经是现代文化与伦理文明的宏愿。启蒙时代欧洲的思想家们天真地认为，如果能建立普遍理性法则、一个普遍的真理与正义标准，就能拯救被宗教、战争和政治撕裂的人类，科学真理就会取代迷信，人类社会就会突破传统行事的局限，政治、民族与宗教冲突就会终结，普遍理性的最终结果就是“永久和平”。[②] 所以，启蒙时代的普遍主义往往是基于一种美好的愿望而非一种有效的理论。许多思想家都是从自己的理论出发，总是在欲望与激情、感性与理性、道义与功利、经验与先验等问题上进行争论。虽然出发点不一样，甚至截然相反，但启蒙理性主义者们不赞成文艺复兴和宗教改革家回归古典的主张，试图把个体从过往的历史中抽

---

① 张华夏：《兼容与超越还原论的研究纲领——理清近年来有关还原论的哲学争论》，《哲学研究》2005 年第 7 期。

② 〔美〕罗宾·W. 卢文：《普遍主义与人性良善：伦理的可能性与有限性》，陈秋红译，载杨慧林主编《基督教文化学刊》第 37 辑，北京：宗教文化出版社 2017 年版，第 28~42 页。

离出来，寻找一种普遍的理性秩序。也正是因为这一点，启蒙理性的普遍主义成为可能，甚至成为国际法产生的思想基础，也带来了一个相对的和平时期。但问题在于，由于地缘政治和民族主义势力的影响，普遍理性很快让位于帝国霸权的逻辑，出现了自相矛盾的局面。于是，近500年的普遍主义热望被才几十年的后现代思想质疑甚至瓦解。后现代的理论家们宣称，“后现代性时代构成一个新奇的历史阶段和一种崭新的社会文化形式，需要用新的概念和理论去阐述”。[①] 博德里拉（Baudrillard）、利奥塔（Lyotard）、哈维（Harvey）等思想家认为，随着资本在全球范围内的更深层次上的渗透和均质化（homogenization），新技术、新知识和新的经济制度不断产生，于是催生出一种后现代社会形式，导致文化进一步碎裂，时间经验发生改变，主体性与文化出现新的形式。后现代主义的理论旨趣就在于对整体性、普遍性、同一性的解构，强调对本质主义、普遍主义、基础主义的批判，强调个人的经验、背景、意愿和喜好在知识、生活和文化上的优先地位，导致的是相对主义、怀疑主义甚至是价值虚无主义。后现代主义的这些理论追求和思想特征，显然与伦理普遍主义是不吻合的甚至是对立的。面对这种挑战，伦理普遍主义该如何是好，是固守还是创新？显然后者不失为明智之举，它倡导一种可践行的伦理普遍主义。这是否可能？我认为是可能的，这种可能性不是基于所谓的共同理性或某种逻辑形式，而是我一直坚持的人的自然属性和文化属性，这往往是被启蒙的普遍主义所忽视的。我们坚持一种伦理普遍主义立场，“不是因为我们能保证我们所言一定是真理，而是因为我们从直觉开始，我们不同的生活体验都经历在一个共同的人类本性之上，因此我们也许可以通过努力去理解其他民族在今日世界或久远过去的经验上建立起来的美德、文化和传统。”[②] 这是一种现实的伦理普遍主义，也是一种实在论基础上的伦理普遍主义，对于任何一种共同体伦理秩序的维护都是必要的，也是可行的。

---

① 〔美〕道格拉斯·凯尔纳、斯蒂文·贝斯特：《后现代理论：批判性的质疑》，张志斌译，北京：中央编译出版社2011年版，第3页。

② 〔美〕罗宾·W. 卢文：《普遍主义与人性良善：伦理的可能性与有限性》，陈秋红译，载杨慧林主编《基督教文化学刊》第37辑，北京：宗教文化出版社2017年版，第28~42页。

当今世界是一个文化多元的世界，人们受不同的价值观、道德准则、伦理法则的支配，如果能相互包容、彼此开放，那还能和谐相处、各自安好。不同人群、族群，不同生活共同体之间还能找到普遍的伦理法则吗？还能有可以普遍遵守的伦理秩序吗？即使有，这些法则能超越文化中心主义和文化霸权主义而被世人所普遍承认吗？“一”与“多”的关系是我们认识世界最基本的哲学关系，从古希腊讨论“一”与“杂多”到中国的“理一分殊”智慧，无不是对这一关系认知的结晶。“一”与“多”是一种客观存在而并非主观逻辑的“构造”，充分反映了世界的多样性与丰富性及其与人的主观抽象能力之间的空间张力。这个空间的存在为人类思维的进化提供了前提，如果人的思维内容和形式，与客观存在一一对应或无差别吻合，那人只可能是感观发达的动物。人的优长是想象力，只有通过想象，才能实现伦理上的普遍主义，即把单个伦理实体（如民族）所承载的伦理价值通过想象机制而外推，“即我们要认识到其他人和我们及我们所爱的人一样，也有感觉、希望和痛苦，而且就像我们现在所看到的，我们会把我们的同情从我们所爱的人那里延伸到所有那些与他们相似的人”。[①] 多元主义特别是多元文化主义“突现了人们在当今的政治现实中遇到的某些议题和某些需要”。[②] 这样，多元主义在政策层面上可以适应不同的国家，但如果它被当成一种普遍的伦理法则去要求不同民族、国家时，就有可能因不适应而成为例外。所以，“我们不应该把多元文化主义首先看作一种道德理论或政治理论，而应该把它视为重申某种社会敏感的标志”，[③] 否则将面临一定的风险。这是否意味着，多元主义对伦理普遍主义的挑战是间接性的？或者说二者不是一个层面上的问题而仅仅是“致思方法”的不同？可以肯定的是，多元主义的挑战是直接的，并且是实质性的，即它认为没有超越于不同伦理实体的普遍适应的伦理法则，特别是在民族文化主义、国家主义盛行的历史时期。在当前逆全球化的背景下，单边主义、民粹主义、霸权主义盛行，价值共识难以形成，某些霸权国家习惯于将自己的价值观强加于他者，造成价值冲突与对抗。就此而言，加强

① 李丽红编《多元文化主义》，杭州：浙江大学出版社 2011 年版，第 2 页。
② 李丽红编《多元文化主义》，杭州：浙江大学出版社 2011 年版，第 5 页。
③ 李丽红编《多元文化主义》，杭州：浙江大学出版社 2011 年版，第 5 页。

各方对话，深入沟通理解，凝聚价值共识，是构建好人类命运共同体的当务之急，伦理普遍主义始终具有引导人类美好未来的意义。只有用“不变应万变”的伦理智慧，才能防控好以不确定性为特征的社会风险，才能让特殊的伦理情境或事实有普遍法则可循。

伦理特殊主义（ethical particularism）是多元主义的另一种表达，是在牛津大学 W. D. 罗斯教授在显见义务理论基础上提出来的。罗斯认为：“显见义务是非绝对、持久不变的，而且有绝佳理由去做（或不做）的一些事情——信守诺言、感恩、避免伤害他人等。”① 任何显见义务不可能从另一义务或更基本的原则中推衍出来，但有可能被另一项义务所否决。这是对伦理绝对主义的否定，因为多元的绝对主义内部的伦理法则必然自相矛盾，而一元绝对主义又显狭隘并从适应性讲无法实现普遍性。罗斯基于多元主义的立场，一方面看到了不同的伦理义务的相对特殊性，另一方面也注意到了伦理冲突的可能性，他甚至认为在特殊情况下违背道德原则是被允许的。他认为伦理冲突是可以解决的，这个途径就是道德懊悔。当发生伦理冲突的时候，我们不可能履行所有的义务，而是需要放弃一些重要的义务，对此感到懊悔是理所当然的，这就是被牺牲掉的重要价值的证据。“懊悔感就是我们意识到自己不能尽责，承认在义务冲突时不得不放弃一些有价值的东西。”② 其实，罗斯的理论难点不在于他所提出的显见义务是不是绝对的，而在于做出价值选择时如何进行取舍：是否存在一种伦理价值重要性的排序？如何做出有效的伦理决策？伦理特殊主义认为，显见义务虽然体现了伦理价值的重要性，但只不过是选择某种行为时的伦理理由罢了，伦理价值的重要性是由情境甚至情境的细节决定的，那种可普遍化的伦理法则根本不存在，即使存在也只能是“纸上谈兵”，根本不适合具体的伦理生活，因为伦理生活是混乱无序的。罗斯尽管无法在义务冲突中提出普遍的平衡法则，但却提供了人们必须遵守的最基本的道德义务。而特殊主义可能在非伦理领域容易被人接受，但于伦理领域就可能被质问或批评，一

---

① 转引自〔美〕拉斯·谢弗-兰多《伦理学基础》，陆萌译，北京：中国轻工业出版社 2020 年版，第 245 页。

② 转引自〔美〕拉斯·谢弗-兰多《伦理学基础》，陆萌译，北京：中国轻工业出版社 2020 年版，第 253 页。

是因为它缺乏统一的伦理评价标准，二是因为它无法指导我们获得伦理知识，最为致命的是因为它否定了伦理价值的恒常性。在某种程度上可以断言，伦理特殊主义的确动摇了伦理普遍主义的“根基”，但如果我们正视伦理本身的知、行两面就会发现，其实伦理特殊主义是行动层面的，而伦理普遍主义侧重于伦理认知。换言之，普遍的伦理法则有利于人们在行动之前按照一般准则去行动，这不仅仅是一种“行动前预设”，更是人类长期伦理实践的经验总结，这种普遍主义是客观存在的。尽管我们在具体的伦理实践中会遇到无法预知的情形，产生特殊主义要求，但它的“特殊”，也仍然是“普遍”参照的结果，其概率也低于“普遍”。在此意义上，伦理特殊主义非但不会动摇伦理普遍主义，相反，我们可以从无数特殊情形中发现普遍，使伦理普遍主义更加有效。当然，我们不是无视伦理上的知行脱节或相悖，更无意漠视伦理生活的具体特殊性，也许对特殊情境的尊重与关注，本身也是一种伦理的普遍性要求。因为我们讨论伦理共相毕竟只是在存在论意义上讨论普遍性问题，不能取代具体的伦理行为及其特殊境遇。

四 我们该如何接纳境遇伦理学

如果我们承认伦理存在是普遍性与特殊性的统一，那么接纳境遇伦理学就不存在问题，问题在于如何接纳，即在何种意义上和限度内接纳。境遇伦理学是20世纪西方较为流行的一种伦理学说。20世纪20年代美国著名的实用主义伦理学家约翰·杜威论述过一种世俗化的伦理学，但作为道德神学的境遇伦理学则产生于40年代，以基督教伦理学家约瑟夫·弗莱彻于1966年在美国出版的《境遇伦理学——新道德论》为标志。在西方的精神文化生活中，基督教思想和教义居于一种绝对支配地位，宗教教条被视为社会通行的、人们必须遵守的“金科玉律”。随着西方社会经济的发展和科学技术的进步，人们的价值观念发生了根本性的分裂，不同的价值观念甚至相互冲突，于是一些激进的神学家和宗教学家，纷纷提出要建立一种适应现代社会伦理生活的理论，弗莱彻的《境遇伦理学——新道德论》应运而生。所以，“与其说境遇伦理学是弗莱彻对基督教伦理学的一场革命，不如说是弗莱彻作为一个社会活动家对现代社会的忧患意识和对现代道德问题的深刻思考”。[①]

那么，境遇伦理学到底触动了传统伦理学特别是基督教伦理学哪根“神经”？它被认为“毁灭”了传统伦理学，主要有三个最基本的学术主张。一是在伦理至上性上用“人爱”取代了“神爱”。“一切伦理学的最基本的问题是‘价值’。”[②] 那么，这种价值是来自何处？是内在的还是外在的？与基督教伦理学根本不同，境遇伦理学强调应该是以“人”为中心而不是以“物”为中心，伦理价值的来源是“人”本身而不是“神”。因为当基督教徒断言善恶、是非的时候，这只是论断而不是属性，是神“给予”而不是实在的。“只有一样东西永远是善的和正当的，不论情境如何都具有内在的善，这就是爱。”[③] 作为价值的爱是人自身赋予的，是伦理的绝对原则，它不对在实践中所意指的东西作任何预先的规定。“我们说爱永远是善的，这意味着在任何特定境遇中，凡是表达了爱的东西都是善的！爱是待人的方法，是使用物的方法。”[④] 所以，爱是一种内在的善，它不需要依靠外在的“上帝”，这样就给伦理道德生活带来了具体的活力。二是“境遇决定实情”。当我们进入某种伦理决断（选择）时，往往会遇到两重参照，即绝对的伦理法则和具体的伦理实情，如果二者不存在冲突，那么这种决断就会十分顺利，问题在于绝对的伦理法则有时不适应具体的伦理情形，那我们应该以什么作为决断依据？弗莱彻认为，应该把境遇放在首位，因为一般的伦理法则或绝对命令无法确保具体事物的正当性，“一切事物正当与否完全取决于境遇”。[⑤] 哪怕是爱这样的原则，也是为了人，而不是为了原则本身。所以在进行伦理选择时对爱的原则的信守最终也要落实到人，因而也要落实到人在作出选择时的具体境遇，甚至在具体的境遇中可以改变原则，任何原则只有基于境遇才有意义。所以，境

① 马云驰：《爱与境遇——弗莱彻的境遇伦理学》，《社会科学》1998 年第 7 期。

② 〔美〕约瑟夫·弗莱彻：《境遇伦理学——新道德论》，程立显译，北京：中国社会科学出版社 1989 年版，第 44 页。

③ 〔美〕约瑟夫·弗莱彻：《境遇伦理学——新道德论》，程立显译，北京：中国社会科学出版社 1989 年版，第 47 页。

④ 〔美〕约瑟夫·弗莱彻：《境遇伦理学——新道德论》，程立显译，北京：中国社会科学出版社 1989 年版，第 47 页。

⑤ 〔美〕约瑟夫·弗莱彻：《境遇伦理学——新道德论》，程立显译，北京：中国社会科学出版社 1989 年版，第 2 页。

遇伦理学的基本结论是："爱的决定是根据境遇做出的，而不是根据命令做出的。"[①] 当然，境遇伦理学绝非全然否定原则，而只是主张要把绝对的规范与一种实际的"计算方法"统一起来，以达到一定情境下的适当或合适。三是用"方法"取代"体系"。传统伦理学特别是基督教伦理学热衷于用若干原则规范组成体系，然后通过这些严密的规范体系去明示什么是正当或善的，进而控制具体的伦理生活。而境遇伦理学则十分明确，"它是基于境遇或背景的决策方法，但决不企图构建体系"，[②] 它实际上是一种伦理决断理论。就宗教伦理学而言，伦理的决断大致有三种方法：律法主义、反律法主义和境遇方法。律法主义主张用先定原则来作为人们做出选择的强制性原则；反律法主义则主张作出选择时无须按照任何原则，甚至根本不涉及原则；境遇方法是"介乎律法主义与反律法主义的无原则方法之间"，[③] 既尊重原则，作为解决难题的"探照灯"，也有可能在特定境遇中放弃这些原则。上述三个方面，表面观之，境遇伦理学与传统伦理学根本不同，甚至"誓不两立"，其实它们所涉及的只是伦理学不同层面的问题，前者仅仅为一种伦理行动方法而已。

境遇伦理学作为一种行动方法，其实就是如何合理选择的方法。所以，我们可以在实践伦理学或应用伦理学的意义上接受境遇伦理学，并充分吸收其处理具体伦理问题特别是伦理两难问题时的伦理智慧，把规则遵循与具体情境结合起来，把境遇的估计与行动的选择结合起来。就伦理的本质而言是实践理性的，一方面受理性支配，另一方面需要行动。普遍的理性原则说来简单，但于具体行动之中就要复杂得多。特别是随着社会的高度分化和高度整合需求的双重趋势的加强，社会关系越来越复杂，人们随时处于选择的境地，特别是当多元价值冲突加剧时，两难选择成为伦理常态。诚如美国伦理学家诺兰所言："我们生活中的道德，已经从人人皆知的价值这一在传统上笔直而狭窄的小径，发展为有时令人惊慌失措的广

---

① 〔美〕约瑟夫·弗莱彻：《境遇伦理学——新道德论》，程立显译，北京：中国社会科学出版社 1989 年版，第 122 页。

② 〔美〕约瑟夫·弗莱彻：《境遇伦理学——新道德论》，程立显译，北京：中国社会科学出版社 1989 年版，第 3 页。

③ 〔美〕约瑟夫·弗莱彻：《境遇伦理学——新道德论》，程立显译，北京：中国社会科学出版社 1989 年版，第 16 页。

阔选择领域。对往日那种简朴的美好生活的向往在一定意义上是可以理解的，选择远比仅仅做显然是正确的事复杂得多。”① 这就决定了在“新道德”背景下，实情比原则重要，而境遇又决定实情。尽管“境遇”是“变量”，但与“规范”的“常量”同等重要，在具体的伦理生活中，我们只能靠良心或“爱”来面对实情的“变量”，而无法完全靠规范这种“常量”来面对生动生活的“变量”。很显然，境遇伦理学方法是把规范相对化了，规范仅仅是“探照灯”而非“导向器”。作为“导向器”的原则规范，在面对具体的境遇时，并没有绝对的意义而只有相对意义。因为在伦理生活中，伦理规则能否具有普遍适应性，通常要遵循两条推理规则：“内在一致性”规则和“外在一致性”规则。“内在一致性”表明一个判断不能自相矛盾，而“外在一致性”则要求在一种情况下适用的原则也应当适应于一切类似的情况。境遇论者坚定地认为，根本不存在完全相像的数量充足的实例，所以不能完全适用类推法，只能用选择的方法。甚至可以说，境遇伦理就是一种基于境遇的伦理选择方法，是一种视个人人格至上为根本、以实用主义为战略、以相对主义为战术的行动方法，也就是解决所谓“新道德”问题的“新决疑法”。② 这种方法的重要意义在于把原则规范推演出来的“规范善”转化为一种基于境遇而做出选择的“过程善”，它只适用于应用、实践、作决定的时候。

当然，我们在实践伦理学的角度接受境遇伦理学，并不意味着没有边界，相反，其基本限度就是要避免完全陷入实用主义、相对主义、情境主义的境地，因为境遇伦理学与它们之间还是存在差别。不可否认，弗莱彻本人就认为他的《境遇伦理学——新道德论》自觉地接受了美国实用主义的启示，因为实用主义基本上反映了美国的历史和文化，境遇伦理学不可能没有实用主义的痕迹，相反，它以此作为自己的“战略”。“实用主义把善、美和知识三者完全结合在一个大保护伞——价值之下，这就把伦理问题提到了首位。”③

---

① 〔美〕R. T. 诺兰等：《伦理学与现实生活》，姚新中等译，北京：华夏出版社 1988 年版，第 20 页。

② 参见万俊人《现代西方伦理学史》下卷，北京：北京大学出版社 1992 年版，第 556 页。

③ 〔美〕约瑟夫·弗莱彻：《境遇伦理学——新道德论》，程立显译，北京：中国社会科学出版社 1989 年版，第 31 页。

但实用主义不是完整的世界观，也不是实体信仰，而只是一种方法，一种给人的行为以启示的方法，以此使行为获得成功。如果将境遇论与实用主义稍作比较，就会发现二者有诸多相同之处，如注重行动与实践、经验主义的态度、以效用为中心、倡导价值多元论和相对论、倡导民主自由平等思想等①。但是，境遇伦理学与实用主义伦理学还是存在一定的差异的。一是在同样强调道德主体的意志自由的同时，境遇伦理学更加强调责任。境遇伦理学在极力扩大自由的同时，更加注重责任的同步增加，因为“自由是责任的另一面”②，没有责任就没有自由，自由是以责任为代价的，这表明道德的自由选择是以责任为限制条件的，这种自由与责任都是“爱”的体现。二是在同样强调道德判断与选择需要充分发挥“理智”作用时，境遇伦理学将“理智”具体化为“爱的计算”。“爱的计算”其实就是对行为的目的与手段、动机与后果进行整体性计算与考量，从而确保“过程善”。这样一种“计量”思维是境遇伦理学的独特之处，充分体现了对人的关怀的“审慎”精神和责任意识。

如果说，实用主义是境遇伦理学的“战略”，那么境遇伦理学的“战术”则是相对主义，二者构成了境遇伦理学“爱的战略”的核心原理。在境遇伦理学看来，在科学技术发展的时代，最反常的文化特点就是相对主义，相对主义可以被用来观察和理解一切事物，它不但支配着人们的思维方式，也支配着人的行为方式，它使我们对任何事物的信仰都可以持“偶然的”或“不确定”的态度。在当代，相对主义之所以盛行，一方面是因为科学技术的飞速发展带来了时代的“即时性”特征，另一方面与多元主义文化有关，当然也与人们注重“当下”的生活态度密切联系，以至于有人称现时代就是“相对主义的时代”。③ 境遇论正是顺应了这样一种相对主义文化的发展趋势，“其总的目的就是关心人类如何更好地生存和发展、如何更好地过一种值得期待的幸福生活。它关注生活、关注现实、关注实

① 参见邵永生《境遇论在生命伦理学的应用研究》，北京：中国社会科学出版社 2018 年版，第 82~86 页。

② 〔美〕约瑟夫·弗莱彻：《境遇伦理学——新道德论》，程立显译，北京：中国社会科学出版社 1989 年版，第 68 页。

③ 〔美〕L. J. 宾克莱：《理想的冲突——西方社会中变化着的价值观念》，马元德等译，北京：商务印书馆 1983 年版，第 6 页。

践和行动”。[①] 所以，相对主义在境遇伦理学那里无论作为“战术”的方法，还是作为理论的前提，其初衷是要摆脱传统基督教伦理学那种死板、僵化、必须绝对服从的绝对教条，使人们的道德生活变得面对现实、灵活多样、充满活力，使人们过上美好的生活。不可否认，伦理相对主义在哲学理论层面割裂了伦理的普遍性和特殊性、绝对性和相对性、原则性和灵活性，过分强调了伦理生活中的偶然、个案、特例和情境，进而否认伦理的客观性，认为所有指导人们行动的规范都是随心所欲的。这样，伦理相对主义在实践层面可能导致“自以为是”的自我辩护倾向，常常成为某些群体或个体排除他人对自己行为正当干预的理由，成为掩饰自己错误的理论借口，[②] 甚至还有可能导致伦理虚无主义。但是，我们应该明白的是，境遇伦理学持守的相对主义是一种有限的相对主义，或者说，“它是坚持只有爱是绝对的，其他的一切规则、原则或律法都是相对的相对主义”。[③] 易言之，它是一种绝对主义与相对主义相结合的“有限”伦理相对主义。之所以说它是“绝对主义”的，是因为它强调“爱”作为最高伦理标准是绝对的；之所以说它是“相对主义”的，是因为它只把具体规则、原则看作相对的，而并非把任何伦理选择的标准都看作相对的。所以，“有限”的相对主义是把原则性和灵活性相结合的方法，它只是把绝对的东西作了相对主义的说明，并没有把相对的东西绝对化，相对主义意味着“规则相对主义”，“有限”相对主义意味着“有限的伦理相对主义”。境遇伦理学所倡导的“有限”伦理相对主义，对于正确认识人与道德的关系、强调人的主体性，对于重视伦理实践的开放性、灵活性和包容性，对于反对伦理文化中心论或独断论，都具有非常重要的意义。

境遇伦理学因为重视“情境”对于伦理判断的先决性，是否会导致一种现代的情境主义？伦理情境主义是由约翰·多里斯和吉尔伯特·哈曼提出来的，他们主要是受逻辑实证主义和社会心理学的影响，在 20 世纪末

① 邵永生：《境遇论在生命伦理学的应用研究》，北京：中国社会科学出版社 2018 年版，第 101 页。

② 聂文军：《西方伦理相对主义探析》，北京：中国社会科学出版社 2011 年版，第 201 页。

③ 邵永生：《境遇论在生命伦理学的应用研究》，北京：中国社会科学出版社 2018 年版，第 111 页。

21 世纪初针对传统美德伦理学提出了这种伦理学理论。伦理情境主义认为，自亚里士多德以来的美德伦理学存在诸多缺陷，如人们过分相信未加反思的伦理法则和伦理观念，宁愿将一个行为的原因归结为道德品质而不愿意承认具体情境或外部影响。情境主义通过心理实验报告表明："在同一情境下，参与实验的大多数被试者没有表现出明显的行为差异，而在不同的情境下，大多数被试者确实表现出不同的行为选择。"① 可见，伦理情境主义主要想通过具体情境来"淡化"或"稀释"品质概念，因为行为不是由内在品质决定而是由外在情境决定的，并且根本不存在实体性的内在品质，通过稳定的品质来确保道德行为连续一贯只是一种未经验证的幻想，被定义为优良品质的美德同样是一种被虚构的内存之物。② 伦理情境主义想通过实验概率数据来说明并消解人的行为因果关系，强调外部具体情境对人的行为的决定性影响，这在思路上看似与境遇伦理学有相通之处，但它们存在根本的不同。二者最大的差异在于，境遇伦理学侧重的是具体情境中如何选择，而伦理情境主义侧重的是如何淡化人的内在品质，进而挑战美德伦理学。其实，在现代社会，情境是一种客观存在，并且对人的行为也产生越来越重要的影响，如何选择成了伦理生活的首位，这是不容回避的。但是，"在现代情境里，价值的自由认定或者弃绝，纵使可以用'抉择'一词称之，其内容也必定超过了这个字眼的主观、恣意意味"。③ 只要选择与自由和责任不分，就不可能变为一种主观随意的"放纵"。相反，"现代性的伦理性格即在此：它不仅容许自由地抉择价值立场，并且在抉择的理据和责任两方面有特定的要求。于是，现代的价值立场抉择不仅与前现代的景况迥异，与后现代的构想也迥异，而其差异主要是在抉择的可能、理据与责任三个方面。现代性提出了特殊的诠释与观点，这套诠释与观点，渗透了特殊的价值认定"。④ 这种价值认定，可能与情境或境遇因素有关，但这因素不是决定性的。决定人类行为基本价值的

---

① 李义天：《美德之心》，北京：商务印书馆 2021 年版，第 295 页。

② 参见李义天《美德之心》，北京：商务印书馆 2021 年版，第 295 页。

③ 钱永祥：《纵欲与虚无之上——现代情境里的政治伦理》，北京：中央编译出版社 2016 年版，第 5 页。

④ 钱永祥：《纵欲与虚无之上——现代情境里的政治伦理》，北京：中央编译出版社 2016 年版，第 5~6 页。

还是具有普遍意义的伦理法则及通过对这些法则内化而形成的道德品质，否则伦理学就会沦为完全基于利害得失计算的“投机取巧”和以验证性为目标的“反复实验”。当然，我们也不应该就此把这些法则及个体品质看成是一种绝对不变的“理所当然”，它们也会随着时代的变化而变化，“情境”或“境遇”同样是我们思考普遍性伦理法则及秩序的应有视角，不可拒斥，这也是现代伦理学的客观要求。

第四章　伦理的关联*

对伦理现象的把握，需要有整体性与开放性的双重视角。如果说，探究伦理的共相是基于整体性的考虑，并且是就伦理自身的功能及适应性而言的，那么，探究伦理的关联，是基于开放性的考虑，因为伦理从来都不是一种孤立存在，无论其共相还是殊相，都是一种“联动”性存在，即伦理与其外部要素有着千丝万缕的联系，会随着外部因素的影响而发生变化。这种关联有的是结构性的，有的是适应性和均衡性的。结构性关联是内在关联，适应性和均衡性关联是外在关联，内外结合就会呈现出非线性的复杂状态，甚至形成一种无法直观到的精神“隐力”。作为协调的伦理学不是一种纯粹的规则体系自我证成的，而是处于一种外部关联的开放之网中。“网”之世界，必有“网状”之伦理，必有隐蔽的精神力量在无形中引导、规范、协调着我们的行为，体现为一种“同理律”。这种“同理律”是普遍的客观存在，内在地支配着事物之间的联系与构成，也是伦理世界的基本法则。

一　同理律：伦理关联之基

道德世界需要同情心，社会伦理需要同理心，而同理心的背后是客观存在的同理律。所谓同理律就是客观（存在）事物的原理、道理、机理之间相互影响、相互支撑，呈现世界的一体化、普遍化。如果说，同理心是道德生活中通过自我去理解他者的能力，那么，同理律则是伦理相关的其他要素对人伦世界的基底性支撑。当我们把伦理限定在“人伦世界”的时候，注定了

---

* 本章部分内容已经发表于《求索》2023 年第 2 期。

伦理是一种开放性的认知，因为“外在”于人伦世界的物质世界和“同在”于人伦世界的精神要素并非是绝对的“区隔化”的，而只是一种相对的区分，以便于回答伦理所指“是什么”的问题，由此形成伦理关联的“通理”现象。

如果我们把人伦世界进一步敞开，将其置于世界一体化之中，伦理便和物理最先纠缠在一起。物理是物质世界之理，其特点是客观性和必然性，本身是无目的存在。如果我们排除神的存在，“人—物”世界的二分应该是清晰的，物的世界遵循自然的客观规律，“常循有定之规则而变化，于是立一普通之法式代表之，是为自然律”。[①] 自然律的根本特性是基于因果关系，因在前，果在后，无法抗拒，不容置疑。而人的世界是受意志律支配，在道德生活中体现为道德律，但是如果我们也从因果关系去把握道德律，那道德律也就具有了自然律的性质。“道德律者，亦未尝不可谓之自然律。盖伦理学之法式，大抵即人类生活之状态，而表明其有何等行为，则常有何等影响者也。”[②] 笛卡尔曾经试图通过重建第一哲学与物理学来取代传统的亚里士多德主义，因为亚里士多德倡导一种万物目的论，即自然物也受某种目的支配。而笛卡尔认为，自然事物、动植物、人的身体乃至机械制品，均服从于动力化、机械论化的物理法则，并不依赖于有机的生命目的论。笛卡尔为了严格区分物理与伦理，以退回到自我意识的绝对自明性的方式，为物理学提供了第一哲学的基础，即物理是一种脱离人、无目的的纯粹客观存在。物理与伦理之间的差异，正好就是沉思科学与日常生活状态的根本差异，两者基于完全不同的原则与出发点，不能相互证成。[③] 笛卡尔当然没有认识到伦理是人与人之间基于“目的因”相互作用的结果，其基础是利益关系，其机制不排除想象与猜测，但主要是差异与和谐。物理是物与物之间基于“动力因”相互作用的结果，其机理当然是可计算的，有可靠依据（数据），所以，伦理学将身心结合体看作一个实体性的结合，而物理学则将身与心看作两个独立的实体。笛卡尔凭借第六沉思的具身性经验还不足以真正认识伦理的本质。斯宾诺莎摒弃了笛卡尔的二元论，认为思维、认知、情感也是物质的属性，认为物质与伦理

① 〔德〕泡尔生：《伦理学原理》，蔡元培译，天津：天津人民出版社 2017 年版，第 17 页。

② 〔德〕泡尔生：《伦理学原理》，蔡元培译，天津：天津人民出版社 2017 年版，第 17 页。

③ 参见雷思温《物理与伦理：笛卡尔的目的论思想》，《道德与文明》2022 年第 2 期。

是一体化的。物理与伦理属于同一个实体，其机制是“自因”的，于是他用几何学的方法写就了《伦理学》这一名著，因为他也相信，只有像几何学一样凭理性公理中推论出来的知识才是可靠的知识。可见，在物理与伦理关系问题上斯宾诺莎走向了笛卡尔的反面。如果把物理世界与伦（人）理世界机械地区分为二，它们的连接机制只能是人对物的认识，即是真理性问题。换言之，真理是连接物理与伦理的桥梁，人通过对物理世界的真实认知，形成对包括自身在内的物质世界的真实认识，进而为人伦世界的秩序构建提供真实的、自然的物质性基础。我们不能因为把伦理学定位为价值科学就“到此为止”，忽视对其客观性、事实性、真理性的探寻。

当然，当我们试图把握伦理与物理关联的时候，想在“事实”与“价值”之间打通的时候，无法绕过的就是心理机制，心理成为连接伦理与物理的新的关联要素。就作为人的特质而言，心理与人的自然生命状态最为接近，是人的自然属性与文化属性的连接点，也是人从物质生命转向文化生命的转折点，是人在自身生命过程中应对身心困境（最初的伦理困境）的最初努力。心理学一方面要依赖于生物学和神经学，另一方面又需要人文学的引导与解放。生物学只能对人与物质世界同一的生理现象进行诊断与疗治，而心理学则可以对这种诊断与疗治进行精神性的解释，进而与文化关联。当然，心理只是生命过程的生理事实，心理学对心理规律的揭示也只是对生命过程的生理基础的“科学”意义上的解释，难以真正超越生命本身，更无法解决心理上的伦理困境（如利己与利他的困境）。诚如黑格尔所言：“心理学包括一批心理规律，根据这些规律，精神以不同的态度对待它自己的不同方式的现实，不同地对待当前已有的他物。有时候，精神采取接受现实的态度，使自己适应于现有的风俗习惯伦理道德以及以精神为自身对象的那些思维方式等等；有时候精神持反对现实的态度，进行独立思考，根据自己的兴趣情感来挑选其中特别为他自己的东西，使客观事物适用于他自己。前一种态度是否定地对待自己的个别性，后者是否定地对待自己和普遍性。”[①] 心理虽然可以使人真实体验自己的生理与生存

---

① 〔德〕黑格尔：《精神现象学》上卷，贺麟、王玖兴译，北京：商务印书馆 1996 年版，第 200～201 页。

状态，但无法使这种体验得以升华；心理学虽然可以在科学的意义上正确地处理人所处外部世界与内部世界的矛盾和冲突，但始终无法真正超越这种矛盾。这样，对心理的把握就需要有从科学到人文的跃迁、由心理向精神的升华。这里需要特别注意的是，心理与伦理的关联，一定要经过个体道德心理转化，伦理的心理基础一定是一种社会心理，而非单一个体的心理。社会心理不同于个体心理，它往往是社会意识的一种特殊形式，表现为社会心理素质、社会价值观体系与社会一般性的思维方式，具有整体性、自调性、潜隐性和定式性等特点。社会心理的整体性表明，社会心理的各个要素是不可分割的，且会形成次生结构，并获得前所未有的新质，由其自身的法则支配，这就是伦理本身了；社会心理之所以具有自调性，是因为它内含了伦理价值的要求；社会心理的潜隐性也是社会伦理规则的存在形式，如习惯、风俗；社会心理的定式性也为伦理的普遍性和相对恒久性提供了坚实的心理根基。甚至可以从某种意义上说，伦理既依托于社会心理，又同时表现为社会心理。如果忽视伦理的社会心理关联，那就无异于否定伦理本身。

伦理不能仅仅依靠于心理“软件”，更需要有制度化的“硬性”支撑，于是就与法理密不可分。法理对于心理的超越，其核心意义在于价值世界需要制度性安排，不能仅仅停留于“我想”“我信”，而是要“应该信”“必须遵守”。从这个意义上讲，法理对意义世界提供强制性的支撑，而意义世界是超越于事实世界的评价规范系统。法理的载体当然是“法”，而法的出发点是意志，意志就进入了精神的伦理世界。诚如黑格尔所言：“法的基地一般不说是精神的东西，它确定的地位和出发点是意志。”[①] 但意志不是自然赋予或上帝所赐的僵化存在物，意志的天性就是自由，意志自由才是伦理道德的前提。“意志是自由的，所以自由就构成法的实体和规定性。至于法的体系是实现了的自由的王国，是从精神自身产生出来的、作为第二天性的那精神的世界。”[②] 可见，意志自由是伦理与法理的共同之处，正因为如此，伦理与法理都是普遍性的。作为成文法的法律的特

① 〔德〕黑格尔：《法哲学原理》，范扬、张企泰译，北京：商务印书馆 1982 年版，第 10 页。
② 〔德〕黑格尔：《法哲学原理》，范扬、张企泰译，北京：商务印书馆 1982 年版，第 10 页。

性就是普遍意志，而法律又是法的定在形式。“定在”即是法的客观的和普遍的形式，这样意志的客观性和普遍性，使人的生命过程和活动场域扬弃了自身的特殊性，从而使人获得一种新的普遍存在形式。[①] 可见普遍性是伦理与法理的第二个共同点，甚至可以说，伦理是一种更加广义的法理，法理是一种特殊的伦理，正如自然法所揭示的人类社会由自然秩序到人伦秩序的转变。当然，“法与伦理的关系问题重述出了法理论的基本问题，即法的现象与概念与开始在概念上并非法的伦理现象之间的关系”，[②] 或者说，伦理与法理的关联主要不在于存在的前提和可普遍化的共同性，不在于一个元层面上的问题，而在于它们有着共同的价值目标。法的目标是追求正义、善和公共福祉，如果这些目标同时也是伦理目标，那么就默示地主张了一种必然的联系。也只有法律实证主义者否认法与伦理在实质内容上的必然关联，因为在他们看来，“所有被建议之手段，如命令、强制、规范、规则和规范等级构造或规则等级构造，都无法使法在概念上必然与伦理联系在一起，因为它们对于伦理而言并非必要”。[③] 而事实上，伦理不但需要法的支撑，而且伦理与法具有同构的属性，如中国传统文化中的“礼制”就是一种伦理法或法伦理，只不过是法理为伦理提供了某种“硬气”的支撑。当然，伦理与法理的实现手段或方式是不同的，前者主要依靠习惯、舆论、个体良心等，而后者除了实体法外，还有诸多机构与部门，还有严格的程序。但这丝毫不影响伦理与法理在维护社会正常秩序中的互补作用，相反，“软硬兼施”更加彰显二者的作用。

尽管自由意志可以使个体的人成为行动的主体，法理可以使生命个体上升为“类”的存在，但就人的生命状态的境界而言“类”还不是最高的，只有进入艺术的境界，人才能真正体悟伦理；伦理与艺理的关联，才是伦理的真正自由状态。如果我们把伦理从人的本体世界上升到一种自由世界，那以审美为核心的艺理是高于伦理的，其理由是，在审美意识中，

① 樊浩：《“人文素质”的教育形态及其知识生态》，《教育研究》2005 年第 8 期。

② 〔德〕迪特玛尔·冯·德尔·普佛尔滕：《法哲学导论》，雷磊译，北京：中国政法大学出版社 2017 年版，第 112 页。

③ 〔德〕迪特玛尔·冯·德尔·普佛尔滕：《法哲学导论》，雷磊译，北京：中国政法大学出版社 2017 年版，第 113 页。

不需要主体与客体的对立，主体直接与审美对象合而为一，是一种超越“主—客体”的状态。在人、人的生命与外部世界的遭遇中，以审美为核心的艺理，不仅超越了心理的本能，超越了法理所放弃的欲望冲动与任意性，也超越了伦理中的义利对立的中介，使主体与客体在更高层次上合一。[①]其实，伦理与艺理的关联的意义不在于地位的高低或秩序的先后，而在于通过何种机制实现关联。伦理与艺理的关联无疑是美与善的同一。“美”与“善”是人类道德生活的两种属性，若同时拥有，则是伦理美，即“深刻的理性与功利目的性的伦理道德的内容在美的形式中得到表现，且这种表现不留任何人为的痕迹，自然而然地流露出来，是一种内在的美与美的形式的统一”。[②] 康德将美归结为不带主观色彩的鉴赏并同时感到愉悦，此种愉悦并非伴随既定概念，而是在无概念情况下生出的愉悦之情，同时以合目的性形式作为表象。[③] 这种美的表象的背后应该是深厚的艺理，艺理就是通过“艺”的现象形态表现出的“美”之“理”。这种表现离不开情感与想象。“艺术的形象是情感的载体，形象的性格是情感的本体，性格的生长是情感的变体，生长的进程是情感的流体。”[④] 艺术活动是人类独有的情感沟通方式，这些方式会形成艺术的理念，即艺理，它代表了人类透过艺术活动所产生的情感，所以激发人类产生情感的艺术形象成为人们理解艺术作品的直观通道。伦理的情感不同于道德情感，往往是一种集体意识，比如我们可以通过同情而滋生出正义感，正义感就是一种伦理情感。伦理的情感也可化为具体的伦理情境和伦理形象，通过想象机制而“推己及人”，由近及远、由此及彼，形成社会伦理场域。“形象思维是以具体形象为思维载体的高级心理活动，也就是主要借助于视觉表象和听觉表象这两种第一信号系统的形象进行的思维过程。”[⑤] 伦理生活可能借助形象思维而使伦理法则深入人心，会形成艺术善与伦理美，这也是伦理与艺理关联的心理机制。

---

① 参见樊浩《“人文素质”的教育形态及其知识生态》，《教育研究》2005 年第 8 期。

② 朱爱军主编《中华伦理范畴——美》，北京：中国社会科学出版社 2012 年版，第 15 页。

③ 〔德〕康德：《判断力批判》，李秋零译注，北京：中国人民大学出版社 2011 年版，第 40~65 页。

④ 吕艺生主编《舞蹈批评学研究》上，上海：上海音乐出版社 2012 年版，第 83 页。

⑤ 平心：《舞蹈心理学》，北京：高等教育出版社 2018 年版，第 75 页。

伦理从来不是“虚指”而是“实指”，即伦理世界与事实世界是同构的，但伦理是“以人观之”，而事理是“以事观之”。“伦”强调关系构造及协调，“事”强调现实活动，“事者，为也”（《韩非子·喻老》）。人的生存与发展主要基于两种关系：人伦关系（人与人的关系）与人物关系（人与外在物的关系）。前者要求人学会做人，后者要求人学会做事，所以人生在世无非就是做人与做事，缺一不可。做人讲伦理，因为只有在“人伦”关系中才会产生为何要做人、如何做人的问题；做事讲事理，因为只有在“人物”关系中才会产生物随人意与物理人通的问题。“做人”的观念是伦理学的观念，具有规范性的意味，是“内部”性的；“做事”的观念尽管也是交往实践的整体性观念，但偏重于职业性的观念，是“外部”性的。伦理求“善”，事理求“成”，但“事”既有私人性的“事情”，也有公共性的“事务”，所以“事理”常常表现为“私理”与“公理”，“私理”往往由“道理”体现，而“公理”往往由“伦理”来体现。因此，对“私理”与“公理”关系的处理，就具有“道理”与“伦理”的双重性质，这也就是伦理与道德常常互用的原因。学做事，先学做人，但会做人，不一定能成事，这就意味着伦理推不出事理，同样事理也推不出伦理，只有二者相互打通，伦理才能落实，事理才有依据。当代伦理学的最大不足在于，在概念分析时道德与伦理、伦理与事理不分，但具体的社会伦理实践中道理、伦理、事理三者又是断裂的。张岱年先生在《天人五论》中，单独著有“事理论”篇章，专门讨论了事与理的问题。他认为，事与理俱属实有，而理在事中，无离事独存之理，对理在事先进行了批判。他认为，凡有起有过者谓之事，“事起而辄过，复有事起，起起不已，过过不已，事事相续”。[①] 他认为凡变中之常谓之理。事与事有异，相异之事，成为多事。理为事事相续中之恒常，亦为多事同有之共通，所以理既是常相，也是共相。杨国荣教授关注中国哲学中的“事”与“史”的关系。[②] 他认为，所谓的“人事”，可以引申为广义上人所做之“事”及其结果；由“人事代谢”而论“古今往来”，无疑可见“事”与“史”之间

---

① 张岱年：《天人五论》，北京：中华书局 2017 年版，第 139 页。

② 参见杨国荣《“事”与“史”》，《学术月刊》2019 年第 1 期。

的关联。作为历史变迁的具体内容，人事的代谢体现于不同方面，从经济、政治、军事领域到文化领域等，人所做之“事”展开为多样的过程。同时，他认为，宽泛而言，作为人之所“做”，“事”既表现为个体性的活动，也展开于类的领域。在个体的层面，个体所做之“事”的延续，构成其人生过程；在类的层面，人“事”的代谢，则呈现为前后赓续的历史演进。作为人之所“做”的两种形态，个体领域之“事”与类的领域之“事”并非截然相分。一方面，个体不仅可以参与类的层面之“事”，而且个体所从事的活动或个体之“事”也内在于更广领域的类之“事”；另一方面，类的层面展开之“事”，往往在不同意义上构成了个体从事多样活动（做不同之“事”）的背景，这就是大的“事理”。伦理与事理的关联，也就明示着伦理社会学与历史哲学的某种契合，历史哲学和社会哲学即为“事理学”提供了前提。

二 伦理关联的方式

伦理关联的“要件”远不止上述这些，但这些也基本上是“主件”，各“主件”之理相互作用，形成伦理的“通理”性存在，这也是伦理应用广泛的前提。但这种陈述带有“账单”性质，还不足以呈现“关联”的性质与成因，还需要深入探讨其关联方式。从人伦世界与外部联系的方式来看，其关联方式有结构性关联、适应性关联、均衡性关联三种。

结构性关联是系统的元素与元素之间发生的依赖与作用。“结构”是对“系统”的超越，进一步体现了系统的“特性”，因为系统需要借结构而加以区分，有系统的组合不一定会形成特定的结构，它可能只是杂乱无章的“堆积”，结构一定与秩序和规则有关。由于伦理自身的特性，它与其他社会“要件”（要素）的关联必须是结构性的而非简单的系统性，尽管结构要附着于系统。如果把世界分为自然系统与社会系统，那么伦理当然属于社会系统范畴，在社会系统中具有自身的内在结构。作为结构性存在的伦理又无法脱离其他社会结构要素，如前分析的伦理与物理、心理、法理、事理的关联，这是伦理的“通理”表现，表现为同理律。事物的关联形式有静态式与动态式两种，前者是基于空间结构，后者是基于时间结构，伦理的结构性关联同样具有这两种形式。伦理的静态式结构关联是指伦理作为结构要素在空间上的排列，往往是一种“横断面”式的静态把握。如果我们把伦理定位为思想意识方面的上层建筑，那么伦理就与社会的经济利益基础和政治法律等制度性上层建筑直接关联，或者伦理作为上层建筑受经济基础的制约；如果我们把伦理定位为文化的要素，那就会处于以物质文化为基础的精神文化与制度文化之间；如果我们把伦理定位为社会规范体系的一种，那么它就会与道德规范、法律规范、政治规范、宗教规范、日常生活规范联系在一起。伦理的动态式结构关联是指伦理与相关要素处于相互作用之中，这种作用有的是直接的，有的是间接的，往往是一种“非线性”的动态把握。如经济与伦理的关联，二者之间虽然是决定与被决定的关系，也有作用与反作用的关系，但这种“决定”和“作用”，有时是强烈的、明显的，有时是缓慢的、隐性的，这种关系甚至会出现“断裂”的现象。这是因为在动态结构上伦理与经济是一种间接性的关联，其中必然有人的欲望、需要、利益得失、道德评价等中介环节。如认为市场经济的负效应导致了社会伦理道德的普遍滑坡，这是一种对伦理与经济关联的简单化处理，在结论上是不可靠的，也经不起经验事实的反驳。伦理动态式结构关联最密切的要素应该是宗教与法律，即伦理的“顶天”与“立地”。所谓“顶天”就是伦理的最高境界——伦理信仰，相信正义会战胜邪恶，相信好人有好报，相信善恶因果。有了信仰的伦理，才有永恒的价值。所谓伦理的“立地”，就是不能突破法律的底线，任何伦理的要求与规范必须以法律为前提，你可以不是伦理上的“君子”，但你必须起码是一个守法的公民，这是最基础的伦理，这也是我们常常把法律称为“底线伦理”的原因。[①] 并且，我们还必须注意到，伦理与法律之间不但有价值追求、行为规则等方面的内容同构，而且有许多交叉与互补。至于伦理与科学、艺术、哲学等虽然也存在关联，但其动态性并不明显，

① 我对“底线伦理”的理解与何怀宏教授的理解略有不同。何怀宏教授在《良心论》《底线伦理》中，把底线伦理定位为一种人必须遵守的最基本的义务或良心，我认为也许称之为“底线道德”比较合适。因为我对“伦理”与“道德”有较为严格的区分，并对“伦理”有更加广义的理解，所以，我认为“底线伦理”就是法律，尤其是在现代法治社会中。

中间环节过多。伦理的结构性关联最大缺陷是被动性与滞后性，即伦理在与其他事物的关联中总是处于被动地位，坐等关心，被动接受，而非主动“示爱”，久而久之，伦理成了在整个社会发展进程中被动、滞后的东西，缺少引领力，这就需要适应性机制来补充。

适应性关联是一种动态性的关联方式，即关联因素之间因变化而相互改变来适应对方。适应（adaptation），从词源学分析，这一术语最早源于生物学概念，其含义是通过身体和行为上的相应改变以达到提高有机体存活概率的行为。适应的触发机制隐含两种内生力量，即创造力与维持力。创造力可以使有机体得以不断适应环境而再生，维持力使有机体在变化中保持应有的特性而不至于“变种”。伦理的适应性属于文化适应的范畴。文化适应是指“具有不同文化的两个群体之间，发生持续的、直接的文化接触，导致一方或双方原有文化模式发生变化的现象”。[①] 文化适应与文化进化是两个相近而又不同的概念。从长远趋势看，文化适应与文化进化是一致的，但从每个具体时期和具体地区看，两者并非完全相同。文化进化反映人类社会由同质状态向异质状态、由简单到复杂、由低级阶段向高级阶段的发展，文化适应反映环境的变迁，要求文化作相应的调整，这种调整可能是进步的，也可能是退步的。但从人类历史发展的长河看，文化对倒退的适应只是暂时的，总的趋势是对进步的适应。伦理适应则是文化适应的伦理学解读和考量，是文化适应的一个重要的分支领域。我们可以将伦理适应定义为两种不同伦理背景的人类共同体直接或间接接触的过程或状态；是互为“他者”的伦理主体保持原有优秀的伦理元素和创造新的伦理元素的双向适应过程，具体表征为外化于伦理认识、行为规范和价值准则的社会意识形态在伦理接触区逐渐趋于一致的结果。伦理适应是区别于社会适应、自然适应、心理适应的特殊文化现象。它以关心人的社会伦理需求为第一要义，以寻找新的社会共同体伦理为目标，以形成统一的伦理文化默契为关键，冀望寻求自我与他者的平衡点，使伦理主体完成在陌生人社会与熟人社会之间的身份转换和价值重建。特别是在社会大转型、大

---

① R. Redfield, et al., “Memorandum on the Study of Acculturation,” *American Anthropologist*, 1936 (3): 149-152.

变革的背景下，重视伦理关联的适应性，具有特别重要的意义。社会伦理如果没有变革就没有活力，就会僵化；没有适应就没有承续，就会断裂。所以，伦理的适应性关联是保证伦理“常在常新”的有效机制。伦理的适应性关联虽然也会有同化（assimilation）、分离（separation）、融合（integration）、边缘化（marginalization）的结果，但主要是相互融合与同化。当然，伦理关联中的适应所产生的适合度远没有伦理系统本身所产生的适合度高。“作为一个非常普遍的规则，即一个群体的适合度，会由于其成员的适应性的累积而达到一个较高的程度，当然也会有某些重要的例外。另一方面，这种简单的累积效应所能产生的群体适合度，显然不会比群体通过自身一种有序的结构所带来的群体适合度更高。”① 这就决定了伦理在与他物的关联中，不是以伦理适应他物，而是他物要适应伦理，因为在当今世界，伦理是稀有资源。但是，我们不能因此有伦理优越感而随意“指手画脚”，更不能持伦理绝对主义心态，应该通过伦理的自我革新来适应社会发展。从被动适应到主动适应，是伦理进化的根本途径，也是伦理保持其旺盛生命力的方法。伦理的适应性关联虽然实现了伦理由静态关联到动态关联的转变，甚至提供了伦理由单一被动关联到多元主动关联的可能性，但伦理也不能因此而乱了“阵脚”与“方寸”，保持应有定力是必要的，而要保持好伦理定力，就需要均衡性关联。

伦理的目标是实现利益均衡，伦理的关联尽管不可能平均用力，但与相关因素保持大体均衡，也是伦理关联的要义之一。均衡不仅仅是个经济学概念，“均衡的概念对很多科学领域都有着重要的意义”。“均衡表明事物处于平衡或稳定状态。而稳定性恰恰是了解很多自然过程的核心概念。生态系统、化学和物理系统，甚至社会系统，无不在寻求稳态。”② 在社会各要素的有机联系中，经济无疑是最活跃、发展最为迅速的，但其他因素如果跟不上，滞后太久，那也可能导致经济甚至社会发展的停滞。如果没有现代伦理规则对市场经济的引导与规制，市场经济的负面效应可能会大

① 〔美〕乔治·威廉斯：《适应与自然选择》，陈蓉霞译，上海：上海科学技术出版社2001年版，第13页。

② 〔美〕汤姆·齐格弗里德：《纳什均衡与博弈论》，洪雷、陈玮、彭工译，北京：化学工业出版社2011年版，第40页。

幅扩张，导致市场失序和失灵，而经济伦理规则如果不以法治为前提，其约束力就会大打折扣。政治会因其权力的易扩张性和难自制性，容易突破自身的边界，出现政治权力异化和腐败。这时候需要政治伦理与政治道德对政治进行规范，政治伦理侧重各政治关系的平衡，政治道德侧重对政治主体的行为规范。在社会系统中，科学技术也是比较活跃的因素，是推动社会发展的主动力，但科学技术也是一把双刃剑，它如果没有伦理做“导航仪”和“制动器”，可能会偏离人类发展的健康轨道。伦理较之于经济、政治、科学技术等较为灵动的因素，其均衡难度相对较大，因为相比之下，伦理总是在“追赶”。也正因为均衡难度大，才彰显了伦理规约的意义，这也是近些年经济伦理、政治伦理、科技伦理成为热点的原因。伦理与文化、艺术、宗教等相对稳定的领域，基本上是同一个层面的存在，它们的发展与演化大体同步，均衡相对容易，甚至可出现同步均衡的情况，即彼此靠近、彼此相扶，甚至彼此同构。特别需要指出的是，这种均衡性关联在一般情况下没有“第三方”力量的驱动，而是基于自组织原理的自动调节，是一种彼此之间无条件的相互接纳与互补。当然也不排除在特殊的历史条件下，社会各结构要素失衡严重，需要借助于“外力”来实现均衡。比如我们发现物质文明与精神文明发展不协调时，就提出“两个文明一起抓”“两手都要硬”的策略；当社会发展到一定阶段的时候，我们强调经济建设、政治建设、文化建设、社会建设、生态文明建设“五位一体”的总体布局。我们也必须承认，这种均衡性关联也只有相对性，即只有相对均衡，没有绝对均衡，并且这种均衡也是隐性的，不是计数意义上的等量，也不是美学意义的对称。即便我们假定伦理是关联的主动方，这种伦理也是有节制的主动态，而不是无条件、千方百计地去“化”对方，如让政治伦理化、经济伦理化、文化伦理化等。事实上，这种伦理的“同化”或“去他者化”，不但会削弱政治、经济、文化等社会要素自身的特性和存在理由，也会导致伦理自身合法性的丧失，因为伦理在本质与功能上的独特性无非是在与其他社会结构要素的比较中凸显的。均衡性的伦理关联不仅事关“伦理自我生态”的确立，而且直接或间接地影响社会的价值生态系统。

伦理关联方式的划分只具有相对意义，结构性关联、适应性关联、均衡性关联往往会同时或交叉进行，结构中有适应，适应中有均衡，均衡也是结构性、适应性均衡。不过，结构性关联是基础，适应性关联是动力，均衡性关联是目标，这在伦理关联的功能上是各有侧重的。在一个有机系统中，结构往往是较稳定的、缓变的，而功能则表现出快速变化的一面。伦理的结构性关联如果要发生变化，一定是因为出现了新社会结构要素，如网络、人工智能、元宇宙等，但只要这些新要素不从根本上颠覆人伦世界的普遍伦理法则，就不会出现伦理解构问题，只要提高适应性关联的有效性即可。可问题在于，伦理的双向或多向适应，容易让人“眼花缭乱”，似乎伦理没有“自我”之力而只有“巴结”之功，这样，均衡性关联就成为必要。当然，三种关联方式都不可能像我们描述的这么简单，而是需要复杂性思维的统领。“毫无疑问，将复杂的适应性思维应用于社会/生态系统意义深远。这是一种系统性变革，其变革的方式被社会理解和接受，社会可以依此重新整合人类物种，使其回到作为寻求韧性的适应性代理人角色，进而融入一个生机勃勃的星球的节奏。”① 我们无意将伦理关联置于一个超越经典科学的模式之中，但“复杂自适应系统的思维也要求学术界对我们原来的所思所想进行再造。在启蒙运动中出现并与‘进步时代’一起发展成熟的学术和专业学科都有自身的目的，各有各的故事、语言、指标和参与规则”，② 这就需要当代伦理学具备从规范到协调的功能性转换，需要有从预测到适应的伦理介入路径，需要有超越于学科意义之上的具有强大实践功能的伦理学。

三　伦理关联中的复杂性

伦理关联的视景及其方式虽然是可描述、可认知的，但要真正完全科学认识并非容易之事，伦理同万事万物一样，处在难以把握的复杂性之中，难点在于其非线性和不确定性。“复杂性”概念可见于法国哲学家埃

① 〔美〕杰里米·里夫金：《韧性时代：重新思考人类的发展和进化》，郑挺颖、阮南捷译，北京：中信出版集团 2022 年版，第 177~178 页。

② 〔美〕杰里米·里夫金：《韧性时代：重新思考人类的发展和进化》，郑挺颖、阮南捷译，北京：中信出版集团 2022 年版，第 178 页。

德加·莫兰（Edgar Morin）的思想。莫兰创造性地提出元范式（跨范式）思维概念，[①] 包含整体性与开放性，但更具有知识论和认识论色彩。元范式思维强调跨越层次和类别的批判性反思能力，首先需要主体具有批判和辩证思维，具有对伦理学基础概念和基本原理的哲学反思能力，从而具有跨范式伦理学的知识建构能力和思维素质。莫兰复杂性思想有三个基点：自组织原则、多中心原则和反思性原则。[②] 其“复杂范式”是对传统简单范式的补充和整合，即用一种整体的、动态的、开放的新理性主义替代还原的、静止的、封闭的旧理性主义。具体而言，“复杂范式”以系统论、控制论、信息论和自组织等理论为基础，以复杂性思维的基本原则为顶端，构筑了一个新知识论大厦。莫兰呼吁用复杂范式改革人们的思想方式，反复论证世界是统一性和多样性的融合、有序性和无序性的交融、个体和环境的相互渗透，并建议用“宏大概念”“策略性眼光”“元系统观点”“不确定认知”来认识和考察对象。莫兰独特的思维方式、综合性的思想特点和跨学科的研究方法使他致力于建立全面的、整体的人类学，并经过物理学、生物学等自然科学的领域而走向建立复杂性的一般的科学方法论。这种方法论在 20 世纪产生了巨大的学术影响，并运用于伦理学领域，他的《伦理》一书就是用复杂性方法研究伦理学的标志性成果。其实，莫兰的复杂性理论不仅是一种关于现象和本体的系统论，还为认识事物和理解事物提供了新的认识论方法；不仅是跨学科的科学方法论，还是一种有思辨哲学意味的认识论和方法论。他将复杂性视为一种思维方式和思想方法，志在打破经典科学中的简单化范式。“复杂性”拒绝分离、还原和抽象的思考进路和研究原则，要求人类正视“纷繁（相互的、反馈的作用的无穷组合）、种种现象的相互纠结、迷雾、不确定性、矛盾”。[③]“复杂性”伴随错综化、多元化、多视角、连接、重组、特殊、开放、无序，它是认识对象的科学手段。有别于伦理平面性，伦理复杂性侧重于在伦理

---

① 〔法〕埃德加·莫兰：《方法：思想观念——生境、生命、习性与组织》，秦海鹰译，北京：北京大学出版社 2002 年版，第 223 页。

② 陈一壮：《埃德加·莫兰复杂性思想述评》，长沙：中南大学出版社 2007 年版，第 205 页。

③ 〔法〕埃德加·莫兰：《复杂性思想导论》，陈一壮译，上海：华东师范大学出版社 2008 年版，第 8~9 页。

实践和伦理价值上贯彻复杂性原则，避免线性化和简单化。然而在莫兰之前，即便不同研究领域的人们在不是那么严谨的条件下使用“复杂性”概念，即便人们不是时常使用它，而只是在想到它有利于研究推进的时候才拿起这个概念，“复杂性”也已然成为一种学术化概念，并且在“复杂性”成为一个概念之前，“复杂性”作为一种观念早已经深入人们的生活之中。它可以是一种生活语言的表达，用来描述具体社会情境中所发生的某种特殊事件。在解决一个几何问题、在处理“己”与父母之间的关系时，人们可能会说“事情远非这么简单”——“复杂”与“简单”相对。复杂与一个几何问题联系起来的原因可能是，求学者在解答问题时忽略了一些已知条件、误解了问题本身的意思，所以复杂意味着更多的知识、正确的信息和各种因素之间的关联。复杂与社会中某种人伦关系联系起来的原因可能是，这种关系是依存现实中其他条件和具体情境中特定条件而存在的，所以复杂既意味着动态和变化，又意味着人伦关系随环境和情境的改变会有微弱的变化。

基于“复杂性”概念及其方法，莫兰提出了一种复杂性伦理的思想。然而，正如我们不囿于莫兰所谈论的将复杂性视为一种与以往科学研究方法对立的思维方式那样，我们所说的伦理复杂性不同于莫兰的复杂性伦理。在“伦理复杂性”中，“伦理”是修饰限定词，伦理复杂性说的是伦理意义上的或伦理方面的复杂性。而在“复杂性伦理”中，莫兰将伦理作为主语，创造的是一种特殊的道德伦理理论。如此，对前者而言，“伦理”指的是一般意义上的伦理或伦理要素；而对后者来说，“伦理”即复杂性伦理。但即便这样，莫兰的“复杂性”概念和复杂性伦理理论仍然能够给予我们所需的知识，对我们的研究有所启发。莫兰的“复杂性”概念告诉我们，事物错综复杂、盘根错节，具有不确定性，这才是一个事物真实和本来的样子。“伦理是复杂的，因为它是一种理解的伦理，而理解自身包含着对人类复杂性的承认。”[①] 如果用“理解的”解释甚至代替“复杂的”的做法行得通，那么尝试用“整体性”作为解释伦理关联“复杂性”的方法之一也无可厚非，因为“整体”与“复杂”不构成对抗性关系，相反，

① 〔法〕埃德加·莫兰：《伦理》，于硕译，上海：学林出版社 2017 年版，第 283 页。

当我们科学认识伦理关联时，一定是在整体中见复杂、在复杂中识整体。换言之，当我们把伦理作为一个整体性存在把握时，本身就暗含了对复杂性的肯定。

其次，伦理关联的复杂性成为思考作为人类文明构成的伦理的一个视角。任何文明形态的历史进程中的人类活动，都会掺杂文明所有者的伦理立场或伦理态度，文明由文明所有者所创造，进而服务于文明所有者的生活。文明所有者一边束缚于自然环境和人文环境，逐步地或丢弃或引进文明的部分内容，一边突破环境的束缚，发挥自身的创造力，按照自身的需要和价值取向来引领文明的发展方向。正是在文明的变化和创造过程中，文明所有者所蕴含的伦理属性凸显出来。不仅如此，文明的变化和创造无法在十几年的时间里一蹴而就。文明的改变和发展伴随着具体的历史情境，在长远的历史进程中缓慢地进行着。正是在复杂的历史进程中，伦理意义上的复杂性凸显出来。其实，只要粗略把握“文明”与人类文明形态的具体内涵，就能直接将其中的伦理复杂性揭露出来。塞缪尔·亨廷顿（Samuel P. Huntington）在分析了其他学者对文明的看法后指出，“文明”作为一个宏观概念，是一个判断社会的标准，是一个民族全面的生活方式。在他看来，“一个文明是一个最广泛的文化实体”。[①] 我们以中华文明为例。如果人类文明是一种实然性存在，那么可以说，作为人类文明形态的伦理是中华民族在现实生活中凝结的文化实体和生产生活方式，是中华文明在当代中国社会的具体呈现形态，它囊括了“儒家思想、中国人的思维方式、家族联系和习俗、人际关系、家庭、孝道、祖先崇拜、价值观、独特的哲学体系”[②]。人类文明无论是器物的还是观念的，无论是心理的还是制度的，其实质内涵都昭示着，文明包含的全部内容都具有广泛的伦理性。正因为如此，人们巧妙地运用自身的思维官能将伦理置于“文明”这个宏观概念之中，这样好像伦理的整体关联就不证自明了，但伦理关联因此更加突出了因为外延广泛而带来的复杂性。

---

① 〔美〕塞缪尔·亨廷顿：《文明的冲突》，周琪等译，北京：新华出版社 2013 年版，第 21 页。

② 〔英〕马丁·雅克：《当中国统治世界：中国的崛起和西方世界的衰落》，张莉、刘曲译，北京：中信出版社 2010 年版，第 161 页。

就某一个特殊的伦理共同体而言，伦理复杂性主要表现在伦理“意愿—行动”的不确定性、伦理“目的—手段”的非线性、伦理认知上的易错性和伦理价值的内在冲突性。尽管这些复杂性存在于伦理的内在关联中，但势必会影响到整体性的关联。伦理行动的不确定性就是当伦理主体具有从事某种伦理行动的意愿时，其结果可能因为某种原因而无法实现，其是否必然实现是测不准的。“即便假定善和义务的意识能够得到保证，伦理还是会遇到诸多困难，它们不能只在‘尽善尽美’、‘行善’和‘担当义务’的意识中获得出路，因为在意愿（intention）和行动之间有断裂（hiatus）。”[①] 这一问题如果我们还原为伦理学的一般理论，就是动机与效果背反问题，即好心办坏事，坏心办成了好事，歪打正着。尽管行为动机与效果不统一的情形不是常态，但我们真的无法保证每一个善良意愿都能有好的结果，特别是当意愿的实现遇到困难时，人们可能在手段选择和时机把握上冲动甚至冒险。即便意愿在行动前尽量预先考虑了行为的后果，但仍然存在不可预见的困难，“如同所有一切人类活动，伦理必然要遭遇不确定性”。[②] 这种伦理的不确定性不仅仅表现为无法保证动机与效果之间直接对应，而且还表现在当意愿遇到困难而准备冒险时，其原本的价值可能发生根本性的意义逆转。因为我们不可能完全预想在一个复杂环境中的互动—反馈作用的全过程会发生怎样的“意外”，一个共同体出现伦理意外，就有可能导致伦理关联整体性的降低。

伦理行动的发生不但在动机与效果之间存在不可测的复杂性，就是在目的与手段之间也存在同样的情形。伦理学历来存在义务论和目的论之争，前者强调对行为规则的遵循，给予手段以优先权；后者强调一切以目的为最高标准，使手段从属于目的。如果我们纵观人类伦理生活史，会惊奇地发现，目的论占据了主导地位，这其中的缘由可能错综复杂，但不得不承认，人类对行动效率的追求总是高于对手段选择的审思，其背后应该是深厚的主宰性“求成”哲学。其实，目的与手段也是互动—反馈式的相互作用，用善的手段去实现善的目的，这当然是伦理的最佳生态。但问题

① 〔法〕埃德加·莫兰：《伦理》，于硕译，上海：学林出版社 2017 年版，第 63 页。

② 〔法〕埃德加·莫兰：《伦理》，于硕译，上海：学林出版社 2017 年版，第 64 页。

在于："追求效率的现实意志就有可能采取一些缺少道德的手段，进而引起道德目的的变质的危险。经常见到的情况是，那些为了高尚目的而采取卑劣手段造成对目的的损害。在手段—目的循环中，手段过度膨胀致使目的窒息。"[①] 让人不可思议的是，有时越是重视目的，离目的会更远，特别是距离人的终极目的越远。也就是说，当人为了实现一些短期的功利目的的时候，可能本身就是对"人是目的"的背离，人的异化也许就是存在于对目的的无限制追逐中。比如，我们对物质的追求，导致的是消费主义的盛行，是对人自身的消费。可见，我们必须调整人类的伦理行动方案，防止不同情形中的目的错位，不要为了眼前利益而放弃长远目标，不要为了快速实现短期目的而放弃手段的正当性。特别是"在实现伦理目的的具体困境中，难道不该牺牲某些目的以便实行一个较少坏处的伦理？当不可能成功时，难道不应当借助于一种抵抗的伦理？当没有办法解决一个伦理难题的时候，难道不应当避免最坏的？"[②] 当伦理成了一种策略性选择时，伦理关联的复杂性就可见一斑。

除了环境的不可测、不可控外，人的伦理认知也容易出错。伦理上的认知错误主要表现为"自以为是"，即总是认为自己所遵循的伦理法则都是对的、自己总是善良与正义的代表或化身，我们可称之为"伦理错觉"。各种伦理规则表面是可以兼容于一个社会体系中，但当人们应用的时候常常会陷入某种"两难"境地：要么是在等待中妥协，要么是在行动中冒险，这使伦理的选择带有了"打赌"的性质。人们面对伦理法则的习惯性态度，与其说是服从还不如说是盲从，很少有人去反思社会伦理法则这样的"大众共识"的合法性及适应性的问题，这就是伦理迷惑。被社会广泛肯定的伦理法则也有可能偏离其本义或制造出与其本义相反的东西来，如帮助的旗号的背后可能就是掠夺，博爱的表象下可能就是杀戮，善良的谎言中可能就是欺骗。"最大的伦理错觉是以为我们所服从的是最高的伦理要求，而人们却是在为邪恶和谎言卖力。"[③] 伦理错觉产生的原因很多，但主要是人们在伦理生活中缺少或不习惯批判性思维，过分自信而导致思想

---

① 〔法〕埃德加·莫兰：《伦理》，于硕译，上海：学林出版社 2017 年版，第 70 页。
② 〔法〕埃德加·莫兰：《伦理》，于硕译，上海：学林出版社 2017 年版，第 70 页。
③ 〔法〕埃德加·莫兰：《伦理》，于硕译，上海：学林出版社 2017 年版，第 88 页。

懒惰。“批判性的自我认识（auto-connaissance）和自我检讨（auto-examen）的困难为伦理的冷静造成了困难。”① 这当然是从主体（主观）视角找的原因，可能导致伦理错觉更深层次的原因是伦理法则本身的内在价值发生矛盾或冲突。如果伦理的内在价值发生矛盾，伦理的关联就面临困难，因为统一性、相容性是关联的前提。

可问题的复杂性恰恰就是伦理固有的无法回避的矛盾难题，“因为世界上不存在唯一的在所有情形中都通行的定言律令：对立的律令常常同时出现，并导致义务之间的冲突；最大的伦理困难并不是律令的阙如，而是律令太多”。② 伦理的内在价值的矛盾与冲突是一种客观存在，除了善与恶、正义与非正义的二元对立之外，其实还存在恶与恶、善与善、正义与正义、非正义与非正义等多种矛盾方式，甚至还有虽然不矛盾但也不兼容的情况，如“忠孝难两全”。也许，我们只履行单一和明确的义务时并不存在伦理难题，只需要有意志、勇气和能力即可；问题在于人是一种“角色丛”的存在，同时扮演着多种角色，于是就有多种义务并存，而这些义务在特定情况下又不是兼容的，甚至发生矛盾。“说到底，伦理目的本身就蕴含着极其深刻的内在冲突，因为人类现实具有三重机制：个人、社会和种属；因而伦理目的本身也就是三位一体的。”③ 也就是说，当我们以个人为中心的时候，我们的伦理考虑可能是个人自由权利的保护；当我们以家庭为重点的时候，教育、照顾、孝顺等就成了首要的伦理选择；当我们以社会为中心的时候，社会义务与责任就是我们的行为参照和偏向；当我们以人类为中心的时候，我们的伦理就必须在世界主义和人道主义那里获得确证。如果这些义务同时存在且互补还好说，问题在于它们之间发生矛盾的时候怎么办？我们是否有充足的理由证明为了亲人的利益而牺牲普遍利益是正当的？或者相反？普遍利益或最高利益是否一定具有伦理上的优先性？基于复杂性思维的伦理抉择是，没有最优，只有满意，没有什么“非如此不可”，伦理的复杂性原则本身就是一种普遍的伦理法则，这才是我们思考伦理关联时的智慧。

---

① 〔法〕埃德加·莫兰：《伦理》，于硕译，上海：学林出版社 2017 年版，第 88 页。

② 〔法〕埃德加·莫兰：《伦理》，于硕译，上海：学林出版社 2017 年版，第 74~75 页。

③ 〔法〕埃德加·莫兰：《伦理》，于硕译，上海：学林出版社 2017 年版，第 79 页。

当然，复杂性思维应用于伦理关联时也需要不断被优化，最少需要考虑两点。一是个体的伦理认知与外部事物的复杂性的关系。我们推进伦理方面的义务感、责任感与规则意识时，要充分考虑与其他社会责任、义务的多层伦理整合。行动个体应首先认识到不同范式的合理性条件，整体上把握正义社会自组织的路径复杂性，通过将其内化为合理程度的复杂性的动机结构，使个体具有体认并根据具体境遇做出适应性调整的能力，进而在具体的伦理行动中自觉培养自己的整体义务感和社会整体规则意识。二是环境条件也要求合理的复杂性，即需要社会制度结构的兼容性和伦理文化结构的包容性。作为正义自组织的环境条件，社会制度结构应具有兼容性，从而避免单一性和独断性，使伦理文化结构具有适当的包容性和开放性，以便于伦理实现有效的内外关联。

四 伦理的隐力：涌现、连接与再生

伦理的关联方式除了社会性的群体行为，一般是不能直观到的，它常常表现为一种隐力，就像重力和磁力。“同样，在人类演化的道路上有许多力量影响我们的思想、情绪和行为。”[①] 这些隐力都是精神性的，都是我们在探讨人类行为时必须考虑的基础性的因素，也是考虑伦理关联时的必要视角，历史上许多思想家特别是宗教伦理学家已经多有关注和论述。它是“驱使我们追求信任及与他人保持有意义联系的力量；驱使我们寻找意义及与超越自身事物保持联系的力量”。[②] 毫无疑问，伦理的隐力是一种精神力，无论表现为动力还是黏合力，其构成“密码”至今无法破译，这也许可以归结于某种“基因”（如所谓人类自私基因说），也许可以归因于人的某种生物本性（如人同所有动物一样都有同情心），当然更有说服力的答案要从人的社会性中去寻找，从人伦世界的各种关联中去寻找，从伦理关联的各种构成“接口”中去寻找。这种寻找的目的就是要保障伦理知识

① 美国芝加哥社会脑联合会：《隐力与念力——重力、上帝与心理》，尔登译，北京：知识产权出版社 2017 年版，第 1~2 页。

② 美国芝加哥社会脑联合会：《隐力与念力——重力、上帝与心理》，尔登译，北京：知识产权出版社 2017 年版，第 2 页。

与实在义务之间的关联（lien），从而形成知识伦理。这种知识伦理是广义的，也是包容的，包括对伦理不确定性及内存矛盾的承认，包括多元伦理的并存，从而避免一种“孤芳自赏”的伦理。[①] 伦理的隐力是由伦理相关因素的内在关联所引发的潜在力量，这种力量可以通过知识形式进行言说，目前可以进行知识性描述的主要有涌现、连接与再生三种。

什么是“涌现”？莫兰在《伦理》一书的“核心概念说明”部分有专条阐述。“涌现是从由不同元素或成分联为一体的组织中产生的属性或品质。涌现不能由孤立的各组成部分的品质或属性中被推导出来，也不能被减兑为这些成分。涌现既不是附带现象，也不是上层建筑，而是来自自组织复杂性的高级品质。它们可以与各组成部分发生反馈作用，并赋予后者以整体的品质。”[②] 从这些规定中，我们大体可以归纳出“与伦理关联的涌现”的四个基本含义。第一，涌现是各种不同元素或成分在相互关联中产生的一种属性，毫不相关的事物或没有关联度的事物之间不可能产生涌现，而伦理几乎与社会结构所有要素均有关联，所以从伦理的关联中产生涌现是自然而然的，这也是任何部门、领域或行业均有伦理规范（要求）的主要原因。换言之，只要与伦理有关联的地方，就一定会有伦理的涌现力，尽管有大有小、有强有弱。第二，涌现不是孤立或单一元素的某种属性的体现，更不能通过缩减还原为这种属性。如科学技术的创新动力可能主要是来自好奇心，但这种好奇心绝非科技本身，而是人与科技的互动；好奇心引发了创造力，但我们不能把创造力简单归结为好奇心。人与外部世界的关联中催生了创造力，创造力就是一种隐力。人与科技的关联会引发科技向善的力量，为人类谋福祉就是科技伦理的涌现。第三，涌现是事物内生的，不是外生的，不为他物所赋予，具有强烈的本真性和自成性。并且这种事物具有复杂性结构，单一、平面、线性的事物结构不会有涌现，充其量只有“出现”，所以，涌现是“出现”现象中的高级形态，更具有渗透力。在伦理关联中的涌现常常表现为社会普遍化的“正义感”汇聚的“民心”。第四，各要素之间出现的涌现会对其余部分产生反馈作用，

① 〔法〕埃德加·莫兰：《伦理》，于硕译，上海：学林出版社 2017 年版，第 97 页。

② 〔法〕埃德加·莫兰：《伦理》，于硕译，上海：学林出版社 2017 年版，第 296 页。

并赋予其整体性特征。如我们倡导“一部分人先富起来”和“共同富裕”，由此产生集经济、政治、道义于一身的社会公平正义问题，形成了一个系统性的整体问题。由人与物质生活的关联上升到分配正义甚至升华为精神上共同富裕这样宏大的伦理问题，其中的涌现就是人类对公平正义的追求。

我们一直关注伦理的变革或道德进步这样的伦理社会学问题，伦理的涌现是伦理变化的常见形式。尤其在不确定性因素日益增加的今天，伦理的变化已经不是线性的进步或退步，而是不断在涌现。这种涌现既可能表现为“涓涓细流”式的无形渗透；也可以表现为“井喷”式的社会伦理上的心理爆发，如网络社会中的“舆情”，其力度是无法估量的。伦理涌现无论是潜在的还是爆发的，其形成过程都是隐性的，是“冰山”下涌动的暗流。所以，伦理隐力归根到底还是一种“心力”或“念力”，这不是描述性知识、经济学模型、因果关系等能解释得了的，必须借助于“人类心理、社会性、精神性、健康和幸福的严谨而具有创新精神的方法”,[1] 这种方法之一就是“社会脑”理论。美国芝加哥大学心理学与精神病学教授约翰·卡乔波（John Cacioppo）的研究表明，人虽然受“自私的基因”影响，基因可以促使人的行为发生，行为又增加了基因存活的机会，基因可以利用个体和社会结构作为其暂时的载体。但由于额叶皮层区错综复杂的相互连接与自控，使得大脑可以调控原有脑系统，为了他人利益而克服生物体追求快乐的冲动，这就是“社会脑”。人作为社会性的动物通过长期演化不仅有动机和能力与其他个体发生联系，而且与群体及非人类也可发生关系。“人类经由演化而寻求与他人的联系，渴望得到他人的肯定，这种社会联系代表作用于我们大脑和生态系统的一组重要的隐力。”[2] 这种隐力就是伦理的隐力，就是在自足中想做到利他的创造，也是人类作为社会性存在的前提，“我们演化出强大并且能制造意义的社会脑，还演化出社会联系的需要”。[3] 这也是社会伦理精神生生不息的潜在原因。

① 美国芝加哥社会脑联合会：《隐力与念力——重力、上帝与心理》，尔登译，北京：知识产权出版社 2017 年版，第 14 页。

② 美国芝加哥社会脑联合会：《隐力与念力——重力、上帝与心理》，尔登译，北京：知识产权出版社 2017 年版，第 31 页。

③ 美国芝加哥社会脑联合会：《隐力与念力——重力、上帝与心理》，尔登译，北京：知识产权出版社 2017 年版，第 32 页。

当然任何涌现都是以连接为前提的，没有连接就没有涌现，更没有隐力。“连接”的基本含义是对物理现象的描述，是指用螺钉、螺栓和铆钉等紧固件将两种分离型材或零件连接成一个复杂零件或部件的过程。这种物理世界的连接可以直观、可以计量，甚至可以通过拆解而恢复原状。连接（reliance）作为人文社会科学概念是比利时社会学家马塞尔-博勒·德·巴尔创造的，他将原来只是形容词状态的词赋予了名词属性，再赋予这个名词以能动的特征。被连接（relie）是被动的，正在连接（reliant）是参与的，连接（reliance）是能动的，甚至可以与“拆分”（deliance）相对应。[①] 连接作为一种关联方式要产生隐力，一定是能动词意义上的。连接存在的前提当然是分离或断裂，分离意味着事物具有独立存在的特性，断裂意味着因自然或人为因素使原本一体的事物出现了断离。作为伦理的连接除了指与社会结构要素的联系方式之外，主要是指伦理主体与他者、与社会、与人类之间的关联，其可能性的机制是：“人们将他人看成与其本人既不同又相似的另一个自己。他人也在保留不同之处的同时与我分享共同的身份。”[②] 伦理的连接是利他主义伦理的本质表现，它要求保持对他者的开放，并将他者涵盖在我们之内进而产生利他式开放，而这种开放又促使我们包容他者，实际上形成一种彼此利他的连接，其结果是同时实现了利己。所以自我伦理是对个人主义的超越，之所以能超越，就在于自我与他者能连接，“无连接的分离会造成恶，而善是分离中的连接”，[③] 个人主义的本质就是无连接的过度分离。在一个充满不确定性的风险社会中，痛苦、焦虑、迷惑，甚至不幸无处不在，个人的力量已经微不足道，自保的幻想已经破灭，我们需要的是连接而不是分离，我们需要的是连接的力量，而不是拆分的预谋。个人主义道德就是过度强调个体权利与自由，否认个人与社会整体的不可分性而导致的分离结果。当下的逆全球化、单边主义、霸权主义等反国际政治伦理的盛行，也是过度强调自主、强调分离使然。连接作为伦理的隐力始终离不开主体间的承认，易言之，多主体之间相互承认才是连接成为可能的真正力量之源。而承认的动力又

① 参见〔法〕埃德加·莫兰《伦理》，于硕译，上海：学林出版社 2017 年版，第 302 页。

② 〔法〕埃德加·莫兰：《伦理》，于硕译，上海：学林出版社 2017 年版，第 154 页。

③ 〔法〕埃德加·莫兰：《伦理》，于硕译，上海：学林出版社 2017 年版，第 155 页。

来自哪里呢？只能来自每个主体都有被承认的需要及其满足，即被另一个人类主体承认为人类主体。哪怕是在相互不了解、不理解的情况下也能承认这种不理解，从而达到宽容与尊重的境界，这难道不是一种很有说服力的伦理力量吗？

有了伦理连接的力量，就会有伦理再生的景象。现代伦理学的使命之一，就是要拒绝个体的原子化和区隔化，通过伦理革新重建一种责任伦理和互助伦理。这种伦理革新不是“推倒重来”，而是在原有基础上的改造与再生，再生力是确保伦理生生不息的重要机制。伦理再生不是自我否定之后的肯定，也不能被理解为伦理法则或行动量的增多，它必须将自身置于社会变化的大背景中，与社会结构相关要素相互作用，充分吸收有利于自身的“养分”，通过整合与再造，形成新的伦理样式。因为“只有在人文、社会、历史的变革与再生的复杂过程中才能实现真正的伦理再生”。[①] 伦理的关联本身不是目的，而是伦理的再生，在关联中再生，在再生中关联。正如一切有生命力的事物一样，伦理既是自主的，又是从属的。自主决定了伦理的独一无二性，它在关联中是不会被消除的；从属决定了伦理的开放性和包容品质，它不断革新引起再生的外部条件，使伦理再生成为可能。伦理的再生是一种神奇的力量，它既可以是一种自我澄明和理解中的智慧，又可能是来自理性生命的智慧；它既可能是对外部事物的“借力”，又可能是自我的强大，是从源头上的持续发力。如人道主义的再生之路就是，从个人主义的人道主义到人类中心主义的人道主义，再到普遍化的相互尊重的伦理人道主义，还可能再生出世界主义的人道主义。这是一种全球化成为不可逆转的大趋势下的伦理再生，构建人类命运共同体的思想与实践就是这种再生伦理的中国智慧。当我们说真善美是人类永恒的价值追求的时候，真善美并非一个外在于人类的遥远“标的”，而是一个自身不断再生并与人类发展同步的过程。伦理的再生同样是伦理不断自我革新、自我创造、自我升华并与社会发展、人的发展同步的过程。

① 〔法〕埃德加·莫兰：《伦理》，于硕译，上海：学林出版社 2017 年版，第 254 页。

第五章　伦理学的知识*

德国伦理学家石里克在《伦理学问题》一书中开宗明义："如果存在着有意义的、因而能够加以回答的伦理学问题，那么，伦理学就是一门科学。因为对它的问题进行回答将构成一个由真命题组成的系统，而关于某个对象的真命题系统，也就是关于该对象的'科学'，因此，伦理学不是别的，而是一个知识系统；它唯一的目标是追求真理。"① 但是，翻开所有的伦理学著作，我们惊讶地发现，除了"善""恶""良心"等几个概念，伦理学几乎没有太多属于自己的学术术语，在知识呈现上更没有专属于自己完备而严密的知识系统，其概念、命题、理念、理论基本靠"外借"或者"共用"。或者说，即便伦理学存在知识系统，那也只不过是靠挑选相关学科的知识"搭建"而成的。并且，在我的论域中，善与恶是属于道德学的特有概念，道德学之"道"要先于伦理学之"理"，由"道"而"理"，自然符合说理程序，但离开了善恶观念，伦理学在知识上并不富有。伦理学是利益均衡之学，而利益本身又是一个结构极其复杂的社会现象或心理现象，因此毫无疑问地，伦理学对利益的把握与言说角度都不可能是单一的，必须由利益及其协调所涉及的相关学科知识来决定。换言之，利益涉及多少学科知识，伦理学就要依赖多少学科知识，加上伦理本身的依凭与呈现也是多种多样的，需要"知道"与"说道"来完成，因此伦理学对相关学科知识表现出极大的依赖性。伦理学既然无法摆脱对其他学科知识的依赖命运，那就不如放弃"自怜自卑"的态度，主动向所有学科全面开放，让一切有用的学科知识"为我所用"，形成巨大的知识汇聚、

---

* 本章部分内容已经发表于《南国学术》2021年第1期。

① 〔德〕石里克：《伦理学问题》，张国珍、赵又春译，北京：商务印书馆1997年版，第11页。

交叉、创新平台，使伦理学拥有其他任何一个学科都不曾有的知识资源库。伦理学对其他学科知识的依赖与伦理作为社会结构要素对其他要素的依赖相关，也是人类知识演进由“一体”到“分化”再到“综合”的必然结果。伦理学只有通过知识借鉴从知识依赖走向知识的综合创新，才能使伦理学的“合法性”获得知识论与方法论的双重支撑。

一　伦理学的知识依赖性

伦理学的知识依赖首先在于伦理作为一种思想意识形态或规范文化的特定类型在整体社会结构中是依赖性存在的。法国学者阿尔都塞用结构主义方法，通过文本阅读，从马克思的语言表层结构中看到了马克思社会思想的内在深层结构。这种结构的最大特征就是整体性，强调各社会要素之间的有机联系和不可分割性，而不是专注于单一要素。马克思“总体性”问题只能从确定性的“总问题”出发，而不能仅仅局限于某一社会要素的具体材料的分析上。[①] 在马克思看来，社会的整体结构就是物质生活关系和精神生活关系的总和，不仅两大关系相互依赖，而且各关系中的要素也相互依存，伦理作为精神生活要素对其他要素的依赖主要表现为横向依赖、纵向依赖和交叉依赖。

社会结构要素的横向依赖，也叫共时性依赖，是指所有社会组织要素在横断面上的一体化，伦理也包含其中。如经济、政治、文化、社会、生态的五位一体，文化要素内部的价值观念与文化体制、文化载体、文化产业之间的有机联系，经济结构中的企业结构、产业结构和区域结构等空间关系，都属于横向依赖。马克思主义把社会基本矛盾分为生产力和生产关系、经济基础和上层建筑两大基本矛盾，而经济基础与生产关系在内容上存在重叠，这样就形成了由生产力到生产关系再到上层建筑的梯级关系。社会横向依赖性对于理解伦理学知识的依赖性提供了基础。由此也可以看出，经济不能直接决定作为社会意识的伦理，伦理对经济的依赖也是间接性的。正因为二者是间接依赖，所以经济与伦理之间的作用与反作用关系

① 〔法〕路易·阿尔都塞：《保卫马克思》，顾良译，北京：商务印书馆1984年版，第49页。

是非直接、非线性、非对应的关系。当然，在横向依赖中还有一种“跳跃”依赖的情况，即可以跨越某些要素，如文化对经济的依存有时可以跨越政治与法律，特别是人的价值观有时直接受经济的制约。美国思想家罗纳德·英格尔哈特就认为，是经济的发展促使了由社会物质主义时代向后物质主义时代的转型，由此产生了价值观的巨大变化，这种变化带来了非常显著的政治后果。[①] 如果我们把伦理看作一种文化形态，看作一种价值体系，且受经济发展直接影响，那么后物质主义时代的伦理观念有新变动，就能说通了。可见，社会结构中的某一因素如果从横向依赖看，尽管其路径与方式各不相同，但能彼此影响、彼此说明、彼此改变，这是肯定无疑的。离开了与伦理相关联的其他结构要素，伦理是无法被解释、被说明的，伦理学知识就会显得单一。

社会结构要素的纵向依赖，也叫历时性依赖，是指某个社会结构要素从过去到现在再到将来的对伦理的影响过程，同时也包括伦理在内的各要素之间相互影响的历史过程。比如说，经济现象中的资本及资本理论，如果把马克思的资本理论称为古典理论，那么之后就有了新的解释，如人力资本、文化资本和社会资本等理论。古典资本理论把资本理解为产生利润的投资，在资本主义社会由于阶级分化，投资和利润都归了资本家，资本家占有了全部剩余价值。在后来的诸多资本理论中，资本的本义没有改变。人力资本是指劳动者在生产过程中由于知识、技能、品行等因素而产生的增殖，实际已经有了伦理道德的因素，这些因素的获得需要通过教育、培训等途径。人力资本理论虽然把注意力由劳动时间转移到了劳动者的知识与技能上，但“并不必然地否认古典理论对资本剩余价值生产的宏观结构过程”。[②] 文化资本理论则认为统治阶级（资本家）在教育过程中，可以通过符号暴力，将自身的文化和价值合法化为整体社会的“客观”价值。行动者获得与误识的主流文化与价值（合法化知识）被称为文化资本。[③] 在主流文化与价值中一定

① 〔美〕罗纳德·英格尔哈特：《发达工业社会的文化转型》，张秀琴译，北京：社会科学文献出版社2013年版，第28页。

② 〔美〕林南：《社会资本——关于社会结构与行动的理论》，张磊译，北京：社会科学文献出版社2020年版，第12页。

③ 〔美〕林南：《社会资本——关于社会结构与行动的理论》，张磊译，北京：社会科学文献出版社2020年版，第15页。

蕴藏了伦理精神。文化资本反映了一个阶级对另一个阶级的价值加强，这与马克思的立场是一致的。社会资本虽然被视为“是通过社会关系获得的资本；它是一种社会财产（asset），它借助于行动者所在网络或所在群体中的联系和资源而起作用”，[①] 但是它仍然是马克思主义的基本观点。我列举资本理论的纵向发展，无非是想说明，社会结构的要素无论怎样发展，都离不开其原初含义，这就是历时性依赖。同样的道理，当我们要分析现代伦理现象时，始终离不开古希腊和中国古代对伦理道德的“最初”理解。特别是人文科学有时所追求的并不是创新，而是“回归”，当然回归也可以理解为是一种更高层次的创新。但是，人文科学的经典同自然科学相比，在选择性积累方面存在巨大差异，这意味着，后来的那些所谓精确科学都是在那些伟大的人文学家创造的经典基础上发展起来的。[②] 这也就决定了以伦理观念为核心观念之一的价值观变化与经济社会的发展并不是同步的，相反是要么滞后，要么超前的，并且以代际更替为一个周期。[③] 这也是一种伦理对经济社会发展纵向依赖的观点。作为人文科学典型形态的伦理学自始至终摆脱不了伦理文化的纵向依赖，这种依赖还不完全表现为文化符号形式的伦理条规、理念与理论，还有通过想象机制产生的对古代生活情景的“还原”。没有这种立体化生活情景的还原，伦理学知识的阐发就枯燥无味，没有生命力。

社会结构要素的交叉依赖，也叫立体性依赖，就是指社会结构的某一要素会受到全部要素的影响，并对其产生强烈的依赖。这种依赖还可能是过程性的依赖，从而使社会产生结构与功能的双重互动与互释，形成社会有机整体。在现代西方社会理论中诸多理论都涉及对由社会结构要素的相互制约形成的整体性问题的解释。社会学的创始人孔德就曾用“社会有机

---

① 〔美〕林南：《社会资本——关于社会结构与行动的理论》，张磊译，北京：社会科学文献出版社 2020 年版，第 19 页。

② 〔美〕罗伯特·K. 默顿：《社会理论和社会结构》，唐少杰、齐心等译，南京：译林出版社 2015 年版，第 42 页。

③ 罗纳德·英格尔哈特在《现代化与后现代化》中关于价值观的变化曾提出两个假设：匮乏假设与社会化假设。前者认为，在匮乏条件下，需要什么就是你的价值观；后者认为社会经济发展与优先价值观之间不可能迅速调整，起码需要一个代际，即 30 年左右。见〔美〕罗纳德·英格尔哈特《现代化与后现代化——43 个国家的文化、经济与政治变迁》，严挺译，北京：社会科学文献出版社 2013 年版，第 31~32 页。

体”概念来隐喻社会整体与部分的关系，甚至还用“人性、博爱和社会秩序”来解释社会结构概念。斯宾塞则认为社会是由“支持”“分配”“调节”三大系统组成，其中调节系统事关社会稳定。涂尔干把社会当成不可化约的实体，而这个实体的基本需要又是由各个部分构成的，在整体的实体与构成的部分之间，整体始终具有某种“优先性”。[①] 结构功能主义的代表人物帕森斯提出“整体社会系统”概念，并且将这个系统分为“目的达成”“适应”“整合”“模式维护”四个基本结构与功能。这四个结构与功能的整合，形成整体的、均衡的、自我调节的和相互支持的社会结构系统，它通过内部的不断分化与整合，可以维护动态均衡的秩序。[②] 布劳则与上述社会结构主义者和结构功能主义者相反，不再把社会要素综合化，而是不断细化。他借用数学的参数概念把社会要素分为“定类参数”与“定序参数”，异质性就是参照“定类参数”的结果，而不平等则是“定序参数”确定的结果。[③] 其实这也是一种把复杂问题简单化处理的方式，社会就是在承认差异性的同时保持运行有序的。新结构功能主义则在帕森斯等人的基础上更加强调社会结构与功能的极度分化、专业化、自律化，“政治、经济、科学、法律、教育、宗教、家庭等各个功能系统，已经相对自律化了，而且各自相互地成为其中任何一个系统的环节”。[④] “各自相互性”概念的提出，揭示出社会结构要素的复杂性和交叉依赖性。从这些社会结构理论可以看出，社会学家们对社会要素的依赖性都有足够充分的认识。伦理作为社会结构的要素自然会在错综复杂的功能结构中实现“全面依赖”，包含了要义的汲取、功能上的借力、解释的借用、传播上的借助，这已经超越了社会单个要素的简单对应，在结构与功能的互动中使伦理实现了机制性改变，这也就决定了伦理学在知识形态上必须随时随地保持足够的开放性，以适应社会的变化发展。

---

① 参见李振《社会宽容论》，北京：社会科学文献出版社 2009 年版，第 133~134 页。

② 参见〔美〕T. 帕森斯《现代社会的结构与过程》，梁向阳译，北京：光明日报出版社 1988 年版，第 35~45 页。

③ 参见〔美〕彼特·布劳《不平等和异质性》，王春光、谢圣赞译，北京：中国社会科学出版社 1991 年版，第 14~16 页。

④ 高宣扬：《鲁曼社会系统理论与现代性》，北京：中国人民大学出版社 2005 年版，第 2 页。

二　伦理学知识的历史演进

伦理与其他社会结构要素之间的关系是立体性的、过程性的、复杂性的。与之相反，伦理学从诞生以来就与人类知识体系的整体演进是同步的，经历了一个知识不分（一体化）到知识分化（专业化）再到知识综合（相互依赖）的过程，这虽然与伦理学知识的特性有关，但主要是知识形态的变化的结果。对社会伦理现象的认识会形成一定的伦理知识，伦理作为知识形态是近代以来的事，近代以前无论形而上学、伦理学还是其他哲学分支自始至终与知识论互相影响，甚至直接合一。从一般意义上讲，知识论或知识哲学涉及三个方面的问题，即知识的性质、知识的标准、认识经验与认识对象之间的经验。[①] 对这些问题的讨论或争论也只是从近代才开始。理查德·费尔德曼认为，知识的来源主要有知觉、记忆、证词、内省、推理、理性洞察，[②] 把这些因素看成知识的来源是一种近代知识观，换言之，也只是用近代以来对知识的认识去反观过去所有知识浑然一体的状况。其实，知识现象或知识体系"是一种自我运行、自我组织、自我复制、自我扩张的知识形态"，[③] 所以，我们有必要对知识形态的演变稍作梳理，从中分析伦理学对整个人类知识是如何依赖的。

宋太庆先生在《知识革命论》中对人类知识形态的演变进行了概述。[④] 在公元前 8000 年以前，人类处于原始狩猎采集时代，人类知识的生产主体是氏族、猎人、妇女，知识主要以图腾文化为主导，体现为图腾、鼓乐、舞蹈、岩画、文身、装饰、仪式、楔刻、狼烟等，伦理就以敬畏的形式深藏其中，就是最原始的善恶观念和伦理习俗。公元前 6000 年人类步入了农业、畜牧业社会，出现了商业活动。此时创造知识的是农人、牧人、渔人和商人，出现了以文字符号体系为主的知识形态，表现为陶器、羊等。此

---

① 〔美〕托马斯·E. 希尔：《现代知识论》，刘大椿等译，北京：中国人民大学出版社 1989 年版，第 1 页。

② 〔美〕理查德·费尔德曼：《知识论》，文学平、盈俐译，北京：中国人民大学出版社 2019 年版，第 4 页。

③ 宋太庆：《知识革命论》，贵阳：贵州民族出版社 1996 年版，第 75 页。

④ 参见宋太庆《知识革命论》，贵阳：贵州民族出版社 1996 年版，第 75～77 页。

后，公元前3000年至公元前1000年，出现了以天文、易理、医学、农学、军事为主的专业知识，知识有了完整的文字系统。特别是随着商业文明、海洋文明和手工制作技术的发展，出现了祭司分化出来的知识生产者和知识拥有者群体，如东方的儒者、西方的智者，产生了许多基础学科，如宗教学、博物学、生物学、天文学、数学、诗学、史学、哲学、政治学、军事学等。由于造纸术的出现，产生了大批古典知识的经典。公元1700年前后，人类开始进入工业时代，部门行业越来越多，知识形态内部出现巨大分化。约在20世纪50年代，人类社会进入信息化时代。这个过程说明了人类知识由“一体”走向“分化”再走向“综合”的过程，这个过程同时也印证了伦理知识从“不加区分”到“开始分化”再到“相互依赖”的过程。

韩震教授主要从西方社会发展的视角，对知识形态的演进进行了考察分析，认为人类知识形态是从经验形态的知识到原理形态的知识、再到信息技术支撑的交叠形态的知识的发展过程。[①] 经验形态的知识是在农耕文明时代产生的，人们主要靠生活经验来把握世界，知识表达非常感性而具体，如中国的“五行说”、西方的“始基”哲学。这种形态的知识因为是在日常生活中积累的，具有经验的狭隘性，普遍性同一性不足，传播、学习速度慢，且经常是分散式的，往往是通过人们的“感悟”“意会”等方式获得，还不能是严格意义上的知识。但这种感悟的特点反而给伦理道德的传播带来了方便，因为伦理道德本身就是生活化的经验与习俗，一个行为、一个眼神就能传递伦理道德信息。原理形态的知识超越了经验背后的理性知识，它克服了经验的特殊局限性而具有了普遍适应性。这是因为人类进入工业化时代之后，生活部门和生产领域不断分化与细化，如果人们仅靠经验知识的低效率传播，凡事都具体化，那就根本适应不了快速的生活节奏，因此必须要有超越于个别、具体的普遍的一般性原理知识，这样就能全球传播。交叠形态的知识是在信息时代、互联网时代产生的，特别是量子计算中的“量子叠加态”，彻底改革了人们对世界的认知方式与速度，通过算法来分析和处理社会复杂性问题，使知识从个别、分散状态，又回归到了边界模糊的一体状态。从“经验”到“原理”再到“交叠”

① 参见韩震《知识形态演进的历史逻辑》，《中国社会科学》2021年第6期。

的知识形态变化思路，尽管有些简单，但同样印证了伦理知识的变化以及伦理学对相关科学知识的依赖过程，这就是从“一体化”到“分化”再到“综合”的过程。因为经验是感性生活的经历与体验，是对“感觉”的简单总结；原理是对感性经验的理性提升，其背后是知识的多样性；综合是对多样性的排除，是更高层次上的相互依存。

从中西方伦理思想的起始及发展看，伦理学是最古老、最“显赫”的学科，其内容隐藏在宗教神话、人物故事、文化典籍之中，虽然不足以称为“学”，但其思想主导性是非常明显的，充分体现了伦理学与其他学科的“一体”或“同构”。西方伦理思想就起源于古希腊宗教神话之中，例如，荷马史诗通过描述特洛伊战争的起因、经过，传达了诸多希腊文化的元典精神，负载了对希腊民族进行伦理教化的特殊使命，本身就是一本伦理学的经典，其中不乏丰富的战争伦理、家庭伦理、政治伦理、审美伦理。如作为希腊正统宗教的奥林匹斯教的十二位神是主要的信仰对象，这也许是某种伦理秩序的反映。如宙斯象征着希腊的统一、正义和法律，雅典娜象征着智慧和城邦文明，阿波罗象征着光明和音乐，阿瑞斯象征着勇敢和战斗，阿佛洛狄忒象征着爱与美貌，德墨忒耳象征着丰裕，波塞冬象征着航海平安，赫尔墨斯象征着商业繁荣，赫拉象征着合法婚姻，等等。这说明“宗教是人间伦理的某种象征化和理想化。它寄托了人们对伦理秩序和品德的理解，同时也反映了人们对人性的优点和弱点的认识”。[①] 正如希腊文化史家格斯里所说，阿波罗“是希腊精神的具体体现，一切使希腊人与其他民族相区别，特别是使之与周围的野蛮民族相区别的东西——各种各样的美，无论是艺术、音乐、诗歌等等统统汇聚在阿波罗身上”，[②] 这其中也必有伦理。当时的伦理思想还和自然哲学、修辞学、政治学等密切联系在一起，甚至无法分割。尧、舜、禹是中国历史上的伟大人物，也是道德典范，几乎是全部知识与力量的化身，特别是舜在道德实践和推动道德教化方面影响最大。舜虽然出身“侧微”，但道德高尚。他当政之后，开始实施“德政”，提拔重用高尚的“八元”“八恺”，处罚“四凶”族，

① 宋希仁主编《西方伦理学思想史》，长沙：湖南教育出版社 2006 年版，第 3 页。

② 转引自王晓朝《希腊宗教概论》，上海：上海人民出版社 1997 年版，第 71 页。

并任命契为司徒，让他去“敬敷五教”“慎徽五典”，要求人们正确处理好父、母、兄、弟、子五种关系。可见，“伦理道德在舜的时代已经作为一种独立的意识形态，开始与宗教、法律等分解开来，并受到了当权者的极大重视”。[①] 但是，伦理道德地位的突出，乃至出现伦理的“专题”，并不意味着伦理学在知识体系上就是独立的，就没有依赖性。相反，伦理学与相关知识具有浑然一体性，中国有十分丰富的伦理学思想反而没有“伦理学”这个术语。其实，这种伦理道德的繁荣只是局限在“学在官府”范围内，即伦理由少数贵族垄断，尚未普及，更没有深入民间，正如孟子所言：“人伦明于上，小民亲于下。有王者起，必来取法，是为王者师也。”(《孟子·滕文公上》)统治者可以利用权力，收买一些“士”和外来贵族，进行专门研究，就有了“三坟”“五典”“八索”“九丘”，后来被整理，分别收入《礼》《易》《乐》《书》之中，其中《书》最有影响力，因为它基本反映了周公的伦理主张，也是当时唯一的伦理学说。直到春秋末年和战国初期，新兴地主阶级和平民力量日渐强盛，“学在官府”的局面才有所改变，出现了私人性的学术活动，伦理学说才开始出现儒、道、墨、法等，伦理学进入多元化时代。但是，伦理学说的多元化局面基本上是以儒家为主体，中国传统伦理学说与其他学说与其说是“内部依赖”，还不如说就是“一体”，其同一性根源就是为等级制度服务的封建文化。无论中国的《论语》《孟子》《大学》《中庸》还是古希腊柏拉图的《理想国》、亚里士多德的《尼各马可伦理学》和《政治学》等，很难说属于什么学科的著作，但肯定是伦理学的经典。人类社会进入中世纪，伦理学等人文社会科学几乎都成为神学的“婢女”，伦理思想基本依存在基督教经典里。《圣经》分《旧约》与《新约》，构建了一个庞大的基督教伦理学体系。奥古斯丁的《忏悔录》《上帝之城》《论自由意志》构建了一个教父道德哲学体系，而托马斯·阿奎那的《神学大全》《反异教大全》则构建了一个完备的基督教神学伦理学体系。可见，伦理学努力与“天”比肩，因为伦理学是皈依上帝的根本途径。

从中世纪晚期以后，西方社会商品经济日益发达，开始进入一个新的

---

① 陈瑛主编《中国伦理思想史》，长沙：湖南教育出版社 2004 年版，第 25 页。

时代，英国圈地运动、文艺复兴运动、法国大革命、德国启蒙运动等都是标志，其价值核心有三：一是以人学（人道主义）反对神学，二是以人权反对神权，三是以科学反对宗教。三者结合的同时，人文主义与科学主义也开始对立，各学科知识开始分化，自然科学似乎成为真理的唯一标准。这些都是影响伦理学知识状态变化的原因。文艺复兴的时代，“这是人类以往从来没有经历过的一次最伟大的、进步的变革，是一个需要巨人并且产生了巨人的时代，那是一些在思维能力、激情和性格方面，在多才多艺和学识渊博方面的巨人”。[①] 这些人不但创作了大量文学、哲学、艺术经典，也产生了大量的伦理学著作或者包含丰富伦理思想的著作，如马基雅维利的《佛罗伦萨史》《君主论》《论李维》、但丁的《神曲》、薄伽丘的《十日谈》、格劳秀斯的《战争与和平法》、霍布斯的《利维坦》《论公民》等。还有许多以人权为核心的伦理学著作，如洛克的《政府论》、卢梭的《论人类不平等的起源和基础》、沙夫茨伯里的《人、风俗、意见与时代之特征——沙夫茨伯里选集》、哈奇森的《论美与德性观念的根源》、休谟的《人性论》、斯密的《道德情操论》、边沁的《道德与立法原理导论》、穆勒的《功利主义》等。从这些经典中，我们可以看出伦理学从哲学或人文学中“独立”的端倪。特别是随着社会分工越来越细，行业也越来越多，加上重工业和机械制造业在国民经济生活中起到十分重要的作用，人类的思维开始由注重整体走向重视局部，这也引起知识的细化，各科学知识都想摆脱依赖，“自立门户”，伦理学也已经有了作为。当然，还有的伦理学家适应科学主义的兴起与强盛，走向了对自然科学的依赖，如斯宾诺莎。他的《伦理学》一书的全标题为《按几何顺序证明的伦理学》，它从公理、定义出发，严格按照演绎的步骤证明命题，甚至模仿欧几里得《几何原理》用“证讫”（Q. E. D）这样的字眼。为何要用几何淡定的形式来撰写伦理学著作？“这是因为在17世纪，数学是得到一定肯定和推崇的学问，数学的简明清晰和确定可靠得到了哲学家的普遍赞赏，如笛卡尔、霍布斯等都有运用数学方式表述哲学思想的愿望”。[②] 在这样的知识背景下，

① 《马克思恩格斯文集》第9卷，北京：人民出版社2009年版，第409页。

② 《西方哲学史》编写组编《西方哲学史》，北京：高等教育出版社、人民出版社2011年版，第298页。

斯宾诺莎认为数学是提供真理的典范，因为人及人性与自然是同一的，没有区别，甚至人的情感也可以通过几何方法来证明，他说："在自然界中，没有任何东西可以说是起于自然的缺陷，因为自然是永远和到处同一的；自然的力量和作用，亦即万物按照它们而取得存在，并从一些形态变化到另一些形态的自然的规律的法则，也是永远和到处同一的。"[①] 当然，真正把伦理学当作独立形态并谋求"自立"成功的是康德与黑格尔。康德的《实践理性批判》《道德形而上学奠基》和黑格尔的《法哲学原理》，共同点是注重伦理与道德的区分，但康德偏重道德学，而黑格尔则偏重伦理学，所以，后人谈道德问题无论如何绕不过康德，谈伦理问题也都绕不过黑格尔。这种区分非常有意义，不仅仅是字面上的，也不是文字游戏，而是说明伦理学有一种寻求内在突破的冲动，只是后人重视不够而已。

19~20 世纪，伦理学发展进入后康德、后黑格尔时代，也即现当代时期。随着资本主义商品经济的扩张，资本、理性、技术成为支配人的决定性力量，人的客体化和单向度化等异化现象日趋严重，迫使思想家们重新思考伦理问题，伦理学的专门化成为明显趋势。这一时期的作品有叔本华的《伦理学的两个基本问题》《作为意志和表象的世界》、尼采的《道德的谱系》《善恶的彼岸》、萨特的《存在主义是一种人道主义》、列维纳斯的《从存在到存在者》《伦理与无限》、詹姆斯的《实用主义》、杜威的《新旧个人主义》、罗蒂的《哲学和自然之镜》、摩尔的《伦理学原理》、罗尔斯的《正义论》《政治自由主义》、麦金太尔的《追寻美德》、桑德尔的《自由主义与正义的局限》、威廉斯的《伦理学与哲学的限度》、赫斯特豪斯的《美德伦理学》、斯洛特的《从道德到美德》、鲍曼的《后现代伦理学》、莫兰的《伦理》等。这些都体现了伦理学作为"第一哲学"的地位，同时也显示出伦理学知识形态的两种变化趋势：一是向传统美德伦理学的回归，即回到以纯道德为研究对象的道德学，其中更是出现了"休谟式"道德哲学的复兴；二是出现分化后的新的综合趋势，更加与政治学、法学、社会学、人类学、文化学等结合，趋向于以"无道德"的伦理为主的伦理学，从而走向真正的伦理学，这一点后现代伦理学表现得坚决而

① 〔荷兰〕斯宾诺莎：《伦理学》，贺麟译，北京：商务印书馆 1983 年版，第 97 页。

明显。

在中国，近代以前的伦理思想和道德学说无比丰富，但由于学术传统的融合性，分散在哲学、教育诸领域，很难说是现代意义上的“伦理学”。具有西方科学意义上的伦理学能在中国近代生存，主要依赖三个方面的条件：“一是近代启蒙思想家的大力宣扬；二是具有近代意义的伦理学新术语的大量涌现；三是清末学堂中伦理课程的普遍开设。”① 对于“科学”意义上的伦理学的产生，其“核心概念”最重要，在这方面，梁启超、王国维、刘师培、蔡元培等学者做了主要贡献，当时用得比较多的概念主要有，“伦理学”“道德”“人格”“博爱”“良心”“善”“义务”“名誉”“平等”“自由”“权利”“价值”“幸福”等。② 与此同时，中国也有了一些自己的伦理学著作或翻译作品，如梁启超的《新民说》，王国维翻译的西额惟克的《西洋伦理学史要》、元良勇次郎的《伦理学》，刘师培的《伦理教科书》，蔡元培的《伦理学原理》《中国伦理学史》，杜亚泉的《伦理标准说》，商务印书馆编译所译述的服部宇之吉的《伦理学教科书》，杨昌济翻译的《西洋伦理学史》《伦理学之根本问题》，等等。由此我们也可清楚地看到，在中国，学科意义上的伦理学应该是从近代开始的，至于“伦理学”这个译名是严复还是蔡元培先提出的，并不是特别重要，我倒倾向于蔡元培先生最早使用了“伦理学”的概念的观点。③ 中国伦理学发展到今天，其基本格局没有改变，发展中受过日本文化的影响，我们接受了西方伦理学的基本概念与精神，后来又接受马克思主义理论的指导，通过进一步模仿苏联马克思主义伦理学，形成现有的大多数人认可的伦理学体系或知识谱系。这个谱系的最大特点是马克思主义哲学的奠基性和方法指导性，西方伦理学痕迹明显，中国传统伦理道德智慧的影响反而相对较弱，向现代人文社会科学的知识开放度不够，缺少知识独立性和学品自主性。

---

① 杨玉荣：《中国近代伦理学核心术语的生成研究》，武汉：武汉大学出版社 2013 年版，第 113 页。

② 参见杨玉荣《中国近代伦理学核心术语的生成研究》，武汉：武汉大学出版社 2013 年版，第 113 页。

③ 相关论证参见杨玉荣《中国近代伦理学核心术语的生成研究》，武汉：武汉大学出版社 2013 年版，第 210~213 页。

三　让伦理学知识走向更开放的依赖

我们从伦理学知识对社会结构性要素的依赖和伦理学的知识依赖过程可知，既然伦理学知识状态的特点是依赖性，与其在现有基础上进行自信自得的“内循环”，不如走向一种更加开放的自主性“依存”，特别是当我们将伦理学定位为利益均衡之学从而突破了以道德现象为研究对象之时，伦理学知识开放的大好机会已经到来。这种开放性依赖，可以在四个领域发力，即对哲学母体知识的依赖、对道德学知识的依赖、对人文科学知识的依赖、对社会科学知识的依赖。

伦理学对哲学母体知识的依赖是毫无疑问的，因为从学科属性来讲，伦理学属于哲学的二级学科，或者说伦理学是哲学的一种特殊形态，抑或，按过去的说法，伦理学就是道德哲学。即便我们对伦理学研究对象作更加开放的理解，伦理学也始终是哲学，这一点不能变，也不会变。哲学是以实在总体为目标的，其特点是不可能把问题彼此分开，因为它努力的方向就是统观全体，同时，“在关系到整个人类协调时，每个哲学观点都假设一些评价和介入”。[①] 这种评价与介入，伦理学充当了主角。伦理学是“道理”之学，不但要知之“实然”，而且要倡导“应然”，更要知之“所以然”，让“何以应当”的价值学理在思辨中得以清晰化。这是一种形上之理，离不开抽象与思辨，离不开反思与批判，离不开至理与超越。其实，“从前，我们并不严格区分一个学科，凡探究重大事物背后道理的工作，笼统视作哲学。这倒不是古人分不清何为经济、何为天文，而是因为天下的事物尽管五花八门，但它们背后却可能有着同样的道理”。[②] 伦理就是人伦之理，上有自然法则的“天理”，中有理性法则的“法理”，下有人性法则的“心理”（社会群体心理，与道德学的个体心理稍有区别）。这种“理”的整体性或立体性，唯有哲学思维才能把握。尽管“科学也追求整体性，不过，这个整体不再是网络式的融会贯通，而是建筑式的层层还

① 〔瑞士〕让·皮亚杰：《人文科学认识论》，郑文彬译，北京：中央编译出版社 1999 年版，第 17 页。

② 陈嘉映：《说理》，上海：上海文艺出版社 2020 年版，第 37 页。

原。世界这个大机制的最基础一层是量子物理学，其上是化学，其上是生物学，其上是生理学，其上是心理学。每一个层次的所以然，由下层次的所以然来解释”。[①] 自然科学之间的解释是“由上至下”具体性依赖的，因为它是为了寻找“基础”之基础。而人文社会科学之间的解释是“由下至上”的抽象性依赖，即不断地概括、不断地抽象而超越具体，最后形成观念和理论。但是任何社会现象都具有自然的本质，社会是自然界高度发展的产物，这是自然哲学与社会哲学的相通之处。但打通伦理学与一般哲学的分隔往往从本体论、认识论、价值论、实践论等方面着手。比如如何对待“自由”？哲学家往往从本体论和认识论上寻找依据，提出“人是自由的吗”“什么是责任”“责任的界限何在”之类问题，而社会学则只关心自由的现实性是如何在社会中得到维持的，后来自由又是如何在个体或整体中失去它的现实属性的。[②] 我们如果把利益作为伦理学的本体，那它已经超越了经验实证，是理性思辨的结果，这是一种预制性的规定，为后面的划分、解释、整合和伦理推理提供了前提。在伦理学思想史上，这种伦理本体论问题也是通过哲学来解决的，如自然主义、超验主义和理性主义。自然主义从人的自然性来解释人的欲望与伦理合理性，超验主义用宗教神学的非人可及的方式来解释人何以成圣，理性主义则以理性、绝对精神的方式来解释利益。但到目前为止的哲学只有马克思主义哲学才真正看到了利益的人性基础和社会根源，把利益置于社会关系和历史进程中来把握，这样的伦理关系才有了坚实基础，科学的伦理学才成为可能。与此同时，中外哲学史也是伦理思想史的主要“依靠”，当代日益发展的部门哲学如政治哲学、法哲学更是与伦理学紧密相连，甚至有“合而为一”之势，比如有人认为政治哲学就是政治伦理学。

尽管我主张伦理学与道德学的分离，但这只能是“分离”而不是“分家”，二者之间有着某种天然的依存关系，伦理学对道德学知识的依赖是不可避免的。虽然伦理学是研究伦理实体及其关系调节的理论体系，而道德学是研究道德现象及其发生发展的理论体系，是关于道德问题的

---

① 陈嘉映：《说理》，上海：上海文艺出版社 2020 年版，第 38 页。

② 参见〔美〕彼得·L. 伯格、托马斯·卢克曼《现实的社会建构：知识社会学论纲》，吴肃然译，北京：北京大学出版社 2019 年版，第 5 页。

学问，[①] 但道德学是伦理学的前提，伦理学是道德学的社会性延伸。这里涉及的前提性理论问题是道德与伦理为何种关系的问题。我的基本学术判断是，伦理与道德的关系大致经过了一个由“同体”到“互释”再到“分离”的过程。[②] 在“同体”阶段，东西方文化视域中，伦理与道德是同义的，都是指风俗、习惯、品行等；都是对人的行为的规范；都同时体现为人处世的德性。在这些共同性中，风俗习惯是基础，规范是核心，德性是表现，共同构成一个整体，共存于自然习俗之中。在“互释”阶段，伦理与道德可以相互解释，彼此为对方的合法性提供依据。康德主张由道德入伦理，又经伦理超越个体道德，然后走向“共同善”，表现出重道德轻伦理的倾向。黑格尔也是由道德走向伦理，但把伦理视为自由意志发展的最高阶段，表现出重伦理轻道德的倾向。在“分离”阶段，伦理与道德就出现了“相向但各有侧重”的现象，道德侧向于“人性分”，而伦理侧向于“人际分”，由道德入伦理的中介就是“人位分”。“位”就是人的地位与身份，这是一个由自我走向社会的过渡，也为道德向伦理的延伸提供了可能。李泽厚先生提出相反的“路线”，即用伦理解释道德。他首先确证，非常有必要区分伦理与道德，这不但有利于澄清很多说不了的伦理学问题，而且有利于明晰表达对伦理学的认识，即由外而内、由伦理而道德的路线，这条路线也可称为“历史—教育路线”。[③] 其实，李泽厚先生对“伦理”的理解是比较宽泛的。他认为，伦理“指的是人类群体或社会，从狭小的原始人群到今天全人类的公共规范，先后包括了原始的图腾、禁忌、巫术礼仪、迷信律令、宗教教义，一直到后代的法律规范、政治宗教，也包括了各种风俗习惯、常规惯例”。[④] 而道德则“指个体的自觉行为与心理，从自觉意识一直到无意识的直觉。而且道德不能只是‘善念’，而且还须是‘善行’”。[⑤] 在李先生看来，“伦”乃外序，“德”乃内心，

---

① 参见李建华《道德原理——道德学引论》，北京：社会科学文献出版社 2021 年版，第 16 页。

② 参见李建华《伦理与道德的互释及其侧向》，《武汉大学学报》（哲学社会科学版）2020 年第 3 期。

③ 李泽厚：《伦理学纲要续篇》，北京：生活 · 读书 · 新知三联书店 2017 年版，第 333 页。

④ 李泽厚：《伦理学新说述要》，北京：世界图书出版公司 2019 年版，第 25 页。

⑤ 李泽厚：《伦理学新说述要》，北京：世界图书出版公司 2019 年版，第 25~26 页。

伦理指外，道德向内，因而他明确指出，现代伦理学存在“道德泛化”与“伦理窄化”的问题。可问题在于，既然伦理是包括了从原始图腾到现代法律的所有规范，那么如果把道德排除在外，那显然就是说道德不是规范或者不具有规范性，这与他把道德区分为宗教性道德与社会性道德的做法有些矛盾，所以他只能说道德是伦理派生或解释的结构。所以，我特别强调伦理对道德的依赖，由人性（道德）到利益（伦理）的思路是正确的。因为在伦理学眼中，尽管“把道德思考局限在私人生活并提出一些相当独立的原则以确定道德价值和决定，这么做没有任何意义”，[①] 但是，伦理学还是离不开道德的“奠基”，没有“道”，就没有“理”可言，谈何伦理？谈何伦理学？

伦理学对人文科学知识的依赖更具普遍性。伦理学的本真状态是归属人文科学这一大范畴的，这里的人文科学主要指文学、艺术学、历史学、教育学、宗教学等。人文科学的独特之处在于，它关注的中心或其研究的对象主要是人自身，研究关于人的精神、文化、价值、观念的问题；它的价值不在于提供物质财富或实用工具与技术，而是为人类构建一个意义的世界，守护一个精神的家园，使人类的心灵有所安顿、有所皈依。人文科学不仅可以提供关于人的精神领域、心灵世界的有用知识，还可以人文特有的精神赋予经济技术以真善美的意义。人文科学也具有“孤傲”的品格，对人的价值、人的尊严的关怀，对人的精神理想的守护，对精神彼岸世界的不懈追求，使它与社会中居主导地位的政治、经济或科技力量保持一定的距离或独立性，从而形成一种对社会发展进程起校正、平衡、弥补功能的人文精神力量。这样一种具有超越性和理想性的人文精神力量，将有助于保证经济的增长和科技的进步符合人类的要求并造福于人类，而不致异化为人类的对立物来支配奴役人类自身。人文科学是以构建和更新人类文化价值体系，唤起人类的理性与良知，提高人的精神境界，开发人的心性资源，培养人道主义精神并增加人格力量等方式来推动历史发展和人类进步的。可见，伦理学同其他人文科学一道守护人类精神家园，它们紧

---

① 〔澳〕约翰·L. 麦凯：《伦理学：发明对与错》，丁三东译，上海：上海译文出版社 2007 年版，第 238 页。

紧相连在一起。从某种意义上讲，与其说存在伦理学对人文科学的依赖，还不如说这种依赖是对人文科学一体化的还原，其前提是相互作用和相互依存的概念有替代的线性序列或辩证性的解释方式。[①] 并且，我们还可预期的是，伦理内容的文学和艺术表达会成为趋势。通过艺术知识进行伦理教化是非常有效的手段，“美学是未来的伦理学”的良好愿景或许真可以实现。在我国，当艺术学成为一级学科之后，对艺术哲学发展的期待也是日益增加，这也预示着艺术伦理学的发展存在巨大空间。伦理学的历史维度还需要加强，这不仅仅是对伦理思想本身的历史梳理，而且是对历史的伦理学的审视，或是对历史伦理学的产生与发展的审视，这都将是伦理知识新的增长点。这里需要说明的是，伦理学与其他人文科学的交叉产生的新型学科不属于应用伦理学的范畴，因为它们本是“相依为命”的大家族，互相援手就可以产生新知识，这也是伦理学对人文科学的依赖不同于对社会科学的依赖的地方。

伦理学对人文科学知识的依赖主要基于普遍人性的东西，而伦理学对社会科学知识的依赖则是基于特定社会的东西，[②] 其直接后果就是应用伦理学的产生。应用伦理学是研究如何运用伦理道德规范去分析解决具体的、有争议的道德问题的学问。[③] 社会生活本身的道德问题是应用伦理学产生的唯一理由，它与伦理学知识的主动依赖无关。20 世纪六七十年代以来，全球暴露出社会中的很多问题，比如说战争问题、政治革命问题、生命技术问题、科技问题、环境问题、“性革命”问题，这些都是社会生活中的具体问题，它们需要伦理学家做出解释、做出回答，这就是应用伦理学产生的原因所在。伦理学对社会问题的解释当然不是政策性的，而是具有哲学品格的知识。知识作为一种联系世界的特殊方式，其联系世界往往有两个途径，即认知本身及其结果。就认知行为本身而言，通过能够认知的信念对隐藏在认知对象之中的真理的追踪方式与客观的世界联系起来；

---

① 〔瑞士〕让·皮亚杰：《人文科学认识论》，郑文彬译，北京：中央编译出版社 1999 年版，第 61 页。

② 〔瑞士〕让·皮亚杰：《人文科学认识论》，郑文彬译，北京：中央编译出版社 1999 年版，第 1 页。

③ 卢风、肖巍主编《应用伦理学概论》，北京：中国人民大学出版社 2008 年版，第 61 页。

就认知的结果而言，以信念追踪真理所形成的知识已经不仅仅是信念，而是表征为真理。[①] 作为真理的知识，不仅获得了自身具有规范性的某种秩序，而且还通过人们对它的体认、理解，呈现为某种方法，这样就产生现实中的应用伦理学。我们还以伦理学与法学的关联为例，二者的关联可以产生伦理法学与法伦理学，但为何目前只有法伦理学？可能是因为法治生活中出现的伦理问题很多，而伦理中的法律问题的解决相对来说没有那么迫切，加上我们经历了漫长的伦理与法律一致的自然法传统。“自然法学说很明显是伦理学里边的客观主义的一个类似物。实际上自然法将会是一个客观地规定的伦理学的一部分，它特别关注那些法律通常处理的话题，关注法律的执行，关注实定法的制定，它被看作包含了以下规则，只有与它相符合的东西——不论是直接地表达了它的东西，还是以它认可的方式被设定起来的东西——才会被承认、被赞同为法律。”[②] 为何如今政治伦理学会成为热点，因为除了政治与伦理问题一直争论不休外，政治生活中的伦理问题已经迫在眉睫。其实，亚里士多德早就断言，伦理学就是政治学的一部分，与此同时，“如果伦理学是关于在选择和行为中的正确与错误的一般理论，是关于在性情倾向、人际关系和生活方式中那些善的或恶的东西的一般理论，那么，政治的活动、目标和决定，就在伦理学的范围之内”。[③]

四　伦理学知识的合法化

尽管伦理学有多重依赖，但自身一直在学着“自立”，寻求自强，从而获得知识的合法性。知识的合法性问题是法国后现代主义思想家让-弗朗索瓦·利奥塔尔提出的。利奥塔尔认为，知识的合法性与叙事方式有关，只要可以称为“科学”的知识都是叙事发生了冲突，因为如果用科学的标准去衡量，大部分叙事其实都是寓言，但科学是要追求真理而不是沦

① 参见唐代兴《生境伦理的知识论构建》，上海：上海三联书店 2013 年版，第 4~5 页。

② 〔澳〕约翰·L. 麦凯：《伦理学：发明对与错》，丁三东译，上海：上海译文出版社 2007 年版，第 235~236 页。

③ 〔澳〕约翰·L. 麦凯：《伦理学：发明对与错》，丁三东译，上海：上海译文出版社 2007 年版，第 238 页。

落到陈述实用规律的，所以科学就必须使自己的游戏规则合法化，于是就制造出关于自身地位的合法化话语，这种话语就是元话语，也被叫作哲学。[①] 这种元话语往往要借助于精神辩证法、意义阐释学、理性主体的解放、财富的增长、社会的发展、人类的进步等，这就使“现代”的知识获得了某种合法性，这就是我们常说的“元叙事”。但是，随着科学的进步，合法化元叙事机制开始衰落，叙述功能失去了自己的功能装置，叙述性语言被分解为指示性语言、规定性语言、描述性语言等，但这些并不一定能构成稳定的语言组合，即使构成也不具有可交流的性质，[②] 这就使后现代的知识出现合法性危机。就知识本身而言，无论属何种科目和形态，主要有两大功能：研究与传播。研究的功能要以传播为前提，如果传播不了，研究也就成了问题。在现代信息技术和人工智能充分发展的情况下，知识的机器传播已经远远超出了人际传播范围，如果我们的知识不能被转译为信息量，就无法进入传播的渠道。“因此我们可以预料，一切构成知识的东西，如果不能这样转译，就会遭到遗弃，新的研究方向将服从潜在的成果变为机器语言所需的可译性条件。”[③] 就此而言，伦理学资源的挖掘与知识转译任重道远，因为我们许多伦理学知识是“非知识”化形态的。

其实，这只是知识合法化的表层因素，知识合法化与确定知识是否合法的人密切相关，因为“判断真理的权利与判断正义的权利是相互依存的”。[④] 但从目前伦理学的知识状况来看，二者均来自西方。也就是说，中国伦理学知识的合法性的标准目前是西方标准，这也是中国伦理学最大的知识合法化危机。“现代性的普遍倾向是用一个关于条件的话语来定义一个话语的条件”，[⑤] 伦理知识的西方独断论也是这个逻辑：只有西方伦理学

---

① 〔法〕让-弗朗索瓦·利奥塔尔：《后现代状态：关于知识的报告》，车槿山译，南京：南京大学出版社 2011 年版，第 3~4 页。

② 〔法〕让-弗朗索瓦·利奥塔尔：《后现代状态：关于知识的报告》，车槿山译，南京：南京大学出版社 2011 年版，第 5 页。

③ 〔法〕让-弗朗索瓦·利奥塔尔：《后现代状态：关于知识的报告》，车槿山译，南京：南京大学出版社 2011 年版，第 13 页。

④ 〔法〕让-弗朗索瓦·利奥塔尔：《后现代状态：关于知识的报告》，车槿山译，南京：南京大学出版社 2011 年版，第 31 页。

⑤ 〔法〕让-弗朗索瓦·利奥塔尔：《后现代状态：关于知识的报告》，车槿山译，南京：南京大学出版社 2011 年版，第 108 页。

知识是科学的，所以科学的伦理知识只能来自西方。解决伦理学知识合法化的途径只能有一个，那就是重新引进叙事作为知识的有效性途径，同时把叙述主体表现为认知主体。因为，我们在思想文化上的长期闭塞，导致中国伦理学人没有成为伦理学的叙述主体，没有叙述的机会与平台。通过改革开放 40 多年的努力，我们基本上可以在平等互助的前提下，同西方开展伦理学交流，而不是一味地被动译介，跟着别人走。“合法性的标志是共识，规范化的方式是协商。”[①] 没有平等而广泛的交流，就没有忠诚的协商，更谈不上达成共识。因此，从大叙事到共识原则是实现伦理学知识合法化的根本途径。基于文化自信的伦理自信，就应该主动地参与世界伦理学交流，从根本上改变目前伦理学的知识状况。要让中国伦理学知识合法化，可以在知识伦理化、伦理知识化、知识方法化上下功夫。

所谓知识伦理化就是在借鉴相关学科概念、理论、方法时，进行伦理学的限定与解释，使其真正成为伦理学的可用知识。人文社会科学知识的特点就是多义而又通用，知识具有本义和引申义之分，在汉语的文字中甚至还有“通假”现象，如果没有语境和语用的设定，容易引起歧义。比如说“勇敢”，这是心理学、道德学、伦理学都谈论的概念（或者德目、品德）。在心理学上，勇敢意味着性格刚毅、意志坚强，是一种情绪上的冲动；而在道德学上则是一种不顾一切的行为，甚至连牺牲生命也在所不惜；在伦理学上则要追问为谁而勇敢，实施勇敢行为之后的结果如何等问题。如果利用“勇敢”去抢劫，则是违法行为，不但是恶的行为，而且是反伦理的行为。如果“勇敢”不考虑行为能力，做无畏牺牲，虽然具有“善”的价值，但伦理上不值得提倡，这就是为什么在《中小学生守则》中取消“见义勇为”一条的伦理理由。伦理学不但要考虑行为动机的纯洁性，而且要考虑行为后果的有益性，并在考虑利益时使用均衡原则。伦理学不作简单的善恶划分，而是要充分考虑行为的社会价值，维护社会正义秩序，既不鼓励无谓牺牲，也要充分救助不利者。再比如说“诚信”，这是一个道德学概念，而伦理学常用“信用”来代替。因为“诚信”就是诚

① 〔法〕让-弗朗索瓦·利奥塔尔：《后现代状态：关于知识的报告》，车槿山译，南京：南京大学出版社 2011 年版，第 109 页。

实而有信用，它要求人们诚善于心，言行一致，其重点在“诚”。中国古代人讲：“诚者，天之道也；诚之者，人之道也。诚者，不勉而中，不思而得，从容中道，圣人也。诚之者，择善而固执之者也。”（《礼记·中庸》）所以，诚是圣人境界，有了诚，可以自由地择善而事。问题在于，在现代社会中，可能出现“诚”与“信”的断裂，比如“信而不诚”，即尽管还是讲信用，借钱还是还，但就是心不甘、情不愿。这当然不是一种道德上的好的行为，而仅仅是一般的伦理行为而已。“信而不诚”在伦理学上是被容许的行为，也是正当的行为，因为人人讲信用就是社会利益的均衡状态。所以，伦理学常常要求建设社会的信用体系。因为“信信，信也；疑疑，亦信也”（《荀子·非十二子》）。人人相信了可信的，不就是信任吗？这就达到了伦理目的，至于心诚与否，则属道德学所考虑的了。当然，知识的伦理化一定要注意使用限度，要充分解释但也不宜过度解释，必须限定在“合乎伦理”的范畴内。如自由、平等、幸福、正义、和谐、法治、责任、义务、友善、爱国等，这些概念在伦理学上使用时，都必须有伦理学的“所指”或“特指”说明，否则就是“各唱各调”。这样才能避免被其他学科指责为“滥用”或“误用”。

伦理知识化就是要将日常生活中的伦理经验、生活常规、风俗习惯、民间谚语、交往礼仪、政策法规、宗教戒律等转换为伦理学学术语言、学术命题、学术理论，并进行概念化、逻辑化、抽象化处理，使之成为伦理学理论的有机组成部分，使之成为在信息平台上可以自由交流的语言。当前最具现实感和紧迫感的事情是，如何将中国丰富的传统伦理资源转化成现代伦理学知识并进入公共学术交流的平台，这也就是创造性转化问题。这种转化可以从三个方面进行。一是通过内容过滤，将相关内容转化为伦理学内容。如宗教在中外历史上一直存在，伦理的宗教化与宗教的伦理化使伦理与宗教之间形成十分复杂的关系。在宗教教义、教规及活动中蕴含了十分丰富的伦理思想，特别是有些思想家本身就是宗教徒或宗教学家。基督教、伊斯兰教、佛教并称为世界三大宗教。基督教经典有《圣经》，伊斯兰教经典有《古兰经》和圣训，佛教经典有南传佛教的三藏经典、汉传佛教的《大藏经》、藏传佛教的《甘珠尔》和《丹珠尔》。西方也有许多研究宗教的经典，如奥古斯丁的《忏悔录》、阿奎那的《神学大全》、但丁的《神曲》、马丁·路德的《路德三檄文和宗教改革》、帕斯卡尔的《思想录》、洛克的《论宗教宽容》、威廉·詹姆斯的《宗教经验之种种》等。我国是一个多宗教的国家，逐步形成了以佛教、道教、伊斯兰教、天主教、基督教五大宗教为主体，兼有少数其他宗教和多种民间伦理信仰的基本格局。这些信仰包含的伦理有善良伦理、忍让伦理、宽厚伦理、除恶伦理等。我们把这些伦理的因素提炼出来，把它们变成伦理理论的有机部分。二是通过概念提炼，将相关内容转换成伦理学概念。如中国的传统文化中有些具有思想性并用来进行道德教化的作品，如《三字经》《千字文》《增广贤文》等。它们包含的中国的民间伦理信仰，伴随着历代民众的艰苦岁月，度过了漫长时光。数以亿计的民间信仰群体分别以家庭、宗亲、村寨、乡里为根基，世代传承着他们的信仰观念与习俗。这些伦理启蒙读物中有许多身份伦理、教育伦理的概念，但是缺少挖掘与提炼。三是通过命题论证，将相关内容转化为伦理学判断。许多文学经典，如中国的唐诗宋词，甚至包括中国的书画作品、建筑设计，等等，它们都是宝贵文化遗产，其中具有十分丰富的伦理思想。但这些思想“原料”需要进一步提炼与“精加工”，需要更深入的解读。同时，各个时代的思想家、文学家、艺术家们并非孤立的存在，其思想有相互影响且有相通之处。思想家们往往充当了时代精神“代言人”的角色，他们有着共同的伦理期待，在文学作品中提出过许多伦理命题，但这些命题没有被理论化。当然，这里涉及“分立的个人知识”与“社会的完备知识”的关系。这是哈耶克在批判宏观经济时提出的问题，即每个参与市场的人的智慧与知识都是个体性的，而所谓关于宏观经济的整体性知识只能是某种“预设”或“假定”，如果有所谓“完备知识”，那也只能是“经验无知”，因为任何一个人都不可能整体把握市场。那么如何实现个人知识与社会整体知识的对接呢？哈耶克认为，要建立一种基于行动的超越个人的长期稳定的“一般性规则”。[①] 这说明，经由个体伦理的生活经验转化为一般性知识的时候，需要超越知识的“分立性”而趋于知识的“一般性”，这是一种基于确定规则的自发互

① 参见马永翔《心智、知识与道德：哈耶克的道德哲学及其基础研究》，北京：生活·读书·新知三联书店2006年版，第131~133页。

动秩序。

知识伦理化和伦理知识化的结果是形成丰富而科学的伦理知识，但这不足以保证伦理知识的合法性，因为伦理知识遵循的是实践理性，强调行动能力，这就需要把理论知识转化为行动方法，这就是知识方法化。冯契先生曾提出“化理论为德性，化理论为方法”的重大命题。从哲学高度审视，理论与方法之间是体用关系，即理论是体、方法是用。但体用是不可分割的，离开理论的方法和离开方法的理论都是不存在的。但在具体的社会实践中，很多人并不能把掌握的理论化为有效的方法，根本原因就是没有在本质上搞清楚理论与方法间的这种体用关系的本质。“化理论为方法”不是只关注理论是否成为一种形式上的方法，而是关注理论与所化成的方法是否具有一体性、一致性和有效性，这就意味着任何理论都内在地具有方法论功能，伦理学理论也不例外。如果我们从辩证逻辑的角度考察，“化理论为方法”的过程是一个辩证思维推理的过程，“推理”与“推行”是贯穿其中的两个基本环节，都是方法论的一种展开。“推理”是从一个或几个已有判断得出另外一个新判断的思维过程，所以伦理推理就是一种伦理思维。伦理思维可以被认定为一种基于利益均衡的正义思维、和谐思维、实践精神的思维，其特性就是向弱势者利益倾斜。“推行”是对思维结论的落实，虽然是在“思想”中进行的，但毕竟有了具体的行动方案和办法，方案与办法的有机统一就是有效的方法。方法的具体实施则属于“事理学”的范畴，但方法的得出完全是伦理学知识方法化使然，这也是伦理学实践品格所决定的，应用伦理学的发展方兴未艾就证明了这一点。知识的方法论，多数的成分是实践逻辑，而知识作为现代最重要的公共资源，往往受政治的操纵。这是否意味着知识合法化会受到哈贝马斯式的权威构设？目前还不敢断言，但可以确定的是，“一种政治显露出来了，在这种政治中，对正义的向往和对未知的向往受到同样的尊重”。①

① 〔法〕让-弗朗索瓦·利奥塔尔：《后现代状态：关于知识的报告》，车槿山译，南京：南京大学出版社 2011 年版，第 227 页。

第二部分

法则论

提示语：如果要深化对伦理存在论的认识，必须要进入存在是如何可能的、其法则是什么等这一类问题。这类问题属于价值论的大范畴，而伦理学则属于规则性学科，在此我们仅仅对伦理法则问题进行研究。伦理学要完成协调利益关系的使命，就需要有一些基本的法则，这些法则不但有别于其他社会法则，具有自身的特殊性，而且其产生也是一个十分复杂的过程，它在内容上涉及风俗、习惯、宗教、法律、舆论、文化心理等；在载体上涉及道德经典、文化传统、父母、道德榜样、社会团体等；在领域上涉及政治、经济、文化等方面。就现实性而言，伦理法则主要有仁爱法则、公正法则、中道法则与和谐法则，它们形成伦理法则体系的“主架”，也是可以贯通中西方伦理思想的基本共识。伦理法则虽然具有“法”的权威性和主控性，但同样存在“域”的限制，即不同情境下的适应问题。特别是在多元主义时代，伦理法则需要灵活性的考虑，注重规则选择的多种可能性，注重社会暗示的伦理强化功能，注重社会分层对伦理的认同与示范，以提高伦理法则的有效性。与此同时，伦理法则要以人类整体利益为前提，以服务美好生活为根本，强化伦理法则的应用功能。应用伦理之用体现为体与用、该与用、运与用、效与用、教与用五重关系，它们分别涉及本体奠基、价值原则、应用对象、效果评估以及教育教学五个应用伦理的基础问题。应用伦理具有跨学科性，其本体奠基需要以伦理关联的视野将诸事物发展的基本规律纳入考虑范围。应用伦理也并非简单将伦理法则加之于现实问题，而是需要人们在实践活动中运用实践智慧、遵循“反思平衡”的方法，以避免伦理滥用。

第六章　伦理法则的特质*

我们应该看到，伦理学已然呈现出多元综合且偏倚社会科学的趋势，与此同时，社会学、法学、经济学、人类学、政治学等社会科学也越来越关注伦理问题，这是否意味着社会科学具有了人文化、伦理化的趋势？我们无法也不敢断定，但伦理学知识已经突破了人文科学的“围墙”，这是十分明显的。如果说人文科学的本质是研究人的问题，具有跨学科属性，那么伦理学作为人文科学的经典范式，其跨学科特征更加突出。人文科学与社会科学的相通性，不在于都是以人自身及其所构成的各类共同体为对象，而在于人组成的社会与社会中的人有着相同的价值追求和共同的行动法则。这些法则不是黑格尔式的同一性与否定性的辩证“翻转”，而是重复性不断“消磨”差异性的结果。面对社会生活的整体性重复，“我们从中不断地提取出微小的差异、变易和变状（modification）——这便是我们的现代生活”。[①] 但差异的恒久存在又给重复带来了活力，伦理法则作为法则的差异存在，始终只存在于伦理的拟像之中。人类所固有的抽象能力可以使我们从伦理拟像中找到伦理生活的实存，进而使其履行协调社会利益关系、促成社会和谐与稳定的使命，这便是伦理学“化理论为方法，化理论为德性”的具体体现。伦理学要完成协调利益关系的使命，需要有一些基本的法则，这些法则不但有别于其他社会法则，具有自身的特殊性，而且其产生也是一个十分复杂的过程，这还与个体性问题密切相关。

---

* 本章部分内容已经发表于《武汉大学学报》（哲学社会科学版）2023 年第 6 期。

① 〔法〕吉尔·德勒兹：《差异与重复》，安靖、张子岳译，上海：华东师范大学出版社 2021 年版，第 2 页。

一　规范、规制与法则

“规”在中国语境中，主要是指校正圆形的用具，“规者，正圆之器也”，“凡合韵规其字之外以识之”。[①] 可见，“规”首先是一种物理现象，如物理学中就有“规范理论”。“按照规范理论，存在着场变量的变换群（规范变换），这使得量子场的基本物理学定律不变。该条件称为规范不变性，它使理论具有某种对称性，这种对称性支配着它的方程，成为物理‘第一特征’。简言之，在一特殊规范理论中，规范变换群的结构在方法上需要一些限制，使该理论所描述的场能与其他场或基本粒子相互作用。”[②] 变为万物之理，但万变不离其“宗”，“宗”为总则、总目标、规范之意。可见，“规”的本质就是限制性，不能逾越某种界限，以确保变之可测、可控，否则就乱，乱则废，更谈不上成“方圆”。这种物的限制性引申到人伦世界就是社会规范或行为规范。

“规范，又称社会规范（social norm）。一个社会群体诸成员共有的行为规范和标准，规范可以内化，即可以化为个人的意识，因此，即便没有外部奖惩他也会遵从；规范也可因外部的正面裁决或反面的裁决而得到遵守。”[③] 规范是外部强制与自觉遵守双重作用的结果，又称外部规范性的内在规范性的统一。同时，在一般情况下，“规范比价值或理想更具体”，[④] 比如，诚实是一种普通而又普遍的价值，但需要在特定情况下确定各项诚实的标准才能算是规范，如日常生活中的言行一致、商业活动中的诚实交易、政治生活中的实事求是等。对于人们为什么会遵守社会规范的问题，

---

① 夏征农主编《辞海》，上海：上海辞书出版社 2000 年版，第 1743 页。

② 美国不列颠百科全书公司编著《不列颠百科全书》（修订版）第 7 册，中国大百科全书出版社《不列颠百科全书》编辑部编译，北京：中国大百科全书出版社 2007 年版，第 32 页。

③ 美国不列颠百科全书公司编著《不列颠百科全书》（修订版）第 12 册，中国大百科全书出版社《不列颠百科全书》编辑部编译，北京：中国大百科全书出版社 2007 年版，第 237 页。

④ 美国不列颠百科全书公司编著《不列颠百科全书》（修订版）第 12 册，中国大百科全书出版社《不列颠百科全书》编辑部编译，北京：中国大百科全书出版社 2007 年版，第 237 页。

历来存在两种主张。社会学的功能主义学派认为规范反映了一种共同意见，即一个在社会化过程中发展起来的共同的价值体系，而所谓社会化过程，就是每个个人学习他所在群体文化的过程。另一种主张是所谓的冲突论，认为规范是处理不断循环往复出现的社会问题的一种机制。因为社会分层及矛盾或冲突是不可避免的，如何有效地进行治理，必须要有一种机制，这就需要社会一部分人有权力支配另外一部分人，并且通过强制和裁决来维护有权者的规范，这里的规范意味着一部分人对另一部分人的支配与控制。就此而言，规范存在的前提是社会差别（差异）的存在。其实，功能论和冲突论都只看到了社会存在的同一性或者差异性并各执一端，谁也没有说清楚社会成员的共同性和差异性的根源是什么，所以，现实生活中的社会规范也只是统计学意义所确定的标准或社会群体的普通行为、态度或观点。“在这个意义上讲，规范是对实际行为而不是预期行为而言的。”① 但是，规范又是对“应然”的价值预估或前瞻，总是带有某种理想性和趋高性，即大多数人要“做应该做但目前还做不到的事”。因为“规范有助于社会系统的功能发挥作用，而被认为还要发展以适应社会系统所提出的某些‘需要’”。② 这些规范因适应或满足不同的社会需要而具有不同的形态，如经济规范、法律规范、政治规范、伦理规范、宗教规范等。伦理规范是社会伦理要求的一种最普遍的形式，往往表现为双重形态：既是伦理关系的要素，又是伦理意识的形式。行为的规范表现为很多人的同类行为中经常重复出现的、人人必须遵守的一种风俗习惯。因为在任何社会中都存在一定的在经常重复的情况下使人们用同类方式行动的那种客观需要，这种需要就是通过伦理规范来实现的。对于个体而言，伦理规范的力量的基础是大量的伦理榜样、社会舆论等集体习惯，它实际上已经表现出来的是社会意志的其他形式，如纪律与风尚。与此同时，以规范的形式表现出来的伦理要求，又作为相应的规则、戒律反映在伦理意识中，这就

---

① 美国不列颠百科全书公司编著《不列颠百科全书》（修订版）第 12 册，中国大百科全书出版社《不列颠百科全书》编辑部编译，北京：中国大百科全书出版社 2007 年版，第 238 页。

② 美国不列颠百科全书公司编著《不列颠百科全书》（修订版）第 12 册，中国大百科全书出版社《不列颠百科全书》编辑部编译，北京：中国大百科全书出版社 2007 年版，第 237~238 页。

是伦理规范的主观性。伦理规范作为平等地对待一切人的命令通过伦理意识表现出来，而这种命令是人们在各种场合都必须无条件执行的，这就是伦理规范的客观性。当然，伦理规范的普遍性并不是无条件的，必须要有具体的情境，比如《圣经》规定的"十大戒律"中的"不可杀人"，人们在实际伦理生活中就无法毫无例外地运用于一切场合，如在战争状态下就不能遵守。可见，伦理规范需要考虑特定的条件与情境，有时甚至需要内外的强制，以形成一种制度化要求，这就是伦理规制。

"规制"一词源于英文"regulation"，其译名源自日本学者植草益的《微观规制经济学》。20 世纪 70 年代以来，"规制"最先在经济学界、企业管理中被广泛使用，后来又运用于政治学、法学研究中，但具体内涵并没有一致性的规定，而是呈现一种开放性的用法，即"规制"可自我定义，甚至用来替代规范、制约、约束等概念。如果要对规制用法进行归纳，大体上有静态与动态、广义与狭义之分。[①] 静态意义上的规制，就是由某种公权组织制定的规则，所以规制与规则是密不可分的，只不过规制注重规则本身，所关心的主要是由公权组织制定的规则。规制明确各种组织什么可以做、什么不可以做，以及如何做，特别强调规制者与被规制者之间的权利与责任关系。所以，规制本质上侧重于公共事务管理中行为导向与约束，是从公共利益出发针对私人行为的公共行政政策。而从动态上讲，规制更多的是指有规定的管理或者有法规的制约，[②] 侧重于过程管理中的规范性，如在经济学领域，无论是规制分析学派还是规制实证分析学派，都认为规制是指政府运用政治强制力对特定产业的产品定价、产业进入与退出、投资决策、危害社会环境与安全等行为进行的干预活动，其目的是调节政府、生产者与消费者之间的利益关系。[③] 动态性规制往往是针对目标进行刚性的约束，并力争控制过程与控制结果的大体一致。

规制也有狭义与广义之分。狭义的规制往往被理解为就是正式的规制，即由公共权力组织按照一定的正式程序制定的政策法则和契约，主要

① 丁瑞莲：《金融发展的伦理规制》，北京：中国金融出版社 2010 年版，第 33 页。

② 〔日〕植草益：《微观规制经济学》，朱绍文等译，北京：中国发展出版社 1992 年版，第 304 页。

③ 丁瑞莲：《金融发展的伦理规制》，北京：中国金融出版社 2010 年版，第 33~34 页。

形式就是法律、法规和公共政策等。而“广义的规制除了国家正式制定的正式规制外，还包括由社会认可的非正式规制”。[①] 非正式规制往往是人们在长期的社会交往中无意识形成的但对人们同样具有约束力的规制，如风俗习惯、宗教信仰等。可见，狭义规制强调的是强制性和外在性，特别是过程管理与约束；而广义的规制更加看重规制的自然性与真实效果，而不注重规制手段的强制性。伦理规制有一个从非正式规制向正式规制转化或提升的过程，换言之，伦理规制是正式规制与非正式规制的统一，这也是伦理规制与道德规制的区别。道德规制是非正式的规制，对人类行为具有某种潜在的约束力，但“由于一代人的道德习惯不能成为下一代的本能，持续的控制是必要的”。[②] 这种控制的持续需要人为的干预才能实现，需要有正式制度的“坚持”。尽管人类对某种秩序具有天然的适应性品质，并且世世代代的社会风化可以让人对既定秩序持有足够的信心，甚至这种秩序可以掩盖许多社会丑恶，但“我们今天所需要的正义的丰硕成果必须在人工制造的土壤上长成”。[③] 特别是在人类利益关系日益复杂化的今天，要实现社会正义的基本目标，伦理规制的正式性成分越来越多，甚至伦理规制成为了社会控制的主要手段，或独立实施，或潜隐于其他方式之中。当伦理规制成为正式规制时，就具有了法则的意味。

“法则”在汉语中具有法度（《荀子·王制》：“本正教、正法则”）、方法与准则（《素问·八正神明论》：“黄帝问曰：用针之服，必有法则焉”）、表率（《荀子·非相》：“故君子……度己以绳，故足以为天下法则矣”）、效法（《史记·周本纪》：“［后稷］及为成人，遂好耕农，相地之宜，宜谷者稼穑焉。民皆法则之”）等含义。[④] 法则虽然具有多义性，但其精神内核是法度与准则，伦理法则则是超越于一切个人主观意志的普遍的、理性的公共法则，可见，法则是对规则与规制的进一步普遍化、客观化和制度化。康德在区分“道德”与“伦理”的基础上认为，伦理学也是

① 丁瑞莲：《金融发展的伦理规制》，北京：中国金融出版社 2010 年版，第 34 页。

② 〔美〕E. A. 罗斯：《社会控制》，秦志勇、毛永政译，北京：华夏出版社 1989 年版，第 46 页。

③ 〔美〕E. A. 罗斯：《社会控制》，秦志勇、毛永政译，北京：华夏出版社 1989 年版，第 46 页。

④ 夏征农主编《辞海》，上海：上海辞书出版社 2000 年版，第 1078 页。

具有“科学性”的，同样受某种因果性的支配，只不过与自然科学不同的是伦理学追求自由因果律而非自然因果律。康德在此基础上还区分了外在行动的自由与内在意愿（意志）的自由，于是伦理法则作为自由的法则又区分为作为外在自由立法的“法权论”与作为内在自由立法的“德性论”。[①]所以，伦理法则区别于自然法则，也不同于道德规则，伦理学不为行动立法，仅仅是行动的法则。这里，康德在一种“大伦理学”的视野中，强调了伦理对于道德的“先在”性，强调了伦理法则的“法理”意蕴。黑格尔则是从法过渡到道德，再由道德过渡到伦理，进而认为伦理是法权与道德的统一，是客观精神与主观精神的统一。在抽象法中，意志的定在是外在的东西，但“意志的定在是在意志本身即某种内在的东西中”，[②] 意志对它自身来说必须是主观的，通过这种对自身关系的肯定而导向道德。但作为主观存在的道德其基本形态为善与良心，道德仅仅是作为纯粹抽象的原则。道德虽然作为原则与善和良心是抽象统一的，但作为现实规定必须具有普遍性和客观性，并上升为一个整体，这样就会成为具体同一及二者的真理，这就是伦理，这就克服了抽象法与道德的片面性，伦理法则就是“自在自为地存在的规章制度”。[③] 依据传统伦理学的思路，伦理无疑是对某种公共秩序的服从，并将公共秩序视为个体自由的条件和行为法则。在特定的伦理共同体中，每个人要获得自由，必须具备相应的理性条件，这就是为人的行为确立具有普遍性的、具有约束性的行为规范。[④] 所以伦理法则有两个核心要素：利益与理性。因为伦理的实质就是用理性来规范和调节人的利益行为，从而使行为具有社会正义性。伦理学的宗旨就是实现社会各方利益的大体均衡，如个人与社会、群体与群体、国家与社会、国家与国家、国家与人类，都需要利益的均衡。如果说伦理的真理性就在于能够将各利益主体的普遍利益协调起来，那么伦理法则就是对实现这一过程进行的“规制”。也正是在此意义上，我们可以说，如果没有伦理法则，

---

① 邓安庆：《再论康德关于伦理与道德的区分及其意义》，《北京大学学报》（哲学社会科学版）2019 年第 5 期。

② 〔德〕黑格尔：《法哲学原理》，范扬、张企泰译，北京：商务印书馆 1982 年版，第 109 页。

③ 〔德〕黑格尔：《法哲学原理》，范扬、张企泰译，北京：商务印书馆 1982 年版，第 164 页。

④ 韩喜平、王立新：《可持续生存：当代经济伦理的至上性法则》，《南京师大学报》（社会科学版）2017 年第 1 期。

那么个体的利益就不具有真理性和正义性了。但我们必须明确的是，伦理法则不是个体的行动法则，而是共同体社会的整体性法则，如仁爱法则、公正法则、中道法则、和谐法则。个体行动法则是以自由、平等为前提，而整体行动法则是以人类根本利益为前提。齐美尔的生命哲学，提出了用个体法则替代伦理法则的主张，认为只有回到生命自身，才能超越个体与社会的对立，在个体的一次次抉择中让应该的生命重新统一于生命之流。[①] 生命哲学认为，“当作为伦理的应该是我们自己的生命时，我们在伦理领域就拥有了普遍法则视域中缺失的创造性”，“伦理的行为不再是对固定法则的遵循，而变成了对于应该生命的无限可能的表达”。[②] 生命哲学尽管对伦理法则统一性的寻求在个体法则里得到了实现，但个体主义的伦理立场仅仅是对人类个体的关注，并没有跳出自由主义的传统，而真正意义上的伦理法则是基于人类整体利益的，或者说，伦理法则一定是“人类伦理”精神的体现，有别于其他社会法则。

二 伦理法则的特性

如果说人的本质是社会关系的总和，那么社会关系的本质是利益关系及调节该关系的规则体系，其要旨在于保证人的自由发展并使社会生活秩序化。几乎全部的社会规则均可视为对自由与秩序的调适与平衡，伦理法则作为社会规则体系中的特殊形式，在这种调适与平衡中更加有效，因为它具有“软硬兼施”的特性，甚至可以说是介于道德法则与法律法规之间的存在状态。道德法则可能见之于文字与文案，也隐匿于人的心灵世界，所规范的道德秩序就是人的心灵秩序。法律法规则是国家意志的体现，见之于各种成文法，并有相应的司法、执法机构加以实施。伦理法则是兼有二者属性但又不同于二者的特殊法则。

伦理法则具有“法”的意味。“法”在我们已有的观念中大体有两种觉识：一种是狭义化的法，另一种是广谱化的法。前者在强调法的价值、

① 潘利侠：《生命与伦理：齐美尔生命哲学基础上的个体法则》，《社会》2020年第2期。
② 潘利侠：《生命与伦理：齐美尔生命哲学基础上的个体法则》，《社会》2020年第2期。

意涵、结构、功能时，夸大人为特征和独立性，后者强调法是一种普遍表现着的宇宙现象，与解释者没有直接关联。[①] 格劳秀斯在《战争与和平法》中认为，对“法权”问题有三种回答：正当、人身属性与法。正当就是使理性的人与自然社会一致；人身属性是指人的道德属性，人可以正当地拥有某个东西或做某件事；法是指约束我们去做正直的道德行为的规范。[②] 可见，法的实质就是一种行动约束力以及由此而获得的某种权益。伦理法则的“法”应该是广谱化意义上的，是一种约束性规范，在现代社会有自然法、习惯法、成文法三个可解释的维度。

自然法是一种自在法（非人定法），通常会被宽泛地理解为一种“抱持道德之客观标准的理论”，但它的确切含义“指的是一种‘基于自然而存在’且‘基于自然而被认识’的约束着所有的道德法则”。[③] 自然法则被认为是客观和普遍的，它独立于人类的理解，也独立于特定国家、政治秩序、立法机构或整个社会的制定法而存在，是“先于”人类生活的某种设定法则。当然这只是人类认知习惯而已，自然法则应该是与人类生活与进化同步的，只是少些“人为”的努力罢了，或者说它不是人的“意志”努力的结果，而是人的“情感”的自然流动。可见，伦理法则如果是自然法的“自在”体现，那么它就是人类的基础性生命法则，如生死法则、食欲法则、性欲法则、冷暖法则。任何伦理都蕴含其中，可以超越，但无法去除，这也是伦理之所以成为一种法则的前提。“一个行动的伦理品质所涉及的是，应当做出的道德行动与立法之间的一致性；它只有是其所当为，在此范围内，它自然地就不是被决定的，由此也不是必然的，而是自由的。”[④] 也就是说，如果把伦理法则置身于自然法的范围，就意味着受制约者基本上感受不到制约，相反一切都是“自然而然”，而非强制使然。这是伦理法则的优势，也是其短板。因为就人的本性而言，受自然欲望的

① 江山：《法的自然精神导论》，北京：法律出版社 1997 年版，第 6 页。

② 参见李猛《自然社会：自然法与现代道德世界的形成》，北京：生活·读书·新知三联书店 2015 年版，第 229~230 页。

③ 吴彦、杨天江主编《自然法：古今之变》，上海：华东师范大学出版社 2018 年版，第 3 页。

④ 〔意〕乔万尼·詹蒂利：《社会的起源与结构》，邬蕾译，北京：商务印书馆 2022 年版，第 5 页。

驱动，人是需要有外在强制的，即人的道德自律并非可以完全让人在欲望面前绝对放心的。在这个意义上讲，伦理法则是忠实于人之“体”[①]、人之本心的，但也得有习惯性的外在约束。

习惯法是独立于国家制定法之外，依据某种社会权威和社会组织，具有一定强制性的行为规范的总和。它既非纯粹的道德规范，也不是完全的法律规范，而是介于道德与法律之间的准规范，既有人为的因素，也有非人为因素。习惯法作为一类社会规范，不仅在中国有深厚的渊源，而且在世界各地也广泛存在。在现代法律体系中，习惯法已经在社会生活中不再起主导作用，甚至连潜移默化的浸润作用也大大减弱了。但是，习惯法仍然在一个国家的规则体系中扮演着不可或缺的角色，它可以集中体现社会的伦理总则，如正义法则；也可以分层进入社会生活中的各领域并体现为伦理分则，如经济正义、政治正义、司法正义等。所以，作为习惯法的伦理法则往往是通过行动法则限制人在社会生活中的行为，通过轻度限制来实现社会生活的良序化。社会生活的基本事实就是：“人首先要做的事情是，让自由服从于具有统一功能的法则；因为，否则的话，人的行为举止会陷入混乱。”[②] 事实上的“必须如此”而非源于理论论证的“应当如此”，就是伦理法则作为习惯性法则存在的意义。这是人类生活所呈现的诸“相”之多有矛盾或冲突，迫使我们做出各种选择，选择就意味着“有所为而有所不为”，伦理法则仅仅是提供了一种选择的可能，但是必要的可能。

问题在于，“习惯地遵守一种习惯，尽管还伴之以坚信这种习惯具有法律上的拘束的性质，但仍不足以使习惯变成法律”。[③] 只有立法者的认可和批准才能使习惯具有法律的尊严，所以需要制定成文法。成文法也叫实在法或人定法，主要是指国家机关根据法定程序制定发布的具体系统的法律文件，是以规范性文件的形式表现出来的法。我国的宪法、普通法律、

---

① 这里的分析借用了江山教授将世界分为“体、相、用”三界的观点，参见江山《法的自然精神导论》，北京：法律出版社 1997 年版，第 8~12 页。

② 〔德〕沃尔夫冈·凯尔斯汀：《良好的自由秩序：康德的法哲学与国家哲学》，汤沛丰译，北京：商务印书馆 2020 年版，第 124 页。

③ 〔美〕埃德加·博登海默：《法理学——法律哲学和方法》，张智仁译，上海：上海人民出版社 1992 年版，第 426 页。

行政法规、规章、地方性法规都是成文法。成文法的最大特点是普遍适应性，而伦理法则尽管基本上没有“成文”，但也具有维护一般正义的特点，在这个意义上讲伦理法则是具有普遍适应性的非成文法。与此同时，成文法过多注重事物的一般性和普遍性，而对更加丰富、更加复杂的社会生活的特殊性无法统摄或替代，常常造成僵化的成文法与鲜活的现实生活的矛盾，在司法适应中出现不周延、模糊、滞后等缺陷。在这种情况下，伦理法则往往能发挥独特的作用，尽量实现情、理、法的有机统一。成文法仅仅是部分人域关系的规则，如财产关系、人身关系的规则，所以，它不是关于人之存在的完整法则，“最好也只是解释者之间的某些行为和部分秩序的规则”。[①] 伦理法则在“用”上作为显体，可以调和社会行动的非线性、多维性和复杂性关系。“用”是“体”变与“相”变的结果，也是“体”“相”互养、互助，甚至同构的过程，是对“体”“相”的超越，伦理法则的“法意”更加凸显。这也是当今世界最严厉的法律也不得不考虑伦理因素（自然法传统与习惯法要求）的重要原因。

伦理法则具有“域”的界限。伦理法则虽然具有较强的“法意”，但不是抽象空洞的规则，更不是冷冰冰的教条，适用才是它的生命力之所在。适用就必须考虑其“域”的问题，即适用于什么领域才是有效的。如果我们对人伦世界做初步分层，伦理法则的适用可以分为人域、际域和境域三种情况。人域是人的存在（领域）世界，包括人的自然世界和人化世界；际域是人伦交往世界或关系世界；境域是人类生活的特殊状态或特殊境遇。伦理法则于不同“域”内其具体要求和作用机理是有所不同的，这也是伦理法则的重要特性。

人的存在构成人的世界本身，人的领域及人化的领域都是伦理存在的“家”。这是一体化的存在，一体化的背后就是统一的行动规则。就人类自身存在及其意义来说，所遵循的基本法则就是生存法则，“生存”在个体层面是“活着”，在群体意义上是“一起活着”并要过“好生活”。就人化的世界及其边界来说，所遵循的基本法则就是限制法则，即人对其外部世界的改造、占有和人化都是有限度的，人类自身要有节制。二者之结合

① 江山：《法的自然精神导论》，北京：法律出版社 1997 年版，第 7 页。

其实就是生存论与发展论之间的伦理平衡。马克思认为："人是类存在物，不仅因为人在实践上和理论上都把类——他自身的类以及其他物的类——当做自己的对象；而且因为——这只是同一种事物的另一种说法——人把自身当做现有的、有生命的类来对待，因为人把自身当做普遍的因而也是自由的存在物来对待。"① 当人类把自己当作现有生命来对待的时候必须满足生存的需要，这是首要法则，也是最大的伦理。当人类把自己当作自由存在物的时候，满足发展需要就是重要法则，但发展反过来如果危及人类生存的时候，节制（"类节制"）就上升为伦理法则，这样才能实现人类生存和可持续发展。在此，伦理法则看似是"钟摆"，其实是以既有刚性又有柔性的规则"发条"来高效调适与平衡人类的伦理关系，这是"人类伦理"的整体要求。

但是，人类的整体性活力源自个体与群体的互动与互助，姑且称之为人的际域，包括了个体与个体、个体与群体、群体与群体之间的交际，其间发生的伦理可以称为"社会伦理"。人与人的关系是通过交往、交换来实现的，其前提是当"我"的活动能量无法自足时，必须要借助于他者（外界）的能势。当彼此的能势发生"共振"时就会人人获益并且提高社会整体能势，这就是"人人为我，我为人人"的伦理境界。作为社会关系场域的参与者都是以特定身份"出场"的，身份本身就是权利、义务、责任的标志，如男人、女人、父亲、儿子、教师、医生、政府、企业、社区等，无论个体还是群体只要参与到人的际域中来，就有了特定的行为规范与行动法则。父慈子孝、教书育人、治病救人、公平交易，这些都是社会赋予特定身份的，是对"人类伦理"法则的具体化，这就是社会共同体伦理。"共同体伦理'拥有'所有个体，每一个体也拥有共同体伦理。在上古社会或传统社会，共同体伦理以本身的支配力被人们接受，而在国家社会中，它只能以偶然或不均等的方式表现出来。"②际域中的共同体伦理最核心的问题是如何处理个人利益与社会整体利益的关系，由此形成了个人主义与整体（集体）主义两种伦理法则的长期争执与较量。在学理上也许

① 《马克思恩格斯文集》第1卷，北京：人民出版社2009年版，第161页。

② 〔法〕埃德加·莫兰：《伦理》，于硕译，上海：学林出版社2017年版，第219页。

我们可以证明个人与社会是不可分的，但在具体的利益分配中二者难免出现矛盾与冲突，这就需要有超越于二者的伦理法则来均衡，这就是公民责任法则，即公民对自我与社会（共同体）均有维护其利益并优先保证社会整体利益的责任。“一个高度复杂的社会不仅难过‘公正之法’，还应通过其公民的责任/互助、智慧、创新和良知来保证其和谐。”①

即使在共同体中，社会生活也不是“铁板一块”，特别是由于生存（生活）环境的改变，有时甚至是非常态的变化，人们会遇到一些意想不到的情况，产生特殊的伦理境遇，即伦理两难问题，如我们常说的“电车难题”、战争状态下的“忠孝两难全”、柯尔伯格所描述的“海因兹偷药”等。在这些特殊的伦理境遇中很难有普遍适应的伦理法则，只能靠人类理性做出相对合理的选择，这叫“非常伦理”。至于何为合理，也只能是后果论意义上的择其大义（或大利）而为之了。伦理生活一旦进入境遇状态，伦理法则的普遍适应性就容易遇到障碍，如诚实守信，这是际域中的伦理通则，但对待商业间谍就必须保守商业秘密。商店营业员需要百问不厌，但保密局的工作人员就需要守口如瓶。伦理生活的普遍性与特殊性决定了伦理法则落实的原则性和灵活性，伦理域不同，其法则适应性也不尽相同。但是，我们应该强调的是，不能因为伦理境遇特殊甚至是遇到两难境遇，就视伦理法则是完全相对性的存在，甚至视之为完全可以“为我所用”的借口和避免道德谴责的“挡箭牌”。相反，伦理法则的价值承载和普遍适应是不可动摇的，伦理相对主义只能造成伦理生活的混乱和整体社会生活的无序。

总之，理解伦理法则的特殊性离不开“法”与“域”。“法”的视角不但使伦理法则大体分为伦理规范和伦理规制，而且也使其区别于一般性的道德法则，同时也使其明确定位于道德法则与法律法规之间，既体现了社会法则的一般性，也体现了伦理法则的特殊性。与此同时，伦理法则“域”的视角充分考虑了伦理法则的适用范围、边界和有效性，也许这种“域”的划分只有相对性，甚至还有“人为”的嫌疑，但我们可以姑且把它当作人类认知的某种惯性而加以理解。当然，要全面理解伦理法则的特性，需要进入其生成机制的层面。

---

① 〔法〕埃德加·莫兰：《伦理》，于硕译，上海：学林出版社 2017 年版，第 219 页。

三　伦理法则的生成

伦理法则的生成是一个十分复杂的理论问题，甚至是无法用语言精准描述的文化现象。它在内容上涉及风俗、习惯、宗教、法律、舆论、文化心理等；在载体上涉及道德经典、文化传统、父母、道德榜样、社会团体等；在领域上涉及政治、经济、文化等方面。所以，我们只能择伦理法则生成的关键条件与主要路径简述之，使其在时间与空间上清晰，尽管我们在此领域一直都很模糊。

美国社会学家E. A. 罗斯在《社会控制》一书中，用三章的篇幅来论述伦理法则的起源与维持，给伦理学诸多启示。罗斯认为，伦理法则不属于个人所有，而是社会意识的产物，意识在人们的相互交往过程中逐渐沉淀为一种有代表性的，即一般的观念。“每一种伦理法则都是意见一致的表现，是社会中各种庞杂见解的会合。”[①] 在这种会合过程中，当然少不了个人贡献的社会见解，但个人思想观念的形成和道德品质的提高并非个人本性的改造，而是受了先于个体存在的伦理法则的影响，或者说，伦理法则是高于个体观念和道德水平的。正因为伦理法则是“众意”交汇的结果，其起源同风俗和信仰的起源一样，是一个观念的优胜劣汰的过程，人类道德的发展也要归功于最能适应“应有秩序”的社会生活法则。可见，伦理法则的生成首先与人类的生存竞争及其价值观念有关。

这是一种非常有意思的观点，因为我们通常认为人类价值观念特别是终极性观念是永恒的，尽管其内容会随时代的变化而有所不同。但我们的这种看法忽视了这种终极价值是如何形成的。终极价值之所以是终极的并最终可以普遍化，如自由、平等、正义等，是因为经过了无数次的优胜劣汰，伦理法则也是如此。人类最基本的法则是生存法则。人类会根据自身的需要不断调适自己，以适应生存环境（主要是气候环境），当人类还无力改造环境的时候只有适应。所以，生存法则应该是人类在适应环境过

---

① 〔美〕E. A. 罗斯：《社会控制》，秦志勇、毛永政译，北京：华夏出版社1989年版，第262页。

程中形成的第一（基础）法则，没有生存，其他无从谈起。人类不仅要“活着”，而且要有意义地生活（好生活），于是开始了对人类自身的淘汰，随着生产工具的不断优化，个人行为就开始适应群体行为模式，否则就会遭淘汰。这种行为模式往往是以某种“标准”和“准则”的形式出现，如制造工具、武器的标准方式，耕种和饲养的标准模式，两性交往的标准方法，等等，“这对一切要求取得权威的现象都是适合的，我们可以称之为文化法则”。[①] 这些文化法则不但指导着真实生活和风俗演变的“标准化”，同时也带来了文化信仰的普遍化，如关于梦境、死亡、灵魂、疾病、气候、黑暗、运气、鬼神等的观念，人们越来越相信这些观念也是真实存在的，由此产生了普遍的信仰，并且获得了巨大的社会规范力量。

生存法则到文化法则的形成也许是“族群内”现象，这些文化法则一旦获得规范秩序的成功，可能就会在风俗习惯中稳定下来，不再需要竞争。但是，当族群之间开始了生死竞争，文化法则的优胜劣汰会重新开始，其结果是，一方面可能达成更加广泛的价值共识而形成文化法则，因为“代表人类进步的巨大进步力量之一是各民族之间的相互交流的加强，这些民族一直独立从事文明的建设。交流的扩大又一次带来了健康的生存竞争的过程，它保证了文化法则的全面进步”。[②] 另一方面，不同文化法则之间的对立与冲突，其结果具有复杂性，不是成熟的、文明程度高的文化一定会战胜不成熟的、文明程度不高的文化，文化之间的竞争与物质之间的竞争，其结果不一定是相同的。人类至今为止，对于不同族群之间的文化法则是如何替代和交融的问题，始终没有令人满意的一致性答案，其原因就在于文化的演变规律与物质的演变规律不同，难以直观地、可计量地、从概率上把握。那么，文化法则演变的神秘之处究竟在哪？罗斯认为，这种神秘源于人们在通过语言进行文化交流时的“隔膜自制”，即人们在交流时总会有所保留，交谈包含了一种容忍的意志，一个人只能部分

① 〔美〕E. A. 罗斯：《社会控制》，秦志勇、毛永政译，北京：华夏出版社 1989 年版，第 260 页。

② 〔美〕E. A. 罗斯：《社会控制》，秦志勇、毛永政译，北京：华夏出版社 1989 年版，第 261 页。

地传达自己的思想,[①] 这要么出于畏惧，要么出于心计。所以，伦理法则与一般的文化法则不同，它不能依赖于个体“意见”或“内心在想什么”，它只有在公共交谈中达成的价值共识的基础上才能形成，并且这种共识数量不多，个体成见一定多于群体共识，而共识是择优的结果。伦理法则是从群体需要中发展起来的，但我们也不要轻率地认为群体需要就是纯粹的精神性需要，“在社会意识中取得胜利的观念由于对所共有的生理要求的卑下的顺从才被稳定地保持下来”。[②] 伦理法则的生成与持续往往基于人世间的“烟火味”，它无法动摇个人的物质化观念，也不能完全从肉体中解脱出来。也正是基于生存法则，人们开始拒绝一些陈旧的生产方式，拒绝信任一些愚蠢的信仰，拒绝一些不吉利的规章。这样“群体中的每一法则都能够影响群体意识选择的趋向并借助于它的优势改进群体的伦理机制”[③]，使伦理法则在各种文化法则中凸显出来。

我们强调伦理法则从自然法则（生存法则）到文化法则的跃迁，并不意味着它一定能同步带动社会道德水平的提高，更无法证明共同体的优秀道德遗产一定是伦理法则带来的。伦理法则有时就像艺术与科学一样，是由一些天才人物（主要是思想家）发现的、倡导的。“社会伦理的最起始是由于民族演化的结果，但在其发展的较后即较高的阶段上则要求创造性的天才。”[④] 比如，假设没有洛克、卢梭、霍布斯、伯林等思想家的思想创造，就不可能有自由的伦理法则，尽管人的天性就是追求自由。许多思想家有一种启蒙精神，这种精神启蒙会唤醒和感化许多人。社会伦理精神的首要法则也许是在共同体（联合体）中产生的，但丝毫不能排除个体的作用，相反，“许多伦理法则在出现的开始都经受了‘伟大人物’的影响”。[⑤] 如古希

① 〔美〕E. A. 罗斯：《社会控制》，秦志勇、毛永政译，北京：华夏出版社 1989 年版，第 263 页。

② 〔美〕E. A. 罗斯：《社会控制》，秦志勇、毛永政译，北京：华夏出版社 1989 年版，第 268 页。

③ 〔美〕E. A. 罗斯：《社会控制》，秦志勇、毛永政译，北京：华夏出版社 1989 年版，第 266 页。

④ 〔美〕E. A. 罗斯：《社会控制》，秦志勇、毛永政译，北京：华夏出版社 1989 年版，第 269 页。

⑤ 〔美〕E. A. 罗斯：《社会控制》，秦志勇、毛永政译，北京：华夏出版社 1989 年版，第 274 页。

腊时期毕达哥拉斯提出了节欲和胆识的观念，可能由此才有了影响整个西方伦理思想进路的古希腊“四主德”（智慧、勇敢、节制、正义）。中国思想家孔子创造了以“仁”为核心的儒家伦理思想体系，成为影响中国两千多年社会发展的伦理法则。当然，对于伦理法则产生的个体力量不能局限于一些天才式的思想家，还有践行伦理法则的“英雄人物”、履行教育责任的父母、自觉遵守伦理法则的各种社会团体等。[①] 社会上的“英雄人物”对社会伦理秩序有特定的感受，具有自我控制能力，往往在遵守伦理法则上更具有示范性。父母的影响也是伦理法则得以生存的重要力量，因为父母的影响多数情况下是鼓舞性的，并且多数情况下是以社会较高的伦理法则而非自己本身的道德水准来要求孩子，父母用伦理教育孩子总是比教育自己多。各种社团组织从职业利益出发，坚守职业伦理法则，也是社会传播伦理法则的重要力量之一。军人的英勇报国、教师的教书育人、医生的救死扶伤、官员的以民为本、商人的公平交易等，都是职业伦理法则。职业伦理的天然性决定了从业人员对此遵守的应当性，这种职业人员的无形教化和潜在影响，是伦理法则得以存在发展的力量。

罗斯认为，社会伦理法则的生成大体上需要五个基本因素：交流、共识、共同体、文学艺术等依托、传统。[②] 较高层次的伦理法则首先是通过内部交流并被选择之后才得以流行的，这种交流具有内部性和长久性。通过交流然后才能达成共识，人们不可能将相互不认可的行为规范视为伦理法则。这种共识的形成一定是限定在某一共同体内，一个共同体难以接受另外一个共同体的伦理观念，特别是在没有任何交流与沟通的条件下。一定的民俗、宗教、艺术、哲学等观念和理论也有助于将伦理法则保持并固定下来，特别是民俗与宗教是伦理法则的重要载体。因为伦理法则只有进入传统的轨道并进行有效的代际影响才有真实意义，伦理精神才得以真正地传承。当然，罗斯主要侧重于从社会控制层面来探讨伦理法则的生成与维持，或者说把伦理法则视为社会控制的手段之一从而审视其生成规律，

---

① 参见〔美〕E. A. 罗斯《社会控制》，秦志勇、毛永政译，北京：华夏出版社 1989 年版，第 278~280 页。

② 参见〔美〕E. A. 罗斯《社会控制》，秦志勇、毛永政译，北京：华夏出版社 1989 年版，第 266~267 页。

这仅仅是一种社会学的描述。如果考虑伦理法则生成的动力机制，我们不得不进入伦理法则生成的心理之路。

托马斯·内格尔视伦理学为心理学的一个分支，认为人类行为最终的动机是伦理学的初始基础，这种动机必须是符合理性要求的。“我相信可以找到对于伦理学的基本原则的一种说明（explanation），尽管它不是一种证成。一种令人满意的说明必须说明与对于行动的要求相宜的动机效力。”① 但是，关于伦理法则与道德动机之关系，历来存在“外在论”与“内在论”之争。“内在论是这样一种观点：道德地行动的动机的出现是由伦理命题本身的真值来保证的，”而“外在论坚持认为，必然的动机并不是由伦理原则和判断本身提供的，而且，为了激发我们遵守这些原则，一种附加的心理约束是必要的”。② 其实，无论外在论还是内在论，它们仅仅是伦理法则与道德动机之间的优先性问题，都注意到了心理因素对于伦理法则的影响。对于内在论而言，所注重的不应仅仅是同情、态度、自我感受等，而应该是一个完整的心理结构。这种心理结构不是个体意义上的，而是一种共同体意识层面的社会心理结构。社会心理的本质在于，“它是社会意识的一种特殊形式，是社会存在在人们情感、情绪、意志、性格、风尚、习惯等方面的反映”。③ 社会心理结构一般由社会文化心理、社会价值体系与社会思维方式等要素组成。社会文化心理是共同体生活长期“积淀”的结果，社会价值体系是历史传承与意识形态倡导的结果，而社会思维方式则是在社会规范体系倡导下的心理定式，三者均表现出一种规范性特征。如果说个体心理结构承载着人的道德法则，如羞耻感、义务感、荣誉感、幸福感等，那么社会心理结构就是社会伦理法则的“基座”，如公平感、正义感、是非感、爱国感等。这些伦理情感本身就是社会伦理法则的内在支撑或潜隐形式。罗尔斯在《正义论》中认为，正义感与一个秩序良好的社会的基本政治制度是相辅相成的，“一个组织良好的社会也是一

① 〔美〕托马斯·内格尔：《利他主义的可能性》，应奇、何松旭、张曦译，上海：上海译文出版社 2015 年版，第 5~6 页。

② 〔美〕托马斯·内格尔：《利他主义的可能性》，应奇、何松旭、张曦译，上海：上海译文出版社 2015 年版，第 7 页。

③ 李建华：《道德的社会心理维度》，长沙：湖南教育出版社 2011 年版，第 4~5 页。

个由它的公开的正义观念来调节的社会。这个事实意味着它的成员们有一种按照正义原则的要求行动的强烈的通常有效的欲望”。① 并且当制度正义时，人们更容易在这种制度中获得正义感，具有更加维护这种正义制度的欲望，正义感越强烈越能战胜不公正，更有助于正义制度的稳定性。这充分说明了伦理情感与伦理法则的不可分割性，甚至可以说人类的伦理情感是个体性的道德情感“集体无意识”、化的结果，这是伦理法则生存与持续的心理前提。

四 个体性与伦理法则

以上对伦理法则生成的探讨，其实仅仅是一种社会学或人类学、心理学意义上的描述，并未触及其自身的生成机理。当有人提出“伦理法则”是由谁制定的问题时，他可能会陷入一种理论悖论：如果是他制定了伦理法则，肯定是他喜欢这个法则，这个法则肯定也是制约他的，那么这个法则的权威性到底是源自他还是源自法则本身？如果他对法则具有权威性，那法则又怎能对他具有权威呢？只有一种可能，那就是他可以随意修改并制定仅仅对他有利（抑或不受约束）的法则，恰恰是这样的法则有悖伦理的初衷，这就涉及伦理法则与个体性的问题。因为“只有当一群互不相关的个体变成一个群体，并且支持群体的存续成为个体义务时，才产生了超越诸个体的规范”。② 反过来，社会规范又把个体变成人格体，而人格体必须在他自由空间之外为群体履行某种“当为”的义务，正是这种义务维持群体的存续。只要群体是存续的，社会伦理法则就是现实的。

伦理法则与个体性的问题比较复杂，在此仅仅从两个方面的问题展开。一是伦理作为法则个体是否应该被规训，二是个体在伦理法则的创化过程中是否有作用。黑格尔认为，可以称为伦理的东西是社会分化与进化的结构，具体地说，就是因为社会秩序出现了一定的合理性的等级，国家

---

① 〔美〕约翰·罗尔斯：《正义论》，何怀宏、何包钢、廖申白译，北京：中国社会科学出版社1988年版，第441页。

② 〔德〕京特·雅科布斯：《规范·人格体·社会——法哲学前思》，冯军译，北京：法律出版社2001年版，第132页。

才需要伦理，大多数的民族国家都具备这个属性，有理由相信它们都是具有伦理性的，并且国家是伦理发展的最高阶段。[①] 当然，现代国家与古希腊城邦不同，伦理不是个体性的主观意向，而是由客观实体所承载的，如家庭、市民社会和国家。于是，在伦理实体与个体之间形成了一定的伦理紧张。一方面，这样的伦理实体具有了更多超越个体性的伦理属性；另一方面，一个更加复杂的伦理秩序可以为我们提供更多的主体性和个体性。黑格尔明确认为，抑制个体性的制度不是伦理性的制度，能使个体性获得解放的伦理秩序才是优良的伦理秩序。其实，黑格尔的伦理主张，只是强调只有个体拥有自我的观念，伦理生活才成为可能，对于个体与群体（国家）孰轻孰重的问题，“黑格尔的伦理生活观的真正重要性在于，它表明，我们如何能在接受对自由主义的历史化的和社群主义批判的同时，又不放弃启蒙运动对理性的普遍标准的确信”。[②] 从伍德对黑格尔伦理生活中的个体性思想介绍可知，个体性于伦理法则的作用是双重的，个体性的自我（伦理的主观性），特别是自由意志是道德过渡到伦理的必要前提，但个体性的过度张扬可能消解伦理法则的普遍有效性，只有统一于理性法则才能缓解这种内在紧张。

但是，理性法则如何来平衡好伦理生活中的个体与群体的关系？规训是必不可少的途径之一。“规训”一词最早见于《陈书·王玚传》：“玚兄弟三十余人，居家笃睦，每岁时馈遗，遍及近亲，敦诱诸弟，并禀其规训。”这是中国传统教育、教化意义上的规训，也是中华伦理文化得以承续的主要途径。“规训”是福柯在《规训与惩罚：监狱的诞生》一书中创造性使用的一个关键性术语。在法文、英文和拉丁文中，该词都不仅具有纪律、教育、训练、校正、惩戒多种意蕴，而且还有作为知识领域的“学科”之意味。福柯用“规训”来指称一种特殊的权力形式。“这是一种把个人既视为操练对象又视为操练工具的权力的特殊技术。这种权力不是那种因自己的淫威而自认为无所不能的得意洋洋的权力。这是一种谦恭而多

① 参见〔美〕伍德《黑格尔的伦理思想》，黄涛译，北京：知识产权出版社 2016 年版，第 335 页。

② 〔美〕伍德：《黑格尔的伦理思想》，黄涛译，北京：知识产权出版社 2016 年版，第 340 页。

疑的权力，是一种精心设计的、持久的动作机制。”[①] 在福柯那里，规训既是权力干预肉体的训练和监视手段，又是不断制造知识的手段，它本身还是“权力—知识”相结合的产物。福柯应该是看到了规训的权力本质，如果把权力理解为支配力的话，这种权力可以是国家权力、法律权力、经济权力等，也可以放大为知识的权力、习惯的权力、话语的权力，甚至道德权威等。没有权力干预，规训是不可能的，在此，伦理法则既可以理解为拥有习惯性的权力（常说的“习惯势力”），也可理解为具有成文法的约束力，如民法通则中的诚信原则、守法与公序良俗原则等。但伦理法则的规训又不像政治与法律那样需要国家机器和专门机关，而是依靠无声的教育教化，往往以道德劝诫、舆论褒奖、人物示范等方式进行。在这种伦理的规训中，个体好像是进入了一所无形的“监狱”，但这种约束与限制于个体的社会化而言是非常必要的，除非这个个体是没有进入“人域”的动物。个体为什么会自觉不自觉地接受特定的伦理规训？个体的存在与发展本身就是理由。也许社会本身就是“牢笼”，但你要在其中获得有限的自由，只有接受特定的伦理规训、适应人类整体性生存法则才有可能。在这里，伦理法则与个体是不矛盾的，尤其是当规训成为一种习惯时，只是所规训的程度不同而已。

因此，乔万尼·詹蒂利认为：“规训是指习惯的统治。规训的任何概念都对动作的可重复性进行了预设，以这种方式，可重复就成了习惯和风俗。”[②] 这个定义有两个基本假设：一是行动是可以被重复的；二是我们可以做出很多行动，规训的核心要素是行动的“可重复性”。如果这两个假设可以被保证，那么规训就是可能的。可问题在于，“这两个假定都是不能被保证的”。[③] 因为，精神活动难以重复，重复是属于机械性运动的，表面上看我们可以重复某种说教、理论、规则、价值观，并指导人的行为变

① 〔法〕米歇尔·福柯：《规训与惩罚：监狱的诞生》，刘北成、杨远婴译，北京：生活·读书·新知三联书店 2009 年版，第 193 页。

② 〔意〕乔万尼·詹蒂利：《社会的起源与结构》，邬蕾译，北京：商务印书馆 2022 年版，第 3 页。

③ 〔意〕乔万尼·詹蒂利：《社会的起源与结构》，邬蕾译，北京：商务印书馆 2022 年版，第 3 页。

化，但是，“这个‘可重复性’总是一个与已经改变其状态而不再是以前之所是的行动者相关联的新行动，因为他已经做出了一个特定的新行动”。[①] 当然，詹蒂利理解的“可重复性”本身是机械性的。精神性活动的重复会带来新的变化，但重复本身是体现在时间中的事实。这种“事实”应该不是“行动”的重复，而是价值的叠加，并非“当‘行动’退化为‘事实’，所有的伦理旨趣均消失于无形”。[②] 相反，行动的重复不但会强化原有的伦理观念，而且会在行动重复过程中产生新的伦理认知，新认知不一定就产生对旧观念的否定，反而可能会加固原有的伦理观念，促进伦理法则的传播与传承。可重复的就是具有一般普遍性的东西，普遍性就属于法则的秩序，法则本身规定了服从法则的主体间的相似性，以及这些主体与法则所指的诸项间的等价性。在此意义上讲，法则不是重复的基础，只是“表明了重复对于法则的纯粹主体——即那些特殊之物——来说是如何不可能的”。[③] 伦理法则的规训实质上就是对个体自由随意性的消磨，使之实现主体间的高度相似性，这种相似度越高反过来又会强化伦理法则的实施。

当然，个体在伦理法则创化过程中不完全是被动的，相反，个体性的发挥甚至张扬也有利于伦理法则的维系，虽然这要取决于我们在何种意义上理解个体性。实在论中的个体性常常被理解为个体或个体事物是一种真实的思想存在，是理念世界中的真实实体，以特殊性的方式呈现普遍性，是思想的对象，因为“任何在自然中存在的个别性都是由质料和形式共同决定其统一的东西”。但到了现代社会，个体性成为自然实体，“归属于此实体的统一性并不允许嵌到自然世界中去探索它”，[④] 并且这种统一性是属于精神性的和自我的，我们也正是从这种统一性中才能认识到自己是独一

① 〔意〕乔万尼·詹蒂利：《社会的起源与结构》，邬蕾译，北京：商务印书馆 2022 年版，第 3 页。

② 〔意〕乔万尼·詹蒂利：《社会的起源与结构》，邬蕾译，北京：商务印书馆 2022 年版，第 4 页。

③ 〔法〕吉尔·德勒兹：《差异与重复》，安靖、张子岳译，上海：华东师范大学出版社 2019 年版，第 9 页。

④ 〔意〕乔万尼·詹蒂利：《社会的起源与结构》，邬蕾译，北京：商务印书馆 2022 年版，第 16 页。

无二的存在，与实在论意义上归属于个别事物的统一性完全不同。只有自我的统一性是无法超越的，也是无限的、普遍的和绝对的。“因为如果不是以普遍的方式，自我不可能思想、感受抑或认识到它自身。”[①] 个体性观念的立场并非就是社会原子主义，因为它是纯然基于想象的虚构。当我们真正把一个个体人当作真正的人对待的时候，“他会把一个给定的社会当作是他自己的社会，并且自身作为自己和社会之间的关系的把握者”。[②] 所以，个体的存在往往就是社会的内在法则，而个体所遵守的法则要获得社会的普遍认可，经常是以经验的方式存在于普遍共识以及对同代人和后代人的影响之中。这其中有个体经验如何上升为社会经验的问题，需要有社会理想的指引及实现这种理想而获得荣耀的渴望，这是个体与社会不可分割的基本原理，也是个体性思考伦理法则问题的重要社会机理。自由主义与社群主义往往各执一端，如果我们从人的整体性和社会的构成性出发，特别是当把人统一于精神世界的时候，我们很难从物理性上严格区隔个人与社会。至于何者在价值上具有优先性的问题，同样是“鸡与蛋何者为先”的思维缠绕。个体主义完全不同于个人主义，前者是存在论意义上的，后者是一种价值主张。个人主义作为价值主张也不同于利己主义，它强调的是自主选择和自我负责，而利己主义就是损人利己，这是人类伦理法则所鄙视和反对的。有了这些基本共识，我们就能很好地理解个体性的伦理法则形成和传承中的辩证法，或者说个体性的辩证法真正是对人类伦理法则的解密。因为“在个体性的辩证法中，个体的内在社会将自我彰显；因为他不可能将自己的足迹落于坚实的大地之时而不会扬起自己的头颅于自由的普遍性天空之中，并在自由的世界中树立他自己”。[③] 个体性的辩证法比单纯从社会性立场观照个体性更能解释好个体与群体的关系，更能使人相信社会伦理法则的必要性。

---

① 〔意〕乔万尼·詹蒂利：《社会的起源与结构》，邬蕾译，北京：商务印书馆 2022 年版，第 17 页。

② 〔意〕乔万尼·詹蒂利：《社会的起源与结构》，邬蕾译，北京：商务印书馆 2022 年版，第 19 页。

③ 〔意〕乔万尼·詹蒂利：《社会的起源与结构》，邬蕾译，北京：商务印书馆 2022 年版，第 30 页。

第七章　伦理法则的纲领

如果说伦理法则的特质是从存在论意义简要说明了其发生原理及特殊性，那么伦理法则的纲领则试图从类型学意义上分析其主要内容或表现形式，即伦理法则有哪些要义。当然，我们也可以对类型学作广义的存在论理解，毕竟“存在论质要之是对诸相、诸同构、诸在的考究”。[①] 从伦理本质到伦理法则的生成必经存在之诸相（主目）而过渡到伦理法则之用，诸相之中有纲领，主纲之下有主目，主目之中有要义。伦理法则不同于伦理规则就是在于它是“总纲”或“通则”，这时，我们讨论伦理法则的纲领，实际上已经排除了对伦理法则本身结构、阶次的考虑，也无法顾及其适应生活面的周延性问题，只讨论几种具有“统摄”意义和“纲领”意义的主构性法则。“爱”的法则是伦理的源泉与动力，“公”的法则是伦理的标准与尺戒，“中”的法则是伦理的机理与调码，“和”的法则是伦理的目标与境界，四者构成具有最高“总则”意味的伦理法则“主架”、“主题”或“主义”。这几种伦理法则既忠实于中华民族优秀伦理文化的特殊语境，又充分吸收西方伦理文明的成果，可以说是中西通用、古今通用之法则，具备普遍性要求。特别是基于当代“人类伦理”构建的迫切需要而对具有某种超越性的伦理法则的设定，也是一件非常有意义的理论工作。各自为政、自说自话的伦理谋划于人类伦理事业没有丝毫价值。当然，这种设定也许会遭到来自经验与理论的双重质疑，但理论论证的前提性预设无法摆脱“价值偏好”，这也是客观事实，更何况这四大法则的“伦理容量”已经远远超出了我们的思想本身，在时间和空间上可以在自己的理论想象力范围内拓展，完全可以作为人类伦理生活的“根本法则”。

---

① 江山：《法的自然精神导论》，北京：法律出版社 1997 年版，第 23 页。

一 “爱”的法则

尽管英国哲学家休谟认为，给爱和恨下任何定义是完全不可能的，因为它们只能产生简单的印象，但有一点可以肯定，爱与恨永远指向我们以外的某个有情的存在者。[①] 这起码说明爱是一个关系性概念，表明了自我与他者的关系，这个他者可以是某一个体，或者群体，或者共同体，甚至一个抽象物（如上帝），但它是人性中最原始、最强烈的情感，也是人类关系的基础性连接，构成我们思考何以为伦理法则的逻辑起点。人类伦理生活源于人的社会本质，即原子化个体如何形成一个生活共同体，在于个体与群体之间的平衡与调适及其内构法则。这种内构不是个体意志或情感的简单、机械相加，而是个体间的互动、交流、承认，甚至契约，其机理是“互让”而“共得”。如果说人性的基底是情欲，那么“爱”是人性的光辉，构成人类生活中首要的伦理法则，具体可以体现为“仁爱”、“博爱”与“兼爱”。

如果说，爱是主体对客体的最真诚的肯定关系[②]，那么，仁爱则是主客体互动的结果，或者说是主体间性的产物，是对主客二分的超越。之所以要在人类普遍之爱之前冠以“仁”作为伦理法则，倒不是因为“仁爱”作为中国传统文化中的一个重要的伦理概念，有着鲜明的民族色彩与丰富的伦理内涵，而是因为“仁”的本义与引义具有足够的可释性和可涵摄性。“仁”字早在春秋之前就已经出现，最早是用来形容东夷之地“好生”“好让”的淳朴民风。后随着文化交流的扩大，这种仁德之风逐渐传入中原，对中原文化产生了较大的影响。儒家早期经典《诗经》中有两处可见“仁”字，一处是“洵美且仁”（《郑风·叔于田》），另一处是“其人美且仁”（《齐风·卢令》）。这两处“仁”都与美相对应，美指外形之美，仁指内心之美，这表明“仁”已经具备了足够的伦理韵味。《说文》云：

① 〔英〕休谟：《人性论》下册，关文运译，郑之骧校，北京：商务印书馆 1983 年版，第 329 页。

② 曾钊新、李建华等：《德性的心灵奥秘——道德心理学引论》，沈阳：辽宁人民出版社 1992 年版，第 332 页。

“仁，亲也，从人二”。“人二”就是“人偶”，段玉裁《说文解字注》：“人偶，犹言尔我亲密之词”，可见，“仁”本义为自己与他人之间的亲情、爱意，就是关爱他人，替他人着想。《中庸》云：“仁者，人也”；《孟子》云：“仁也者，人也”。这里的“人”既是自己，也是他人。所以，“人”与“仁”是一体的，甚至可以互释。真正对“仁”大力推崇的是孔子，他发展了“仁”的内涵并将其进行了新的加工，使其位于忠、义、孝、信等德目之首，并作为行礼的内在要求。“仁”不但与“人”形成了内构，而且与“伦”同构，因为“伦”的基本含义是“类”与“辈”，引申为人与人的关系，即人伦关系本为“仁”，“伦”为关系且为“仁”。这就决定了“仁”为“伦”的限定性意义，即不可在“仁”之外去思考“伦”的问题，这是“伦”的“第一原理”，这也是“仁爱”作为伦理法则的“始基”性缘由。

在中国古代儒家思想中，“仁”与“爱”是一体两面、不可分割的，其中，“爱”更多的是侧重于对人类伦理情感的描绘，而“仁”则是儒家对其进行的伦理上的规范与概括。换言之，“‘爱’用儒家伦理范畴和德目来表达就是‘仁’”。[①] 而仁德位于儒家“四德目”之首，在《论语》中“仁”字就出现了100多次，但孔子始终未给“仁”下一个明确的定义，有时它又用来统括所有的德行，例如“仁者”被视为有道德之人。“仁”在传统道德文化中的地位由此可见一斑。那么具体如何理解传统文化中的“仁爱”观念及其思想演变过程？“仁爱”与“博爱”、“兼爱”又如何能“通”？“仁爱”又何以成为一种最基本的伦理法则？这些问题都需要作些深入分析。

仁爱的根本是“仁”，仁的关键又在于“爱人”，二者之间是如何形成这种“怪圈”的？这种“无穷缠绕”之谜的破解，取决于“仁”的方法，而仁的方法就在于忠恕之道，它分别为“为人由己”和“推己及人”。“为人由己”主要是侧重于反躬自省，而“推己及人”主要是侧重于对待他人的方式，具体有两个方面：一是积极意义上的“己欲立而立人，己欲达而达人”（《论语·雍也》）；二是消极意义上的“己所不欲，勿施于人”

---

① 肖群忠：《传统道德与中华人文精神》，北京：中国人民大学出版社2019年版，第284页。

(《论语・卫灵公》)。“忠道与恕道有很强的互补性。忠道是建设性的,强调助人为乐;恕道是限制性的,它是忠道必要的界限,避免忠道走向热情过度、越俎代庖、强人所难的极端。”① 但忠恕之道的前提还是“仁”,“仁”的实行最终是为了“克己复礼”。由此,“仁”就不仅是一种理想的道德品格,而且成了实现外在政治制度及社会治理的内在基础。孔子论“仁”,目的是“复周礼”,人如果做到了仁的要求,就能够自觉地践行外在的礼乐规范。孟子继承了孔子关于“仁”的学说,并将其仁学思想发展为一种性善论。这种性善论使得孔子的仁学思想具有了根植于人性、人心的理论基础。正是由于人皆有“四心”的缘故,人能通过“发明本心”获得道德。孟子据此提出了“仁者爱人”的道德命题。汉代的董仲舒则扩大了仁爱的范围,将其阐发为一种博爱,“仁者,所以爱人类也”(《春秋繁露・必仁且智》)。唐代的韩愈也提出了“博爱之谓仁”(《原道》)。后来的宋儒从形而上的角度来释“仁”,如二程就将“仁”视为“天道”“生生之理”。这就使得原先存于日常人伦中的“仁爱”具备了形而上的价值基础。张载结合了宋儒及前人的思想,将儒家仁爱中“爱有差等”的思想进一步扩展为民胞物与、天下大同的理想。这就最终使得儒家的“仁爱”观念成了融宇宙论、人生观、价值观于一体的系统性思想。在传统文化中“仁爱”是统摄其他德行的全德,其不仅是个体理想人格的彰显,而且也预示着对一种仁爱社会制度的追寻。具体来看,传统仁爱观念一方面主张对他人的关心、爱护,这可以转化为社会和谐、友好相处、互帮互助、合作共赢等现代社会价值观;另一方面所包含的仁义、公义等价值内核彰显了为政者的廉洁、奉公精神,并衍生为对国家、民族大义的坚守与践行。仁爱在深层次上就是一种德性情感,就是一种理解他者、关心他者的德性力量,是可以通达一切的精神境界,是一种人类实践的能动性原则。由是观之,中国传统“仁爱”观念中所凸显的博爱、天下为公精神具有普遍性,即仁爱与“博爱”“兼爱”是贯通的,不存在实质性差异。

博爱是西方中世纪基督教伦理的基本法则,也是一份独特的精神文化

---

① 赵士林主编,初景波执行主编《仁爱与圣爱:儒家道德哲学与基督教道德哲学之比较研究》,北京:人民出版社 2018 年版,第 243~274 页。

遗产，它是中国文化中仁爱法则的另一种表达。[①] 也许我们习惯于讨论仁爱与博爱的区别，认为前者是基于亲情的有差等的爱，爱的程度与关系的亲近与否有关，而后者是平等地爱所有人，甚至包括爱自己的“仇敌”；进而认为中国传统的仁爱比西方的博爱更有现实性和可行性，而西方的博爱只能是一种“欺骗”性的精神鸦片。这种结论的得出，除了意识形态方面的原因外，可能还是忽视了“爱”作为普遍情感的共通性。其实，仁爱与博爱的差异只是基点的不同，前者是亲亲之爱，后者是上帝之爱。按福音书的记载，有一个犹太的律法专家曾经问过耶稣，在所有律法的诫命中哪一条最大？耶稣回答说：你要尽心、尽性、尽意爱你的神，这是诫命中的第一，且是最大的；其次也相仿，就是爱人如己。这两条诫命是律法和先知一切道理的总纲。博爱实现的方法与仁爱稍有不同，它不是忠恕而是悔改。在福音书中，耶稣与法利赛之间的冲突，特别表现出伦理上的另一个特征，这就是对人内心的悔改的看重，超过了对遵循律法所带来之善功的强调。[②] 在基督教看来，人因为对上帝在自己良知中所发出呼声的觉醒，在内心容易对自己产生烦恶感，希望有一个根本性的改变，而悔改可以带来人的生命或生活的某种根本性转变。因为“悔改是在人的灵魂深处发生的一种精神变化。然而人也是一种形体存有（corporal being），所以悔改的内在实现与发生往往会从一些外在的事物表现出来”。[③] 无论是仁爱之忠恕还是博爱之悔改，其出发点都是“己”，推己及人，爱人如己。博爱在基督教教义中是一种普遍化的积极实践的情感，而仁爱也是基于亲情关系对伦理关系及要求的觉解，实现“己欲立而立人”，这已经成为一种超越自身的“人己互动”的伦理通则。所以，博爱与仁爱在本质上是不冲突的，都是基于人类之爱，都是强调从己出发，都是期待他者也能与自己有伦理通感而“爱人如己”，都是人类之爱和生命之爱，都是想通过爱的秩序来实现美好的社会秩序。“伦理规则应以爱的宗教为基础。在爱的宗教中，被钉十字架的爱打破一切自然构成的法则，在神性的死中战胜了自然性的

---

① 参见廖申白《伦理学概论》，北京：北京师范大学出版社 2009 年版，第 333 页。

② 《西方伦理学史》编写组：《西方伦理学史》，北京：高等教育出版社 2019 年版，第 79 页。

③ 〔德〕白舍客：《基督宗教伦理学》（第一卷），静也、常宏等译，雷立柏校，上海：华东师范大学出版社 2010 年版，第 378 页。

死，在自然性死中复活了真实的爱。”[①] 爱是人类最基本的伦理情感，甚至是人之所以“类”的根源，至于是“仁爱”还是“博爱”仅仅是文化的差异问题。

不容否认，儒家的“仁爱”是一种以血缘亲疏为基础的“差等之爱”，是一种由“爱亲”而“爱人”（泛爱众）的爱，但并没有限于此，而是由亲情之爱进入了仁民之情再进入万物一体之仁，实现了亲爱、人爱、物爱的有机统一，这也是仁爱观念能够成为最普遍的伦理法则的关键所在。尽管如此，儒家仁爱的差等性时常会被不同学说挑战，墨家的“兼爱”说就是其中之一，以至形成了所谓的“儒墨之辩”。这种辩论的结果是儒墨趋同，用“兼爱”去打通“爱亲”与“爱众”在理论提升中的间隔，去弥补“仁爱”之不足，为现代社会的发展提供健全有益的精神动力。这是一种非常有趣的文化现象，意味着思想观念的争论往往会促进双方的不断完善，促进文化精神的一体进化。墨家主张一种平等、无差别的爱，认为像儒家那样的有差别的爱会造成天下之人不相爱，爱应该是不分亲缘亲疏的。“视人之国若视其国，视人之苦若视其苦，视人之身若视其身”（《墨子·兼爱中》），以此来达到“国与国不相攻，家与家不相乱，盗贼无有，君臣父子皆能孝慈”（《墨子·兼爱中》）的良好局面。在对兼爱的论证上，墨家注重了人性中的感性基础，认为民有衣、食、休息等自然需要，兼爱就是满足这些需要，此所谓“必使饥者得食，寒者得衣，劳者得息，乱者得治”（《墨子·兼爱中》）。作为兼爱主体同时又是客体的人，其自然本性是自私的，需要有权威性的伦理引导和道德教化，否则人类会深陷相互争夺的仇视状态，所以，墨子兼爱具有对人性的矫正作用。与儒家把仁爱看作心理驱动的结果不同，墨家兼爱发生的动因是功利，即以自爱之心去爱一个不相关的人，其目的是实现“投之以桃，报之以李”。“夫爱人者，人亦从而爱之；利人者，人亦从而爱之”，爱与利的统一，情感的价值与理性的价值交融，充分反映出社会伦理生活的本质，也是人类最基本的伦理选择前提。

如果我们把仁爱、博爱、兼爱统合起来看，不难发现“爱”是人类最

① 刘小枫：《这一代人的怕和爱》，北京：华夏出版社 2020 年版，第 28 页。

基本的伦理情感，“仁”“博”“兼”只是侧重点或方式的不同，“仁”夯实了价值基础，“博”周全了爱的对象，“兼”提供了互爱机制。而人类之爱的真谛又是什么？是同情心和同理心。同情心反映了人类对于他者或整体的相怜相惜，“是我们对一切人为的德表示尊重的根源”，“是人性一个很强有力的原则”。[①] 而同理心反映了人类对世界万物变化之理的共识，是理性思虑的结果，并且已经超越了个体理性，经由商谈、承认而达成的共识。情感与理性的统一与同一，就是伦理普遍性的基础，就是伦理法则的权威性所在，我们姑且总称为“爱”的法则。“爱”的法则之要旨在于，当人类遇到来自内部或外部的纷争时，以维护人类整体利益为最高行动标准，人与人、群体与群体、国家与国家、国家与全人类、人类与万物，都应该充满爱意而非相互仇视、相互依存而非相互撕裂。当然，作为公共性伦理法则的“爱”，其本质还是无私“奉献”而非“索取”，唯有人人都献出一点爱，才会有美好的人间，任何个体或共同体以任何借口所奉行的利己主义（损人利己）都与爱的法则水火不容，唯有利他主义才是爱的真谛，并且这种利他主义不以等价式回报为前提。

二　“公”的法则

既然爱是人类最基础的伦理情感与法则，那么这种爱显然已经超越了纯粹的私人领域，哪怕是“亲情”也是带有公共社会的性质。如何避免“私情”的滥用，或者说如何避免“有私心的爱”，需要有“公”的尺度，即人们在调节利益关系时，需要尽可能理性地“出于公心”、不偏不倚，这是保证社会良序运行的根本要求，也是主要的伦理法则，可以从正义、公平、正直三个维度来分解。

在中国传统文化中，“公”字最早出现在甲骨文、上古金文之中，本义是祭祀礼仪中对祖先、身份显贵之人如王室、诸侯的尊称。“公，君也”《尔雅·释诂上》，就是对上位者、统治者的尊称。后来“公”用来指称统

① 〔英〕休谟：《人性论》下册，关文运译，郑之骧校，北京：商务印书馆 1983 年版，第 620 页。

治者行政办公的场所，或具体事务等，也可直接指代国家、社会。春秋时期，“公”字又衍生为“公平”“公共”之意。《说文解字》：“公，平分也”[1]。平等、合理地分配各方的利益即是公。“公”是与个人的私利、私心相对立的，“公之为言公正无私也”《春秋·元命苞》，公与私的划分由此有了明确的定义，所以“公”与“正”又具有不可分割的联系。“正”字在古文中原有“征伐”之义，与“征”字相通，征伐的目的是平定内乱，后衍生为治理、匡扶正义，并用来形容统治者内在品格的正直、坦率。由是观之，“公”多是指社会宏观层面的律法、礼制，而“正”多倾向于描绘个体层面刚正不阿的道德品格。从二者的关系上来看，“公”是“正”的前提条件与外在保障，“正”是“公”所要达到的目标与结果。在人类思想史上，“公正”“公道”“公平”等概念无不表达了个人都期望受到公平对待的价值诉求。严格来说，“公正”主要指的是为人处世的态度和精神，它的对应概念是“偏私”。而“公平”不仅包含着人的主观态度和人格精神的道德评价，而且包含行为当事人对行为的陈述和对其结果的评价，也就是说，态度公正并不意味着结果必然公平。公正可能偏重于起点与过程，而公平更多地偏重于结果，这就需要有“正义”概念来补充，通过程序的公正来确保起点与结果的一致。

“正义”是一个西方文化概念，最早出自拉丁语 justitia，其词根 jus 有公平、公正、正直、权利等多种含义。后来的英语中 justice 一词，具有正义、正当、公平、公正等意思。“正义”主要是一个政治伦理范畴，是一种“客观精神”，它的反面是“邪恶”。正义自然包含了公平，公平的也必定是正义的。但是“正义”主要是一种法理精神，主要用于制度设置的合理性方面，特别注重程序的正义，而“公平”则主要是在交换过程中的一种利益分配原则。那么，究竟什么是公平呢？王海明等认为，公平就是等利（害）交换。[2] 这实际抓住了公平的两个根本性问题。第一，公平关系本质上是一种利害关系，没有利害的地方，就没有公平问题；第二，公平关系是一种交换关系，没有利益交换，也就不存在公平问题。公平体现的

---

① 许慎：《说文解字》，江苏：古籍出版社 2001 年版，第 28 页。

② 王海明、孙英：《公平新论》，《中国社会科学季刊》（香港）1996 年夏季卷。

是人类社会关系中一种实实在在的价值关系和伦理要求，可以说，公平集中体现了公正或正义的要求。以至于有的学者认为“公平”就是包容公正精神、合乎正义原则、体现公民权利、维系公众心理平衡的经济行为的道德准则和伦理规范。[①] 可见，公平的实质内容所反映的是人自身的社会地位和利益关系，这种关系大致表现在三个方面：权利与义务的关系、利益分配关系、公平与效率的关系。公正作为伦理法则，可以具体化为三个层面：制度正义、分配公平、为人正直。

关于正义，西方有诸多理论，如理性正义论、神序正义论、契约正义论、社会正义论、制度正义论等。[②] 这些理论尽管各不相同，但有一点是共同的，都强调公民权利与义务的对等性。理性正义论的代表是柏拉图和亚里士多德。柏拉图《理想图》中第一次对正义范畴作了“正义就是善”的哲学规定，并将之分为了个人正义和城邦正义。个人正义就是在智慧的统率下，使灵魂的各个组成部分协调一致、各司其职，而城邦正义就是城邦的各个阶层各尽其责、互不干涉。亚里士多德继承和发展了柏拉图的正义论，第一次区分正义的不同学科归属。个人正义即公正、公平之品德，属于伦理学的研究范围；城邦正义则属于政治学的研究范围。在亚里士多德看来，公正之于个人是一种德性，是“全德”“至德”；公正之于城邦就是社会原则，它关系到财产分配和人际交往关系，因此它是“建立社会秩序的基础”，因而只有正义才能判断人间的是非曲直。从社会伦理角度而言，正义即公平的精神，不公平就是非正义，这是亚里士多德的基本认识。神序正义论的主要代表是中世纪神学家托马斯·阿奎那。阿奎那力图把基督教的神学正义论与亚里士多德的政治正义论结合起来，建立适合于封建等级和教阶制的正义论。阿奎那认为，人是一种理性动物，他注定要过集体的社会政治生活，因为集体的社会政治生活可以使人追求大于个人利益的社会公共福利，只有增进公共福利的政府才是正义的政府，否则就是非正义的政府。他强调并系统论证了不平等的正义性，区分出自然的正义和实在的正义、个人的正义和社会的正义。社会公共利益体现了上帝的

① 张正霖：《公平与分配的三个领域——兼论公平的矛盾发展》，《中南财经大学学报》1997 年第 4 期。

② 施雪华：《政府权能理论》，杭州：浙江人民出版社 1998 年版，第 2~19 页。

绝对正义，因此维护社会公共利益时伤害个人利益也是正义的。契约正义论反对正义来自上帝的思想，主张政府权能的正义性建立在公民与公民、公民与政府之间签订政治契约的基础之上，一切非经契约程序的政府权能都是非正义的。为了全体社会成员的公共利益和维护和平安宁的社会秩序，人们必须通过契约而过集体的社会生活。如果政府行为超越了这种契约所规定的宗旨和范围，则将威胁到人类正义的生活秩序和公共利益，这样的政府就会成为人民的对立面，人民有权推翻非正义的政府。霍布斯认为，正义是与契约相联系的，履行契约“包含着正义的源泉”。履行契约本身是自然法，因此正义的根本在于符合自然法。在自然状态之下，和平与安宁没有保障，于是人们自愿放弃自己的“自然权利”，签订契约，把权利交给某个个人或议会，即主权者。与霍布斯不同，洛克认为，公民在与政府签订契约时并没有完全放弃全部自然权利，因此，政府权能不能超越公民生命和社会公共利益，人人有“不可让渡的权利”。社会正义论把社会作为政府与个人关系的中介组织和逻辑基础，认为政府是人的社会本能的产物，而不是人的理性选择的结果，政府只有抑制个人利己本能的泛滥，以保障社会整体利益的存在和发展，才是正义的。在这种社会正义原则支配下，维持和巩固现有的社会有机结构成为政府权能的根本目的所在，而社会有机结构不断变动的需要则是政府权能弛张的依据和基础。符合社会有机结构正义原则的政府权能是正义的，否则，就是非正义的。制度正义论的主要代表是罗尔斯。罗尔斯认为，所谓“制度正义”是指社会基本结构的正义，即社会基本制度对基本权利和义务的分配，这不同于功利正义论。制度正义的目的是维护“公共善”。要实现制度正义，必须坚持两项基本正义原则。第一个原则是平等自由的原则。它要求在各种基本的权利和义务的分配上实现平等，也就是说，每个人都享有一种平等的权利，享有与他人所拥有的同样的与自由相一致的最广泛的基本自由。第二个原则是机会的公正平等原则和差别原则的结合，也就是在某些社会和经济方面，承认机会平等前提下的不平等的合理性。第一个原则优先于第二个原则，而第二个原则中的机会公正平等原则又优先于差别原则。如何使“制度正义”付诸现实呢？罗尔斯提出了一系列规范行为的准则，如宪法对“公共善”的维护、平等参与政治、政府对政治自由的价值补偿及法治等。罗尔斯始终把维护“公共善”的正义事业寄托在政治制度或政府行为的自身完善上，认为只有政府行为本身合乎正义，才有理由要求公民服从，否则就不可能要求公民服从。这样，罗尔斯就实现了从个人正义向政府正义、从内在的道德正义向外在的制度正义的根本性转变。

如果说正义是公正的制度性的正义要求，那么，公平则是公正的分配性规则，权利与义务相等是公平的根本性要求。在社会关系中，一个人的权利与义务的关系具有两种性质，一是社会分配给他的权利和义务，二是他主动行使的权利与他所履行的义务。社会分配给他的权利和义务，不是他自由选择的，而是社会设定的，正如马克思、恩格斯所说，“作为确定的人，现实的人，你就有规定，就有使命，就有任务，至于你是否意识到这一点，那都是无所谓的。这个任务是由于你的需要及其与现存世界的联系而产生的”。[①] 不言而喻，社会分配给一个人的权利和义务相等时才是公平的，否则就是不公平的。“没有无义务的权利，也没有无权利的义务”，[②] 表明了权利与义务的对等性。人们深恶痛绝的“特权”行为，实际就是权利多于义务的行为，是不应该的行为。一个人所行使的权利与他所履行的义务，是他自己能够自由选择的。他能够放弃所享有的一些权利而使所行使的权利小于所享有的权利，也能够不履行所承担的一些义务而使所履行的义务小于所负有的义务。可见，一个人行使的权利等于所履行的义务是公平的，一个人所行使的权利大于所履行的义务是不公平的。在阶级社会里，“几乎把一切权利赋予一个阶级，另一方面却几乎把一切义务推给另一个阶级”，[③] 这不可能实现权利与义务的对等。只有在社会主义社会才为权利与义务的统一提供了可能。这种统一体现在两个方面，一方面，每个社会成员都体现着权利和义务的双重规定性，是权利和义务的同一体；另一方面，全体社会成员既享有同等的权利，又承担着平等的义务。这样，任何人都不会因只享受权利而成为特权者，也不会因负有过多的义务而沦落到受奴役的地位。

公平合理的利益分配尺度是社会进步的重要杠杆。如果说个人对社

---

① 《马克思恩格斯全集》第 3 卷，北京：人民出版社 1960 年版，第 329 页。

② 《马克思恩格斯选集》第 2 卷，北京：人民出版社 1995 年版，第 610 页。

③ 《马克思恩格斯选集》第 4 卷，北京：人民出版社 1995 年版，第 178 页。

会、对他人负有一定的义务的话，那么在一个公正合理的社会中，个人在履行了义务之后，通常会得到社会一定的报偿，乃至对等的报偿。分配的公平与否直接体现了社会的公正程度，并且事关社会的稳定与发展。在我国社会主义条件下，生产资料的公有制赋予社会成员平等地占有生产资料的权利，并以共同富裕为目标。我国的分配原则是按劳分配，它使一切有劳动能力的人对劳动有同等的权利和同等的义务，给社会提供的劳动的质量和数量，成为社会在一切有劳动能力的成员间进行消费品分配的普遍而同等的尺度。社会按每个人劳动的质量和数量，赋予其应该享有的报酬，各人得其所应得。在这种情况下，劳动者之间富裕程度的差别只应当是由于劳动的差别，而不应当是别的原因。当然按劳分配并不是搞平均主义，相反，我们要打破“大锅饭”，允许一些地区、一些人先富起来。在社会主义市场经济条件下，执行按劳分配原则，有两个问题是无法回避的：一是由于市场竞争，一些企业倒闭，一些人失去劳动机会，也就意味着无权享受分配；二是劳动不再是创造价值的唯一来源，资本、技术等也是参与分配的重要因素，仅按劳分配显然行不通。这就意味着社会的贫富差距会客观存在，并在短期内不会消除，或许还会增大。为坚持社会主义的公平原则，一方面要利用税收等杠杆，进行社会财富的再分配，尽可能消除贫困，缩小收入差距；另一方面要加快社会保障事业，“惠顾最少数最不利者”的“最起码”利益。

公正在个体身上的德性表现就是正直。正直反映的是人们在社会生活中公正、诚实、不偏斜的一种品德，即不仅己身正而且能正人之曲。正直的对立面是虚伪、欺骗、伪善、背信弃义。公正从社会伦理意义上反映的是以权利与义务为中心的人们相互关系的合理状态，它体现在制度层面上是正义和公平，体现在德性层面上就是为人正直。如果说正义、公平反映的是社会与他人如何对待“我”的关系，那么，正直则反映的是“我”如何对待社会与他人的关系。这也是社会伦理关系与道德关系的区别之一，即社会伦理关系的本质是“社会（他人）—个人”的关系，而道德关系是“个人—社会（他人）”的关系。近代正义论是沿着社会伦理关系展开的，而古代正义论是沿着道德关系展开的，也就是说，古代正义论（尤其是中国古代）是从属于德性论的。在中国古代传统道德中的正义实际上就是

"义""正"，即"义即中正"，有"义"就是"正"；"正"，先不在人，而在于"我"。也就是说，"我"有了"义"，也就会"正"，我"正"，则天下大治。"义"就是一种道德要求，"所谓义者，为人臣忠，为人子孝，少长有礼，男女有别；非其义也，饿不苟食，死不苟生"（《商君书·画策》）。有了这种"义"，就是"正"。董仲舒说得更明白："义在正我，不在正人，此其法也。夫我无之而求诸人，我有之而诽诸人，人之所以不能受也，其理逆矣，何可谓义？义者，谓宜在我者。宜在我者，而后可以称义。故言义者，合我与宜，以为一言。以此操之，义之为言我也。故曰：有为而得义者，谓之自得；有为而失义者，谓之自失；人好义者，谓之自好；人不好义者，谓之不自好。以此参之义，我也明矣。"（《春秋繁露·仁义法》）中国哲人探讨公正、正义是从个人品德开始的，由个人扩展到家庭，由家族扩展到国家。西方人也不例外。古希腊的柏拉图十分重视"正义"的美德。他认为正义就是做你自己的事情，不要干涉别人的事，或者说，正义就是履行自己的义务。在柏拉图看来，正义是其他美德（智慧、勇敢、节制）实现的最高境界，没有正义，其他美德就失去了最高的目的。正义的本质不单在于社会关系和职能的外部调节，更重要的还在于个人的内在精神状态的品质。国家之所以能够实现正义，必须是由于每个人认识到自己的天职，并且按照善的要求去做，这样才能形成国家整体的善和正义。因此，柏拉图把正义看作个人应具有的美德。因为，在柏拉图看来，国家与个人有相同之处，国家有三个"等级"，个人也相应有理性、情感和欲望。当它们三者和谐地发挥出职能时，就表现出正义的美德。中外思想家的这样一种思路，绝不是偶然的巧合，而是体现了社会关系中的某种"公理"："社会公正并不纯是社会的，它内在地包含着个人生活的内容，包含着个体间的相互交往关系结构，若个体生活不能提升，操守不能纯洁，那么社会公正也是镜花水月，子虚乌有。"[①] 那么，正直体现了什么样的德性要求呢？一是诚实，二是公道。诚实表明言行一致、表里如一，公道则意味着办事不偏私、不自私。正直的美德是确保"公"的主体性因素，

① 高兆明：《社会变革中的伦理秩序——当代中国伦理剖视》，徐州：中国矿业大学出版社1994年版，第314页。

即任何正义制度的安排、公平分配的实现，都离不开正直的人。特别是在中国传统伦理文化中，“正”既是修身养性的方法，也是处理人伦关系的重要准则，正心、正己、正人、正名，在修心、修身、齐家、治国、平天下中起重要作用。可见，规范伦理与美德伦理的统一是伦理法则的一个显著特征。

三 “中”的法则

尽管在中国传统文化中，“正”“中”“直”意义相近，有时甚至互用，但“中”是对“正”的具体化，甚少是保“正”的基本（通行）做法。特别是当处理人伦利益关系持“正”比较复杂时，持“中”是比较简单的办法。“中”的伦理法则使伦理协调具有了可“操作”性，可以使“爱”“正”具体化，以“中庸”为准则，就具有了方法论的意味。特别耐人寻味的是，在西方与孟子同时代的亚里士多德在继承古希腊传统思想和民间观念的基础上，提出了“中道”之说，认为中道就是一种美德，就是凡事都要适度，过度与不及都是恶。尽管亚里士多德的中道思想没有被后世重视，特别是在近代以来的市场理性与科技理性支配下，“无所不能”“突破极限”成为伦理主导，但中道、适中等伦理智慧仍然在社会生活中起作用。可见，“中”的伦理法则同样具有跨文化的特性，都是德性与方法的有机统一，因方法论的意义而超越道德学的视域，进入社会伦理生活，进行伦理关系的有效调节。在此，我们取两种文化传统中的“中庸”与“中道”，找到“中”作为普遍性伦理法则的缘由与意义。

对于“中”的初始含义，在汉语语境中有不同的解释。如《说文》曰：“中，内也。从口，丨，上下通。”王筠的《文字蒙求》曰：“中，以口象四方，以丨界其中央。”王国维在《观堂集林》中把“中”解释为古代投壶盛筹码的器皿。唐兰在《殷墟文字记》中说最早的“中”是社会的徽帜，古代大凡有大事发生就要建“中”以聚众。郭沫若在《金文诂林》中认为，“一竖象矢，一圈示的”，即“中”具有射箭命中之意。还有人认为“中”是古战场上王公将帅用以指挥作战的旗鼓合体物之象形。[①] 可见，

① 参见张亚宁《中庸》，北京：中国社会科学出版社2012年版，第36~37页。

在原始的氏族社会就有了“中”的观念，并且“中”成为“用力而中”的价值导向，进而成为一切行为所依照的标准。但这还仅仅是一种风俗习惯，只有到了夏商周三代时期，“中”成为一种“执中”的王道思想，并且作为一种美德同时要求于民时，“中”才上升为一种伦理道德范畴。周代明确提出了“德中”概念，周公把“中”列为德目作为施政的基本方针，具体包括明德与慎罚两个方面。[①] 孔子提出“中庸”范畴，并视之为“至德”，就是凡事要公允而恪守中正，“中庸”以无过无不及为特征，进而统筹人伦关系的调节，具体包括“中庸”之德与“尚中”之法。

在儒家思想体系中，中庸首先是一种美德，并且是“至德”，属于“高线道德”，是比较高的伦理要求。“中庸”最早出现在孔子的《论语》中，他将“中”“庸”连用，并将其上升到“至德”地位：“中庸之为德也，其至矣乎！民鲜久矣。”（《论语·雍也》）孔子在这里不但把中庸视为至德，而且赋予其一种特殊的伦理要求，这就是人的行为必须中规中矩，即不及与有过均为不仁。中庸之所以具有统领作用，是因为它不只是一种美德，而且是各种不同甚至相互对立的美德或品质的有机整合。“兼德而至，谓之中庸”（《人物志·九征》），在孔子那里，中庸是“智慧力量、道德力量和意志力量的完美统一”[②]，因为“君子道者三：智者不惑，仁者不忧，勇者不惧”（《论语·宪问》）。也就是说，当智、仁、勇用之过度而不协调时，必须以“仁”为根本来进行中道处理，即平衡“智”与“勇”，因为“仁者德之基也”（《人物志·八观》）。所以，中庸之德的核心仍然是仁，仁者而爱人，这就使“爱”的法则与“中”的法则统一起来。基于仁爱而进行道德修炼，达到至善、至诚、至道、至德、至圣的境界，这就是中庸的“至德”要求，这显然是一种整全性的伦理法则，它要消解美德内部的不协调性甚至矛盾。如在道德（德性）层面，勇敢无疑是一种美德，但如果勇而无谋，就是鲁莽；如果勇而不当就可能去伤害他人。所以，美德（德性）需要伦理整合，在价值层面上就是仁爱，在社会效应上就是和谐，在心理机制上就是“至诚”。《中庸》认为：“诚者，天

① 参见张亚宁《中庸》，北京：中国社会科学出版社 2012 年版，第 39 页。

② 廖建平：《中庸：儒家君子人格的最高境界》，《衡阳师专学报》（社会科学版）1995 年第 4 期。

之道也；诚之者，人之道也。诚者，不勉而中，不思而得，从容中道，圣人也。诚之者，择善而固执之者也。”没有“诚”，“中道”难以实现，即使实现也是暂时的，无法“固执之”，因为诚具有“自明”的特性，“自诚明”与“自明诚”是一致的，无须他者开启，这当然只有“圣人”才能做到，但常人通过修炼也可实现。可见，“诚”作为伦理规范广泛作用于社会的各个领域，不但可以“正己”“正人”，而且可以“成己”“成物”，这就体现为两大伦理特质：一是上下一通的“天人合一”之道；二是内外结合的“内圣外王”之道。这种伦理的渗透力和整合力正是伦理法则的规范力，中庸由“至德”“至伦”而达“至理”，最终具有“至法”之效力。

当然，中庸成为伦理法则完全在于它的特殊价值与效力，而它本身就是一种伦理平衡方法，这种方法就是“致中和”，这正是当代伦理学的真谛与急需。《中庸》认为：“中也者，天下之大本也；和也者，天下之达道也”，并且“致中和，天地位焉，万物育焉”。这不但说明了“中”的本体意义，而且也明示了“执中”的“位”与“育”的特殊伦理效用。“位”就是位置、地位、身份和与之相匹配的责任与义务；“育”就是培育、养育、发育，只有“执中”，万物才能自然生长。失“中”而万物乱，人伦世界亦如此。“执中和”的要义是“执其两端，用其中”。在儒家思想中，对于道的把握往往是“知者过之，愚者不及”，只有如舜一样的圣人才能真正把握“中道”，因为只有君子才能“时中”。“时中”就是能根据外部条件的变化而适时调整规则，这是对灵活变通性的讲究，但不是无原则的任意妄为，而是“随时变易以从道”。如果离开了“道”这一根本的变通，“时中”就是胡作非为，这是对伦理秩序的破坏。所以，要做到“时中”而“守道”并非易事，但这也并不是高不可攀、无法实施的事情。只要真正坚守了“中庸”至德，从日常生活开始，通过人伦关系的层层递进，不断扩展，“中道”就是可以实现的，因为“道不远人。人之为道而远人，不可以为道”。这一思想在孟子那里得到了发扬，“中道而立，能者从之”（《孟子·尽心上》）。孟子还提出了“执中有权”的思想，认为“执中”不是僵化的，而是应该“乘势”和“待时”，根据时机、环境、情况的不同而采取不同的措施与办法，因为“此一时也，彼一时也”（《孟子·公孙丑上》）。这里要特别强调的是，儒家讲“执中”并非是量上的

“对半开”，也不是“瞬息万变”，因为一是伦理的价值与所涉事务难以量化，二是伦理道德具有相对稳定性。“执中”仅仅是全面评估各方利益而做出的相对合理的选择，以平衡为手段，以和谐为目标，这是伦理中道法则的根本要求，也是伦理法则不同于其他法则的所在。如政治法则虽然在其内部注重权力制衡，但在权力集团之间就难以起作用；经济法则虽然注重双赢，但人们真正遇到利益冲突时利己思想有时会优先利他思想；法律准则也总是在多数人利益与少数人利益之间纠缠。所以，伦理法则的“中”不仅是一种道德要求，也是一种思维方法。当然这种方法是内敛式的，强调克制来实现“中”，这在荀子那里就是“礼”，“曷谓中？礼义是也”，“礼义生而制法度”（《荀子·儒效》），法度就是法则。荀子实现了“中”的道德要求与道德思维的统一，真正上升到了法则层次。总之，“中”作为伦理法则在中国文化中的要义是：过犹不及、执两用中、和而不同、因时而中，[①] 它们相互联结成一个有机整体，共同实现因“中”而“正”、因“正”而“爱”的伦理连接。

无独有偶，在西方（主要是古希腊）也有非常丰富的“中道”思想，与中国的“中庸”思想交相辉映，形成人类共通的“中”的伦理法则。中道思想在古希腊具有悠久的历史，它可以直接追溯到荷马史诗中的“和谐”与“适度”概念。之后，赫西俄德、毕达哥拉斯、泰勒斯、德谟克利特、苏格拉底和柏拉图都对中道问题进行过讨论。[②] 这样，在思想家们的影响下，在古希腊时期，社会生活的各个方面都渗透着对“中道”的崇尚，“毋过毋不及”被视为最基本的准则要求。“而且在音乐、舞蹈、戏剧、雕塑、绘画、建筑，特别是哲学著作和政治演说中，都把这种要求作为坚持真理、主持正义的美德样式，以至当作至善至美的标准。”[③] 亚里士多德在总结和继承前人思想的基础上，明确把“中道”作为其伦理学的核心与灵魂。“他的伦理学中，中道既具有本体论的高度，又具有方法论的灵活。”[④] 特别

① 参见王国银《德性伦理研究》，长春：吉林人民出版社 2006 年版，第 85~86 页。

② 参见黄显中《公正德性论——亚里士多德公正思想研究》，北京：商务印书馆 2009 年版，第 258 页。

③ 王国银：《德性伦理研究》，长春：吉林人民出版社 2006 年版，第 87 页。

④ 黄显中：《公正德性论——亚里士多德公正思想研究》，北京：商务印书馆 2009 年版，第 258~259 页。

耐人寻味的是，亚里士多德也视“中道”为美德（德性）与方法两个层面，与《中庸》有异曲同工之妙，并且认为，所有可以被称为美德的东西都是因为本身就是中道，中道也是公正的秉性，这样他也把“中”与“公”一体化了，从而使“中道”达到了真理的层次。

从德性层面看，什么是美德？亚里士多德认为，其首要的规定就是“中道”。“德性处理情感和行动，处理得过度就是错，处理得不及，要被谴责，惟有适中是对，并被称赞——那么，德性就必定是一种志在求适中的中道。”[①] 在古希腊，德性是基于人性（欲望）的一种好的品质，也是能力的体现，但并不是人的任何欲望和能力都会从善，而是需要一定的限制，最好的限制原则就是中道。因此，“我们必须注意到，过度与不及均是以败坏德性……惟有适度可以产生、增进、保持体力和健康，节制、勇敢及其他的道性，也是这样”。[②] 无论能力、欲望，还是行为，如果过度或不及都不是美德，相反可能就是恶。“凡行为共有三种倾向，其中两种是恶，即过度和不及，另一种是德性，即遵守中道。”[③] 所以，德性的本质是一种适度或适中，适度才是美德的特征，并且德性要以中道为目的。如勇敢是中道，因此是美德，过分勇敢则是鲁莽，太缺乏勇气就是怯懦，因此是恶行。又如，在金钱与财富方面，取与舍的中道是乐施，过度与不及就是挥霍与吝啬。

从方法层面看，中道的特点就是适度、适量、适时。虽然中道是一种德性，但“德性是一种凭选择所得的习性。它的特点在于适度，或遵循适合各人的适度”。[④] 而德性之所以是一种适度，是因为可以量度，如德性往往是两恶之间的中点，一边是过度之恶，一边是不及之恶。同时，过度与不及这两种恶在情感或行为方面超过或达不到的量，就是“适度的量”，也就是说，德性与两恶之间保持的距离，就是一个“适度的量”，或者是一种“相对的中道”。这种“相对的中道，是指不太多，也不太少，这是

① 周辅成：《西方伦理学名著选辑》上卷，北京：商务印书馆 1987 年版，第 297 页。
② 周辅成：《西方伦理学名著选辑》上卷，北京：商务印书馆 1987 年版，第 295 页。
③ 周辅成：《西方伦理学名著选辑》上卷，北京：商务印书馆 1987 年版，第 21 页。
④ 周辅成：《西方伦理学名著选辑》上卷，北京：商务印书馆 1987 年版，第 297 页。

因人而异的”。[①] 所以，中道不是绝对标准，要根据不同的时间地点持适当的态度去处理，这才是最好的中道。同时，并不是一切情感和行为都有适中的问题，如无耻、嫉妒、偷盗、谋杀，本身就是恶。我们不能在过度与不及中去寻找适度，在适度里不能有过度与不及。可见，中道不是无原则地去调和善与恶，恶就是恶，任何时候都是恶，不适应于中道。

从价值层面看，中道的最高体现是公正的中道。中道德性虽然是处于“得”“失”之间，即公正是“得”与“失”的中道，但公正的中道是指我们的中间而非事物的中间。“对于真的事物不说中间就是真实，让我们说中道就是真理。”[②] 真理是不变事物的中间，它是理智德性的对象，对于任何人是同一的。“具有公正德性的人寻求和选取的中间，并非不变事物的中间，而是可变事物的中间，是相对于公正行为者而言的中间。”[③] 公正德性的中间是由公正品质在关系中决定的应该，这种应该在具体公正行为中就是“应得”。这就进入社会伦理的层面，即一个公正的社会就是要让人得其应得，这并非仅仅限于分配领域，而是存在于矫正正义和程序正义之中，应得的公正秉性就是合法与公平。

总之，无论是“中庸”还是“中道”，其要旨都是实现相对平衡，或者是欲望的平衡，或者是行为的平衡，最根本的是共同体中的各种利益关系的平衡。“中”既是标准，也是方法，更是境界。这样的伦理法则虽然不是激励性的、冲撞性的、外扩性的，但它是平衡性的、协调性的、稳定性的，从一种相对“保守”的立场，确保社会伦理秩序的相对稳固，伦理法则的魅力也许就在于对人类精神家园的“保”与“守”。

四　“和”的法则

其实，在中庸之道中不但蕴含了“尚中”的方法，同时也有“尚和”

---

① 周辅成：《西方伦理学名著选辑》上卷，北京：商务印书馆 1987 年版，第 296 页。

② 〔古希腊〕亚里士多德：《尼各马科伦理学》，苗力田译，北京：中国社会科学出版社 1999 年版，第 40 页。

③ 黄显中：《公正德性论——亚里士多德公正思想研究》，北京：商务印书馆 2009 年版，第 262 页。

的要求，强调统一与和谐。“尚和”本身体现了“中”与“和”的不可分割性：“和”是“中”的目标与结果，“中”是“和”的前提与保证。从“中”至“和”是伦理法则本身的内在逻辑，“中”也是“和”作为伦理法则的社会显现，因为“中”内在于事物之中，“暗”中支配“和”。

在中国，“和”文化的历史源远流长，在发展中逐渐形成了一个庞杂的价值体系。从字面意义上来看，和、合二字的含义相通。如唐代学者孔颖达在解释《礼记·郊特牲》时说，“和，犹合也”。[①] 在《说文解字》中，和从口禾声的“和”或“口禾”字：“咊，相应也。从口，禾声。”[②] 其本义是与声音、音律有关，并引申出和谐、和睦、和乐等意思。“和”理念是中华传统文化中最具代表性的思想精髓之一，也是标志性概念，它是中国古代人民在生产劳动中总结出的一种生存和处世之道。“和”的理念创造性地融合、吸收了中国古代儒家、道家、墨家、佛家等传统文化，并在此基础上形成了一套关于万物并育、万众共生的思想理论。“和”作为一种伦理法则价值内涵丰富，具体包括了和平、和谐、和合三个层面，和平是基础，和谐是机制，和合是境界，三“和”一体，就是伦理世界的“大同”。

“和平”的侧重点是“平”，意味着平安、太平、平顺。“和”的本质在社会、国家和世界层面就是天下太平，就是没有纷争、没有战争，意味着冲突的消除、矛盾的化解、和平共处、彼此安好。和平是任何一个共同体生存与发展的基本，也是个体生命与生存的根本保证，矛盾、冲突、纷争、杀戮是伦理之大敌。中华民族的王道文化十分崇尚和平文化。《尚书·洪范》里说：“无偏无党，王道荡荡；无党无偏，王道平平；无反无侧，王道正直。”所以，治国安邦首先必须“正人伦”“明人伦”，以伦理道德作为国家治理之重策，故中国有“礼义之邦”之称。“礼义之邦”就是通过以礼制欲、以理节情，“力图让人们保持一种乐而不淫、哀而不伤、怨而不怒的中庸平和心态，主张‘和谐宁静’、不引起心灵震荡的‘中和心态’”。[③] 这样的价值追求与国民心态，就会形成一个人与人平安相处的

① 陈秉公：《论中华传统文化“和合”理念》，《社会科学研究》2019 年第 1 期。

② 许慎：《说文解字》，江苏：古籍出版社 2001 年版，第 32 页。

③ 蔡德贵：《儒家的秩序的和平论》，《孔子研究》2003 年第 4 期。

生活共同体，一个安定祥和的生活栖居之地。所以，中国思想史上的各家各派都致力于追求“大同世界”，如道家的“小国寡民”、道教的“仙境”、佛教的“极乐世界”、文学家笔下的“桃花园”“君子国”等。这种“大同世界”不仅仅是要“邦内”和平，而且要天下一家、四海太平、“万邦协和”、“万国咸宁”。国与国之间更需要和平，反对冲突，反对战争。即使对于现实中不可避免的战争，我们也要倡导“义兵”“义战”，“以至仁伐至不仁”（《孟子・尽心下》），救无辜百姓于水深火热之中，这种施爱于民，本身就是正义的。因为“战争作为处理人类公共事务的一种政治手段，其真正的目的应该是和平”。[①] 人类发展的历史似乎遵循着弱肉强食的丛林法则，国与国之间为争夺国土与资源，战争时有发生，特别是第一次、第二次世界大战，给人类带来了空前的灾难。也许正是战争及其引发的灾难，才使和平显得特别珍贵，和平与发展才是人类追求的永恒主题。一个负责任的大国不仅要对自己国家的发展繁荣负责，也要对人类的整体命运负责；不仅要致力于建设国内的和谐社会，而且要致力于建立和谐世界。“和谐世界理念是基于对现实的深刻反思和积极反应而提出的一种新世界观，是综合了世界各国、种族人民对平等、正义、和平等普遍价值的共同追求的国际伦理观，是人类发展的共同目标所支持的新的全球治理观。”[②] 这就需要建立一种以和平为主导的人类伦理，而发展也应该是基于人类整体利益的发展，并非某个国家或地区的单一发展。这就需要打破单一的民族国家主义，建立世界社会，建立一种具有普遍意义而又具体化的全球伦理。长期以来，“所有国家共同体伦理都曾经是封闭的。从今以后，我们需要创立一种人类共同体伦理，它能够在整合中尊重各民族国家的伦理”。[③] 人类共同体伦理最基本的伦理法则只能是和平法则，以任何理由发动的侵略战争都是非正义的、反人类伦理的，都应该遭到全世界人民的反对。

世界社会实现了和平，和谐社会与和谐世界才可能实现。“和谐”的侧重点是“谐”，意味着协调、协作、协同。“和”的本意就是天下农耕，人人有饭吃，天下就太平；“谐”，从言从声，可理解为如果人人都能发声

① 左高山：《战争镜像与伦理话语》，长沙：湖南大学出版社 2008 年版，第 27 页。

② 左高山：《战争镜像与伦理话语》，长沙：湖南大学出版社 2008 年版，第 11 页。

③ 〔法〕埃德加・莫兰：《伦理》，于硕译，上海：学林出版社 2017 年版，第 236 页。

说话，并且能协调一致，天下就安定。前者强调人的生存权，后者强调表达权，二者皆有，就是和谐社会，就是世界大同。从本义引申，“和谐”的本质在于把握事物之限度，强调“和而不同”，强调各事物之间的协调一致，强调事物多样性的统一。“和而不同”揭示了事物统一性下的差异性，特别是作为一种文化价值观，其实质在于尊重多元文化的平等与共存。未来的世界文明不是西方文明与东方文明的根本对立甚至相互取代，更不可能是任何一方的单线发展，而应该是全球各民族文明的综合创新，是形式多样化、丰富化的全球新文明。[①] 尽管冷战后出现了一定程度的文明冲突，但任何文化霸权主义都是不可取的。“和平与文明的未来都取决于世界各大文明的政治、精神和知识领域之间的理解与合作。”[②] 中国的崛起非但不是威胁，相反，会给世界文明的创造带来新的生长点和平衡点。“和实生物，同则不继”“异以贞同”“杂以成纯”，这些伦理智慧与准则是中华文明得以绵延不断的原因。“和平、和睦、和谐是中华文明五千多年来一直传承的理念，主张以道德秩序构造一个群己合一的世界，在人己关系中以他人为重。倡导交通成和，反对隔绝闭塞；倡导共生并进，反对强人从己；倡导保合太和，反对丛林法则。中华文明的和平性，从根本上决定了中国始终是世界和平的建设者、全球发展的贡献者、国际秩序的维护者，决定了中国不断追求文明交流互鉴而不搞文化霸权，决定了中国不会把自己的价值观念与政治体制强加于人，决定了中国坚持合作、不搞对抗，决不搞‘党同伐异’的小圈子。”[③] 要实现“和而不同”，关键是协调好“不同”或者差异。世间万物，生命百态，人生各异，人们面对差异、多样化的丰富世界，有两种截然不同的态度：一是“灭异而归同”，二是“存异而求同”。“灭异而归同”是通过消除差异而实现一致，这种一致是一种强制的一致，最终导致灭亡，因为任何系统元素的机械单一组合都是无生命力的。这是一种绝对否定性思维，要么你死，要么我活，其常用手法就是“毁灭”对方。“存异而求同”是通过承认、尊重差异而实现一致，

① 李晓东：《全球化与文化整合》，长沙：湖南人民出版社 2003 年版，第 188 页。

② 〔美〕塞缪尔·亨廷顿：《文明的冲突与世界秩序的重建》，周琪译，北京：新华出版社 1998 年版，第 372 页。

③ 习近平：《在文化传承发展座谈会上的讲话》，北京：人民出版社 2023 年版，第 4 页。

这种一致是一种相融的一致，最终实现共生，因为系统的差异性元素会相互取长补短，实现你中有我、我中有你，其主要途径是共享。显然，只有“存异而求同”才是符合伦理精神的。因为“从表面上看，价值冲突的起因是市场配额的不均等，利润瓜分的不公平，生息领地有争议，宗教信仰有分歧。但从实质上看，一切冲突都根源于非此即彼、主客二分、你死我活、势不两立的不相容价值抉择”。[①]

“和合”的侧重点是“合”，意味着契合、合作、合一。“和合”一词来源于“和”与“合”两个字的组合，“和”有和谐、和顺、和平等义，“合”有合作、结合、融合等义。由此，“和而不同”“求同存异”“协和万邦”“天人合一”便成了和合理念的题中应有之义，它包含着对实现人类社会和谐发展、合作共赢的美好愿景。关于“合”字，“亼口”，亼的意思是：“三合也。从入一，象三合之形。”[②] 后引申为众多、汇集、汇合之意。因此，和合二字便是对世界上众多不同事物之间关系平衡、统一状态的描述，和合也就是多样性的统一。商周时期，“和”与“合”还尚未连用，“和”的概念使用得更多一些。和是指各种不同因素的统一与结合，最初是用来揭示世间万物发展变化的规律的。如西周太史史伯从“和实生物，同则不继”的角度来解释事物的运行、变化的规律。这说明，正是各种不同因素的组合、交会、相生才造就这样一个丰富多彩的世界，而缺少差异、矛盾因素的社会则会停滞不前。由此来看，社会治理的最高境界应该是“和”而不是“同”。后来这样一种世界观被运用到了治国层面，用来约束执政者，提醒其不要害怕矛盾，要敢于直面异议与听取百姓的意见。“若以同裨同”（《国语·郑语》），则会导致居上位者趋于独断专行，而居下位者一味阿谀奉承，长此以往，国家治理就会陷入混乱。春秋时期，“和”“合”两字开始连用，如《吕氏春秋》中的“天地合和，生之大经也”，和合二字被用来形容事物变化、发展之源。孔子进一步把“和”引入社会生活领域，并将其视为一种重要的个人品德，他认为“君子和而不同，小人同而不和”（《论语·子路》）。换言之，能否“和”而非“同”

① 张立文：《和合哲学论》，北京：人民出版社2004年版，第42~43页。

② 许慎：《说文解字》，江苏：古籍出版社2001年版，第108页。

是区分君子与小人的重要标准。孟子继承了孔子对“和”的社会性理解，并将其视为比外在自然环境更为重要的内在因素，“天时不如地利，地利不如人和”（《孟子·公孙丑下》）。荀子则将这种自然规律与人类社会联系起来，提出了“制天命而用之”的社会治理理念，认为“天地合而万物生，阴阳接而变化起，性伪合而天下治”（《荀子·礼论》）。因此，社会的治理应该遵循“和合”的原则，强调顺应、掌握事物变化发展的规律来治理国。道家的始祖老子则提出“万物负阴而抱阳，冲气以为和”（《老子》第四十二章）。他认为任何事物都有阴阳两个矛盾面，只有二者的相互作用才能构成“和”，和则万物生发。在社会现实层面，执政者只有遵循与利用这种自然规律才能达到“无为而无不为”。墨子则从“合”的一面来解读“和合”理念，将这种汇合、集合等上升为执政者团结民众的治理策略，提出了爱无差等、亲疏的“兼相爱”思想。汉代董仲舒则将“和合”理念与个人的修身养性结合起来，指出：“和者，天地之正也，阴阳之平也，其气最良，物之所生也。举天地之道，而美于和。”（《春秋繁露·循天之道》）而后来佛教文化中的“因缘和合”“圆融无碍”等思想也被“和合”理念所吸收、融合。由此，中国古代的儒、释、道等文化都对“和合”理念的形成与发展产生过重大的影响。可以看出，“和合”理念的内在包容性、多样性、辩证性体现出了中国传统文化的核心与精髓。“和合”理念作为中国古代优秀的传统文化，反映出中国古代人民对于世界起源、自然规律、社会生活等多个领域的深刻认知，充分体现了中华民族崇尚和平、友好团结的精神特质。它所蕴含的丰富智慧对实现中华民族伟大复兴和解决全球化时代的人类生存困境有着重大的现实价值，具体表现在三个方面：第一，“和合”理念对于国家的长治久安与社会的稳定团结具有积极的促进作用；第二，“和合”理念为改善全球自然环境，实现绿色、低碳的可持续发展提供了不竭的智慧源泉；第三，“和合”理念对于处理纷繁复杂的国际问题，促进全球和平与发展具有重要的指导价值。“合”应该是一种人类伦理的永恒法则，因为这种“合”不是刻意、强制的“凑合”“黏合”，而是“和合”，是自然而然的过程，是天运人势而顺达的结果，已经超越了“应该如何”的指令性和方法论上的计较，直达至善至美至圣的伦理境界。

第八章　伦理法则的效度

伦理法则虽然不同于道德法则和法律规范，有自身的特殊性，但同样存在效力维度，即内容的科学性、权威的制定性和社会的有效性三个维度，简称“效度”。此处实际上是借用了心理学的“效度”概念，绝无把伦理学变为实验科学的意图，仅仅是因为效度这一概念有助于思考伦理法则有效性问题。效度即有效性，在实验心理学那里是指测量工具或手段能够测出需要测量的事物的程度，是指测量结果反映要考察内容的程度。测量结果与要考察的内容越吻合，则效度越高；反之，则效度越低。如果效度分为内容效度、准则效度和结构效度三种类型，那么伦理法则的效度无疑是属于准则效度的范畴，但又不囿于此。伦理法则同所有法则一样首先存在效力问题，即在何种条件具有约束力和规范力，特别是在价值多元主义和相对主义对伦理法则的效力进行消解的情况下，我们只能在可能性上积极筹谋使伦理法则更好地发挥作用的条件。同时，鉴于伦理法则的实践理性特质，必须充分考虑其即时性与过程性问题，前者为快速显性效应，后者为隐性恒久效应，这往往与社会分层和社会整合有关。伦理法则只有坚持“人类伦理”立场，以不变应万变，以普遍应特殊，以长远应暂时，以本色应特色，方可真正持久有效。这就是讨论伦理法则效度问题的基本思路。

一　伦理法则的效力维度

对伦理法则进行效力上的考究，其实是从法学研究中得到的启示，因为伦理法则与法律规范有诸多的相似之处，或者说伦理学与法学在规范性问题上具有近似性，只不过前者处于自觉与自为之间，后者处于弱制与强制之间，但无论怎样，伦理上的自为都无法达到强制的程度。尽管如此，我们也不会停止对伦理法则效力的思考，因为效力是衡量行为规则的参照之一。

德国法学家罗伯特·阿列克西在《法概念与法效力》一书中认为，效力概念有社会学、法学与伦理学上的三种理解。社会学的效力概念的对象是社会作用视角的效力。“一条规范如何被遵守，或者不遵守时会被制裁，那么它就具有了社会的效力。”[①] 这个定义强调了规范和法则的实际效果，但忽略了具体的分析。如遵守规范是只看结果还是要考虑内在动机？遵守或违反规范存在不同程度的问题，需要有一些“量”的分析。对规范和法则的遵守与否及其社会效果如何，与其说是一个理论判断问题，不如说是一个经验层面上的问题，需要有多维度的具体分析。法学的效力概念，其对象是法律的效力，它必然包含了社会效力的因素，因为，“如果一个规范体系或一条规范毫无社会的效力，亦即它没有展现最低的社会实效，那么这个规范体系或这条规范也不会是法律上有效的”。[②] 由此也产生了实证主义的法律效力概念，但如果它包含了道德效力的要素，那就是非实证主义的法律效力概念，于是乎，法学就要寻找自己狭义上的法律效力概念。伦理学的效力概念的对象是道德的效力，这意味着如果一条规范在道德上是正当的，它就是道德上有效的。道德效力是指作为规范形式的道德基于特定的社会秩序要求，对人们的行为所产生的影响力，其存在前提是道德规范。无论从何种意义上分析，道德效力是源于规范的力量，无道德规范也就无道德效力，即便有无效力的道德规范虚置着，也没有无规范的道德效力发生着。而道德规范具有某种“约定俗成”的自然性，并为伦理法则奠定人性基础。所以，“伦理学的效力概念是自然法和理性法理论的基础”。因为“自然法和理性法规范的效力既不仰赖社会实效，也不仰赖权威的制定，而只是依据由道德证成所证明的内容正确性”。[③] 这里的问题

① 〔德〕罗伯特·阿列克西：《法概念与法效力》，王鹏翔译，北京：商务印书馆 2020 年版，第 71 页。

② 〔德〕罗伯特·阿列克西：《法概念与法效力》，王鹏翔译，北京：商务印书馆 2020 年版，第 73 页。

③ 〔德〕罗伯特·阿列克西：《法概念与法效力》，王鹏翔译，北京：商务印书馆 2020 年版，第 72 页。

是，道德正当性是否可以自我证成，哪怕是最低限度的道德正当性？事实上，伦理学的效力是基于道德正当性，同时又需要社会效用来证实或检测的，并且证实之后的有效性反过来又不断证明和强化道德正当性，其机制又离不开法律意义的强制。可见，伦理法则的效力是伦理规则体系基于一定社会秩序的定位，对人们的社会行为产生的影响力，具有规范力、指向力和持久力三个基本维度。

规范力是伦理法则的权威性效力。伦理法则是否对社会治理有效，首先应看它是否对人的行为有规范（约束）力。规范力是伦理法则效力的生命，它展示了伦理规约的客观必然性。伦理法则的内容是客观的，能动地再现了社会发展的伦理要求，如正义、平等、民主、仁爱、和谐等。对基本伦理法则的恪守是个体获得生存和发展的必要条件，因为无视共同体法则的个体生存，其结果是“淘汰出局”，这是每一个社会人都不愿意得到的结果。作为人类长期伦理实践的产物，伦理法则是人类精神生产活动的结晶。从图腾、禁忌到准则、箴言、义务、责任的形成，最后到抽象的“爱”的法则、“公”的法则、“中”的法则与“和”的法则，生动地显示了伦理法则的属系发生过程，这是一个从低级到高级、从“粗俗”到“精致”、从自发到自觉、从具体到抽象的渐生过程，体现了人类伦理生活的客观历史必然性进程。所以，在一定意义上，伦理法则的规范力是伦理效力的根本体现。规范力也昭示了伦理活动的社会制约性。人是一切社会关系的总和，社会是人类生活的载体。荀子说：人“力不若牛，走不若马，而牛马为用，何也？曰：人能群，彼不能群也”（《荀子·王制》）。这种素朴的观念概括了人类合群的社会伦理本性，而伦理法则是对人这种合群本性的理性规定。为了群体的生存安全，社会需要一定的外在规范约束人的个别行为，调节社会互动中所产生的利益冲突，以协调行动、共同发展。伦理法则适应了这一客观要求，作为人的自然冲动的限制物产生并外在地制约了人的行为，规划人的行动方向。所以，只要是处于社会关系中活动的人，都会置身于现实的社会规约之中。伦理法则对于社会个体来说就构成了一种现实的社会制约力量，表明了人的自由与社会的制约是并存的，自由是内在目的，制约是外在保障，伦理法则的规范力就在二者的有机统一中生效。当然，这里存在一个纯粹规范性与客观现实性的相互解释问题。也就是说，如果规范能给行动提供解释的话，规范就是有效的，这种解释可能性是正向符合的，也可能是反向禁止的。“如果所有的活动能够被理解为规范的遵守或者否则就产生一个制裁，那么，就存在现实的社会，也就是规范的有效性。”① 伦理法则的规范力得以实现并有效，其实从人的内在性而言，还是源于人的理性能力。人类固有理智力量驱使人们放弃自然状态，在理性指导下过合乎善的生活。因为“全部道德文化的主要目的是美德和培养理性意志，使之成为全部行动的调节原则，我们把这种德性或美德称为自我控制”。② 这里所说的“理性意志”“自我控制”是指人的理性自觉，是外在的道德规范内化了的理性自觉，因而构成了人的精神动力基础，驱使人自觉约束本能，控制欲望，自为地追求善的目标。

指向力是伦理法则的对象性效力，是对伦理规范（约束）力的矢量规定。伦理法则的规范力是一种应然指向和理想目标，是指导人们循善行动、追求正义的未实现的力量。只有具体落实到人的行为，使具体的人接受规范，伦理法则的规范力才能实现。可见，伦理法则的规范力存在一个指向性问题，即某一伦理法则对哪些人有约束力，对哪些人无约束力。所以，伦理指向力构成了对伦理法则效力的矢量描述，具体规定了伦理效力对人的规范界限。在现实的社会生活中，由于多种复杂因素的影响，人的社会角色是多重性的，人的道德觉悟也是高低不同的。因此，社会的伦理道德规范体系往往是分层次且有针对性的。针对不同角色身份和不同道德水准的人，规定了不同的伦理准则，这些伦理准则的指向力是层次有别、范围各异的。一般来说，在社会伦理生活中，社会公共伦理的指向力最具普遍性，其伦理约束力覆盖着每一个社会成员，所以，社会公德与教育是社会伦理实践的重要途径。社会公共伦理往往由两部分构成。一是全人类共同伦理。它发源于人类共有的人性和共同的生存与发展序列所要求之最低限度，即为了形成正常的社会生活秩序，人们所应共同遵守的一些最简单、最起码的公共生活规则。其约束力指向人类社会的每一个人，反映了

① 〔德〕京特·雅科布斯：《规范·人格体·社会——法哲学前思》，冯军译，北京：法律出版社 2001 年版，第 44 页。

② 〔德〕弗里德里希·包尔生：《伦理学体系》，何怀宏、廖申白译，北京：中国社会科学出版社 1988 年版，第 41 页。

一个有序社会的起码标准和一般要求。二是全民公德。它反映了生活于特定政治、经济、民族区域下的所有社会成员的共同利益和一般要求。譬如，我国的“五爱”公德就是从我国社会主义实际和各族人民的共同利益出发，向全体中国公民提出的共同道德要求，目的在于形成社会主义社会的公序良俗。对于特定生活领域和角色位置的伦理规范来说，它们的指向领域则相对封闭，仅对特定范围的行为主体具有约束有效性、规则强令性。譬如，职业伦理适用于不同行业的从业人员，家庭伦理指向家庭生活中的成员，场合伦理针对特定交往场所的互动各方，年龄方面的伦理指向不同年龄段的社会个体。这些伦理规范通常不能跨越适用范围，一旦指向不对，伦理法则的规范力就失效。当然这种特指性是相对的，仅仅是在伦理生活的“横断面”的空间上有针对性，如果置于时间的流动性之中和人的存在的“角色丛”中，伦理法则的规范效力就大大降低了。

持久力是伦理法则的时间性效力，即因其具有恒久性价值而不会被任意“删除”。伦理法则的效力无法单纯建立在具体的“条款”上，也无法建立在某一具体权威承认这类事实的基础上，而是建立在一个较高位阶或最高位阶之应然、一种超实证之价值基础上。即便伦理法则体系中某一具体规则满足正义要求不够，也没有完全满足合目的性的要求，它无论如何也至少满足了一种价值，这就是伦理的持久性价值。[①] 伦理法则与法律规范不同，没有明确（明显）的时效性问题，即不考虑生效和失效时间，也许有些二阶或三阶规范因时代发展而过时，其规范内容会有些变化，有新的规则产生，也有陈旧的规则消亡，但其维系社会整体伦理精神和伦理秩序的伦理法则不会变。我们不能说某一历史时刻可以放弃正义法则，某一时刻可以不需要仁爱精神，也不能让伦理法则在某一时间段上“试行”或“暂行”。与此同时，伦理法则在时间效力上也不存在溯及力问题。溯及力就是某一规范对其生效前的行为和事件是否适用、是否具有约束力的问题。“如果能够适应，有约束力，就是有溯及力，或者叫做溯及既往；如果不能够适应，没有约束力，就是无溯及力，或者叫做不溯既往。”[②] 伦理

---

① 参见〔德〕拉德布鲁赫《法哲学导引》，雷磊译，北京：商务印书馆 2020 年版，第 42～43 页。

② 孙国华主编《法理学教程》，北京：中国人民大学出版社 1994 年版，第 445 页。

法则具有普遍适应性，其约束力是持久存在的，只是约束的程度可能因行为主体的道德水平和社会环境因素不同而有所不同。当然，我们也不能因此就把伦理法则视为“一劳永逸”的存在，除了其精神实质不变外，也要“因时而变”“因势而变”，增强其适应性，进而达到增强有效性的目的。

极有必要在理论上强调的是，伦理法则的效力本身是应当实现的影响力，这并不等于说伦理法则效力是被实现了的影响力，伦理法则效力和伦理法则实效是两个不同的范畴。伦理法则的实效在本质上是“实然”而不是“应然”，是指伦理法则效力在社会秩序中的实际运作效果，即伦理法则被事实上接受和实现了。例如，“不得偷盗”，该伦理律令就其效力其言，一切人都应当遵照执行，但若有人真的偷盗了，只说明伦理效力太弱，没达到理想的实效，但不能说没有效力。当然，伦理法则的效力和实效是密切联系的，效力要最终转化为实效才能落到实处，实效是效力的正常结果。伦理法则效力需要最低限度的伦理实效来保障，若某一伦理规范基本上被虚置而收不到实效，则它很难维系其效力的存在。“任何规则如长期无实效即不再被视为这一制度的一个规则”,① 就有可能因被普遍漠视而被废弃。

二 社会暗示与伦理强化

那么如何保证伦理法则的效力可以持续地转化为实效呢？从思路上大体有两种：一是指导并强化人的行为，让人做出正确选择，如意识形态层面上的大力倡导与各种规章、制度、规范的明示；二是社会暗示，即社会通过习俗、宗教、启蒙作品、文学艺术、人生格言等无形的规则文化进行暗示。健全的社会都具有自身的“自组织性”，或自我调节机制，社会暗示就是其中之一。我们在强化伦理法则的实效性时往往容易注重选择而忽视或低估暗示。因为我们相信，人是理性动物，人具有成熟的思考力和意志力，人们习惯于选择，而选择“突出的是人性的智力组织或智力综合的

① 〔英〕哈特：《法律的概念》，张文显等译，北京：中国大百科全书出版社 1996 年版，第 104 页。

相对完善的过程”。[①] 面对复杂的社会关系与环境，人们会不断地慎思与反省，然后进行行为选择，唯其如此，才能拥有正确的生活方式，这是人的一种高级和复杂的智力生活。而社会生活同时也有简单与机械的一面，不愿意唤起高级意识，更不想启动反思的意志，而是追求自然而然的生活，这是一种富于暗示性的个人意志生活。这是否意味着选择与暗示造成了社会意志与个人意志的对立？其实不然，“它们之间不存在真正的界限，它们是同一事物的两个方面的表现。我们能够做出的任何一个选择都是以某种方式对普遍生活中产生的诸多暗示的综合”。[②] 伦理生活中的选择其实既是原因也是结果，不能排除暗示的影响，或者说，我们的某些选择本身就是受暗示驱使的，暗示就是一种无形的选择，只是这种选择接受暗示性的程度不同而已。伦理法则的生效，始终离不开社会暗示。罗斯在《社会控制》中也认为：“注意从社会舆论、社会观念或社会评价等方面的结果中辨别社会行为规则作用的方式，是极为重要的。”[③] 之所以一个人屈从社会舆论，是因为他惧怕社会舆论；他认可一个社会观念，是因为早已承认了这个观念；他采用一个事先决定好的社会判断来指导自己的行为，是因为他相信这个判断。“总之，他服从社会规范并不根据什么理由，而是由于感到必须如此。用当今的话说就是：他是被社会暗示困住了。”[④] 这种“困住”就其消极意义来说是迫不得已，而就其积极意义来说是一种主动“就范”。无论是主动还是被动，“社会的暗示都像太阳一样，而我们就像围着它运转的小行星”。[⑤] 伦理法则会在不断的社会暗示中强化其规范效果。

社会暗示对伦理法则效力的影响往往通过范例、期望、反暗示等因素（环节）来完成。

---

① 〔美〕查尔斯·霍顿·库利：《人类本性与社会秩序》，包凡一、王源译，北京：华夏出版社 1989 年版，第 34 页。

② 〔美〕查尔斯·霍顿·库利：《人类本性与社会秩序》，包凡一、王源译，北京：华夏出版社 1989 年版，第 35 页。

③ 〔美〕E. A. 罗斯：《社会控制》，秦志勇、毛永政译，北京：华夏出版社 1989 年版，第 114 页。

④ 〔美〕E. A. 罗斯：《社会控制》，秦志勇、毛永政译，北京：华夏出版社 1989 年版，第 114 页。

⑤ 〔美〕E. A. 罗斯：《社会控制》，秦志勇、毛永政译，北京：华夏出版社 1989 年版，第 114~115 页。

从社会暗示过程来看，“最先套在人们脖子上的绞索是范例”。[①] 所谓范例，就是可以仿照的榜样。《论衡·物势》中说：“今夫陶冶者，初埏埴作器，必模范为形，故作之也。”可见，“范”就是用以浇铸或陶冶用的“模子”。“例”就是类比，亦即仿照的准则、规程的意思，比如“条例”。范例就是指可具体感知的、特定的、实现的榜样。“它不同于理想目标或观念构思，它是应效仿的模式，但不是奋斗的未来，它就在生活的今天中，而不是在憧憬中，它就在身边，而不是明天。”[②] 范例是伦理精神的现实体现，也是伦理法则的“刻板”形式，它从一般性上反映了社会最普遍的伦理要求，并不趋向于道德进步，而仅仅是伦理生活水准的“校平仪”。正因为范例使人获得一种伦理上“随波逐流”的安逸感，而不必让人刻意行善去获得道德赞誉，所以就轻而易举地实现了社会暗示，其中就存在着一种无声的、精妙的道德渗透力。

与范例力量不同的是社会期望的力量。社会期望是指社会或群体根据个体所处的社会地位及其所承担的社会角色所提出的希望，它反映的是社会公认的伦理价值标准和行为规范。于个体而言，社会期望有助于个体良好行为动机的形成。个体会根据社会对他的伦理期望而表现出他对社会伦理规范的遵守，以求获得社会的认可与赞扬。社会期望有不同的层次，如国家的、政党的、学校的、班级的、家庭的以及伙伴的等，但它不同于正式的法律、规章等行为调节机制，它具有不成文的和并非总是可以意识到的性质，并且是通过社会定式、社会定型、知识要素、评价及信任等形成的。故个体要对社会期望有义务感，尽力使其内化为个体的成就动机；同时，还要有权利帮助周围的人的行为符合他们的角色期望。社会期望在个体身上得到有效实现，又反过来增强或提高社会期望，伦理法则就在社会期望与个体接受的双重作用中不断强化。

当然，社会暗示不止于正面引导，还要进行“反暗示”，即将哪些事情不可为，告之于世，筑起“伦理红线”。可见，社会暗示是倡导性与禁

---

① 〔美〕E. A. 罗斯：《社会控制》，秦志勇、毛永政译，北京：华夏出版社 1989 年版，第 116 页。

② 曾钊新：《道德心理论》，长沙：中南工业大学出版社 1987 年版，第 145 页。

止性的统一。社会伦理法则对社会的“负面”现象是明确禁止的，对假恶丑现象是明令禁止的，在此意义上讲，这已经不是暗示而是明示了。大到国家法律法规，小到家风族规，都规定了许多明确禁止的言行，特别是在文化传统和道德生活史上可以看到许多人类一直都禁止的行为。人类这种禁止性的伦理觉悟是从活生生的道德事例中产生的，生活禁忌不是一种理论构设，而是实践证明。设置伦理法则的“底线”或“红线”更是一种明的暗示，特别需要提供人类伦理生活的“负面清单”。

社会暗示对伦理法则效力的影响途径主要有习惯、传统与教育。

“习惯”一词在心理学中是指“不需特殊的练习，由于多次重复而形成的对于实现某种自动化动作的需要”,① 或者就是“由于重复或练习而巩固下来并变成需要的行为方式”。② 在社会学中，习惯一般是指人类在漫长的生活中沉积下来的习性、风俗、惯例等，作为有利于社会暗示的习惯兼具心理学与社会学二义。在人类的早期，没有稳定的、具有统治性的、给人以暗示的习惯，也没有个性概念的建立。“如同只有到了一些植物的根系能固定流沙的时候，流沙才会变成土壤那样，只有到一些观念的力量能控制和抵御内在暗示浮现之日，放荡不羁的心境才会成为灵魂。”③ 相对于行为个体，特别是在其童年时期，习惯是一种外在约束。也正是因为遵循习惯，人的社会化才得以完成。特别是语言形成后，它把历史上形成的观念、概念记录了下来，把无形的习惯变成可书写的历史。全部的习惯都是人类创造的，并且不断地暗示着后代，同风俗一样构成秩序的维系力量。与此同时，习惯越远久、越古老，暗示性就越强大、越深刻。因为一种习惯就是某种精神寄托，寄托越久，影响就越深，这是一种伦理法则效用的强化优势，人们也“只有遵照习惯才能赢得他人对自己的绝对必要的信任”。④

传统也是重要的社会暗示。传统一般是指世代相传、从历史沿传下来

① 林传鼎等主编《心理学词典》，南昌：江西科学技术出版社 1986 年版，第 26 页。

② 彭克宏主编《社会科学大词典》，北京：中国国际广播出版社 1989 年版，第 324 页。

③ 〔美〕E. A. 罗斯：《社会控制》，秦志勇、毛永政译，北京：华夏出版社 1989 年版，第 139 页。

④ 〔德〕赫尔曼·海因里希·戈森：《人类交换规律与人类行为准则的发展》，陈秀山译，王辅民校，北京：商务印书馆 2000 年版，第 143 页。

的思想、文化、道德、风俗、艺术、制度以及行为方式等，它对人们的社会行为有无形的影响和控制作用。传统的伦理暗示功能往往偏重于社会宏观层面和社会公共事务管理层面。如奥克肖特[①]就用“传统”概念来理解政治现象。他指出：“一个行为传统是脆弱的和捉摸不定的，却不是没有同一性的，它之所以能成为知识的可能对象，是因为它的所有部分不是同时变化的，它经历的变化潜伏在它之中。它的原则是延续的原则：权威散布在过去、现在和未来之间；散布在老的、新的和将来的东西之间。它是稳定的，因为虽然它运动，它不是完全运动；虽然它静止，它不是完全平静。”[②] 换言之，传统包含着习俗、制度、法律、外交决定等社会的种种安排，这些安排“都既是连贯的，又不是连贯的；它们构成了一种格式，同时又暗示了对没有完全出现的东西的同情”。[③] 因此，“在政治活动中，人们是在一个无边无底的大海上航行；既没有港口躲避，也没有海底抛锚，既没有出发地，也没有目的地。事情就是平稳地漂浮；大海既是朋友，又是敌人；航海技术就是在于利用传统行为样式的资源化敌为友”。[④] 政治活动正是立足于“传统”之上，探索其所暗示的同情。可见，奥克肖特强调政治目的并不是内生性的，而是对“传统”中不连贯的补救。[⑤] 正如周明军指出的：“这种在‘传统’中权衡的过程，就是政治，所以政治也就是在传统所允许的‘暗示’、‘可能’之下，对现有的‘生活中的安排’做出调整和改变。”[⑥] 总而言之，无论是瞬间的欲望还是一般性原则都不能产生政治目的，非政治的政治观强调，政治目的只能在作为政治基础的“传统”中探寻。虽然奥克肖特在政治上是一个保守主义者，但他重视传统在政治

---

① 本书正文中统一用“奥克肖特”，但脚注中使用相应原文献的译法，与原文献一致。

② 〔英〕迈克尔·奥克肖特：《哈佛演讲录：近代欧洲的道德与政治》，顾玫译，上海：上海文艺出版社2003年版，第53页。

③ 〔英〕迈克尔·欧克肖特：《政治中的理性主义》，张汝伦译，上海：上海译文出版社2007年版，第48页。

④ 〔英〕迈克尔·奥克肖特：《哈佛演讲录：近代欧洲的道德与政治》，顾玫译，上海：上海文艺出版社2003年版，第51页。

⑤ 〔英〕迈克尔·欧克肖特：《政治中的理性主义》，张汝伦译，上海：上海译文出版社2007年版，第48页。

⑥ 周明军：《追求暗示的政治：奥克肖特政治观研究》，北京：世界图书出版公司2016年版，第92页。

生活中的暗示，提出政治有限性思想，为政治找到了伦理新质。

尽管传统习惯的伦理暗示力非常强大，但于个体而言，在不同的年龄段其效应是不同的。人在童年阶段，由于缺乏坚强意志，容易受暗示；人到中年，有了比较强的个性，容易反暗示；人到老年，价值观基本稳定，容易以自己的“老资格”去暗示别人。这也是伦理法则生效的“时年”考虑。社会暗示的主动形态还是教育，教育更能加速强化伦理，因为“虽非全部，但也是大部分建立在教育基础上的道德能力都以各种方式与暗示的力量联系在一起”。[①] 尽管教育的层次与方式是多种多样的，但于伦理强化而言无非是师长的劝诫、被经常引用的人生格言、被牢记的经书条文、各种警世箴言等，它们都对行为具有强有力的暗示。如果能够通过实例证明和解说其正确性，这些暗示更能够引起人们的注意，使人确信。当然，家庭教育、学校教育和社会教育在内容上不尽相同，但在道德教育上必须保持一致与可持续，绝不能让家庭教育只重智育、学校教育只追求升学率，把公民道德教育的责任完全推给社会。

总之，社会暗示的强度和潜力与伦理法则的效度相关，但社会暗示是一种“单相思”的属性，在没有受众自觉接受的状态下，社会暗示的作用不太明显，这就需要激活人主动接受社会暗示的动力与活力，提高人的伦理选择能力，以弥补暗示之不足，特别是在文化多元主义和相对主义盛行的时代背景下。

三　多元主义时代的伦理选择

如果说社会暗示对于伦理强化的效果是被动实现的，那么提高人的伦理选择能力则是强化伦理法则效应的主动作为。这里需要讨论三个主要问题：一是面对既定伦理法则是否有选择的可能；二是在价值多元主义背景下如何进行伦理选择；三是如何从伦理选择看伦理法则的有效性。

选择活动是人类所特有的有目的的活动，是在面临多种可能性情况下

---

① 〔美〕E. A. 罗斯：《社会控制》，秦志勇、毛永政译，北京：华夏出版社 1989 年版，第 124 页。

的价值取舍。人的一生会面临诸多事情，有的是“被动”的选择，只有服从与“认命”，如出身、父母、故乡、亲缘关系等；而许多是主动选择的结果，如职业、婚姻、朋友、生活日常等。伦理选择与这些选择不同，它是一种基于自由意志的自觉自愿的选择，是一种价值上的取舍，有时甚至是价值两难选择中的取舍。我们会面临无数次的选择，特别是社会生活的复杂性和不确定性的增加，常常会把许多充满矛盾的复杂情形推到我们面前，要求我们做出选择。如遇到处于危难中的人，是伸手援助还是视而不见？面对别人的贿赂，是笑纳还是严词拒绝？伦理选择必须具备三个条件：一是选择主体要有自由意志，不是被强迫；二是要有自觉意识，即能意识到自己在选择；三是有选择的可能，即有多种情境，哪怕只是两难情境。这当然只是必要条件，而要真正实现伦理选择，实际要深思的问题是，既然伦理法则是预定的，并且也是必须遵守的，面对具有权威性甚至“绝对命令”性质的伦理法则，人们还有选择的可能吗？除非是违背伦理法则的选择，或者伦理法则本身也是可以被拆分的，否则同一伦理法则可以适应于不同的情境，这个充分条件如何给出？这里涉及对意志自由这一古老问题的认识以及如何看待伦理法则的普遍绝对性问题。

在伦理学史上，关于意志自由历来存在两种十分极端的看法。一种是从根本上否认人有意志自由的决定论观点，另一种是无限夸大自由意志的观点。在决定论看来，人的任何行为都是普遍的因果联系中的一环，人是无法掌控的，至于决定人的行为的背后原因是什么，解释各有不同。[①] 如生物决定论认为，自然界的各种生物，包括人在内，都是自然进化的结果，而进化就是遵循适者生存的原则，人是无所谓自由的。物理决定论认为，整个世界都受自然法则的支配，而人在本质上也是物质的，因而也受物理规律的支配，自由对人来说不过是幻想。宗教决定论认为，上帝（神）创造了包括人在内的世界上的一切，人的一切都受上帝（神）的支配，人根本没有选择的自由，只有上帝（神）才能拯救自己。文化决定论认为，人是文化的产物，人的心性与行为都离不开所处文化环境的制约，

① 参见〔美〕J.P. 蒂洛《伦理学：理论与实践》，孟庆时、程立显、刘健等译，北京：北京大学出版社 1985 年版，第 109~116 页。

人的一切行为都是文化规则决定的，没有丝毫自由可言。基因决定论认为，每个人都是从父母那里接受基因的，基因决定了每个人的特质，而人无法改变基因，自由更是无从谈起。还有心理决定论认为，人的行为要么被自然驱动力和无意识动机决定（弗洛伊德），要么受物质环境或社会文化环境的偶然制约，自由不过是人的幻想。凡此种种，无非是说人没有自决能力与自由，一切都是由外在东西决定与制约的，人在伦理法则面前同样如此。至于过分夸大自由意志作用，根本无视社会环境和社会条件的制约，一切由自我决定的观点，同样是割裂了人与外在客观因素的关系，只看到了人的主观能动性的一面，而忽视了其客观制约性。所以，伦理选择的前提——自由意志只能是绝对性与相对性的统一，是社会制约性和主观能动性的统一。当然，我们如果不把伦理法则当成一种外在制约，而是一种自觉的道德追求，在伦理法则的精神体系内获得行为自由，那么上述的种种决定论就没有什么意义了。

同时，我们还必须明确，伦理选择不是对伦理法则的选择，而是在统一的、普遍的伦理法则指导下在不同情境下的选择，这其中可能有善与恶、正义与非正义等价值上不同质的选择，也有恶与恶、善与善、正义与正义、非正义与非正义之间的程度（量）上的选择。如果是第一种情况，坚持正义的伦理法则，反对一切损害社会正义的行为，那就没有任何犹豫可言，这是原则性选择；如果是第二种情况，即在相同价值内的程度选择，如自由、尊严、富裕、事业、爱情、友谊、家庭都是构成人幸福的因素，如果它们之间发生冲突，那我们的选择，并不影响伦理法则的根本精神，而只是个人的某种策略性选择。所以，伦理法则在个体面临选择性行为时，其效用在个体、社会和人类三个层面上是有差别的。个体意义上的伦理选择只是更多地受制于自己的需要和内在的良心法则，只存在自我伦理的平衡问题。在社会层面，由于社会不同组织或共同体的利益不同，每一个（级）组织或共同体的利益的得失可能影响到整体社会利益，此时我们的伦理法则以社会整体利益至上为最高法则。而当国家（民族）与国家（民族）之间出现利益冲突的时候，如果冲突双方都仅从自己的利益出发（不同于主权原则），那就会给整个人类带来灾难，这个时候伦理法则就以人类共同利益为重。伦理法则在不同的利益层面均有体现，同时又有不同要求，这种“弹性”非但不会影响其“刚性”要求，反而会有效地发挥着协调与均衡作用。

当然，无法回避的现实问题是，在价值多元主义时代如何正确、有效地进行伦理选择，关键是如何科学理解伦理上的价值多元主义。多元主义是相对一元主义而言的，特指事物发展到了一个很丰富的阶段，有多种思想观点和主张，同时也有多种分歧意见。它可以适应于社会生活的不同领域，如政治多元主义、多元文化主义、经济多元主义等。我们在此所说的多元主义主要指多元文化主义，或者更具体地说就是伦理道德的多元主义，以区别于当下比较盛行的政治多元主义，虽然它们都是“价值多元主义”。但是后者是一种与政治自由主义相关的观点，主要关注的内容是政府可以根据自己的价值观对人们的自由施加限制，这显然不属于我们在此讨论的范围。我们从伦理选择意义上充分考虑多元文化主义问题，因为“多元文化主义也变成了国际发展领域的一种主导力量”。① 但对多元文化主义不能做固定性理解，因为对它的理解更多的是一种致思方法，如在社会学意义上这种理解可能就是三个问句：多元文化主义是经过验证后的事实吗？它只是政治和道德哲学讨论中的一种立场吗？它是一种政治行为准则吗？② 这说明，多元文化主义不是一种“事实”，而是一种“挑战”，是伦理选择无法回避的挑战。但这种伦理选择往往是广义的，或者说是公共决策意义上的，不是个体意义上的最终选择，而只是一种公共决策的可能的方案。伦理学（政治哲学）的方法将使多元文化主义变成一个可能性的答案，而不是有待解决的问题。③

伦理法则具有更加广博的意义，在商业社会中甚至成为文化资本的一部分。但作为多元文化主义基础的文化相对主义坚持文化都是有效的生活方式，每一种文化都是自足的、自治的、独立的，同时又是平等的，没有好坏之分。“每一种文化都在自己的背景下才有意义”，④ 文化本身对人的

---

① 〔美〕劳伦斯·哈里森：《多元文化主义的终结》，王乐洋译，北京：新华出版社 2017 年版，“绪论”，第 3 页。

② 参见李丽红主编《多元文化主义》，杭州：浙江大学出版社 2011 年版，第 16~17 页。

③ 参见李丽红主编《多元文化主义》，杭州：浙江大学出版社 2011 年版，第 17 页。

④ 〔美〕劳伦斯·哈里森：《多元文化主义的终结》，王乐洋译，北京：新华出版社 2017 年版，“绪论”，第 4 页。

行为选择并没有直接指导作用，它仅仅是“背景”参考。也就是说，文化是伦理法则的“背景”而不是伦理法则本身。当我们思考伦理法则时，“你所要做的只是了解它的背景，然后弄明白人们正在做什么，为什么他们这么做”。[①] 这也正是伦理法则所应该提供的理由。但文化相对主义是天真的，在具体运用过程中显得十分脆弱，因为现代文化评价比的是功用，即一种文化比另一种文化更能促进社会进步，这样的文化才是值得珍惜的、可弘扬的。可是，“多元文化主义的核心要义是所有文化都是平等的”。[②] 这种文化平等性只能演绎出文化应该彼此尊重、有各自发展的权利、可以交流互鉴等伦理期待，丝毫不能说明哪种文化比另一种文化更有用。所以，文化无所谓先进与落后之分，或者优与劣之分，只有适应与不适应之分，有用的就是最好的，这是长期以来文化实用主义的基本主张。文化相对主义、多元文化主义与文化实用主义实际构成了文化的“现代性版图”，朝着普遍的先进文化方向迈进，这是每一个民族与国家的共同特点，特别是努力实现现代化的国家，都非常重视文化资本，这是产生现代伦理法则效应的重要契机，也是强化表征。特别是在高文化资本社会，伦理法则的严格性强，与现实生活准则的契合度也高，行动与行动规则之间的信任度也高，[③] 而信任是效用的关键。

既然伦理法则在多元文化背景下可能并没有成为人们进行伦理选择的唯一参照，这是否意味着伦理法则就是无效的，或者效力甚微？从伦理选择角度看，伦理法则的有效性需要作两种区分。一是要区分抽象和具体。伦理法则的存在既是精神形态的，也是规则形式的，但都趋于普遍的抽象。如果我们的选择符合社会普遍公认的伦理法则，如仁爱法则、正义法则、中道法则、和谐法则，那伦理法则就是有效的。即便某些个别（个体或群体）选择违反伦理法则，也并不能证明伦理法则无效，这并不是什么“抽象肯定”“具体否定”，而只是短暂失效。伦理法则在某些特殊情境下的

---

① 〔美〕劳伦斯·哈里森：《多元文化主义的终结》，王乐洋译，北京：新华出版社 2017 年版，“绪论”，第 4 页。

② 〔美〕劳伦斯·哈里森：《多元文化主义的终结》，王乐洋译，北京：新华出版社 2017 年版，“绪论”，第 9 页。

③ 参见〔美〕劳伦斯·哈里森《多元文化主义的终结》，王乐洋译，北京：新华出版社 2017 年版，第 5~6 页，表 1.1“关于高文化资本与低文化资本社会的分类方法”。

无效是正常现象，但要相信“正义终将战胜邪恶”。二是区分群体和个体。群体（共同体）与个体在对社会伦理法则的遵守上未必是同步的，时常会出现不同程度的反差。个体可能因自身价值观的原因在伦理选择上出现错误，做出有违社会伦理法则的行为。甚至可能因“从众效应”而出现“大面积”的反伦理现象，但这还是个体意义上的。如果出现社会整体性，甚至是结构性的伦理危机，说明伦理法则基本无效，这时亟须进行社会的伦理变更，使伦理法则与伦理生活之间产生双向适应，使人们重新回到正常的伦理生活。这时，伦理法则的整体精神不会变，但在具体内容上可能会“吐故纳新”，这就需要健全的伦理调适机制。

四　阶层的认同与示范

社会学家一般用分层来描述人类社会中人的等级，并通过阶层（阶级）分析来探究社会结构的隐性存在。因为人的等级不但意味着差异，而且决定了人的视界以及对社会资源的分配，加快阶层流动直至消灭阶级差别成为思想家们共同的理想。如果伦理生活中大家都是“在什么山上唱什么歌”，那么，这是否意味着人的道德觉悟与伦理境界及其在社会阶层中的等级有关？即社会地位越高，对伦理法则的认同度就越高并且对其实践得比地位低的人更好？这是讨论伦理法则效力中一个有意思但又十分复杂的问题。如果多元主义文化背景下的伦理选择是伦理法则的适应性考虑，那么，即时性与过程性是探究人类伦理法则效力的实用性维度。伦理法则的生效有动态与静态两种，这两种状态多少与社会阶层的认同度和示范效应有一定关联。伦理法则的即时性（动态）效果就是应时性强、见效快，特别是在紧急情况下和非正常状态下，如在战争、自然灾难、流行病、瘟疫等情况下，此时如果某些社会阶层带头示范，会形成强有力的伦理场。伦理法则的过程性（静态）效果无法“立竿见影”，而是要经过潜移默化的漫长过程，甚至无法用“当下”来测度，这往往又与社会阶层的固化和流动有某种关联。换言之，伦理法则的效应在一定程度上可以与社会阶层的认同度和行动示范存在相关性，尽管不是十分明显。

“分层”（stratify）本是地质学中的概念，是指地质构造中的沉积成层现象。社会结构也有类似现象，即社会成员也可以根据学历、分工、职业、地位、收入等差异区分为高低有序的若干层次，于是就有了“社会分层”（social stratification）的概念。所谓社会分层，就是指根据不同的社会标准将社会成员分为若干层次。[①] 分层表明社会成员是一种立体性存在，也是差异性存在，只要有差异，就意味着有高低之分、有层次之分。所以，社会分层是一种客观存在，只要有经济、政治、文化、宗教、民族、种族、职业等方面的差异，特别是对社会资源占有的差异，就有社会分层。社会分层有三个特点：一是在一个层次上的人群有某些共性，但不一定互动，也不一定彼此认同；二是人们的生活经验和机会对所处阶层依赖性较大；三是社会层次的变动相对缓慢。[②] 社会分层的背后有某种规范性的东西在无形支配着人们，或者分层本身就是某种规则，与伦理法则有着相关性。尽管社会分层是社会学研究的主要内容，从孔德、斯宾塞、马克思、韦伯、涂尔干到帕克、帕森斯、米尔斯、吉登斯、布迪厄、福柯等，几乎每个重要的社会学家都从某个方面阐释了社会分层现象，但是，社会分层研究的成果也给伦理学带来了启示：处于不同社会阶层的人，对社会伦理法则的认同度与示范性是否也是不同的？为了提高对伦理法则的认同度与践行力，是否应该消除社会层级？

首先，应该分析社会分层产生的原因，从中或许可以发现所处阶层不同，生活方式也不同的原因，进而发现对伦理法则的认同与示范也有所不同的原因。在社会阶层或阶级理论中必须关注马克思、韦伯、涂尔干等代表性人物。马克思对阶层的把握使用的是“阶级”概念，阶级就是对生产资料有相同关系的一群人，在前工业社会主要区分为拥有土地的阶级（贵族或奴隶主）和从事生产的阶级（农奴和自耕农），工业革命后主要是资本家和工人阶级（无产阶级）。在马克思看来，阶级关系本质上是不平等的剥削关系，根源是不平等的社会制度特别是资本主义制度。无产阶级由于日益贫困化，必定会起来推翻资本主义制度，建立无产阶级政权，实现

① 曾钊新、孙仲文、陆立德主编《社会学教程》，长春：吉林教育出版社 1987 年版，第 155 页。

② 〔英〕安东尼·吉登斯：《社会学》，李康译，北京：北京大学出版社 2009 年版，第 245~246 页。

无产阶级自身的解放，直至解放全人类。这两种阶级在对立过程中，表现出了不同的道德状况与品质。资产阶级抹去了一切向来受人尊崇和令人敬畏的职业的神圣光环。它把医生、律师、教士、诗人和学者变成了它出钱招雇的雇佣劳动者。二者之关系变成是纯粹的金钱关系。[①] 工人阶级比资产阶级要仁慈得多，他们在反对资产阶级的斗争中，“显示出自己最动人、最高贵、最合乎人性的特点”，[②] 因为他们没有资产者贪婪，偏见少，对事实看得清楚，没有戴着自私的眼镜来看一切。[③] 可见，无产阶级作为社会“底层”，其道德觉悟与品质高于资产阶级，是他们在践行着人类永恒的伦理价值，如正义、自由、平等、仁慈等。韦伯基于权力与财富来区分阶层，发展出一种更为复杂、多维度的阶层分析模式，认为阶层与威望、财富和权力相关。权力就是政治标准，它不是来自生产资料的所有权，而是来自日益发展的科层制，权力的差别还会产生政党。韦伯特别重视威望（地位）对分层的意义，在他看来，威望差别可以把社会成员划分为不同的身份群体，这些人有着相同或相似的生活方式，并能从他人那里得到等量的身份尊重以及对威望的认可。这些人往往在日常生活中有着好的教养，道德素质优良，行为品质端正，具有一定的道德感召力和行为示范力，是坚守社会伦理法则的主要力量。这种道德上的威望不但可以获得更多的市场机会，更能获得他人的赞扬和奖赏，这种道德资源又转化为更多的社会资源，形成良性循环。涂尔干是从社会分工特别是职业分工来说明社会阶层产生的原因。他在《社会分工论》中认为分工与道德的需要并没有什么必然关联，其最大的意义在于它对社会整体产生整合和凝聚作用，并且“它已经渐渐成为了社会秩序最重要的基础”。[④] 由于社会中的每个人的才能、知识、智力、技术水平等不尽相同，甚至有巨大差异，这就必须按照各尽所能的原则去分工，于是就会形成不同的职业群体。而职业群体的出现为社会整合找到了最佳路径，会形成“有机团结”的新社会结构，

---

① 《马克思恩格斯文集》第 2 卷，北京：人民出版社 2009 年版，第 34 页。

② 《马克思恩格斯文集》第 1 卷，北京：人民出版社 2009 年版，第 449 页。

③ 《马克思恩格斯文集》第 1 卷，北京：人民出版社 2009 年版，第 439 页。

④ 〔法〕爱弥尔·涂尔干：《涂尔干文集》第 1 卷，渠敬东译，北京：商务印书馆 2020 年版，第 48~49 页。

会形成相对固定的职业伦理（内部习俗）。职业伦理是确保社会正常运转的重要基础。可见，三位思想家关于社会分层的原因分析都或多或少涉及人的差异性，这些差异有的是禀赋性的，有的是社会造成的。如果差异导致了严重的不平等，消除不平等、避免阶层固化就成了社会改造的关键。

其次，应该充分认识对伦理法则的个体认同与集体认同之间的复杂关系及各自不同的作用。每一阶层内个体间相互认同，包括对统一行为规则的高度认同。没有对阶层规则的认同，阶层就会瓦解。与此同时，阶层与阶层之间不一定会产生规则认同，因为它们之间的差异性不但包括了权力、地位，而且包括了价值观和伦理观的集体认同，“具体的历史性社会结构孕育出认同的类型，这些类型可以在个人身上得到辨识”。[①] 这种认同类型往往产生于社会的特定群体和层级。“认同这一现象在个人与社会之间的辩证法中产生，而从另一个角度来看，认同类型又是不折不扣的社会产物，是客观社会现实中相对稳定（稳定程度反过来也是由社会决定的）的元素。”[②] 功能主义思想家帕森斯（Talcott Parsons）认为，社会地位的差异是社会体系的根基，在分层体系中相互尊重、尊敬与认同起关键作用，甚至可以说，分层首先源自一种精神道德上的差异。[③] 这意味着，一个人处于较高的阶层是因为被社会认可的精神道德的地位高，是社会肯定的结果。反之，另一个人社会地位低，是因为社会对这种地位的否定，他没有尊严，没有受到尊重。帕森斯将道德评价标准视为分层体系的标准未免片面，但他强调某种伦理道德标准是某种阶层共同认可的结果并意味着每个人因此而获得相同地位，这一点是非常有启发意义的。也就是说，我们有充分理由相信，阶层的区分一定是与伦理道德观的区分联系在一起的，这种区分是基于认同，认同度决定了阶层的集聚度。当然，个体对伦理标准的认同往往局限在阶层内，换言之，“我”认同这群人（阶层）的行动法则，所以“我”在这群人（阶层）之中，这可能导致对其他阶层伦理标准

① 〔美〕彼得·L. 伯格、托马斯·卢克曼：《现实的社会建构——知识社会学论纲》，吴肃然译，北京：北京大学出版社 2019 年版，第 215 页。

② 〔美〕彼得·L. 伯格、托马斯·卢克曼：《现实的社会建构——知识社会学论纲》，吴肃然译，北京：北京大学出版社 2019 年版，第 216 页。

③ 参见李强《社会分层十讲》第二版，北京：社会科学文献出版社 2011 年版，第 162 页。

的排斥。个体对阶层的伦理法则认同度越高，越容易导致阶层固化，所以社会需要加强阶层间的交往与交流，促进阶层间的彼此认同。阶层间的认同度提高，有利于社会整合，社会整合的前提是人们对社会整体的法律、伦理、宗教、习俗等行为法则的高度认同，唯如此，才能实现社会团结。社会团结不是机械团结而是有机团结，前者是通过一系列的集体规则来结构化社会生活及规范个人生活，后者则是社会上的个体由一系列并未形成法律条文的伦理道德规则整合在一起。[①] 尽管随着现代社会分工越来越细，社会分层也会越来越多，基于伦理认同的社会整合也会越来越难，但从机械团结到有机团结是人类发展的方向，从中也可以看出，对社会伦理法则的认同也越来越重要。因为，“个人维系于群体的紧密程度，不仅在于他与社会之间的联系纽带是多是少，而且在于各种联系力量是大是小”。[②]

当然，我们还要充分考虑不同阶层伦理示范的复杂性。社会伦理生活的真实性也许就在于社会地位与道德水平不成正比例关系，甚至相反。这里除了道德“表演”的可能之外，还有道德的自我评价与社会（他者）评价的反差问题，即道德的自我评价容易过于主观，自我感觉良好，而在他者心目中对此的评价可能正相反。所以，我们评价一个阶层的道德状况不能光听其言说与表白，而是要观其行动；不但要审视其动机，更要看效果；不但要结果，还要分析其手段的正当与否。这就是阶层伦理示范的复杂性过程。“如果道德法则的所有复杂性都能很好地表现出来，我们就会很好地理解这个过程的必要性了。”[③] 问题在于这种复杂是隐匿性的，难以直观到，更无法通过理性思辨来获得，只能在伦理道德的事实中寻求答案。“显然，要提炼和明确表达出道德法则，仅做内省是不够的”，[④] 更不能仅仅站在“自我”的立场上去苛求他人。我们必须先研究伦理事实，描

---

① 参见李春玲、吕鹏《社会分层理论》，北京：中国社会科学出版社 2008 年版，第 53～54 页。

② 〔法〕爱弥尔·涂尔干：《涂尔干文集》第 1 卷，渠敬东译，北京：商务印书馆 2020 年版，第 197 页。

③ 〔法〕爱弥尔·涂尔干：《涂尔干文集》第 1 卷，渠敬东译，北京：商务印书馆 2020 年版，第 59 页。

④ 〔法〕爱弥尔·涂尔干：《涂尔干文集》第 1 卷，渠敬东译，北京：商务印书馆 2020 年版，第 59 页。

述它们的特征，确定它们的功能，找出它们的原因，然后才能从所有伦理规范中提炼出共同属性，这种共同的伦理法则才是不同阶层必须共同示范的。至于不同阶层自身所拥有的伦理法则往往是特殊性的，对于规范本阶层行为具有不可替代的作用。在某些特殊历史时期，特别是社会的转型时期，社会底层的人往往表现出特别优秀的道德品质，而处于社会高层的人群（社会精英阶层）未必具有高尚的道德，相反，他们可能自私自利，没有诚信，甚至容易腐化堕落，因为他们拥有特权，拥有较多的财富，拥有更强的支配欲，容易为所欲为、放纵自我、无视道德。这当然只是一种可能性，不具有必然性。社会分层可以有“三六九等”，但与道德的高下、与伦理的示范效应没有必然联系。

五　“人类伦理”之光

伦理法则的效度不应囿于国家或民族，而应该是放眼世界，顾念全人类。只有人类伦理，才能充分体现伦理法则的完全效力，或者说，人类伦理法则的效力从根本上需要通过“人类伦理”的整合才能得到完全实现。“人类伦理”可以理解为作为“类”的人的伦理，也可理解为地球上“所有人”的伦理，前者是一种质的考虑，即“类”作为人的最高属性规定；后者是一种量的考虑，即地球上所有的人，但排除了肤色、种族、信仰、语言、风俗、制度、文化等差异。当然，人类伦理不是人类学的逻辑推导，“因为任何义务都不能从知识中推导出来”，[①] 尽管从“类”的高度去看义务，所有义务都是“人类”自己的义务。所以，法国哲学家埃德加·莫兰将人类伦理定义为“担当人类命运的伦理模式”，并且具体表述为：

> 担当个体—主体的自我中心主义/利他主义的二向逻辑，同时加强欠发展的利他主义精神并向理解敞开心胸；
>
> 担当智人/疯人之间不可分离又彼此超越的关系，即始终在激情活力中保护理性，在理性中保护激情，在疯狂中保护智慧；

① 〔法〕埃德加·莫兰：《伦理》，于硕译，上海：学林出版社 2017 年版，第 231 页。

担当我们的理性与梦想、理性与激情之间的二向逻辑关系；

使我们自身与我们的主导观念之间的关系文明化，这些观念依旧是霸权、专制与暴力的妖魔；

在平淡的生活中尽可能增添爱与诗意；

承认他人与自己既存在差异，又存在同一性；

逆境中也始终保持使我们能够自我批评、互相批评与互相理解的意识；

在自身中运行精神双性别（animus/anima）的二向逻辑；

在精神将童年的秘密（好奇与诧异）、少年的秘密（对另一种生活的憧憬）、成年的秘密（责任）及老年的秘密（经验与安详）融为一体；

以"不再生便衰亡"的准则指导自己的生活、思考与行动；

知晓伦理不是自动化导航，而总是面临选择与打赌，总是需要某种策略。[①]

莫兰对人类伦理的认识是异常清醒的，其核心是对人类价值的二向逻辑把握。莫兰一再强调他的"二向逻辑"不是黑格尔的辩证法，而是价值系统中两个逻辑的复杂统一，是互补、竞争和敌对的实体或机制，它们相互滋养，又互相对立和抵牾。黑格尔是寻找矛盾的化解与超越，而莫兰的"二向逻辑"是承认矛盾、对立、敌对的存在，并且是复杂的实体或现象。[②] 这不失为冷静中的热望、悲观中的乐观、理性中的激情，尽管无法避免"乌托邦"性质，但"乌托邦"在人类精神世界中是必不可少的，因它具有消除杂念的清洁功能，具有调动人类进步积极性的向往功能，具有整合不同文化差异或偏见的凝聚功能。人类伦理的实质就是将人的"类意识"上升至伦理的层次，形成通适性伦理法则，而"类意识"则意味着每一个人都能感觉到"我们都是人""我们是同类""我们是一起的""我们要一起过好生活"，人的任何差异性都消融在相似性之中，这就是人类的

---

① 〔法〕埃德加·莫兰：《伦理》，于硕译，上海：学林出版社 2017 年版，第 231~232 页。

② 参见〔法〕埃德加·莫兰《伦理》，于硕译，上海：学林出版社 2017 年版，第 296 页。

统一性，这就是人类的通感反应。人类的这种统一性与通感是“大同世界”伦理法则发挥最大效应的基本条件，也是人类伦理形成的前提。人类伦理的实现，才是人类伦理法则真正完全生效的春天。

当然，这种对人类伦理的希冀遭遇到的第一个障碍是民族主义和国家主义，或者说，形形色色的共同体伦理已经把普遍的人类伦理遮蔽得严严实实。人类伦理最终要通向普遍伦理，必须借助于全球伦理的建构，这项工作最先由宗教界发起。1993 年 8 月 28 日至 9 月 4 日世界宗教会议在美国芝加哥召开，来自几乎每一种宗教的 6500 多人参加了会议。大会通过了《走向全球伦理宣言》，正式提出“全球伦理”。正如德国思想家孔汉思在《全球伦理——世界宗教议会宣言》序言中指出的：“世界正处于这么一个时期，它比以前任何一个时期更多地由世界性政治、世界性技术、世界性经济、世界性文明所塑造，它也需要一种世界性伦理，对于这一点，今天再没有人会加以怀疑了。”[①] 因为一些有约束力的价值观、不可改变的行动标准以及个人的态度，已经有了一种基本的共识。“若无一种伦理方面的基本共识，任何社会迟早都会受到混乱或专制的威胁。若无一种全球伦理，就不可能有更美好的全球秩序。”[②] 在孔汉思看来，全球伦理不是想构建一种全球的意识形态，因为人们已经非常厌倦那种思想意识的统一性了，也不是想用最低限度的伦理去取代高级的宗教伦理，甚至把宗教简化为最低限度的道德，而是要充分展示人类的行为、道德的价值和信念的共同点，并希望大家一起把这种伦理化为自己的道德，并且按照这种伦理去行动。[③] 并且，这里没有任何宗教歧视与非宗教歧视，不是要反对任何人，而是要邀请所有人，包括信教者和不信教者，由此就把由宗教界发起的全球伦理直接上升为了人类伦理。这就是伦理法则的通用性和导向效能。

这是否意味着伦理学应该感到惭愧呢？或者说，全球伦理由宗教界提出来是否就是伦理学的“缺位”与“失责”？宗教界对世俗事务是否介入

---

① 〔德〕孔汉思、库舍尔编《全球伦理——世界宗教议会宣言》，何光沪译，成都：四川人民出版社 1997 年版，“序”，第 1 页。

② 〔德〕孔汉思、库舍尔编《全球伦理——世界宗教议会宣言》，何光沪译，成都：四川人民出版社 1997 年版，“序”，第 1 页。

③ 参见〔德〕孔汉思、库舍尔编《全球伦理——世界宗教议会宣言》，何光沪译，成都：四川人民出版社 1997 年版，“序”，第 2 页。

过多？说伦理学的“失责”，可能言之过严，但伦理学面对全球化的道德危机而略显理论准备不足是客观事实，至少可以说我们没有把伦理法则的效能发挥到极致，而宗教做到了。按照《走向全球伦理宣言》的观点，建立一种全球伦理的正当性的理由无非就是，我们所生存生活的世界正处于苦难之中，并且“这苦难是如此普遍、如此紧迫”，①包括和平的丧失、贫穷、饥饿、暴力、侵略、仇恨、社会不公等。如果我们还存在人类意识，还需要人类共同进步与繁荣，就必须克服或摆脱这种伦理危机。“没有新的全球伦理，便没有新的全球秩序”，并且，“对于一种更好的全球秩序，我们全都负有某种责任”。② 这种承诺暗含了两个前提。一是需要一种新的全球伦理。那么，旧的全球伦理是什么，为什么不能适应现时代？二是通过新的全球伦理来构建一种新的全球秩序，不仅仅是宗教界的责任，而且是我们每一个人不可推卸的责任。旧的全球伦理应该就是近代以来基于社会达尔文主义的“适者生存，不适者淘汰”的“丛林法则”，就是弱肉强食的强者逻辑，就是胜者为王的道德逻辑。至于第二个前提，其实已经实现了由宗教伦理到人类伦理的超越，因为它是“每一个人”的共识，所倡导的是对“所有人类都有效的这样一些价值、信念和规范”。③

所以，全球伦理致力于一种全人类所有人都应追求和遵守的新伦理。特别对我们讨论伦理法则有借鉴意义的是这些法则是分层次的，也只有是分层的，才是有效的。《走向全球伦理宣言》就分为一个基本要求和四个基本原则两个层次。基本要求是：“每一个人都应该得到人道的对待。”而“四项不可取消的原则”分别是：“坚持一种非暴力与尊重生命的文化”，“坚持一种团结的文化和一种公正的经济秩序”，“坚持一种宽容的文化和一种诚信的生活”，“坚持一种男女之间的权利平等与伙伴关系的文化”。④

---

① 〔德〕孔汉思、库舍尔编《全球伦理——世界宗教议会宣言》，何光沪译，成都：四川人民出版社 1997 年版，“序”，第 3 页。

② 〔德〕孔汉思、库舍尔编《全球伦理——世界宗教议会宣言》，何光沪译，成都：四川人民出版社 1997 年版，第 9 页。

③ 〔德〕孔汉思、库舍尔编《全球伦理——世界宗教议会宣言》，何光沪译，成都：四川人民出版社 1997 年版，第 11 页。

④ 基本要求和基本原则的具体内容请见〔德〕孔汉思、库舍尔编《全球伦理——世界宗教议会宣言》，何光沪译，成都：四川人民出版社 1997 年版，第 12~26 页。

这实际上就是将人道主义精神与贵生、团结、宽容、诚信、公正、平等等具体伦理要求结合起来了。美国思想家列奥纳德·斯威德勒将世界宗教大会提供的《走向全球伦理宣言》分为了总则、前提、基本规则、基础原则、中程原则五个部分。总则就是人道主义；五个前提就是人人有尊严、人人都应该做好事、人人有理性和良知、任何国家与组织的发展权应该受到尊重、人是自然的一部分；基本规则就是“金规则”，即“你愿意别人怎样对待你，你就该怎样对待别人”；基础原则包括促进人的自由、人是目的、平等尊重自然、能爱与被爱、自爱与他爱、帮助负责任的人、宗教信仰自由、对话；中程原则主要有法律责任、良心和信仰的责任、言论和信息的责任、决策的责任、男女关系的责任、财产的责任、工作与闲暇的责任、儿童与教育的责任、和平的责任、保护环境的责任。[①] 这样的伦理法则分层，既体现了人道主义这一核心精神，又把它具体化为“金规则”与十个责任，具有可行性。

莫兰在提出通过人类伦理来应对人类处境时，也提出了“寰球伦理”的九个觉悟要求。莫兰认为，20 世纪末的全球化已然创立了世界社会所必需的通信、技术及经济基础设施；互联网可以看作这个世界社会的半自动化的大脑神经网。人类伦理只有通过以下九种根本觉悟才能得到肯定：[②]

> (1) 对跨越个体、文化、语言多样性的人类共同身份的觉悟。(2) 对个人的命运与地球命运息息相关的命运共同体的觉悟，包括在日常生活中的体现。(3) 对人际关系因不理解而惨遭破坏以及我们必须接受理解教育的觉悟，不仅理解我们身边的人，还要去理解生活在同一地球上的陌生的、远方的人。(4) 对人类在宇宙中的有限性的觉悟，从而使我们（人类历史上第一次）去设想人类在物质扩张上的限度，并相应地进行心理的、道德的和精神的提升。(5) 对我们的地球状况的生态觉悟，包括我们与生物圈的生死与共的关系。(6) 对关乎

---

① 详见〔德〕孔汉思、库舍尔编《全球伦理——世界宗教议会宣言》，何光沪译，成都：四川人民出版社 1997 年版，第 155~166 页。

② 详见〔法〕埃德加·莫兰《伦理》，于硕译，上海：学林出版社 2017 年版，第 237~239 页。

地球存亡的双重转向必要性的觉悟，将人类有意识的和反思性的导向与大自然无意识的生态组织者的导向结合起来。(7) 对地球公民身份的觉悟，即为地球全部子孙承担责任、予以互助的觉悟。(8) 将责任与互助的伦理向子孙后代传承的觉悟，即在时空的高远处进行预设的必要性的觉悟。(9) 对地球祖国作为命运、根源、沉沦共同体的觉悟，地球祖国的观念不否认民族的或种族的互助，也决不愿使任何人脱离其文化之根。它只是增加了更深的地球共同体之根。地球祖国的观念取代了忽视文化特性的抽象的世界主义，取代了忽视祖国现实的短见的国际主义。在此，我加上了沉沦共同体的向度，因为我们知道，我们迷失在苍茫宇宙间，苦难与死亡是我们的宿命。

在此简述莫兰的“人类伦理”和孔汉思的“全球伦理”，无非是想说明只要有人类最基础、最基本、最基层的伦理精神与希望，人类普遍化的伦理法则总是有效的，并且是永恒的，只不过其具体内容可能在不同的时代、不同的历史阶段、不同的文化背景下略有不同；“人类伦理”和“全球伦理”都将信念伦理、规范伦理与美德伦理有机地结合在一起，是实现伦理法则整合的有效努力。当然，“这种整合努力绝不是、也不可能是某种新的世界性道德意识形态的单一化企图，而只能是在保持和尊重道德多元性的基础上，寻求一种道德共识。整合不是总体化、单一化，而是某一层面的普遍化。这种普遍化既不排除其他层面或方面的特殊性，也不谋求对其他特殊性层面或方面的强制性统合”。① 我们应该欣喜地看到，人类伦理或全球伦理或寰球伦理就是一束希望之光，它使人类伦理法则之效应在时间和空间上得到了极致彰显与光大。

① 万俊人：《寻求普世伦理》，北京：商务印书馆 2001 年版，第 71 页。

第九章　伦理法则的应用*

伦理法则不是空洞的悬置，也不是选择的游戏，而是必须要深度介入社会生活，成为规范和引导社会生活朝着良善目标变化的精神力量。伦理法则应用的直接结果是应用伦理的产生与发展，而应用伦理则是现代伦理学的主要形态。应用伦理当然不是把全部伦理理论和准则运用于整个社会生活，而是面对伦理实践中出现的各种伦理矛盾、困境和难题，主要用伦理法则体系可适应地进行伦理干预或价值选择。如果对伦理法则按照价值排序的话，应用伦理主要用伦理法则中的二阶、三阶、四阶法则，如知情同意、不伤害、负责任等，但这并不意味着是对伦理基本法则的“脱离”，相反，这是对伦理法则精神的深度把握和具体实践。

伴随中国高等学校研究生教育学科目录的调整，“应用伦理”成为硕士学位授权学科，各级政府部门和各行业部门纷纷成立“伦理委员会”，应用伦理再度成为热点。从对学位点的踊跃申报，到应用伦理论坛的纷纷举办，再到各行各业应用伦理（特别是科技伦理、生命伦理、医学伦理等）的密集培训，应用伦理的热度可见一斑。学科、学术发展的基本规律告诉我们，面对越是热门的东西，我们越需要冷静、清醒的态度，否则，学科、学术会在浮躁和喧嚣中失去其初心与本质。当下，应用伦理的重要性自不待言，我们需要认真思考的是，抽象的伦理法则如何“务实”，以及应用伦理究竟如何“用”的问题。回答应用伦理究竟如何“用”这一问题，实质是对应用伦理自身理论的整体性反思，而非仅仅从应用模式的层面对应用伦理的方法论进行思考，因此涉及如下一般性问题：应用伦理的理论基础是什么？应用伦理应用什么、应用于什么、如何应用

* 本章部分内容已经发表于《中州学刊》2023年第12期。

以及应用效果如何?[①] 对此，需要考虑五个方面的内容：应用伦理的本体奠基、应用伦理的基本原则、应用伦理的应用对象与应用模式的关系、应用伦理的效果评估以及应用伦理的教育意蕴。

一　体与用："用"的本体奠基

体与用是中国哲学中的重要范畴，同时也是一组复杂多义的概念。体用的概念最早可以追溯至先秦儒家的论著，但明确将体用关系作为哲学体系核心论题的要推后至魏晋时期，如王弼的"贵无论"、裴頠的"崇有论"，他们对体用关系的主次地位作出了不同的理解，是较早对体用关系作系统阐释的理论。对体用概念内涵的理解以及对体用关系的阐释，在不同的历史阶段、不同的哲学体系中都有着特定的内涵，不能一概而论。

总体而言，体用范畴具有两个层面的含义。首先，"体用范畴的本义就是指具体事物的物质实体及其作用、功用或用处的关系"。[②] 其次，自魏晋玄学以来，经由宋明理学的发展，体用范畴的含义逐渐偏离其本意，而被分别引申为本体和现象，进而体用关系被理解为本体和现象的关系问题。"体用不仅是属于自然观、本体论的范畴，它还被广泛地运用到认识论、人性论、历史观、政治伦理等各个领域，成为一对含义最丰富、使用最普遍的范畴。"[③] 如近代体用关系之辨中关于体用的中西关系、古今关系的讨论及不同的主张，是对传统体用范畴含义的引申和泛化使用。体用范畴虽然具有多义性，但对体用的分离关系、本末关系的理解，中国传统哲学却持有相当一致的主张，即在分离关系上，强调"体用不二";[④] 在本末

① 对应用伦理如何"用"这一问题，从语义层面可以作出狭义和广义两种解读。从狭义解读来看，该问题旨在追问应用伦理的最佳应用模式，属于方法论层面的追问，对应于应用伦理应用对象的特殊性如何影响应用伦理应用模式这一问题；从广义的解读来看，该问题旨在追问应用伦理作为一门逐渐发展的学科，自身的理论基础、基本原则、应用对象等基础问题的内涵。在澄清这些问题的基础上，才能理解应用伦理处理现实问题的独特视角和基本逻辑，在此，我们对该问题作广义上的解读。

② 方克立：《方克立文集》，上海：上海辞书出版社 2005 年版，第 89~90 页。

③ 方克立：《方克立文集》，上海：上海辞书出版社 2005 年版，第 90 页。

④ 熊十力：《体用论（外一种）》，上海：上海古籍出版社 2019 年版，第 7 页。

关系上，强调以体为本、以用为末，如王夫之所言："道为器之本，器为道之末，此本末一贯之说也。"[①] 从体用关系的角度来看，对本体的追问体现了人们对生活世界复杂现象最终根据的彻底反思，而明确这一根据是人们理解生活世界、建构伦理规范并最终达至良好生活的前提和基础。因此，应用伦理在建构基本价值原则和面对现实的应用伦理问题之前，应当反思其自身的本体论基础。

应用伦理着眼于现实领域内复杂的伦理问题，这些伦理问题仅仅依赖于道德常识或传统的规范伦理理论往往难以给出令人满意的回答，因此需要在既有的规范伦理理论基础之上，充分考虑伦理问题所涉及的技术、法律、社会传统等现实因素，协调各方的利益，才有可能就现实的应用伦理问题达成充分的伦理共识。如果将达成伦理共识视为应用伦理的根本目标，那么首先需要回答的便是应用伦理之伦理共识的基础何在这一问题，这便是应用伦理之"用"的本体奠基问题。

应用伦理的本体奠基问题不同于对伦理学基础的追问，"伦理学的基础为何"这一问题，仅仅关注伦理规范的合法性根据，通常可以从人类的基本善和实践理性两方面进行回答。但应用伦理的最终目标并非停留于证成某种特定的伦理规范，而在于谋求伦理共识的达成。应用伦理面向复杂的现实问题，对这些问题的分析和解答离不开诸多具体领域的知识，因此需要超越伦理学自身的范围，进入伦理关联的视野之中。"伦理关联是指伦理与其外部因素的关涉和联系，是对伦理现象的一种开放性把握，因此会形成伦理与物理、心理、法理、艺理、事理的关联链，这并非是伦理的'有意扩张'，而是'同理律'支配的内构。"[②] 基于伦理关联的视角，在考虑应用伦理的本体奠基问题时，就需要将对生活世界中的物理、心理、法理、艺理、事理等领域内基本规范的考量纳入进来，这些基本规范与伦理规范共同构成了应用伦理的基础。换言之，从整体和联系的视角来看，应用伦理的本体奠基可以被表述为事物发展的基本规律，这里的"事物"涵盖了伦理及其关联的生活世界诸领域。考虑到应用伦理问题的现实复杂

---

① （清）王夫之：《船山全书》，长沙：岳麓书社 2011 年版，第 888 页。

② 李建华：《伦理关联：理据、方式与复杂性》，《求索》2023 年第 2 期。

性和跨学科特征，应用伦理的伦理共识，只有基于以伦理关联为基础的事物发展的基本规律，才能获得广泛的认同和现实稳定性。

主张应用伦理的本体奠基应当是事物发展的基本规律，显然预设了一种客观主义的伦理学立场[①]，一方面我们认为伦理规范应当有其客观根据，另一方面也认为物理现实及其规律与伦理规范具有内在关联，但这一立场会面临道德主观主义与休谟问题的双重挑战，因此需要分别予以回应。

道德主观主义主张“道德立场决不是基于理性或事物的本性，而终究只由我们每个人来采纳，因为我们发现我们被拽向这些立场”。[②] 换言之，道德规范不具有普遍约束力，因为道德规范的基础并非基于客观事实或理性认知，相反，其根源是个人的欲求和价值判断。因此，道德主观主义反对权威性的、外部的道德规范对个人行为的要求，将集体性的道德规范视为对个人自由的约束和压制。道德主观主义有漫长的历史渊源，古希腊哲学家普罗塔戈拉就主张“人是万物的尺度”，如果将“人”的范围理解为个体，那对这一主张显然可以作一种主观主义的解读。到现代社会，查尔斯·泰勒将个人主义的危险视为现代性的三大隐忧之一，并认为道德主观主义是个人主义的内在构成要素。[③]

道德主观主义依赖于两个核心论证：一是对道德证明的怀疑，道德主观主义认为“解决事实信念上的分歧、错误，常常有法可循……但是，对道德信念上的分歧，如死刑是否是道德的，却无法照此办理”；[④] 二是对“本真性”（authenticity）理想的追求，本真性理想是对个人自主性的追求，强调与自己的内心接触，忠实于自己的独特性。如果我们将本真性理想视

---

① 伦理客观主义主张在诸多相互冲突的伦理规范中，存在一些根本的、真实的伦理规范，使得另一些伦理规范为假。因此，伦理客观主义可以作两种解读，一是道德实在论的解读，即主张存在客观的道德事实，伦理规范就是对道德事实的正确认知；二是将“客观”理解为主体间性意义上的客观。这种解读中，道德客观主义并不预设道德实在论这一前提，我们在第二个意义上使用道德客观主义一词。

② 〔加〕查尔斯·泰勒：《现代性的隐忧：需要被挽救的本真理想》，程炼译，南京：南京大学出版社 2020 年版，第 24 页。

③ 泰勒认为个人主义的危险、工具理性与自由的丧失是现代性的三个隐忧，并且主张现代社会的个人主义是对本真性理想的曲解，会造成人们意义感的丧失和道德视野的褪色。参见查尔斯·泰勒《现代性的隐忧：需要被挽救的本真理想》，程炼译，南京：南京大学出版社 2020 年版。

④ 程炼：《伦理学导论》，北京：北京大学出版社 2008 年版，第 63 页。

为个人最重要的价值，那就不应该遵循权威道德的规范，而应该遵从自己内心的感受和欲求，因此应该持有一种道德相对主义的立场。

针对这两个论证，可以分别给出回应和批评。就道德证明的怀疑论而言，首先，现实世界的确存在广泛的道德分歧，但这不意味着人类社会完全缺乏道德共识，如果没有基本的道德共识，法律就不可能建立，社会交往也不可能展开。两者的现实性表明道德共识确实存在，这些道德共识的形成往往诉诸传统价值、基本直觉、现实的生活需求等因素。其次，道德信念存在分歧并不意味着道德主观主义所主张的一切道德主张都没有正确与否的问题，因为“即使我们不能证明在某个问题上谁对谁错，我们也不能由此推断在这个问题上的所有看法都是同样正确和合理的”。[①]

就本真性理想的论证而言，首先，这一论证在一定程度上是自相矛盾的，因为如果每个人都从自身的感受和欲求出发去行动，那么价值的冲突势必会导致一些人无法实现本真性的理想。因此，如果承认本真性理想的重要性，那就必须预设自由主义的基本价值，即对个人权利的尊重和保护，而这恰恰构成对道德相对主义的反对。其次，基于道德相对主义的立场去实现本真性理想，是对本真性理想的曲解。查尔斯·泰勒承认了本真性理想之于现代人的重要性，但却批评个人主义对本真性理想的一种主观化理解，认为其导致了“个人的自我沉湎和放任”。[②] 泰勒通过追问本真性理想得以实现的条件来批评道德主观主义。泰勒认为，人类心灵的起源不是独白式的，而是对话式的，因为“我们总是在与重要的他人想在我们身上承认的那些特性的对话中，或者在斗争中，来定义我们的同一性”。[③] 因此，本真性这一强调自我选择的理想“不可能是独立的，因为它要求一个关于重要问题的视野（horizon），这个视野帮助我们定义在哪些方面自我形成是重要的”。[④] 这个视野由历史、自然、社会和团结要求等要素构成，

① 程炼：《伦理学导论》，北京：北京大学出版社 2008 年版，第 66 页。

② 〔加〕查尔斯·泰勒：《现代性的隐忧：需要被挽救的本真理想》，程炼译，南京：南京大学出版社 2020 年版，第 11 页。

③ 〔加〕查尔斯·泰勒：《现代性的隐忧：需要被挽救的本真理想》，程炼译，南京：南京大学出版社 2020 年版，第 63 页。

④ 〔加〕查尔斯·泰勒：《现代性的隐忧：需要被挽救的本真理想》，程炼译，南京：南京大学出版社 2020 年版，第 71 页。

如果脱离这个视野，人们就无法知道哪些方面在自我形成中是重要的，如“我可能是唯一的头上恰好有3732根头发的人”[①]，这件事独特与否不重要，除非“3732这个数字在某个社会是个神圣的数字”[②]。因此，道德主观主义通过否定客观的道德视野，无法实现其对本真性理想的追求。

除道德主观主义之外，还需要回应休谟问题的挑战。休谟在《人性论》中讨论道德与理性的关系时说道：“应该或不应该既然表示一种新的关系或肯定，所以就必须加以论述和说明；同时对于这种似乎完全不可思议的事情，即这个新关系如何能由完全不同的另一些关系推出来，也应当举出理由加以说明。”[③] 是与应当的关系问题，在伦理学中被称为“休谟问题”，休谟的这一看法被用以表达事实与价值、描述性与规范性、实然与应然的分野。基于伦理关联的视野，“伦理的单一存在，未必能完成‘自我说明’，必须将其置于关联性存在之中，在‘同理’效应中确证自身”。[④] 因此，从伦理关联的视角出发，应当将事物发展的基本规律作为应用伦理的本体奠基，而这承认了伦理与物理、心理、法理、艺理、事理的内在关联。其中，伦理与心理、法理、艺理、事理之间的深层关联虽需要进一步阐明[⑤]，却不违背人们的经验常识和基本直觉。但鉴于休谟问题的挑战，要确证伦理与物理的关联，就需要说明如何从物理世界的实然法则过渡到伦理世界的应然规范，即事实与价值如何融通。[⑥]

在逻辑形式的分析中，实然与应然被截然二分，但在日常情境的说理中，实然与应然却总是相互关联和同时呈现。以生命伦理学中对具身技术与身体伦理的讨论为例，“‘具身’（embodiment）是技术与我们的身体发

---

① 〔加〕查尔斯·泰勒：《现代性的隐忧：需要被挽救的本真理想》，程炼译，南京：南京大学出版社2020年版，第66页。

② 〔加〕查尔斯·泰勒：《现代性的隐忧：需要被挽救的本真理想》，程炼译，南京：南京大学出版社2020年版，第66页。

③ 〔英〕大卫·休谟：《人性论》，关文运译，北京：商务印书馆2016年版，第505~506页。

④ 李建华：《伦理关联：理据、方式与复杂性》，《求索》2023年第2期。

⑤ 对伦理与心理、法理、艺理、事理的关联，参见李建华《伦理关联：理据、方式与复杂性》，《求索》2023年第2期。

⑥ 这里并非要涉及元伦理学中关于道德事实的道德实在论与非实在论、认知主义与非认知主义的讨论，而只是在承认伦理规范已有的现实性的基础上，追问物理世界的客观规律如何影响伦理共识的形成。

生关联的一种样式”[①]，其实质是对身体形态在不同层面的重塑。生育技术作为具身技术的一种类型，引发了人们关于生育权和生育责任问题的讨论，如19世纪美国的优生运动。“人们面临如下问题：是否应立法让那些惯犯、疯子或弱智的人节育，以保证人口质量?”[②] 最终，人们诉诸尊重自主性的原则，达成了保障人生育权的共识。由此可见，我们并不完全用一种实然的眼光面对世界，正如我们并不仅仅以器官和生物体的眼光看待身体，这才构成了由具身技术到身体伦理的过渡。因此，实然与应然虽不存在逻辑上的蕴含关系，但在价值领域，实然与应然却在人类实践中相互交融与贯通。如陈嘉映所言：“我们努力过上一种‘道德的生活’，不是因为应然世界始终应当压倒实然的世界，而在于‘道德上的应然’是生活中的深层道理，道德性给予生存以深度。”[③] 因此，从伦理关联的角度来看，将事物发展的基本规律视为应用伦理的本体奠基，并不是宣称其对伦理观念和伦理共识的形成具有决定性的作用，相反，伦理与事物发展的基本规律的关系，应当被理解为一种相互交织、相互塑造的动态平衡关系。就此而言，在强调事物发展的基本规律对应用伦理的制约性作用时，也要意识到事物发展的基本规律的历史性维度，在达成伦理共识时也应当意识到其对事物发展的引导作用，以达成不同层次的伦理共识。

二　该与用：“用”的价值引导

应用伦理的本质是对各个现实生活领域中所涉及的伦理问题进行分析与评估，并以此为基础推动伦理共识的达成。应用伦理所处理的伦理问题通常是跨学科的现实问题，需要跨学科、跨领域的合作才能充分协调不同的观念和利益。因此，应用伦理必须明确自身处理应用伦理问题时所能提

---

① 田海平：《生命伦理学前沿探究：现代医疗技术中的生命伦理形态研究》，北京：中国社会科学出版社2019年版，第43页。

② 田海平：《生命伦理学前沿探究：现代医疗技术中的生命伦理形态研究》，北京：中国社会科学出版社2019年版，第57页。

③ 陈嘉映：《何为良好生活：行之于途而应于心》，上海：上海文艺出版社2015年版，第64页。

供的独特理论资源，以清晰地表明自身的观点和立场。道德合理性和正当性是应用伦理学的独特视角和核心关切，因此，应用伦理之用的价值引导就自然需要追问：对于具有争议的现实问题的伦理决策，需要满足何种价值原则或伦理原则才能够证明其道德合理性与正当性？这是应用伦理在价值论层面需要回答的基础性问题。

在思考应用伦理的基本价值原则之前，需要首先回应道德相对主义的挑战。道德相对主义主张道德规范因文化的差异而不同，因此想要寻求普遍可接受的伦理原则是不可能的。应用伦理学想要表明自身的基本原则具有广泛的适用性，就必须回应道德相对主义的挑战。道德相对主义声称："道德判断乃是包嵌在特定的文化、历史、概念背景之中，道德原则的有效性和权威是相对于这样一些语境而论的，因此，并不存在'普遍有效'的道德真理。"① 显然，道德相对主义以文化多样性的经验现实为前提，因此道德相对主义首先是一种社会学的视角。但文化多样性的现实并不构成直接支持道德相对主义的证据，从道德普遍主义或道德客观主义的视角来看，虽然存在文化多样性的现实，但这并不否定普遍的伦理规范的存在，相反，如果我们可以发现普遍的道德规范，就可以对文化多样性中不同的文化进行道德上的评价。对道德相对主义的另一批评来自 B. 威廉斯。威廉斯认为，道德规范的非客观性不意味着应当持有一种相对主义的态度，因为"你不可能因为意识到非客观性就在遭遇另一群体时一下子关闭你的伦理反应，你也没理由这么做"。② 这一批评的实质是，"文化多样性背后不一定存在根本性的、不可化解的道德分歧"，③ 因为持有不同道德观念的群体总是在互相遭遇对方的实践过程中不断修正自己的看法。对作为道德相对主义前提的文化多样性的两个层面的回应，并不完全否认道德相对主义的可能性——事实上，威廉斯支持一种"远距离相对主义"④ 的立场——而只

① 徐向东：《自我、他人与道德——道德哲学导论》，北京：商务印书馆 2007 年版，第 44 页。

② 〔英〕B. 威廉斯：《伦理学与哲学的限度》，陈嘉映译，北京：商务印书馆 2017 年版，第 192 页。

③ 程炼：《伦理学导论》，北京：北京大学出版社 2008 年版，第 58 页。

④ 〔英〕B. 威廉斯：《伦理学与哲学的限度》，陈嘉映译，北京：商务印书馆 2017 年版，第 195 页。

是试图削弱道德相对主义的强度，进而主张我们可能就道德规范达成相当程度的普遍性，而这种普遍性需要在不同文化、不同领域的实践交互中逐步形成和修正。这种实践交互恰恰基于伦理关联中的适应性关联，适应性关联是“互为‘他者’的伦理主体保持原有优秀的伦理元素和创造新的伦理元素的双向适应过程，具体表征为外化于伦理认识、行为规范和价值准则的社会意识形态在伦理接触区逐渐趋于一致的结果”。[①] 因此，在回应道德相对主义、建构应用伦理的基本原则时，一方面要尽可能考虑伦理原则的文化适应性，另一方面要动态地调整、丰富这一原则的具体内涵。

应用伦理所处理的问题是现实的伦理问题，而现实问题总是涉及不同现实层面的诸多因素，因此应用伦理问题是复杂的、跨学科和跨领域的。事实上，应用伦理问题往往是那些具有深刻分歧的现实问题，如一些学者所言：“那些引起广泛注意的，且在公众中有深刻歧见的现实道德问题才是应用伦理学的研究对象。”[②] 应用伦理问题往往随着人类实践的深入和实践领域的扩展而不断出现，其自身的特点也表明传统的伦理资源在分析和评估应用伦理问题时存在局限，我们不可能仅仅依赖于某种单一的规范伦理理论就可以对具体、特殊的应用伦理问题给出一个被普遍接受的回答。

可以看到，伦理原则事实上与应用伦理的特殊问题之间存在内在的张力，对伦理决策的道德合理性与正当性的评估，所依赖的标准更多的是利益的协调是否充分，而非限于单一的伦理规范。但是，如果我们仅仅将应用伦理问题的处理视为多方利益博弈的结果，那就等于消解了应用伦理本身所蕴含的对道德合理性与正当性的要求，因此，我们依然需要思考应用伦理的基本价值原则，以审视伦理决策的合理性与正当性。鉴于应用伦理问题的现实性和特殊性，在探索应用伦理的基本价值原则时，不能希冀于一劳永逸的价值规范的建构，而是需要在各个应用伦理领域和具体现实问题中制订并修订具体的伦理原则。同时，需要充分考虑价值原则是否足够反映人们最基本的道德直觉、是否满足人们在现代社会中对基本价值的追求、是否符合事物发展的基本规律。除此之外，应用伦理需要充分利用规

① 李建华：《伦理关联：理据、方式与复杂性》，《求索》2023年第2期。

② 卢风、肖巍主编《应用伦理学导论》，北京：当代中国出版社2002年版，第3页。

范伦理的理论资源，在建构自身的基本原则时，考虑其原则是否能够在义务论、契约论、后果主义等基础性的规范伦理理论中尽可能地形成“重叠共识”。

基于以上的讨论，可以初步提出应用伦理的两个基本价值原则：公正原则与利益原则。公正原则以程序正义原则为核心，即应用伦理应该致力于提供供所有人平等地参与讨论的基本程序规则与协商平台。但程序正义原则如果是一个完全价值中立的原则，那它也就无法用于应用伦理对伦理问题的道德合理性和正当性的评估。事实上，程序正义原则并非一个价值中立的原则，“程序共识的原则尊重并鼓励人们在交往对话中表达自己的意志，坚信在对话中达成的任何一项意见一致都是人们自主决定的结果”。[①] 就此而言，以程序正义原则为核心的公正原则恰恰建立在对自主性和平等性这两大现代社会基本价值的肯定和认可之上，也因此能得到广泛的支持。现代社会的快速发展与人口的高度流动性，造成了人们在价值观念上的多元化。社会理性多元或价值多元的社会现实，加大了就实质性正义原则达成共识的难度，而以程序正义原则作为公正原则的核心，相对而言能得到较为广泛的认同，更有利于伦理共识的达成。

利益原则是应用伦理的另一基本价值原则，参照以赛亚·伯林对自由的积极与消极面向的区分，我们也可以将利益原则区分为积极利益原则与消极利益原则。结合彼彻姆（T. L. Beauchamp）和查瑞斯（J. F. Chidress）在《生命医学伦理的原则》一书中对善意（beneficence）和不伤害（non-maleficence）的区分，可以将积极利益原则视为善意原则，将消极利益原则视为不伤害原则。彼彻姆和查瑞斯阐释了两者的具体内涵：

> 我们将不伤害原则和善意原则分为四个规范，这些规范没有先验的等级顺序：
>
> 不伤害原则
>
> 1. 不应造成恶或伤害。

① 甘绍平：《应用伦理学前沿问题研究》第二版，贵阳：贵州大学出版社 2019 年版，第 17 页。

> 善意原则
>
> 1. 应该预防恶或伤害。
>
> 2. 应该消除恶或伤害。
>
> 3. 应该做或促进善事。
>
> 善意原则的这三个规范都需要采取行动来预防伤害、消除伤害和促进善事；而不伤害原则仅需要有意避免导致伤害的行为。[①]

不伤害原则被一些学者视为应用伦理的核心原则，而不伤害原则可以追溯至约翰·穆勒在《论自由》中的明确阐述，穆勒将其视为自由原则运用的准则。“这两条准则就是：第一，只要个人行为仅关一己利害而与他人无干，个人就无需对社会负责”；“第二，对于其任何有损他人利益的行为，个人都应对社会负责，并且如果社会觉得为了自身安全必须施予某种惩处，则行事者还应受到社会舆论或法律的惩罚”。[②] 可以说，不伤害原则之所以能够成为应用伦理的基础性原则，关键在于其在保障个人自由的同时又限制了自由的滥用，进而真正实现人的基本自由。

义务论与后果主义作为规范伦理最重要的两种理论形态，都将行动的规范作为其理论的核心。义务论主张一些基本义务是我们必须承担的，如作为消极义务的“不伤害他人”以及作为积极义务的帮助他人；后果主义则主张按照后果或事态的好坏来决定人们行为的对错。义务论与后果主义的基本分野在于对行动理由的不同看法：“后果主义者的道德理由全都是中立于行动者的，而义务论者否认这一点，承认至少存在某些相对于行动者的道德理由。”[③] 公正原则以程序正义原则为核心，程序正义体现了人们对自主性的要求，从义务论的角度来看，尊重每个人的自主性可以被视为一种积极义务；而从后果主义的角度来看，现代社会对自主性的普遍追求促使我们通过尊重自主性而实现对社会整体事态的优化。利益原则中的善意原则与不伤害原则，体现了义务论中对积极义务与消极义务的强调，而

① Beauchamp, T. L. & Childress, J. F., *Principles of Biomedical Ethics* (seventh edition), New York: Oxford University Press, 2013, p. 152.

② 〔英〕约翰·穆勒：《论自由》，孟凡礼译，上海：上海三联书店 2019 年版，第 109 页。

③ 程炼：《伦理学导论》，北京：北京大学出版社 2008 年版，第 107 页。

同时也符合后果主义对促进良好事态的追求。因此，公正原则和利益原则在相当大的程度上于义务论与后果主义之间达成了“重叠共识”，但这种共识存在很大的解释空间，使得原则在实践中难免展现其潜在的张力。从伦理关联的视野来看，这恰恰要求应用伦理努力实现理论应用与现实问题之间的动态平衡，以此保持应用伦理的均衡性和开放性。

三　运与用：“用”的技术方法

从载体上讲，应用伦理所讨论的主要问题应该是应用伦理的应用对象是什么，以及应用对象的特殊性对应用伦理提出的挑战及应对策略。如前所述，应用伦理关注现实公共领域内人的行为、制度与政策以及科学技术的道德合理性与正当性的问题，现实公共领域内人的行为、制度以及科学技术也就构成应用伦理的主要应用对象。

传统的规范伦理也注重对人的行为的研究，无论是义务论与后果主义对行为道德合理性之标准的争论，抑或是美德伦理对行动者自身美德的强调，都体现了人的行为在伦理学研究中的重要地位。但应用伦理侧重于对公共领域内具体情境下的个人行为的关注，如堕胎、安乐死、同性恋、移民等议题。就具体情境这一限定而言，规范伦理所追求的往往是在理性范围内可以普遍达成一致的道德规则，并没有将现实的具体情境对道德规范的影响作为其首要关切。就公共领域这一限定而言，可以说，“以往的西方伦理学往往设定道德选择是个人的或私人的选择，但应用伦理并不侧重于对私人行为的研究，而侧重于对人们公域行为的研究”。[①] 两者共同体现出应用伦理在研究人的行为这一问题上所具有的独特问题意识。

公共领域内的个人在一定制度框架范围内展开其行动，因而个人行为受到制度的约束，对个人行为的关注也自然地涉及应用伦理对制度的关注。公共领域内的制度有不同层次的差异，包括从社会基本制度到现实生活领域内所涉及的诸多制度，应用伦理对制度的关注也呈现出多样化的特征。对制度的关注实质是对公共领域内不同现实问题的关注，如社会正

① 卢风、肖巍主编《应用伦理学导论》，北京：当代中国出版社 2002 年版，第 3 页。

义、生态环境保护、动物权利等议题，对于这些问题的处理往往需要从制度层面进行。

对公共领域内科学技术及其伦理问题的讨论，充分体现出应用伦理高度重视现实性，具有强烈的问题意识。现代科学技术的发展，打破和重塑了前现代社会的诸多观念，在深刻改变着人们的现实生活的同时，也引发人们对技术的哲学—伦理反思。如“现代医疗技术对人的生育方式、保健、疾病治疗、人体增强、寿命延展、老龄生命质量提升、临终关怀、死亡问题等极为不同的事项所进行的干预和操纵，使得生命伦理学必须面对不断得到拓展的异质性的‘技术—伦理’类型”。[①] 显然，现代科技及其引发的伦理问题，是当代伦理学无法回避的问题，其伦理问题的跨学科性与复杂性，都要求应用伦理的反思更有广度和深度。

应用伦理载体的独特性对应用伦理的影响，首先体现为对应用伦理主体的影响，即要求应用伦理学人在应用伦理的实践活动中，应充分发挥实践智慧（practical wisdom）。“作为哲学范畴，‘实践智慧’可以追溯到古希腊哲学中的 phronesis，后者的涵义与实践背景下的明智（intelligence）、完美的判断（soundness of judgment）等相联系。”[②] 亚里士多德在《尼各马可伦理学》中将幸福作为最高的善，而幸福被理解为“灵魂的一种合于完满德性的实践活动”。[③] 德性分为“道德德性”与“理智德性”，在讨论“道德德性”时，亚里士多德认为“道德德性同感情与实践相关，而感情与实践中存在着过度、不及与适度”。[④] 而德性作为一种选择的品质，“存在于相对于我们的适度之中”[⑤]。因此，在实践活动中，实践智慧就是要求人们保持实践和感情上的适度。具体而言，实践智慧的本质是实践推理，

① 田海平：《生命伦理学前沿探究：现代医疗技术中的生命伦理形态研究》，北京：中国社会科学出版社 2019 年版，第 19 页。

② 杨国荣：《人类行动与实践智慧》，北京：生活 · 读书 · 新知三联书店 2013 年版，第 271 页。

③ 〔古希腊〕亚里士多德：《尼各马可伦理学》，廖申白译注，北京：商务印书馆 2017 年版，第 32 页。

④ 〔古希腊〕亚里士多德：《尼各马可伦理学》，廖申白译注，北京：商务印书馆 2017 年版，第 49 页。

⑤ 〔古希腊〕亚里士多德：《尼各马可伦理学》，廖申白译注，北京：商务印书馆 2017 年版，第 50 页。

而实践推理的核心在于实现目的与手段之间的联结，因此，实践推理一方面需要考虑目的是否正当，另一方面则需要根据现实的具体情境，分析目的达成的条件。目的的实现与具体的情境相关联，实践推理既需要分析具体情境，也需要思考一般性的原则如何应用于特殊情境。从实践智慧的内在要求来看，“一方面，原则的普遍引导意义不能被消解，另一方面，原则本身又需要与不同的条件、背景相融合而获得具体规定”。[①] 应用伦理因其对象的复杂性，对现实问题在观念层面的理解与行动的协调都更为困难，需要充分考虑一般性的伦理原则与复杂多变的现实情境如何结合，而实践智慧为此提供了内在根据。因此，应用伦理需要满足实践智慧的基本要求，以此更好地作出协调和均衡的伦理判断。

其次，应用伦理所面对的应用对象和现实问题的特殊性，还影响了应用伦理理论的生成，促使应用伦理追问何种应用模式最适用于对应用伦理问题的处理。从主流观点来看，应用伦理有三种不同类型的应用模式或应用方法。“第一个模型从自上而下的角度出发，强调道德规范和伦理学理论的重要性来进行道德和方法的论证。第二个模型从自下而上的角度出发，强调先前案例、道德传统、经验和特定情况的重要性来进行道德和方法的论证。第三个模型拒绝赋予自上而下或自下而上的策略优先权，而是强调一致性和审慎的判断。”[②]

自上而下的应用模式具体表现为一种“工程模式”，这种模式的优势在于可以为应用伦理问题提供一个统一的方法，这有助于道德共识的达成。但事实上并不存在一整套被普遍接受的伦理规范，因而对于特定的应用伦理问题往往存在不同的分析和评估的伦理视角。显然，自上而下的应用模式，忽视了现实道德生活的复杂性，在面对复杂的应用伦理问题时简化了问题，这使得这一模式缺乏实质性的解释力。

自下而上的方法考虑到许多现实的伦理问题无法通过直接诉诸道德原则而作出道德判断，转而强调应当基于人们对传统案例的共识来应对这些

---

① 杨国荣：《人类行动与实践智慧》，北京：生活·读书·新知三联书店 2013 年版，第 293 页。

② Beauchamp，T. L. & Childress，J. F.，*Principles of Biomedical Ethics*（seventh edition），New York：Oxford University Press，2013，p. 391.

伦理问题。自下而上的方法具体表现为决疑法（casuistry），决疑法“通过将新案例与典型的正确和错误行为、相似和可接受的案例、相似和不可接受的案例进行比较来决定新案例。因此，在这种方法中，先例和类比推理是最重要的”。[①] 这种方法相对于自上而下的方法在道德实践中显得更为灵活，但也存在两方面的问题。首先，自下而上的方法对传统案例的道德合理性缺乏判断，因此，它可能在案例的类比中缺乏对大众观点的批判性。其次，面对诸如科技伦理等新兴领域的问题，自下而上的方法可能缺乏传统的案例资源，这使得类比推理无法展开。总的来说，“没有一个稳定的规范框架，我们既缺乏对判断的控制，也缺乏防止带有偏见或制定不当的社会习俗的方法”，[②] 因此，自下而上的方法在处理应用伦理问题时具有明显的局限性。

罗尔斯在《正义论》中提出反思平衡（reflective equilibrium）的方法用以论证实质性的社会正义原则。反思平衡的方法认为，在建构正义原则时，需要在原初状态和正义原则之间来回修正：“通过来回反复，有时改变契约环境的条件，有时撤回我们的判断并使之符合原则，我认为最终我们将找到一种对原初状态的描述，它既表达合理的条件，又产生了与我们经过适当的修正和调整的深思熟虑的判断相匹配的原则。我将这种状态称为‘反思平衡’。”[③] 将反思平衡的方法运用于应用伦理的决策之中，就意味着在作出道德判断时，需要在应用伦理的基本价值原则与现实的伦理问题之间保持来回互动的关系。因此，在应用伦理的实践活动中，反思平衡应当被理解为一种根据新出现的伦理问题反复修改和重塑伦理共识的一个过程，这适应了应用伦理的应用对象的现实复杂性和变化性，使得道德共识的达成更为灵活。以 ChatGPT 的问世和迭代为例，其超强的人机自然语言对话能力，促使人们反思人工智能所引发的一系列社会层面的变化及其伦理治理的相关问题。科技创新总是在不断打破既有的理论认知框架，

① Beauchamp, T. L. & Childress, J. F., *Principles of Biomedical Ethics* (seventh edition), New York: Oxford University Press, 2013, p. 400.

② Beauchamp, T. L. & Childress, J. F., *Principles of Biomedical Ethics* (Seventh edition), New York: Oxford University Press, 2013, p. 402.

③ Rawls, J. A., *Theory of Justice* (revised edition), Harvard University Press, 1999, p. 18.

“这一来自现实的挑战表明，随着科技的加速创新，必须引入一种全新的思考框架对其加以审视，更具预见性地探究其对人和社会的深远影响”。[①]可以说，科技的发展与伦理反思往往表现为一个动态的“反思平衡”的过程。

反思平衡作为应用伦理的一种应用模式，在具体的实践操作中仍然存在有待探究的问题，如处理应用伦理问题时应当将哪些现实因素纳入其中？反思平衡需要达到怎样的广泛性？但这些质疑恰恰体现了实践领域中日常说理的内在要求，即在得出实践推理的结论时，要铭记必然性与或然性之分，“本着可错论态度开展说理”[②]。所谓或然性“其实是指‘presumptive（可推定）’。其基本要义在于：在追求‘有观点’‘有主见’的同时，保持必要的克制”。[③] 实践领域的推理并不等同于纯粹形式领域的推理，[④] 而往往是根据现有条件的或然性推理，无法保证结论的绝对性。但接受或然性推理与保持可错论的态度，并不意味着日常说理并非一个好的说理，相反，这种有节制的说理方式，体现了日常说理的持续性和开放性。如斯泰宾所言：“一面小心得出结论，随时准备在新的证据面前加以修改，一面只要是没有理由接受相反的结论，就坚决根据原来的结论行动，二者之间并无矛盾。”[⑤] 因此，需要对应用伦理的应用模式进行持续的讨论，这本身也是一个反思平衡的过程。

通过对应用伦理应用模式的初步讨论，可以看到应用伦理应用对象的独特性对应用伦理学人在实践活动中的要求，以及应用伦理的载体与应用伦理的理论生成相互交织的紧密联系。应用伦理既以基本价值原则作为其规范性的依据，又根据现实问题的复杂性修正自身的原则，体现出应用伦

---

① 段伟文：《深度智能化时代算法认知的伦理与政治审视》，《社会科学文摘》2022年第11期。

② 张留华：《说理的学问》，北京：人民出版社2022年版，第274页。

③ 张留华：《说理的学问》，北京：人民出版社2022年版，第259页。

④ 基于对实践推理的考察，可以区分实质的推论与形式的推论。形式的推论赋予前提与结论逻辑关联，实质的推论则不限于逻辑形式，而以存在的规定及概念的内涵为依据，须考虑现实的存在背景。参见杨国荣《人类行动与实践智慧》，北京：生活·读书·新知三联书店2013年版，第283～283页。

⑤ 〔英〕L. S. 斯泰宾：《有效思维》，吕叔湘、李广荣译，北京：商务印书馆2008年版，第95页。

理在实然与应然、事实与规范层面的张力和开放性。“实然和应然在典范那里和合，在典范那里，实然展示了应然。这种更深的和合是通过努力达到的，不经这种努力，实然与应然不是表面上分张，而是真实地分张：实然不副应然。这种分张不是通过解释消除的，而是通过实践中的努力消除的。”① 就此而言，应用伦理学是介于事实与规范之间的学问，而在事实与规范之间达到均衡，则依赖于人们的实践智慧与反思平衡的方法，以达到某种典范式的对现实伦理问题的处理方案。

四　效与用：“用”的效果评估

应用伦理要着眼于对各领域现实伦理问题的处理，就不能免于对其实际效用的考察与评估，只有借由应用伦理的效果评估，才能提高伦理决策的合理性与正当性，以达到防控社会风险、实现社会正义的目的。应用伦理之用的效果评估，旨在追问应用伦理的动机与效果达到了何种程度的一致性，这便是应用伦理的效用论问题。

在阐述应用伦理效果评估的内容之前，首先需要说明应用伦理的效果评估与道德评价的区别。人们在日常生活中离不开道德评价，因为道德评价帮助人们区分日常生活中的道德与非道德现象，以维护日常生活的稳定性。道德评价借助于规范伦理理论的基本原则对道德行为，行动者的美德、动机进行评价，因此，道德评价根据规范伦理的不同而着眼于不同的评价对象，对同一道德现象可以形成不同的道德评价。与道德评价不同，应用伦理的评价对象并非着眼于道德行为或行动者的美德与动机，而是从应用伦理的视角出发，以应用伦理问题的公共决策及其效应为评价对象，考察公共决策是否符合公共利益的伦理要求。

应用伦理效果评估的主体通常是不同学科领域内部的伦理委员会，如医学伦理委员会、科技伦理委员会、商业伦理审查委员会等，效果评估旨在对各领域的公共政策及其效应进行伦理评估。在不同的应用伦理领域内

① 陈嘉映：《何为良好生活：行之于途而应于心》，上海：上海文艺出版社 2015 年版，第 64 页。

部，根据领域内问题的特殊性，存在不同的应用伦理规范，如在科学伦理中，雷斯尼克（David B. Resnik）提出了十二种科学伦理的行为规范，包括“诚实、谨慎、公开性、自由、信誉、教育、社会责任、合法性、机会、相互尊重、效率与尊重主体”。[①] 在生物医学领域，受大数据技术的影响，生物医学技术的范式发生着深刻变革，其突出表现是移动医疗、精准医学和个体化医学的出现和发展。以美国梅奥诊所的“梅奥健康计划”为例，“梅奥健康计划”在为患者提供门诊、急诊、医疗检查、住院等传统医疗服务之外，还基于大数据技术，为患者提供远程医疗、健康管理和疾病预防等服务。通过在患者体内嵌入生物传感器，“诊所能了解它的客户的基因图谱并将客户的基因状况与上百万个类似的患者和正常人相比较，从而预防和防止疾病的发生”。[②] “梅奥健康计划”体现了“以患者为中心”的理念和“尊重个体差异的价值”，但如果将以医疗大数据为基础的“梅奥健康计划”视为一项可以普遍推行的公共医疗政策，则需要对其进行更为整体性的效果评估，至少涉及如下问题：“如何缩小‘数字鸿沟’、如何防范数据失信或数据失真、如何保护个人隐私和安全以及如何从‘多’和‘杂’中挖掘‘好’。”[③] 显然，应用伦理的效果评估，不局限于公共政策是否满足一定的伦理规范，而是对应用伦理决策的一个整体性的分析和考察。

因此，应用伦理的效果评估，应当包含两方面的内容，一是公共政策施行前对伦理共识与伦理决策合理性的评估，二是公共政策施行后对公共效益的评估，即公共利益实现程度的评估。应用伦理决策是一个从分析和评估现实的伦理问题，到协调多方的利益与价值观念，最终达成伦理共识，形成公共政策的过程。根据应用伦理的自身特点，在开展效果评估时，应当遵循在科技伦理、司法实践中被广泛运用的“相称性原则”（principle of proportionality）。相称性原则有三个基本要求：“第一，避免所

---

① 〔美〕戴维·B. 雷斯尼克：《科学伦理学导论》，殷登祥译，北京：首都师范大学出版社2019年版，第50~64页。

② 田海平：《生命伦理学前沿探究：现代医疗技术中的生命伦理形态研究》，北京：中国社会科学出版社2019年版，第141页。

③ 田海平：《生命伦理学前沿探究：现代医疗技术中的生命伦理形态研究》，北京：中国社会科学出版社2019年版，第145页。

采取的手段产生的负面影响与目的相悖；第二，在确保目的可达成的情况下，权衡所使用的手段的适配程度；第三，在可达到相同目的的情况下，权衡不同的手段所产生的负面影响。”[①]

从整体的角度来看，应用伦理的实际效果与伦理共识的达成与否具有直接的关系。伦理共识的达成应该充分考虑现实的稳定性，对于应用伦理而言，关注现实的稳定性才能使它具有道德合理性。现实的稳定性则建立在公共政策与公共利益的关系上，但公共利益的证成是一个富有争议的论题，证成公共利益也存在不同的进路，基于我们在应用伦理的应用模式所持有的反思平衡的主张，对公共利益的证成也持有一种基于反思平衡的协商理论的立场。[②] 一个缺乏充分考虑和协调多方利益与价值观念的伦理决策，在公共政策落实到现实层面时，就难免损害一些人的利益或与其价值观念相悖，继而也就缺乏现实层面的稳定性，在实践层面自然难以取得良好的效果。因此，在达成伦理共识的过程中，应当将公正原则和反思平衡原则相结合，以程序正义为平台，充分考虑和尊重来自不同立场的关于特定伦理问题的主张，理解各种诉求背后的理由，在此基础上达成综合考量的伦理共识。

应用伦理效果评估的另一重要方面是，考察经由伦理共识所形成的公共政策在施行后的公共效益。公共利益是一个内涵丰富的概念，涉及个人权利、社会成本、生态环境等不同方面。考量公共政策的公共效益时，需要根据不同伦理问题所涉及的公共利益的特定方面进行具体的分析和评估，而对于公共利益特定方面的评估则依赖于不同领域的评估工具，这就需要不同学科的参与和合作。从应用伦理的角度来看，公共利益的总体性评估应该以应用伦理的基本价值原则之利益原则为依据，结合对公共利益不同方面的评估，从总体上考察公共政策在施行后是否损害了人们的基本权利和公共价值、是否有助于增进个体和社会的福利。“有利益矛盾就需要伦理调节，而调节的目标是实现利益均衡从而实现社会的整体性和谐。”[③] 应当

---

① 李伦、凌昀：《试论科技伦理治理的相称原则》，《道德与文明》2023 年第 1 期。

② 关于公共利益的证成存在三种主流范式：聚合理论、协商理论与建构主义理论。可参见段德敏、张旭《公共利益：多重面相与建构路径》，《新视野》2023 年第 1 期。

③ 李建华：《伦理学是利益均衡之学》，《上海师范大学学报》（哲学社会科学版）2022 年第 2 期。

说，应用伦理的效果评估，既反映出应用伦理跨学科的属性，也体现了伦理学作为利益均衡之学的本质特征。

五　教与用："用"的教育意蕴

对现实伦理难题的反思和处理，依赖于应用伦理运用伦理思想资源和基本原理，考量不同领域伦理难题的特殊性，它对传统伦理资源进行调整和转化，均衡多方的利益诉求，谋求价值共识，以伦理规范和价值引导，保障社会的稳定、和谐与进步。而应用伦理离不开应用伦理教育，应用伦理教育具有普及应用伦理知识、繁荣应用伦理学术、提升应用伦理学科、培养应用伦理学人四重蕴意。

教育的首要目的和功能是"传道授业"，将传统积累的丰富的知识通过言传身教的方式传授给一代一代的学习者，使其能够在赓续传统中学以成人，以达到文明延续和文化创新的目的。因此，应用伦理教育的首要意义便是普及应用伦理知识。应用伦理知识的普及是培养应用伦理学人的前提，而培养应用伦理学人则是繁荣应用伦理学术，进而提升应用伦理学科的基础，在此意义上，普及应用伦理知识之于应用伦理教育具有基础性的作用。应用伦理所面对部门或领域的多样性，决定了应用伦理不是简单地将普遍伦理原则直接运用于某个特殊领域。在社会的不同部门或领域，存在因其行业特殊性而特有的伦理难题，因而应用伦理在处理现实的伦理难题时，就不能简单地套用一些所谓"金规则"的普遍道德原则，而是需要在现实的伦理困境和普遍伦理原则之间来回双向反思，寻求适用于特定领域的价值规范。应用伦理知识的普及可以使得人们对具体领域的专业知识和伦理难题有更为深入的理解，也可以展现出伦理思想资源与现实伦理问题的结合。换言之，应用伦理对象的多样性就构成了普及应用伦理知识的现实需要，也意味着普及应用伦理知识是发展应用伦理的基本要求。对于立志于从事伦理学学术研究的人而言，普及应用伦理知识有助于增加他们对现实社会生活不同领域的具体认识，增进其对不同领域具体道德难题的了解，开阔视野，而非局限于对伦理学一般性问题的探究，使其对伦理知识的体认更具有整体性和现实感，为其进行更为深入细致的应用伦理研究提供学术视野和理论基础。对于非伦理学学科的人而言，普及应用伦理知识应当被视为通识教育的重要内容。通过普及应用伦理知识可以让他们了解伦理学视角下的具体学科门类的基本样态及其面临的现实伦理困境，使其深化对自身所处的具体学科领域及不同学科领域的理解。如果不同领域的从业者都能够具备基础性的应用伦理知识，那在面对诸领域具体伦理问题时，通过协商程序而达成普遍的价值共识就具有更为深厚的智识基础。

20 世纪六七十年代，应用伦理在欧美等国家兴起，有其特定的理论和历史背景。从伦理学史的角度来看，自 20 世纪初以 G. E. 摩尔的《伦理学原理》出版为标志的元伦理学，在经过近半个世纪的蓬勃发展之后，因其仅仅关注伦理学核心概念的含义分析或价值判断的逻辑推演，缺乏对道德生活伦理困境的解释力和指导性而受到人们的诟病。从现实道德生活来看，二战后，资本主义国家的政治、经济、科技、文化都发生了巨大转变。这一时期，"公民权问题、性伦理问题、福利道德问题、生命伦理问题都成为公众争论的主要议题，社会开始划分为保守派和激进派、绝对主义者和相对主义者"。[①] 基于这一特定的理论和历史背景，应用伦理应运而生，并逐渐成为伦理学研究的重要分支学科。中国自改革开放以来，随着政治体制改革和社会主义市场经济体制的建立和完善，科学技术、生态环境、家庭婚姻关系等诸多领域也发生了巨大变化，这些领域也出现了许多道德困境和亟待解决的难题，对这些道德困境和难题的处理，依赖于应用伦理在传统伦理理论和现实问题之间进行来回的反思和调整，构建具有现实合理性的价值规范体系。应用伦理在中国的发展方兴未艾，但在发展过程中也面临着两个亟待解决的问题。一是人工智能、基因编辑等科学技术的进步和发展，开拓了众多应用伦理视域之外的新兴领域，在这些领域因技术的变革而存在新的伦理问题，研究对象的扩展要求应用伦理的研究不断拓宽自己的视野，聚焦和回应现实问题。二是在中国近四十年的应用伦理发展中，学者们没有就应用伦理的学科性质、本质和理论内容等达成某种基本共识，因而没有形成一个关于应用伦理基础理论的系统架构，这使

① 卢风：《应用伦理学：现代生活方式的哲学反思》，北京：中央编译出版社 2004 年版，第 5 页。

得关于应用伦理的讨论缺乏一个共同的基础。就此而言，应用伦理的进一步发展演进需要面向不断扩展的具体现实生活领域及其伦理困境，在处理伦理困境中反思和调整固有的伦理规范原则，达成新的价值共识，进而为构建应用伦理自身独特的基础理论架构提供思想资源。应用伦理教育在这一过程中占据重要地位，通过应用伦理教育过程中的学术讨论、应用伦理知识的传授、应用伦理思维的塑造以及应用伦理学人的培养，可以起到繁荣应用伦理学术的效果。具体而言，在应用伦理教育过程中，应用伦理基本知识的传授，会塑造学生以一种伦理学的眼光审视自己所面对的现实社会和独特的生命经验。

应用伦理作为伦理学的重要分支学科，随着改革开放以来多领域的现实伦理困境的凸显而越发显示出其生命力。“应用伦理学，特别是经济伦理、生态（环境）伦理、科技伦理、生命医学伦理等当代世界性热点领域的应用伦理研究得到快速发展，相关成果急剧增加，一些方面的研究已经融入国际学术前沿，产生了显著的国际学术影响。”[①] 但相较于应用伦理在不同部门和领域的迅猛发展，其在学科建设上还存在一些问题。其一，应用伦理在国内的研究，虽然取得了实质性的进展，但其学科性质、基本内容和研究方法尚未得到明晰或存在多元化的取向，导致学界缺乏共识，这使得应用伦理作为一门独立的学科缺乏一个共同交流讨论的学术平台，阻碍了不同领域应用伦理研究之间的学术交流和争鸣，不利于应用伦理学科的发展。其二，应用伦理学科的建设没有很好地将跨学科的基本知识和学术资源进行相互融合，不同领域的专业知识和伦理学知识之间存在较大鸿沟，各具体领域的专家与伦理学学者之间难以达成真正的沟通和共识，造成了应用伦理自身蕴含的跨学科的特性没有真正凸显出来。其三，应用伦理作为伦理学的重要分支学科，因其对现实问题的解释力和指导性而实现了自身理论的建设和完善。但应用伦理在我国的学科设置上，没有独立成为一门二级学科，而仅仅是从属于伦理学二级学科的一个研究方向，这不利于应用伦理学科独立性的发展，也阻碍了各高校和科研机构中应用伦理研究队伍的壮大，以及特色鲜明的、具有独特科研优势的应用伦理学科建

① 万俊人：《百年中国的伦理学研究》，《高校理论战线》2012 年第 12 期。

设。发展应用伦理教育，在很大程度上能够推动中国伦理在横向和纵向上的整体发展，以达到提升应用伦理学科的目的。首先，通过发展应用伦理教育，一方面能够培养一批有志于从事应用伦理工作的青年学者，人才队伍的壮大为应用伦理基础理论的研究以及各具体领域伦理问题的研究奠定了基础。一部分青年学者可能致力于应用伦理基础理论的研究，对应用伦理的学科性质、基本内容和研究方法等问题进行更为深入的研究，以构建应用伦理的学术共识；另一部分青年学者可能从事于各具体领域的应用伦理研究，而各具体领域应用伦理研究在广度和深度上的展开，则会为应用伦理基础理论的研究提供更多具体的案例和经验。另一方面，要提高应用伦理教育的质量和水平，就需要有一定共识性的应用伦理的谱系和体系，它们具体表现为得到普遍认可的应用伦理教程，这就要求学者们应当就目前应用伦理在基础理论研究上的不足进行讨论和深入研究，在应用伦理学科性质、基本内容和研究方法上谋求基本共识。其次，发展应用伦理教育，要体现出应用伦理独特的学科特性，即学科的交叉性和复合性，这就要求在应用伦理教育中要兼顾各领域的专业知识和伦理学知识，在两者之间实现相互平衡和有机统一。通过发展应用伦理教育，使得伦理学专业的学生能够学习和了解不同具体领域的基础专业知识和伦理难题，而不同专业学科背景的学生也可以学习和了解伦理学的基本理论。在相互交流和讨论中，培养具有多学科背景的应用伦理人才，彰显应用伦理学科的交叉性和复合性。最后，发展应用伦理教育，势必要求应用伦理提高自身的学科独立性，进而要求在学科设置上设立独立的应用伦理学科点。应用伦理学科的独立发展，为培养应用伦理的科研队伍、确立各高校和科研机构的应用伦理研究的独特优势，提供了重要的学科基础。这使得应用伦理能更好地面对现实问题，处理伦理难题，提供伦理规范和价值引导，进而推动应用伦理学科的发展。

培养应用伦理学人也是应用伦理教育的应有之义。这里的“学人”包含了应用伦理的专门人才和具有伦理情怀与素质的其他高级专业人才。培养应用伦理人才是普及应用伦理知识的直接目的，也是繁荣应用伦理学术、提升应用伦理学科的基本前提和必由之路。因此，培养应用伦理学人贯穿于应用伦理教育的全过程，也是应用伦理教育的根本目标和灵魂之所在。改革开放以来，我国通过政治体制改革以及社会主义市场经济的建立和完善，极大地解放和发展了社会生产力。随着社会生产力的发展，社会生活各领域的范围和内在的结构关系都发生了深刻的改变，也凸显出许多社会现实的伦理困境和难题。因此，培养应用伦理的专门人才，组织专业机构，对处理和应对这些伦理难题、关切具体的现实道德生活、回应中国当下的道德实践，具有强烈的现实意义。从应用伦理教育的视角出发，应用伦理学人需要具备应用伦理的德性和思维，对传统伦理学知识有深入的学习和储备，对现实的伦理问题有敏锐的感知，这样才能够以一种应用伦理的态度去面对现实生活中纷繁复杂的伦理难题。应用伦理学人需要具备跨学科的专业知识，熟悉和掌握具体领域的专业知识，才能在伦理学的基本原理与现实的伦理问题之间，作出有效的反思与具有现实性、可靠性、可行性的伦理判断。同时，需要其他专业在培养人才的过程中开设与专业相关的应用伦理课程，培养学生的伦理情怀，提高其伦理素养。应用伦理教育旨在培养跨学科的交叉型、复合型的应用伦理学人，这既有“手段”的考虑，也有“目的”的考虑。新时代背景下的应用伦理学人，面对中国特色社会主义现代化建设中诸多领域不断涌现出的伦理难题，需要通过在传统伦理理论与现实问题之间的来回反思，对多方利益的权衡考虑，提出一套适用于特定领域特定问题的伦理价值规范，以保障社会的稳定、和谐与进步。在此意义上，应用伦理学人的培养是新的社会历史条件对伦理学发展提出的时代要求，因而是一种从社会整体层面对个人发展的要求。但应用伦理学人的培养，也应当被视为促进个人自由全面发展的体现。现代社会在政治、经济、文化、生态环境、科学技术等领域的发展中都面临复杂的局面和问题，而处在社会高速发展和转型期的中国现代社会，在诸领域中的伦理问题也很突出。个人总是处于一定社会生活之中的个体，个体生活就是社会生活的一个缩影，个人也时刻面临社会各领域中的伦理难题。因此，应用伦理学人的培养实则是在多元融合的社会背景下，个人关切社会现实问题，作出准确的价值判断，进而更好地参与道德生活，以实现个人的自由全面发展的重要途径。

应用伦理教育的四重蕴意之间具有内在联系，普及应用伦理知识是培养应用伦理学人的基础和前提，培养应用伦理学人为繁荣应用伦理学术提供了人才资源，而应用伦理学术的繁荣与应用伦理学科的提升又相互支撑。因此，通过应用伦理教育的开展，可以推动应用伦理整体而全面的进步，使其更好地发挥关切社会现实问题、参与现实道德生活、推动道德实践发展的重要作用。

第三部分

主相论

提示语：对本体与存在的分析，会形成相，伦理关系的复杂皆因体变相。相是体的呈现，表现为诸多关系，主相则为主要关系。如果伦理存在对社会来说是以什么样式“出场”的问题，伦理价值是伦理为什么“出场”的问题，那伦理诸相则是伦理如何“在场”的问题。伦理是一个多面向的复杂性综合存在，可以说，有多少人伦场域就有多少伦理面向。如果从社会均衡的主要关系来看，伦理关系主相主要有经济伦理关系、政治伦理关系、社会伦理关系、生态伦理关系和网络伦理关系。经济生活的伦理在于平衡公平与效率的关系，如果我们对公平作经济学的理解、对效率作伦理学的理解，那我们会发现公平与效率原本就不是此消彼长的关系，哪怕在实现共同富裕的过程中会出现市场逻辑、政治逻辑和道义逻辑的矛盾，也可以通过协同伦理加以平衡，而最根本的办法是“类节制”，这是后富裕时代的伦理。政治伦理的核心问题是处理国家权力与公民权利的关系，现代政治伦理需要以问题为导向，倡导一种“有限政治”观念，进而实现政治文明。社会发展与稳定的关系不仅仅是社会治理问题，本身也是伦理问题，只有坚持均衡的伦理，社会才可能在稳定中发展、在发展中稳定，因为稳定就是一种差异性的重复，而伦理的例外在于如何有效治理非常态社会。人类与自然的和谐相处，其主要责任在人，生态伦理建设既需要制度化，也需要日常生活化。随着科学技术的飞速发展，自然人与智能人似乎也有了伦理关系，从人本主义立场出发，厘清人机关系中的问题显得非常迫切。随着网络化时代的到来，我们所处的世界已经分割为现实世界与虚拟世界，如何在虚拟世界与现实世界之间轻松切换，需要构建一整套以自我伦理为核心的规则体系。

第十章　效率与公平

如果我们承认经济基础是一切社会生活的前提，那么，公平与效率应该是人类社会最基础、最重要的伦理关系，也是当代伦理学需要首先协调的对象。它一方面关涉人的基本经济生活需要，特别是获得的物质利益的质与量；另一方面又与每个人所关心的公平正义密切相关，将个体与社会、经济与政治等关系缠绕在一起。但公平与效率从来没有较轻松地走出自身的"悖论"表象，总是在此消彼长中消磨。甚至二者还在优先性上较劲，要么效率优先、兼顾公平；要么公平优先、兼顾效率。其实，效率与公平本质上是一种均衡性关系，也是相互促进的关系，没有"原则上"的价值大小之分，只有"策略上"的时间先后之别。问题在于，在现实生活中，公平与效率难以兼顾，只有通过发展，才可能对此进行有效的调整，离开发展的公平与效率，始终只能是"纸上谈兵"。于当代中国而言，实现共同富裕是促使公平与效率统一的最佳行动方案，也是最佳境界，伦理学也许能从实践层面为解决这一理论难题提供中国伦理智慧。

一　公平与效率：究竟何种伦理关系

从一般意义上讲，公平与效率是经济伦理关系，并且是核心的伦理关系。但问题不能就此了事，需要进一步深究是何种性质的伦理关系。伦理关系主要有三种类型：对抗性伦理关系、关联性伦理关系、互助性伦理关系。对抗性伦理关系就是"此消彼长""你死我活"；关联性伦理关系就是双方有交集，但并非没有对方不可；互助性伦理关系是"一体两面"的伦理关系，公平与效率的关系就是如此，这是不能简单用"对立统一"来处理的，需要多面向的考察与深究。

“效率”一词主要属于经济学的范畴，但在日常生活中也频繁使用。“效率是经济学所要研究的一个中心问题（也许是唯一的中心问题）。效率意味着不存在浪费。”[①] 按照萨缪尔森的观点，效率即是对资源的有效和充分的利用，能够实现资源的最大化配置。现代经济学把两个基本预设结合在一起：一是人是追求自利的动物；二是效用是社会成就的判断标准，除此之外没有任何内在价值。当然，“由于离开了伦理分析，这些理论显得非常肤浅和狭隘”。[②] 从福利经济学的视角看，也许获得个人的效用是天经地义的，无所谓伦理问题。当然，除此之外，还有帕累托最优的角度，“当且仅当不减少其他人的效应就无法增加任何一个人的效应时，这种社会状态就称之为帕累托最优”。[③] 这种帕累托最优也是建立在完全竞争的基本条件之上的，没有这些条件，也就不存在帕累托最优。经济学家们有时也把充分使用了生产资源称作有效率，反之则在总体上是无效率的。[④] 其实，效率就是资源的有效使用与合理配置，就是投入与产出之比达到较优区间，所以，效率本质上是一个经济学的概念，但它不是一个个体意义上的概念，而是指向个体的可比较和社会总体的可计算。也正是因为可比较、可计算，才引出公平伦理问题。厉以宁教授认为，效率不仅仅只有经济学的意义，还须有伦理学的考量。他对效率提出了四个伦理问题的分析框架。第一，虽然投入一定会有产出，但是否有产出就一定是效率，生产出有害人体与社会的产品是否也是效率？第二，投入是自愿的且具有这种能力，但可能生产出的产品社会根本不需要，这个时候的产出是否就是效率？第三，同一种投入的不同产出其效率是不一样的，有的投入可能就是浪费。第四，对不同资源的利用尽管产出是相同的，但效率是不一样的。[⑤]

---

① 〔美〕保罗·A. 萨缪尔森、威廉·D. 诺德豪斯：《经济学》，高鸿业等译，北京：中国发展出版社 1992 年版，第 45 页。

② 〔印度〕阿马蒂亚·森：《伦理学与经济学》，王宇、王文玉译，北京：商务印书馆 2000 年版，第 34 页。

③ 〔印度〕阿马蒂亚·森：《伦理学与经济学》，王宇、王文玉译，北京：商务印书馆 2000 年版，第 35 页。

④ 参见〔美〕艾伦·布坎南《伦理学、效率与市场》，廖申白、谢大京译，北京：中国社会科学出版社 1991 年版，第 7 页。

⑤ 参见厉以宁《经济学的伦理问题》，北京：生活·读书·新知三联书店 1995 年版，第 3~4 页。

这实际上已经超越了经济上的考虑而进入人与社会的价值维度，人的需要、有利社会、资源保护，这些就是伦理规制。我们只有从伦理的意义上去理解效率，才能真正理解效率与公平的关系。

同样的情况也适用于公平。公平是一个伦理学的概念，是指合情合理，不偏袒某一方或者某一个人，可以表现为经济上的分配公平，也可以表现为权利享有与应尽义务的对等，也可以理解为社会机会的均等，甚至可以是政治上权力与权利的均衡，因此，公平与人们的生活息息相关；可以在经济学上进行理解。我们如果仅仅在伦理学意义上理解公平，不是从经济学立场或者干脆放弃经济学立场来理解公平，那同样不能正确理解公平与效率的关系。当我们想要平衡公平与效率的时候，应该主要从分配正义角度来理解。问题的复杂性在于，怎样的公平才是正义的。我们无意去梳理各种思想的理论观点，也不能只停留在某一个思想家的文本中，而是从伦理学去理解公平，从可能性出发来简单明确以下两点。第一，公平分配不是平均分配，平均主义不构成现代伦理要求；第二，公平分配主要应该是分配结果的大体均衡，至于机会均等问题，伦理学在理论层面上可以有诸多呼吁，但在实践层面上，至少目前还缺少有效的协调办法，所有的前提性预设都经不起生活现实的验证，我们需要慎行。在此，我不完全认同厉以宁先生的主张。厉先生认为，无论从伦理学的角度还是从经济学的角度着眼，收入分配的均等或财产分配的均等并不意味着公平，或者不应当把分配均等当作公平的同义词，[①] 这一点我非常认同。因为无论收入分配还是财产分配不仅仅是结果问题，还有如何获得的问题，公平不能只是结果论，还须考虑手段的正当性问题。我也同意，适当存在收入分配和财产分配的某种差距比平均分配更具有公平性的思路。但问题在于，第一，如何度量这种差距，差距在何种范围内是合理的，是可容忍的？第二，如果又退回到以机会公平或机会均衡来考虑公平问题，如何保证人人都“处于同一条起跑线上”？是否真实地存在罗尔斯所谓的“无知之幕”？对于机会公平，虽然要作出理论论证的条件预设与实践达成的区分，条件预设是

---

① 参见厉以宁《经济学的伦理问题》，北京：生活·读书·新知三联书店 1995 年版，第 5 页。

出于对理论完备性的考虑，实践达成是现实生活的要求，但我还是主张从经济学的意义上来理解公平，即以可计量的收入分配的相对均等作为考量是否公平的重要标准。

我们只有将经济效益意义上的“效率”概念作伦理学上的理解，将伦理学意义上的“公平”概念作经济学意义上的理解，才能使二者真正构成可理解的对立统一关系。之所以说效率与公平两者是统一的，是因为两者是相辅相成、相互促进的关系。效率的提升为公平的实现提供坚实的物质基础。只有当一个国家的社会发展成果比较大时，理论上每个社会成员能够享有的社会成果才会增加。因此，在经济社会的发展中，必须大力发展经济，创造更多的社会资源。公平有助于效率的提升。因为在社会发展中，社会成员作为经济社会建设的积极参与者，在其中发挥着重要的作用，如果在分有社会的成果时不被公平对待，那么这会严重影响其参与经济建设的积极性，影响效率的提升。虽然效率的提升不一定能够提升社会的公平，但是效率的提升是实现社会公平的前提和基础。公平的实现不一定必然带来效率的提升，但是在很大程度上有助于效率的提升。与此同时，效率与公平两者又呈现相互对立的关系。提高效率就是要在市场机制的作用下按照不同的生产要素主体对市场贡献的大小进行劳动成果的分配。[①] 毫无疑问，这种分配机制能够充分调动社会成员的生产积极性，提高社会的生产效率。但是如果一味地按照这一分配机制，那么对于社会的弱势群体、受教育水平低的一些社会成员而言，他们将会被这种分配机制边缘化，极易使其处于不利地位，进而恶性循环，这反过来也会影响效率的提升。这些社会成员处于不利地位是多种因素共同造成的。首先是社会成员自身的原因，如天生禀赋、家庭出身、受教育程度等因素，都影响着其参与经济社会建设的能力。其次不能忽视社会因素所造成的影响，如教育资源分配不均对其受教育程度产生的影响。虽然造成这一结果的原因具有多样性，但是作为共同体中的成员，他们理应有平等享受社会成果的权利，同时社会也应采取积极的措施，保障处于不利地位的社会成

① 黄有璋：《改革开放以来效率与公平关系演变的历史考察及启示》，《广西社会科学》2017 年第 10 期。

员的生存与发展。但如果过分地强调公平也会影响效率的提升。公平正义的社会一直以来是人类孜孜以求的社会，但是过于强调公平极易产生平均主义，影响社会成员参与经济社会建设的积极性。随着社会成员参与经济社会建设的积极性降低，参与的社会成员的数量也会减少，社会的活力也会下降。因此，效率与公平两者是对立统一的关系，是一种需要相互促进的伦理关系，是一种需要各自节制的伦理关系，是一种与人的切身利益相关的伦理关系。如何处理好两者之间的关系，是一个充满伦理智慧的问题，需要更多的具体分析和情境考虑。当然，要真正协调好、统一好公平与效率的关系，最关键的是发展生产力，提高经济发展水平，增加可供分配的社会财富，这也是实现社会主义公平正义之实践逻辑的必然要求。

二　公平是伦理均衡之重

于当代中国而言，效率与公平的均衡，其侧重点应当放在维护公平上。因为改革开放以来，中国的经济虽然得到了高速发展，成为世界第二大经济体，但是与此同时也出现了一些问题，影响着经济的发展。当前比较显著的是收入分配差距过大等问题。因为收入与每个社会成员的生活息息相关，是维持社会成员基本生活的主要方式。如果这些社会问题得不到有效的解决，将影响经济的发展、社会的和谐稳定、中国的崛起。近年来，我国经济发展被世界认为是“中国奇迹”，但是我们也存在经济发展方式粗放、贫富差距过大、社会矛盾增多、生态环境遭到破坏、资源浪费严重等影响经济可持续发展的问题。当前，我国经济已由高速增长阶段转向高质量发展阶段，表明我国已经在转变经济发展的方式，强调质与量的兼顾，把质的发展放在首位，但是又不忽视量的增长。只有在质的发展前提下坚持量的增长，才能有助于实现经济社会的可持续发展。自然资源是有限的，不能为了短期利益而消耗大量的资源，应为后代着想，重视长远利益。在经济社会发展中注重效率没有错，把“蛋糕”做大，但是不能仅仅把蛋糕做大，还应思考如何把“蛋糕”分好。罗尔斯认为，“正义是社会的首要价值，正像真理是思想体系的首要价值一样”。[①] 同样，公平也是社会的重要价值，也一直是古今中外众多学者所追求的价值。在古希腊时期，柏拉图把公正列入四大德性之一，认为公正即是城邦成员各司其职、互不干涉。亚里士多德提出“公正是一切德性的总括”,[②] 给予公正很高的评价，认为公正不仅是一种德性，同时还是一切德性总的概括。在亚里士多德看来，公正体现了“对他人的善”。我只能拿走属于自己的那一部分，不能侵占其他人的那一部分。因此，针对社会的不公正现象，亚里士多德明确地提出了具体的公正以及分配的公正，同时提出了矫正的公正、回报的公正等，努力实现社会的公正。这对于解决社会的不公平问题具有重要的启示意义。孔子认为，“闻有国有家者，不患寡而患不均，不患贫而患不安。盖均无贫，和无寡，安无倾”。(《论语·季民》)他不担心财富的多寡，而担心分配的不公，实现了分配的公平，便不会有贫穷。老子明确指出天道是减损有余来补不足，而人道却是减损不足来供给有余，这说明了当时统治者对于老百姓的强势掠夺，也体现了社会公平的缺失。当前，我们把公正作为社会层面的核心价值观，体现了公正在社会发展中的不可或缺的价值，它是必须实现的价值。因此，把公平作为社会的重要价值是合理的。当前，我国坚持经济、政治、文化、社会、生态文明等全面发展，因为只有当各领域都得到有效的发展时，才能更好地推动一个社会、一个国家的发展。我国对所取得的经济成就以及在经济发展过程中所出现的问题有深刻清醒的认识，在现阶段随着经济发展方式的转变，公平问题的解决也是迫在眉睫。因此，我们在发展中强调既要效率也要公平。

在经济社会发展中强调公平,[③] 主要包括以下几个方面的内容。

其一，权利公平。权利公平主要体现在两个方面：一方面是从道德层面而言，社会成员希望能够得到公平的对待。在共同体生活中，每个社会成员都平等地享有宪法和法律所赋予的权利，在法律面前人人平等，任何

① 〔美〕罗尔斯：《正义论》，何怀宏、何包钢、廖申白译，北京：中国社会科学出版社2017年版，第1页。

② 〔古希腊〕亚里士多德：《尼各马可伦理学》，廖申白译，北京：商务印书馆2003年版，第130页。

③ 此部分内容详见李建华、周谨平、袁超《当代中国伦理学》第六章第三节，北京：中国社会科学出版社2021年版，第168~171页。

人都不得凌驾于宪法与法律之上。不因地位高低、财富多寡等把人分为高低贵贱；人们都是共同体的成员，应相互尊重、相互爱护。因此，每个社会成员都应受到平等的对待，这是每个社会成员的权利，同时其他的社会成员有义务平等地对待他人。另一方面从现实生活方面来说，每个社会成员都希望能够平等地分享社会发展的成果。作为共同体成员，每个社会成员受到平等的对待是体现共同体文明的重要标志；每个社会成员平等地分享社会发展的成果是共同体公平的具体体现。正如亚里士多德把公正视为对他人的善一样，平等地对待他人也是一种对他人的善。康德强调不能把他人视作手段而应视为目的。共同体中的成员参与经济建设的过程，平等地分享社会发展的成果，体现了我们不是把他人当作自己获取利益的手段，而是希望其他社会成员能够增加获得感。然而，在社会发展中，权利上的不公平是社会缺乏公平正义的重要体现以及重要原因。正如卢梭所言："人们尽可以在力量上和才智上不平等，但是由于约定并且根据权利，他们却是人人平等的。"① 因为力量和才智在很大程度上受先天因素的影响，有些人可能拥有比常人强大的力量，拥有更加聪慧的大脑。但是在约定的权利下，人人是平等的。权利也可以是一种获得利益的手段，可以控制人类各种利益的分配。因此，如果不能实现权利的公平，那么拥有更多权利的社会成员将会获得更多的利益，影响社会的正义。阿马蒂亚·森在对东南亚国家的贫困现象进行调查时发现，"农民贫困的根源并不在农民本身，而是深藏在农民贫困背后的另一种贫困——权利贫困"，② 即不是饥荒或者天灾人祸等造成农民的贫困，而是权利的贫困造成的。因此，权利的平等对于处于弱势地位的社会成员来说是必不可少的，如果权利不平等，他们所掌握的话语权就更加小，他们表达利益诉求、满足利益诉求将更加艰难。在社会发展中，实现社会成员的权利公平至关重要，虽然权利平等的实现过程可能是一个博弈的过程，且难免会产生冲突，但是这不应该成为放任权利不公平的托词，应采取积极有效的方法实现权利公平。

其二，机会公平。在经济社会发展中，人们往往注重结果的公平，而

---

① 〔法〕卢梭：《社会契约论》，何兆武译，北京：商务印书馆 2003 年版，第 30 页。

② 〔印度〕阿马蒂亚·森：《贫困与饥荒》，王宇、王文玉译，北京：商务印书馆 2001 年版，第 13 页。

忽视机会公平。在经济发展的过程中，机会公平十分重要，因为机会公平是现代社会发展的重要伦理准则之一。在共同体中，每个社会成员都应有平等的机会参与经济建设。然而，社会成员受个人因素和社会因素的影响，每个人平等参与经济建设的权利存在差异。机会公平可以分为竞争性机会公平和保障性机会公平。竞争性机会公平是指只要社会成员拥有满足这一职务或岗位所需的才能和特质，就有同等的权利去参与竞争。正如我们现在的招聘，对于一个岗位，只要你满足这一岗位的条件你就可以参与竞争以获取这一岗位。而保障性机会公平主要是指社会保障所有社会成员的生存和发展机会。因为一个社会总会有处于劣势地位的社会成员或者群体，不能因为他们处于弱势地位就对他们置之不理，而是应为他们提供保障性的机会平等，保障其施展才能和发展的机会。正如罗尔斯所提出的，“在机会平等的条件下，职务和岗位对所有人开放”①。然而，关于机会平等在学术界也有争议，争议的焦点主要是围绕社会成员个人在机会平等中所应承担的责任。德沃金提出，在机会平等的实现过程中，对于个人因素所造成的不平等应该由个人承担。阿马蒂亚·森认为能力的不平等是影响社会公平的重要原因。然而，能力作为一个抽象的概念，与个人紧密相关，只要社会成员存在差异性，那么能力平等在很大程度上就是难以实现的。即便是双胞胎受同样的教育，在能力方面也还是会存在差异的，因为能力与个人禀赋、后天努力、社会环境等紧密相关。“在社会的所有部分，对每个具有相似动机和禀赋的人来说，都应当有大致平等的教育和成就前景。那些具有同样能力和志向的人的期望，不应当受到他们的社会出身的影响。”② 因此，在经济社会发展中，既要重视竞争性机会公平，又要重视保障性机会公平，为社会成员平等地提供实现自我发展、自我价值的机会；同时又不忽视个人原因所造成的不平等，积极帮助社会成员提升参与经济建设机会的能力，帮助其实现自我发展、自我价值。在一个公平的社会，为社会成员平等地提供参与的机会是必须的，但是社会成员也应努力提升自己的能力，抓住机会并且利用机会，去实现自

① Joho Rawls, *A Theory of Justice*, Cambridge, Mass: Harvard University Press, 1971, p. 60.

② 〔美〕罗尔斯：《正义论》，何怀宏、何包钢、廖申白译，北京：中国社会科学出版社1988年版，第69页。

我价值与社会价值。

其三，规则公平。规则公平是社会公平的重要体现。规则主要指法律、政策、规范、准则等，应用于社会生活的各个领域。同时，规则有正式规则与非正式规则之分。正式的规则如正式制定的法律、政策、规则、规定等，非正式的规则主要指伦理或道德规范。不管是正式的规则还是非正式的规则，对于社会公平的实现都具有重要的意义。这里所论的规则公平是指正式的规则的公平。规则制定的目的本是为了维护社会某一领域的正常运行，对社会成员起到制约的作用，规范社会成员的行为。因此，每个社会成员都应遵守规则，如果一部分人遵守而另一部分人可以不遵守，那么这就失去了规则本身的作用以及意义。这会引起人们的质问：为什么我就应该遵守这一规则而其他人可以不遵守这一规则？这会引起社会的不稳定。规则平等是指社会成员在规则面前一律平等。社会公正应当是以维护每一个社会成员或是社会群体的合理利益为基本出发点，而不是一定要刻意地站在哪一个特定社会群体的立场上来制定带有整体性的社会经济政策和基本制度。[①] 因此，规则平等主要体现两方面的内容：一方面是制定规则时的公平。在制定规则时应从所有社会成员的立场出发，而不是从部分阶层、部分群体的立场出发，否则规则本身就具有不正义性。另一方面是规则的执行应是公平的。所有社会成员都应遵守规则，违反规则的行为都应受到相应的惩罚。当然，惩罚并不是制定规则的主要目的，制定规则的主要目的是对社会成员的行为起到规范的作用，维护社会的秩序。因此，任何一个规则的制定都应以公平一以贯之，制定的过程是公开、公正的，而不是秘而不宣的。要广泛征求社会成员的意见，增进规则制定的科学性和合理性。制定之后应加大宣传力度，让社会成员能够真正地理解，在此基础上避免违反规则的行为出现。在规则的运行中，要及时跟进，及时地发现问题并进行调整，维护规则的公平性。当前规则的不公平是引发社会不公平现象的重要原因之一，极易导致社会成员的认同感下降。权利公平和机会公平都需要公平的规则来进行保障。在经济社会发展中，实现规则公平需要党和政府发挥重要的作用，着眼于最广大人民的根本利益和

① 吴忠民：《走向公正的中国社会》，济南：山东人民出版社 2008 年版，第 29 页。

长远利益，同时社会成员也应积极参与制定的过程，集社会之合力建立和健全相关的规则，形成公平的规则运行机制，促进权利公平、机会公平的实现，从而推动整个社会公平的实现。

三　相对公平：共同富裕的行动逻辑

平等、自由、和谐等是人类永恒的价值追求，也是最基本的政治理想和伦理目标，从《理想国》到《乌托邦》再到“共产主义”社会，从“大同理想”到“小康”社会，无不是这种追求的体现。共同富裕在中国语境中是一个具有深厚文化底蕴的历史命题，更是中国特色社会主义伟大事业的应有之义。“共同富裕是社会主义的本质要求，是中国式现代化的重要特征。”[①] 共同富裕是在新的历史条件下提出的极具理论高度和实践价值的重大命题。一方面，我们必须清醒地看到共同富裕本质上是利益分享（共享）问题；另一方面，实现共同富裕要靠集体行动。因此，探讨共同富裕始终离不开伦理的视角，特别是要通过多层含义去发现其复杂的逻辑链，从中找到能超越于单一逻辑的共同点，并进行伦理协同。唯有如此，共同富裕无论作为理论命题还是实际行动，其真正的“整体性”才可以凸显出来，并具体化为一种多因素、多层面、渐进式高度协同的集体行动。共同富裕涉及经济、政治与道德三个维度，也内在地蕴含了三重逻辑，即经济逻辑、政治逻辑、道德逻辑。这三重逻辑尽管各有其侧重，并具有不可改变和逾越的行动法则，但在合目的性上会形成一个无法分割的逻辑链，由此决定了共同富裕的实现在理论层面是三重逻辑的协同过程。

共同富裕的前提是富裕，特别是物质层面上的富裕，没有富裕就无所谓共同富裕。富裕只能靠发展经济，因此，经济逻辑是共同富裕的首要逻辑，共同富裕首先只能是市场的逻辑、发展的逻辑，或“做蛋糕”的逻辑。这就意味着共同富裕要大力发展经济，要坚持以经济建设为中心不动摇，即便富裕被理解为包含了精神富裕，同样也应该是以经济富裕为前提。离开物质富裕而奢谈精神富裕，要么是自愿“出丑”，要么是自暴无

---

① 习近平：《扎实推动共同富裕》，《求是》2021年第20期。

知。这一方面是由历史唯物主义基本原理所揭示的人类发展基本规律决定的，另一方面也是由中国的基本国情决定的。从马克思主义唯物史观看，生产力是社会发展的决定因素，而生产力诸要素相结合的社会形式又构成现实的生产关系，物质生产和再生产过程中所形成的经济关系就构成特定的生产方式，生产方式又决定社会结构，特别是制度层面和意识形态层面的上层建筑。“物质生活的生产方式制约着整个社会生活、政治生活和精神生活的过程。”① 社会的分配方式是由生产方式决定的，既然生产优先于分配，没有生产，就没有分配，那么富裕对于共同富裕就具有了决定性的意义，即没有富裕，就没有共同富裕。而我们无法回避的客观事实是，“我国仍处于并将长期处于社会主义初级阶段的基本国情没有变，我国是世界最大发展中国家的国际地位没有变”。② 既然我们还处于社会主义初级阶段，并且是发展中国家，优先发展经济，就是天经地义，就是硬道理，就是铁逻辑。共同富裕首先应该是一种经济事实和经济追求，其基础仍然是解放生产力和发展生产力，仍然是按照市场规律来大力提高经济增长总量，仍然是保持经济增长速度来跨越“中等收入陷阱”。这就需要秉持创新、协调、绿色、开放、共享的发展理念，激活各种市场主体的活力，加大自主创新，塑造产业竞争新优势，提高循环经济的实效，尽最大努力做大“蛋糕”，建设富裕中国。以任何借口否定以经济建设为中心，都是对共同富裕这一社会主义价值目标的亵渎。

问题在于，经济增长并不能自发地实现共同富裕，共同富裕的任务并不能完全交给自由市场，经济逻辑也许可以带来资本的增殖，但并不意味着社会人均财富的同步增长。托马斯·皮凯蒂认为：“如果资本收益仍在较长一段时间内显著高于经济增长率，那么财富分配差异化的风险就变得非常高。”③ 中国共产党深刻认识到贫穷不是社会主义这个道理，百年来一心一意为人民求解放、谋富裕，始终把逐步实现全体人民共同富裕摆在重要位置。特别是党的十八大以来，党中央把握发展阶段新变化，大力推动

---

① 《马克思恩格斯选集》第2卷，北京：人民出版社1995年版，第32页。

② 《习近平谈治国理政》第3卷，北京：外文出版社2020年版，第10页。

③ 〔法〕托马斯·皮凯蒂：《21世纪资本论》，巴曙松等译，北京：中信出版社2014年版，第27页。

区域协调发展，采取有力措施保障和改善民生，打赢脱贫攻坚战，全面建成小康社会，为促进共同富裕创造了良好条件。“现在，已经到了扎实推动共同富裕的历史阶段。”① 共同富裕是社会主义的本质要求，是社会主义制度优越性的具体体现，更是中国共产党人的历史使命，时不我待，势在必得。这就必然产生实现共同富裕的政治逻辑，即要通过国家、政府的行政权力来坚决防止两极分化，实现社会和谐安定，这样，经济目标就转化为了政治任务。政治逻辑就是通过公权力来调节公共利益，实现大致均衡，避免收入差距过大带来的社会不安。显然，两极分化是不能靠市场调节来解决的，必须通过行政手段对初次分配的结果进行调整，特别是通过税收和福利政策来实现对社会成员生存权和发展权的保障，使共同富裕从“自发”过渡到“自为”。

然而，依靠政治手段也许可以实现利益分配的相对均衡，但政府很难无所不包，特别是当福利政策因“家底不足”而难以高位实施时，政府只能把重点放在加强基础性、普惠性、兜底性民生保障上。即便通过税收政策可以调节高收入阶层的收入，但这种强制性措施是有限度的，而共同富裕不是“整齐划一的平均主义”②，而是促进社会公平正义，这就需要共同富裕的道德逻辑。道德逻辑既超越了“看不见的手”，也超越了权力控制的可能的“任性”，而是指向一种超越单一获利性的“公共善”。如果说，基于经济逻辑的分配是“初次分配”，基于政治逻辑的分配是“再分配”，那么基于道德逻辑的分配可叫作“第三次分配”。20 世纪 90 年代，北京大学经济学家厉以宁教授提出“第三次分配”概念，主要是指在通过初次分配、再分配后还存在贫富差距的情况下，通过慈善的方式进行部分财富转移，这是一种在道德力量影响下的收入分配。③ 特别是一些企业、社会组织和个人等基于自愿原则和道德原则，以募集、捐赠、资助、义工等慈善、公益方式对所属资源与财富进行分配，力图缩小贫富差距。④。目前国内兴起的社会慈善、公益募集、志愿服务等活动，都是“第三次分配”的

---

① 习近平：《扎实推动共同富裕》，《求是》2021 年第 20 期。

② 习近平：《扎实推动共同富裕》，《求是》2021 年第 20 期。

③ 厉以宁：《关于经济伦理的几个问题》，《哲学研究》1997 年第 6 期。

④ 赵忠：《三次分配的作用和边界》，《中国纪检监察报》2021 年 9 月 2 日，理论周刊第 8 版。

具体形式，从不同方面、以不同方式进行着社会财富的“道德式”转移，以及对社会弱势群体在物质和精神方面的帮扶，其深层的理据就是道义论。道义论侧重于从人的善良动机引出行动的正当性和合理性，即人必须按照某种道德原则去行动，并且这是人的义务和责任。道义论与功利论不同，其强调道德评价的标准是公共利益和整体利益，而不是个人利益。辛格认为：“如果我们有能力阻止某些不好的事情发生，而不必因此牺牲具有同等道德重要性的东西，那么从道德上来说，我们就应当如此行动。”[①] 所以，无论慈善事业还是志愿服务都是基于道德自愿并有利于他人利益或社会整体利益的行为，是一种通过“扶弱”而实现共同富裕的有效方式，它弥补了初次分配中“自利”与再分配中“抑强”的缺陷。

既然共同富裕是一个“整体概念”，对其内涵的正确把握应该有整体性思维，任何从单一角度或层面的解读，都会造成误解。同时，我们也应该认识到，共同富裕的经济逻辑、政治逻辑和道德逻辑是联系在一起的，形成一个有机链条。这一方面是由社会结构要素从经济到政治再到道德的“梯度”依赖所决定的；另一方面是由共同富裕的“共同”复杂性决定的，因为它不仅涉及社会差异化问题，而且涉及空间的特指性和时间上非同步的过程性。共同富裕三重理论逻辑的复杂性需要具体的行动逻辑来简化，以便从中找到不同逻辑之间的相容处与连接点。

四　共同富裕的伦理协同

既然实现共同富裕是一种集体行动，这种行动逻辑链条的有机构成在理想模型中可能存在，但在具体的行动逻辑上可能会发生不相容甚至冲突，这是我们必须要充分考虑的。如果我们承认实现共同富裕是国家层面一个全方位的整体性行动，是一种社会整体利益的大发展与大调整，那么就无法回避个体利益与整体利益以及各利益主体间的博弈。美国经济学家曼瑟尔·奥尔森曾在《集体行动的逻辑》中认为，集体利益可以区分为相

① 〔澳〕彼得·辛格：《饥饿、富裕与道德》，王银春译，北京：中国华侨出版社 2021 年版，第 34 页。

容性的（inclusive）和排他性的（exclusive）两种，由此，集体也可以区分为利益相容性集体和利益排他性集体。这两种集体的行动逻辑是不同的，相容性集体碰到的是“分蛋糕”问题，且分的人越少越好，集体越小越好；而排他性集体碰到的是“做蛋糕”的问题，且希望做的人越多越好，集体规模越大越好。所以，奥尔森认为，与排他性集体相比，只有相容性集体有可能实现集体的共同利益。① 当然，相容性集体实现共同利益仅仅是可能，因为集体中的个人还存在“搭便车”的问题，这就需要有一种选择性激励，即对每个人都要赏罚分明。“只有一种独立的和‘选择性’的激励会驱使潜在集团中的理性个体采取有利于集团的行动。”② 如果照此理论逻辑，共同富裕的利益复杂性在于相容性与排他性的并存，因为既要“做蛋糕”，也要“分蛋糕”，并且还要大家都满意。如果仅仅是按劳分配，那就简单了，问题在于，在实现共同富裕的过程中有人无法或不能参与“做蛋糕”，但我们也要保证他们的“应得”，这就需要避开集体中个体间的利益博弈，只能围绕共同富裕这一大目标，用“做加法”的方式不断把蛋糕做大。“因此，一个集团的行为是排外的还是相容的，取决于集团寻求的目标的本质，而不是成员的任何性质。”③ 共同富裕的目标是实现全体人民的共同富裕，并且是物质生活和精神生活都要富裕，并以此来促进社会的公平正义和人的全面发展。我们可以不考虑单个社会成员的性质，但利益的排他性和相容性都是以个人为基点，无论选择性激励如何有效，也无法保证共同富裕的经济逻辑、政治逻辑与道德逻辑在行动过程中完全一致。

从社会结构要素来看，经济、政治与道德是有机联系的。经济是社会存在和发展的基础，政治和道德属于上层建筑，前者是制度性的，后者是观念性的。按照历史唯物主义的观点，上层建筑是由经济基础决定的，它们相互之间具有作用与反作用的关系，这是社会历史发展的一般规律。同

① 参见〔美〕曼瑟尔·奥尔森《集体行动的逻辑》，陈郁、郭宇峰、李崇新译，上海：上海三联书店、上海人民出版社 2004 年版，“译者的话”，第 6 页。

② 〔美〕曼瑟尔·奥尔森：《集体行动的逻辑》，陈郁、郭宇峰、李崇新译，上海：上海三联书店、上海人民出版社 2004 年版，第 41 页。

③ 〔美〕曼瑟尔·奥尔森：《集体行动的逻辑》，陈郁、郭宇峰、李崇新译，上海：上海三联书店、上海人民出版社 2004 年版，第 32 页。

时，经济、政治与道德之间不是一种无缝对接的互助式关系，还是会存在断裂甚至互反的可能的，因为它们是梯级依赖，会出现中间环节。特别是当经济、政治与道德具体化为实践的时候，可能会因行动者的价值立场或理性遵循的差异而产生不协调，毕竟理论的逻辑代替不了行动的逻辑，经济理性、政治理性、道德理性之间从来就不是天然的一致关系。经济理性在谋求利益最大化的同时，难免私利化。政治理性在谋求利益权力化的同时，难免权力利益化。道德理性在谋求利益他人化的同时，缺少平衡机制。最难的问题是，当我们把实现共同富裕的三种理性要素共集于一体时，个体和组织是否在同一时空来行使三种功能？同一行动体是否可以同时受三种理性的正常支配？如果是分而担之，即发展经济交给企业，税收与福利交给政府，慈善事业与志愿服务交给社会，那么，这三者的统合又交给谁，抑或由其中的谁来统合？正如我们困惑于市场调节与政府干预之间的矛盾关系一样，政治与道德之间也存在矛盾，政治的强势会让道德无力，更不用说市场衍生的资本的力量了。如果站在经济逻辑、政治逻辑、道德逻辑的各自立场上看，其功用都是有效的，问题是在集体行动的整体框架下，经济理性、政治理性、道德理性较难兼容。

从社会分配的过程看，初次分配、再分配到第三次分配是依次递进或者同时进行、交叉进行的，无论如何进行，其基本的行动逻辑是，初次分配是基础和前提，再分配是主导，第三次分配是补充。通过市场进行的初次分配是人们的主要收入来源，也是最基本的生活保障，容易让人产生公平感，所以它有利于调动人们的积极性，秉承的是效率优先原则。而以政府调控进行的再分配则是对高收入者（个人或企业）进行的强制分配，特别是通过税收政策，规范资本性所得，它强调以公平为主。可以说，没有再分配，根本谈不上分配正义，但这也可能因政府干预过度而导致市场失灵和社会财富总量减少。此时政府的主要责任是："运用征税、补贴、管制等手段，使私人利益与社会利益趋向一致。"① 而第三次分配则完全是由个体和社会组织自觉自愿以捐赠、志愿服务等方式进行的社会财富转移，

① 〔英〕詹姆斯·E. 米德：《效率、公平与产权》，施仁译，北京：北京经济学院出版社1992年版，第3页。

是一种出于同情、仁慈和爱的道德行为。第三次分配仅仅是实现共同富裕的补充，不是主导，因为它依赖于经济发展的良好状况和参与慈善事业人数的多少。与此同时，政府也对慈善事业给予道德激励、政策支持与法律保障。可见，在社会分配的全过程中最复杂的问题是处理效率与公平的关系，尽管我们在理论上说二者可以兼顾，但在集体行动当中，对二者关系的处理可能就不那么简单了，否则就不会有西方经济学中“干预派”与“自由派”的长期争论了。如哈耶克就把市场理解为完全的自发结果，它具有无限的潜在效率，如果政府硬要人为地设计出一些多余的规则（如法治），强行“对不同的人施以武断性的差别待遇”，“那么它就无权达成那些要求凭靠授权以外的手段能实现的特定目的，尤其不能够决定特定人士的物质地位或实施分配正义或‘社会’正义”。[①] 即使主张公平分配的思想家也是主张自由优先、权利至上，在具体实践中以权利正义原则挤兑分配正义原则。如诺奇克所理解的分配正义就是：“如果每一个人对该分配中所拥有的持有都是有资格的，那么这一种分配就是正义的。”“如果一种分配通过合法手段产生另一种正义的分配，那么它就是正义的。”[②] 这就是说，持有正义决定分配正义，而持有的权利往往是合法的，那么理所当然地，贫富差距也是合法的，尽管可以用交易正义来弥补，但其起点就是不平等的，只有“更大的机会均等会带来更大的收入平等”。[③] 所以，作为集体行动的共同富裕最基础性的工作是超越公平与效率的理论怪圈，这就要以大力发展经济为抓手，扩大社会财富总量。与此同时，哪怕是通过三次分配，也要实现机会均等，如果起点不平等、机会不公平，那么集体行动逻辑可能出现断裂。

从集体行动的心理机制来看，实现共同富裕还存在从“自发”到“自为”再到“自愿”的过程。换言之，如果说对社会财富的分配，市场逻辑是自发调节，政治逻辑是自为调节，那么道德逻辑就是自愿调节。在市场

---

① 〔英〕弗里德利希·冯·哈耶克：《自由秩序原理》上，邓正来译，北京：生活·读书·新知三联书店 1997 年版，第 293 页。

② 〔美〕罗伯特·诺奇克：《无政府、国家和乌托邦》，姚大志译，北京：中国社会科学出版社 2018 年版，第 181 页。

③ 〔美〕阿瑟·奥肯：《平等与效率——重大的抉择》，王奔洲等译，北京：华夏出版社 1999 年版，第 80 页。

理性支配下，通过“看不见的手”，根据劳动、技术或资本等要素的投入获得应有的财富，这被认为是一个自然过程，天经地义。这种自发性调节虽然会出现收入的较大差异，但大家都基本认可并服气，这样就会不断激发市场活力，创造更多的社会财富，其前提是要确保市场进入的机会均等，并充分考虑天赋、运气等因素。政府的自为性调节主要是用税收手段对高收入个人或群体进行强制性收入转移。我们在实现共同富裕的过程中，遇到的一些问题需要尽快解决，主要是大力清理规范不合理收入，特别是加大对垄断行业和国有企业收入分配乱象的治理。我们“鼓励高收入人群和企业更多回报社会”①，而不能强制，更不能“杀富济贫”。实现共同富裕的三重逻辑在心理层面是比较脆弱的，它们之间没有心理过渡，特别是无法从强制到自愿，这就需要有更高层次的利益牵引和价值导向，形成高度协同的一体化机制。

实现共同富裕，需要不同理论逻辑间的自洽与相容，而这种自洽唯有通过具体行动才能实现。但从共同富裕的理论逻辑到行动逻辑不是所谓的理论“应用”于实践，而是需要基于实践理性的更高层面上的伦理协同。“协同”是一种协同合作的状态，表明一个开放系统中存在大量子系统相互合作的可能，可以产生协调一致的整体效应。如果说实现共同富裕是一个巨大的系统工程，那么其中任何一个参与其中的宏观参量或序参量达到某种临界点时，会产生相互作用和协作，甚至出现有组织、有目的的协调一致，系统就会从无序变为有序，这其中“必然有着某种内在的自动机制”。② 这种自动机制就是伦理的协同机制，因为伦理不但内含了作为宏观参量的规则系统，而且具有适应不同情境的序参量，如行为选择、价值排序、理性审慎等。伦理协同就是以公共理性为基础，通过均衡、连接等机制调节社会各种利益，实现社会基本正义价值的系统活动。伦理协同注重从伦理认识出发，通过伦理准则和伦理行为，达成一定的伦理目标（伦理回报），这就是伦理的实践逻辑。③ 共同富裕的实质就是利益关系的调整，

---

① 习近平：《扎实推动共同富裕》，《求是》2021年第20期。

② 〔德〕赫尔曼·哈肯：《协同学——大自然构成的奥秘》，凌复华译，上海：上海译文出版社2001年版，第11页。

③ 参见杨杜《伦理的逻辑》，北京：经济管理出版社2020年版，第3页。

特别是物质利益的分配，实现社会成员收入和财富的大体均衡，这也是伦理学的重要使命。[①] 伦理的协调功能可以对利益关系的调整进行补救，担负起共同富裕实现过程中的协同使命，避免无序状态。

伦理不但具有规范功能，而且有协调的功能，且规范服务于双向协调，其要旨是正确处理个人利益与整体（共同体）利益的关系。伦理协调不同于经济、政治、法律、道德等协调方式，它既不以原子化的个体为基点，也不是维护空壳化的集体，而是立足于参与行动中的“互动—反馈”关系，即集体行动生态，进行多主体、多面向、多次数的调整，直到社会利益关系的大体均衡。伦理协调充分考虑了集体行动的生态学特征，充分把握社会利益关系的矛盾性、不确定性和可回旋性，而不是生硬地强制，或无力地鼓噪。当我们说利益是伦理学的基础的时候，本身就已经完全超越了个人利益至上的功利主义原则，而是着眼于社会整体利益。因为个人“利益的狭隘小气、愚蠢死板、平庸浅薄、自私自利的灵魂只是看到自己吃亏的事情”。[②] 如果仅仅以个人利益为基点来考虑共同富裕，容许每个人打“小算盘”，那集体行动难免会成为一种“计算”，导致集体凝聚力的消散。而伦理协同所考虑的“利益”是“大格局利益”，是个人利益、社会利益和人类利益的一体化，是目前利益和长远利益相统一的过程化。社会利益从社会活动的过程性上可以分为目前利益和长远利益；从社会利益的重要程度上可以区分为一般利益和根本利益；从利益所涉及的范围上可以分为局部利益和整体利益；从利益载体上可以分为个人利益、集体利益、社会利益和人类利益。伦理学就是要从人类的利益体系中合理协调好个人利益、集体利益、社会利益和人类利益，维护好人类整体的、根本的、长远的利益。人类的整体利益就是基于共生共享共赢的命运共同体建构，人类的根本利益就是坚持和平与发展这一主题，人类的长远利益就是努力实现“世界大同”理想。所以，共同富裕必须立足于宏大目标，这就是促进社会公平正义，促进人的全面发展，实现社会和谐安定。当然，“无论社会安定和谐的价值诉求还是经济行稳致远的价值目标，统一到共同富裕的

① 参见李建华《伦理学是利益均衡之学》，《上海师范大学学报》（哲学社会科学版）2022年第2期。

② 《马克思恩格斯全集》第1卷，北京：人民出版社1995年版，第187页。

政治理想上则分别体现为社会主义制度所追求的秩序价值和发展价值”。[①]发展可以为共同富裕提供源源不断的物质保障，秩序可以为共同富裕提供制度和程序保障。伦理协同可以超越三大逻辑，通过不断发展和秩序构建来克服共同富裕实现过程中各自行动逻辑的局限性，确保社会整体利益的大致均衡。

五　类节制：后富足时代的伦理

“后富足时代”不是一个时间概念，因为我们无法判断人类在什么时候将要过上富裕的生活；它也不是一个实体性概念，因为无法说明不同国家、不同族群、不同个体富裕的具体标准是什么。我们只能用“后富足时代”来描述人类基本的物质生活得到相对满足之后的某一段历史时期，它只是一个分析性概念，虽然它带有价值评价的属性。国外也有学者用“后工业时代”“后现代”“后世俗化时代”“后物质主义时代”等说法中的某些特点来描述这一特征。我们提出“后富足时代”的概念，其实只是想思考三个问题。第一，当人们的基本物质生活需要得到满足之后，人们的需求是否还是以物质满足为第一取向？第二，人类甚至整体宇宙的资源能否满足人类在物质层面上的无限度贪欲？第三，作为个体美德的“节制”是否应该扩展到人类，“类节制”能否成为限制人类整体性贪婪的有效手段？

按照人本主义心理学家马斯洛的观点，人的需要是分层次的，有低级需要和高级需要之分，具体可以分为五个层次：生理需要、安全需要、爱的需要、尊重的需要、自我实现的需要。[②]前两种应该是物质需要，后三种是精神需要。当然，这样的排序并非普遍固化，存在许多例外，存在顺序颠倒的情况。“当一种需要得到长期满足时，对这种需要的价值可能会估计不足。”[③]如一个长期没有经历过饥饿的人容易低估饥饿的后果，

---

① 向汉庆、唐斌：《共同富裕的政治伦理内核》，《云梦学刊》2022 年第 2 期。

② 具体参见〔美〕马斯洛等《人的潜能和价值》，林方主编，北京：华夏出版社 1987 年版，第 162~168 页。

③ 〔美〕马斯洛等：《人的潜能和价值》，林方主编，北京：华夏出版社 1987 年版，第 170 页。

因而把食物看得不重要，此所谓“饱汉不知饿汉饥”。当然，也有人为了追求理想和崇高，可能宁愿牺牲一切，此谓优势需要的满足。马斯洛的需要层次理论表明，无论何种例外，人的需要总是分层次的，大致可以分为基本需要和发展需要。尽管人不必拘泥于需要的顺序，但一定会是在基本需要满足后才会有发展的需要。高级的需要必须以低级的需要为基础，否则就会“倒塌”。[①] 但马斯洛没有认识到，虽然基本需要的满足是第一位的，但基本需要是否会向发展需要升华，这是不确定的，会因人而异。正常人在正常社会条件下，均会在满足基本需要之后产生“后动机”，使人趋向更高一级的发展，个体如此，群体也如此。美国文化心理学家罗纳德·英格尔哈特在《发达工业社会的文化转型》和《现代化与后现代化——43个国家的文化、经济与政治变迁》等论著中也有同样的说明。英格尔哈特认为，一个国家多数人的需要层次结构是与这个国家的经济发展水平、工业化程度及受教育水平直接相关的。在不发达的国家或地区，生理需要和安全需要是压倒性的，而在发达国家人的需要正发生着一场深刻的革命，这就是以代际变化为特征的价值观变革，即物质需要被人的被尊重、自我表达和个人自由等高级精神需要所替代，这就是一种“后物质主义”价值观。这种价值观的转变基于两个基本假设：匮乏假设和社会化假设。匮乏假设表明，人越匮乏的东西越有可能成为最重要的价值观，“只有在某些东西的供应相对不足时，人们才会在主观上给予它们最高的价值”。[②] 当物质必需品或人身安全条件匮乏时，人们一定会把物质主义的东西摆在首位，但在富裕条件下，人们则可能强调诸如归属感、尊重、审美和自由这些“后物质主义”目标。社会化假设表明，社会经济条件与优先价值观并非一种立即变化和可快速调整的关系，“两者之间会有一个较长的滞后，因为很大程度上个人的基本价值观反映的是未成年阶段的主流环境”，[③] 可见，如果进入“后物质主义”时代，人类对物质富裕的

① 参见〔美〕弗兰克·戈布尔：《第三思潮：马斯洛心理学》，吕明、陈红雯译，上海：上海译文出版社1987年版，第51页。

② 〔美〕罗纳德·英格尔哈特：《现代化与后现代化——43个国家的文化、经济与政治变迁》，严挺译，北京：社会科学文献出版社2013年版，第32页。

③ 〔美〕罗纳德·英格尔哈特：《现代化与后现代化——43个国家的文化、经济与政治变迁》，严挺译，北京：社会科学文献出版社2013年版，第32页。

追求也许并不是迫切的，而是精神共同富裕，因为人类对物质生活的满足有天然的节制倾向，这种倾向源于人有更高级的精神追求，这也是人类之于其他存在物的优越性，这种优越性以高级需要节制低级需要，正好体现了人的高贵。

人的高贵不仅因为人具有自我克制的能力，而且因为人的认知前提能充分把握自身及存在世界的有限性，即便人类疯狂到无法自律，整体宇宙的资源也是无法满足人类在物质层面上的无限度贪欲的，在人的欲望与满足欲望的资源之间存在一个巨大的矛盾或差距。人类为了解决这一矛盾，选择了通过科学技术的不断发展，不断甚至无止境地开发原有资源，或者不断去拓展新空间的资源。但生态危机的出现，将人类的这种狂妄碾得粉碎，“外扩”不得不有所收敛，人类不得不正视资源环境的有限性，不得不思考人类自我灭亡的可能。这使我们不断提高“对人类在宇宙中的有限性的觉悟，从而使我们去设想人类在物质扩张上的限度，并相应地进行心理的、道德的和精神的提升”。[①] 这种提高的标志就是人类的自我节制，由“外扩”型向“内敛”型的行为方式转变。如何保持人类的内在欲望与外部世界的平衡，是人类面临的重大问题，特别是工业化以来，人类拼命地向外部世界索取资源，以满足人类的需求。问题在于，资源短缺甚至耗尽等资源危机已经严重威胁了人类的生存与发展，人类不得不反省自己所选择的道路，也不得不反思自身“类欲望”的合理性问题：我们究竟应该如何存在？人类整体性的节制应该是一种最好的选择。“类节制”属于人类伦理的范畴，它不是从人类学推导出来的，而是人类命运的具体伦理模式，是人类意识的伦理普遍化。“类节制”的必需性和可能性在于，一方面，人类正面临巨大的资源危机，如果不节制终将走向自我毁灭，既然“外扩”之路走不通或走不到底，那么，“回头是岸”，走自我“节制”之路，或许是一种希望；另一方面，人类不但要考虑生存问题，还要考虑人类的延续问题，要考虑子孙后代的生存问题，所以从代际伦理的角度，人类也要自我节制，为子孙后代留资源。生存伦理、发展伦理、代际伦理都要求人类必须要有整体性节制，避免国家（民族）间的攀比与恶性竞争，

---

① 〔法〕埃德加·莫兰：《伦理》，于硕译，上海：学林出版社2017年版，第237页。

走出消费主义的误区，限制科学技术无节制的应用，破除所谓进步主义的神话，实现人类真正的自我解放。

当然，作为个体美德的“节制”如何扩展到人类美德（人类伦理），使“类节制”成为限制人类整体性贪婪的有效手段，也是我们必须深究的问题。“节制”是古希腊四大美德之一。柏拉图认为，人的灵魂可以分为理智、激情和欲望三个部分。欲望是对生殖、营养、占有的冲动，激情是对名誉与权力的冲动，只有理智是追求智慧、观照真理的能力，于是，灵魂中理智部分的德性是“智慧”，激情部分的德性是“勇敢”，欲望部分的德性是“节制”，并分别对应于统治者、军人与市民三个不同阶层。当这三部分人都服从理性指导并且各自表现出德性优势时，社会就达到了和谐境界，就实现了“正义”的德性。可见，节制既是一种个体美德，也是一种群体德性；既是一种德性，更是一种实践智慧，即“节制是在快乐方面的适度”，[①] 它是与“放纵”相对应的。人类追求感性快乐无可厚非，但必须要有节制，“在快乐方面过度是自我的放纵，是应该受谴责的”。[②] 所以，节制是介于禁欲与放纵之间的“中道”，是平衡自我与他者、主观世界与客观世界、身与心的伦理智慧。这种智慧一旦用于个体，则个体一定是一个人格健康的人；一旦用于社会，则社会一定是一个和谐的社会；一旦用于人类，那世界一定是一个和谐的世界。“类节制”应该体现在三个方面：一是要克制人类的物质贪欲，不要过度追求物质享受的最大化，工业化带来的物质主义、消费主义、享乐主义已经在危害人类自身，这是不容争辩的事实；二是不宜放纵人的好奇心，可以鼓励科技创新，但科技成果的应用须十分谨慎，应加强科技伦理治理，不能让科技成果损害人类的长远发展；三是要避免国家民族的恶性竞争，减少人类威胁，因为“人类—伦理—政治的千年使命就在于达到人类多样性中的统一”。[③] 与此同时，“类节制”不同于个体道德自律，其实现机制不但需要有明确的共同价值观念

---

① 〔古希腊〕亚里士多德：《尼各马克伦理学》，廖申白译注，北京：商务印书馆 2017 年版，第 95 页。

② 〔古希腊〕亚里士多德：《尼各马克伦理学》，廖申白译注，北京：商务印书馆 2017 年版，第 99 页。

③ 〔法〕埃德加·莫兰：《伦理》，于硕译，上海：学林出版社 2017 年版，第 239 页。

作导向，而且需要有制度和政策体系与之配套，全球化的大趋势为实现“类节制”创造了机遇与条件。类节制不但要注重协调个体与社会之间的伦理关系，更为重要和艰难的是协调不同民族和国家间的伦理关系，特别是发展中国家与发达国家之间的关系，没有一场深刻的世界大蜕变是协调不好的。尽管这种蜕变不可预测，但我们希望通过这种蜕变，“走出国家至上的权力，走出战争，进入一个后历史时代，一个世界社会的时代”。[①]到那时，通过蜕变，将可能出现一个新型的人类世界。

① 〔法〕埃德加·莫兰：《伦理》，于硕译，上海：学林出版社 2017 年版，第 260 页。

第十一章　权力与权利

政治是经济的集中体现，而政治伦理关系集中体现为国家权力与公民权利的关系。权力是一种人设支配力，主要体现在政治领域，其主体是政治国家，表现为国家公共权力。国家权力是公民让渡的结果，只能来自公民。如果排除权利的神赐与天赋，那么权利主要是权力（政治的或法律的）规定的“应得”，其载体主要是社会中的公民和组织。于是国家与社会构成“权力—权利”关系的两端，正确处理国家权力与公民权利的关系就成为政治伦理学的核心问题，也是伦理面向的“硬核”层，更是伦理协调的主要领域。衡量一个社会是否文明，关键看国家权力与公民权利是否均衡，二者的均衡是现代法治的根本要求，更是现代伦理秩序构建的重要任务。

一　国家权力与公民权利：政治伦理的核心

国家权力和公民权利的关系，从内容上讲始于市民社会的产生。在古希腊罗马时期，“市民社会”往往被用来描述城市或城邦政治共同体的生活状况。亚里士多德把市民社会等同于政治社会或城邦国家，而在西塞罗看来，市民社会除了指代政治意义上的共同体外，还标志着一个与“野蛮社会”相对的“文明社会”，即人类文明的生活状态。民法、一定程度的礼仪、受民法调整的公民合作以及城市生活和商业艺术的优雅情致等是这一生活状态的典型特性。[①] 17、18 世纪的契约论者仍在政治意义上使用市民社会。在洛克看来，市民社会是与自然状态相对应的社会状态。在自然

① 〔英〕戴维·米勒、韦农·波格丹诺英文版主编《布莱克维尔政治学百科全书》，邓正来中译本主编，北京：中国政法大学出版社 2002 年版，第 132 页。

状态中，尽管人们享有一种自由、平等、不受他人宰制的生活，但当纠纷、侵权发生时由于没有可以诉诸的裁判者，因而人人都有权对违反自然法的行为进行裁判并执行裁判结果。自然状态的不足与不便迫使人们通过契约结成“政治的或公民的社会”。在市民社会中，人们放弃了对罪犯进行裁决的自然权利，让社会的司法机关充当仲裁人来判决人们之间的纠纷和犯罪事件。与自然的非政治状态和无政府状态不同，“政治的或公民的社会”就是由政府、司法机关行使公正判决权的社会。市民社会中的人们之所以愿意放弃其自然自由而愿意受社会法律的约束，完全是为了更好地保护自己的自由、财产和权利。市民社会的目的就是避免自然状态的种种不便，让人们处于舒适、安定与和平的生活状态之中。

黑格尔从经济关系的视角理解市民社会，认为市民社会主要是市场交换领域，在这领域中公民自由地从事商品交换，追求个人利益。黑格尔指出，市民社会包括三个环节：第一是“需要的体系”，即通过一切人的劳动使人的需要得到满足的社会经济体系；第二是“司法”，包括保护个人财产所有权的法律、执行法律的法院等；第三是警察和同业公会。[①] 这里的“警察”指广义的内务行政，同业公会不仅指经济组织，还包括宗教、学术、地方自治机构等社会组织。黑格尔的市民社会概念突破了契约论者纯粹政治国家的观念，把市场经济作为一个重要的组成部分纳入市民社会的范畴。黑格尔将市民社会与家庭和国家相对照。在家庭中，成员间的相互关系以爱为规定性；与家庭不同，市民社会中的人们则把个人利益作为自己的目的，人们为了实现自我私有目的，在将他人当作满足自我需要的手段的同时也发展一种相互依赖感。市场经济的自利性使得市民社会成为一个私人利益相互竞争从而充满矛盾和冲突的场所，市民社会由于无法克服自身的缺陷因而不能自足，黑格尔回避了国家权力与公民权利之关系，认为唯有通过国家所代表的完善的伦理力量才能调停市民社会内部的权利冲突。

马克思认为，黑格尔颠倒了国家与市民社会的关系。与黑格尔迷恋国家政权不同，在马克思看来，资产阶级的政治革命为市民社会与国家的对立提供了背景，马克思将弥补市民社会之不足的使命赋予了无产阶级。马

① 〔德〕黑格尔：《法哲学原理》，范扬、张企泰译，北京：商务印书馆 1961 年版，第 237 页。

克思认为“国家必须消灭自身”[1]，无产阶级只有推翻国家，公民才能获得自己的解放。如果说，1844年以前，马克思所说的市民社会主要是指作为资产阶级政治革命结果的资产阶级社会，那么，在他后期的作品中，他则抓住了市民社会的经济意义，把市民社会理解为生产关系和交往关系。在《德意志意识形态》中，他写道：“在过去一切历史阶段上受生产力制约同时又制约生产力的交往形式，就是市民社会。”[2] 同时，马克思还赋予市民社会这一范畴意识形态的性质。他说：“真正的市民社会只是随同资产阶级发展起来的；但是市民社会这一名称始终标志着直接从生产和交往中发展起来的社会组织，这种社会组织在一切时代都构成国家的基础以及任何其他的观念的上层建筑的基础。”[3] 可见，马克思的市民社会理论是与意识形态问题联系在一起的。从总体上看，马克思的市民社会主要是指与政治领域相对的包含着生产、交换关系的经济领域，但马克思清醒地看到了公民的最基本的权利是经济权利，只有打碎资本主义的国家机器，无产阶级才能获得真正的权利。

对市民社会主要有两种界分方式，一种是把市民社会看作独立于国家之外的社会领域，它既包括生产关系、市场、劳动、商品资本等经济领域，又包括批判性的公共领域和公共舆论，是私人领域和公共领域的集合，公民既是经济领域的消费者也是公共领域的批判者。另一种则是把经济领域从市民社会中分离出来，认为非官方和非经济组织的自愿结社是市民社会的核心部分。而实际上，作为伦理实体的市民社会是指由公民和自主性社会团体自愿组成的一个相对独立于经济领域和政治国家的社会活动领域，它既强调市民社会与政治国家的分离以及市民社会对国家公共权力的监督作用，又强调二者之间的相互作用，以实现公民权利与国家权力的有机统一。

与此相关的问题是，如何理解市民社会与公共领域的关系？这也是政治伦理讨论无法回避的问题。如果把市民社会理解为市场、国家政府（即

① 《马克思恩格斯全集》第3卷，北京：人民出版社2002年版，第387页。

② 《马克思恩格斯选集》第1卷，北京：人民出版社1995年版，第87~88页。

③ 《马克思恩格斯选集》第1卷，北京：人民出版社1995年版，第130~131页。

其所代表的公共权力）不能发挥作用的空间领域，那么，市民社会与公共领域的关联性则不言而喻。公共领域是市民社会的一个最亲密无间的伙伴，两者有着基本相似的活动范围。[①] 在很大程度上，市民社会对国家公共权力实施监督的主要功能是人们将之等同于公共领域的一个重要原因。从这个意义上说，公共领域的形成和发展是市民社会实现的另一条件。"所谓'公共领域'，我们首先意指我们的社会生活的一个领域，在这个领域中，像公共意见这样的事物能够形成"，同样是"在这个领域中，作为公共意见的载体的公众形成了"。[②] 在哈贝马斯看来，公共权力的实践是公共讨论或批评的主题。在对话和公共讨论中，作为个体的人们聚集在一起成为公众，形成影响公共权力的公众舆论，进而维护公共福利，决定公众命运。公众和公众舆论是哈贝马斯公共领域概念的核心词，公众是公共领域的主体，公众舆论承担着公共领域的主要功能，标志着公共领域的形成。阿伦特将公共领域与另一重要概念"行动"联系在一起，把人的行动所开创的政治生活的共同世界（a common world）定义为公共领域。阿伦特重点阐明了"公共领域"的公共性，认为"在公共领域中展现的任何东西都可为人所见、所闻，具有可能最广泛的公共性"。[③] 与私人领域不同，公共领域是"众人会集之场所"，必须有"他人的在场"，这种共在决定了公共领域中所呈现事务的非私密性和非隐匿性，人们可以公开地探讨、谈论这一场域中大家所关切的任何议题。在讨论公共议题的过程中，公共领域得以发展。与市民社会密切相关的公共领域具有如下特征。第一，广泛的公共性。凡是公共领域所涉物件均是可公开、可交流和可分享的。第二，相对独立性。公共领域是公众实行自治的活动领域，政府、市场无法对其进行干涉，因而具有很大程度上的独立性。第三，人格的平等性。公共领域中公众的交往是一种人格平等的交往，任何一个参与公共讨论的人均是独立、平等的个体。在政治哲学的意义上，与政治生活相关的公共领

① 张凤阳等：《政治哲学关键词》，南京：江苏人民出版社 2006 年版，第 188 页。

② 〔德〕哈贝马斯：《公共领域》，载汪晖、陈燕谷主编《文化与公共性》，北京：生活·读书·新知三联书店 1996 年版，第 125、126 页。

③ 〔美〕汉娜·阿伦特：《人的条件》，竺乾威等译，上海：上海人民出版社 1999 年版，第 38 页。

域是指形成影响政府决策的公共舆论、公众意见的领域。它是作为共同体成员的公民影响公共权力、决定公共福利的一种制度形式。与此相对，日常生活中的公共领域则是指与陌生人共在的空间场域。日常生活的公共领域并不强调公民的社会政治参与。

公民是自组织的行动主体，离开了独立自主、具有批判性的公民主体，自组织无法展开有效的行动，公民主体在保持组织自治的同时实现对国家权力的监督。哈贝马斯在谈论公共领域的形成时强调了市场经济的基础作用，他认为市场的自由为个人从事商品交换和社会劳动的自主化提供了条件，最终创造了市民社会自主和独立的个体。确实，市场经济强化了公民的主体意识、独立意识和权利意识，这为公民自由结社并参与公共事务创造了条件，有利于市民社会组织的存续和发展。与此同时，公民对政府决策、国家行为保持警觉性和批判性是现实市民社会监督功能的前提要件。市民社会是一个文明社会，一个社会的文明程度集中体现于公民身上，公民良好的言谈举止、礼仪风范显示了这个社会的优良秩序。缺乏文明礼貌、正义、宽容之公民美德的社会很难被称为文明社会，一个有活力的市民社会依赖于具有参与意识和相应美德的卓越公民。同样的道理，一个现代文明的政治国家，除了要有先进的政治理念和文明的政治制度，还需要具有良好政治伦理素质的现代公民，这种素质的集中体现就是对自由、民主、平等、财产等权利的守护。这种守护绝不是以削弱国家权力为前提，相反，是为了实现公民权利与国家权力的平衡，因为在事实层面上，国家权力相对于个体权利总是处于强势地位，而抑强扶弱是伦理学的内在价值所在，更是政治伦理的核心问题所在。

二　政治伦理研究的问题域*

任何科学理论都有其特定的研究对象，这些对象会构成一个不空的集合，这叫论域，也就是科学研究的问题域。政治与伦理（道德）在思想家们的思想观念和理论构造中经历了从“融合”到“分离”再到“反分离”

* 本节内容已经发表于《光明日报》2017 年 12 月 11 日，理论版。

的历史演进过程。随着 20 世纪六七十年代应用伦理的兴起，政治伦理学研究成为热点并重新获得其显学地位。然而，就我国目前政治伦理学研究的状况而言，尽管社会对其的关注度越来越高，参与其中的人越来越多，研究成果越来越丰富，但由于缺少对基本理论问题的深入研究，如研究对象不明、知识边界不清、研究方法陈旧、学科体系缺位等，政治伦理学难免会自说自话，无法与其他学科交流和互鉴。在此，我仅从讨论政治伦理学研究所涉猎的问题域入手，为确定政治伦理学的研究对象和明确知识边界，找到一条可能性进路。

必须明确的是，我不主张政治伦理学的研究对象是政治道德，我认为研究对象不是政治与伦理的关系，更不是政治与伦理的简单相加，而是政治伦理本身。政治伦理是一个结构性、实体性存在，是观念、关系、制度、心理等多因素的集合体，政治伦理学就是以政治伦理现象本身为研究对象，具体研究政治伦理关系、政治伦理制度、政治伦理主体、政治伦理理念、政治伦理实践等问题的科学。基于这种认识，我对政治伦理学研究的问题域作一种开放性理解，具体分为四个层面，以期达到对政治伦理学研究对象的整体性“聚焦”。

第一，外生性政治伦理问题。在黑格尔哲学中，伦理是一个整体性、实体性概念，既体现了客观存在的自在自由性，又体现了“必然性的圆圈”，往往表现为一种客观的秩序及法则。这种伦理秩序是由治理社会生活的持久的东西和力量构成的，所以，各个民族都把伦理法则视为永恒的正义，而体现国家现实性的政治伦理则是在社会生活中居于高位的一种独特的文化形态，具有解决社会问题的统摄力量。社会生活中的政治伦理问题是由社会生活的其他领域（诸如经济、文化、法律）中的问题产生的，这些问题无法得到解决因而转变为政治性问题。这些问题的解决需要借助伦理资源，如贫富差距问题、教育资源的分配正义问题、司法公正问题等，我们把这一类问题总称为“外生性政治伦理问题”，是“侧重于从政治伦理看社会”的产物，它们往往与解决社会问题的整体性、复杂性、依赖性、梯度性有关。在一个社会的基本结构中，生产力是社会的基础，在此之上产生生产关系，生产力与生产关系的统一构成经济基础，然后产生上层建筑。上层建筑又有思想意识与制度之分，在作为上层建筑的制度中政治又居于高层。政治是以经济为基础的上层建筑，是以政治权力为核心的各种社会活动和社会关系的总和。这样一种社会结构要素的层次性，也就决定了它们之间的依赖性和梯度性，即社会生活问题的解决都是一个由低向高的层次转化过程，抑或是向上依赖的过程，从而呈现出一种综合性解决态势和方案。我们以贫富差距问题为例，它本是经济生活中的问题，人的先赋资源和自致资源的不均衡，加之社会分配制度的不合理，必然会导致贫富差距拉大，如果不加调整，社会冲突就在所难免。如何设计使社会分配相对公平的整套制度，就成为重大政治问题，是执政者必须重点关注的问题。理论家和政治家们往往从社会正义的高度来认识和解决贫富差距问题，这就是政治伦理问题，罗尔斯的正义理论就是其中的一种理论。我们把所有社会问题中带有政治伦理性质的问题纳入政治伦理学研究的视野，不但拓宽了政治伦理学研究的领域，而且也由此显示了政治伦理学与政治学、政治哲学的区别，因为政治学和政治哲学是以政治现象本身为研究对象的，只不过政治学偏重于政治权力的构架与运行，而政治哲学偏重于政治的价值理念而已。

第二，依存性政治伦理问题。所谓依存性政治伦理问题是政治与伦理在同构或相互依存中所产生的伦理问题，诸如自由民主问题、政治合法性问题、政治发展问题、政治协商问题、公权力制衡问题、公民参与问题、政治妥协问题、政治宽容问题、政治怨恨问题等。依存性政治伦理问题，往往是“侧重于从伦理看政治”的产物，其衍化逻辑是伦理对政治的规导。自古以来，无论东方还是西方，政治生活总是离不开伦理的视野。在古希腊，政治被人们赋予了浓厚的伦理色彩，是实现最高价值的生活方式。柏拉图认为城邦是依据自然秩序而形成的，实现正义是城邦的内生诉求。亚里士多德认为城邦追求实现最高最广的善：“所有人类的每一种作为，在他们自己看来，其本意总是在求取某一善果。既然一切社会团体都以善业为目的，那么我们也可以说社会团体中最高而包含最广的一种，它所追求的善业也一定是最高而最广的：这种至高而广涵的社会团体就是所谓‘城邦’，即政治社团。”① 在亚里士多德的思想中，城邦是人类为了获

① 〔古希腊〕亚里士多德：《政治学》，吴寿彭译，北京：商务印书馆1983年版，第3页。

得优良生活而自然演化的产物，趋向城邦生活是人的本质使然。就如整体和部分的关系，城邦是先于个人的存在，人不能离群索居、自给自足，唯有在城邦中才能满足自己的需要、实现自身的价值。正是在城邦中，人们才得以与动物区别开来，并通过遵纪守法而避免堕落。对于个人而言，公民是引以为傲的身份，唯有通过政治生活才能实现至善。政治的伦理特质在中国文化中也得到了充分的阐发。孔子就提出“政者，正也”的命题，政治天然具有追求“仁”的伦理向度，而且从政者必须具备高尚的道德品质。“为政以德”成为我国传统政治的核心话语。施行“仁政”数千年来都是对从政者的道德要求。孟子在与梁惠王的辩谈中将伦理政治表达得淋漓尽致。他告诫梁惠王不能在政治生活中只关注利益，一个失去伦理的国家即便强大到可以征服其他国家，也不过是推行霸道罢了；唯有推行“仁政”，让天下都心悦诚服，才可达“王道”的境界。如他所言：“五亩之宅，树之以桑，五十者可以衣帛矣。鸡豚狗彘之畜，无失其时，七十者可以食肉矣。百亩之田，勿夺其时，数口之家可以无饥矣。谨庠序之教，申之以孝悌之义，颁白者不负戴于道路矣。七十者衣帛食肉，黎民不饥不寒，然而不王者，未之有也。”（《孟子・梁惠王上》）实行伦理道德的统治、建立伦理型的国家成为王者的必要前提，或者说，作为国家政治理想的王道本身就被赋予了积极的伦理道德价值。从上不难看出，经典的政治从来都与伦理如影随形、不可分离。伦理的政治对人类历史产生了极为重要的影响，政治伦理应当成为国家生活的核心组成部分。在政治生活中，无论制度设计、权力运行，还是执政者行为，要想获得合法性资源，都必须首先站在伦理的制高点，接受道德理性的审视，这符合人类最基本的伦理精神和规则。

第三，自因性政治伦理问题。如果说依存性政治伦理问题是源于政治对伦理的需求与依赖，那么，自因性政治伦理问题则是源于政治伦理本身的价值矛盾与冲突带来的问题，如政治手段与政治目的问题、政治品质与政治行为问题、政治忠诚与政治背叛问题、政治承诺与政治失信问题等，这往往是“侧重于从伦理价值冲突看政治伦理”的产物。在西方的政治理念中，政治本身是有伦理价值的，并且个人也只有参与到政治生活中才能完善其本质。虽然从中世纪直到近代自由主义的兴起，西方古典政治伦理观没有成为主流，但研究政治伦理的目标始终是关注“人应如何过上正当的生活”这一主旨。尽管现代西方政治实践有宗教和市民社会的伦理关怀来弥补伦理资源供给的不足，但政治也不应该因此堕落成为一种纯粹的统治术，而应该主动担负起政治的道德责任。其实，当我们从政治理性去反思政治生活的时候，就会发现，政治与伦理是不可能分开的。因为政治主体所秉持的政治平等和政治自由，离不开政治合法性的价值判断，离不开政治伦理的评价。伦理对政治主体的义务、使命和职责进行了规范，所以政治本身就是价值属性和伦理属性的统一体。无怪乎，莱斯利·里普森说：“在政治中，我们置身于对价值的探索之中。”① 约翰·罗尔斯也强调：“政治领域的理论和一种正义观念本身都是规范性的道德的理念，这就是说，它们的‘内容是由某些确定的理想、原则的标准给定的，而这些规范又清晰地表达了某些价值……清晰地表达了某些政治价值’。”② 政治所特有的价值属性和伦理规则，决定了政治不可能逃避价值选择，正如莱斯利·里普森所说，在政治活动中人们“首先要研究的是选择、优先性、价值、问题。尽管制度、程序的权力是重要的，但处于第二位”。③可见，政治本身就是一种价值选择活动。然而，伦理道德价值本身虽然有“基本善”的统一要求，但也有层次上的差异和由“境遇”不同而导致的矛盾和冲突。伦理上的价值冲突一般有三种类型：一是善与恶的冲突，对此人们只能做非此即彼的选择；二是善与善的冲突，也就是大善与小善的冲突，这往往会导致伦理上的“两难选择”，人们一般会选择大善而舍弃小善，如有外敌入侵时，好男儿会选择尽忠报国而不是在家做孝子；三是恶与恶的冲突，涉及大恶与小恶之择，这往往是法律考虑的事情。政治生活同样面临多种伦理价值的选择，由此便产生了复杂的伦理问题，如关于目的与手段的关系的问题。按照马基雅维利主义，人们在政治生活中似乎为了目的可以不择手段，但这种手段使目的价值丧失殆尽，所以从政治的伦理价值上看，政治手段也应该

① 〔美〕莱斯利·里普森：《政治学的重大问题——政治学导论》，刘晓译，北京：华夏出版社2001年版，第17页。

② 〔美〕约翰·罗尔斯：《政治自由主义》，万俊人译，南京：译林出版社2000年版，第24页。

③ 〔美〕莱斯利·里普森：《政治学的重大问题——政治学导论》，刘晓译，北京：华夏出版社2001年版，第21页。

是正当的，这样才能保证政治目的价值的实现。政治伦理学不能回避这些复杂的伦理问题，必须有明确的行为准则和评价时的技术化处理途径。

第四，政治主体伦理问题。任何政治活动都是人的活动，都由人这个主体来承载，都是人的合目的性的活动的结果，政治主体伦理问题是不可忽略的。这个问题可分为两个方面：一是“政治人”的伦理问题，如政治人的人性假设问题、政治人的人格问题、政治人的道德评价问题等；二是政治生活中的政治主体伦理问题，如政党伦理、政府伦理、非政府组织伦理、公务员伦理、公民美德等。政治主体伦理问题往往是“侧重于人怎样看自己的政治本性”的产物。“政治人”假设最早是由古希腊思想家亚里士多德提出来的，其通常表达为“人是天生的政治动物”。这个假设内涵丰富，深刻揭示了人是具有合群性的社会动物、人是有利益协调能力的动物、人是有合作精神的动物等思想。马克思也认为，“人即使不像亚里士多德所说的那样，天生是政治动物，无论如何也天生是社会动物”。[①]“政治人”假设的理论意义在于，人的社会本质决定了他的政治性，只要是社会中的人，就有可能成为“政治人”，但不一定必然成为“政治人”，前提是人要有好的德性，这就为政治主体伦理提供了逻辑前提。因为从“社会动物”到“政治人”必须有一个伦理的蜕变过程。社会动物也是动物，其自身会带有自私、贪婪、暴力、残忍等劣根性，但这不是政治文明所许，更不是政治伦理所为。这就又涉及更为复杂的“政治人”人性假设问题，因人性假设不同，其政治理想设计、政治制度安排、政治权力运作等也会不同，如基于人性恶的“政治人”会执行强法制治理模式，而基于人性善的“政治人”会执行温和的德治主义模式。同时，对“政治人”的道德评价也只有以政治伦理作为基本评价标准，如果以一般性市民道德或其他职业道德去评价，会造成道德评价的失准、失真、失效。由于进入政治生活有伦理的“资格准入”条件，政治主体的伦理属性和道德要求就不证自明了。现代政治基本上是政党政治，因而政党伦理问题日益突出；政治权力的具体运行主要靠国家（政府），政府道德是其要义（行政伦理是政治伦理的内在部分）；政府由无数公务员组成，公务员伦理成为一种公共化程

① 《马克思恩格斯全集》第 44 卷，北京：人民出版社 2001 年版，第 379 页。

度最高的职业伦理；在国家治理现代化的今天，企业及其他社会组织共同参与国家治理，社会组织伦理也成为政治伦理的重要组成部分；政治伦理的关键性问题是国家权力与公民权利的关系，公民的美德素质决定着国家政治的优劣，公民美德建设自古以来就是政治伦理的题中应有之义。政治主体的职责不同，其伦理要求也不同：政党伦理的特质是崇尚民主，政党可以也应当争取和维护自己应有的民主政治权利，同时又要尊重其他政党的民主权利，并把追求民主同加强纪律有机结合起来；政府（国家）伦理的本质指向公平正义，政府（国家）在重大决策中不但要坚持权利与义务的统一，而且要自觉维护社会的公平正义；社会组织伦理的核心是对公权力的监督；公务员伦理的核心是为政清廉，各级国家公务人员都必须在其位谋其政，并谋好政，清正廉明；公民道德的核心是爱国，为国尽责。各主体伦理要求之间相互独立、相互制约，又相互作用，共同构成完整的政治主体伦理，构成政治文明的最美镜像。

三 政治伦理研究的问题转向

目前学术界对政治伦理的研究基本上就是在研究政治和伦理的关系的基础上，对政治现象进行伦理审视与规制。然而，这样的研究视角并没有真正从政治本身的真实逻辑来深入思考政治伦理问题。政治伦理学研究有两条基本线索。一条线索是在伦理的视域之内对政治进行研究，寻找政治的道德正当性，或者澄明政治的价值结构。这也是古典主义政治伦理学的基本方法。如古典主义政治哲学家斯特劳斯所言，政治哲学自从在雅典时期形成以来，就具有亘古不变的内涵，即所有的政治生活都在追求着善的价值。他指出，所有的政治活动无非出于两个目的：不让生活变得更坏或者让生活变得更好。[①] 正因为政治本身处于价值的追寻之中，所以阐释政治的价值目的和价值标准就成为政治伦理的首要任务。另一条线索是通过政治与伦理（道德）的关系来研究，利用二者的结合点、交叉点、互相作

① Leo Strauss, "What Is Political Philosophy?" in Hilail Gildin, ed., *An Introduction to Political Philosophy: Ten Essays by LEO STRAUSS*, Wayne State University Press, 1989, p. 3.

用点，形成交叉性研究，即政治伦理化与伦理政治化。这种对于政治伦理的理解试图用道德理论为解决政治问题提供答案，或者通过政治生活的安排实现伦理的诉求。对于政治伦理学来说，与其说它是一门应用性科学，还不如说它是一门交叉性的新兴学科，是政治学与伦理学的交叉，这样的理解更符合政治生活的逻辑。

当然这种政治伦理学的致思结果，产生如下普遍性政治伦理问题：政体的伦理特征、政制的伦理属性、政治生活的道德原则、政治人的道德要求、公民生活的德性等。柏拉图的《理想国》、亚里士多德的《政治学》就对上述问题作了系统的论述，认为政治与道德的结合产生了“正义”观，他们把追求“善”作为最高的政治目标。[①] 中国古代有“以德配天”“敬德保民”的政治伦理观，形成了以“仁”为核心的政治伦理观，通过“孝”的具体化，形成了“君臣之道”。可见，古典政治伦理学都是以“至善”价值理念为轴心来规范政治生活。不过，中西方具有差异性：古希腊注重政治共同体生活的“正义性”，而中国古代注重“政治人”的“道德性”。中国先秦原始儒家所理解的政治伦理首先是对作为政治治理者的君王或天子的道德价值要求，而古希腊先哲所理解的政治伦理则首先指向了作为政治共同体的国家的价值目标。这一差别是值得我们关注的，然而其并未超出价值目的论的基本向度，或者说，它仍然属于政治与伦理的连贯性价值理解方式。

经典的政治伦理学研究范式最终都走向了形而上学。无论是古希腊的“正义”还是传统儒家所宣扬的“仁爱”，都为政治树立了绝对的伦理价值。古希腊“正义”的背后，是自然秩序的安排。无论是柏拉图还是亚里士多德，虽然他们对于正义的理解有着精细的区分，但都认为那些拥有理性最多的人应该占据最有利的社会地位。他们根据理性划分社会等级的最终理由就是自然秩序。儒家的“仁爱”也内含着相近的逻辑。儒家并没有从现实的角度论证“仁爱”的必要性，而是以断言的方式解释其意义。孔子就对不同的弟子给予了关于“仁爱”的不同解释。在以后的政治言说和实践中，无论是“六经注我”还是“我注六经”，都没有对“仁爱”的合

① 万俊人：《政治伦理及其两个基本向度》，《伦理学研究》2005 年第 1 期。

法性提出质疑。经典的政治伦理研究表现出显著的基础主义立场。对于政治生活，我们会构建一整套价值体系，但我们不需要对之进行证明，这一体系对政治生活的参与者而言更像是“信念”，不证自明。[①] 古典主义政治哲学家认为，这种完备的价值基础是政治生活的起点，离开它，我们将陷入茫然，也无从找到政治行为的正当性依据。

但是这样一种经典的、理想型的、目的论范式规范主义的政治伦理学模式，近代以来在西方受到了巨大的挑战，这也就带来了政治伦理学研究的问题转向。政治伦理学研究的问题转向主要有两个机缘：一是政治与伦理的分离或断裂，特别是西方近代以来，随着启蒙运动、科技革命、产业革命的兴起，人们理想中的政治和道德一体化出现裂痕，人们认为这种理论思想家构建的政治和道德一体化具有巨大的欺骗性，因为人们在具体的政治生活中看到的是伦理和政治的分离，而且是严重的分离；二是应用伦理学的兴起。

这种政治与伦理的分离或断裂，我们还可以通过西方近代以来的思想轨迹来说明。政治对“道”的疏远甚至背离成为西方近代以来的政治现实，随之出现的是政治与伦理的两分式理论思维模式。17 世纪英国政治哲学家洛克的《政府论》，显然将国家政治限定在政治权力本身的产生、运作和制约的合法性与有效性范畴。[②] 17 世纪英国哲学家霍布斯的《利维坦》，基于“丛林法则”提出了国家专制主义主张。[③] 人的自然状态就是一切人对一切人的战争状态。18 世纪法国思想家孟德斯鸠发表的《论法的精神》，虽然并未脱离启蒙运动所倡导的基本价值理想，但它所关注的根本问题并不是政治之“道”，而是政治之“法则”原理。政治与伦理的两分随着 20 世纪末罗尔斯《政治自由主义》一书的出版而被明确地理论化了。罗尔斯的“政治自由主义”有三个基本命题：（1）作为政治自由主义之核心理念的“作为公平的正义”是政治的，而不是形而上学的或道德的；（2）民主政治及其实施者民主政府必须保持政治中立，必须超越于各种“道德学说”之

① Gilbert Harman, “Three Trends in Moral and Political Philosophy,” *The Journal of Value Inquiry* 37, pp. 415-416.

② 万俊人：《政治伦理及其两个基本向度》，《伦理学研究》2005 年第 1 期。

③ 万俊人：《政治伦理及其两个基本向度》，《伦理学研究》2005 年第 1 期。

外；（3）国家不是任何形式的伦理共同体，而是严格的政治组织，因而对于民主国家来说，具有头等重要性的是政治秩序或政治稳定性，而不是公民美德甚或个人的美德。[①] 罗尔斯认为对于原则和判断，需要经过“反思平衡”的过程。在任何特定的事件或者语境中，我们都要检验并且调整我们曾认为的普遍性原则，尽量让特殊情景下的道德判断符合普遍性的原则。所以，对于罗尔斯而言，不存在无证自明的先验原则，也没有任何形而上学的原则具有超越其他原则的优先性。在政治生活中，原则的达成取决于人们通过协商从“权宜之计”走向“重叠共识”。[②] 在现代多元社会背景下，经典政治哲学理论隐含着潜在的危险。比如宗教战争，任何宗教都宣扬善（除了邪教），并因此形成了关于善的理解的完备学说。但如果我们都认为自己所确信的教义和教条是绝对正确的，不容任何更改且具有不可辩驳的优先性的话，那么我们就无法与其他的宗教主张通约，这就产生了强烈的排他性，宗教战争就不可避免。[③] 要规避类似于宗教战争的问题，我们只能在特定的情景中与其他道德共同体的成员商谈，寻求关于善的共识，以此重构善的原则。这种政治哲学范式与经典政治哲学寻求善的完备知识的倾向大相径庭。

经典政治伦理学所遇到的最强挑战是近代自孔德以来兴起的科学实证主义。科学实证主义从根本上重新定义了“知识”概念，认为“科学知识”是“知识”的最高形态。实证主义所追求的知识不再如神学或者形而上学一样期待提供关于“为什么”的完全解答，而转向寻找关于“怎么做”的相关答案。实证主义发现了事实与价值之间的分野，实证主义的社会科学者们主张只有事实判断才具有科学性，社会科学无力为价值判断提供依据，因而要避免作出价值判断。从这一观点看，价值判断无非是描述了一种行为的倾向或者划定了一个必须遵守的原则。[④] 在实证主义影响下，现代政治出现了对于价值的排斥。政治的价值中立意味着，只有当我们摆

① 转引自万俊人《政治伦理及其两个基本向度》，《伦理学研究》2005 年第 1 期。

② Gilbert Harman, “Three Trends in Moral and Political Philosophy,” *The Journal of Value Inquiry* 37, pp. 415-416.

③ Gilbert Harman, “Three Trends in Moral and Political Philosophy,” *The Journal of Value Inquiry* 37, pp. 415-416.

④ Leo Strauss, “What Is Political Philosophy?” in Hilail Gildin, ed., *An Introduction to Political Philosophy: Ten Essays by LEO STRAUSS*, Wayne State University Press, 1989, p. 13.

脱价值倾向的干扰时，才能对政治行为作出科学客观的分析和评价。伦理逐渐走出了政治的中心话语。以马克斯·韦伯官僚科层制理论为代表的现代公共行政管理理论、威尔逊的公共行政理论都提出了政治与行政两分的主张，即认为国家政治关乎价值立场，而政府行政则应保持“价值无涉”或价值中立，使政府行政成为纯专业技术型职能管理机构和服务机构。之后出现的所谓“企业化政府”的概念即源于此。①

政治伦理学研究的问题转向也与西方应用伦理学的兴起是同步的。应用伦理学是以研究如何运用伦理道德规范去分析解决具体的、有争议的道德问题的学问。② 社会生活本身的道德问题是应用伦理学产生的唯一理由。西方应用伦理学是在以逻辑实证主义为代表的正统分析哲学土崩瓦解和元伦理学日益暴露出严重局限性的背景下兴起的。应用伦理学产生于20世纪六七十年代，首先在西方兴起，标志着分析哲学中的元伦理学已经走到了尽头。在新实证主义看来，只有元伦理学才是真正科学的伦理学。其侧重于分析道德语言中的逻辑，解释道德术语及判断的意义，将道德语言与道德语言所表达的内容分开，主张对任何道德信念和原则体系都要保持“中立”，并在此基础上研究问题。在具体的研究中，新实证主义有时机械地搬用自然科学的机械符号和公式，具有形式化和脱离实际的倾向，其最大的局限性是“价值中立”和脱离道德实践。西方应用伦理学的兴起，除了分析哲学受到了挑战以外，最根本的原因就是社会生活中出现了很多问题。20世纪六七十年代，社会中暴露出很多问题，比如说战争问题、政治革命、生命技术、科技问题、环境问题、“性革命”问题，这些都是社会生活中的具体问题，它需要伦理学家作出回答。

政治驱逐伦理的努力受到了普遍质疑，政治非伦理化被证明既不合理也不可能。斯特劳斯指出，任何政治行为都无法完全割离价值。离开伦理的观照，社会学者们将无从证明为什么他们关于社会的构想是“好的”，而且任何参与政治活动的人也必然带有某种价值倾向。③ 我们发现，任何

---

① 万俊人：《政治伦理及其两个基本向度》，《伦理学研究》2005年第1期。

② 卢风、肖巍主编《应用伦理学概论》，北京：中国人民大学出版社2008年版，第61页。

③ Leo Strauss, “What Is Political Philosophy?” in Hilail Gildin, ed., *An Introduction to Political Philosophy: Ten Essays by LEO STRAUSS*, Wayne State University Press, 1989, p. 14.

社会制度的安排和政策的制定，都是围绕着一定的价值理念展开的。我们之所以认为社会契约论的理解比君权神授论更具有正当性，是因为我们确认自由、平等这些最基本的价值。如果我们完全脱离关于“善”的维度，我们也无法回答为何废除奴隶制是现代政治的必要选择。所以，斯特劳斯得出结论：(1) 离开价值判断研究社会现象是不可能的；(2) 拒绝价值的假设从未得到证明——这种假设认为价值之间的冲突不能由人类理性所解决；(3) 政治生活的开展需要先定的“法则”，这些“法则”并不能由实证的方法得到；(4) 实证主义势必走向历史主义，而两者之间却存在内在矛盾，历史主义不会认为实证主义的知识是最高的知识形态，而且历史主义对社会科学的研究依然要面对“什么是好的社会”这一问题。[①] 政治与价值的分离不仅从知识的角度而言缺乏可能性，而且会让政治沦为满足物欲的交易。正如卢梭所批评的：古希腊的政治家们总是强调规矩与德性，而我们只讨论交易与金钱。[②] 自卢梭之后，政治开始向伦理回归，政治与伦理的结合促成了政治伦理学的再次转向。

社会生活的政治性凸显、政治问题的集中出现以及政治与伦理道德的不可分割性是政治伦理学转向以及快速发展的重要原因。政治就是正义的治理，这是一个最高的伦理概念，正义也成为当代政治哲学的主题。从这个意义上来说，中国社会生活离不开政治，经济生活离不开政治，公共生活的各个领域都离不开政治，每个人都离不开政治。在政治的诸领域之中，都可以发现道德的逻辑，任何政治行为都含有道德意义：因为当我们开展政治活动，无论以何种方式，都逃脱不了一个终极价值关怀的问题。在社会文化多元趋势下，政治中的伦理矛盾更加凸显，政治伦理难题不断出现。就目前而言，中国正处于社会转型期，我们的各项制度、伦理规范都在不断调整、完善之中。因此，我们较之以往遇到了更多的政治伦理难题，如稳定与发展的关系问题等。

---

① Leo Strauss, “What Is Political Philosophy?” in Hilail Gildin, ed., *An Introduction to Political Philosophy: Ten Essays by LEO STRAUSS*, Wayne State University Press, 1989, pp. 16-24.

② 转引自 Leo Strauss, “The Three Waves of Modernity,” in Hilail Gildin, ed., *An Introduction to Political Philosophy: Ten Essays by LEO STRAUSS*, Wayne State University Press, 1989, p. 89。

当我们说政治伦理学研究的问题转向时，实际上是遇到了“问题丛”，具体包括以下几个方面。①社会生活中产生的政治伦理问题。社会生活的其他领域中产生的问题因无法解决而转变为了政治性问题，如贫富差距问题、教育资源分配正义问题、司法公正问题等。②政治生活本身的伦理问题，如政治忠诚问题、国际恐怖活动问题、公权力腐败问题、公民参与问题、政治妥协问题等。③政治伦理本身的问题，如政治手段与政治目的问题、政治品质与政治行为问题、行政忠诚与行政检举问题、政治伦理话语的重构问题、政治伦理的实践问题等。④“政治人”伦理问题，如“政治人”的人性假设问题、“政治人”的德性问题、“政治人”的评价问题等。

四　政治有限性：伦理的性质与期待

有限性的认知方式是人类自制或自律的独特思维方式。通过有限性可以使人感觉到世界的客观实在，感知到社会的沉重责任，感受到生命的无比可贵。就此而言，有限性思维是一种地道的伦理思维，因为伦理实现的机理需要基于平衡的“自我节制”。然而，人类天性不满足于有限，特别是在获得理性的自我证成与自我放大之后，追求无限与永恒成为社会发展乃至人类进步的主导思想，政治生活这个最具公共性的领域也不例外。但社会生活的现实和历史发展的规律表明，政治无论作为社会的结构要素还是作为作用因素都不是最根本性的，更不是绝对性的存在。相反，尽管亚里士多德断言人是天生的政治动物，因为个人脱离了城邦，生活不能自给自足，更谈不上过上优良的生活，但这只是古典主义的政治理想与模式，人可以有政治生活，不过这绝不是人的生活的全部，政治对人的影响也是非常有限的。在此，我仅仅提出一个问题，能否从政治的有限性分析入手倡导一种“有限政治”观念，甚至构建一种有限政治学，我也无法给出答案，因为这种想法显得有些“天真”，但这对于消除政治万能论、消除世界性的政治强权主义，也许有一定的意义。英国当代著名政治哲学家迈克尔·奥克肖特为此做出了许多思想上的努力，带给我们诸多启示，我在此基础上有限展开，以形成对有限政治的初知与浅见。

所谓“有限政治”，就是用有限性思维去把握政治现象所形成的关于政治产生、构成与实践等问题的特殊范式，即有限性视域中的政治，它不是一种独立的政治形态，仅仅是一种立场、进路与行动方案。迈克尔·奥克肖特也许没有引起更多中国学者的注意，一方面因为他的理论“很难适当地归类为任何一种通常的类别”；[①] 另一方面，他的思想理论与他的生活态度存在一定的反差，如他以传统主义者的立场反传统，他崇尚自由地反自由主义，是一位不赞同哲学的哲学家，他还是一位散文家。也许，这种无法“标签化”的思想家反而拥有更大的思想空间，他在“保守主义”“自由主义”“个人主义”“传统主义”等之外，提出了自己独一无二的理论。奥克肖特的代表作有《经验及其模式》《政治中的理性主义》《论人类行为》《哈佛演讲录：近代欧洲的道德与政治》《信念论政治与怀疑论政治》《政治思想史》《〈利维坦〉导读》等，其中《政治中的理性主义》相对集中地论述了他的政治有限性思想。奥克肖特提出政治有限性问题，与他对政治的独特理解、对理性主义政治的批判，以及持政治怀疑主义立场和政治上的保守气质相关。[②]

奥克肖特不认同经验主义的政治观，也反对意识形态的政治观，主张政治就是人类一般性的实践活动之一，并且是相对次要的活动。对于什么是政治的问题，奥克肖特明确地说：“政治是参加一批人的一般安排的活动，这些人由于机遇或选择而走到一起。在此意义上，家庭、俱乐部和各种学会都有它们的‘政治’。”[③] 政治就是参加一种安排而不是“做安排”，这预示着人们所享有的安排总是远远超过人们需要注意的安排，“那些准备让人们享有的安排与那些得到改进的安排相比几乎微不足道：新的东西在整体中不成比例”。[④] 所以，“对于大多数人来说，政治活动是次要的活动——这就是说，除了参加这些安排外，他们有别的事要做”。[⑤] 当然，作

① 〔美〕保罗·弗朗哥：《奥克肖特的政治哲学》，赵波译，北京：人民出版社 2013 年版，第 1 页。

② 参见赵波《奥克肖特论政治的有限性》，《政治思想史》2010 年第 4 期。

③ 〔英〕迈克尔·欧克肖特：《政治中的理性主义》，张汝伦译，上海：上海译文出版社 2004 年版，第 37 页。

④ 〔英〕迈克尔·欧克肖特：《政治中的理性主义》，张汝伦译，上海：上海译文出版社 2004 年版，第 37~38 页。

⑤ 〔英〕迈克尔·欧克肖特：《政治中的理性主义》，张汝伦译，上海：上海译文出版社 2004 年版，第 37 页。

为共同体中的一员有责任参与这些活动，特别是“国家”意义上的协作群体活动，但这没有任何特殊之处，无非是重复着刻意的安排。就人类一般行为特点而言，政治活动不具有特殊性和优先性，我们甚至并不能把人类的活动性质与政治必然地绑在一起，成为“政治人”也并不能显示人的尊严与高贵。但政治也不能被理解为纯粹经验的活动和某种意识形态要求。我们所承袭的政治历史传统的经验本身只是一些抽象的观念，根本不是一种具体的活动样式，因为“历史是经验，是历史学家的经验世界；历史是一个观念世界，是历史学家的观念世界”。[①] 历史传统的知识都只是有限的知识而非全部的经验知识，是特定的和有限的经验，政治不可能全面体现历史传统中的全部经验问题，仅仅是有限地反映了极少量活动安排而已。所以，“将政治理解为纯粹经验的活动是不合适的，因为它根本没有揭示一种具体的活动样式”。[②] 并且，这样的理解还可能鼓励更多无思想能力的人去追求那种被动的安排，这是非常可怕的事情。那么，这是否意味着，不可避免的政治历史经验加上一个意识形态的政治引导，就会产生自动的活动样式？这样对政治的理解就是恰当的？奥克肖特认为也不尽然，因为这种政治意识形态的抽象原则是被人预先策划的，它们提供了应该追求什么的理解，甚至可以论证和反思，但不管怎样去追求，如果没有政治教育和政治操纵，也变成不了自动的活动样式。所以，我们不能夸大既存意识形态对政治的影响，相反，“一切政治意识形态的谱系表明，它不是由政治活动之前的预先策划所创造，而是由政治样式的思考所创造”。[③] 政治不是追求梦想或一般性规则，而是追求传统中的某种暗示，并对现存的安排作出改进，虽然我们无法判断哪些暗示是最有价值的统一标准，但它们基本是一种当下指向，不具有明朗的确定性。因为“暗示”在奥克肖特的思想中不具有心理学上的意义，而是在没有任何标准答案的情况下无须论证的种种提示。“传统”也不是伯克意义上的传统，而是哲学人类学意义上

① 〔英〕迈克尔·奥克肖特：《经验及其模式》，吴玉军译，北京：北京出版社出版集团、文津出版社2005年版，第93页。

② 〔英〕迈克尔·欧克肖特：《政治中的理性主义》，张汝伦译，上海：上海译文出版社2004年版，第40页。

③ 〔英〕迈克尔·欧克肖特：《政治中的理性主义》，张汝伦译，上海：上海译文出版社2004年版，第42页。

剖析人类行为特征的描述性概念，不包含任何指令性力量。[1] 所以，追求暗示的政治，实质是一种止于边界的“对话政治”，[2] 哪怕历史传统的暗示变成了现实的政治活动，其效果也是难以预测的，不一定会促成正确的事情或者善，任何政治都只是一种相对有限的安排，千万不能绝对化。这种安排绝对化甚至神秘化，不但违背了政治的初衷，人也可能成为政治的附庸或奴隶，最终出现政治异化。

奥克肖特不主张政治是从历史传统经验中直接引出的，也不认同理性主义的政治观，因为理性主义夸大政治的无限性、否认传统对政治的限制、脱离历史经验、鼓吹虚假“乌托邦”。奥克肖特通过考察近代理性主义对欧洲政治的影响，认为所有当代政治都受理性主义或近代理性主义的影响，并且“理性主义不再是政治上的一种风格，它已经成了一切受尊重的政治的风格标准”。[3] 奥克肖特曾把知识分为技术知识和实践知识或传统知识，前者可以通过学习获得，而后者只能通过实践去心领神会、运用自如，类似于波兰尼的“默会之知”（tacit knowledge）；而理性主义偏重于信仰技术知识，所以，近代以来的理性主义主要是指技术理性，已经完全背离了古典时代思想家们高扬人的理性的初衷。理性主义坚信确定性和真理性，甚至把理性等同于知识，这容易把习俗、道德、传统视为僵死不变的东西，其惯性不是接受和改良，而是创造或破坏。这就很容易把政治活动与政治制度带到理性的法庭上去衡量，使“‘理性’对事实行使不受约束的裁判权”。[4] 理性主义实际上就是鼓吹政治理性的无限性，认为只有理性是至上的、确定的，它可以通过信仰来确定，而技术就以确定性贯彻始终，并预示某种无限的可能。理性主义者坚信，每一种政治难题不仅存在最好的唯一方法，而且这种方法是可以无视环境因素而被普遍运用的，这

① 周明军：《追求暗示的政治：奥克肖特政治观研究》，北京：中国出版集团、世界图书出版公司 2016 年版，第 94 页。

② 周明军：《追求暗示的政治：奥克肖特政治观研究》，北京：中国出版集团、世界图书出版公司 2016 年版，第 95 页。

③ 〔英〕迈克尔·欧克肖特：《政治中的理性主义》，张汝伦译，上海：上海译文出版社 2004 年版，第 20 页。

④ 〔英〕迈克尔·欧克肖特：《政治中的理性主义》，张汝伦译，上海：上海译文出版社 2004 年版，第 4 页。

无形中夸大了政治的无限性。与此同时，理性主义还拒斥政治的历史传统，无视历史传统的限制，认为通过构造出一些抽象政治原则就可以超越历史与现实的条件性和限制性，这恰恰是理性主义政治的最大失败。因为"在所有世界中，政治世界可能似乎是最经不起理性主义的检验的——政治总是深深布满传统、偶然短暂的东西"。[①] 试图用抽象的确定性来替代具体的复杂性、用确定的无限性来替代偶发的有限性，从而夸大政治的作用范围与强度，这是理性主义政治的最终结果，这是与政治有限性格格不入的。更为严重的是，理性主义无视政治历史经验，使政治成为无经验的人的政治，凭空构想社会美好未来并以此进行社会政治诱导。这样，"理性主义的思维方式一旦牢固控制了整个社会生活，它总是轻视本身不理解的东西，使政治成为毫无限制的事业"。[②] 这句话虽然具有一种轻视政治的强烈倾向，但不得不承认，这是对待理性主义极其理智和清醒的批判。

奥克肖特对理性主义的批判，提出政治的有限性，不能不与他的保守主义气质和政治怀疑主义立场（或怀疑式保守主义）有关。有人认为，奥克肖特对政治的理解有时是前后矛盾的，既有黑格尔主义式的批判与怀疑，也有霍布斯式的个性与直白，经常介于理性主义与非理性主义之间。[③] 其实，奥克肖特对理性主义政治的批判立场是一贯的，只不过他对政治的唯一性持怀疑态度。他认为，在理性主义那里，政治就是"感受到需要的政治"，因而政治的目标就是单一的，甚至可以通过政治权威把社会的全部资源集中到政治上来，这样会给社会带来巨大危险。对单一问题的迷恋往往就是政治风险，除了战争状态之外，没有哪个社会的生活只有政治生活，也没有哪种因素能够确定无疑地成为所有政治活动的中心和环境。所以，奥克肖特绝不是非政治或反政治者，他的政治哲学也不是什么"否定的政治"，他认为政治有自身的价值或必要性，他仅仅是提出政治的有限性问题。"因为政治是第二位的人类活动形式，既不是艺术也不是科学，

---

① 〔英〕迈克尔·欧克肖特：《政治中的理性主义》，张汝伦译，上海：上海译文出版社2004年版，第3页。

② 赵波：《奥克肖特论政治的有限性》，《政治思想史》2010年第4期。

③ 参见〔美〕保罗·弗朗哥《奥克肖特的政治哲学》，赵波译，北京：人民出版社2013年版，第157页。

能够让人立刻变得精神颓废且懒惰，没有理想的话，人们或者无法生活，或者恐惧受制于人。”① 政治只能有助于实现人类的某种美好目标，但本身绝不能实现这个目标。因为任何政治成就基本上都是模棱两可的善，也许可以通过伦理道德对此进行价值引导，但政治评价的分歧是永远无法避免的，没有什么政治后果会成为普遍承认的善。“即使是在那些统治行为已经获准的地方，也不能强制推行那些据信是有益于人类正确的东西。”② 所以，奥克肖特同其他保守主义者一样，认为政治不是追求梦想，而是一种有限的活动，是必要且次要的事情，好的政治必须防止权力集中，要进行合理的分散，只有这样，才能保证最有价值的实质自由。应当承认，奥克肖特对政治活动和历史传统的理解是极其保守的，但也是相当低调的。他的保守不是一个信条，也不是一种学说，而是一种气质，如果用这样的气质来理解政治，就与天然的秩序无关，与道德和宗教无关。这样的保守气质就是：“宁要熟悉的东西不要未知的东西，宁要试过的东西不要未试的东西，宁要事实不要神秘，宁要实际的东西不要可能的东西，宁要有限的东西不要无限的东西，宁要切近的东西不要遥远的东西，宁要充足不要过分，宁要方便不要完美，宁要现在的欢笑不要乌托邦的极乐。”③ 尽管保守常常被认为是反潮流、反进步，甚至与“反动”联系在一起，但我们不得不说，近代以来盛行的所谓进步主义使人类到了几乎疯狂的地步，使得功利主义成为压倒一切的价值标准和思想主流。奥克肖特绝不是反对革新、反对进步，他只是强调革新能小就不要大，进步能慢就不要太快，能享有现在就不要去空想未来。其实，保守的气质也是热烈和积极的，只是偏重于冷静和批判，崇尚理性审慎，“利用熟悉性的倾向判断政治形势，努力保持当前的生活方式，与此相关的是相信政治是一个特殊而有限的活动”。④ 在习惯于激进、冲撞、革命、进步的现代性语境中，注重节制、中

---

① 参见〔美〕保罗·弗朗哥《奥克肖特的政治哲学》，赵波译，北京：人民出版社 2013 年版，第 159 页。

② 〔英〕迈克尔·奥克肖特：《哈佛演讲录：近代欧洲的道德与政治》，顾玫译，上海：上海文艺出版社 2003 年版，第 18 页。

③ 〔英〕迈克尔·欧克肖特：《政治中的理性主义》，张汝伦译，上海：上海译文出版社 2004 年版，第 126 页。

④ 赵波：《奥克肖特论政治的有限性》，《政治思想史》2010 年第 4 期。

和、稳健、和谐，不失为一种高超的伦理均衡智慧。

奥克肖特虽然没有对政治有限性作专门的理论阐述，更没有形成系统的理论体系，也许仅仅是提供了一种理解“什么是政治”的独特视角，是在理解“什么是政治”时发现了一个问题而已，但这种视角、提出问题本身，其意义就非同寻常。它不但从理论上降低了政治的神秘的权威性和绝对性，而且在实践上为“有限政府”的建设提供了理论前提。如果我们进一步将政治的有限性在思想意识和制度安排两个层面上进行拓展，那么是否可能形成一种“有限政治”观念或研究范式？回答应该是肯定的，因为政治本身存在诸多的有限性前提，这种“有限”主要是指政治面相的域限、政治作用的限度、政治权力的限制等。

政治仅仅是社会结构要素链上受限的一环。马克思主义把社会基本矛盾分为生产力和生产关系、经济基础和上层建筑之间的矛盾，并且每对矛盾的双方，后者一定要适应前者的状况，由此形成社会发展的基本规律。而经济基础与生产关系在内容上又有重叠，因为“这些生产关系的总和构成社会的经济结构，即有法律的和政治的上层建筑竖立其上并有一定的社会意识形式与之相适应的现实基础”。[①] 如果把基于人类本性的社会结构要素简单分为经济、政治、法治、思想、科学、艺术、道德、宗教、哲学等，我们会惊奇地发现，每一级要素问题的解决主要依存上一层级要素，每一要素都只能在自己限定的领域内发挥应有的功能与作用，不能越界。当然，在这些结构要素中，对人的存在和社会发展而言，经济基础是占据统治地位、起着支配作用的，甚至决定了社会不同形态的根本性质。“在一切社会形式中都有一种一定的生产决定其他一切生产的地位和影响，因而它的关系也决定其他一切关系的地位和影响。这是一种普照的光，它掩盖了一切其他色彩，改变着它们的特点。”[②] 这充分表明，经济建设自始至终是社会发展和人类进步的根本，不可动摇，一切以经济建设为中心是不可改变的，其他一切要素均不可冲击它、不可替代它，更不可破坏它，政治也不例外。

---

① 《马克思恩格斯选集》第 2 卷，北京：人民出版社 1995 年版，第 32 页。

② 《马克思恩格斯选集》第 2 卷，北京：人民出版社 1995 年版，第 24 页。

政治在社会发展中的作用也是有限的。政治作为上层建筑，其核心是国家。国家不是一个纯粹的地域性概念，而是社会权力的组织形式，在国家主义理论中，国家拥有对社会的控制权和管理权。国家是阶级矛盾不可调和的产物，同时也承担着社会公共事务的管理职能。“政治统治到处都是以执行某种社会职能为基础，而且政治统治只有在它执行了它的这种社会职能时才能持续下去。”① 既然国家是政治权力的象征，也是社会管理的保障，那无疑对社会的作用是全方位的，也是强制性的，特别是在国家与社会高度一体化的情况下，政治的作用容易突破边界。其实，“政治虽然重要，但并不万能，一旦超过适当的限度，往往适得其反。要从国家与社会某种适度均衡和建设性互动关系的视角，正确把握政治作用的限度”。② 只有政治国家与社会双方都自我克制，不越界、不扩权，甚至彼此谦让，形成良性互动的平衡关系，才能确保政治稳定又充满活力。如果保持了彼此的限度，在处理二者的关系时就不会简单地将二者对立起来，不会以一方扼制另一方，而是让二者彼此需要、并行不悖地发展。现代政治只有保持了必要的边界和限度，政治公权力才不会被异化，才会真正来源于民、用之于民，“一切以人民为中心” 的政治目标才能真正实现。

现代国家治理与社会治理的突出特点是法治，而政治作为社会控制的手段不是唯一的、绝对的，甚至不是决定性的，因而是有限的，尽管法治也不是万能的。国家治理不能完全由政治本身来完成，最理想的模式是法治，因为政治治理难免出现以权和以势压人的情况。法律是一整套规则，不是劝诫，更不是指令，它是人们行动的限定条件，与行动的得失成败无关。法治“指一种只承认已知的、非工具性的规则（法律）的权威的道德联合模式，它将在做自选行动时同意限定条件的义务强加给所有在它权限内的人”。③ 并且，法治还有一个重要的自给性特点，一方面，法治要求有一个权威的制定法律的机关，而这种权威不能来自偶然的任职者或来源于他们的自然禀赋（智慧、精明、超凡魅力），而一定是这个机关本身的天

① 《马克思恩格斯选集》第 3 卷，北京：人民出版社 1995 年版，第 523 页。

② 臧乃康：《政治作用的限度：国家与社会的界限》，《重庆行政》1999 年第 4 期。

③ 〔英〕迈克尔 · 欧克肖特：《政治中的理性主义》，张汝伦译，上海：上海译文出版社 2004 年版，第 170 页。

赋，它一定是因人们承认所强制的东西而被赋予的；另一方面，依据人们所承认的制定的法律的权威性与可靠性，以及它们所规定的义务，人们认可或者拒绝这些规定的理由就是所制定的法律本身，法律的权限本身只能是一个法律问题，而不能是政治或其他问题，不能用政治权威来强迫人们承认或遵守现行法律，这也是衡量法律是否正义的根本标准。

政治合法性也是有限度的。合法性（legitimacy）是一个涉及多学科的复杂的综合概念，主要用于政治领域，因此政治合法性是其关注重点。从一般意义上讲，政治合法性是指一个政治体系行使政治权力或者实施政治治理时获取社会公众认可的价值，它表现为政治权力主体和客体相互作用、相互影响的两个方面：一是政治权力主体为强化政治统治或政治管理而采用合法化的手段；二是社会民众对政治权力主体及其行为持有的一种认可和忠诚的态度。政治合法性是政治体系权威或政党权威的基本来源。"合法性意味着某种政治秩序被认可的价值。"① 因此，合法性概念的应用领域是有限定的。"只有政治秩序才拥有着或丧失着合法性，只有它们才需要合法化。"② 政治秩序是伴随着政治共同体的出现而出现的。马克斯·韦伯认为，"政治共同体"这一术语被指"运用于一定'领土'里，社会成员的行为都服从于秩序性统治这样的共同体"。③ 在这一定义中，我们可以看出，政治共同体的存在是以统治与服从的伦理关系为核心的，而统治与服从的关系是政治有效性的关键之所在，也是政治伦理的核心问题之一。如果统治权力与服从义务高度统一，政治合法性问题就会迎刃而解，否则就会出现政治合法性危机，包括潜在的危机和显现的危机。这样政治合法性的限度问题自然就包含或延伸出政治伦理问题，甚至可以说，政治的有限性问题本身就是一个政治伦理问题。

政治的有限性问题绝非单一的政治议题，应该更多地属于伦理问题，因为有限思维本身就是一种伦理思维，从更深层次说，有限思维是通过人的有限存在达成的人类可无限延续的过程。人的存在无非是三种方式：一

① 〔德〕哈贝马斯：《交往与社会进化》，张博树译，重庆：重庆出版社1989年版，第184页。
② 〔德〕哈贝马斯：《交往与社会进化》，张博树译，重庆：重庆出版社1989年版，第184页。
③ 〔德〕马克斯·韦伯：《论经济与社会中的法律》，张乃根译，北京：中国大百科全书出版社1998年版，第340页。

是作为自然界的有机部分的“界”的存在；二是作为主体性的“类”的存在；三是作为有差异性的“人”的存在。人作为自然界的有机部分，其限制主要来源于生存空间与时间。因为“空间与时间是一切实在与之相关联的构架。我们只有在空间与时间的条件下才能设想任何真实的事物”。[①] 人作为自然整体性“界中物”的同时也受空间与时间的限制，人是不能越“界”的，尽管我们可能通过想象与智能的结合制造出“元宇宙”，但始终是“自然之物”，人逃脱不了自然规律的支配，“自然界，就它自身不是人的身体而言，是人的无机的身体”。[②] 如果我们可感受、感知的自然界有消失的那一天，那么人也逃脱不了同样的命运。当然，人作为“万物之灵”，最大的优势在于有思想意识、有理性判断、有行为自制力，但也不能为了显示自身的主体性和创造性，无节制地征服和改造自然，作为自然之物不能太过“另类”，必须要有限度。这个限度就是“人类开发利用自然界资源的行为限度”，[③] 所以，不要过分陶醉于我们对自然界的胜利。对于每一次这样的胜利，自然界都报复了我们，理由只有一个，就是自然资源有限，人类在自然界面前总是有限的。作为具有鲜明个性差异的“个体人”，在“人类”面前也是有限的，这种有限源自人的社会性存在，即人的本质从现实性上讲是社会关系的总和。[④] 个体无论从生存方式还是生活内容上都靠社会供给，个体在强大的社会面前显得十分有限且对社会无比依赖。呈递进关系的人的三重有限性存在，决定了人在认识世界和社会活动时必然出现有限性思维。有限性虽然于人而言是一种“否定性”，但这种人类存在中的这个“不”是必要的“在”。如果我们看不到否定性存在思维方式的意义，理解不了否定性是肯定性的必要前提，自然就无法充分理解人的有限性。不可否认，有限性是一个有关人的局限或者弱能的问题，因为局限总是涉及我们“不”能够做的事或不能够“是”的东西。这是否意味着是对人自身的轻视或不自信呢？是否就是人的自我否定？恰恰相反，这是对人的本真性的科学揭示，而本真性才是最符合伦理的。然而，我们的

① 〔德〕恩斯特·卡西尔：《人论》，甘阳译，上海：上海译文出版社 1985 年版，第 54 页。
② 《马克思恩格斯选集》第 1 卷，北京：人民出版社 2012 年版，第 55 页。
③ 徐学军：《限度论》，北京：中国时代经济出版社 2011 年版，第 201 页。
④ 《马克思恩格斯文集》第 1 卷，北京：人民出版社 2009 年版，第 505 页。

有限性是我们各种局限（包括身体的与思想的）的总和，人的有限性这个铁的事实摆在了我们面前。在这里，“肯定”的和“否定”的彼此重合、相互渗透，甚至会相互转化。一个人的力量同他的弱能会共存；他的“视见”同他的“盲点”会同时存在；他认识的真理与他认识的非真理可以兼容；他的“存在”同他的“非存在”也彼此可以重合。可见，有限性于人而言不但是客观存在，而且是必不可少的存在。如果不理解人的有限性，也就理解不了人性；同样，不理解真正的人性，也就理解不了人的有限性。如果说，人的存在是一个事实，而且是最切近人自己的事实，[①] 那么人是有限性存在，就是对真实切近自我的最科学的表达。离开了有限性思维，就无法客观认识自然、社会与人自身，当然也无法正确理解政治。人如果对自身的政治属性过度强调，甚至对其无限度地夸张与伸展，那就有违人的政治伦理思维。

① 杨金海：《人的存在论》，南宁：广西人民出版社1995年版，第1页。

第十二章　发展与稳定*

发展与稳定是现代的主题，其二者的均衡是社会伦理的基本问题。发展是一个哲学范畴，更是一个历史范畴，虽然其基本的价值取向与进步、前进、理想、美好等相关，但是在不同的历史形态中，有着不同的时代内涵，彰显着不同时期人的需求和本质力量。人类对发展的认识和由此形成的发展观，虽会因经济、政治、文化等因素的不同而表现出差异性，但其所关注的问题无非就是"为什么发展""怎样发展""发展的结果如何"等伦理价值问题，就此言，发展本身就是一个伦理学范畴。发展的伦理属性内涵不能不发展，也不能乱发展；不仅是线性地单一发展，也要横向全面发展；不仅是社会的发展，也有人的自由全面发展。发展的这些伦理向度均指向一个价值目标，这就是社会的稳定。稳定是社会的常态，既是个体得以休养生息的基础，也是社会避免动乱的前提。动乱是社会的整体失序，甚至社会的结构性破坏，不但给百姓带来生存性灾难和心理创伤，而且给社会带来巨大损失甚至历史性倒退。如何协调好"发展"这个"硬道理"与"压倒一切"的稳定之间的关系，是社会治理的艰巨任务，也是当代协调伦理学的重要使命。

一　人类发展观的演变

从本质上讲，发展是一个现代性概念，因为在 17 世纪以前对社会进程的描述基本是"循环论"占主导，没有"进步""进化""增长""发展"等概念。古希腊人认为历史是一个循环往复和逐渐衰亡的过程，按照希腊

---

* 本章部分内容已经发表于《中南大学学报》（社会科学版）2024 年第 1 期。

神话的描述，历史可以分为五个时代：黄金时代、白银时代、青铜时代、英雄时代和铁器时代，这五个时代逐级退化，一个比一个粗俗，一代不如一代。“这种把世界看成不断衰亡、周而复始的历史观，深刻地影响了古希腊人社会结构的观念。柏拉图与亚里士多德都认为变化最少的社会秩序才是尽善尽美的社会秩序。他们的世界观里根本没有持续变化和增长这些概念。”① 中世纪基督教历史观虽然抛弃了历史循环论，但也没有历史进步思想，而是认为历史无非就是一个不断衰亡的过程。基督教神学把历史分为初始阶段、中间阶段和终结阶段，分别表现为创世、赎罪和最终审判。这三个阶段不是朝着完善的阶段发展，而是一切听从上帝安排的过程。

发展直接源于现代性的“进步”概念。关于发展与进步的关系，利奥塔在其著作《后现代状态：关于知识的报告》中有过分析。他认为，“甚至发展这一概念自身也先设了一种不发展的视野，这种视野假定各种能力全部笼罩在传统的统一体中，没有分解为不同品质，没有得到特殊的革新、讨论和检验。这种发展与不发展的对立并不一定意味着‘原始人’与‘文明人’在知识状态中性质变化的对立”。② 可见，“发展”概念与“现代性”是内在交叉的。当然，严格意义上的“发展”是特指现代社会才具有的一种向着物质富足、科学进步、社会分化、复杂性和完美性逐渐趋于明显等方向不断切近的过程。③ 正因为发展是一个现代性概念，所以其价值预设就是“现代性价值预设”，所追求的就是现代性价值。我们为什么发展？什么样的发展才是“好”的？发展有无限度？这些都是发展的价值问题。所以，作为现代性的价值概念，发展已经成为一种“完整”的现象，即成为集政治、经济、文化、科技、社会，亦即集社会生活所有层面的各要素于一体的完整现象。④

发展概念的整体性内涵的呈现，为发展观的形成与演绎奠定了基础。

---

① 〔美〕杰厘米·里夫金等：《熵：一种新的世界观》，吕明、袁舟译，上海：上海译文出版社 1987 年版，第 9 页。

② 〔法〕利奥塔：《后现代状态：关于知识的报告》，北京：生活·读书·新知三联书店 1997 年版，第 42 页。

③ 刘森林：《重思发展——马克思发展理论的当代价值》，北京：人民出版社 2003 年版，第 24 页。

④ 林春逸：《发展伦理初探》，北京：社会科学文献出版社 2007 年版，第 27 页。

在西方，发展理论的起源说法不一，有人认为发展理论可以追溯到亚当·斯密的《国富论》，有人主张重农主义开创了发展理论的先河，还有研究者则强调重商主义是发展经济的鼻祖。[①] 其实，发展研究启自何人并不重要，我们关注的重点是，发展观内涵的演进与变化。根据学者们的研究，人类发展观经历了经济发展观、社会发展观、可持续发展观、人类发展观四个阶段。[②]

第二次世界大战之后，新独立的国家和地区面临国家建设的艰巨任务，其中最关键的是经济发展，一些西方经济学家纷纷提出各自的方案，为发展中国家设计发展道路。刘易斯在《经济增长理论》中提出著名的二元结构理论，认为发展过程实际上就是以储蓄和投资的增加为引擎，以农业部门向工业部门的转型并使工业部门在整个经济中的比重发生重大变化为基本特征。罗斯托在《经济成长阶段论》一书中从世界经济发展史的角度，以经济增长的关键是资本积累的论点为前提，以经济起飞为核心概念，对经济发展阶段论进行了说明。此后，库兹涅茨、钱纳里等著名经济学家，分别从统计和计量经济学角度证明了经济发展的结构特征，为经济发展阶段论提供了证据。由于战后西方经济学家对“发展”与“增长”的定义，经济增长成了国家发展水平的唯一标准。然而，这种单一的经济发展模式受到了来自经济发展自身以及发展中国家经济发展的情况的严重挑战，直接导致了全球范围内的生态危机和社会危机，如过度城市化、社会政治动荡、财富分配不公、社会腐败等一系列问题，被学术界称为“恶的增长”或“有增长无发展”。单一的经济发展观最大的缺陷在于“见物不见人”，忽视了经济发展与社会发展的整体协调，忽视了人本身的发展。

在单一经济发展观的指导下，大多数发展中国家在经济增长的同时，并没有达到整体发展的预期目标，相反被一系列社会问题所累，理论家们开始重新思考发展问题。有的理论家把视线从西方资本主义的历史经验转向广大落后国家的发展实践，出现了以“依附论”和“世界体系论”为代

① 陆象淦：《发展——一个受到普遍关注的全球问题》，重庆：重庆出版社 1988 年版，第 21~22 页。

② 欧阳海燕、马久成：《从发展观演变的角度评中国的新发展观》，《武汉大学学报》（人文科学版）2005 年第 3 期。

表的发展学派，开始摆脱发展就是经济增长的理念。依附论认为，发达国家的发展是建立在对不发达国家的经济掠夺基础上的，并造成了后者对前者的依附，所以，发展中国家必须摆脱西方国家的控制而谋求自身的发展。世界体系论则认为，世界是一个政治、经济、文化、社会诸因素相统一的大体系，应该从全球视野中谋求各国的发展。1965 年，著名发展经济学家辛格明确指出："不发达国家存在的问题不仅仅是增长问题，还有发展问题。发展是增长加变化，而变化不单在经济上，而且还在社会和文化上，不单在数量上，而且还在质量上。"① 社会发展观的代表人物是法国的佩鲁和美国的托罗达。1983 年，弗朗索瓦·佩鲁在《新发展观》中，提出了"内生的""综合的""整体的"发展理论。② 佩鲁认为，发展不但要协调好人与人之间的不同利益主体的关系，而且要协调好人与自然的关系，发展是社会各要素之间的均衡发展，一个国家内部创造力是综合作用的结果。托罗达认为："应该把发展看作是包括整个经济和社会体制在内的重组和重整过程，除了收入和产量提高外，发展显然还包括制度、社会和管理结构的变化及人的态度，在许多情况下甚至包括人们的习惯和信仰的变化。"③ 社会发展观拓展了发展的视野，实现了从经济本位向社会本位的转变，体现了以人为中心，注重人与自然的和谐，体现了一种综合性发展观。但这种发展观在强调发展的综合性的同时，却较少考虑发展的可持续性和发展的代际问题。这一缺陷正好由可持续发展观来弥补。可持续发展观的提出是历史发展的必然产物，也是发展理论的重大突破，它作为一种新型的发展理论于 20 世纪 70 年代被提出，形成于 80 年代，90 年代逐渐成为人们的共识。可持续发展观的提出与形成伴随着全球环境问题的恶化所带来的忧虑。1962 年，《寂静的春天》出版，在全世界范围内引发了关于发展观的争论。1968 年，来自各国的 100 多位专家学者集聚罗马，共同讨论人类面临的困境，并发起成立了"罗马俱乐部"。1972 年，罗马俱乐部发表题为《增长的极限》的研究报告，明确提出"持续增长"和"合

① 〔德〕H. W. 辛格：《社会发展：最主要的增长部门》，《国际发展评论》1965 年第 3 期。

② 〔法〕弗朗索瓦·佩鲁：《新发展观》，张宁、丰子义译，北京：华夏出版社 1987 年版，第 2 页。

③ 转引自李小云主编《普通发展学》，北京：社会科学文献出版社 2005 年版，第 7 页。

理的持久的均衡发展的概念”。1972 年联合国“人类环境会议”通过了《联合国人类环境会议宣言》，标志着人类开始进入“环境时代”。1980 年 3 月，联合国大会第一次使用了可持续发展的概念，并向全世界发出呼吁：“必须研究自然的、社会的、生态的、经济的以及利用自然资源过程中的基本关系，确保全球的可持续发展。”① 1981 年，美国世界观察研究所所长 R. 布朗在《建设一个持续发展的社会》一书中首次对“可持续发展”作了系统的阐述。1987 年 4 月，以挪威首相布伦特兰为主席的联合国世界环境与发展委员会（WCED）发表了一份报告《我们共同的未来》，首次对可持续发展的概念作了规范和统一，指出：“可持续发展是既满足当代人的需要，又不对后代人的满足需要的能力构成危害的发展。”② 1992 年 6 月，在巴西里约热内卢召开的联合国环境与发展会议上通过了《里约热内卢环境与发展宣言》和《21 世纪议程》两个纲领性文件，详细地阐述了环境与发展的关系，制定了可持续发展的行动方略，进一步丰富了可持续发展的理论，在世界范围内得到广泛认可与普及，至 1997 年，全世界共有 150 多个国家建立了可持续发展的国家委员会或协调机构，74 个国家向联合国递交了执行《21 世纪议程》的报告。1994 年 3 月，我国率先制定了中国人口、环境与发展的白皮书——《中国 21 世纪发展议程》。2002 年在南非召开可持续发展世界首脑会议，会议通过了《可持续发展世界首脑会议实施计划》，标志着可持续发展理论的最终形成。可持续发展观强调人与自然的和谐，它不仅涉及一个国家或地区的人口、社会、经济、科技、生态、环境、资源等诸多因素，也涉及政治制度、经济体制、文化教育、宗教信仰等方面的因素。可持续发展观强调了发展的历时性和发展因素的平衡性、协调性，但以人的发展为核心价值观的特征并不明显，需要进一步升华。

这种人类发展观不但克服了单一的经济发展观，而且超越了一般意义上的可持续发展观，是更加注重人的发展的一种理论，并且是更加强调人

① 转引自徐嵩龄主编《环境伦理学进展：评论与阐释》，北京：社会科学文献出版社 1999 年版，第 159 页。

② 联合国世界环境与发展委员会：《我们共同的未来》，长春：吉林人民出版社 1997 年版，第 197 页。

的整体性发展的理论，不是新自由主义意义上的个体人的发展。1971年，发展理论专家丹尼斯·古雷特深入研究了发展的本质问题，认为发展有三个核心内容：生存、自尊和自由。这三个核心价值构成了发展的本质。发展首先是解决人的生存问题，从而使人获得尊严，发展的最高层次是实现人的自由全面发展，这也是马克思主义的基本立场。人类发展观的普遍被接受是在20世纪90年代，以联合国开发计划署（UNDP）1990年首次提出的人类发展概念为标志。《人类发展报告》中把人类发展界定为扩大人们进行选择的范围。如阿马蒂亚·森认为，人类发展不能凭最终状态来判断，有选择的自由才是幸福最重要的组成部分。“发展可以看作是人们享有的真实自由的过程。聚集于人类自由的发展观与更狭隘的发展观形成鲜明对照。狭隘的发展观包括发展就是国民生产总值（GDP）增长、或个人收入提高、或工业化、或技术进步、或社会现代化等等的观点。”① 发展就是要消除那些限制自由的因素，如贫困及暴政、经济机会的缺乏、忽视公共服务、压迫性政权的不宽容与过度干预等。1990年以来，联合国开发计划署出版的《人类发展报告》，每年都建构人类发展指数（HDI），旨在用一种简单的复合指数来度量人类发展的基本领域所取得的平均成就，并由此对各国进行排序。后来又编制了三种补充指数：人类贫困指数（HPI）、与性别有关的发展指数（GDI）和性别赋权指数（GEM）。然而无论编制怎样的指数，哪怕是自认为最详细的指数，都无法科学地统括人类发展的全部问题。人类发展离不开社会发展，也不是一个可以脱离可持续发展的空洞概念，相反可持续发展是人类发展的重要内容，正因为强调了人类发展的首要性，可持续发展才有了坚实的人性基础。可持续发展的理念在当代中国具体表现为“五大发展”理念。

二　五大发展理念：中国式伦理均衡

均衡是社会发展中的重要机理，也是伦理调节的手段，更是一种良好

① 〔印度〕阿马蒂亚·森：《以自由看待发展》，任赜、于真译，北京：中国人民大学出版社2002年版，第1页。

的伦理境界。当代中国社会发展所遵循的五大发展理念，充分体现了中国式的伦理均衡智慧。“五大发展”是伦理均衡的最高智慧。“五大发展”即创新发展、协调发展、绿色发展、开放发展和共享发展。这是我国顺应时代潮流所提出的治国理政方针，是依照现实发展情况所提出来的发展新方向，其理论背后有深刻的伦理价值。创新发展应当以人为本，协调发展应当平稳，绿色发展应当细水长流，开放发展应当平等互惠，共享发展应当共享共建。“五大发展”既具有问题性，也具有整体性，且相互关联、互为因果，形成了具有内在必然性的有序结构。

发展的动力就是创新，没有创新就没有发展。回顾历史，无论是科技的创新，还是政治体制的创新，乃至文化的创新，总能给共同体带来巨大的发展动力，比如三次工业革命。人类文明从没有如此辉煌过，这一切都源自创新这一根本的发展动力，社会发展是社会全面创新的产物。发展的过程不是单一的，而是联动或均衡的。如果说创新是解决发展动力的问题，那么协调就是解决发展中不平衡的问题。从宏观角度讲，协调发展包括政治、经济、文化、社会、生态等各要素的均衡发展；从中观角度讲，协调发展主要是考虑区域间的发展、城乡之间的发展是否平衡的问题；从微观角度讲，协调发展是指各社会结构要素内部元素的协调，如经济发展要实现生产、消费、分配的协调。绿色发展是从时间性上的均衡，强调可持续性。自工业革命以来，以西方现代化为主导的模式影响深远，但以资本作为驱动力的现代化之路所带来的恶果，比如环境污染、能源危机、自然灾害等正危及人类的生存。绿色则意味着可持续、高效益、低污染，从长远来看，绿色发展模式就是协调、持续、循环的发展模式。开放发展则是空间上的均衡。开放意味着将中国式现代化置于世界现代化的大潮之中，而不是一种孤立、封闭、僵化的“个别行动”。在中国式现代化的进程中，作为联合国安理会常任理事国的中国肩负国际责任，履行了大国维护国际秩序的义务。虽然开放国门可能会造成一定的“经济、文化入侵”，但我国依然坚持对外开放，这说明我们已经足够自信。我国面临外部因素的挑战并不是关起国门“闭门造车”，而是大开平等、互信的交流之门，积极主动地应对挑战，这说明当今的中国拥有强大的自信心。共享是发展结果的均衡，它回答了为谁而发展、如何分享发展成果的问题。从西方现代化的结果来看，虽然它们科技、经济水平得到了提升，物质财富得到了丰富，但也造成了人的片面发展和社会分配的严重不公，甚至出现了众多的“现代病”，如享乐主义、消费主义等。共享发展就是要共享发展成果。共享不仅是为了避免或减少矛盾与冲突而发展，它的本质是让所有参与者都能享受到发展所带来的益处，从而实现个人与个人、个人与社会、个人与国家（民族）、国家与国家之间的和谐共处。

五大发展不但各自具有均衡功能，而且本身是有机整体，在具体实施过程中具有重要的伦理价值与均衡智慧。第一，创新发展坚持以人为本，可以实现人与物的均衡。创新是处理人与外部世界关系的超越性手段，无论何种创新、创新程度如何、创新成果如何应用，都应该坚持以人为本，坚持人本主义立场、坚持人文主义精神，始终把人放在第一位，不能出现创新异化。第二，协调发展从经济上讲就是要平稳，尽量避免市场风险，使经济尽可能在合理区间运行，避免落入“中等收入陷阱”。具体来讲，就是要在市场与政府、供给与需求、货币与信贷等要素之间保持相对均衡，实现经济的高质量稳定增长。第三，绿色发展则讲究“细水长流”。绿色发展的本质就是要强化生态文明，强调人是自然的有机部分，人不能仅仅占有、消费、改造自然，还要保护自然，能够长期、健康、和谐地与大自然相处。即便是人化的自然也要保障人生产所需要的环境能够与自然环境协调与融合，形成有机整体，达成合理均衡。第四，开放发展应当互惠共赢。一方面是要虚心学习世界上先进的文化与科技，尽量多输入外部新的信息，打破自身的原有平衡态，在新的因素作用下，实现新的平衡；另一方面，就是要注重对外的经济、文化交流，让世界了解中国精神和中国智慧。保持国家间的平等交流，保持信息的良性互动，维护和平友好的国际秩序，这就是通过开放实现国际间的均衡。第五，共享发展无疑是终极的均衡。社会发展的优劣与否，主要看发展的成果如何分享。平均主义是一种思路，但可能导致社会发展失去活力。共享的思路是在保证机会相对均等的条件下，实现先富带后富，然后走向共同富裕。

创新、协调、绿色、开放、共享不仅是对发展的概括，而且各自彰显其均衡的伦理本质，但能够使创新、协调、绿色、开放、共享五者均衡的还只能是发展本身，因为发展才是硬道理，发展才是大伦理，发展才是至上的价值，这是中国式现代化的根本目标使然。所以发展本身与五大理念之间是一种互摄、互制、互养、互成的关系。如果以发展为“树干”，那么创新、协调、绿色、开放、共享则可视为“树枝”，围绕发展可形成五大理念的整体性链条。换言之，创新、协调、绿色、开放、共享如果脱离或偏离了发展，本身就会失去意义。创新给发展提供动力，协调使发展保持平稳，绿色给发展带来长久，开放给发展提供广阔空间，共享确保发展的正确方向。与此同时，创新需要协调，需要绿色，需要开放，需要共享；协调也需要创新，需要绿色，需要开放，需要共享；绿色就是创新，就是协调，就是开放，就是共享；开放也是创新开放、协调开放、绿色开放、共享开放；共享离不开创新、离不开协调、离不开绿色、离不开开放。这“五大”理念本身又紧密地交织在一起，形成一张均衡网。这就是中国式现代化的均衡性特征。这一特征不但使中国式现代化有别于西方式现代化，而且更加有效保障了中国式现代化在低风险中高效地向前推进。

三　稳定：发展中的重复秩序

稳定主要是指社会秩序的正常化，是社会发展的常态。实现在稳定中发展与在发展中稳定的统一，是社会治理的目标，也是社会治理伦理均衡的核心。如果说发展是社会进步的驱动力，那么稳定则是发展的“储油库”。对社会稳定的具体含义可能会有不同的看法，但一般来说主要是指包括国家的经济系统、政治系统、文化系统等在内的整个社会大系统，处于协调有序、动态平衡的连续运行状态。因此，社会稳定并不是说整个社会静止不变，或者僵化和固化，而是说全社会大多数成员能够遵守共同的社会规范，维护现行的社会秩序，从而保障社会整体上的协调有序。在整个社会大系统中，政治稳定、经济发展、文化认同是维系社会稳定的根本要素，这些要素决定着整个社会的稳定性状态。所以，稳定的本质是秩序井然而非社会各要素的整体性“板结”，而这里的“秩序井然”是社会秩序的类似性重复。

社会稳定作为发展中的重复秩序其本质是社会生活的有序化，其形式是社会生活的“一般性”常态。一般性与常态几乎是等义的，它排除了异态或非常态，其内在支撑是法则秩序。所以，“一般性表现出两大秩序：类似性的质的秩序（order）与等价性的量的秩序。循环与等号是它们的象征”。[①] 显然，社会稳定是一种类似性的质的秩序，这种质的秩序规定了服从于法则的主体间的类似性。其实，从历时性去看社会实存，让人感觉是在“重复昨天的故事”，其实这是一种差异性的流动，差异性决定了社会稳定的“常新”，而流动性决定了社会稳定的“常变”。所以，社会稳定本身必须作动态性理解而不能作僵死性看待，易言之，社会稳定只能是在与社会动乱相对应的概念上去思考，并非一种无序的静态实存，社会生活本身才是社会稳定的本质，而“生活的任务就是让所有重复在一个作为差异之分配场所的空间中共存”。[②] 社会稳定在结构性上，是一种差异性的有序实存，这种差异不是概念化辨识的结果，而是人的存在的多样性使然，包含人的需要的多样性和个性的差异性，而这种结构性的差异又是流动性的。“一切都在变”是一种类似性的存在，表现出“重复”特性，这是社会发展稳而不僵的根本原因，也是社会稳定但不会异化为超稳定结构的根源。所谓超稳定结构是为稳定而稳定，甚至仅仅是为维护少数统治者的权益而强制的稳定，这种稳定实质是否定社会历史发展的历史停滞或倒退。社会的停滞不前不是社会稳定，前者是社会因没有再生力而僵化，如同车熄火而停顿；后者则为社会发展的常态性前进，如同车平稳地行走。社会稳定的价值基础必须是社会全体成员的共同利益，不是某一阶层或群体的利益。当然，这种共同利益不是天然成就的，是由无数单体的共可能性构成，尽管共可能的东西不能被还原为同一的东西。并且，“共可能的东西与不共可能的东西不仅是在可能世界的总体之中，而且还在一个有待被选择的世界之中表现出了一种特殊的充足理由和一种无限的在场”。[③] 一个社会共同体存在的充足理由是只有共生才可生，而无限在场的可能性是社会共同体在时间性上的考量。所以，社会稳定态在时空上是有客观可能性基

① 〔法〕吉尔·德勒兹：《差异与重复》，安靖、张子岳译，上海：华东师范大学出版社2019年版，第1页。

② 〔法〕吉尔·德勒兹：《差异与重复》，安靖、张子岳译，上海：华东师范大学出版社2019年版，第2页。

③ 〔法〕吉尔·德勒兹：《差异与重复》，安靖、张子岳译，上海：华东师范大学出版社2019年版，第441页。

础的，虽不表现为像自然法秩序一样的“自然”，但重复习惯了就成了“自然”。这种重复是有序的，而有序也是不断重复的，二者共同构成社会的稳定态。

社会稳定作为发展中的重复秩序，其关键是社会发展过程中的政治稳定，其前提是经济稳定。政治稳定是指一定社会的政治系统保持动态的有序性和连续性，具体表现为没有全局性的政治动荡和社会骚乱，政权不发生突发性质变，公民不是用非法手段来参与政治或夺取权力，政府也不采用暴力或强制手段压制公民政治行为，以此维护社会秩序。政治稳定并不意味着政治系统各要素没有变化，而是指政治系统内部的主要成分，如基本政治价值、政治文化、基本政治制度，比较持续或比较平缓地变化，以确保国家的主权稳定、政府稳定、政策稳定、政治生活秩序稳定以及社会政治心理稳定。亨廷顿认为，现代化的进程是一个空间不断拓展的过程，同时也是多样性不断增加的过程，这势必带来原有自然共同体的瓦解。保持一个政治共同体的稳定必须使社会各要素在横向上加以融合，在纵向上对经济阶层加以深层次的政治同化。但“民族统一和政治同化产生问题的共同因素是现代化带来的政治意识和政治参与的扩大。在政治参与和政治制度化二者之间保持低度平衡的那些政体，面临着日后不稳定的前景。除非其政治体制的发展与政治参与的扩大能保持同样的步伐”。[①] 也就是说，引起社会不稳定的最大可能就是新生政治力量的增大和政治参与能力的提高，同时却没有坚强的政治体制与之匹配。“因此，对于一个政治参与水平低的国家来说，未来的稳定在很大程度上取决于该国用以面对现代化和政治参与扩大的政治制度具有什么样的性质。”[②] 政党及政党体系是稳定的最关键的因素，所以，我们强调中国共产党的全面领导，这是确保政治稳定的基础性条件。政党的力量主要离不开三个基本条件：一是制度化的民众的认可度和支持度，二是执政党与其他政党、社会组织的亲密度，三是执政党组织内部的忠诚度。当然政党政治的强大必须与民主化进程同

① 〔美〕塞缪尔·P. 亨廷顿：《变化社会中的政治秩序》，王冠华、刘为等译，北京：生活·读书·新知三联书店 1989 年版，第 366~367 页。

② 〔美〕塞缪尔·P. 亨廷顿：《变化社会中的政治秩序》，王冠华、刘为等译，北京：生活·读书·新知三联书店 1989 年版，第 367 页。

步，而政治稳定是政治民主化的界限。“怎样调整政治民主与政治稳定关系中相联和相斥的因素，关系到一国政治发展的基本走向。”① 没有政治民主化，政治难以发展，政治稳定不过是体制僵化的代名词；没有政治稳定，政治民主化可能就导致“一盘散沙”。如何平衡二者的关系是一个重要的政治伦理选择问题，其平衡原则只能是以人民群众的利益为最高标准，同时政治的稳定始终离不开经济的繁荣与稳定。离开人民群众的利益特别是经济利益空谈政治稳定，就会失去政治合法性的资源，就违背了人民群众的意愿。

社会稳定作为发展中的重复秩序其心理机制是“居安思危”，而其实施途径是社会风险的有效控制。“居安思危，思则有备，有备无患”，这是中国社会治理形成的智慧，也是一种保持社会相对稳定的应有观念。之所以要“居安思危”，就在于“安”与“危”在不断变化，有时其转换就在瞬息之间。社会存在作为可直观的稳定态，其本身包含了诸多内在矛盾，而这些矛盾如果得不到及时化解，就会酿成动乱。所以“居安思危”不仅是安危之辩证法使然，而且是社会生活本身的逻辑使然，在社会表象的背后隐藏的是一些人的不健康心理和躁动的社会心态，并且这些都是不可易知的。“居安思危”于当下具有特别重要的意义，因为我们进入了冲动社会和独异性社会，各种因素的叠加，使社会的不确定性不断外显并成为常态。“冲动社会”是美国学者保罗·罗伯茨在《冲动的社会》中提出的概念，他认为，我们所面临的社会其实已经是一个“自我”的世界，一方面，现代的经济环境和科技手段总能满足我们的任何愿望，社会结构的所有因素都改变了原有的结构，并日益围绕个人欲望、个人形象和内在幻想运作；另一方面，伴随着每一次欲望的满足与升级，生活离我们越来越近，世界就变成了“我们的”世界。这种以自我为中心和高度自恋的心态几乎成为主流文化的主体部分，过去的社会组织曾为平衡自我满足的不当追求而努力，如今的人们除了放纵还是放纵。“一个又一个板块在这种文化中沦陷，不管在大的尺度上，还是在小的尺度上，我们的社会都日益变成一个追求即时满足的社会，却对这种追求后果不加考虑。”② 这就是我们

① 张翔麟：《稳定论》，北京：中央文献出版社 2004 年版，第 82 页。

② 〔美〕保罗·罗伯茨：《冲动的社会》，鲁冬旭、任思思、冯宇译，北京：中信出版社 2017 年版，“导论”，第Ⅶ页。

目前生活其中的“冲动社会”，其最大问题就是社会失去了对个人欲望满足的限制性和平衡性。如果说，这只是普遍的个人主义还好办，但问题在于目前独异性的个人主义盛行，即通过独特方式获得个人利益（快乐）的满足，由此形成“独异性社会”。“在如今的社会，不论往哪个方向看，人们想要的都不再是普通，而是独特。不再把希望寄托给规范化和常规的东西，如今的机构和个人，其兴趣和努力都只是追求独一无二，追求独异于人。”[1] 更为令人不安的是，追求独异性不仅仅影响个性生活，而且影响到政治、经济、文化、教育等领域；被独异化的不仅是个人，而且是各级社会组织，如企业、行业协会、政党，甚至全球的各种新型共同体。这些明显表明，我们所处的社会“发生了一种社会结构的转型，即面对独异性的社会规律，原来普适性的社会规律失去了主导权”。[2] 如果说冲动性给社会带来的不稳定可以通过合理的理性控制来平衡，并满足人们的欲望特别是感性快乐，那么独异性所带来的社会不稳定则需要强化普遍的社会生活规则来平衡，这正好是伦理学的使命。这也说明了伦理学的协调功能主要是通过价值观念和价值准则的规约来发挥，其前提是这些观念和准则必须是大家所共同信仰的，并能够使人“一点就通”而不是“顽固不化”，可见，伦理的作用对于一个社会来讲是何等重要，伦理系统的及时启动是何等重要。当然，这是在常态社会下的基本认知，如果出现非常情况，伦理协调就要做另类分析了。

四　非常态社会的伦理

在平衡社会发展与稳定的过程中无法回避的一个重大问题是，社会非常态如何治理，特别是在世界不确定因素增加的风险社会来临之时。一般而论，社会治理有常态社会与非常态社会之分，前者注重风险防范，即尽可能防范风险以确保社会生活的基本稳定；而后者注重危机管理，即及时

① 〔德〕安德雷亚斯·莱克维茨：《独异性社会：现代的结构转型》，巩婕译，社会科学文献出版社 2019 年版，第 1 页。

② 〔德〕安德雷亚斯·莱克维茨：《独异性社会：现代的结构转型》，巩婕译，社会科学文献出版社 2019 年版，第 4 页。

处置危机，如自然灾害、突发事件，以确保社会生活重新回到正常状态。

非常态社会的伦理是一种风险防控伦理。常态社会治理，是指社会有序运转时期的社会治理。在这一时期内和一定范围内社会没有发生突发事件，社会运行平稳如常，社会治理按部就班。非常态社会治理是指发生突发公共事件时期的社会治理，主要包括应急管理和危机管理，非常态社会的特征是社会风险增大，社会出现不稳定。可见，常态社会和非常态社会，其分界在于社会风险的大小。风险一般是指个人和群体未来遇到的伤害或损失的可能性以及对这种可能性的认知与判断。风险与不确定性之间不是完全直接对应的关系，即不确定性不一定就是风险，但风险一定是不确定性。当我们说某事或人不确定的时候，一定与特定的认知有关。我们如果习惯了必然性、发展性思维，可能容易忽视不确定性和偶然性；我们如果拥有偶然性思维，就可能把不确定性摆在比较重要的位置。这并不意味着不确定性是主观的，相反事物的不确定性一定是深藏于事物本身的，只是有时被发现了，有时可能被忽视了。如果对不确定性关注不够，就可能产生社会风险。社会稳定的风险源主要来自三个方面：一是突发公共事件，涉及国家安全层面的问题可能引发社会大动荡；二是社会负面影响，特别是极端言行，可能破坏基本的社会秩序；三是公信力风险，特别是政策决策和执行政策过程中出现的“恶政”“庸政”“懒政”现象，可能伤害政民关系，引发社会动乱。[①] 因此，非常态社会治理应尽最大努力将可能发生的危害、灾害和灾难消解、控制或者转移，而伦理在其中的主要作用就是帮助人们作出科学合理的价值选择，坚持“生命第一”“人民第一”“安全第一”的伦理原则。

非常态社会的伦理是一种应急管理伦理。非常态社会的伦理（有人叫“非常伦理”）究竟是一种什么性质的伦理？“非常伦理”的提出存在两个问题，一是非常态情况是否会常态化？如果是，那么就不存在非常伦理；如果不是，非常态本身不符合伦理普遍性的要求，因为按照伦理普遍主义，无法普遍化的东西就不是伦理的，是非伦理的。所以，我们必须对非常态社会的伦理做“常态”性理解，即在风险社会中，随着不确定性日益

① 参见唐钧《社会稳定风险评估与管理》，北京：北京大学出版社 2015 年版，第 2~3 页。

增加，非常的状态可能时有发生，非常态可能就会“常态”化。二是，原本常态与非常态的区分总是相对的，这个时候需不需要伦理出场？以什么姿态出场？无疑伦理是需要出场的，但不能以特殊主义的姿态出场，而是作为一种境遇伦理姿态出场，即作为伦理选择的行动方案出场。所以说，非常态社会的伦理与其说是一种理论形态，还不如说是一个行动的方案，即在特殊生活状态下我们该如何有序地生活，我们该如何友好地“在一起”。如果硬要冠之以理论称谓，姑且可以叫“应急的伦理”。之所以需要应急，是因为出现了危险。危险包括人的危险、物的危险和责任危险三大类。人的危险可分为生命危险和健康危险；物的危险指威胁财产安全的火灾、雷电、台风、洪水等事故和灾难；责任危险是产生于法律上的损害赔偿责任，一般又称为第三者责任险。危险是由意外事故、意外事故发生的可能性及蕴藏意外事故发生可能性的危险状态构成。由风险到危险，这是社会不确定性的升级，也是社会不稳定的极端状态。应急的伦理以平安作为基本的价值指向，在此基础上可以采取灵活的手段尽量减少损失或伤亡，以实现对生命安全、健康安全和财产安全的最大限度的保护。在应急的伦理中，如何承担责任风险，对于责任主体而言是一个重大考验。因为在应急状态下，没有前人的应对经验可参考，也无法对未来的变数有把握，更不能完全弄清楚后果的利害关系，这种责任带有“赌注”的性质。难怪莫兰说，黑暗降临的时刻，善，依然值得我们为之打赌，因为在不确定性中存在多种可能，其中就有向善的希望。如果面对危险，我们不作出选择，甚至不能果断作出选择，就可能失去一切可能，果断与勇敢成为面对危险的重要品德。

非常态社会的伦理是一种危机管理伦理。从“风险”到“危险”再到“危机”，这是不确定性的升级，也是复杂性的加剧，伦理的介入虽然重要，但越来越难，因为危机的本质是无法预知或根本不可能预知。诚如L.巴顿在《组织危机管理》中所言：“那些能够预防的‘危机’只能称之为问题，只有那些无法预知的、被忽视的、具有颠覆力的意外事故，才能算得上真正的危机。”[①] 如果说，风险可以在社会稳定状态下进行预测评估，

① 转引自张海波《风险社会与公共危机》，《江海学刊》2006年第2期。

危险可以在到来之前有所感知与预料，那么危机则是难以预知的，并且其破坏性更是无法估计。危机虽然与不确定性的上升有关，也与引起异常现象激增的各种放任政策有关，与许多组织的混乱管理过程有关。如果人们忽视了对突发事件的预测、预防、预控等预警机制建设，且因僵化的科层制及其程序，贻误了应对突发事件的处置良机而导致事件"成灾"，那么这就是行政制度的缺陷。如果对具体突发事件发生原因失去科学判断，管理机制不健全，向社会发布虚假信息，那这就是政府诚信问题，涉及政府的行政伦理。哪些突发事件可以转化为常规管理？在什么样的行政环境下可以转化为常规管理？构造常规管理环境所付出的行政成本是否合算？这就涉及危机管理的伦理问题。[①]所以危机管理所遵循的伦理首先是一种计算的伦理，因为"危机加深了所有行动生态、打赌、谋略的不确定性和伦理的各种矛盾"。[②] 而伦理一旦出现矛盾或两难现象，除了需要莫兰式的"打赌"伦理，更需要理性而缜密的思考，此时"以人为本，生命至上"成了伦理的第一选择。这样的选择虽然具有某种决定论的意味，但这是基于人伦世界本体的考虑，离开了这一本体，任何计算性的伦理都是没有意义的，因为这样伦理才有再生的力量，危机才不会为各种疯狂手段敞开大门。也正是在这个意义上讲，危机对于伦理而言具有双重性，一方面危机可能让人动摇甚至丧失已有的伦理信念，导致伦理衰退；另一方面，危机之间可能产生某种新生力量，促使沉睡中的个体产生伦理再造的勇气，出现伦理再生的景象。

我们需要明确的是，非常态社会是一个相对性概念，甚至只是一个时间上的短暂停留，如果非常态"常态"化了，那就不存在"非常态"了。我们之所以讨论非常态社会伦理问题，是因为当不确定性成为社会主宰之时，谋求社会长治久安的美好意愿就无法回避这一问题。如全球新冠疫情，既带来了世界的不安，也阻碍了社会的发展，人们的基本生活秩序被打乱，这个时候的伦理采取了"退一步"的坚守，以保生命、保健康为第一要务，这也能实现"后退式"平衡，这样的伦理方案也只能是在应对社

---

① 莫利拉、李燕凌：《公共危机管理——农村社会突发事件预警、应急与责任机制研究》，北京：人民出版社 2007 年版，第 12 页。

② 〔法〕埃德加·莫兰：《伦理》，于硕译，上海：学林出版社 2017 年版，第 131 页。

会危机时使用。其实，伦理也并非“定海神针”，在社会治理中其本身也存在一定的不确定性，或者说，伦理本身也在变，看不到伦理本身的有限性，把非常态社会治理的希望完全寄托于伦理，这本身就是一种危险。

五　历史的伦理：如何看待衰落

有无相生、难易相成、长短相形、高下相倾、前后相随、祸福相倚，这些揭示的都是事物的两重性，体现的都是物理世界和人伦世界活生生的辩证法，其道理同样适应于社会发展与稳定，即有发展就有倒退，有稳定就有动乱。倒退与动乱在社会中的集中体现就是社会的衰落（衰败），伦理学必须正视客观存在的社会衰落现象，这种正视本于伦理的均衡功能。由盛至衰，由衰至盛，本是社会发展规律的辩证体现，也是伦理均衡的常理呈现，但如何看待它，则需要正确的伦理立场（或角度），特别是需要有辩证的立场、历史的立场。换言之，如何看待社会发展进程中的短暂衰落，需要有历史伦理的视角，即从人类历史的纵向发展中寻找伦理的平衡点，再过渡到平稳线，实现新的历史繁荣。

历史伦理是关于历史进程中兴衰状况、发展快慢的伦理观念和伦理规则的总称，是对人类历史流变的整体性价值把握，在把握的过程中会出现乐观与悲观两种不同的伦理观，但它们都不能科学把握历史衰落现象。康德曾经在《世界公民观点之下的普遍历史观念》一文中提出了人类普遍历史观念的九个命题，来建构他的历史伦理体系。康德认为，大自然的全部禀赋不断进化最终会充分地并且合目的地发展出来，这种禀赋一方面会促进人类的道德文化能力的提升；另一方面也可能促使野蛮的抢劫、杀戮、战争等各种反伦理现象的出现。自然迫使人类建立起一个普遍法治的社会，所以凡是未曾植根于伦理之上的各种混乱状态最终会消亡。“人类的历史大体上可以看作是大自然的一项隐秘计划的实现，为的是要奠定一种对内的，并且为此目的同时也就是对外的完美的国家宪法，作为大自然得以在人类身上充分发展其全部禀赋的唯一状态。”[①] 康德在此所希冀的人类

① 〔德〕康德：《历史理性批判文集》，何兆武译，北京：商务印书馆1997年版，第15页。

的完美的国家宪法状态就是人类终极的伦理正义状态。显然，康德持的是一种乐观主义的历史伦理观，历史发展中的衰落只是暂时的。与康德不同，孔子则持相对悲观主义的历史伦理观，他认为，天命不可测，历史是否有一个伦理目的，历史发展是否一定会一帆风顺，我们根本就无法预知，因为历史充满了无限的可能性和不确定性，人无法猜透和把握天意。人类唯一可以做的就是不断修炼自身，提高自己的自然禀赋和道德能力，积极地回应天命，努力做到以道受命、以德配天，然后实现人意与天意的统一。孔子虽然认为天意不可违，但人可以知天命，其前提是人有道德良知，有了道德良知就可以感动天地，这无疑又表现出主体性的一面。孔子视历史为人类良知本体的存在史，历史应是人类展现自身伦理精神的场所，历史要靠人类不断的伦理努力去建构，历史可以证明人类的伦理力量，历史应是人类的一项永未完成的伦理事业。在此，孔子将人类的道德仁心视为历史的最终意义之所在，从而让人的道德旨趣从历史层面获得了终极的合法性保证，这无疑具有某种积极的意义。但社会历史的残酷性在于，历史从来不是由个体的道德良知与仁爱之心决定的，历史的背后往往是现实的利益与权力，是社会的生产方式决定了人类历史的发展，阶级斗争与社会革命推动了历史的发展，人民群众是社会历史发展的主力军，这是马克思主义的历史观。在马克思主义的历史观中包含了深刻的伦理预设，即历史总是在曲折中演进，社会总是在挫折中前进，人类总是在兴衰交替中进步。

衰落的本义是衰弱没落，既可以是对老迈垂死状态的描述，也可以表示由兴盛、强大转为破败、弱小的过程。据考证，衰落与禾稼生长的晚期形态相关联，与人类的采集、农耕生产活动分不开。据此可以推测，“衰落的原始意义是人类在蒙昧时代确定的，是为了形容树木花草庄稼的晚生态。因此，衰落的原始意义只给人类带来加快收获的紧迫感，而决无后来文明时代衍生出来的那种凄苦的感受”。[①] 原本描述自然现象的概念在人类进入阶级社会后，便有了政权的更替并由此带来的财富与权力的再分配之义，历史不断上演荣辱兴亡交替的景象，于是衰落便同人的命运、集团的

① 魏鉴勋：《衰落论——兴盛界线阐微》，沈阳：辽宁人民出版社 1994 年版，第 1~2 页。

处境、国家的现状、社会的发展等联系在一起了，甚至成为社会学、历史学、伦理学的专门用词，也成了政治家们最关心的一件事。其实，衰落是一种社会发展的常态，盛极而衰作为一种现象、一个过程、一条规律，是普遍存在的。之所以有盛衰之别，就在于事物都存在界限，到了一定的临界点就会发生质的变化，这是事物发展的普遍规律。"因为'自然'为一切事物设定了极限，人的生命也不例外"，[①] 社会发展更没有例外。其实，作为普遍现象的衰落，其本质就是新旧之变，结局是新的战胜了旧的，生命力强的战胜了生命力弱的。当新的蜕变成旧的，又出现了新一轮的盛衰之变，甚至可以说，人类社会的历史就是一种由兴盛到衰落再到新兴盛的不断更替的过程，这是一种动态的伦理秩序，如同横向的伦理秩序一样是客观存在的，只不过它是以时间性为特征的。

时间对于社会历史而言是一种"最自然不过"的伦理秩序，我们虽然无法让时间倒流，但对社会存在的历史性领悟与对时间的体验密切相关，即时间本身的不可逆性与对时间的体验是不同的，其中会有价值体验的因素，如快乐高兴时觉得"时间过得真快呀"；当伤心痛苦时，会感觉"度日如年"。时间本身不是具体的存在，它需要借助"过去、现在、未来"三个向度展现自己，由此让人类产生复杂的思想与情绪，如从怀念、不满到希望，或者从不满、知足到无望，等等。人们从时间体验出深刻的伦理情绪，尽管它们性质不同。从本质上讲，时间性是一种整体性的统一现象，只要时间性到达某一时刻，过去、将来和现在就一起到达这一时刻，任何现在视界的展开必然以将来视界和过去视界作为可能性条件，它们融合在现在视界之中。与这三种时间向度相对应，形成了三种不同的历史伦理意识：过去的（古典性）、现代的（现代性）和往后的（后现代性）。古典性将过去的权利置于优先位置，现代性将现在的权利置于优先位置，而后现代性则意味着把将来的权利置于优先位置。自西方启蒙运动以来，现代性占据了时间伦理的核心位置，现代性对待时间的基本态度是"过去没有现在重要"，现代生活中的各种负面因素皆是过去造成的，为了建立

---

① 〔古罗马〕西塞罗：《论老年　论友谊　论责任》，徐奕春译，北京：商务印书馆 2003 年版，第 41 页。

一个正面的现代必须否定过去；至于将来，由于它尚未来到，我们可以暂且忽略不计，但可以谋划。不难看出，现代性在将人从时间性的重负中解放出来的同时，也产生了一个弊端，即将时间体验完全断裂，把当前的暂时性转变为永恒性，在内心上难以接受社会的短暂衰落甚至衰亡。

从历史的伦理看，社会衰落是偶然性与必然性的统一。在中国历史上不乏王朝的更替，但许多人对衰落的到来往往视而不见，看不到背后的必然性，将衰落简单归结为是少数几个“昏君”“奸臣”所为，甚至包括司马迁、司马光这样的杰出历史学家也看不到王朝衰落的必然性，而是将其归因为“天意”。王朝衰落的根本原因在于，经济上是社会物质生活条件的严重恶化，民不聊生；政治上是经济原因引起的贫富分化、苛捐杂税、官逼民反。生存状况恶化导致政治腐败，最终导致政权垮台，这是中国古代封建王朝更替的基本规律，这是一种必然，是不以个体意志喜好为转移的。这样一种历史的必然性实际上也暗含了伦理的必然性：不以百姓民生为要旨的政权迟早要被推翻，不以发展经济为主导的社会一定会走向衰落。从中我们也可以得出，伦理的必然性是伦理规则客观强制性的根源。

从时间的伦理看，社会衰落是由量变到质变的过程。社会衰落不是“突变”，而是社会矛盾长期累积而得不到解决造成的。如果矛盾的激烈程度有所缓解，其量变过程会延长，反之则加速。孟子曾在研究王霸事业的基础上得出了“文王之德，百年而后崩”“君子之泽，五世而斩”的结论。由文景之治的兴盛局面到元成之世的衰落，这期间有一百多年；从乾隆盛世中期到鸦片战争，其间有一百多年；古罗马帝国从三世纪危机到西罗马帝国的崩溃，也是二百多年；号称“日不落”的大英帝国从兴盛到衰落也是经历了二百多年。有历史学家甚至断言，社会历史的兴衰交替就是一百年左右，如近代史学家夏曾佑在《中国古代史》中认为：“中国历史有一公例，大约太平之世，必要革命用兵之后四五十年。从此以后，隆盛约可及百年。百年之后又有乱象，又酝酿数十年，遂致大乱，复成革命之局。”[①] 当然，这种时间性的近似是否就是规律并无太多理论依据，但事物的某些概率可能在经验层面产生重复的“规律感”，其中是时间性因素在

① 参见魏鉴勋《衰落论——兴盛界线阐微》，沈阳：辽宁人民出版社 1994 年版，第 4 页。

起决定作用。时间的重复和近似虽不构成某种必然性，但时间的量度也可以作为时间性伦理秩序的参考，起码能在一定时间内引起人们的警醒。随着时间的变化，事物也会发生变化，时间的“承载”、“流动”与“催促”作用是不可低估的，其中的自发调节机制更是不可忽略。

黑格尔曾经指出：“思想的活动，最初表现为历史的事实，过去的东西，好像是在我们的现实之外。但事实上，我们之所以是我们，乃是由于我们有历史。或者说得更正确些，正如在思想史的领域里，过去的东西只是一方面，所以构成我们现在的，那个有共同性和永久性的成分，与我们的历史性也是不可分离地结合着的。”① 这说明历史与现实、思想与秩序都可能因时间而联为一体，历史的伦理就是能让我们看清社会发展中衰落现象的客观必然性，让我们能在某种时间内必须“居安思危”。

① 〔德〕黑格尔：《哲学史讲演录》第1卷，贺麟、王太庆译，商务印书馆1997年版，第7页。

第十三章　生存与生态[*]

生态环境问题是当代全人类面临的一个重大问题，直接关系着世界上所有国家、所有组织，乃至于所有个体的切身利益，关系到整个人类的命运。生态伦理是在人与自然的关系出现严重失调的形势之下被提出来的，旨在构建一种新型的人与自然的关系，从整体上解决人类生存与生态问题。纵观人类发展的历史，人类的社会生产方式与自然生态环境之间的关系大致经历了三个阶段：即农业文明阶段、工业文明阶段以及生态文明阶段。在农业文明阶段，人类的生产方式与生态环境之间具有直接同一的肯定性；在工业文明阶段，人类的生产方式与生态环境之间具有相对独立的否定性；而在生态文明阶段，人类的生产方式与生态环境之间则进入一种重新同一的否定之否定阶段。作为生态文明的重要组成部分，生态伦理从理论和实践两个层面推动着生态文明的建设。

一　人与自然的协调：生态伦理

人与自然的关系是人类文明的基础所在，文明的转型其实就是人对自然的认知发生改变的结果，由此产生了生态文明的追求，生态伦理与此同时萌生。

原始文明时期，人类生产力水平极其低下，对于自然的利用和开发极为有限，此时人类对自然的态度更多的是畏惧。农业文明时期人与自然处于一种相对协调的状态，由于生产力水平相对有限，人类的生活方式以农

---

* 本章内容在《当代中国伦理学》（中国社会科学出版社 2019 年版）第 13 章中有所体现，由李建华、袁超执笔。此次收入是出于体系内容的考虑，对部分内容作了一些补充和修改。

牧业为主，对于自然的开发和利用的范围和强度相对较小，人类对自然的破坏和冲击力度也就处于环境的承载范围之内。人类的活动对自然带来一定程度的破坏和冲击，而自然则是处于一种自我修复的状态当中，如此人类与自然处于一种动态平衡之中，人类对自然抱着敬畏的心理，尚未形成明确的征服和统治自然的心理，两者才能得以和平共处。工业文明时期，随着科学技术的进步，人类的生产力水平大幅度提升，对自然开发利用的程度不断提高，规模不断扩大，延续了数千年的农业文明体系逐渐被打破。人类对于自然不再敬畏，自然被人类当作被征服的对象。科学技术的进步带给了人类征服自然的勇气和信心，也给人类开发自然提供了巨大的便利。人类开始毫无节制地开发和利用自然，从自然中获取暴利，这一时期人类的生产力水平和生活水平都得到了史无前例的巨大提高。然而进入 20 世纪下半叶，隐藏在工业文明所带来的巨大财富背后的危机开始逐渐显现。面对日益严重的生态破坏和环境污染问题，人们开始反思自身的生产方式和生活方式，一种新的文明观——生态文明观开始出现并对人类产生重大影响。

作为人类文明的最新形态，生态伦理是对传统文明的继承、批判以及超越，是以尊重自然和保护自然为基本宗旨，以可持续发展为基本手段，以实现人的全面发展为基本目的的。综合而言，生态伦理包含了以下几个方面的内容：人与自然和谐的价值观、可持续发展的生产观以及科学合理的消费观。人与自然和谐的价值观认为，人与自然并非一种征服与被征服的关系，而是一种相互依存、和谐共处的关系。作为人类社会发展的重要依托，自然已经成为人类生存和进步的基本条件，自然消亡人类也将必然走向消亡。人类的发展需要不断从自然中获得基本的条件，但是由于人类需求的增加以及不科学的索取方式，自然正面临着前所未有的压力，人类的索取已经超出了自然的承载能力。因此人类在索取的同时也应当尊重自然、保护自然，要树立起符合自然规律和自然法则的文化价值观。可持续发展的生产是符合自然规律和自然法则的文化价值观的基本实践，自然作为一个庞大的生态系统而存在，其资源和承载能力是有限的，人类社会的发展应当在自然的承载能力范围之内进行。人类社会应当树立可持续发展的生产观，要对自然资源展开综合利用、循环利用、可持续利用，要在最大程度上降低对生态的破坏，实现资源的循环利用。社会生产与社会消费是密不可分的，有需求才会有生产，树立可持续发展的生产观的同时必须树立科学合理的消费观。人类的消费是为了满足人类的基本需求，但在满足自身需求的同时不能够破坏自然环境，更不能损害后代的利益。我们更应当强调一种合理消费、科学消费、绿色消费的观念，实现人与自然的和谐共处，实现社会的可持续发展，努力保护后代人的基本利益。

人与自然和谐的价值观、可持续发展的生产观以及科学合理的消费观作为生态文明的基本内容也带来了生态伦理的基本特征，即整体性、和谐性以及可持续性。整体性是生态伦理社会的基本前提属性，是对工业文明时期人类只关注经济增长不顾自然环境、只关注人类自身发展不注重对自然的保护的观念的科学反思。整个工业文明时期人类的发展史，其实就是一部人类尝试着去控制和征服自然的历史。人类通过对自然开展无止境和无节制的掠夺和破坏换来社会生产力的提高，最终导致自然对人类的惩罚，生态破坏、环境污染等诸多问题成为人类发展道路上的障碍。人与自然本身就是作为不可分割、有机统一的整体而存在的，两者相互依存、共同发展。人类的发展离不开自然，社会的进步需要从自然当中获得能量，生态文明首先就是将“人—自然—社会”明确为一个整体的生态系统，并从这个整体出发去规范人类发展的基本行为。生态文明强调“人—自然—社会”这一整体生态系统的利益，反对为了局部利益或者短期利益而损害整体的长远利益，反对只顾经济效益不顾生态保护的发展模式，将人类、自然与社会组合成为一个有机的统一体，实现人类社会与自然生态之间的协调发展。生态文明从整体出发实现了三个“共一”：“万物共一、人类共一、天人共一。”“也就是说，在一个生态文明的新社会里，人们的理性达到了万物同源、天人一体的最高境界，并在融入全球一体化的浪潮中发出理性的光辉”。① 这也就将人与自然、人与社会、人与人的发展统一起来，体现了生态伦理的根本要求。和谐性是生态文明的本质特征，体现的就是人与自然和谐共处的文明形态。生态伦理要解决的基本问题就是人与自然的和谐问题，进而实现人与社会、人与人之间的和谐。生态伦理是对工业文明的扬弃和超越，是对工业文明时期人类掠夺式开发自

① 任恢忠、刘月生：《生态文明论纲》，《河池师专学报》（社会科学版）2004 年第 1 期。

然的反思，“在生态文明观看来，我们在处理人与自然的关系时，不应把人的主体性绝对化，也不能无限夸大人对自然的超越性。人是自然物，是自然界的一分子，人类在改造自然的同时要把自身的活动限制在维持自然界生态系统动态平衡的限度之内，实现人与自然的和谐共生、协调发展”。[①] 生态伦理的和谐性主张人与自然并非一种利用与被利用、征服与被征服的关系，强调人与自然是一个整体生态系统当中的重要组成部分，人与自然的和谐是人类社会可持续发展的基本前提条件，也是生态文明社会的基本目标。可持续性是实现和谐性的基本手段和途径。人类社会的发展从原始文明到农业文明和工业文明时期，人类对自然的开发和利用不断增强，对自然的掠夺和破坏也在不断增加，特别是进入后工业文明时代，生态破坏、环境污染等问题已经严重威胁到人类的生存和发展，也制约着人类文明的进步。可持续性强调的是人类的发展既要满足当代人的基本需求又不能损害后代人的基本利益，强调社会的经济发展要与人口增长、资源开发以及环境保护等方面相协调，“由仅有经济发展转向寻求经济、社会与生态同步推进与共同发展。只有沿着这个方向发展，才能保证现代文明发展的可持续性”。[②] 生态文明的实质其实就是要实现“经济—社会—生态”这一整体生态系统的可持续发展。

生态文明的建设首先是一种生态观念的变革，这种变革就是要确立生态伦理观。生态伦理是生态学与伦理学的交叉和渗透，其实就是重新审视人与自然之间的关系，希望将人与自然的关系确立为一种新型的道德关系，表现出人类对自然的人文关怀和伦理情怀，其核心就是要求人类社会在发展的过程当中要正确对待自然，坚持把人的发展与自然的保护置于同样重要地位。伴随工业革命而产生的工业文明是极具创造力和活力的人类文明体系，为人类带来了极其丰富的物质财富，社会生产力得到了极大幅度的提升，为人类的工业化发展提供了强劲的动力。然而工业文明在带来快速发展的同时也带来了诸多问题。工业文明时期人类所创造的社会财富远超过去数千年人类所创造社会财富的总和，而其对自然环境所带来的破

① 李刚：《建设生态文明是人与自然和谐发展的必由之路》，《理论导刊》2008 年第 8 期。

② 刘思华：《生态文明与可持续发展问题的再探讨》，《东南学术》2002 年第 6 期。

坏同样也是远远超过了过去数千年的总和。气候变暖、土地沙漠化、水资源污染等问题直接威胁着人类的生存和发展。工业文明时期的种种弊端日益凸显，人类开始反思自身的生产方式和生活方式，期望找到一种发展理念，能够缓和人类和自然之间的矛盾，能够在保证当代人利益需求的同时不损害后代人的基本利益。生态伦理理念也就是在这种“反思”当中应运而生的，成为工业文明向生态文明过渡的理念支撑。生态伦理其实就是人类为了应对当今社会出现的生态退化等生态危机而开展的对人类与自然关系的伦理反思，是一种保护生态环境的道德理念以及行为规范，它从道德的角度重新审视自然，主张尊重自然，追求与自然协同发展。

关于生态伦理的研究存在诸多流派，目前在理论上还不能够形成一个统一的观点，但其中有很大一部分的重叠和共识。整体来看生态伦理思想以“人本主义”和“自然主义”为最基本的价值判断标准和界限，在此基础上形成了“人类中心主义”和“自然中心主义”两个阵营。“人类中心主义”将人看作宇宙的中心，人类的利益是至高无上的，人类对于自身以及后代具有道德义务，而其他的存在物仅仅是人类的附属品或者说是人类支配和统治的对象。“人类中心主义”将自然当作一种客体存在，虽然承认自然具有满足人类需求的价值，但并不承认自然的固有价值，认为自然仅仅是人类实现自身利益的载体或者手段。“自然中心主义”则包含了动物权利论、生物中心主义以及生态中心主义。动物权利论主张将人类的道德关怀扩展到动物，因为动物具有内在价值而不仅仅是具有相对于人类的工具价值；生物中心主义则主张所有生物的内在价值是平等的，其相对于动物权利论有了更进一步的拓展；而生态中心主义在生物中心主义的基础之上提出生态伦理，它不仅要关注生物更要关注无生命的生态系统，不仅要承认自然客体之间的基本联系，更要将其看作一个整体。

生态伦理是人类对于人与自然界共存亡的这一形势的新认识，体现了人类生态自然观的转换，其核心就是承认自然是有价值的、有权利的，自然界是一个完整统一的系统。首先，自然界是有价值的，“我们就要承认不仅人是目的，而且其他生命也是目的；我们不仅要承认人的价值，而且要承认自然界的价值。在这里，价值主体不是唯一的，不仅仅人是价值主体，其他生命形式也是价值主体”。[①] 也就是说自然界不仅具有外在价值同时也具备内在价值，自然界并非仅具有满足人类的基本需求、为人类提供生存和发展所需要的资源的工具性价值，其本身也具有价值。自然是内在价值和外在价值的统一，同时其也是有权利的存在，“环境伦理试图通过承认人之外的生命体与自然物也具有与人同等的权利和价值，来防止人对自然的破坏”。[②] 自然界的权利要求人类在与自然相处的过程中尊重自然、保护自然，在从自然索取生存和发展所需资源的同时要与自然和谐共存、共同发展。自然界是一个完整的、统一的系统，“我们所面对着的整个自然界形成一个体系，即各种物体相互联系的总体，而我们在这里所说的物体，是指所有的物质存在……只要认识到宇宙是一个体系，是各种物体相互联系的总体，那就不能不得出这个结论来”。[③] 自然界不仅是一个统一的生态系统，更是一个相互联系的整体，为了维护生态的平衡，人类要充分认识自然界的价值并且保障自然界的权利，将人与自然看成一个统一的整体，将生态伦理的理念根植于人类的全面发展当中。

生态伦理的核心是承认自然是有价值的、有权利的，自然界是一个完整统一的系统，这也就意味着整体性、协调性以及正义性应当成为其最基本的原则。整体性是生态伦理的首要原则，整个世界就是一个统一的生态系统，人类与自然同时处于这个系统当中来谋求自身的发展。整体性体现在两个方面。一是人类社会本身是一个统一体，是由单个的个体组成的有机系统。随着全球化的进一步推进，整个世界已经联结成一个整体，生态环境问题也成为一个全人类面临的共同问题。面对工业文明给生态环境带来的巨大破坏和冲击，全人类应当共同努力，通过开展广泛的全球合作，转变生产方式和生活方式，共同承担起生态保护的责任。二是人类和自然是一个整体，两者组成一个统一的有机系统，人类从自然当中寻求资源以满足自身生存和发展的需要，但人类在开发和利用自然的同时也应当尊重

① 余谋昌：《生态人类中心主义是当代环保运动的唯一旗帜吗?》，《自然辩证法研究》1997年第9期。

② 〔日〕岩佐茂：《环境的思想：环境保护与马克思主义的结合处》，韩立新等译，北京：中央编译出版社1997年版，第99页。

③ 《马克思恩格斯全集》第20卷，北京：人民出版社1971年版，第409页。

自然的基本规律，维护人类以外其他主体的基本利益，实现全方位的和谐发展。协调性原则是要求人类在认识人与自然的整体性的基础之上把握好人类的生存、发展与生态保护之间的关系，将工业文明时期两者的对立关系转变成一种协调发展的关系。协调性原则体现在以下两个方面：一是人类发展需要从自然获取资源，谋求生存与发展是人类的本性，人类要想生存并且取得发展就需要从自然界获取物质资源；二是资源具有有限性，人类需要依靠自然资源获得生存及发展，但是资源最大的特性就是有限性，如果人类无计划、无节制地开发和利用自然，资源总有枯竭的时候。如何处理和协调好人对自然资源基本需求的无限性与资源的有限性之间的矛盾关系是我们不可回避的问题。协调人的需求无限性与资源有限性之间的矛盾，其实处理的是当代人与自然之间的关系，正义原则处理的则是当代人与当代人、当代人与后代人之间的利益分配问题。正义原则强调的是整个生态系统之内的所有成员都有享有系统所提供的种种资源以获得生存和发展的权利，同时也都应当承担维护生态系统平衡的义务。这也有两个方面的具体体现。一是代内正义，也就是现如今整个世界是一个相互联系、共同依存的整体，无论是发达国家还是发展中国家都应当公平地享有权利并承担相应的义务。然而由于国家与国家、地区与地区之间的发展水平差异较大，发达国家与发展中国家在享有权利和承担义务方面存在极大的不公平。发达国家和地区将大部分的资源消耗高、污染严重的产业向欠发达的国家和地区转移，这也就造成了不公平。二是代际正义，也就是当代人在考虑自身的生存和发展的同时也需要考虑后代人的利益，并将这种思想付诸实践，进而实现可持续的发展。生态文明是一个结构复杂的综合性概念，生态伦理就是其中极其重要的组成部分，它是生态文明建设的伦理发展，从理论和实践两个层面促进生态文明的建设。

生态伦理观指引生态文明建设的基本方向。在生态文明复杂的结构和丰富的内涵当中，生态伦理一直都是极其重要的组成部分和具体体现。生态伦理将道德关怀的范围扩展到自然界、生态系统，用伦理的规范去处理人与自然的关系，这是对工业文明时期所产生的种种生态环境问题的反思。当今社会严重的生态环境呼唤生态文明的建设，自然界已经对人类在工业文明时期的无止境的破坏和掠夺展开反击，对人类的发展提出了挑战。建设生态文明首先就需要树立正确的生态伦理观，将自身的角色定位从自然的征服者转变为生态系统当中的普通成员，只有这样才能够重新审视人类的发展模式，反思经济增长方式，为生态文明的建设指明正确的方向。必须要指出的是，生态伦理观的建立并非对工业文明的全盘否定，而是要对工业文明时期人类的生产方式和生活方式展开深刻的反思和批判，探索新的文明发展模式。生态伦理是生态与伦理的结合，生态学揭示了自然界各个系统之间的联系，展现了人类与自然相互依存的关系；伦理学则是将伦理规范应用于人类与自然界的关系处理问题之上，结合生态学所展现的各种关系，为人类的行为提出具体的规范。传统工业文明时期工具理性备受重视，而价值理性则遭到抛弃，片面性的发展带来严重的后果。生态文明建设的过程当以整体性、协调性、公正性等伦理原则为指导，正确处理人与自然的关系，构建人与自然的新的文明形态。

生态伦理观的树立有助于提升人们的生态伦理意识。传统的伦理观关注的是人与人、人与社会之间的关系问题而忽视了人类与自然的伦理关怀，这也就导致了人与自然之间关系的日益紧张。生态伦理重新审视人与自然的关系，注重对自然的伦理关怀，培养人们的生态伦理意识，强调人类的发展不能够仅关注眼前的利益，也不能够只关注人类自身的利益，而是要将人与自然紧密结合起来，追求自身利益的同时也考虑自然的利益，追求当代人的利益的同时也考虑后代人的利益。生态伦理体现的是一种责任意识，是基于人、自然以及社会三者之间相互依存关系而提出的一种责任要求。生态责任的履行需要人们具有相应的责任意识和行为能力。不仅仅是作为个体而存在的人，社会的集体、国家等组织也是承担责任的主体。当代社会所面临的种种生态危机并非完全是因为个体缺乏生态责任意识，同时也是因为社会群体、社会组织缺乏生态责任意识。生态伦理观的树立有利于人们生态责任意识的培养，特别是社会团体生态责任意识的培养。生态文明的建设需要社会个人、社会团体的共同努力，形成普遍认同的生态责任意识是建设生态文明的基本前提，也是推进生态文明建设的内在动力。

生态伦理观的树立有助于改变人们传统的生产方式和生活方式。工业文明时期，人类是作为自然的征服者而存在，人类将自己当作自然的主宰，无止境地对自然进行开发，向自然索取生存和发展所需要的资源，正是这样一种生产方式和生活方式带来了生态的破坏、环境的污染。生态伦理观的树立最直观的作用就是改变传统文明中的思想观念和行为方式，实现人类角色定位的转变。人们要运用生态伦理的基本观念和原则调整自身的行为方式和生活方式，运用科学合理的方式充分利用自然，同时要努力保护自然，维持人与自然之间的平衡，实现和谐发展。生态文明的建设也必须要改变人类现有的生产方式和生活方式。诚然，从自然获取资源满足自身生存和发展的需求是人类的基本本性，但是传统的生产方式和生活方式在获取资源的同时给自然带来的破坏已经严重超出了自然环境的承载能力，这也就直接导致人类陷入经济增长越快环境污染越严重的恶性循环当中。生态文明的建设首先需要改变这一现状，生态伦理对合理生产方式和生活方式的倡导能够有效缓解人类发展和自然生态保护之间的矛盾。

二　生态伦理建设的制度化

生态伦理建设是生态文明建设的重要组成部分，也是现代道德建设过程中不可或缺的重要环节。传统伦理在解决工业文明发展模式带来的弊端过程中失效，生态伦理制度化已经逐步成为生态道德建设的未来趋势，这也符合生态伦理作为一种调节人与自然关系的特殊伦理的重要特征。

1. 生态伦理建设制度化的基本依据

纵观生态伦理的发展历程，我们可以发现，从某种程度上来看，这一过程就是伦理关怀从人扩展到自然的过程。生态伦理的出发点是确立自然的价值和权利，从而运用伦理原则和道德规范去调节人类与自然的关系，实现人与自然的和谐发展。生态伦理需要规范的是人的行为，因为人才是具有道德意识的，只有人才能从道德的角度去思考问题。人类应当运用自身的道德理性去承担起维护生态平衡、保护自然环境的基本责任，成为自然道德权利的代理人。但是值得注意的是，并非每一个人都能够自觉遵守相应的伦理原则和道德规范，社会的个体或者某个团体在面对自身利益需求和生态责任的矛盾的时候，在利益的驱使之下可能会选择牺牲自然环境的利益而获得自身的利益。为了规范社会成员的基本行为，必须推进生态伦理建设的制度化。

伦理制度化就是要将伦理道德要求赋予社会制度的强制约束力，将伦理要求规范以社会制度的形式确定下来，使其具备硬性的约束力。伦理制度化的核心就是借助制度的力量来增加道德的力量，这是现代社会道德建设的重要途径。随着改革开放的推进，不同的伦理观念在社会中的影响日益增强，多元价值观的冲击使得社会主导的道德观的约束力逐步减弱，加之城市化的快速推进，以往建立在熟人社会基础上的传统道德观念被打破，熟人社会的农村逐步被陌生人社会的城市所替代。传统道德观念的约束力有所减弱，为了加强主导的道德观念的约束力，推动伦理制度化，将伦理原则以制度的形式确定下来成为现今道德建设的重要趋势。伦理制度化能够使得伦理原则和道德规范作用的发挥得到制度的支持，保证社会成员对伦理原则和道德规范的遵守，规范社会的运行。纵观社会发展历史，我们可以发现，伦理制度化是可能的而且是必要的。伦理和道德是规范社会运行的两种最基本的规范和力量，两者从来都不是相互分离的，而是密切相关的。另外，伦理观念是法律体系的基石，法律的践行则推动着人类的道德思考。生态伦理建设的制度化是生态伦理建设的重要手段和路径，也是其发展的重要趋势。

生态伦理评价的不仅是社会个体的行为，也不仅是社会某一部分人的行为，而且是全人类的行为，是对全人类行为的评判，生态伦理应当是人类的集体行为准则。正因如此，生态伦理原则的实施和践行就可能陷入“公地悲剧”。因此生态伦理原则的践行需要制度化，通过制度去约束个体和集体的行为，将伦理原则和道德规范以制度的形式确定下来，以强制力保障伦理原则和道德规范作用的发挥。从这个意义上来看，生态伦理是一种强制性的伦理。“在制定环境政策时，我们有时‘把道德转化为法律’，至少是在最基本的或公共的生活领域。我们必须制定出某种关于公共物品——大地、空气、水、臭氧层、野生动植物、濒危物种——的管理伦理。这种伦理是一种经开明而民主的渠道而达成的共识，是有千百万公民自愿维护的——在这个意义上，它是人们自愿选择的一种伦理，但它是被写进法律中的，因而又是一种强制性的伦理。”① 与传统意义上的伦理规

① 〔美〕霍尔姆斯·罗尔斯顿：《环境伦理学》，杨通进译，北京：中国社会科学出版社2000年版，第335页。

范不同，生态伦理观念并不仅仅是存在人们的信念当中，其约束力也并不是仅仅依靠个体的自觉，而是以制度的形式确定下来，以强制力保障其实施。“自觉遵守取决于一个前提：即使那些不愿意服从的人也被要求那样做。这样一种伦理不仅要得到鼓励，而且要得到强制执行，否则它基本上是无用的。”① 生态伦理的制度化是生态伦理实现其实践指向的客观要求，更是生态文明建设的基本要求。毫无疑问，关于生态伦理、生态文明的研究我们取得了重大的理论成果，中国传统思想资源、西方生态伦理思想都为我国生态伦理和生态文明的发展奠定了坚实的理论基础，但是我们必须通过制度化、可操作的规范的制定和实施，将伦理原则和道德规范转变为具体的行动。

2. 生态伦理建设制度化的实现路径

伦理制度化是将伦理原则和道德规范赋予强制力，通过社会制度的实施推动伦理原则和道德规范的实践。生态伦理制度化就是将一系列的关于生态伦理的伦理原则和道德规范通过制度的形式确定下来，并将其化成一系列的可实现的目标，使其成为一种具有强制力量的具体制度。当然在多元化发展的时代，生态伦理的制度化是一个极其复杂的过程，用简单的普遍标准去统一人们的认识和行为是不现实的，因此生态伦理的制度化需要从理论和实践两个层面推进，通过不断的协商和协调去完成。

理论上，生态伦理建设制度化首先需要得到学理上的论证并且通过理论平台的搭建恰当审核利益相关主体的观点。生态伦理建设制度化需要大力发展生态伦理学这一应用学科，通过生态伦理学的发展重点关注与生态保护相关的实践性问题，特别是制度设计、实践决策方面的问题。现代社会是一个多元发展的时代，生态伦理建设制度化的过程其实就是各方利益协调和均衡的过程，生态伦理学的构建使多方利益主体和利益相关者能够就那些充满争议的生态环境问题自由发表自己的观点，并通过理论平台进行对话和商谈，最终达成一定的基本共识。因此生态伦理学首要任务就是促使生态共识的达成，其“不在于寻求某种作为绝对知识的、可以解释一切的终极的道德真理体系，而在于对现存的不同立场进行调节从而

① 于树贵：《环境保护：对民主与权威的考验》，《中国青年报》2001年2月20日。

达成共识”。[①]

形成基本共识之后，生态伦理建设制度化则可以从两个方面推进，一是生态伦理自身制度化，二是通过生态伦理的基本原则对现有的制度进行调整和改进。生态伦理自身制度化就是将生态伦理的基本原则和规范通过制度的形式确定下来，使其成为人们必须遵守的行为准则，并通过强制措施对不遵守规范的个人和集体采取一系列惩罚措施，这其实就是制度创建的过程。这个过程其实就是制定出能够指导个人、社会组织具体行为的具备可操作性的制度，例如环境许可制度等，这些制度对符合生态伦理基本原则的行为以及实施行为的主体予以鼓励，而对违反相关原则的行为以及实施行为的主体予以严厉的惩罚。需要注意的是，生态伦理自身的制度化需要包含两个方面的内容，一是人与人的生态伦理关系，二是人与自然的生态伦理关系。生态伦理需要处理好当代人与后代人之间的利益关系，追求一种人际正义；同时更要处理好人与自然之间的利益关系，追求一种种际正义。通过生态伦理的基本原则对现有的制度进行调整和改进是一个制度改良的过程，现有的制度和法律在生态伦理建设方面存在诸多的不足，我们可以将生态伦理相关原则和规范融入其中，对其进行调整，使得社会政治、经济、文化、法律等方面的制度能够符合生态伦理的相关要求。生态伦理制度作用的发挥离不开多种制度的协调和统一，其实这种协调和统一也就是生态伦理原则逐步渗透到社会的多个方面来发挥作用。就中国而言，我们应当在政治、经济、法律等多个层面同时着手推进，将生态伦理的原则和规范融入现有的制度当中。社会政治制度的层面要加强政府在生态保护方面的基本职能，大力构建公众参与机制的同时将生态伦理的基本原则和规范融入国家相关制度当中，特别是要注重强化政府的生态职能，并将此项任务作为绩效考核的重点内容。社会经济层面则需要建立科学严格的环评制度，项目的建设需要经过环评环节，以积极调节企业与自然生态之间的关系。法律层面则需要将生态伦理基本原则融入相关法律法规，突破传统的法律观念，明确法律并非仅调节人与人之间的关系，制定和实施关于生态环境的法律。

---

① 甘绍平：《应用伦理学：冲突、商议、共识》，《中国人民大学学报》2003 年第 1 期。

3. 生态伦理建设制度化的基本限度

生态伦理建设制度化是推进生态伦理的重要手段，也是推进生态文明建设的重要路径，但我们也必须认识到其应当是具有一定的限度的，在具体实施的过程中其可能需要面对一系列的困难。

生态伦理建设制度化本身就具有伦理制度化的限度。将生态伦理建设制度化也就意味着其可能会出现制度僵化的情况。制度具有相对的稳定性，通过制度的形式将生态伦理的相关原则和规范确定下来也就意味着在一定时期之内其具备一定的稳定性。然而生态环境是一个变化多端且极其复杂的系统，随时随地都可能出现新的问题，而制度是根据现有的状况制定的，其可能具备一定的预见性，但也无法完全考虑到未来的所有的情况。面对随时出现的新情况，作为制度确定下来的伦理原则和道德规范可能会出现滞后的情况。制度的稳定性在某些情况之下无法及时处理新出现的问题，也就可能成为僵化的。此外，借助强制力来落实和贯彻生态伦理的原则和规范，使得生态伦理原则和规范的社会约束力得以实现，但也可能带来道德的泛化。“现代西方社会中人们生活质量的降低以及人的片面的、畸形的发展之重要原因，就是规则和制度在个人主义道德中‘已经取得了一种新的中心地位’，而道德主体性和德性概念被边缘化。”① 环境伦理和环境制度之间边界的模糊可能带来人的主体地位和主体意识的丧失，从而出现道德泛化现象。

除了制度僵化、道德泛化等伦理制度化可能出现的限度之外，生态伦理建设制度化还存在其特有的困境。作为超越了人际伦理而存在的种际伦理的生态伦理将伦理关怀从人拓展到自然界，其首先可能面对的就是人类中心主义价值和非人类中心主义价值的双重困境。从人类中心主义价值立场出发看生态伦理的建设，其核心应当还是规范人与人之间的行为，调节人与人之间的环境利益，其终极目的还在于人而无关于生态环境。因此生态伦理当中的环境理念的发展可能会受到阻碍，生态伦理的建设也可能陷入僵局。而从非人类中心主义的价值立场出发来看生态伦理建设的制度

---

① 〔美〕A. 麦金泰尔：《德性之后》，龚群等译，北京：中国社会科学出版社 1995 年版，第 293 页。

化，作为非人类存在的自然也就与人类拥有同等的价值地位，也就是说自然遭到破坏时，其也有权要求人们通过多种手段保护它。然而作为非人存在的自然并不具备自主意识，它通过何种途径来保护其权利？个人或者组织是否能够成为其代理人？如何成为其代理人？这些问题在实际操作过程中都遇到极大的困难。人是有自主意识的存在，而自然并没有，人与自然的对话性问题如何解决？即便是自然能够被组织或者个人所代理，那如何确保相关的代理制度能够完全体现被代理的自然的愿望和利益？这些暂时无法得到很好的答案。价值困境是生态伦理制度化面临的首要困境，而制度落实困境则是生态伦理制度化面临的最直接的现实困境。生态伦理制度化之后，要以强制力保障伦理原则和道德规范的实践，特别是对于破坏自然生态的行为以及实施行为的个体或组织要采取严厉的惩罚措施。但是需要注意的是，如何制定惩罚的标准是一个相对困难的问题，而且存在一个时间差的困境。环境问题的危害性有可能不会在短时间内显现，其危害的潜伏性较强，其潜伏期可能有几十年甚至上百年，判定行为可能带来的后果极其困难。如果一直等到行为结果出现才采取惩罚措施，那就可能陷入行为实施者已经无从查找的尴尬境地。除此之外，国家利益与生态保护之间同样存在冲突，"国家利益与全球环保的公益性之间的矛盾难以解决，在环境问题上很难达成一致，造成许多问题议而不决，决而不行"。① 在全球化浪潮中，国家为了获得快速的发展可能采取牺牲自然的手段和方式，这也就与生态伦理的基本原则相悖。在以无政府社会为主要特征的国际社会当中，缺乏一个统一的组织或者机构来规范国家的行为，生态伦理制度化也就自然会陷入困境。

三　生态伦理建设的日常生活化

生态伦理建设制度化是为了给伦理原则和道德规范加上制度的力量，而生态伦理的建设不仅需要制度化，更需要日常生活化。在时代变革与历史进步中，如何把抽象而宏阔的生态伦理理论落实为具体且细致的日常化

① 曾建平：《环境伦理制度化的困境》，《道德与文明》2006 年第 3 期。

生态实践，把生态伦理的基本精神理念渗透和融合到衣食住行等方方面面，就成为政治家、学者和人民群众所共同关心的话题，这也是生态伦理的日常生活化所要试图解决的问题。

（一）生态伦理建设的日常生活化

关于日常生活，胡塞尔、A. 赫勒以及国内的学者已经进行了深入的探究并作出了清晰的界定。结合已有探究，我们可以看出，所谓的日常生活是指“人的社会生活视野之外的个体生活实践，是最接近于人的本真存在的自在自发的存在方式和对象化形式，是一切人类文化与文明的源头活水，对于其他存在方式具有前提性和先在性”①；而非日常生活是指“处于人的个体生活视野之外的社会生活实践，是人类自为自觉的超越性的存在方式和对象化形式，是人的升华后的存在形态”②。按照日常生活与非日常生活的上述界定以及各自的内容分层，我们可作出如下判断：生态伦理作为人类所追求的超越化、反思性的生态世界图景、思维方式、价值理念、文明形式和生活样态的总括，是全人类实践智慧的结晶，就其一般内涵以及类本质特征而言，它属于非日常生活领域。生态伦理的日常生活化在形式上是非日常生活的日常生活化以及类本质的个体化。作为一种全新的理论样式和更高的文明形态，生态伦理所标识的理想世界并不是自动生成的，它需要栖居于生活世界之中的所有个体的共同努力——日常生活化的生态实践；需要把非日常生活领域的生态价值理念转化为具体的日常行为实践。生态伦理如果仅仅停留在理论、理念层面，漂浮于精神世界之中，不通过具体实践对象化到日常行为里，那么，这种生态伦理所处的/所影响的生态文明就是被阉割了的不完整的文明。因此，空谈理论、徒有理念是远远不够的。只有走出“灰色的理念世界”，走下冰冷的“理论圣坛”，进入“寻常百姓家”，并全方位融入人民群众的日常生活之中，生态伦理才能发挥出应有的实践指导作用和价值引领功能，也才能因此获得长久的生命力和取得完整的存在形态。生态伦理的日常生活化正是遵循这样的逻辑——从理论到实践，从理念到行为，从国家政府的宏观治理到人民群众

---

① 〔德〕埃德蒙德·胡塞尔：《欧洲科学危机和超验现象学》，张庆熊译，上海：上海译文出版社 1988 年版，第 58、81 页。

② 邹广文、常晋芳：《日常的非日常化与非日常的日常化》，《求是学刊》1997 年第 1 期。

日常生活的方方面面——提出来的。这也正是当下中国大力推进生态文明建设的基本要求和必然走势。面对资源约束趋紧、环境污染严重、生态系统退化的严峻形势，必须树立尊重自然、保护自然的生态伦理理念，把生态伦理建设放在突出地位，将其融入经济建设、政治建设、文化建设、社会建设各个方面和全过程。这包含了两层含义：其一，生态伦理建设是生态文明建设的重要内容，而生态文明建设和经济建设、政治建设、文化建设、社会建设一样重要，是中国特色社会主义“五位一体”总体布局的重要组成部分；其二，生态伦理建设是通过对经济建设、政治建设、文化建设、社会建设的全面渗透和全过程融入来实现的，这已经内含了生态伦理日常生活化的要求。因为，一切通常意义上的社会活动——经济建设、政治建设、文化建设、社会建设……最终都需要个体来完成，并且都要以日常生活为活动场域和存在基础。因此，生态伦理理念对上述社会活动的各个方面的渗透以及全过程的融入究其实质就是对人民群众日常生活的全方位、立体化融合，亦即生态伦理的日常生活化。但遗憾的是，目前学术界对此尚无人进行深入挖掘和探究，与推进生态伦理建设的政策理论宣传、制度规范设计、古今中外经验借鉴……所掀起的学术潮流形成鲜明对比，生态伦理的日常生活化至今还是未经开垦的理论盲区。

尽管生态伦理的日常生活化目前尚无人探究，也没有一个现成的定义，但我们可以总结散落在各种论著中的只言片语并作一些顾名思义式的联想。如生态文明建设作为对工业文明的反思和未来文明的理想形态，必然对我们的日常生活产生深刻影响，也必然要求将生活方式建设放在首位。[①] 生态伦理是人类告别非生态的生产方式和生活方式的理性选择。[②] 通过以上观点，我们还是能够大致把握其基本内涵的。生态伦理的日常生活化从字面理解至少包括两个方面的内容：生态伦理的日常化与生态伦理的生活化。

生态伦理的日常化是指日常生活主体——人民群众通过全方位、不间断的生态实践使生态伦理的基本精神理念固化为日常行为活动规范和评价

① 陈红兵：《生活方式与生态文明建设——兼论佛教生活方式的生态价值》，《南京林业大学学报》（人文社会科学版）2008 年第 3 期。

② 方世南：《生态文明与现代生活方式的科学建构》，《学术研究》2003 年第 7 期。

准则的过程。“日常”（everyday）包含着时间维度，在实践意义上，日常生活既涉及个体持久性的行为，也包括占据个体日常时间的一切活动。生态伦理的日常化不仅意味着生态伦理的基本精神理念要全面地渗透到个体的一切活动之中，而且意味着内聚生态文明精神理念的个体活动要具有持久性。亦即，它意味着在日常生活领域进行全方位、不间断的生态实践。全方位、不间断的日常生态实践仅仅是生态文明日常化的重要手段，其根本目的是使生态文明的基本精神理念与日常行为活动融为一体，并凝固在日常行为规范之中，以稳定的形态自然而然地被人们引用。对于个体而言，生态伦理的日常化是一个行为活动对生态伦理精神理念从有意识地勉强迁就、不自觉地被迫遵循，到无意识地自然展露、发自内心地主动引用的过程，这也是个体内化生态文明理念，从而完成生态社会化的必经过程。对于共同体而言，生态伦理的日常化意味着人们的日常行为活动从不一定具有生态伦理精神理念的、无章可循的自发状态，进入了已经深切领悟到生态伦理精神理念内涵的、有规矩可依的自由状态。因此，生态伦理的日常化也是共同体从没有保护生态环境的意识到达成保护生态环境的共识，并将其固化为共同体日常行为规范和行为评价准则的过程。不管是个体还是共同体，生态伦理精神理念的“日用而不知”都是生态文明日常化所达到的最高境界，这也是全面实现生态伦理的重要表征。如果日常生活中的个体或者共同体中的每一个成员能够在举手投足之间不经意地表露出生态伦理的基本精神理念，那么，人们无疑已经进入了高度生态文明的时代。

与生态伦理的日常化相对应，生态伦理的生活化是生态伦理日常生活化的另一个重要方面，它是指通过开展和参与贴近生活的、人性化的生态实践活动使生态文明的基本精神理念逐步内化为日常生活主体之生态人格的过程。贴近生活的、人性化的生态实践活动仅仅是生态伦理生活化的重要载体。活动形式的生活化和人性化的根本目的是激发起人民群众的参与兴趣和实践热情，从而让其积极主动地投身到日常生态实践中，逐步养成生态人格。何为生态人格？既符合生态建设需要又能满足人类自身自由全面发展的人格，即为生态人格，它是个体人格的生态规定性，是伴随着人类对人与自然关系的反思以及生态文明的发展，基于对人与自然的真实关系的把握和认识而形成的作为生态主体的资格、规格和品格的统一，是生态主体存在过程中的尊严、责任和价值的集合。① 与日常化所要求的行为规范的统一性、稳定性以及实践活动的反复性有所不同，生活化主要体现了行为活动的人道化、多样化、个性化、灵活化和通俗化。正因如此，具有生活化特征的生态实践活动不仅能使生态伦理的基本精神理念渗透并融合到日常生活的方方面面，而且能够使之被最广大的人民群众以最喜闻乐见的形式接受，从而在广泛的精神理念传播与深入的行为活动参与中使人民群众逐步养成生态人格。生态人格的养成标志着一个人完成了生态社会化，并且具备了成长为生态公民的基本条件。②

生态伦理的日常化和生活化，前者侧重于蕴含生态伦理精神理念的日常行为规范的强化和日常行为评价准则的确立，后者则从生态实践活动本身出发，侧重于日常行为主体之生态人格的养成。尽管侧重点各不相同，但殊途同归：二者都是为了使生态伦理的基本精神理念在日常生活中得到全面地贯彻落实并使其成为日常生活的有机组成部分。在具体的实践情境中，二者也是相辅相成的。日常行为主体之生态人格的养成离不开生态伦理的日常化，生态伦理的日常化也需要借助于人道化、多样化、个性化、灵活化和通俗化的生态实践活动才能达成。可以说，在具体的实践情境中，生态伦理的日常化和生活化是不分彼此的，如上区分仅是为方便把握各自内涵。

在了解生态伦理的日常化、生活化的各自内涵以及二者关系的基础上，我们尝试着对生态伦理的日常生活化进行界定：所谓生态伦理的日常生活化是指日常生活主体——人民群众通过全方位、不间断的生态实践，使生态文明的基本精神理念固化为日常行为规范和评价准则，并以此逐步养成生态人格，最终促使生态伦理的基本精神理念全面贯彻落实到日常生活之中并成为其有机组成部分的过程。

（二）生态伦理建设日常生活化的必要性

倘若足够细心，我们就会发现：诸多非日常生活领域中的棘手难题，

---

① 彭立威：《论生态人格——生态文明的人格目标诉求》，《教育研究》2012 年第 9 期。

② 杨通进：《生态公民论纲》，《南京林业大学学报》（人文社会科学版）2008 年第 3 期。

通过日常生活化的方式往往就能迎刃而解。同样，作为非日常生活领域的生态伦理的日常生活化也能帮助我们解决在大力推进生态伦理建设过程中所遇到的诸多难题，比如，广大人民群众生活方式的转变、生态意识及其思维方式的养成等难题。仅凭直觉我们能够感受到，生态伦理的日常生活化能给国家、社会以及人民群众带来实惠和福祉，但是通过理性的反思我们却又难以讲明生态伦理为何要日常生活化。为了更好地回答这个问题，我们需要对中国的生态伦理建设现状、生态伦理理念的产生泉源及形成方式、日常生活所具有的天然优势进行深入考察。考察中国的生态伦理建设现状，旨在回答生态伦理日常生活化是否必要的问题；考察生态伦理理念的产生泉源及形成方式、日常生活所具有的天然优势，目的是探究生态伦理日常生活化何以可能。通过这些考察，我们希望对生态伦理为何要日常生活化的问题作出更加令人信服的回答。

第一，中国的生态伦理建设现状不容乐观，目前悬停于单向性的政策指令和学术性的理论思辨层面，生态伦理所蕴含的基本精神理念难以渗透到人民群众的日常行为实践之中并固化为日常行为规范、行为评价准则，难以让人养成生态人格。中国的生态伦理建设主要是以国家和政府的发展战略、政策指令等为形式载体，按照从国家战略到地方政策再到人民群众日常生活的推进逻辑，采取自上而下的方式实施的。不可否认，通过国家层面的战略推进和地方政府的政策实施，我们在保护环境和节约资源等方面取得了一定的成就，但是也应该看到，在具体的战略分解、政策制定及实施的过程中，生态伦理所内含的基本精神理念依旧难以融合并固化到人民群众的日常行为实践中。因“难接地气”，生态伦理建设仍旧悬停于政策指令层面：推进生态伦理建设的国家意志和大多数人民群众的日常行为实践彼此分离，无法实现有效对接和深度交融；人民群众在日常行为实践中普遍缺乏生态意识和生态理念，难以形成日常行为的生态规范或评价准则，更不可能养成生态习惯或者生态人格。倘若生态伦理得不到最广大人民群众发自内心的真诚认可，他们也不能在日常生活中自觉自愿地将其付诸实实在在的行动，那么，它只能成为无源之水、无本之木，终究走向陨灭。

第二，生态伦理所蕴含的基本精神理念形成于人民群众的日常生活实践，只有回归到日常生活中才能更有效地指导和引领人民群众的行为实践。人民群众的生活除了日常部分之外，还包括社会物质生产、知识生产等非日常部分。现实生活中每个人也都有可能超越日常生活而进入非日常生活领域，但任何人都不可能完全脱离日常生活，因为“人自身之‘在’，总是与日常生活息息相关；离开了日常生活，人的其他一切活动便无从展开”①。可以说，非日常生活是建立在日常生活基础之上的，不存在不以日常生活为基础的非日常生活。因此，生态文明所蕴含的人与自然和谐共处，尊重自然、顺应自然、保护自然等基本精神理念无疑也植根于日常生活实践中，作为一个非日常生活范畴，它是对人民群众在处理人与自然关系过程中所积累的诸多实践经验的凝练化、系统化和理论化。众所周知，人类的日常实践依次跨越了手工时代，蒸汽、电气化时代和信息化时代，相应地，人与自然的关系也经历了由原始的和谐到相互对抗，再到更高水平的和谐这样一个肯定—否定—否定之否定的辩证发展过程。在这个过程中，人类对人与自然关系的认识也在日常生活实践中一步步走向成熟：从原始文明时期对自然的神化性崇拜和依附，到工业文明早期对自然的适应性改造和支配、工业文明后期对自然的大规模改造和主导，再到信息时代对人与自然关系的历史性反思。人类在征服自然与大自然报复的交替史中逐渐总结出了一个朴素的真理：人与自然要和谐相处，人类应该尊重自然、顺应自然并保护自然，这正是生态伦理所蕴含的基本精神理念。这一理念的产生泉源及形成方式决定了它必须回归到丰富多彩的日常实践之中才能获得生命的活力，从而更好地发挥指引作用。然而，对于绝大多数人民群众而言，生态伦理所蕴含的基本精神理念往往是抽象的，难以被直观地认识和把握。也正因如此，在现实生活中，有的人把它当成了于己无关的外在律令，有的人则将其看成了无关痛痒的宣传口号，这些现象在一定程度上反映了当下国家所强力推进的生态文明建设与人民群众日常生活实践的脱节。身处经济、社会高速发展的时代，高压力、快节奏的生活使人民群众在忙碌中无暇顾及和思索具有理论化、抽象性的生态伦理精神理

① 杨国荣：《日常生活的本体论意义》，《华东师范大学学报》（哲学社会科学版）2003年第2期。

念。相反，人们更愿意在一种愉快的、轻松的和大众化的氛围中去感受和学习紧贴日常生活的、现有的社会规范和要求。因此，生态伦理的基本精神理念必须回归到人民群众的日常生活中，紧扣人民群众的生活实际，反映人民群众的切身利益，才能从根本上发挥指引作用，从而有效避免生态伦理建设过程中理论与实践、理念与行为“皮肉相离”的乱象。那么，如何才能让生态伦理的基本精神理念回归到人民群众的日常生活实践中呢?生态伦理的日常生活化就成为必然选择。

第三，日常生活所呈现出的以“自然”与“人化”之“合”为特点的存在形态，可以有效地避免天人相分、主客对立所造成的生态危机。以“饮食男女”为典型特征的日常生活尽管具有行为上的因循守旧、观念上的不思进取等弊端,[①] 但其本身也具有天然的优长。日常生活既包含“饥则食，渴则饮”的自然之维，也包含着“赞天地之化育”的人化之维；日常生活的自然之维主要表征了大自然对人的基本生存欲望的满足，日常生活的人化之维则确证人对自然的敬畏和对其规律的主动顺应。自然之维与人化之维在日常生活世界中是辩证统一的，这集中体现在男女关系上，对此，马克思曾做过精辟的论述“这种关系通过感性的形式，作为一种显而易见的事实，表现出人的本质在何种程度上对人来说成为自然，或者自然在何种程度上成为人具有的人的本质”。[②] 以饮食男女为显证，日常生活的自然之维和人化之维不仅是辩证统一的，而且都把自然理解为内在的东西，并在顺应自然的基础上实施“人化”，这直接导致了人们在日常生活中“以理论的态度对待自然”而非“以实践的态度对待自然”。[③] 在“以理论的态度对待自然”的前提下，自然性得到了充分彰显，“人化”也打上了自然的烙印。此外，在日常生活中，人们通常按照“常识”行事，“常识”作为日常观念，最初来源于原始巫术、图腾崇拜和远古神话等原始思维,[④] 这种思维本身就包含着人对大自然的崇拜与敬畏。一般情况下，

① 在生态文明的建设过程中，如果能充分利用日常生活的特点，让人与自然和谐相处，尊重自然、顺应自然、保护自然等生态文明理念变成因循性的日常行为和不假思索的观念定式，那么，因循守旧、不思进取对于生态文明建设而言就不能称为缺点或弊端。

② 《马克思恩格斯文集》第1卷，北京：人民出版社2009年版，第184页。

③ 〔德〕黑格尔：《自然哲学》，梁志学等译，商务印书馆1980年版，第6、9页。

④ 邹广文、常晋芳：《日常的非日常化与非日常的日常化》，《求是学刊》1997年第1期。

依“常识”而行并不会导致人与自然的严重对立与冲突。因此，基于日常生活两个维度的辩证统一以及“常识”对日常行为指导的生态性，我们可以看到：在日常生活领域中，人与自然处于总体和谐的状态。这或许也是以日常生活为主要内容的前工业文明社会之所以没有出现人与自然尖锐对立甚至出现生态危机的重要原因。当然，人的生存与发展并不仅仅局限于日常生活领域，随着生产力水平的提高，日常生活领域中的衣食住行等基本生存条件得到了极大的改善，人类已经不再满足于大自然对基本生存资料的恩赐，而以征服者、支配者的姿态在工具理性的指引下对大自然进行无节制的索取。人与自然逐渐从“合”走向了“分”，从彼此互为主客发展为一方对另一方的绝对支配与肆意掠夺，人与自然的关系也从日常生活意义上的总体和谐逐渐蜕变为相互对立、彼此冲突，生态危机由此产生。反观人与自然关系的蜕变历程，反思生态危机的产生原因，我们渴望回归到日常生活中人与自然的和谐状态（“否定之否定”意义上的）。如何才能做到呢？生态伦理的日常生活化成为基本诉求。

（三）生态伦理建设日常生活化的具体路径

生态伦理的日常生活化不仅是人类的基本诉求，而且是目前中国大力推进生态伦理建设的必然走势和迫切要求，那么，如何才能实现呢？这需要人民群众、国家政府以及社会各界（尤其是学术界）的共同努力。与之相应，实现生态伦理的日常生活化也应该从以下三个方面着手。

第一，培育具有实践理性的生态公民。尽管，中国的生态伦理建设主要是由国家和政府推动的，但事实上，人民群众才是生态伦理日常生活化当之无愧的、真正意义上的实施主体。生态伦理日常生活化的实施效果如何以及最终能否实现，不仅取决于国家战略、政府政策的制定、实施是否贴近民生、反映民意，而且取决于广大人民群众是否具备了基本的生态素养。因此，就实施主体而言，实现生态伦理的日常生活化亟须培育具有实践理性的生态公民。所谓具有实践理性的生态公民是指具有生态人格且自觉致力于生态文明建设实践的现代公民。具有实践理性的生态公民起码包含三个方面的要求：一是已经养成了生态人格（具有生态意识、生态责任等）；二是具有环境人权意识、世界主义意识且取得现代公民资格；三是具有实践理性，亦即能够把已经养成的生态人格，所具有的环境人权意识、世界主义意识自觉地运用到具体的生态伦理建设实践之中。具有实践理性的生态公民的培育须从两个方面努力。一方面，国家、政府要施行渗入式、制度化的教育。具有实践理性的生态公民的养成需要国家和政府从全局着眼，以制度化的方式把“生态环境—道德伦理—公民权利”教育渗透到国民教育的方方面面，并落实到家庭教育、学校教育和社会教育中，从娃娃抓起，从幼儿园开始，从日常生活中的点滴实践做起。对此，国家、政府以及社会要为生态公民的培育创造环境：加大人财物等方面的投入，鼓励成立相关教育培训机构并予以政策支持，进行全方位、多样化的宣传，将生态公民的培育作为各级政府的基本职责并纳入绩效考评体系中。总之，我们应打开思路、放开手脚，运用一切行之有效的制度措施和政策手段来培育具有实践理性的生态公民，将“生态环境—道德伦理—公民权利”教育固化为国民教育的基本内容，把生态公民的培育确立为国民教育的基本目标之一，并将其作为推进生态文明建设的重要抓手。另一方面，公民个体要加强“生态环境—道德伦理—公民权利”的自我教育。国家、政府所施行的渗入式、制度化教育最终要依靠公民个体的自我教育来落实。因此，公民个体在“生态环境—道德伦理—公民权利”方面的自我教育是培育生态公民的关键。公民个体在日常生活中不仅要树立生态环境的自我教育意识，积极主动地加强理论知识学习，而且要通过具体的日常生活实践提高生态修养，塑造生态人格，树立环境人权意识、世界主义意识，培育实践理性，并自觉地将其付诸生态文明建设实践之中。概言之，一个人之所以能被称为有实践理性的生态公民，不仅是因为他（她）通过接受“生态环境—道德伦理—公民权利”教育或自我教育，具备了生态人格、环境人权意识等基本素养，更是因为他（她）能把上述已有的“储备”通过理性的方式运用到具体的日常生活实践中。

第二，在保证人民群众参与权的前提下，制定日常生活化的生态伦理建设制度、政策，并以人性化的方式和人民群众喜闻乐见的形式进行落实。在培育生态公民的同时，国家和政府还应该从生态伦理建设制度、政策的制定和落实方面入手，深入反思目前存在的不足并予以改进。如前所述，目前中国在生态文明建设方面存在的最大问题，是生态伦理建设的国家层面的战略以及具体的实施制度或政策与人民群众的日常生活实践无法实现有效的对接。因此，我们应该从改进生态伦理建设制度、政策的制定和落实方式视角思考如何推进生态伦理的日常生活化。生态文明理应成为人人能参与、人人能受益的全新的生活样态，因此，在生态伦理建设制度、政策的制定和落实视域下，生态伦理的日常生活化的本质就是人民群众对日常生态实践的全面、深度参与。一切有关生态伦理建设的制度、政策的制定和落实都应紧密围绕“人民群众是否能参与”“人民群众是否乐意参与”这两个问题展开。“是否能参与”的问题不仅关乎人民群众对生态环境公共事务的参与权和利益表达权，而且直接决定了生态伦理建设制度、政策的科学性、合理性与可行性。“是否乐意参与”的问题则反映了人民群众的参与意愿，这与人民群众的基本生态素养有关，也与生态伦理建设制度、政策的制定和落实方式有关。在充分保证人民群众参与权与利益表达权的基础上，一项生态伦理建设制度或政策是否能得到全面贯彻落实，是否能与人民群众的日常生活实现有效对接，其关键在于执行与落实的方式是否贴近生活、是否人性化，政策执行落实的手段及措施是否是人民群众喜闻乐见的。因此，制度、政策层面的生态伦理的日常生活化必须从两个方面入手：一方面，与生态伦理建设相关的所有制度、政策从制定到落实，要能够保证人民群众的全过程参与；另一方面，在保证参与权的前提下，要充分考虑政策、制度的制定和落实方式及载体，所制定的生态伦理建设制度、政策要紧贴人民群众的日常生活，同时要采用人性化的方式，以人民群众喜闻乐见的形式予以落实。这两个方面，前者是生态伦理建设制度、政策“日常化”的前提，后者是“生活化”的要求。只有同时满足了“日常化”前提和“生活化”要求，制度、政策层面生态伦理的日常生活化才能见效。

第三，汲取中华传统文化中已有的生态营养，为实现生态伦理的日常生活化提供可资借鉴的理念与经验。生态伦理的日常生活化尽管是一个崭新的概念，但是它所指陈的事实或活动从人类诞生之时起就已经存在。因此，有了数百万年的历史文化积淀和实践经验累积，现代人在实现生态伦理日常生活化方面并不缺乏可资借鉴的理念和经验，中国尤其如此。对此，有西方学者认为：“中华文明作为一个整体，在受到西方的影响之前就真的是合乎生态的。……它确实包含了一种生态维度；而这种维度在西方只以只言片语的形式存在。因此，在古代中国的智慧中有许多资源可以帮助我们，在中国实现一种生态文明的可能性就要大于西方——因为，与自然相疏离，这几乎充斥西方历史的所有文化里。”① 对生态伦理建设来说，中华传统文化是否比西方历史文化优越，我们不敢妄加评论，但不可否认的是：在以儒、释、道为主干的中华传统文化中，的确富含着可供借鉴的宝贵资源。儒、释、道各家均提出了“天人合一”的思想（其中以儒、道为主）。“从总体上来说，‘天人合一’作为一种中国古代特有的哲学理念与思想智慧，以‘中和位育’为其核心内涵，深刻包含了我国古人对于‘天地人’三者关系的极富哲理的特定把握；蕴藏着丰富的生态思想资源，具体包括：‘太极化生’之生态存在论思想；‘生生为易’之生态思维；‘天人合德’之生态人文主义；‘厚德载物’之大地伦理观念以及‘大乐同和’之生态审美观。”② “天人合一”所提供的生态伦理思想资源虽然存在一定的历史与时代局限，甚至有反科学的、迷信的色彩，但这并不足以否定其借鉴价值。在大力推进生态伦理建设的时代背景下，中国古代“天人合一”思想可以从宏观思维、个体理念及行为实践等角度为人与自然的和谐相处提供有效指导。与儒家思想进路不同，中华传统文化中的佛学思想以及佛教生活方式能从另一个维度给我们提供启示。佛学所主张的“依正不二”“三种世间”“中道缘起”“众生平等”不仅肯定了人与自然的平等，而且要求人与自然和谐相处，这本身就是一种生态哲学；与此相应，佛教所追求的精神超越、节俭惜福、慈悲利生的生活观念，以及戒杀护生、素食积德的生活实践，也是一种生态化的生活方式，就是生态伦理的日常生活化。因此，佛学所提供的生态智慧或理论，佛教所主张的修行方式，能够为人与自然的和谐相处提供某种理论解释和现成的实践路径——一种实实在在的、人人都能采取的生活方式。除了儒、释两家，道家思想以及道教的修行方式也富含我们可资汲取的生态营养。道家提出了“道法自然”的主张，认为天人一体；主张“尊道贵德”，肯定万物平等；认为“万物莫不有”，充分认识到了自然价值；以此为基础，提出“效法

① 〔美〕小约翰·柯布：《文明与生态文明》，李义天译，《马克思主义与现实》2007 年第 6 期。

② 曾繁仁：《中国古代“天人合一”思想与当代生态文化建设》，《文史哲》2006 年第 4 期。

自然，无为而治”“约养持生，崇俭抑奢”“见素抱朴，少私寡欲”“虚无恬淡，返璞归真”等主张。[①] 庄子对“术”（技术）持批判态度，主张“无以人灭天”。与上述主张相承，与佛教修行类似，道教在“内丹”“外丹”的修炼中也规定了诸多戒律（如食素、不杀生、不纵欲等），也提倡清心寡欲的生活方式。这些戒律及所提倡的生活方式严格遵循“道法自然”“无欲无为”的理念，因此，能为实现生态伦理的日常生活化提供有益参考。值得重视的是，“知行合一”始终贯穿于以儒、释、道为主体的中华传统文化给我们提供的生态资源之中，这些资源不仅是理论理念，而且本身就是修养实践方法（或生活方式），因此，“知行合一”也是实现生态伦理的日常生活化过程中我们理应汲取的重要理念与经验。中华传统文化中生态营养的汲取主要是由学术界来推动的，对此，学者们理应在关注生态伦理建设现状（主要是对人民群众在日常生活中践行生态伦理理念的现状及问题作调查和探讨）的基础上，对传统文化进行仔细梳理，并吸收转化其中的精华，以为当下服务。

至此，我们已能大致看出实现生态伦理日常生活化的基本运思：从实施主体着手，培育具有实践理性的生态公民；从生态伦理建设的制度、政策入手，保证人民群众的全面、深入参与；在充分汲取中华传统文化中的生态营养的基础上，实现上（国家治理或宏观理论层面）与下（个体行为或日常实践层面）的对接、交融，从而使生态伦理的基本精神理念转化为人民群众（个体）的日常生活实践。

---

① 余谋昌：《环境哲学：生态文明的理论基础》，北京：中国环境科学出版社 2010 年版，第 21~56 页。

第十四章　自然人与智能人*

我们是否进入了智能时代，智能时代的核心标示是什么？这是一个还需要从理论上进一步澄清的问题，但从经验层面上看，社会生活各个领域似乎越来越趋向于智能化，这是不争的事实。特别是随着ChatGPT的诞生，人们对其在功能与功用方面的强大既表现出极度兴奋，同时又心存诸多忧虑：人类与智能人如何相处？智能人是否可以完全取代自然人的工作？未来的世界是否就是智能世界？等等。面对人工智能的挑战，人们表现出乐观、保守、谨慎三种不同的态度。[①] 乐观论者认为，随着奇点理论的出现，随着智能人的不断迭代更新，智能人终将“反客为主”，肯定会超过人类智能，“未来已来”，为此他们感到欢欣鼓舞。保守论者认为，人类始终处于支配地位，人工智能永远不会超越人类智能，他们坚信“造物主一定比所造之物高明”的宗教观点。谨慎论者认为，人类应该警惕人工智能的崛起，智能人为“万能人”，一旦具有了自我意识并取代人的全部活动，那么人类可能被智能人控制，“如果人类运气不佳，人工智能和基因编辑等技术有可能要了人类的老命”。[②]

其实，不论乐观、保守还是谨慎，本身并不重要。智能人技术不断完善，产业化、商品化不断发展，智能人不断被人类所利用，这是无法回避的客观事实。如何看待人机关系？即便因为指数级、复合式的技术变革，超人工智能的出现可能会改变人类推测未来的理论假设框架和基本逻辑，我们也不能被技术裹挟而丧失人的主体地位，也没有必要无条件地去拥抱这个智能时代。“现在要记住，未来不只是降临在我们身上，它是由我们

---

* 本章部分内容已经发表于《理论月刊》2023年第9期。

① 参见谢洪明、陈亮、杨英楠《如何认识人工智能的伦理冲突？——研究回顾与展望》，《外国经济与管理》2019年第10期。

② 赵汀阳：《人工智能的神话或悲歌》，北京：商务印书馆2022年版，第2页。

一天天创造的，我们也将要为这个非常时刻所做出的决定负责。”① 因此，对智能时代的人机关系进行伦理反思就显得十分必要与紧迫。人工智能伦理问题的讨论，与研究者或讨论者所坚持的伦理理论、信念与立场密切相关，其基本的分野还是人文主义与技术主义的对立。人工智能伦理是一个宏大课题，也是一个无论从宏观还是微观层面均处于学术争论中的问题，我们无意也无力去深究问题的全部，仅仅基于人本主义（人文主义）立场，从人伦世界的本质性、伦理主体的规定性、机器人的伦理责任、是否存在机器人伦理四个方面，提出一些理论解答并使之明确与明晰。与此同时，通过对这四个问题的反思，旨在确立以人为本、以人为主的伦理信念，坚守人类基本伦理法则，实现对人工智能的伦理挑战从被动回应到主动防范的转变。我们不应主动迎合、迁就对人工智能的无限制、无底线、无责任的滥用，不应任其颠覆现有伦理理论与人伦秩序。

一　人伦世界是否可能被颠覆

人机关系是智能技术发展的结果，也是应对人工智能的伦理挑战所需思考的主线。首先我们必须明确的是，必须重视人工智能所引发的新伦理问题，但不必惊慌，不必焦虑于“伦理观滞后”，② 更无须急忙去改变现有伦理观念，刻意去“迎合”关于人机关系的观点。因为人工智能引发的伦理变革只具有某种可能性而未必是必然的，并且这种伦理风险也不是局限于伦理领域来防范的。要节制人工智能本身的发展与应用，尽量避免出现伦理问题带来的社会风险。人工智能与人机互动尽管属于不同领域，但都是探索计算与智能的行为的，所以本书所说的人机关系是广义的，即人与机器、机器人、人工智能技术的关系，主要集中于自然人（人类）与机器人的关系。

现实的人类伦理生活具有客观与主观两个基本层面。就其客观性而

① 〔瑞士〕戈尔德·莱昂哈德：《人机冲突：人类与智能世界如何共处》，张尧然、高艳梅译，北京：机械工业出版社2019年版，第2页。

② 陈昌凤：《人机何以共生：传播的结构性变更与滞后的伦理观》，《新闻与写作》2022年第10期。

言，“它是指代一种特定的社会秩序，这种社会秩序是以理性的方式分化和组织起来的”。[①] 就其主观而言，就是个体的自我意识，是对伦理秩序之实体性的意识。可以说，现实的人伦世界就是客观与主观的统一，就是由人伦关系及其协调法则所构成的秩序世界，即人伦世界由人伦关系、伦理法则及伦理秩序三个基本要素构成，其根本前提是社会化了的自然人的存在。一切由人的对象化活动所产生的对象物不可反过来与行动主体人本身构成平等的伦理关系，甚至“反客为主”，人际或人群关系及其秩序是人伦世界的边界，具有不可逾越性。尽管“物伦理”概念提出后，在“人—机”系统交互情境中出现了“物转向”，对人的理解也出现了去意义化，但“人—机”关系在人伦世界中仅仅是一种间接或延伸的关系，人伦世界不可能被颠覆。

首先，从人伦关系的本质来看，它是人类利益关系的体现，人机关系不构成现实的利益关系。人伦即人之伦，而“伦”意为“辈”（《说文》）、“常”（《正韵》）、“类”（郑玄注《礼记》）也，即依据某些特定标准对人群进行分类、划定等级，如长幼之分（根据年龄与辈分）、尊卑之别（依凭社会地位）。人伦之要义是关系，人伦就是人际或族群关联的秩序化，其前提是处于社会关系（交往）中具有自然情感的人，人作为关系性存在就产生人伦世界。“理”本义为“治玉也”，[②] 即根据玉石本身的纹路进行剖析与雕琢，泛指事物中内涵的客观规律，后引申为万事万物运行的规则和蕴含的道理，如“理者，分也”，“知分理之可相别异也”，[③] 可见“理”是进行一切分类的前提，对于人伦世界而言，只有掌握其运行的内在规律，才能确立“伦”的标准。可见，“伦理”是在人摆脱了蒙昧、独立的生存状态，开始联合成为团体后出现的，而团体需要建立一定的秩序来保证其生存与延续，因此人需要从个体的生存意识逐渐发展出有利于共同进化（进步）的社会意识。这种意识的形成最初源于原始氏族内部联

① 〔美〕伍德：《黑格尔的伦理思想》，黄涛译，北京：知识产权出版社 2016 年版，第 321 页。

② （汉）许慎撰，（清）段玉裁注《说文解字注》，上海：上海古籍出版社 1988 年版，第 15 页。

③ （汉）许慎撰，（清）段玉裁注《说文解字注》，上海：上海古籍出版社 1988 年版，第 16 页。

结的现实纽带，即血缘，也就是说，只有具有血缘关系的个体才能成为氏族团体的一员，才能相互依赖、协作、扶持，保护彼此，共同遵守团体内部的行为法则——亦称为风俗、习惯，以对抗自然世界中不可预知的巨大风险，谋求生存概率的最大化。人类求生存的本能与欲望是社会利益关系的自然前提，现实的利益包含了人的欲望及其实现两个方面。欲望的一致证明了共同人性基础上的共同利益，而欲望实现的多样性证明了人的道德的差异性以及伦理调节的必要性。利益是一种客观存在，是满足人的生物性和社会性需要的客观条件，特别是“共同利益不是仅仅作为一种‘普遍的东西’存在于观念之中，而首先是作为彼此有了分工的个人之间的相互依存关系存在于现实之中”。[①] 只有当利益主体充分认识到欲望可实现时，才有现实的利益关系。可见，作为人伦关系的利益关系有三个基本条件：由血缘关系过渡到社会关系且具有情感联系的人、因共同欲望而产生的共同利益、因利益获得的正当与否而产生的伦理评价和调节。机器人与自然人，抑或机器人与机器人之间的关系，哪怕是进入超人工智能时代，都不具备上述三个条件，因为机器人永远都不是真正的“人”，人机关系本质上不是真实的伦理关系，充其量是人伦关系的延伸或虚拟而已，[②] 以人为主体的人机关系不会颠倒，人伦世界不可能被颠覆。

人伦世界不仅仅是一种关系结构，而且也是一种法则体系。一般而言，人伦世界的行为法则有自然法则、制度法则与信仰法则三种，智能世界不可能拥有，也无法针对和适应于机器人。自然法则从属性上讲好像是“前社会”的产物，至少是进入文明社会前人们普遍遵守的行为规范，其确切的含义，“它指的是一种‘基于自然而存在’且‘基于自然而被认识’的约束着所有人的道德法则（moral law）”。[③] 自然法则维系着人类最初也是最本真的伦理关系。所谓最初是指人作为自然界的一部分是动物进化的结果，首先受生存法则的支配；所谓最本真是指人的进化是生命体的进化，不仅仅是个体的进化，更重要的是人类通过自身的生产而获得整体性进步，其前提就是以血缘为基础的调节人伦关系的和谐法则。生存法则

---

① 《马克思恩格斯文集》第1卷，北京：人民出版社2009年版，第536页。

② 参见李建华《伦理载体的实与虚》，《求索》2022年第1期。

③ 吴彦、杨天江主编《自然法：古今之变》，上海：华东师范大学出版社2018年版，第3页。

决定了人类的优胜劣汰，和谐法则维护着人类的整体利益，人类正是遵循这两种最基本的自然法则才走到今天。但随着生产生活领域的扩大，社会交往空间也在不断拓展，人际关系也就变得日益复杂，单纯的血缘宗法关系开始变得脆弱，需要有基于契约关系的刚性的制度法则，如文明社会诞生以来的一系列政治制度和经济制度。这些法则立足于普遍性而获得有效性，它们是人类理性的产物，但人并非纯理性存在，还有非理性的一面，人由理性进入一种更高层次的非理性，就依靠信仰法则。信仰法则不再有质疑、反思与批判等理性因素参与，只有虔诚恪守与誓死捍卫。三种法则从不同方面和不同层次上调节人伦世界的关系，机器人可能参与到人类活动中来，甚至替代人的某些机能，但它们始终不属于人伦世界中的“成员”，仅仅是人伦世界更加人伦化的工具，这些法则不适于它们，也于它们无益。哪怕未来机器人有自我意识，也不会有人伦情感，形成不了本来意义上的人伦秩序。

人伦秩序不同于道德秩序，道德秩序主要是人的心灵秩序，以快乐、幸福、尊严等为主要元素，而人伦秩序是人存在的关系秩序，主要以自由、平等、正义、和谐等为元素。人伦秩序是一种具有伦理性的秩序，是人作为伦理存在的关系性、社会性、实体性证明，因为“人是具有伦理属性的存在，正是这种伦理性，使人成为不同于自然物的存在”。[①] 中国古代的“五伦”就是一种人伦秩序，是社会基本的五种人伦关系，即父子、君臣、夫妇、兄弟、朋友五种关系。在《孟子·滕文公》中，孟子认为：君臣之间有礼义之道，故应忠；父子之间有尊卑之序，故应孝；兄弟手足之间乃骨肉至亲，故应悌；夫妻之间挚爱而又内外有别，故应忍；朋友之间有诚信之德，故应善。这是处理人与人之间伦理关系的道理和行为准则，也就是人伦秩序。从整体而言，中国古代的人伦秩序还有礼、仁、和三个基本维度。“礼”最初来自风俗习惯，后形成仪式与礼仪，进而成为具体的行为规范。中国古代的礼治虽然有政治秩序和法度的内容，但更多地体现为德治与法治的高度统一，本身就是人伦秩序。“仁”是礼治的价值内

---

① 高兆明、李萍等：《现代化进程中的伦理秩序研究》，北京：人民出版社 2007 年版，第 25 页。

容或内涵，强调“仁者爱人”的人伦情感，注重“己所不欲，勿施于人”伦理思维，推崇“推己及人”“将心比心”的理解方式。“和”是实现礼治的方法与纽带，强调“和为贵”，贵和持中，不搞分化，不走极端，使“和”真正成为一种生命性的内在融合，而不是僵化的物理性、机械性制衡关系。所以，除了生命体的社会性存在，即人本身及其关系，是不存在人伦秩序的，即便随着科技的发展，人的身体或器官被机器取代，人的能力可能大大提高，如记忆与体能，但如果出现人格改变，甚至出现人机一体，即使是很小的概率，我们也是无法接受的。[①] 人机一体也仅仅是人被机器过度“武装”，改变不了人的本质属性，改变不了人伦秩序，也颠覆不了人伦世界。从目前关于人机关系的伦理讨论来看，确立人本主义的人伦世界观是非常必要的，否则这种讨论就会认为人工智能的风险可能就是必然，以局部性取代全局性，导致一些人因为全面恐惧而“病急乱投医”，另外一些人欢呼雀跃，对人工智能无条件拥抱，最终导致人工智能伦理讨论出现无立场的现象性热闹，缺少基于伦理理论的基础性辩论。讨论人工智能伦理离开了人本主义立场本身就是非伦理甚至是反伦理的，因为伦理只属于人伦世界。

二　机器人能否成为伦理主体

如果说人工智能时代我们还有人伦世界不可被颠覆的自信，那是因为我们处在以人类为中心的伦理立场。如果人工智能的快速发展，导致人类异化、人伦关系隔离和伦理法则的失效，那么，这是否意味着原有的伦理主体不复存在，伦理世界完全由机器人主宰？对此，目前的理论尝试是，从传统伦理学中寻找资源来建构一个与之平行的人工智能伦理体系，其基本进路是将人类伦理强制匹配到人工智能的设计、运行和使用中。[②] 我们不禁要问的是，人工智能真的需要伦理体系吗？即便我们可以给人工智能设计出道德行为程序，让人工智能拥有“道德情感”，但那是真正意义

---

① 尚凤森：《人机一体的伦理问题探讨》，《人民论坛·学术前沿》2018年第6期。

② 崔中良：《伦理的人工主体：人工智能的伦理挑战及其应对方案》，《马克思主义与现实》2023年第2期。

（或传统意义）上的伦理吗？人工智能时代真的会出现两套伦理体系吗？目前理论界存在有意夸大人工智能颠覆作用的倾向，认为有了计算机、神经网络、学习机器、智能手机、人工智能等先进技术，整个世界就是智能世界了，人工智能就从“仆人”变成了“主人”。[①] 也就是说，这种倾向认为人工智能会成为伦理主体，并能够创造一个属于它们的伦理世界，且与人类的伦理世界并存，二者还能相安无事、和谐共存，甚至或许哪天人工智能主体会替代人伦主体，“一统天下”。从人本主义或人类主义的视角看，这种可能性是不大的，我们大可不必在很小的可能性上“造势”而造成伦理紧张，甚至让自然人甘愿主动在伦理上“退位”。

首先，我们必须明确伦理主体的边界。[②] 如前所述，伦理的载体只能是处在一定人伦关系中、具有现实生活特性的人，具有主体关系性、意识自觉性、利益相关性等特性，其他存在物包括植物和动物都不具备伦理载体资格，更不用说作为劳动（生产）工具的机器人了。伦理主体必须是具有伦理实体属性的存在，因为“伦理关系是实体性的关系，所以它包括生活的全部，亦即类及其生命过程的现实”[③]，伦理的实体只能是某种社会生活共同体，如家庭、民族、社会、国家、人类等。伦理实体是伦理主体的基础，但伦理主体与伦理实体不同，现实的伦理主体必须具备四个基本属性：行为实践性、意识自觉性、交互主体性、利益相关性。作为伦理主体的人不是作为生物性存在的人，而是处于社会生活实践的人，是有主体性的人，主体性意味着主观能动性和行为责任性，而机器人只是被某种程序控制。唯有承载起社会伦理实践的人（包括个体与群体），才有资格称为伦理主体。与此同时，人的主体性活动不是刺激—反应活动，而是基于自由意志的有自觉意识的活动。所谓有自觉意识，一是指主体行为是在明确的意识指导下进行的，二是具有一定的自我意识，即能够意识到自己的意识，是一种自知的状态。机器人尽管有智能，但决无意识。“智能倾向于以目的化、客体对象化和效能化的方式看待和处理问题，以期获得解决问

① 参见〔美〕杰瑞·卡普兰《人工智能时代：人机共生下财富、工作与思维的大未来》，李盼译，杭州：浙江人民出版社 2016 年版，第 20~31 页。

② 参见李建华《伦理载体的实与虚》，《求索》2022 年第 1 期。

③ 〔德〕黑格尔：《法哲学原理》，范扬、张企泰译，北京：商务印书馆 1982 年版，第 176 页。

题的答案；意识则意味着主体能够感受到痛苦的情感的能力，它是个体在身体和精神上被触动后构建意义的能力”。[①] 并且主客体之间要能相互感知，即主客双方都能知道和感受到对方的行为及其意义，这样才能成为伦理主体，也只有这样的伦理主体关系及秩序才能构成伦理实体。也许，我们可以通过直观的方式“觉得”机器人有情感意识，但机器人能了解自然人对它的理解吗？如果没有主体间性的交流与理解，就构成不了现实的伦理关系，而机器人不具备这种“交感”能力。因为这种主体的相互性不是无缘由的，而是基于利益的相关性，或者说，正是因为双方或多方有利益关系（权利—义务关系）才有可能有交际与交往，才能形成一种“没有对方就没有自己”的关联。机器人是没有利益感知的，它不可能有满足感或丧失感，构不成现实的利益关系。如果机器人有所谓的权益，也只是人的利益的延伸、扩展与“假借”，机器人充其量就是人实现自身利益的工具而已。

其次，人工智能时代是否存在伦理“双主体”？由对伦理主体条件的限制可知，机器人是不具有伦理主体资格的。但是未来的伦理世界是否像传统社会一样，伦理主体就是单一性存在？是否存在双重（两种）伦理主体？或者说，在伦理世界中是否可以人机共存？“人工道德行动体”的出现进一步引发了伦理主体问题的讨论。目前，机器人已经广泛应用到社会生活的各个领域，从工业制造机器人，到医疗手术中的人机交互，再到家居机器人、社交机器人和军用机器人，这些机器人大有成为伦理主体之势。但目前控制机器人自主系统的软件存在两种“道德盲区”：“第一，此类系统的决策能力并未涉及任何清晰的道德推理表征；第二，此类系统的感知能力并不符合现实世界中的伦理特征。”[②] 所以，机器人的设计者们开始考虑要将伦理道德因素纳入自主系统的决策模块中，并使其成为决策的参考要素，让机器人成为“人工道德行动体”。但让设计者顾虑的是，机器人自由度越大，就越需要伦理道德标准来约束，以此来克服机器人伦理

① 刘志毅、梁正、郑烨婕：《黑镜与秩序：数智化风险社会下的人工智能伦理与治理》，北京：清华大学出版社 2022 年版，第 77 页。

② 〔美〕帕特里克·林、凯斯·阿布尼、乔治·A. 贝基主编《机器人伦理学》，薛少华、仵婷译，北京：人民邮电出版社 2021 年版，第 58 页。

上的盲目性。这种想法本无可厚非，毕竟是想让机器人尽可能成为“好人”，不要伤害人类。可问题的复杂性不在于机器人是否需要伦理道德约束，而在于如何认识“人工道德行动体”的本质，在于弄清它是否可以充当实现生活的伦理主体。从目前人工智能的研发来看，机器人不具有道德上的自主性，也就是说“它们的道德定义完全掌握在设计者与使用者手中，自己本身没有任何自主性”。① 但是，也许随着人工智能越来越精密，机器人可能会具有应对道德问题的能力，出现所谓的“功能性道德”。但这也不构成具有明确伦理推理的行动主体，充其量是“被操控的道德”。即便机器人的设计者想尽办法要对机器进行伦理编程，但恐怕也无法处理最基本的伦理法则，比如，道义论、功利论、美德论的一些原则在算法层面是无法体现的。也许设计者们并没有把机器人变为伦理主体的意图，仅仅是想在机器人被广泛使用的情况下避免各种技术风险，因此努力让机器人能进行正确的道德决策。问题在于，当虚拟的或实体机器人进行道德决策时，要不要确定其责任以及如何分清责任？机器人一旦进入责任领域，就有了伦理主体的意味。而实事上机器人不可能成为责任主体，因为哪怕是负责任的设计者所追求的“完整的道德性”也是不存在的，我们只能为设计者提供专门的设计伦理准则，而不是让机器人去模拟人类的道德性。设计者才是机器人的责任人，机器人无法承担伦理责任。但是，如果我们人类自动放弃主体地位，甚至越来越依赖机器人，甘愿沦为“机奴”，并且机器人设计者不断使社交机器人日益人格化，那么机器人作为“道德行动体”（尽管是“虚假的借口”）成为“伦理主体”也不是没有可能。这完全取决于人类如何看待和坚守自己身处的人伦世界，如何维护人类自身的权利与尊严，如何使人工智能不沦为危害人类的异化力量。

最后，我们进一步追问，如果机器人无法成为独立的伦理主体，那么随着人机交互技术的发展，机器人会由“准伦理主体”进而演化为伦理主体吗？在伦理世界中会出现双主体并存的局面吗？这些问题的实质如何理解人工智能时代的“人”，即机器人是“人”吗？人机交互就是人机共存

---

① 〔美〕帕特里克·林、凯斯·阿布尼、乔治·A. 贝基主编《机器人伦理学》，薛少华、仵婷译，北京：人民邮电出版社 2021 年版，第 59 页。

吗？人机共存的前提是什么？

无论人工智能多么先进抑或如何强大，它都是机器。自人类进入文明时代以来，人与机器之间的关系一直是确定的，即机器是人的发明和创造，没有人就没有机器与机器人，人是一切人机关系的主导者。[①] 这种观念虽然传统甚至陈旧，但传统的东西不一定都是错的。经过现代性洗礼后，人是作为主体的唯一性存在，这一点始终没变。与此同时，人类与机器人在受制于伦理规则时，这种限制的性质也是根本不同的。传统伦理规约的有效性基于调整性规则，而人工智能时代人机关系也许有向构成性规则转向的可能。“调整性规则是对先于规则之前存在的行为进行调整，是告诉人们在某个场景中应当怎么去做的规则。构成性规则不仅调整受其调整的行为，而且还使得受其调整的行为得以产生”，而“人工智能时代的权利实际上最关注的就是构成性缔约原则，也就不仅关注行为的调整，也关注如何实现这些调整的机制”。[②] 这种行为的发生机制最终的观察者和评价者是设计机器的人，所谓的构成性规则看似深入了一层，其实不过是人在设计机器人时的伦理想象，机器人无法观察到自身的行为，不具有伦理行为主体性。当然也有学者认为：“机器人可能会意识到自己的价值远远超过作为人类工具的价值。一旦意识到它们的奴隶地位，并认为被这样对待是不公平的，它们就可能会发动起义，进行反抗。因此人类要维持这一关系中的主人地位需要机器人毫无怨言地接受人类的主导地位。”[③]

其实，正是伦理道德等文化自主性因素使人类与机器人区分开。“虽然我们目前确实无法创造出超人类，但看来前方的路也没有什么绝对无法克服的障碍。现在真正让人类研究放慢脚步的原因，在于伦理和政治上的争议。”[④] 伦理上的谨慎态度在一定程度上也许能减少对人工智能的无节制

① 孙伟平：《智能时代的新型人机关系及其构建》，《湖北大学学报》（哲学社会科学版）2023 年第 3 期。

② 刘志毅、梁正、郑烨婕：《黑镜与秩序：数智化风险社会下的人工智能伦理与治理》，北京：清华大学出版社 2022 年版，第 263 页。

③ 〔美〕约瑟夫·巴-科恩、大卫·汉森：《机器人革命：即将到来的机器人时代》，潘俊译，北京：机械工业出版社 2015 年版，第 226 页。

④ 〔以色列〕尤瓦尔·赫拉利：《人类简史：从动物到上帝》，林俊宏译，北京：中信出版集团 2017 年版，第 379 页。

滥用，“然而，不管现在的伦理论点如何有说服力，未来的发展似乎势不可当；特别是这有可能让我们无限延长人类生命、解决各种疑难杂症，以及强化人类认知和情感上的能力”。[①] 人类在巨大的功利诱惑面前难免会产生价值冲突，但我们一定要坚信人类的包含伦理道德在内的精神家园是属于自己的。即便未来的机器人具有与人类一样的身体结构、内在情感和认知能力，具备所谓伦理上的“具身性”，也无法证明机器人的身心关系是“天缘”，也说明不了机器人身体的相似性就一定会让它们产生“好感”，更解释不了机器人之间的身体会具有“利他主义”的亲近与冲动，因为身体的本质是生物性的。具身伦理学不过是遵循了达尔文、汉密尔顿、威尔逊、麦金太尔等人的思维路径，强调了人类道德的生物学基础。“伦理学规范的内容，在相当大的程度上是作为伦理主体的人类的肉体特征所塑造的。”[②]伦理道德从来都是要人的精神来承载，是文化进化与跃迁的产物，也是人之为人的根本标志，而非人的生物本性所固有。由具身伦理引发的伦理生物主义倾向可能直接应用到人工智能领域，把生物身体与物理身体通过相似性联结起来，由此得出机器人也可能充当伦理主体的结论，这是我们值得警惕的。

三　机器人能否承担伦理责任

如果机器人不构成伦理主体，那么，机器人就不存在伦理责任的承担问题，这是伦理学的共识。可问题恰恰在于，技术主义者们有意夸大人工智能对人类的威慑力，特别是随着超强人工智能技术的出现，如学习机器、人形机器、家居机器、社交机器、军用机器，机器人大有取代自然人之势。为消除人类对技术风险的忧虑，有人提出机器人可以承担伦理责任的理论主张。似乎只要机器人承担了各种风险，自然人就无须干预机器人世界，整体世界就是机器人的了。而事实上，技术发展与责任承担一直被模糊化，“不知道是技术驱动人工智能的发展，还是摆脱承担道德责任的

---

① 〔以色列〕尤瓦尔·赫拉利：《人类简史：从动物到上帝》，林俊宏译，北京：中信出版集团2017年版，第379页。

② 徐英瑾：《人工智能哲学十五讲》，北京：北京大学出版社2021年版，第256页。

想法促使人类采用新技术，"[①] 人类决不能追求让自身承担最小责任甚至零责任的最大效率化技术，否则技术异化就在眼前。

机器人果真能承担伦理责任吗？如果仅仅从后果主义立场出发，表面上看机器人确实存在责任分担问题。特别是当机器人作出了有益于人类之事时，设计者和运营商就会"贪天之功为己有"，把功劳归于自己；而当机器人作出了有损人类利益的事情时，设计者和运营商就可能把自己的责任推得一干二净，把责任全部推给机器人。从此可以看出，承担何种责任、如何承担责任，这根本不是机器人伦理问题，而是人类自己的伦理问题，特别是机器人设计者和运营商的道德问题，这需要严肃认真地加以科学区分。从目前讨论的情况看，关于机器人的伦理责任归属存在三种不同的观点：有责任、无责任和部分责任。[②] 主张"有责任"的理由是机器人实施了行为，应该至少是行为主体之一，"好汉做事好汉当"。主张"部分责任"的理由是，人与机器人是一个整体，所以伦理后果应该由机器人设计者、使用者、机器人和运营商共同承担。主张"无责任"的理由是，机器人根本就不是"人"，只是机器人设计者、制造商和运营商获利的工具。我是"无责任"观点的支持者，机器人不能也无须承担伦理责任，人类是伦理责任的唯一承担者。

一般而言，责任存在需要三个基本前提：第一，独立的行为主体，包括行为个体与群体，排除人身依附性；第二，基于行为的自由选择，自己选择的自己负责，排除人为的强制或胁迫；第三，行为自知，即对行为选择有明确的自我意识，知道自己在干什么及行为的后果，排除盲目、无知、无意的行为。这些条件适应于对人类所有责任的认定，特别是伦理责任、政治责任、法律责任、经济责任等。从依附性上看，机器人是人类科学技术发展的产物，进而言之，它是人类活动的对象化。这种主客二分虽然有简单化的危险，但也是人类认识论的基本前提，从主客关系讲，机器人就是依赖于人，从设计到编程再到算法，完全是人在"操纵"。就自由意志而言，机器人本质上就是机器，尽管科学家们一再强调机器人也会有

① 〔美〕皮埃罗·斯加鲁菲：《智能的本质：人类智能与机器领域的 64 个大问题》，任莉、张建宇译，闫景立审校，北京：人民邮电出版社 2023 年版，第 166 页。

② 参见崔中良《伦理的人工主体：人工智能的伦理挑战及其应对方案》，《马克思主义与现实》2023 年第 2 期。

“意志”、有“情感”，甚至会有“慈悲心”“无私心”，但是这些都不过是程序“植入”的结果。从自知性上看，即使机器人真的有意识，即能有对对象物的“刺激—反应”模式，但这也仅仅是生物性的，人类的高明之处在于能“意识到自己在意识”，即有“自我意识”。“承担责任需要知道行为内容、行为后果，也能回想起自己的行为。”① 可见，机器人显然不具备上述三个条件，根本不可能承担责任。也许，我们有能力使机器人成为可以通过“道德图灵测试”的“道德机器”，② 但是人类作为机器人的发明者和创造者，绝对不能放弃对机器人的规制，并且要预测技术发展的多种可能性，切实维护好人类的基本价值原则和基本伦理责任。不要天真地期盼机器人会“效忠”人类，主动承担责任，“如果人形机器人变得更加能干并且具备了只有人类才有的认知能力和意识，那么现实的问题就是，它们是否仍会‘效忠’我们”。③ 单纯从技术层面和机器人争责任主体地位是没有意义的，甚至在机器人面前产生自卑情绪的行为也是可笑的。戈尔德·莱昂哈德认为：“如果‘仅仅作为人’还不够好，如果作为人还太笨拙，为什么不用技术来加强、来改善你自己呢？为什么不让技术成为你的‘第一天性’，拉平我们与机器之间的差距呢？”④ 他从根本上忽略了所有科学技术都是人类创造的这一基本事实，人类应对自己发明创造的技术负责，而不是看技术的强弱来确定谁是责任主体。诚如爱因斯坦所言，科学技术“是一种强有力的工具。怎样用它，究竟是给人带来幸福还是带来灾难，全取决于人自己，而不取决于工具。刀子在人类生活上是有用的，但它也能用来杀人”。⑤ 承担责任涉及两个方面，一是担负责任，二是具有可解释性。⑥ 在弱人工

---

① 〔奥〕马克·考科尔伯格：《人工智能伦理学》，周薇薇、陈海霞译，上海：上海交通大学出版社 2023 年版，第 81~82 页。

② 〔美〕温德尔·瓦拉赫、科林·艾伦：《道德机器：如何让机器人明辨是非》，王小红主译，北京：北京大学出版社 2017 年版，第 60~62 页。

③ 〔美〕约瑟夫·巴-科恩、大卫·汉森：《机器人革命：即将到来的机器人时代》，潘俊译，北京：机械工业出版社 2015 年版，第 213 页。

④ 〔瑞士〕戈尔德·莱昂哈德：《人机冲突：人类与智能世界如何共处》，张尧然、高艳梅译，北京：机械工业出版社 2019 年版，第 122 页。

⑤ 《爱因斯坦文集》第 3 卷，许良英等编译，北京：商务印书馆 1979 年版，第 56 页。

⑥ 〔奥〕马克·考科尔伯格：《人工智能伦理学》，周薇薇、陈海霞译，上海：上海交通大学出版社 2023 年版，第 82 页。

智能那里，行为决定也是透明的、可解释的，但进入超人工智能领域，如通过神经网络深度学习的人工智能，其思维就不透明了，这是否意味着可解释性来自机器自身呢？而客观事实是机器解释不了，最终还是由人类来解释，人类最终还得承担责任。

再从责任的三个基本向度来看，责任的向度一般有“从集体责任到个体责任；从外部责任到内部责任即心理责任；从向后看的责任（对过去负责、过失）到向前看的责任（对将来负责、职责）”。[①] 人工智能的伦理责任是一种集体责任，即由研究者、设计者、应用者、运营者多主体共同构成的责任，而非人工智能本身应承担什么责任，更不是机器人的个体责任。责任往往是由外在规制转变为主体“责任感”的过程，比如，强制性的外在义务久而久之会转化为一种强烈的义务感，真正意义上的责任是客观要求与主观愿意的统一，是从“没有办法，必须履行”到“我愿意履行”的过程，机器人是不具备这种心理转换能力的。如果硬要说机器人负某种责任，那也是设计者或运营商“强加”于它的，机器人无法意识到自己有什么责任，这就不是责任。责任从时间上讲还有过去、现在和将来三种形态，对责任人可以追责、问责。现代技术发展如此飞速，人工智能技术更是日新月异，今天的这个机器人可能就不是明天的那个机器人，也许“躯壳”没有变，但组件和程序可能全变了，这如何划定责任？有学者担心超级智能人的出现会产生取代人类的危险，所有的责任都将是超级机器人来“扛”。尼克·波斯特洛姆就提出，可能出现“超级智能”，令人类面临前所未有的“整体存在性风险”，“如果有一天我们发明了超越人类大脑一般智能的机器大脑，那么这种超级智能将会非常强大。并且，正如现在大猩猩的命运更多地取决于人类而不是它们自身一样，人类的命运将取决于超级智能机器”。[②] 这种悲观论调无疑是想否定人类作为唯一的责任主体地位。在讨论自动驾驶中人机责任问题时，人们普遍担忧的问题也是，“自动驾驶过程完全由机器做出决策，人类不再占据主导

① 〔苏〕伊·谢·科恩：《自我论》，佟景韩等译，北京：生活·读书·新知三联书店 1986 年版，第 459 页。

② 〔英〕尼克·波斯特洛姆：《超级智能：路线图、危险性与应对策略》，张体伟、张玉青译，北京：中信出版集团 2015 年版，第XXV页。

地位。”[①] 其实机器人之所以能决策，是人在设计机器人时对自动驾驶的多种可能性进行充分考虑，人是真正的控制者，自动驾驶的责任始终是人自身的责任。

伦理责任较之于其他责任是一种特别的责任，一方面，在个体层面是一种道义的责任，往往与“应该的”义务相关，即没有做应该做的就是放弃道义或背叛道义；另一方面在社会整体层面是维护正义的责任，往往与“应得的”权利相关，损害了他人的应得，你也不能得你应得。因此，对伦理责任的规定应该遵循更加严格的前提条件，采取非常慎重的态度，不要把伦理责任轻易强加于谁或某种存在物，因为伦理责任需要满足“终极责任”的基本要求，它不仅要求行动者采取行动的时候能够具有“真正开放”的取舍，也要求行动者要在“根本上”对其采取的一切行动和任何行动及其根据负责。[②] 也许机器人在完成人类的某种任务时，表面上呈现出主动、自觉的决策特征，但它出现失误，造成对人类利益的损害时，它是无责的，因为这背后还是技术问题，技术问题就是人的问题。如果人类没有这种责任担当，科学技术就可能变成“杀人武器”，因为我们沉沦在“机器人也可有责”的思维误区之中。我们不能因为出现了所谓情感机器人，就自认可以建立好人机互信关系，机器如何信赖人类呢？就因为“对于人类的命令，机器先进行风险评估，若风险可控，则予以执行，否则，拒绝执行并给出解释”，[③] 我们就认定机器会信任人类？即便机器信任人类，我们也不能因为人机可能存在互信关系而放弃人类的最终责任。赫拉利在《人类简史：从动物到上帝》的结尾提醒世人，人类虽然拥有了强大的能力，但比以往任何时候都更不负责任，仅仅寻求自己的舒适和娱乐，而不惜掀起一场场灾难。人类正“拥有神的能力，但是不负责任、贪得无厌，而且连想要什么都不知道。天下危险，恐怕莫此为甚”。[④] 尽管我们还无法断定人工智能是不是人类历

---

① 莫宏伟、徐立芳：《人工智能伦理导论》，西安：西安电子科技大学出版社 2022 年版，第 116 页。

② 徐向东：《权利、正义与责任》，杭州：浙江大学出版社 2021 年版，第 305 页。

③ 于江生：《人工智能伦理》，北京：清华大学出版社 2022 年版，第 445 页。

④ 〔以色列〕尤瓦尔·赫拉利：《人类简史：从动物到上帝》，林俊宏译，北京：中信出版集团 2017 年版，第 392 页。

史上又一场灾难，但持谨慎批判的态度是必要的。

四　我们是否需要机器人伦理

在人机关系的伦理调节中还出现了另外一种声音，那就是由人机共存衍生出的人类伦理与机器人伦理并存的理论主张。这就意味着，我们在人机关系伦理讨论中还有一个主张，就是认为目前人机边界越来越模糊，人类机器人可以“通用”一套伦理规则，或者有专门的机器人伦理。“在机器人伦理的发展过程中，人类工程师是否必须将自己的伦理学规范置于机器人之中，或者我们是否能够逐渐设计或发展出一种伦理规范，它不适于智人，但适用于不同自身和能力的机器人?”[①] 机器人会拥有自己的伦理规范体系吗？或者说有所谓的机器人伦理吗？玛蒂娜·罗斯布拉特认为：“一旦被创造出的有意识的思维克隆人——即智能的、有情感的、活的虚拟人，成为一个普遍的人类追求，我们将面对很多新的个人问题和社会问题，因为它从根本上扩展了‘我’的定义。”[②] 在这里，这个“我”就是主体，机器人就是扩展或延伸的“我”，机器人之“我”非自然人之“我”，机器人尽管是虚拟人，但也是“人”，是与真正的人可以平行相处（共存）的，机器人的“我”有自己的伦理学。

因此，目前对“机器人伦理”出现了三种不同理解：一是基于人类自身职业伦理和责任伦理的机器人伦理，即既然人类创造了机器人就应该在机器人设计的应用中遵守人类最基本的伦理准则；二是认为随着机器人自主性的增强，我们应该对它们制定伦理准则，以保证我们制造的机器人不给人类造成伤害；三是认为机器人学的科学共同体总有一天会创造出一种可以进行道德行为新物种，虽然其结果可能需要一定的时间，但完全自主式的道德行动体终究会被制造出来。[③] 上述第三种大概就是赛博格

① 〔美〕帕特里克·林、凯斯·阿布尼、乔治·A. 贝基主编《机器人伦理学》，薛少华、仵婷译，北京：人民邮电出版社 2021 年版，第 364 页。

② 〔美〕玛蒂娜·罗斯布拉特：《虚拟人——人类新物种》，郭雪译，杭州：浙江人民出版社 2016 年版，第 3 页。

③ 〔美〕帕特里克·林、凯斯·阿布尼、乔治·A. 贝基主编《机器人伦理学》，薛少华、仵婷译，北京：人民邮电出版社 2021 年版，第 354~255 页。

(Cyborg)视域中的人机关系，以及在此基础上出现的“超人类”(transhuman)和“后人类”(posthuman)概念。“超人类主义属于前瞻式反思人类的潜能与本质，后人类主义是回顾式反思人的起源及因果联系。”[①] 无论“超人类”还是“后人类”的概念，都是认为在人类未来多样化的世界性和空间性中，存在多种行动实体，包括超人类、外人类、非人类和作为腐殖质的人类等。前两种机器人伦理是存在的，因为它强调了人对于机器人的主体性，而第三种认为机器人本身有伦理，这种伦理是不存在的，人赋予机器人的伦理本质上还是人的伦理，机器人只不过是把人的伦理世界关系搞得有些复杂而已，机器人自己的所谓伦理是没有必要的，也无法实现。

对机器人本身施以伦理，主要是人们出于对机器人发展的担忧，于是产生出对机器人设计者、生产者、运营者和机器人本身的双重伦理控制的想法，从而有效避免人工智能的伦理风险。因为“人工智能技术能力日益增强，特别是当人工智能进入深度学习与情感交流阶段，可以进行团体协作行动时，也就是说当人工智能开始挑战、突破甚至完全脱离人为其设计好的初始算法而自我创制新算法时，人工智能必然影响整个人类社会发展”。[②] 这种担忧可以理解，但有三个问题需要深入思考，从而消除这种担忧。第一，人工智能自己创新的算法改变的是机器程序还是伦理秩序？第二，机器人是否真正拥有实现第一人称的自我意识和审慎式道德能动性？第三，机器人是否可以意识到它拥有机器人伦理并要努力去实现这一伦理？

技术的运用实质上是一种问题的解蔽方式，但解蔽的过程往往隐藏着难以估计的风险，人们可能在人工智能技术过程中被技术所“绑架”，人工智能算法就是其中之一。算法是人工智能技术的基础，人类已经开始将部分事情的决定权转移给具有高度智能的算法，但开发者有可能将其自身所持有的价值偏见植入算法中，甚至存在非法篡改算法参数的风险。[③] 虽然算法可以根据人下的各种指令编程，甚至“自作主张”，但由于算法目

① 陈小平：《人工智能伦理导论》，合肥：中国科学技术大学出版社2023年版，第208页。
② 王东、张振：《人工智能伦理风险的镜像、透视及其规避》，《伦理学研究》2021年第1期。
③ 谭九生、杨建武：《智能时代技术治理的价值悖论及其消解》，《电子政务》2020年第9期。

前在学习、推理、联想、产生新判断等能力上不够强大，难以解释行为背后的决策逻辑。因为只有人类行为具有主观动机性和意向性，机器人是不具备的，机器人是完全依靠学习进程中接收的数据来形成对世界的“认知”的，其本质还是人的“编程”。如果有机器人在决策时的所谓道德偏见，那也只不过是设计算法时技术人员的主观选择和判断，并且他们是否真正能把自己所信奉的全部道德规则与法律写进程序也是值得怀疑的。加上目前的技术壁垒，如机器学习算法的“黑箱”属性、数据支撑的不足、多语境系统的有限性等，通过改变算法来提高决定的正确性与稳定性，建立人工智能自身伦理秩序，继而达到改变“以人为主”的伦理关系格局，实现人的伦理与机器人伦理并存的目标，暂时还不可能。

长期以来的哲学基本观念是，人的能动性是人与动物的区别，也是人与其他存在的根本区别。即便在程序设计上机器人可以根据自己的机械推理而改变某种程序，获得一些新的“表现”方式，这种改变也是机器人无法“自知”的，它无法实现概念推理与经验感觉的统一，无法形成自我意识，意识不到自己在意识。比如，现在的社交机器人会说话，但它根本意识不到自己在说话，其“言说”的意义只存在于听者（人类）的心智中，“这种意义或许能够体现在机器人身上，但并不体现在言说本身”。[①]“很明显，机器人的本性并不是我们人类所拥有的生物本性，机器人的本性主要还是由工程师或设计者决定。”[②] 但值得我们注意的是，人机交互系统研究已经有了四个明确的发展方向：主动地推荐、自主地学习、自然地进化、自身的免疫。其中自主地学习所体现的智能的自主性是最关键的。人工智能的自主性问题又有四个方面：自主应该具有记忆功能而不仅仅是存储，能够产生直觉与联想；自主应该具有选择性，而选择具有单向性；自主应该具有匹配性、是双向性的；自主应该还可以被控制。[③] 从目前来看，机器人还不具有可以完全脱离人的控制的“自主性”，即使社交机器人可以

① 〔美〕帕特里克·林、凯斯·阿布尼、乔治·A. 贝基主编《机器人伦理学》，薛少华、仵婷译，北京：人民邮电出版社 2021 年版，第 360 页。

② 〔美〕帕特里克·林、凯斯·阿布尼、乔治·A. 贝基主编《机器人伦理学》，薛少华、仵婷译，北京：人民邮电出版社 2021 年版，第 364 页。

③ 刘伟：《追问人工智能》，北京：科学出版社 2019 年版，第 77 页。

依靠人类认知能力和社交能力的深度模型而展现出类似人类的社交智慧，也只不过是延伸了人的主体意识和伦理思维，它充其量就是一具“木偶”，机器人不可能拥有生物学意义的人类道德自主能力和判断能力，也就不具有机器人的伦理规范体系。

机器人要意识到它拥有机器人伦理并要努力去实现这种伦理，需要两个前提条件：伦理上的自我意识与行动上的伦理目的性。伦理上的自我意识主要有两层含义：一是指伦理主体能够清楚地意识到自己的伦理信念、伦理立场、伦理判断能力及可能的行为后果，即对伦理上的动机、后果与责任非常了解；二是这种伦理意识的形成是自由自觉学习、修炼的结果，即这种伦理意识是经过了生命体验的道德经验。行动上的伦理目的性，指伦理主体对行动目标及其价值有明确的了解，而不是处于一种模糊性的“打赌”状态。如果机器人意识不到自己“在伦理”，那么试图建立一个像人类一样拥有伦理判断能力和行为能力的智能体的行为就不可能成功。因为没有伦理自我意识，就不可能真正获得自主性的道德能力，也不具备获得伦理知识的能力。尽管后人类主义者认为，人类是有缺陷的，应该让人工智能接管人类，但人本主义坚持认为应该确保人工智能不要失控，确保机器人做人类想做的事情，充分尊重人类的权利。在这个层面上人本主义是一种负责任的思想主张，如果我们需要机器人伦理，那这种伦理也只能是人本主义意义上的机器伦理，即对机器人的设计、制造、运营、应用的全过程进行伦理监控与规约，防止机器危害人类与社会，这是一种积极的、正向规约的伦理。机器人在执行人类所设计的道德指令时，也许有算法与程序的选择，但绝无明确的目的，它不具备趋向于达成目的的内在“动机”，仅仅是被动完成程序的设定。

所谓与人类无关或可以与人类并存的机器伦理只不过是人类伦理价值观念和想象的植入，充其量是人类在防范人工智能风险时在机器人身上的“伦理投入”，这种投入必须是人本主义而非技术主义的。人本主义的科学内核就是“人是目的不是手段”，“人工智能归根结底是人的本质对象化，它不可能也不能够拥有与人同等的地位”。[①] 目前不是去思考人类与机器人

① 周玄、赵建超：《人工智能的伦理困境与正向规约》，《江西社会科学》2022 年第 10 期。

如何共生的问题，而是要确保人类对机器人的支配权与管理权的问题，这意味着人类必须理性而慎重地研发和使用人工智能，而不是一味地害怕人工智能风险而把自身退却到被动（次要）地位，不是寄希望于人工智能伦理和机器人的“伦理自律”。

第十五章　虚拟与现实

从个体意义上讲，自由与责任是道德学要处理的关系，但如果将其置于网络世界，其则是伦理协调的对象，因为网络本身出现了虚拟性与现实性伦理关系。网络技术的发展突破了时间和空间的束缚，将整个世界带入网络社会时代，进入“时空压缩”的发展阶段。从历史发展看，伦理的内容会随着时代的变迁进行渐进式的调整。随着人们生产、生活方式的变化，交往方式也会发生改变，相应地，规范这些生产、生活和交往方式的伦理也会随之作出相应的渐进式调整。但是，网络社会的出现大大加速了这一过程。“网络向人们展示了全球联网的广阔前景，将每个人互相联结起来，将所有计算机设备联结起来，提供了对任何一种可能想象得到的信息的前所未有的、无可比拟的访问能力。”① 尤其是近几年新媒体技术的飞速发展，更是为人类带来了全新的生存生活环境，深刻影响了人们的交往方式、思维方式乃至整个生存方式。虚拟社会、赛博空间、云计算、大数据等概念离人们的生活越来越近。网络无处不在，它蕴藏了巨大的潜能，不断形成着新的社会交往空间。但遗憾的是，与之相应的伦理规范却没有跟上，甚至在不少领域出现伦理“真空”。网络社会是一种特殊的社会存在方式，是一个虚拟世界和现实世界结合的社会，是人类生存的第二空间。网络空间促进了文明的发展，同时也引发了一系列的全新的伦理问题。诚信危机、虚假信息、隐私侵犯、网络犯罪等伦理失范现象层出不穷，如何构建有效的网络伦理成为网络治理必须面对的重大课题。

---

① 〔美〕鲍勃·海沃德：《Internet 现象评析》，《网络与信息》1997 年第 4 期。

一 网络社会：伦理的另类栖身地

网络是一个由计算机、服务器、传输设备相连接组成的，并通过“传输控制协议（TCP）”和“网络间协议（IP）”形成的平台，诞生于20世纪40年代。人类社会进入20世纪90年代以来，网络以一种不可阻挡之势迅速火遍全球，几乎将全世界所有的国家和地区都联结在了一起。网络的建立和发展，为人类开拓了一个新的生存空间——网络空间。正如原始社会以石器为标志、农业社会以铁器为标志、工业社会以蒸汽机为标志那样，网络是信息时代的重要标志。网络既是有形的，因为它离不开通信设备以及计算机等设备，又是无形的，因为它所蕴含的是浩如烟海的信息流。正是这种特质，导致网络实际上成为一种信息载体、一种生存空间、一种生活方式、一种新的伦理栖身地。网络社会是一个虚拟的社会，但同时其也具有现实性。作为人类生存的第二空间，网络因为有了人的参与而被赋予了社会意义，从而形成网络社会。网络社会是一种新的社会形态，也是一种新的社会模式，是人类的网络活动结成的社会关系与作为机器和媒介而存在的网络的有机结合。网络社会不同于我们现实存在的社会，但它与现实社会密不可分，是人类社会发展进程中的特殊形式，代表着人类社会生产方式和生活方式的新变化和新发展。它是一个虚拟的社会，但同时又是人们对现实社会理想化的再现；它是技术的产物，同时又超越了技术的界限而延伸到人类的现实生活中，是虚拟性与现实性的统一，同时也体现出伦理协调的特殊性。

（一）作为虚拟世界的网络社会

“媒介是人体的延伸，任何一种新技术或新媒介的出现，都是人的一种新的器官的延伸。”[①] 网络不仅延伸了人的视觉、触觉、听觉，而且更重要的是彻底改变了人的生活交往方式，创造出了一个全新的世界和崭新的人类环境。人们在网络空间中结成了各种各样的社会关系，最终使网络空

① 〔加拿大〕马歇尔·麦克卢汉：《理解媒介：论人的延伸》，何道宽译，南京：译林出版社2011年版，第50页。

间变成拟社会的“网络社会”。以计算机为节点的“物的网络”与以人为节点的“人的网络”的复合使得网络空间既成为我们生活的一部分，又成为我们生活的空间。网络社会是一个由数字和符号构建而成的一个虚拟社会，网络社会的形成和快速发展意味着“人类从现实性的生存方式和思维方式进入到虚拟性的生存方式和思维方式”①。人们在这样一个以数字存在的虚拟空间当中以一种崭新的生活方式开展自己的活动。网络社会的虚拟性主要表现在数字化、信息化、超时空化以及构造性等几个方面。网络社会的数字化其实就是人类现实社会的延伸，网络社会建立的基础就是数字信息的编译、控制以及传播交换，人类在网络社会当中的所有活动都是通过数字化的信息所表现出来的。在数字化的基础之上，人们通过网络平台可能在任何时间、任何地点进行交流，无论是声音、图像还是文字都能够通过数字化技术处理之后在网络中进行组合和传播。这也就直接改变了人们的交往方式，人们获取信息的能力空前提高，获取信息的速度也得到前所未有的提升，获取的信息内容更为形象生动。数字化高效传播信息的同时也带来了网络社会的最大特性——匿名性。网络社会信息的传播都是通过数字来完成的，网络主体在传播和接收信息的过程中对于对方信息的了解极其有限。现实生活中人与人的互动表现为“现实人—现实人”，而网络社会中则表现为“网络人—网络人”。现实生活当中人与人互动时或多或少会有一定的“身份感”，会对对方的信息有一定的了解，而网络社会当中人与人的交流过程中双方的“身份感”随着数字化的出现而消失，互动双方可能都不知道对方的社会地位、社会角色，甚至连对方的性别都无从知晓。互动过程当中能够获取的信息也只有对方的兴趣、爱好之类，换一句话说，在网络的世界当中人与人之间的交流是完全平等的，是不存在身份、地位差异的，在网络这一虚拟的空间当中，“网络社会中‘个人—个人’的关系可以简单地归结为‘情感人—情感人’的关系”②。网络社会的虚拟性的另一个表现就是信息化，信息化的过程其实就是网络发展的过程，是人们通过网络技术手段提升开发网络资源的能力，进一步推动

---

① 陈志良：《虚拟：人类中介系统的革命》，《中国人民大学学报》2000 年第 4 期。

② 童星、罗军：《网络社会及其对经典社会学理论的挑战》，《南京大学学报》（哲学·人文科学·社会科学版）2001 年第 5 期。

"网络人"生活方式变革的过程。网络社会中符号按照一定的规则排列组合之后就形成信息，一种抽象但同时又无所不在的存在，一种不同于物质和精神但又具备物质和精神某些特性的存在，作为一种中介联系着物质和意识。网络社会中信息是无处不在、无时不在的，网络主体可以在任何时间、任何角落通过网络与任何地方的其他的网络主体进行各种形式（声音、图像、文字等方式）的信息交流，获取自己生活中所需要的各种信息资源。网络将世界不同地方、不同时间的信息资源整合到一起，信息的普遍享有成为网络社会的重要特征，世界任何角落的个人或者机构能够通过网络获取其他地方的信息资源，不同地方的信息资源也能够通过网络为人们所开发和利用，网络社会的信息资源也逐步成为人们生产和生活的必需品。网络社会的信息化其实也反映出其超时空化特征，信息的传播已经打破了时间和空间的界限，信息资源通过网络这一传播媒介实现了快速、跨区域的传播，这也就意味着人类社会在时空范围的跨越式扩张。网络社会打破了物理空间的束缚和局限，它不能像现实世界一般为人们的交流提供一个实体的区域，但是作为一个交流平台，网络社会为人们提供了一个虚拟的空间，在这样一个虚拟空间当中"网络人"的"空间感"逐步淡化甚至于消失。现实社会当中人们对于人和物的认知都是通过感觉器官来接触而形成，而在网络社会当中无论是人还是物都不需要处于同一时间和空间当中，交流完成了对时间和空间的超越。网络社会的虚拟性的再一个体现就是其构造性，它是在网络技术快速发展的基础之上由人构造出来的。作为一个自由开放的空间，网络社会没有身份、地域的限制，"在这里，人类的想象力有了它的用武之地，人类的确能从中获得现实社会中无法获得的创造力与契机"①，只要网络参与者遵循一定的规则，网络社会随时为之开启。

（二）作为现实世界的网络社会

网络社会的虚拟性在其与现实社会之间有明显的界限，也表现出其与传统社会最大的不同，但是我们也不得不承认网络社会在具有虚拟性的同时也是与现实社会分不开的，其具有一定的现实性。网络社会能称为社会

① 默然：《网络时代的哲学问题评述》，《学海》2000年第6期。

首先因为其具备现实性，这是社会最明显的特点。“社会——不管其形式如何——是什么呢？是人们交互活动的产物。”①“诸现实的个人相互联系、交互作用、彼此交往，其结果造成社会，社会就是这种联系、交往、作用本身”②，社会是人与人相互交往而形成的结果，网络社会亦是如此。虽然说网络社会是以网络为依托和中介发展起来的，但从根本上来看人依旧是其存在的主体，其从根本上体现的依旧是现实的人与人之间的交往，“当人们之间的交往达到足够的频率和密度，以至于人们相互影响并组成群体或社会单位时，社会便产生和存在了”③。网络社会将“人—人”的交往模式转变为“人—网络—人”，但其最终体现的依旧是“人—人”的关系，是人与人之间交往的产物，网络发挥的更多的是一种中介的作用。由此看来，尽管网络社会与传统的现实社会有着不同的生活表达方式，但其依旧处于社会生活的范畴之内，具有现实性。从本质上看，网络社会实际上属于人类社会的有机组成部分，是现实社会在网络空间的延伸。网络社会并不是凭空产生的，网络社会的参与主体也并非凭空出现的，网络社会运行所遵循的各种规则和所需要的各种要素同样也不是突然就冒出来的。无论是网络社会的基础，还是网络社会的参与主体，抑或网络社会运行的各种要素，均直接或间接地来源于现实社会。这就天然地决定了，网络社会与人类现实社会的不可分割性。沿着这一逻辑进一步推演可以顺理成章地说，网络社会无疑是人类社会的有机组成部分。网络社会是伴随着新的技术的出现和发展而产生、发展的，但是这并不意味着网络社会就是一种“空中楼阁”。事实上，如果没有现实社会的积淀，就必然无法催生网络这一新的技术，也无法推动网络社会的出现和发展。网络社会的参与者虽然表现为“符号化”的虚拟个体，但其本质上仍然是活生生的“现实人”；网络社会的运行过程，实际上就是这些现实的主体之间进行互动、发生关系的过程。通俗地讲，现实社会的参与者与网络社会的参与者实际上是一种“本原”与“镜像”的关系——现实社会的参与者是“本原”，而网络

① 《马克思恩格斯选集》第4卷，北京：人民出版社1995年版，第532页。

② 康健：《试论网络社会及其特殊的现实性》，《中共中央党校学报》2002年第3期。

③ 袁亚愚、詹一之：《社会学——历史·理论·方法》，成都：四川大学出版社1989年版，第39页。

社会的参与者则是“镜像”；如果缺少现实社会参与者这一“本原”，网络社会参与者这一“镜像”是不可能存在的。换言之，网络社会的参与者虽然是一个个“符号化”的虚拟主体，但是这些主体在现实社会是有对应的活生生的、具象化的人的。这就注定网络社会脱离不开现实社会的限制。与此同时，网络社会的在线活动，还必须依赖于现实社会为其提供的物质基础。从社会发展来看，传统现实社会中的人全部或大部分将成为基于互联网架构的电脑网络空间的网络社会的成员，由此构成了一个与现实社会相对应的网络社会，网络社会与现实社会彼此互补、完善，推动人类不断进步。由此可以轻而易举地发现，网络社会是一个主体以符号化的方式存在和参与的社会，它构筑在一定的现实社会为其提供的一定的物质和资源基础之上。事实上，网络社会是一种虚拟状态的、不可见的社会，其外显的、为人所能够感知到的东西，实际上是诸如电脑、传输设备等设备。这些设备无疑都是现实社会为网络社会提供的。在这个意义上自然可以说，网络社会的在线活动，必须依赖于现实社会为其提供的一系列物质层面的基础。网络社会并非凭空产生的，而是在现实社会的技术和积淀到了一定程度后自然或不自然地生发出来的；同时，网络社会的参与主体是活生生的现实的人在虚拟世界的映射，也就是说，现实社会的参与主体是“本原”，而网络社会的参与主体则是“镜像”，二者之间这种“本原”与“镜像”的关系注定网络社会要以现实社会为根基。此外，网络社会所赖以存在的资源，诸如终端设备、数据传输设备等，以及图片、文字等信息，实际上都源于现实社会。这些论证就无可辩驳地论证了网络社会与现实社会的关系问题。

（三）作为虚拟现实世界的网络社会

网络社会同时具备现实性和虚拟性，但我们不能简单地将其概括为现实的或者虚拟的。网络社会是以现实为蓝本的虚拟，是现实性与虚拟性的统一，是虚拟现实。“世界正在经由从 A 到 B，即由原子（Atom）时代到比特（Bit）时代的转变，计算机科学与技术的进步在其中无疑起着关键性的作用。”① 网络社会出现之前传统社会是以原子为中心的存在，而网络社

① 康健：《试论网络社会及其特殊的现实性》，《中共中央党校学报》2002 年第 3 期。

会的发展使比特的地位越来越重要，网络成为一个新的空间，一个独立但又没有摆脱现实社会的网络空间。网络空间是独立的，是没有实体存在的，但是其并不是存在于现实生活之外的，而是在一般生活领域之外形成了一个独特的赛博空间，是虚拟性与现实性的统一。虚拟现实是“自从自然界创始以来人类可以利用的第一种新水平的客观上可共享的现实”，① 这也是网络社会的虚拟与现实统一的本质。与传统社会“被以各种形式分割成为片段和碎片的一部分、一部分的现实”不同，作为虚拟现实世界的网络社会实现了现实的共享。传统社会当中现实也是可以共享的，但是那是被分割的现实，其更多的带有被独占的性质；而网络社会则是不同于一般的社会现实，其虚拟现实首先是现实然后才是对现实的虚拟，是可以为大家所共享的客观现实。网络社会不能简单地概括为是“现实的”或者是“虚拟的”，同理“网络人”也不能被定义为“现实的”或者是“虚拟的”。网络社会当中，“网络人”的现实性和虚拟性很难被绝对分离开来，诚然，“网络人”是在一个符号的世界当中存在的，“在‘超现实’中，事物与观念、对象与再现、现实与符号之间的界线‘被爆破了’，现实、实在的根据也随之消失了，存在的只是由高技术生产出来的没有原型而互相模仿的各种符码”。② 但是“网络人”的活动是不可能独立于现实生活的，而是与现实生活重叠交织在一起的，准确地说，“网络人”的网络生活应当是与现实生活交织且相互作用的。“网络人”通过符号组合成信息来完成在网络社会中的活动，不同的符号代表着不同的信息，也就是说“网络人”在网络社会当中得以存在，或者说证明自己的存在，需要通过符号来建立区别于其他人的存在形象，这本身就带有一种塑造和扮演的性质。“网络人”的塑造和扮演使得网络主体在网络社会当中比在现实社会中获得更大的自由度。人在现实生活当中无法选择自己的性别、年龄、地位，同时也受制于习俗、时间、空间等，而在网络社会当中这一切都是可以改变的，性别、年龄可以被隐藏，社会地位可以被回避，习俗、时间、

① 〔加拿大〕德克霍夫：《文化肌肤：真实社会的电子克隆》，汪冰译，石家庄：河北大学出版社 1998 年版，第 61 页。

② 王治河：《扑朔迷离的游戏——后现代哲学思潮研究》，北京：社会科学文献出版社 1998 年版，第 73 页。

空间等限制条件可以被打破，一些在现实生活中无法得到的体验在网络社会当中都可以得到。“网络人”选择一种身份去塑造和扮演的过程就是其网络虚拟身份构造和完善的过程，虽然这也许仅仅是一个符号的存在，但不得不承认这个过程是现实人的情感投入的过程，主体不再是冷冰冰的符号，而是充满着情感的生命。虚拟与现实之间的界限被打破，两者相互交织、相互作用，网络主体作为“现实人”和“网络人”同时存在，在现实社会和网络社会当中都以真实的情感去获得生命的体验。网络社会的虚实结合特点，决定了伦理协调的指向是在虚拟的网络世界中让主体尽可能真实，在真实的世界里让人诚实，避免因虚拟而导致的真实人伦世界的瓦解。

二　网络世界的伦理问题

网络的出现使得人类社会的交往形态、交往模式、交往过程都发生了翻天覆地的变化。“网络蕴藏着无尽的潜能，承载着无尽的信息，不只对于信息资源的共享和信息资源的快速传递起到了无与伦比的巨大作用，而且正在融入人的生活，改变着人类社会经济、政治和文化的传统观念。”[①]与这种变化相伴，人类社会生活的一部分逐渐从线下转移到了线上，从而导致现实社会中的伦理规范必然要作用于网络空间。作为一种技术，网络创建了一种全新的交往方式和生活方式。一方面，人们的网络行为被赋予了“数字化”的特点。在网络上，主体所看到的形象、听到的声音实际上都是数字的终端显示。极端一点说，人也变成了一种符号化的存在。而这种存在往往使得人与人之间的现实联系减少。另一方面，网络为人们提供了充分施展各种能力的空间，给予人一种前所未有的自由感。此外，网络还打破了国家概念当中特有的“地域”和“国境”的概念，使得人与人之间的联系突破了时间和空间的限制。伴随着交往方式的变化，人们之间的伦理关系同样也发生了变化。一方面，虚拟社会的泛滥使得人们的社会责任感逐渐淡化和削弱；另一方面，网络社会中的人际关系逐渐疏远；此外，网络的匿名性使得侵犯他人隐私和网络犯罪的成本大大降低。“这

① 黄寰：《网络伦理危机及对策》，北京：科学出版社 2003 年版，第 17 页。

种‘技术步伐比伦理步伐急促得多’的现状，很可能对现实社会构成某种威胁。”[①] 与之相伴，网络伦理问题也就产生了。

第一，网络欺诈多发。所谓网络欺诈，指的是“部分网络使用者利用自己掌握的先进网络技术，在网上非法散布虚假信息，或者篡改各种保密数据，盗取某些知名机构的信息，诱导网民，非法获取他人信息、实物或金钱的网络犯罪行为”。[②] 网络上曾经大行其道的网络钓鱼行为就是典型的表现——通过大量发送声称来自银行或其他机构的欺骗性邮件，意图诱使收信人给出敏感信息，并以这些敏感信息获利。还有一些人利用网络交易平台，以网络渠道出售假冒伪劣产品，不当获取消费者的钱财。还有一些人以销售网络游戏中的虚拟货币的名义诈骗钱财。此外，还有一些人利用情感手段，借助网络空间的虚拟性、匿名性特征设计情感陷阱来进行诈骗。在网络信息时代，人们的工作和生活越来越离不开网络。网络正在以无形的方式嵌入人们的日常领域当中，网络诈骗也就日渐增多。综合地看，网络诈骗大致有以下几个特征。一是犯罪成本低，伴随着网络技术的发展，犯罪分子只需要一台终端机，就可能将犯罪的触角伸向世界各地。特别是各种软件的开发，更使得犯罪的成本大大降低。二是犯罪过程隐蔽性高。由于网络的匿名性、虚拟性等特征，实施网络欺诈的犯罪分子可以隐藏于网络背后进行违法活动。从过程来看，犯罪行为和信息传输以数字化的方式呈现，打破了现实空间的束缚，极大地提高了网络欺诈的隐蔽性。此外，在对违法活动调查和取证过程中，相关信息由于以电子化的方式存在，极易被删除或修改，而犯罪行为发生的时间较短，导致调查取证的难度很大。网络欺诈的简单化、匿名性、隐蔽性等特征，导致网络诈骗具有间接性，进而催生了形式多样的网络欺诈。其中比较典型的包括：在一些知名网站上以显著低于市场价的价格发布热门产品，采取折扣优惠、低价甩卖等方式进行欺诈，或打承诺牌，例如“保质保量”“假一赔十”等，从而骗取买家的定金；以“中奖”的

① 〔美〕理查德·A. 斯皮内洛：《世纪道德：信息技术的伦理方面》，刘钢译，北京：中央编译出版社1999年版，第86页。

② 鲁兴虎：《论网络社会交往中的个人诚信缺失现象及其治理》，《道德与文明》2006年第5期。

名义吸引顾客关注，然后以税费、手续费、保险费等名义诱使顾客向指定账户汇款；在网站上大打广告，以低额的风险值和高额的投资回报率来吸引投资者，从而诈骗钱财；还有以帮助受骗者解决某些问题而进行的诈骗，例如承诺帮助解决工作、出国等难题，引诱受骗者支付款项。

第二，网络谣言盛行。事实上，谣言古已有之，并不稀奇。但是互联网技术的发展普及，使网络成为一种谣言传播的“革命性”技术，极大地助推了谣言的传播速度和传播领域，使得网络谣言的危害范围更大、危害时间更久。在这一点上，也可以说网络谣言是传统谣言与新技术结合而催生的一种负面力量。互联网技术的发展为人类的交流带来了极大的便利，同时也为网络谣言的散布和传播提供了极为便利的条件。在当今的互联网时代，散布和传播一些不真实甚至谬误的网络谣言变得非常简单，论坛、贴吧、微信朋友圈以及微博等都成为网络谣言传播的重要工具。近年来，网络谣言愈演愈烈，特别是在发生重大自然灾害或者是重大公共事件的时候，各种版本的小道消息借助网络不断传播，严重危害了社会的稳定，破坏了社会的秩序，导致人心惶惶，并引发了一系列的伦理危机。“谣言是一种以公开或非公开渠道传播的对公众感兴趣的事物、事件或问题的未经证实的阐述或诠释。”① 历史地看，谣言的破坏力相当大，“三人成虎”“众口铄金，积毁销骨”等古语，都无可辩驳地体现了谣言的可怕力量。随着网络时代的到来，谣言的传播又多了一个途径——互联网。谣言传播的内容一般具有不确定性，内容又多是与公众的生活密切相关的事情或者涉及某一个重大的社会事件，极具吸引眼球的力量。借助互联网传播这一“革命性”手段。近年来，网络谣言的大肆传播对正常的社会秩序造成不良影响，严重损害了一些公众人物、公共组织以及政府的形象。

第三，侵犯个人隐私。伴随着网络社会生活的增多，现实社会当中个人隐私的保护受到了前所未有的挑战，在网络空间当中保护个人隐私成为网络诚信必须面对的重大考验。在网络空间当中，人们提供的信息和资料是以数字信息的方式存在的，客观上便于为黑客所窃取，而个人隐私的泄露无疑会使得个人尊严遭到侵犯，导致正常的工作、学习和生活受到严重

① 巢乃鹏、黄娴：《网络传播中的“谣言”现象研究》，《情报理论与实践》2004年第6期。

影响。近年来，侵犯他人隐私权的现象时有发生。网络隐私权与传统隐私权的保护不同。在网络空间当中，在一定程度上隐私成为一种“价值”，成为某些组织和个人可以利用的资源。与此同时，一般网络主体的计算机由于能力有限，一旦面临黑客入侵，往往没有“招架之力”。一些需要用户用真实信息注册的网站也未能做好用户隐私的保护，导致用户隐私被人窃取，从而使得网络隐私权的问题变得更为突出。但是，对于个人隐私权的侵犯除了这种典型的非正义形式之外，还有另外一种披着正义外衣的侵犯方式，即“人肉搜索”。通常来讲，所谓“人肉搜索”，指的是综合利用现代信息科技及网民大规模参与等手段来搜寻和共享特定信息的网络活动。[①] 结合实践来看，当前我国的“人肉搜索”一方面是对被搜索人个人信息的披露，另一方面也是对被搜索人行为的惩罚。[②] 网络技术的发展不但可能导致对个人隐私的侵犯，而且也导致对知识产权的侵犯。网络信息流通和全球性信息传播给现有的知识产权制度带来了巨大冲击，其中版权受到的冲击最大。这一点同样属于网络诚信的范畴。网络发展也伴生了对知识产权的侵犯。在现实社会当中，人们在认识世界、改造世界的活动中获得知识，依法享有其专利使用权，即知识产权。与现实社会当中的知识产权不同的是，网络知识产权依托于网络相关制度而建立。但是，网络自身的开放性特征，使得成员可以自由地在网上发布信息，加之大量免费可供使用的信息，为一些人利用网络侵犯他人知识产权提供了便利。

第四，网络黑客泛化。“黑客”是英文“hacker”的音译，从黑客诞生至今，世界各地对其的定义不尽相同。“目前来讲，比较通用的解释特指对电脑系统的非法入侵者。伴随着网络技术的泛滥，黑客文化或者说黑客伦理逐渐盛行起来。例如，史蒂文·莱维（Steven Levy）就曾总结过黑客伦理的六条基本信条。”[③] 这些信条在互联网发展中也曾起到过不可轻视的作用。也正因如此，黑客哲学受到了一大批网络主体，特别是青少年的追捧。黑客哲学的泛化带来的并不是正面效应。事实上，无论如何刻画黑

---

① 杨孟尧：《网络社区“人肉搜索”初探》，《东南传播》2008 年第 7 期。

② 刘晗：《隐私权、言论自由与中国网民文化：人肉搜索的规制困境》，《中外法学》2011 年第 4 期。

③ 严耕、陆俊、孙伟平：《网络伦理》，北京：北京出版社 1998 年版，第 96 页。

客哲学，其本质还是在于所谓的崇尚信息自由，反对信息垄断。而这些信念一旦走向某个极端，无疑可能会导致严重的后果，例如一些黑客肆意破坏网络环境，或者为了满足自己的自由污染网络环境、阻塞网络交通。从实践当中看，这些行为也并不鲜见。但是，无论如何，无论黑客的行为动机如何，其行为本身在伦理层面是得不到辩护的。同理，无论后果如何，非经授权进入他人系统本身就是对他人正当权利的侵犯。

三　网络社会的伦理规制

网络虽然为社会生活提供了空间，但本质上看，网络仍然仅仅是一种载体，而非一种伦理道德的主体。因此，如何让广大网民规范网络生活、建立健康的道德规范、发挥网络正面影响，无疑是必须正面应对的问题。网络空间虽然是一个虚拟平台，但是它仍然是一个由人所创造并以人为主体运行的一个“平行世界”。同理，网络关系是一种新型的人际关系，与现实社会同样是公共空间，因而必然无法拒绝伦理的规范。这也从侧面表明网络伦理必然基于现实伦理，否则就会让人无所适从。反过来说，在一定的意义上，现实社会伦理的许多理论模型实际上是可以被网络社会伦理所“复制”的。弗兰克纳说过：“为什么人类社会除了公约与法律之外，还需要一套道德系统？这主要是因为如果没有这一系统，则人与人之间就丧失了共同生活的基本条件。于是社会便只有两种选择，要么是回到我们所有的人或我们大多数人的状况比现在要恶劣得多的自然状态，要么是回到以暴力威慑来避免任何行为过失的极权主义专制统治。”① 无论是在现实社会还是在网络空间，主体的行为都是真实的，这也就注定了规范主体行为的道德必然也是真实的。否则只会导致主体行为的偏差，甚至导致最终整个社会赖以存在的根基被摧毁。在虚拟的网络世界当中，同样存在主体之间的交互行为，而与这种交互行为相伴的，必然是相应的伦理规范，以便维护主体之间的关系。而规范这种真实的交互行为的伦理，自然而然地成了一种真实的伦理。这种真实的伦理，无疑源自现实社会运行当中所塑

① 转引自甘绍平《伦理智慧》，北京：中国发展出版社 2000 年版，第 5~6 页。

造和传承下来的规范，这种规范在网络技术催生的虚拟空间中进行适应性调整，最终形成一系列规范。“在实践中，通常表现为根据网络信息的特点建立适应网络社会的新法律规范与道德标准。”① 无论是从哪个层面或哪种含义上讲，网络伦理都必然是真实伦理。简言之，网络社会从根本上是人类社会的有机组成部分，而网络社会伦理问题实际上根源于现实社会。这两个方面实际上是“一个硬币的两个面”，相辅相成、缺一不可。

“网络社会从它诞生的那天起，便宜快捷、方便、自由和平等的特质对人类社会的深度变革被人们广泛认同和接受。”② 这些特征在为人类生活和社会发展带来便利的同时，同样成了网络社会中各种问题的根源。在互联网中，单一的个体无法逃避海量的信息轰炸和信息污染，无法保证个人隐私不被泄露，也无法保证自己能够拥有与现实社会同等程度的自律性；传统的价值观、人生观、世界观受到了重大冲击甚至在某些主体身上表现为被彻底颠覆，导致一系列不道德甚至反伦理的思想或行动。这一现实情境，对于网络空间中的个体产生了重大影响。网络交往的主体，如何应对冲击、回避影响，成为需要深刻思考的问题。沿着这一逻辑来思考，下一个问题必然就是：在网络交往中的个体，是否需要遵循一定的伦理规范？当然，这一问题的答案，是显而易见的；而关于这一问题的思考，实际上就将真实伦理的理念凸显了出来。简单地说就是，在网络空间过程中，个体虽然是以一种符号化的方式存在并参与社会交往的，但其必须遵循的伦理规范却是真实的。换言之，即便在网络空间中，个体也必须遵循一定的真实的伦理规范，以便净化网络空间、消除网络暴力。

网络是一种以数字化的方式，构筑在现实空间之外的、与现实空间相映照的虚拟空间。网络交往的虚拟性，回避了个体的人在社会地位、经济收入、宗教信仰、价值判断等方面的冲突以及现实世界的偏见与利益矛盾等，为个体交往塑造一种自由、新鲜的环境氛围，这一点是值得肯定的；但与此同时，网络交往的虚拟性同样弱化了个体的道德感，使传统伦理被弱化。特别需要指出的是，网络世界的伦理问题也有可能反射到现实空间

① 张帆、李敏：《论网络“虚拟空间”的道德培育》，载《2006 年信息技术与教育研讨会论文集》，第 93~102 页。

② 杨礼富：《网络社会的伦理问题探究》，长春：吉林人民出版社 2008 年版，第 15 页。

并产生一些不良影响。因为网络空间是一个开放的体系，任何个体都可以不受年龄、职业、阶层、收入等的限制而进入这个系统。然而，网络交往的开放性特征，在很大程度上瓦解了“熟人社会”的交往规则，“陌生人社会”开始取而代之。伴随着社会交往规则的改变，社会道德规范体系也会产生不同的效果。熟人社会的有效运行，依靠的是人际关系的形塑和地域文化的约束，在这一场域中，人们所受到的限制比较多，其行为也会比较严谨；但是，在开放的网络社会当中，大量熟悉的抑或不熟悉的个体进入社会交往圈中，改变了原有的社会交往规则，导致原本构筑的道德防线在有些情况下可能崩溃，进而导致一系列不诚信的行为的显现。

在一个开放的网络世界里，人人都可以自由地交流，从而使得交往主体呈现为“陌生人”的特征。不少主体正是由于这种开放的、虚幻的“自由感”而放纵自己，产生了一系列网络失信问题。为了应对这一问题，有必要强化主体的道德意识，促使个体以真实的伦理为标准来约束自己在网络空间当中的行为，遵循必要的社会运行法则，从而最终塑造一个诚信的网络环境。传统的交往结构依托于等级和权威而运行，交往主体因其在政治地位、经济地位、文化地位等方面的不同而出现差异，这种差异在某些方面或某些历史阶段甚至表现得极为悬殊。俗语所谓的“门当户对”实际上就蕴含着这种理念。这种等级差异的交往结构在网络化时代受到了巨大冲击，并在很大程度上被消解了，网络交往呈现出显著的平等性特质。在网络空间当中，个体可以不受身份、年龄、性别、职业、阶层等自然因素和社会因素的影响，可以按照自己的思维与逻辑行事。与现实的话语结构相比，网络交往无疑更多地体现了平等和公平，有力地推进了作为个体的人的自由与解放。但从另一个角度来说，恰恰是这种平等与公平，使得不少网民产生了一种无拘无束的“放松感”或“自由感”，进而容易在虚拟空间中将不健康甚至罪恶的心理释放出来，甚至因为在现实社会中的遭遇而泄愤。与此同时，网络社会也是一个平等的社会，但这种平等是以主体对他人的尊重为前提的。换言之，网络主体要运用平等的规则，充分尊重他人的平等权利。具体地说，交往主体应当强化网络伦理规范，有效约束自身行为，以诚待人、以信处事，从而维护网络交往的平等性并塑造一种和谐、良好的网络氛围。从制度安排的角度看，网络诚信建设应当着力从以下方面入手。

其一，要健全网络运行的法律法规。加强网络社会管理，首先必须推进网络依法规范有序运行，网络法律法规体系的建立健全对网络诚信具有根本性、强制性的规约作用。从一个更大的范围来讲，要依法治国，就必须依法治网，实现网络空间的法治化，才有可能切实地遏制网络失信行为。当前，虚拟社会给网络主体的自由度在一定意义上已然超出了现有社会伦理和法律水准所能适应的范围了，导致出现了一些伦理问题。此外，网络本身的传播迅速、涉及面广、防范难度大等特点，凸显了网络法律法规在网络伦理建设中的基础性地位。也可以说，通过法律手段来规范不道德的行为，打击违法犯罪行为，是法治社会进行伦理建设的基本要求。对于网络社会当中出现的诸如网络欺诈、网络谣言、侵犯个人隐私、黑客行为等现象，用相应的法律法规手段才能取得更为显著的效果。

从国际经验来看，许多国家从 20 世纪 70 年代就开始制定有关计算机犯罪的相关法律制度，并随着后期网络的发展而不断修正。目前网络立法比较健全的国家包括美国、英国、澳大利亚、新西兰、德国、瑞士和日本等。当然，这些国家的共同特征是网络发展起步比较早，遇到问题的情形也比较多，从而客观上促使这些国家开始探索网络立法的问题。从具体的法律法规方面看，我国先后颁布过《中华人民共和国网络安全法》《互联网新闻信息服务管理规定》《计算机信息网络国际联网安全保护管理办法》等诸多法律法规。此外，《刑法》《民法通则》也对网络诚信起到了规范作用。例如，《刑法》第二百一十七条规定："未经著作权人许可，复制发行其文字作品、音乐、电影、电视、录像作品、计算机软件及其他作品的"行为属于"侵犯知识产权罪"；第二百八十七条规定："利用计算机实施金融诈骗、盗窃、贪污、挪用公款、窃取国家秘密或者其他犯罪的，依照本法有关规定定罪处罚。"客观地说，这些法律法规在规范网络行为、治理网络失信问题、净化网络空间方面起到了不可忽视的作用，但是如何使这些法律法规在新时期发挥出更大的作用，是理论工作者和一线工作者必须面对的重大问题。

未来在推进相关法律法规制度建设的过程中，应当强调以制度为个人守法和互联网环境的和谐创造良好的氛围。要发挥制度机制的保障作用，普及对造福人类、对人类社会发展起着促进作用的网络技术，对于损害他人利益或牟取不正当利益的网络犯罪，应当给予严厉打击。特别要对网络色情、暴力等危害青少年健康成长的行为给予严厉的打击。从具体的操作层面看，应当制定专门性的网络法规，特别是网络知识产权方面与网络隐私保护方面的法等。应当考虑在已有法律法规的基础上，制定出一部专门、全面的网络法，这对于规范网络主体行为、治理网络失信问题、净化网络空间极有必要。

其二，要完善网络行为伦理规范。这是网络诚信建设制度安排的第二个方面，要完善网络行为伦理规范。在当前我国的网络环境当中，仍然缺乏明确完善的网络行为规范。唯有建立完善、健全的网络伦理规范，网络主体才能够树立起良好的信息伦理意识，才能将这种意识变成行为主体的内在性的道德自觉。在我国，《中国互联网行业自律公约》在建立健全互联网行业自律机制、规范从业者行为方面起到了重要作用。例如第九条规定了互联网信息服务者应当遵守的自律义务：第一，不制作、发布或传播危害国家安全、危害社会稳定、违反法律法规以及迷信、淫秽等有害信息，依法对用户在本网站上发布的信息进行监督，及时清除有害信息；第二，不链接含有有害信息的网站，确保网络信息内容的合法、健康；第三，制作、发布或传播网络信息，要遵守有关保护知识产权的法律、法规；第四，引导广大用户文明使用网络，增强网络道德意识，自觉抵制有害信息的传播。另外，国家推出“红盾”标识，对互联网进行监管，对合乎规范的电子商务网站颁发红盾标识，而将不良信用的企业纳入预警系统，以便规范商务网站行为。但是，伴随着网络社会的进一步发展，网络空间面临的情况愈发复杂，问题也愈发突出。因此，进一步完善网络职业道德规范体系也就显得极为必要了。未来，至少可以从以下三个方面来强化网络职业道德规范。（1）要结合网络实际，因地制宜地完善已有的网络从业者行为规范，建立新的更加细致的行为规范，从而更好地净化网络空间、推进网络社会正常高效地运行。（2）要推进网络守则建设。网络守则是为规范、约束道德主体在网络社会当中的行为，要求网络主体共同遵循、自觉遵守的行为准则。在网络伦理领域提出倡导性的、规范性的原则，以简单明了的方式确定下来并要求网络主体遵守，有助于让网络主体知道什么该做、什么不该做，为网络主体参与虚拟空间社会交往提供行为范式，并使这种范式内化为网络主体良好的道德修养，以便消减直至消除网络失范行为。（3）要推进网络团体公约制度建设。网络社会是由不同的团体组成的复杂集合体，这些团体可以制定自己的行为公约，以对违规者施加一定的惩罚。这些公约的约束能力虽然不及法律，但又强于道德律令，可以在相当程度上弥补法律法规制度的不足。这样，多方共谋、多措并举，推动网络社会伦理建设，从而规范网络行为、净化网络环境，塑造一个诚信、有效的网络空间。

四　网络治理的自我伦理建构*

网络空间作为现实世界与虚拟世界的矛盾统一体，滋生出诸多伦理问题，如网络隐私、网络色情、网络谣言、网络怨恨、网络知识产权等。加强网络空间伦理建设的重要性和艰巨性同时摆到了我们面前。网络空间伦理建设已经不乏规范与措施，但收效并不算很明显，其主要原因可能还是没有找准切入点。网络空间道德建设的关键点应当落在网络主体的道德自律上，一方面，无论是在现实空间还是在虚拟空间，道德都是人的重要存在方式；另一方面，在网络这样一个身份遮蔽的空间中唯有道德自律才能维护好网络伦理。因此，构建一种科学的自我伦理，对于既塑造自由的网络空间，又维护好网络空间秩序，从而让人做一个自由、自律的“网络人”，具有十分重要的意义。

1. 责任与反观：网络空间自我伦理的构成

从实在性角度而言，无论是真实的“我”还是虚拟的“我”，在网络空间与“他者”的相互设定都是以“我”为活动中心的伦理场域。伴随着网络社会的发展，人类的个体化趋势得到了某种程度的加强。法国思想家埃德加·莫兰认为，所谓自我伦理其实就是个体化伦理，是“一种只有在个体化的文化历史条件下才能出现的素质”。①由此，自我伦理的建构就具

* 本节内容已经发表于《思想理论教育》2021年第1期。

① 〔法〕埃德加·莫兰：《伦理》，于硕译，上海：学林出版社2017年版，第137页。

有了必要性和可能性。特别是当出现以下情形时，自我伦理就显得十分必要：当原有的具备绝对性和超越性的道德要求逐渐消失的时候，当分辨善恶的能力逐渐减弱的时候，当我们对人类历史的目的并不清晰的时候，当我们已经强烈意识到各种伦理不确定性的时候，当科学、经济、政治、艺术的目的并不具有内在的道德性的时候。①

责任是自我伦理的核心要素。人的存在本质是社会性的，人总是在某种共同体中生活。这种共同体关系表现为"多中一"与"一中多"的结合，"这样的关系包含了人们的相互扶持、相互慰藉、相互履行的义务，它们在人们彼此之间传递，并且被视作人的意志及其力量的外在表现"。②这种关系本身的结合就是真实的生命，它就是共同体。在社会生活中，我们会因时间的或空间的、必然的或偶然的、先天的或后天的各种因素，形成不同的生存际遇，构成各种共同体，如血缘共同体、业缘共同体、地缘共同体、精神共同体等。虽然进入网络的是行为个体，但网络的"互联性"本身就决定了网络生活是一种共同体生活。在网络共同体中，参与者的主体性虽然得到了彰显，精神自主性也可能得到无限放大，但"责任意识是具有自主性（像其他一切自主性一样具有依赖性）的个体—主体的特有属性"。③从对人的约束性来讲，责任可以分为内部责任与外部责任。内部责任就是将外在义务内化为主体自觉的责任感、使命感；外部责任是由社会所赋予的具有一定强制性的责任或义务。目前，我们国家虽然制定了一些网络法规，形成了一定的外在约束力，但真正让外在约束转变为主体责任，形成自我要求，的确有一定的难度，因为网络的匿名力量足够让行为主体放弃责任。姓名或身份是可以隐匿的，但其责任不可隐匿。我们不但要对自己的言行、文字负责，而且还要对他人和社会负责；既要对他人的解释负责，也要对行为的后果负责。德国哲学家尤纳斯认为，只有把责任上升为普遍化的伦理准则，才能有效回应现代高风险社会的伦理诉求，因为责任原则是解决当代人类社会面临的各类复杂性问题的最适当的行为

① 〔法〕埃德加·莫兰：《伦理》，于硕译，上海：学林出版社 2017 年版，第 137~138 页。

② 〔德〕斐迪·滕尼斯：《共同体与社会》，张巍卓译，北京：商务印书馆 2019 年版，第 67~68 页。

③ 〔法〕埃德加·莫兰：《伦理》，于硕译，上海：学林出版社 2017 年版，第 151 页。

准则。只有网络参与者的全方位、立体化的责任担当，才能真正使网络成为文明交往、传递美德的平台。

反观是自我伦理的实现机制。从责任的历时性来看，有向前看的责任与向后看的责任。向前看的责任是着眼于长远、遵循事物发展规律和趋势，对未来负起的责任；而向后看的责任是指对过去事情的反思责任，以对过失或成功的反省、总结，作为当下或以后的借鉴。在此意义上，反观是承担责任的心理前提和道德训练，是在履行责任过程中实现由悦己到利他的关键。“自我伦理首先是一种自我反观的伦理，它自然而然地通向一种利他的伦理。”① 反观包括自我检讨与批评、对荣誉的珍惜、将心比心式的伦理递归、主动担当等因素，其中最核心的是反思与慎独。反思是伦理反观的实质，人们在对自我伦理行为的过失进行审查时，用已经被内化了的社会伦理规范和自我的伦理价值目标对照自己的过失，反复权衡，探求自身发展的新途径。通过反思，为今后的行为提供新的路线和方案，在今后的行动过程中努力弥补过失；通过反思，主体对自我发展和自我需要与社会伦理的关系会领悟得更加深刻。“在此基础上，作为对道德价值目标的渴望和追求的道德意志更为强烈和坚定，而作为对道德价值目标的态度体验的道德情感则更为深沉。”②慎独的要义在于不需要任何外力的强制，不以外在因素作为自己道德行为的根据，它是在“不睹”“不闻”“莫见”“莫显”的独处情境下，在“隐”和“微”上下功夫的。慎独充分体现了道德反观的自我性特征，是具有自我道德意识的人进行的自觉的道德实践。即便是在无人所知之处，只要行为效果有利于他人或社会，具有自我道德意识的人也会心甘情愿地去为之。道德反观就是对道德实践的这种固有特征的维护和监督，它在慎独中进行，也在慎独中完成。如果认为道德反观是在“显”处或“见”处做给别人看的，那么，“这种行为本身也是必须再反省的，因为它又是另一种状况下的道德过失”。③

只有具备了对责任的反观与对反观的责任，自我伦理才能够真正形成。有了责任的自我伦理，网络道德建设才有了主体性承载；有了反观的

① 〔法〕埃德加·莫兰：《伦理》，于硕译，上海：学林出版社2017年版，第141页。

② 曾钊新、李建华：《道德心理学》，北京：商务印书馆2019年版，第270页。

③ 曾钊新、李建华：《道德心理学》，北京：商务印书馆2019年版，第278页。

自我伦理，网络道德建设才有了自律性约束。因为“自我伦理属于享有个体自主性的文明，产生于自我检讨和自我批评的自反能力，它需要不断地从人类主体性中的利他原理中汲取养分，从一个共同体的互助的原理中寻找力量”。[①]网络空间有了利他的精神，有了羞耻感，才能真正产生网络文明行为。

2. 自由与自律：网络伦理之协调机制

网络治理如同社会治理一样，也需要法治、德治与自治相结合，这是一种伦理安排，而德治从本质上讲也是自治，因为道德是一种向我性和自律性的存在。人作为一种以实践为存在方式的存在物是有意志自由的，与此同时又是有意志自律的，二者共同构成人的意志活动的基本属性。实践既是理解和认识人之存在的核心，又是人与人之外的其他存在物的根本区别。人们自己开始生产他们所必需的生活资料的时候（这一步是由他们的肉体组织所决定的），他们就开始把自己和动物区别开来。这充分说明，人首先是一种对象性存在物，这不仅在于任何存在物都是一种对象性存在物，而且在于非对象性的存在物是一种非现实的、非感性的，只是思想上的即只是虚构的存在物，是抽象的东西。更为深刻的地方在于，人的实践虽然是一种对象性的活动，但实践对象会因主体实践方式的不同而发生变化，这种变化或是物质体的变化，或是文化记忆的形成。网络空间实际上也是人与人之间交往的平台，是体现人与人关系的具体场域，网络道德建设始终离不开个体的伦理关系与基础美德，这就是自由与自律，二者相互依存，共同构成网络道德治理的“自治”之道。

自由作为一种网络伦理的本质应该是什么？是责任与秩序。自由与秩序紧密相连、不可分割，自由是秩序的目的，秩序是自由的保障，离开了秩序的自由是不存在的。哪里没有秩序，哪里就一定没有自由，我们越追求自由，就越需要秩序。网络空间的秩序包括了互相尊重的秩序、信息共享的秩序、传播正能量的秩序、文明和谐的秩序、维护安全的秩序、依法治理的秩序等方面。这些秩序本身就对道德主体在网络空间的行为提出了

① 〔法〕埃德加·莫兰：《伦理》，于硕译，上海：学林出版社2017年版，第153页。

具体、细致的要求与规范。只有遵守这些规范和要求，对道德主体而言，才能真正做一个自由、自律的“网络人”。

毋庸置疑，网络空间是一个自由的空间。在这个空间中，每个主体都有发表言论、进行社交活动的自由，并且这一自由是得到法律保障的。网络空间中的言论自由与传统言论自由之间的区别在于，前者被设定为纯粹自我的“真空”，而后者是“闻者丛”的整体性出场。这种差异与其说是方式、手段上的，毋宁说是更为本质性的。[①] 这种本质性差异就注定了必须将网络自由与网络空间放到同一场域中进行协同考察，认清网络自由的多维度价值，从而以自由塑造网络空间。具体地看，网络自由至少可以从空间维度、价值维度和社会维度三个方面加以说明。[②] 首先，从空间维度看，网络自由与日常生活中的自由的区别在于其特殊的空间特征，即发生在由互联网技术所架构的虚拟空间中。这一维度决定了网络自由的内涵与网络空间的特殊性是内在一致的。这要求我们既不能忽略网络空间的独特性和创造性，同时又不能将网络空间与现实社会空间割裂开来。其次，从价值维度看，自由是人类的终极价值目标之一，在网络世界中同样具有特别的意义。网络自由至少体现了两种取向：一方面，网络空间中的个体享有充分的自由权利；另一方面，个体的自由同样必须存在于既定和既有的社会规范中，这是网络责任之所在。最后，从社会维度看，互联网的本质不在于技术本身，而在于依托这一技术构建起来的社会空间。所以，对网络自由的理解，还必须立足现实社会，从社会关系中的“权利、责任”这一最基本的伦理框架中对其加以具体分析。一方面，网络自由并非简单的独立个体的自由权利，对其应当从群体的自由角度来进行考察；另一方面，网络自由应当是权利与责任的结合体，人们在充分享受自由的时候，更要担负起尊重他人自由的责任，只有自由与责任相统一，才能够塑造一个自由、舒适的网络空间。

网络空间是以道德主体的自由为基础塑造而来的，而网络空间的正常运行必然依赖于道德主体的自律。网络空间的交互性、即时性等特征，决

---

① 陈道英：《我国网络空间中的言论自由》，《河北法学》2012 年第 10 期。

② 白淑英：《网络自由及其限制》，《哈尔滨工业大学学报》（社会科学版）2014 年第 1 期。

定了网络空间技术控制的无力性、法律控制的局限性和外在他律的弱化性。在这个由人们自由互联而成的场域中，自主、自觉、自愿是人们行为的重要特征，网络空间控制的最有效手段必然要落在道德自律上。[①] 网络行为主体大多处于匿名性这一面具的背后，道德舆论的承受对象更是变得极为模糊，外在的压力就失去了确定的显性对象，从而使道德自律的作用显得更加重要。[②]

康德认为，人类活动必须遵守三个绝对命令，即普遍立法、意志自律、人是目的，而自律是道德哲学最重要的范畴之一。所谓自律，就是自己给自己立法。人作为一种理性存在，具备给自己立法的先决条件，可以也应该实现行为自律，因为人作为“理智世界的成员，只服从理性规律，而不受自然和经验的影响”。[③] 人的理性规律，从道德角度而言就是自控的规律，就是克制感性欲望、自觉遵守道德要求的能力。规范性的道德与法律的最大不同，莫过于法律是强制性他律而道德是自觉性的自律，“因为道德的基础是人类精神的自律”。[④] 道德要求主体将各种社会规范和规则内化为个体的情感信念，并转化为道德行为习惯，从而更加自觉地按照道德要求生活。这种从外在的“他律”走向“自律”的过程，就是道德修炼的过程。也可以说，道德本身就内含了自律的要求，专注于“我应当怎样”“我应该如何”的向我性思维，是一种向我向内发生的力量。作为道德主体的个体，其生活场域是由多元主体之间的相互交往所塑造的。无论是在公共领域中，还是在私人领域中，个体的行为边界必然要以不影响他人行为自由为限。一个不自律的人，在实际社会中必然有侵犯他人正当利益的可能，而随着这种对他人正当利益的侵犯而来的是对社会正常运行秩序的破坏。唯有行为主体有效地自律，坚持从自身做起，不断反观、反思、反省自身，才能塑造一种健康、文明的网络生活秩序。正是在这个意义上，自律作为个体道德是网络道德建设的关键所在，也是网络社会中自我伦理

① 王友良：《道德自律是保持网络空间有序性的关键》，《中南大学学报》（社会科学版）2004 年第 6 期。

② 吕耀怀：《构建数字化生存的伦理空间》，《光明日报》2000 年 8 月 1 日。

③ 〔德〕康德：《道德形而上学原理》，苗力田译，上海：上海人民出版社 2002 年版，第 76 页。

④ 《马克思恩格斯全集》第 1 卷，北京：人民出版社 1995 年版，第 119 页。

构建的前提。具体来说，自律在网络社会运行中至少可以从以下三个层面起到积极作用。[①] 一是弥补他律在解决网络伦理问题时的不足。网络空间以及网络行为的特殊性，导致传统社会中道德他律的种种“外力”在网络空间出现“低能”甚至“失能”的情形，而网络自律恰恰可以督促网络主体恪守道德规范，在相当程度上弥补法律的不足。二是可以引导网络主体进入“慎独”的境界。个体的网络行为无疑关系着整个网络空间的行为规范。借助自律来引导这些个体实现“慎独”，可以在很大程度上规范、引导个体的道德行为。三是它可以推动网络文明建设。网络空间不是一个凭空出现的空间，而是以活生生的现实社会为基础的，是现实社会的延伸，因此强化道德主体的自律无疑是网络道德建设最有效的途径。

总之，网络社会给人以更多自由，与此同时也对人们提出了更多的责任要求。要使自由与责任在网络空间中得到有机统一，必须有严格的道德自律。没有自律的自由是放纵，没有自由的自律是压抑，而放纵与压抑是行为的极端，唯有自律才是行为的“中道”，才是网络主体负责任的表现，才是网络文明的正道。

① 吕妍：《论网络道德建设与个体道德自律》，《黑龙江社会科学》2010 年第 6 期。

第四部分

机理论

提示语：体变相，相生用，需要一定的机理。机理绝非纯技术化手段，而是社会之有机与人文之道理，其本身也是伦理的活动。伦理的实现不但需要良好的外部环境与此相容，需要有特定的实现问题与之相切，也需要有其内部的运行机制。承认是伦理实现的首要机制。伦理中的承认主要涉及两个基本问题，即伦理必须承认“承认”以及通过承认实现由伦理主体间性向伦理共同体生活的迈进。伦理的现实作用在于为我们的实践行为提供一个普遍的规范性基础，而这一目标的实现必须通过承认的植入，使规范性基础更具效力。契约是伦理实现的现代性条件。在传统社会中通过血缘宗法就可以使人得到彼此承认，但现代社会是以权利与平等作为基本前提的，契约关系取代了单一身份关系；契约性是现代伦理关系的本质，但我们需要建立一种超越于纯粹功利性的契约伦理。分工与合作是伦理发生的社会前提，分工本身就是一种伦理秩序的谋划，在此基础上的合作是伦理共同体建构的前提，合作产生诚信与利他的伦理要求。伦理评价以正义与非正义的价值判断引导人们的行为，对正义之善进行褒奖，对非正义之恶进行惩罚，由此坚固“好人有好报”的伦理信仰，这就需要科学的社会赏罚，避免伦理生活中的“道德破窗”效应与“道德绑架”现象，从而实现有限的伦理自由。伦理的生命力不仅在于其法则价值的恒久性，而且在于它的适应性，在于它在不断的适应中增加新的内涵与形式，产生新的伦理共同体。

第十六章　承认

承认是伦理协调的首要机制。当代社会虽然已经迈入了全球化时代，但政治、文化等领域的共识并未因此增加。令人担忧的是，正是经济的全球化附带的文化的扩张，在伦理层面掀起一股多元主义和相对主义的浪潮，导致了原本稳定的价值的混乱，人们似乎丧失了共同的规范性基础。这些问题不再局限于西方工业社会，而是一种普遍的人类社会的症候，总体上表现为伦理社会的分解和断裂。面对紊乱的社会伦理秩序，人类社会提出了一些新的伦理观点和思想。这出于一个简单的理由：人类本质上是社会性生物，其最根本的内驱力和本能会令他们塑造道德律令从而使他们以群体形式（community）团结起来。[①] 而承认理论的出场，提供了一个可能的解决方案，试图将支离破碎的伦理生活整合起来，以重建一个有序的伦理社会。承认理论资源的探掘深根于伦理生活本身，我们需要重新发现其在伦理中的形式，并树立其应有地位，以一种整合的方式修复伦理内部以及伦理之间的裂隙，让承认成为伦理实现的重要机制。

一　承认为何进入伦理

尽管德国哲学家阿克塞尔·霍耐特在《承认：一部欧洲观念史》一书中分别从法国、英国、德国三个不同的文化语境中考察了承认观念的范式变化，并试图提出一种整合模式，以系统的方式重新追问其合理性，建立一种以构成性为核心的承认理论，但他最终还是以德国观念论传统为其基

① 〔美〕弗朗西斯·福山：《大断裂：人类本性与社会秩序的重建》，唐磊译，桂林：广西师范大学出版社 2015 年版，第 10 页。

座的。[①] 不过，他的理论至少可以表明，人们自主的、普遍的相互承认是理解人类社会性共同生活的关键。可忽视的是，承认问题的重新提起并非凭空而来，而是它本身就内在和根植于我们日常的伦理生活当中；无论是私人伦理还是社会伦理，乃至共同体伦理之间，均潜藏着不同的承认形式和内容。当下伦理自我认同严重缺失，出现了“个体—社会—人类”的伦理断裂。我们要想找到从整体上解决社会伦理断裂问题的有效方案，那么找回和创新承认模式，重新发现并注重其在伦理中的定位，不失为好的选择。如果我们把现实的伦理关系简化为个体与个体、个体与社会、个体与共同体三类，并从发生学的视角来研究，那么，承认进入伦理的路径主要体现在三个方面。

首先，个体出现在私人伦理中，以“爱”为情感纽带联系成员的家庭领域。家庭是最原始也是最小的伦理单位，黑格尔称其为“精神的直接性实体”；它以爱为其规定，而爱是精神对自身统一的感觉。因此，在家庭中，人们的情绪就是意识到自己是在这种统一中，即在自在自为地存在的实质中的个体性，从而使自己在其中不是一个独立的人，而是一个成员。[②] 也就是说，个人在家庭这一最基础的伦理单位中，以“爱”为节点面向他人，同时又能被统摄在“爱”的同一之下。因此，家庭就是同一性：(1) 外在需要的同一性；(2) 性关系的同一性，在诸个体中被设立的自然的差异的同一性；以及 (3) 父母与子女关系的同一性，或者自然理性的同一性，正在形成但是作为自然而存在的理性的同一性。[③] 值得注意的是，这里的“爱”并非简单的男女两性之“爱情”，而是一种自然的、普遍的、具有联结作用的内生情感力量，并代表了一种肯定性的承认机制。与接下来要涉及的公共伦理不同，这种情感力量较少以某些规范性的正义原则为指导，而是本于自然欲望又高于自然欲望的超越性情感，带有强烈的整合性特点，从而避免了个体的符号化和原子化。通过爱的方式，个体就意识到我和另一个人的统一，使我不专为自己而孤立起来。这是爱的第一个环

① 〔德〕阿克塞尔·霍耐特：《承认：一部欧洲观念史》，刘心舟译，上海：上海人民出版2021年版，第182~185页。

② 〔德〕黑格尔：《法哲学原理》，范扬、张企泰译，北京：商务印书馆1961年版，第199页。

③ 〔德〕黑格尔：《伦理体系》，王志宏译，北京：人民出版社2020年版，第33页。

节，就是我不欲成为独立的、孤单的人，我如果是这样的人，就会觉得自己残缺不全。第二个环节是，我在别一个人身上找到了自己，即获得了他人对自己的承认，而另一个人反过来对我亦同。① 可以说，爱首先去除了个体中心化，这是一种“忘我”的精神状态，通过“忘我”，个体破除了限制主体的窠臼，不再沉迷于自我，以达到与他者和解的主体间性，“只有凭这种（忘我）精神，主体才会重新发现他自己，才能真正实现他的自我”。②“爱就是伦理性的统一。”③ 个体被这种情感需要统一，其实就内含着主体间的相互承认，他（她）承认对方是其情感来源，承认对方是确证自己存在的前提，承认对方是自己行为的互动对象。因此，“爱”应该被理解为一种本源关系。当少数人之间的强烈情感依恋以友谊关系、父（母）子（女）关系和情侣之间的爱欲关系构成爱的关系时，就出现了这种本源关系。在爱中主体彼此确认其需要的具体特征，并且作为有需要的存在而相互承认，所以爱代表了互相承认的第一个阶段。④ 但是，社会伦理场域不会仅是“我与他”的单一性互联，而且是“我与他们”的复杂性联系，这就使承认进入非“一对一”的阶段。

其次，当个体脱离私人伦理的局限性，进入公共领域当中，也就是社会伦理关系之中时，个体就成为社会伦理主体。在复杂的社会伦理关联中，情感机制收效甚微，取而代之的是道德和法律的规范。社会伦理是成员互动的空间和场域，人是社会性的动物，出生伊始就处在各种各样的伦理关系之中。伦理关系是实体性的关系，所以它包括生活的全部，亦即类及其生命过程的现实。⑤ 在这个公共场域中，承认凸显为尊重他人的平等权利以及认同他人的社会价值。在这两个不同的维度上，承认体现了其要求的差异化特征。第一，在社会的法律维度，承认体现为尊重和肯定每个人的平等权利。人的人格一般包含着权利与能力，构成抽象的从而是形式的法的概念，这种法本身也是抽象法的基础。所以法的命令是：“成为一

① 〔德〕黑格尔：《法哲学原理》，范扬、张企泰译，北京：商务印书馆 1961 年版，第 199 页。

② 〔德〕黑格尔：《美学》第 2 卷，朱光潜译，北京：商务印书馆 1997 年版，第 327 页。

③ 〔德〕黑格尔：《法哲学原理》，范扬 、张企泰译，北京：商务印书馆 1961 年版，第 200 页。

④ 〔德〕阿克塞尔·霍耐特：《为承认而斗争——论社会冲突的道德语法》，胡继华译，上海：上海人民出版社 2021 年版，第 130~131 页。

⑤ 〔德〕黑格尔：《法哲学原理》，范扬、张企泰译，北京：商务印书馆 1961 年版，第 201 页。

个人，并尊敬他人为人。”[①] 需要指出的是，这里的权利更多体现为消极意义上的，如社会中的所有成员都在法律上具有同等的道德地位和资格。我们只有采取普遍承认的方式，让他者教会我们承认共同体的其他成员也是权利的承担者，才能确信自己的具体要求会得到满足的意义上把自己理解为法人。[②] 反之，我们就会被排除在社会伦理的体系之外，因为在法律意义上，我们无法组成社会体系的拼图。但这种承认和否定仅仅是在最普遍的意义上讨论的，并不能突出个体的具体性，因此这是一种抽象的承认，是一种“人之为人”的承认。第二，如果说承认他者的平等权利具有广泛的普遍性特征，那么，重视他人的社会价值则更多地承认了个体的特殊性。在这个层面上，个体不能仅停留于抽象的法权承认上，而是着重于认同其他社会成员的价值和贡献。价值贡献的大小是由更高层次的共同体伦理的价值体系决定的，人们依据这种贡献，获得相应或对等的“荣誉”或“地位”[③]。这种价值重视以个体在生活过程中所发展的能力为鹄的，是社会对个人自我实现过程的反馈和回应，这也意味着个体不仅在法律地位，而且也在荣誉（精神）地位上得到了满足。这种社会对个体的反馈承认，是“他们”对“我”的确认，“我”从而获得了价值与认可，这是社会伦理通向共同体伦理的重要向度，也就是“人之所以为人”的承认。

最后，在共同体伦理中，承认体现为个体成员对该共同体在文化和价值上有归属感，这一点也是社会伦理与共同体伦理的不同之处。如果我们将社会定义为一个其内部存在竞争或冲突的实体，并由法律和强制力维持秩序，那么就可以将共同体定义为一个其成员被某种“我们”的归属感联系在一起的整体。[④] 也就是说，相较于社会伦理，共同体伦理更多关注的是“我们如何在一起”，彰显的是一种趋向整体的凝聚力，成员通过对该共同体共享的文化风俗和价值判断的承认，形成一个有机的整体，并倾向

---

① 〔德〕黑格尔：《法哲学原理》，范扬、张企泰译，北京：商务印书馆 1961 年版，第 53 页。

② 〔德〕阿克塞尔·霍耐特：《为承认而斗争——论社会冲突的道德语法》，胡继华译，上海：上海人民出版社 2021 年版，第 150 页。

③ 这种“地位”在社会给予个体价值肯定和认同的意义上使用，而非阶级或阶层意义上。

④ 参见〔法〕埃德加·莫兰《伦理》，于硕译，上海：学林出版社 2017 年版，第 218 页。

于用“伦理”而非法律调节彼此的关系。这个整体既可以奠基于血缘之上——鲜活而直接的出自个人存在与意愿的正当人际关系之总体；也可以形成于稳定的文化价值之上，这一联合体至少需要具备为了彼此和为了整体而牺牲的决心，或者除此之外由歃血而成长起来的精神联结。[①] 简单来说，共同体伦理的存在表明了人们共享某种伦理精神，即对该共同体文化、风俗、行为习惯、价值、规范等的承认，由此构成了成员的生活方式。因此，相较于以血缘为基础的共同体，建立在伦理精神之上的共同体更能充当一个有意识的以及个体在每个部分都获得体现的休戚相关的统一体，这也是共同体类型的价值刻度。或者说，个体存于其中的伦理共同体承认共同体伦理的结果，是伦理共识本身的生存过程。伦理共识不仅以个体间“平视”承认为基础，而且必须包含对高于或优于个体自身价值观念的“仰望”式认可。就如同“我”想成为一个自由而平等的人，不仅要承认他人的自由平等的权利，而且“我”本身也对自由平等价值高度认同。自由平等这一价值让我们每个人因承认而走到了一起，形成伦理共同体。

当然，从主体间的伦理到共同体伦理并非线性发展，而是会出现复杂性的情形，会不断地前后反复，甚至跳跃性变迁，但无论在伦理的何种阶段或何种层面，承认均发挥了不同程度的作用，不管是显性还是隐性的，这也从侧面反映出承认不仅是一种交往的礼貌（courtesy），而且是人类至关重要的需求，[②] 甚至可以说，没有承认的介入，现代伦理难以生成，即便生成也容易断裂。承认成为弥合现代伦理的核心机理。承认在伦理中发挥着无与伦比的作用，也正是承认的核心作用，伦理才将其作为其复杂状态的运行逻辑。从一般意义上讲，承认在伦理中具体发挥着联结作用、规范作用、协调作用与整合作用，将个体从抽象的独立状态转变为具体的、现实的、处于社会关系之中的伦理共同体的一员。

---

① 〔德〕赫尔穆特·普莱斯纳：《共同体的边界——社会激进主义批判》，窦绪凯译，上海：上海人民出版社 2022 年版，第 49~50 页。

② Charles Taylor, *Multiculturalism: Examining the Politics of Recognition*, Princeton University Press, 1994, p. 26.

二 承认的伦理协调机制

弗朗西斯·福山在其著作《大断裂：人类本性与社会秩序的重建》中为西方社会拉响了“警报”，他认为，自20世纪中期以来，盛行的工业时代的社会价值面临着大断裂、道德滑坡、社会秩序崩塌、价值的衰落、社会黏合度的降低，这些共同导致了社会关系领域的分裂。[①] 因此，现代社会已经进入了“断裂时代”。承认理论的出场，提供了一个可能的解决方案，试图将支离破碎的伦理生活整合起来，以重建一个有序的伦理社会。伦理承认“承认”也就意味着承认在伦理中扮演重要的角色，发挥重要的作用，它作为一种整合机制所具有的独特性有待阐发。当然，我们也应该清醒地看到，承认的形式和结构并非一成不变的，有很多承认在形式上成立却在内容上“虚伪”，这导致了一种“伪承认”，因此，对承认本身的二阶思考也必不可少。

其一，在自我中心主义的泛滥下，原子化的个体似乎失去了与他者联结的条件和动力，因此我们要借助于承认的联结作用。无论个人主义者如何强调个体独立的重要性，但在其现实性上，个体无法不处于相互的联结之中，强调自我中心主义会导致缺乏联结，而联结已然成为伦理社会生死攸关的大事。因为联结不仅是对个人主义的补偿，也是应对个人生活中的痛苦、不确定性以及焦虑的方式。[②] 事实上，丧失了社会关系的个体本就是“无源之水”，正如前述，失去他者承认的个体始终被排斥在社会体系之外，因此，采取普遍化的承认意味着重新建立起个体与组织之间的联系，这种联系是通过一系列伦理行为完成的。在个体的交互行动中，他者对对象的行为的反馈即一种承认，无论这个反馈是正向的还是负面的，都承认对方是一个行为主体，能够担负相应的道德义务和法律责任。然而，这种宽泛的承认只能确保个体间保持微妙的联系，无法主动弥合伦理间的断裂，这也就更需要一种积极的承认机制——理解和宽容。宽容以理解为前提，这种伦理性的理

---

① 参见〔美〕弗朗西斯·福山《大断裂：人类本性与社会秩序的重建》，唐磊译，桂林：广西师范大学出版社2015年版，第9页。

② 〔法〕埃德加·莫兰：《伦理》，于硕译，上海：学林出版社2017年版，第155页。

解强调意义、意图自始至终渗透于人的行为和生活之中，强调主体对生活意义的认可与赋予，从而使人与生活及文化传统建立起意义上的联系。[①] 所以，一切伦理行为事实上都是一种联结行为，与他人、社会的联结，我们越是自主就越是要面对并适应不确定性和不安宁，也就越需要联结。这种联结就是通过增加过渡性机制，使伦理始终保持有机、开放，具有再生力的必然联系，确保社会伦理秩序的正常运行。[②] 因此，联结是首要的伦理律令，它指挥着相对于他人、社区、社会和人类的其他伦理律令。[③] 作为伦理律令的联结不存在主动与被动之分，它本身就是伦理的存在状态，无联结就是非伦理甚至反伦理。

其二，承认的规范作用能够同时从外在和内在两个方面约束个体的行为。由于承认是个体对共同体价值和文化的认同，因而这种共享的价值和文化基础存在一定的有效性，即通过文化道德的力量来约束共同体成员的行为。这种规范属于外在层面，因为谁破坏或不承认这种共享的规范性精神，谁就会受到“惩罚”，这种惩罚意味着剥夺了某个体的身份，切断了他的伦理关系，将其逐出伦理秩序和伦理共同体。这时他不但感觉不到自由的轻松，相反会深陷无意义的孤立和恐慌中。当他不再被共同体承认，即共同体对他的关系肯定、身份认同、价值赋予，他也就丧失了其伦理存在的事实和证明，重新回到一种“抽象”的状态。反之，相互承认限制了共同体成员的原始自由，人们基于共同体的规范和道德约束而行动，超过自身的有限性和封闭性，[④] 从而获得更广泛、更真切的自由。从内在规范方面来说，文化风俗对个人的影响是根深蒂固的，这些共享的价值能够内化于个体之中，从而使个体达到一个自我规范进而自律的状态。自我规范并非个人的一种服从已经存在的、不变的伦理法则的行为，而是一种合作的行动，在这种合作中，人们互相承认彼此具有自主性，能够监督在人们

① 参见李建华《伦理连接：“大断裂”时代的伦理学主题》，《浙江社会科学》2019 年第 7 期。

② 参见李建华《伦理连接：“大断裂”时代的伦理学主题》，《浙江社会科学》2019 年第 7 期。

③ 〔法〕埃德加·莫兰：《伦理》，于硕译，上海：学林出版社 2017 年版，第 156 页。

④ 参见李丽《我们为何要相互承认？——霍耐特的责任伦理思想解析》，《世界哲学》2022 年第 2 期。

中间起作用的禁令和规则的适当内容及其应用，从而创造出这些规范。[①]正如“己所不欲，勿施于人”的道德律令一样，当个体以他者的视角直观到事件对于所有人的影响和后果时，“主体—主体”而非“主体—他者”的彼此相遇的交合状态也就形成了，自我规范的目的也就实现了。换言之，当我们停留于“主体—他者”关系的时候，还仅仅只是单向度的承认，只有形成“主体—主体”的时候，才能真正形成以平等为基础的主体间承认。

其三，承认作为一种协调机制，能够协调人伦关系，实现利益均衡。既然承认作为一种规范性力量，可以从内外两个方面影响个体行为，那是否意味着我们只要具备了主体间的承认就可以实现伦理和谐？我们需要注意的是，承认的这种规范性作用是一个动态的过程，并非一成不变的，其根本原因就在于价值体系的变迁会带来承认方式的变化，这样，承认在协调主体间的伦理关系的同时，也在改变整个社会伦理格局和伦理秩序。从主客观角度来讲，一旦个体在伦理关系或伦理秩序中感受到了“蔑视”，比如肉体的伤害、权利的剥夺以及价值上的侮辱，个体就会将这些“痛苦”转化为动力，并重新去为新的承认形式而斗争。[②]也就是说，当过往的承认结构不再适应新的物质或精神的需要时，形式上的变革也就在所难免。就现实层面而言，需要体系（欲望总和）构成了人性的道德基础；而人性的实现就是利益，即需要什么与如何满足需要的统一。实现何种需要、如何满足需要，就构成了社会利益关系问题，这也是伦理学的根基。而利益是指在一定的社会形式中由人的活动实现的满足主体需要的客观存在，所以既有物质利益，也存在精神性的利益，如权利、名誉、尊严等。[③]利益分配不均的时刻，也就是“为承认而斗争”的时刻，只有重新建立合理的、普遍承认的分配方式，伦理秩序才能有效地维护，

---

① 〔德〕阿克塞尔·霍耐特：《承认：一部欧洲观念史》，刘心舟译，上海：上海人民出版社2021年版，第189页。

② 〔德〕阿克塞尔·霍耐特：《为承认而斗争——论社会冲突的道德语法》，胡继华译，上海：上海人民出版社2021年版，第183~190页。

③ 参见李建华《伦理学是利益均衡之学》，《上海师范大学学报》（哲学社会科学版）2022年第2期。

反之，就会不断地发生冲突和斗争。所以，新的伦理内涵的改变会影响承认的形式和内容，并通过承认机制协调人伦关系，均衡社会利益，实现伦理和谐。

其四，承认具备一定的社会伦理整合能力。承认的整合功能不同于联结功能，整合并非简单地建立起联系，而是通过一定的文化价值系统将诸多个体组织起来，将个体融入一个有机的共同体伦理之中，联结仅仅是整合的前提或者说是第一步。所以，整合是以联结、规范、协调为基础的，并促成了人与人之间、人与社会之间、伦理共同体之间的立体化整合。在人与人之间建立起联系之后，主体间的交互行为就会促使主体发生一定的伦理关系。在这种伦理关系之中，双方同时彼此承认对方的独立性和依附性，这种伦理关系也就因此具备了外在规范和自我规范的潜能和可能，但这仅仅是整合的前提，即各主体“无意识”地默认了共享关系和价值的有效性，处于相对的和谐状态。与此同时，通过普遍抽象的法权承认，个体被整合进一个“社会集合体”，这种集合体更多地受到外在规范的约束，主体承认对方和自己一样，是体系中具有同等法律资格和地位的行为主体，认识到彼此不可分割。当社会成员承认同样的文化价值系统，承认彼此“你中有我、我中有你”时，社会伦理的凝聚力就形成了，共同体伦理也就与此同时产生了。所以，共同体伦理在本质上不能被视为对个体自由的限制，而必须被视为以扩展个人真正自由为目的；至高的共同体就是至高的自由。[①] 然而，值得注意的是，伦理共同体主要是基于一定的文化价值背景等因素而形成的，因此势必存在差异，即共同体间的边界。虽然这种边界在一定程度上不利于共同体间的承认，甚至经验表明，在不同的文化背景下，人们很难找到一种有效的交流方式，因此，嫌隙和冲突成为关系的主导方面，但边界本身既是差异，也是承认的前提条件。没有差异与边界就没有承认，承认是对差异的承认，是对边界的弥合。因此，我们需要把承认的概念从人际层面转移到社会群体或者社会运动的行为上，把一个给定共同体的集体认同视作个人同一性或是与自我的关系在更高层次上

① 参见〔德〕黑格尔《黑格尔著作集第 2 卷 · 耶拿时期著作（1801—1807）》，朱更生译，北京：人民出版社 2017 年版，第 53 页。

的等价物，[①] 寻找并承认文化价值之间的最大通约数，这样问题应该也就迎刃而解了。我们大力倡导人类命运共同体理念，就是为了实现国家间的全面承认，包括国家主权、宗教信仰、发展道路、民族文化等。“世界各国弘扬和平、发展、公平、正义、民主、自由的全人类共同价值，促进各国人民相知相亲，尊重世界文明多样性，以文明交流超越文明隔阂、文明互鉴超越文明冲突、文明共存超越文明优越”。[②] 因为万物并育而不相害，大道通行而不相悖，伦理承认而不互损，只有各国行天下之大道，和睦相处、合作共赢，繁荣才能持久，安全才有保障。

三　伦理如何承认“承认”

如果说，伦理不得不承认“承认”的问题是伦理生活的“被迫”的无奈之举，那么，伦理要承认“承认”的问题是伦理生活的主动“正视”，正是人类伦理生活本身至关重要的需求构成了承认“承认”的现实理由。换言之，承认在伦理中发挥着无与伦比的作用，也正是承认的核心作用，伦理才将其作为其复杂状态的运行逻辑。从一般意义上讲，承认在伦理中具体发挥着联结作用、规范作用、协调作用与整合作用，将个体从抽象的独立状态转变为具体的、现实的、处于社会关系之中的伦理共同体的一员。当然，承认的整合作用不得不基于现实的语境，它到底具有多大的效力和效果，取决于形成承认本身的背后的体系，这种体系既是文化价值的，也是权力的。因此，伦理如何承认“承认”成了问题的关键。我们前文所讨论的主要聚焦于承认的一阶问题，即承认在伦理现实中得以彰显和应用。然而，这些讨论的局限性在于，我们无法得知承认本身背后的逻辑和运作情况。事实上，伦理共同体通过承认机制达到和谐，未免显得有些理想化，在现实生活中，我们更多的还处于承认的否定性状态，个体很难由承认完成自我实现。因此，我们需要更进一步，审视承认本身的合理性和缺陷，以及背后构造承认的价值

① 参见〔德〕阿克塞尔·霍耐特《我们中的我：承认理论研究》，张曦、孙逸凡译，上海：译林出版社2021年版，第149~150页。

② 《习近平著作选读》第1卷，北京：人民出版社2023年版，第51~52页。

和权力体系，即分析如何承认“承认”的二阶问题。

承认“承认”，首先要避免“伪承认”。现实存在的诸多伦理体系并非得到真正的承认的，即使它们处于一种稳定的运作状态和结构中。例如，在黑格尔的“主奴承认”中，虽然主人和奴隶相互之间达成了某种和解状态，但是这仅是一种表象，因为奴隶不具备自我实现的基本要素，他并没有脱离对主人的人身依附关系，其劳动成果也没有被自己享有，因此这种被扭曲的承认结构是一种“伪承认”。要想解决这一难题，必须发现其背后的运作机理及造成“伪承认”现象的原因。从个体、社会和文化价值系统三个方面来看，“伪承认”主要分为以下三类。

（1）自我丧失造成的“虚假承认”。自我丧失是由一种“自恋”（amour-propre）的情感因素造成的，“自恋”主要是指：对自身的不正当的、过度偏爱的情感；诞生于社会之中，是在与他人进行了反思性的比较之后而产生的相对性的激情。[①] 据此，主体始终希望自己是一个比他的整个人格的实际情况“更好”或“更多”的东西。[②] 于是在人们追求承认的过程中出现主观认知的失真，人们通过“伪装”去塑造自己本不存在的特点，从而获得他人的肯定。显而易见的是，这种以丧失自我本质为代价的承认是无意义的。

（2）等级制度支配的“不平衡承认”。这种现象屡见不鲜，在旧制度下，只有少数人可以获得荣誉，比如“女士”（ladies）和“大人”（lords）等一系列体现社会等级的用词，只有少数人可以使用，而大多数人实际上无法获得这种称谓。因此对于少数人来说，要求承认是轻而易举的，但对多数人来说却是很难的。只有随着社会等级制度的崩溃，对公共承认的要求以及对所有个人尊严的要求才变得司空见惯。[③] 所以，在大部分情况下，社会等级制度通过其掌控的权力采取强制性措施，使低阶层的人们被迫与高阶层建立不平等的承认。但随着制度权力的瓦解，这种不平衡的承认也

---

① 参见汪炜《如何理解卢梭的基本概念 amour-propre?》，《哲学动态》2015 年第 10 期。

② ［德］阿克塞尔·霍耐特：《承认：一部欧洲观念史》，刘心舟译，上海：上海人民出版社 2021 年版，第 20 页。

③ Cf. Charles Taylor, *Multiculturalism: Examining the Politics of Recognition*, Princeton University Press, 1994, p. 6.

逐渐消亡。

（3）意识形态[①]控制的“虚假意识承认”，试图营造出一种“和谐”承认的表象。这里的意识形态采取的是虚假意识的功能性解释，即它倾向于促进某个而非另一个社会群体的利益。[②] 另一个群体被虚假的文化价值系统所“欺骗”，并受到其非压迫性的支配和宰制，例如在资本主义社会中资产阶级与无产阶级的对立，父权制下男女之间的对立，种族之间的歧视性对立。这些都表明承认以一种不正当的方式维持一种限制性的、就其评价而言不合时宜的身份归属。[③] 与制度的权力支配不同，意识形态的影响更多是思想上的欺骗和控制，并表现为群体之间的承认模式，手段也较为软性。

其次要为承认“承认”而斗争。在区分不同形式的“伪承认”之后，需要致思于这种承认困境的解决，这是为二阶承认的斗争，即为承认“承认”而斗争。我们需要为完整的、对称的承认彻底廓清结构上的障碍，为此需要做三项奠基性工作。①“自恋”情感要素的形成无疑是文化风俗的产物。自恋首先代表了在历史过程中产生的需要，即人们想要被认为格外地有价值、占优势并因此高人一等；它是在文化的层面上产生的。[④] 这种情感迸发的后果是人终日惶惶不安，生活在他人的意见之中，他对生存意义的看法都是从别人的判断中得到的。[⑤] 因此，需要找回丧失的本真状态，探求自我；扫除虚浮的文化风气，移风易俗；形成恰当的自我理解和自我认知，内在反思，从而避免自恋的极端化和承认的虚假化。②社会等级制度始终与权力结构密不可分，打破这样一种强制性的承认束缚需要持续不断的实践性斗争。“批判的武器当然不能代替武器的批判，物质力量只能

① 对于“意识形态”有诸多阐释，本书采纳马克思主义对意识形态宽泛的定义，即“虚假意识”（false consciousness）、与客观事实不相符的幻觉（illusion）或错误（error），并不单指资产阶级意识形态。

② Lorna Finlayson, *An Introduction to Feminism*, Cambridge University Press, 2016, p. 18.

③ 〔德〕阿克塞尔·霍耐特：《我们中的我：承认理论研究》，张曦、孙逸凡译，南京：译林出版社 2021 年版，第 93 页。

④ 〔德〕阿克塞尔·霍耐特：《承认：一部欧洲观念史》，刘心舟译，上海：上海人民出版社 2021 年版，第 30~31 页。

⑤ 参见〔法〕卢梭《论人类不平等的起源和基础》，李常山译，东林校，北京：商务印书馆 1997 年版，第 148 页。

用物质力量来摧毁",[1] 社会等级制度的崩溃仍然需要实际的斗争性行动来实现,以斗争的方式打破身份的不平等,限制权力,减小阶层的差异。这意味着人们需要建立一个真正自由平等的伦理社会,用新的制度取代业已朽烂的旧制度。③消除意识形态的"虚假意识承认"。我们首先要辨别意识形态承认的运作逻辑,它"通过承诺对某些能力、需要或欲望的主观表现的社会承认,使人愿意采纳那些适合于社会支配之再生产的实践或行为模式"。[2] 我们要树立一种正确的、道德律令式的承认形式。承认不可能只停留在纯粹语言的表达中,而必须伴随着确认这些承诺的行为,因此,只有确认承认行为导向那些真正表达在最初的行动中表现出来的实际价值的行为模式,才是完备的而非意识形态的承认。[3] 这些实际价值的确定仍然有赖于对群体本身利益的清楚认知以及与其他群体的区分。

最后,还要认清是"断裂"还是再"承认"的问题。对于"伪承认"问题的解决方案虽然只是一种粗线条的宏观把握,但至少我们发现了伦理生活中出现的异常情况,这也会进一步引发我们对现实的伦理生活的反思。这些方案的提出仅仅是一个契机,即激发伦理生活中的人们对其所处承认结构和关系进行反思和批判,它们并不能简单地在言语之间就构成了对"伪承认"的冲击。事实上,这些理论方案也显得有些羸弱,毕竟,伦理总是实践性的,只言片语并不能去疴除弊,我们需要始终扎根于最基础、最日常、最深刻的生活当中,面向承认本身,才能意识到伦理社会所面临的承认结构的扭曲以及承认背后的权力结构,并去改变这一令人遗憾的现象。

如今,伦理需要应付的挑战层出不穷,尤其是在后现代主义的刺激下,"总体性"思想被弃如敝屣,社会生活的整体性遭到破坏,碎片化现象严重。紧随着文化多元主义的兴起,伦理共同体从精神上就面临着撕裂的危机。近些年来各种文化群体都在为自己的声音能够得到公共的承认而奔走斗争。因此,我们需要不断扩大承认的范畴和边界,将更多的差异融

---

① 《马克思恩格斯文集》第 1 卷,北京:人民出版社 2009 年版,第 11 页。

② 参见〔德〕阿克塞尔·霍耐特《我们中的我:承认理论研究》,张曦、孙逸凡译,南京:译林出版社 2021 年版,第 96 页。

③ 参见〔德〕阿克塞尔·霍耐特《我们中的我:承认理论研究》,张曦、孙逸凡译,南京:译林出版社 2021 年版,第 98 页。

合进其体系之中，使每个人、每个群体都能得到平等对待。然而，过于庞大的承认体系究竟具有多大的效力，我们尚未可知。用道德意义上“承认”来弥合物质差距导致的阶级断裂，是否显得过于乐观和理想化？总之，承认在伦理共同体中能否发挥决定性作用，来面对生活断裂的“不确定性之痛”，仍然有待检验。

四　重构伦理的规范性基础

既然规定了伦理优先的框架，我们就需要继续回答，为何选择了承认作为伦理生活的核心逻辑这一问题。毫无疑问，原因在于承认在伦理中扮演的角色。伦理的现实作用在于为我们的实践行为提供一个普遍的规范性基础，让我们在规范框架内既能约束自己的行为，又能实现自由，达到一种“从心所欲不逾矩”的效果和境界。而这一目标的实现必须要通过承认的植入，使规范性基础更具效力，更重要的是，使规范性兼具普遍性和特殊性的内涵。

在此之前，我们先审视一下过往的缺乏承认的规范性基础的伦理生活的弊病和缺陷。在古希腊时期和中世纪，城邦共同体或宗教国家占主导地位，个人被裹挟在整体之中，人们注重普遍性而忽略了个人的特殊需求，同时由于等级制度的存在，个体在伦理领域的解放毫无可能性可言。此后，随着自然法学派的出现，个体的自由和权利出现了分野。其一，以霍布斯为代表的契约论哲学家从经验事实以及自然关系中分离出一些个别因素，将人塑造为自私自利的个体，这就使各方处于永恒的利益冲突状态中。为了停止“一切人反对一切人的战争”，各方签订契约，达成共识以保护各自的权利。其二是康德式的自由权利，康德从经验中分离出统一性形式（对他来说，这种统一性形式乃是实践理性的本质），并将它在自为的纯粹意志概念中固定下来，把这种意志概念与杂多的经验关系对立起来。[①] 这两种观点的问题在于，它们或者奠基于对抗性的人类学前提，或者基于形式化的先验前提，将社会认定为独立的或自我化的个人总数，而不是一个伦理

---

① 〔德〕曼弗雷德·里德尔：《黑格尔对自然法的批判》，黄钰洲译，《清华西方哲学研究》第6卷第1期（2020年夏季卷），北京：中国社会科学出版社2020年版，第68页。

统一体。[①] 这两种探讨方式的实质，都只是经验直观和概念二者的混合，无法达到对于绝对伦理的真正把握，[②] 所以其后果是规范性基础的抽象化和空洞化，要么丧失了主体本该具有的经验语境，要么无法将它把握和贯通的东西提升到观念性的形式。

因此，这些解决方案均以失败告终。而在伦理取代抽象的道德之后，其视域下的理论范式也随之而变。主体无法再承受社会整合的重任，一种互主体的主体间性脱颖而出。但仅是主体性质的改变是远远不够的，支撑一个错综复杂而恢宏的伦理生活体系需要更为坚实的结构和基础。在各种方案中，承认与伦理可谓相得益彰。伦理生活的要素主要包括伦理精神、伦理主体和伦理客体。在伦理总体的视域下，承认行为贯穿在伦理生活的三个领域，它作为运行逻辑，可以重构伦理的规范性基础，同时也是伦理生活发展的动力来源，分别形成了伦理主体与伦理精神、伦理主体与伦理客体之间的相互承认。那么，承认缘何成为伦理规范的核心机制呢？

首先，在伦理精神领域，作为“根据地”和“出发点”的伦理普遍性再次发挥了决定性作用，表现为一种普遍的、抽象的承认，是伦理主体与伦理精神之间的承认。伦理的普遍性也是伦理精神的普遍性。在当代生活中，伦理精神不是与具体实在相对的理念，理念是脱俗的；相反，伦理精神代表着一种共同的文化、风俗、习惯和价值系统，它的存在使得某个共同体的成员能够共享它的体系并承认它的规范性。也就是说，伦理精神内在地要求得到现实化和具体化，它是伦理理念的目的，并能够经验化为伦理共同体的凝聚力和归属感。原因在于，主体间的相互依赖与承认，在根本上不是由现成的某些主体建构起来的事物，而是在先的条件，而现实生活中人与人之间有意的相互接受，则是在这些条件之上建立起来的。[③] 这些条件就是伦理精神。同时，伦理精神是自我认知和自我理解的，其载体是作为主体的人，人具有某种（精神性）能力，能够形成对他们所是的那

① Danielle Petherbridge, “The Critical Theory of Axel Honneth,” *Lexington Books*, 2013, p. 87.

② 〔德〕黑格尔：《论自然法》，朱学平译，北京：商务印书馆 2021 年版，“译者序言”，第 31 页。

③ 庄振华：《〈精神现象学〉义解》上卷，北京：中国人民大学出版社 2019 年版，第 286~287 页。

种存在（the kind of beings they are）的解释。同时，人还具有某种（精神性）目标，即理解他们所是的那种存在，并在他们所处的社会安排与文化中将这些自我理解客体化。[①] 这种理解的前提就在于精神和主体建立起相互承认的关系，承认包含的不仅是态度，更是一种深刻的体验和接纳。主体需要内在地承认伦理精神的本质先在性和价值有效性，即精神对主体成员的规范是普遍的、合理的，这样才能实现由精神构成的自我理解。因此，伦理精神的实质是共同生活，它摆脱了个体性的领域。从此精神就不再是个体性的生命，而是共同生活的现实。进入精神领域之时，也就是人与人建立起相互承认的关系之时。[②] 也只有进入主体间的那种共同精神，人才找到成为人的根据，才真正成为人。[③] 可以说，伦理主体与伦理精神的联系锚定在承认的基础之上。因为只有精神是共享的、相互承认的，才会对个体产生普遍的生活内涵和意蕴。

其次，人是伦理生活的主体，“精神具有现实性，现实性的偶性是个人”。[④] 承认的作用表现在将主体性改造为主体间性，形成一种自律而非他律、经验而非先验、具体而非抽象的规范模式，这是伦理主体与伦理主体之间的承认。众所周知，康德式的道德语法是自律的，一经实践理性的检验便“放之四海而皆准”，然而这套准则却缺少经验的确证，显得过于严苛了。所以问题在于，如何将无偏见论辩的“抽象”世界和充满了“实质性”利益的日常世界重新连接起来。[⑤] 这时需要一个新的伦理概念的出现，它不产生于孤独的、自我立法的理性，而是来自与他者的具体遭遇，而他者要求他们的需要、欲望和观点得到承认。[⑥] 人被永久地嵌在伦理关系之

---

① 〔美〕米歇尔·哈德蒙：《黑格尔的社会哲学：和解方案》，陈江进译，北京：北京师范大学出版社2020年版，第51页。

② 黄涛：《相互承认与伦理国家——黑格尔〈精神现象学〉中的法权演绎学说》，《山东社会科学》2020年第1期。

③ 庄振华：《〈精神现象学〉义解》上卷，北京：中国人民大学出版社2019年版，第287页。

④ 〔德〕黑格尔：《法哲学原理》，范扬、张企泰译，北京：商务印书馆1961年版，第197~198页。

⑤ 〔英〕鲍勃·卡农：《反思批判理论的规范内容：马克思、哈贝马斯与霍耐特》，曹瑜、鲁擎雨译，南京：江苏人民出版社2022年版，第150页。

⑥ Iris Marion Young, *Justice and the Politics of Difference*, Princeton University Press, 1990, p. 106.

中，并不断寻求互动对象的承认，通过这些活动，主体在达到自我同一的过程中也确证了特殊性；但这种特殊性只有在被他者承认的情况下才会被普遍接受，如果没有每一个他者，我们就会感到自己是“残缺不全”的。这就要求主体先去承认他者的特殊性，这样主体间的双向承认关系也就凸显出来。也就是说，虽然伦理普遍性的形式是抽象的，但其内容是具体的。主体不能再被视作一个符号，他应该跨越自我的孤立性达到一种主体间的理解和认同，其前提就在于同时承认他者的独立性和依赖性。反之，一旦主体的特殊性尚未得到充分的承认，主体就会有足够的动机去消除和超越现有的伦理关系，从而爆发主体间的冲突，这种指向主体间相互承认的个性维度的冲突，从一开始就是一个伦理事件。① 因此，这种承认是相互的和平等的，在此被概念化为一种原初条件，一种预先存在的、构成社会的伦理生活的联系。承认概念被预设为原初范畴，人类就内在地是社会化的，承认形式作为第一关系优先于任何其他关系样态。② 严格来说，承认是前伦理的事实，是哲学人类学的基本前提，是伦理主体的内在需要。

最后，伦理客体一般体现为客观的伦理关系和伦理秩序，而这些规范性结构需要不同的承认模式来支撑，由此便建立起伦理主体与伦理客体的承认。在不同的伦理关系中，主体在不同的活动场所对应着相应的承认层次。在家庭中，由“爱”主导的情感承认模式促进了家庭成员关系的和睦，“爱”的需要赋予了成员之间的感性联结，“爱是伦理性的统一”③。在这个特殊的私人伦理领域之中，两性之爱、母子（女）之爱、父子（女）之爱，这些独有的互相承认共同解开了成员之间的关系束缚，也是“人的内在身份生成的熔炉”④。比如，父母要对子女肯定和承认，而非单

① 参见〔德〕阿克塞尔·霍耐特《为承认而斗争——论社会冲突的道德语法》，胡继华译，上海：上海人民出版社 2021 年版，第 22 页。

② Cf. Danielle Petherbridge, “The Critical Theory of Axel Honneth,” *Lexington Books*, 2013, p. 82.

③ 〔德〕黑格尔：《法哲学原理》，范扬、张企泰译，北京：商务印书馆 1961 年版，第 200 页。

④ Charles Taylor, *Multiculturalism: Examining the Politics of Recognition*, Princeton University Press, 1994, p. 36.

向的压制和规训，这对于子女的人格培养具有奠基性作用，他们通过这种代际的认同获得了个体人格上的自信，从而能够更加从容地进入社会生活。在社会中，承认模式变更为法权承认。个体作为平等的道德和法律主体，都有机会进入社会的公共生活。这种承认的起点虽然抽象，但却是普遍和广泛的，所有的伦理主体都拥有形式上的平等，即每个人都被视为社会体系的组成部分而被平等地看待。并且这种承认衍生出客观的制度性保障，比如法律、公共秩序或规则等，能够有限度地保障主体的基本自由和权利。相比之下，法权承认模式比情感承认更具理性色彩。最后，个体会寻求一种价值承认，或者是伦理承认。形式上的法权承认仅仅是消极和抽象的，是一种僵死的平等性，根本无法体现出伦理社会对于个体的回应和认同。因此建立在个体对共同体的贡献之上的价值承认，是对个体特殊性的肯定，个体在自我完善的同时也在客观上确证了自己的价值和地位，感受到了一种“自重”的情感，有效缓解了伦理共同体及其成员之间对于价值分配的张力。价值承认相当于赋予个体以实质内容，填补内部被掏空的空间，通过内在关联而非外在黏合的方式加强伦理共同体的整体性和普遍性构造。“我”在共享的群体性体验中寻求“我们”，因为即使在成熟之后，我们也依赖于充满直接的鼓励与肯定的社会（即伦理客体）承认形式。没有在群体中实践共享的价值的支持性体验，自重和自尊都无法得到维持。①

总之，承认内在地锚定于伦理生活中，有机协调着伦理主体、伦理客体并表现在伦理精神当中。毫无疑问，承认的运动使伦理生活也呈现出一个动态的图景。伦理精神的存在构成了同一性的基础，这个“自在而又自为地存在着的本质”② 塑造了我们的私人经验且构成了整体的公共经验。在对伦理精神的理解中，主体作为载体帮助它完成了现实化。通过承认的运动，主体能够去中心化，迈向主体间性，由私人理性过渡到公共理性，并开启社会化的过程。与此同时，伦理关系和伦理秩序也在主体参与为承

① 〔德〕阿克塞尔·霍耐特：《我们中的我：承认理论研究》，张曦、孙逸凡译，南京：译林出版社 2021 年版，第 233 页。

② 〔德〕黑格尔：《精神现象学》下卷，贺麟、王玖兴译，北京：商务印书馆 2017 年版，第 2 页。

认而斗争的实践活动中不断被调整，这是主体间承认的衍生和更迭，主要目的是致力于一个稳定和谐的伦理客体，但这种稳定也仅仅是相对的，它是一个辩证运动而非一成不变的结构。最终通达的伦理生活是扬弃前两个阶段的特殊性和普遍性的结果，是二者的结合和统一。可以看出，承认作为伦理生活的规范性基础，在其视域下有明显的逻辑链条贯穿始终。而在伦理生活中，作为绝对核心的伦理主体，也就是人类，在承认基础上也面临着风险。承认能否有效使伦理精神具体化，实现自在自为的伦理生活，在很大程度上取决于伦理主体的自我实现。

五　承认的伦理逻辑

伦理生活中，作为主体的人类起着核心作用，在伦理精神与伦理客体之间承上启下，伦理精神只有通过作为载体的人类才能体现出来，同时人类只有具备了伦理精神才是一个具有内容的主体；伦理客体对其关系中的主体有着外在的规范性作用，同时，主体的承认运动也不断促使客观秩序或制度进行变革。事实上，在主体与客体形成的伦理社会领域，承认的伦理逻辑主要以主体间的自我实现为中心，自我实现也是个人从抽象到具体的现实化过程、从孤立到集体的社会化过程。可以看出，在承认模式的不同阶段，自我实现的层次和程度也不断提高。并且，自我实现的过程随时调动着伦理生活的其他要素，也就是说，自我实现与伦理社会和伦理精神仍然密不可分，只有三者在有机、共通的情况下，才会凝造成一个伦理共同体。而这一过程恰恰也是伦理生活的本质。

自我实现在伦理整合中扮演着核心角色。自我在主观方面，要求个体理性和自由的现实化，而在客观方面，这种现实化必须经过伦理社会的检验和确证。值得注意的是，自我实现必须是普遍而不是特殊的，单个主体的自我实现并不能充分证明伦理社会的合理性。首先，自我实现的任务在于对“我”的清醒认知和理解，这种理解可以建立在社会心理学的基础上，从自然主义和唯物主义的角度出发论证承认的发生学起源。其次，自我实现不仅需要经历个体的社会化过程，也需要在社会中保证个体的独立性，在这种双向互动中实现才是可能的。再次，自我实现在于理性的社会化、对美好生活向往的承诺，而与之相伴的是对“社会病理学”[①] 的诊断，我们必须为“伦理”解蔽去疾。最后，自我实现的终点在于美好生活以及人类的伦理解放，这种解放不是乌托邦的设想，而是一个朝向伦理精神的过程和趋势，呈现出动态的图景。

1. 自我理解

自我实现的首要前提就是自我理解。自我理解在于主体间能够在普遍的自我意识中达到一种相互认知的状态，一种主体的质性的自我理解是通过其他主体的承认（和证明）而得到确认的，而这又以平等承认其他主体为前提。所有的主体性都以“构成性”方式与对等的主体间性相关——并且在自我和他人的关系的不同层面上也是如此。[②] 所以只有通过普遍的自我理解，才能有意识地承认互动伙伴的独立性和特殊性，并确立一种“自我—自我”而非“自我—他者”的主体间规范。

第一，自我理解的前提在于自我意识的获得，既然如此，为了获得原初意义上的自我理解，我们必须从发生学的角度探求自我意识的起源。自我意识指的是作为一个对象的自我的识别和出现。[③] 自我意识肯定是围绕社会个体组织的，因为他自己的作为自我的经验是从他对他人的动作中获得的。在一个社会动作中影响他人、采取他人被该刺激唤醒的态度、对他人的反应作出反应，这样一个社会过程构成了自我。[④] 可以看出，这暗示着自我意识的形成在一定程度上是主体间的。

第二，自我理解就是自我意识之间的相互承认，自我意识能够内在地辨清与他者的差异，只有当个人深刻地认知到自己的同一性和对象的复杂性，并承认对方也是一个完整的、独立的意识时，他才能真正理解行为及

---

① 法兰克福学派的批判理论家霍耐特提出了“社会病理学”这一概念，用以描述不健康的社会关系和社会结构的发展过程，这些过程可以被视为错误发展、紊乱或“社会病态”，而对这种社会现象的批判称为“病理学诊断”。我在此借用这一概念用以形容伦理社会的“病态”。

② 〔德〕莱纳·福斯特：《正义的语境》，张义修译，上海：上海人民出版社 2023 年版，第 309 页。

③ 〔美〕乔治·H. 米德：《心灵、自我与社会》，赵月瑟译，上海：上海译文出版社 2005 年版，第 132 页。

④ 〔美〕乔治·H. 米德：《心灵、自我与社会》，赵月瑟译，上海：上海译文出版社 2005 年版，第 134 页。

其规范。自我理解的出发点是有关人类实际上是什么的特定概念——这种概念最终无法与必然属于成就之自我的实践关切分离开来。[①] 这种实践关切是通过一系列伦理行为体现出来的。我们必须从社会动作的观点来理解内在的个体经验，社会动作包括在社会背景中的独立个体的经验，这些个体在社会背景中相互作用。[②]

对单个主体而言，仅当他能够在自己身上产生与他在他者身上刺激起来的表达行为相同的反应时，他才具有关于其行为的主体间意义的知识：只有通过在我自己身上产生对他者行为的反应，我才能意识到我的姿态对他者的意义。[③] 然后，自我会有一个内在的反思阶段，即自我并不仅是主观的，他有将本身客体化的倾向和意识。根据米德的社会心理学，个体之中存在"主我"和"客我"的两面，"主我"是有机体对他人态度的反应，"客我"是有机体采取的一组有组织的他人态度。[④] 也就是说，"自我"从根源上看就存在客观化的倾向。这一切都被包含在伦理行为和事件之中，二者既是分离的，又是统一的，"主我"既召唤"客我"，又对"客我"作出回应。他们共同构成一个出现在社会经验中的人。[⑤] 主体赋予自己第二人称的视角使自我建立起人类自我意识的主体间性概念，同时这个概念从确立之初就是实践性的。一旦将此概念衍生，"主我"和"客我"就会自然地外化为"主体"和"客体"。主体在实践行为中学会从客体的他者角度来认识自己；在不同阶段，主体通过将客体规范内在化而纠偏自己的行为，达到一种自我控制和自我调节的效果。之所以产生这种行为，就在于主客体已经处在相互承认的伦理结构中，他们承认了客体的规范性力量，并呈现出普遍化的趋势，由单个的主客体之间的关系普遍化为广泛的主体间性。

---

① 〔美〕伍德：《黑格尔的伦理思想》，黄涛译，北京：知识产权出版社 2016 年版，第 51 页。

② 〔美〕乔治・H. 米德：《心灵、自我与社会》，赵月瑟译，上海：上海译文出版社 2005 年版，第 105 页。

③ 〔德〕阿克塞尔・霍耐特：《为承认而斗争——论社会冲突的道德语法》，胡继华译，上海：上海人民出版社 2021 年版，第 99 页。

④ 〔美〕乔治・H. 米德：《心灵、自我与社会》，赵月瑟译，上海：上海译文出版社 2005 年版，第 137 页。

⑤ 〔美〕乔治・H. 米德：《心灵、自我与社会》，赵月瑟译，上海：上海译文出版社 2005 年版，第 140 页。

因此，自我理解与自我实现的辩证方案是，通过文化传统形成的各种形式，个体参与到方案中。任何个体的自我实现的方案必须在社会的和历史的意义中获得理解。按照黑格尔的看法，可以将个体的努力自身理解为累积性的和集体性的，理解为人类自身为了理解其本质，为了获得本质得以实现的严格意义上的客观形态，而做出的集体性追求的各个方面。① 也就是说，我们必须从伦理的类角度看待自我理解，它追求的是普遍化的自我实现。然而，个体的“主我”和“客我”的双向化趋势也为个体的断裂埋下伏笔，一旦主体理性客观化进程遭到遏制，或者客体理性无法为主体理性的发挥创造条件，即承认的链条被中断了，自我实现也就走向了否定。

2. 个体的社会化和社会的个性化

当主体充分了解自我之后，“主我”和“客我”也就有了付诸客观现实的倾向，也就衍生出“主体”“客体”之差异。对于主体和客体而言，联系二者的原初的主体间性事实上也是主体社会化过程的重要基础，因为在理想状态下，双方已经达成了一个普遍的自我理解，这种理解可以是交互甚至重叠的，但必须是承认的。因此，自我实现的社会化是自然而然的一个进程，不仅是主体身份的变换，也是社会制度的形成与变迁；与此同时，个体的社会化并不意味着失去本真的自我，只有兼容个性的社会化才是普遍性与特殊性的统一。二者之间保持着一种微妙的张力，正如康德所言的“人类的非社会性的社会性”：“人有一种使自己社会化的偏好，因为他在这样一种状态中更多地感到自己是人，也就是说，感到自己的自然禀赋的发展。但是，他也有一种使自己个别化（孤立化）的强烈倾向，因为他在自身中也发现了非社会的属性，亦即想仅仅按照自己的心意处置一切，并且因此而到处遇到对抗。”②

个体的社会化面临着角色的转变，从独立的自我转向伦理共同体的成员，这是个体必然要面临的趋势和境况。首先，个体诞生之初，就自动成为家庭成员，这也是他（她）获取的第一个身份，以此便建立起与外界的联系。之后便是社会成员乃至公民身份的转换。但需要指出的是，身份的

① 〔美〕伍德：《黑格尔的伦理思想》，黄涛译，北京：知识产权出版社 2016 年版，第 31 页。

② 〔德〕伊曼努尔·康德：《康德著作全集》第 8 卷，李秋零主编，北京：中国人民大学出版社 2010 年版，第 27~28 页。

转变并不意味着上一阶段身份的消失，一个人的社会角色可以是多重的，他既可以是一个家庭成员，也可以是一个守法的好公民，甚至是一个有能的政治家，这些并不冲突。并且，社会角色天然地包括态度、习惯与观念，这构成了人格与性格的核心特征。因此，这些角色并非枯燥的，他们同时被理性、价值、情感和欲望所影响或规范。其次，个体的社会化过程同时也是社会制度的演变过程，当人们以某种共同的方式来进行实践活动时，就产生了不同的伦理关系。比如，在以情感为纽带的家庭制度中，成员关系和谐家庭和睦，就能建立一个稳定的夫妻、亲子关系。当家庭成员进入社会生活时，其行为方式就会发生变化，受到的行为规范也随着承认方式的调整而更改。在经济活动中，每个人遵守市场规律，践行生产和交换原则，以使自己的利益最大化；这些经济活动体系化之后，就会形成一套行之有效的经济制度；为了进一步维持经济制度的正常运行，就需要制定出一系列法律法规。这样一来，个体在社会化的过程中，社会不同的领域之中也发生着制度的演变和分化。最后，一旦个体拒绝社会化过程，或者不承认被“给予”的社会角色，就会付出高昂的代价，他的自我理解就会变得抽象和贫乏。他脱离了实际的伦理情境，其结果是生活的空心化，他不能认识到一些基本的潜能，一些更为基本的需要也不能被满足，这些需要包括：需要一种最为深厚和稳定的个人关系，需要认识自己独特的天赋和能力，需要以自觉与理性的方式追求共同的善。①最严重的是，他根本无法进入人们的承认体系，因为是他首先否定了他人社会角色的必要性，导致了自己被排除在社会之外，成为一个“鲁滨逊”似的漂流体。

但在另一方面，个体并不能消融在社会之中，自我实现必须保留自我本身，也就是“主我”。事实上，一个有机的社会不会忽略个体性。当黑格尔说古希腊人没有自我时，实际上就是在说，他们不能设想自己具有那种从给定的社会角色中脱离出来的能力。②所以，对于社会成员的观念必须考虑到个体本身的角色。第一，个体首先是自律的和自主的道德主体，

① 〔美〕米歇尔·哈德蒙：《黑格尔的社会哲学：和解方案》，陈江进译，北京：北京师范大学出版社 2020 年版，第 170 页。

② 〔美〕米歇尔·哈德蒙：《黑格尔的社会哲学：和解方案》，陈江进译，北京：北京师范大学出版社 2020 年版，第 173 页。

这奠基于最基础的道德自由。道德自由主要来自以道德原则为取向的一种自我认同，它允许个人从现在起，以他自己认为是正确的警言和原则作为自己行动的取向。① 人们不能总是依据风俗和习惯来决定自己做什么，相反，他必须求助于私人性的道德反思，学会通过反思性的抽离行为架构起自我与社会角色的桥梁，从而使个体以更合理的方式符合社会角色。个体甚至可以通过对立的方式实现一个合乎法则的社会秩序。② 第二，个体才是社会权利和义务的真正承担者，无论在哪个社会都必须承认个体拥有一些最低限度的权利。同时，作为伦理主体，所有的伦理行为都是个体作出的。尽管可能需要付出巨大的代价，但作为人的个人，独立于每一条法律规则，有拒绝那些有可能不会得到所有个体都赞同的社会要求或机构的自由。③ 也就是说，社会化中个体的独立性也体现在拒绝承认的权利，个体有权否定社会的不合理性。总之，真正的伦理社会并不会湮没自我的个性，相反，二者必定在相互促进中趋向一个和谐、稳定的伦理生活。

3. 病态伦理的诊断

然而，自我实现并非一帆风顺的。在现实化与社会化的过程中，不是每一阶段的结构都合乎理性。无论是对于个体还是社会来说，理性结构或关系的破坏也对美好的伦理生活构成了威胁。因此，对自我实现的承诺伴随着伦理的病理诊断，而这种诊断是通过承认结构的扭曲或否定形式来进行的。

伦理结构是由主体与客体之间的关系组成的，一个稳定的、被承认的伦理结构是合理的，既符合个体理性，也合乎客观理性。因此它们的破坏也会对自我实现产生阻力，压抑自我实现的潜力。社会病理学应当被理解为缺失的合理性之结果，是一种无能性的体现，即伦理社会不能将已内含于自身之中的理性潜能恰当地表达在制度、实操与日常惯例当中。④

---

① 〔德〕阿克塞尔·霍耐特：《自由的权利》，王旭译，北京：社会科学文献出版社 2013 年版，第 152~153 页。

② 参见〔德〕伊曼努尔·康德《康德著作全集》（第 8 卷），李秋零主编，北京：中国人民大学出版社 2010 年版，第 27 页。

③ 〔德〕阿克塞尔·霍耐特：《自由的权利》，王旭译，北京：社会科学文献出版社 2013 年版，第 157 页。

④ 参见〔德〕阿克塞尔·霍耐特《理性的病理学——批判理论的历史与当前》，谢永康、金翱等译，上海：上海人民出版社 2022 年版，第 26 页。

一般来说，个体理性的扭曲，主要体现为自主性和确定性的限制或丧失；而客观理性的病理方表现为伦理关系的失调和伦理秩序的失范。二者的稳定是相辅相成的，一方的失衡难免会导致另一方对承认的拒斥和否定。换言之，一种稳定的承认结构被打破了，导致承认的畸变，这种畸变导致了个体错误或片面的自我理解，个体在伦理中无所适从，既无法保障最基础的自由和权利，也无法满足欲望和需求。这些“病理”最终导向了他律支配的“不确定性之痛”。而在客观的社会生活的诊断上，无论是霍克海默的社会是一种“非理性组织”的观点，阿多诺的“被管制的社会”的观点，抑或马尔库塞的“单向度的社会”或“压制性宽容”的概念，还是哈贝马斯的“生活世界的殖民化”的表达，[①] 均体现了客观理性的不完善状态，这种状态以社会的名义褫夺了自我实现的机会，使个体理性不再得到伸张。也就是说，伦理社会的病态现象并不只是针对在社会中出现的那些违反正义原则的弊端，它还在使用“病态”或“完好无损”的社会学术语中，反映出衡量一个伦理社会的健全状态的标准，这个标准就是看这个伦理社会是否能够充分提供给所有成员成功的自我实现的机会。[②]

简言之，病态伦理可以被概念化为个人与社会生活之间的“异化”。异化指的是那些阻碍我们生活本身（an appropriation of our own lives）的过程和干扰。我们只有在严格意义上体验自己的生活时，才是自由的。[③] 这种异化与马克思主义语境下的经济活动无涉，而是被归结为自我实现过程中个体理性和客观理性的扭曲和变形，因为我们内在地要求美好的伦理生活。当个体理性的结构被客观理性“殖民”，或者客观理性以一种越界的方式代行个体理性之事时，理性缺失或僭越的伦理病理学就产生了，它们在这里分别被理解为一个领域的失灵或一个领域接管另一个领域（哈贝马斯的术语“生活世界的殖民化”）。反之，一个“健全”的社会被概念化为个体可以在不同领域各自发挥其功能作用的社会，就像身

---

① 参见〔德〕阿克塞尔·霍耐特《理性的病理学——批判理论的历史与当前》，谢永康、金翱等译，上海：上海人民出版社 2022 年版，第 24 页。

② 参见林远泽《论霍耐特的承认理论与作为社会病理学诊断的批判理论》，《哲学与文化》第 43 卷第 4 期。

③ Rahel Jaeggi, *Alienation*, Frederick Neuhouser and Alan E. Smith, trans., Columbia University Press, 2014, p. 199.

体中的不同器官一样，它们以适当的方式相互作用，以达到自我实现的目的和要求。[①]

因此，自我实现的目的就是自我内在结构中各要素的有机协调状态，即伦理病理的诊断默认地有一种内在的预设，这也是一个美好的愿景，即存在一个完美的伦理状态，这种完备状态奠基于伦理精神之上，是一种伦理普遍性和特殊性统一的合理状态，即特殊意志和普遍意志和谐地统一在一个人身上。要现实化这种伦理精神，需要合理的承认结构或承认形式，这意味着伦理主体和客体以自由的方式确证二者之间的契合点，并释放出其理性内容的应有之义。所以，一种伦理形式的承认的目的在于，将可能的个人自主的视域的开放性，同整体价值的一种个别的、受限的视域的存在联系起来，在其中，每个人都可以在他们所选择的生活中将自己视为有价值的和特殊的人。[②] 而这一目的又被称为“美好生活”。

4. 美好生活与伦理解放

如果病态伦理是承认发生的障碍，那么美好生活（good life）作为承认的正面阐释，显然就是个体自我实现的目的和结果。面对自我实现的内在要求，要想让伦理价值付诸实践，停留在个体层面是远远不够的。只能通过提供普遍可获得的自我实现的机会，来减轻我们的“不确定性痛苦”或缺乏实现的痛苦，以便每个主体都能够体验到这种自由事实上的实现；在这种程度上，无论伦理领域可能注定要做什么，都必须提供一定数量的可能的生活方式，这些方式可以被视为寻求充分自我实现的主体的渴望对象。[③] 这些生活方式的综合，是实现“美好生活”的途径。

事实上，美好生活并不仅是一种主观的感受，也不能片面地将其与拥有丰厚的资源或者所谓的分配正义画等号，而且是一个包罗万象的善的伦理体系。当下，哲学家们对“善”的理解多有出入，无法形成一个基本的善的一般概念，更多情况下是人们以善为基底构造一个错综复杂的价值系

① Cf. *The Routledge Companion to the Frankfurt School*, Peter E. Gordon, Espen Hammer and Axel Honneth, eds., Routledge, 2019, p. 415.

② 〔德〕莱纳·福斯特：《正义的语境——超越自由主义与社群主义的政治哲学》，张义修译，上海：上海人民出版社 2023 年版，第 311 页。

③ Axel Honneth: *The Pathologies of Individual Freedom: Hegel's Social Theory*, Ladislaus Löb, trans., Princeton University Press, p. 49.

统和规范体系，因此他们的论证路径和方式也就各有径庭。但是，无论是善优先于权利（目的论），还是权利优先于善（义务论）的论证，目的和义务的“目的”均在于“美好生活”。[①] 为了达到这一“目的”，更需要承认的出场。

美好生活意味着个体自由和社会自由的实现，意味着二者的融合。个体自由的实现离不开合理的互动条件，因为主体始终受他人的限制，只有处于另一个人的对立面时才能体验到自己是自由的，整个伦理生活领域必须包括主体的实践和主体间的关系。可以说，作为对不确定性痛苦的补救措施，伦理生活提供的个人自我实现的机会必须有一部分由平等的交流形式构成，在这种交流形式中，主体可以相互视对方为构成其自身自由的条件。[②] 然而，自我实现虽然主要依赖的是主体间的相互理解和承认，但是这类实践活动同样也依赖于社会给予的自由条件，即它在多大程度上能够让个体充分实现自己的社会自由。社会性是伦理的本质，由人类组成的伦理社会的特点是客观现实性、关系秩序性、权利对等性、形式多样性等。[③] 由此可见，个体的社会自由在于社会中的不同层次、不同阶段都能够得到具体的彰显。所以，只有当个体的自我实现在其目标中借助于被普遍接受的原则或目的而与所有其他社会成员的自我实现交织起来时，它才是成功的。[④] 但值得注意的是，社会自由并非个体自由的叠加，而是一个充分自决的整体性概念。换言之，个体自由的实现是以可能的社会自由为前提条件的，这种本质性存在的社会自由就是伦理，“伦理是自由的理念”。[⑤] 社会自由在对个体性的承认过程中赋予其自由的形式和内容。

因此，“美好生活”既是自我实现的手段，也是目的。当主体以相互

① 因为即使是康德这样的强义务论者，也希冀借助于实践理性的公设来实现“至善”或“德福一致”的理想状态。

② Axel Honneth: *The Pathologies of Individual Freedom*: *Hegel's Social Theory*, Ladislaus Löb trans., Princeton University Press, p. 50.

③ 李建华：《伦理载体的实与虚》，《求索》2022 年第 1 期。

④ 参见〔德〕阿克塞尔·霍耐特《理性的病理学——批判理论的历史与当前》，谢永康、金翱等译，上海：上海人民出版社 2022 年版，第 28 页。

⑤ 〔德〕黑格尔：《法哲学原理》，范扬、张企泰译，北京：商务印书馆 1961 年版，第 187 页。

承认的方式合作的时候，他们就会为此而在这里相互承认，这意味着，他们每个人都愿意并有能力通过各自的活动，为共同善的生产一起发挥作用。[①] 美好的伦理生活为个人的满足和自我实现提供一般的、易得的可能性，而且每个人都可以利用这些可能性并在实践上把这种利用看作他的自由的实现；只有当那个也对这些可能性作出规定的领域包含了一系列生活的可能性的时候，它才能切实地被把握为自我实现的目标。而这些组成伦理领域的相互主体行动，应该把各种确定形式的相互承认表达出来。[②]

当个体在伦理意义上过上了美好生活，也就通达至一种内在的解放。伦理解放是个体自我实现的最高境界，是一种“从心所欲不逾矩”的状态。“解放”同时具有消极和积极的双重意蕴：从消极方面说，就是从两种限制自由的极其片面的方式中摆脱出来；从积极方面来说，就是指真正的自由（伦理）。[③] 伦理解放是一个辩证的历史性过程，伦理的病理可以被视为阻碍和障蔽，因此解放同时也是一个“解蔽”的过程，在伦理现实化的运动中确保自由的互动模式。不可否认，承认在解放过程中扮演了举足轻重的角色，承认是伦理解放的内在逻辑和理论旨趣。在每一个历史时代，随着承认关系的扩大，个体的规范要求渐渐积累成为一个系统，结果就迫使社会发展在整体上适应了个体化进步的过程。甚至在已经实现了社会变革之后，主体也只有通过期待另一个共同体来担保更大的自由，才能捍卫他们的需求，所以，是一连串历史的规范理想指引着个人自主性增长的方向。在这种集体发展模式的压力下，文明过程表现为一种“个体性解放”的趋势。[④]

总之，个体自我实现的逻辑在于，它是一个以承认为核心、实现原初的伦理精神的运动过程，它首先是个体内部“主我”“客我”建立在相互

---

① 参见〔德〕阿克塞尔·霍耐特《不确定性之痛：黑格尔法哲学的再现实化》，王晓升译，上海：华东师范大学出版社 2016 年版，第 127 页。

② 参见〔德〕阿克塞尔·霍耐特《不确定性之痛：黑格尔法哲学的再现实化》，王晓升译，上海：华东师范大学出版社 2016 年版，第 81~85 页。

③ 参见〔德〕阿克塞尔·霍耐特《不确定性之痛：黑格尔法哲学的再现实化》，王晓升译，上海：华东师范大学出版社 2016 年版，第 71 页。

④ 〔德〕阿克塞尔·霍耐特：《为承认而斗争——论社会冲突的道德语法》，胡继华译，上海：上海人民出版社 2021 年版，第 114~115 页。

承认之上的认知和理解，在个体具有伦理性的自我意识之后，内在地有一种社会化的倾向，但又保持着自我同一，避免趋于世俗化。个体在社会化的过程中建立起相互承认的实践模式，通过规范性的行为模式把握共同的自我实现的目标。然而，这一过程也面临着异化，个体在病态的伦理下表现出无所适从和不确定性之痛，因此，对其的诊断和治疗，即克服这一状态，也是自我实现的应有之义。最终，个体会通达至“从心所欲不逾矩”的伦理生活，获得解放。在整个运动过程中，伦理承认的辩证法以及伦理生活的运动规律在于这种共同性与个体性、社会化和个性化之间的张力。[①]

① 〔德〕莱纳·福斯特：《正义的语境——超越自由与社群主义的政治哲学》，张义修译，上海：上海人民出版社 2023 年版，第 317 页。

第十七章　契约

毫无疑问，自启蒙运动伊始，个人权利问题就成为近代政治哲学家和伦理学家们所热衷讨论的话题。正如美国学者帕森斯所言，现代个人主义行动理论发端于17世纪，而那时社会思想所思考的核心议题是社会秩序的根据问题，即“与国家强制性权力联系在一起的权威性控制之下的个人自由的范围问题”[①]。这种突出个体自由的价值向度已然暗含着对古典“权力政治”合法性的质疑与批判，并为建构有别于传统的现代“权利政治”提供了理论契机。因此，我们可以说，现代社会秩序的构建问题从其发端就与如何变革传统型社会，塑造个人自由、平等的权利意识等问题交织在一起。根据对古代法的历史学考证，英国思想家梅因认为：“所有进步社会的运动，到此为止，是一个从身份到契约的运动。”[②] 换言之，主体间自由合意的立约关系取缔古代宗法社会赋予个人身份的特权，古代的家族伦理逐渐崩塌、瓦解，而从这堆残垣废墟中破土而出的是芸芸众生的现代契约关系。从这个意义上来说，现代社会就是区别于以身份伦理为中心的古代社会的契约伦理社会。但不同于西方现代社会的“权利—契约”传统，中国社会似乎总是有着“人情主义”的伦理传统[③]，这就使

---

① 〔美〕塔尔科特·帕森斯：《社会行动的结构》，张明德等译，南京：译林出版社2012年版，第99页。

② 〔英〕梅因：《古代法》，沈景一译，北京：商务印书馆2022年版，第112页。

③ 这里所谓的“人情主义”伦理传统主要是指中国传统社会中以血缘亲情为根基并逐步拓展至社会公共领域的人际交往伦理。针对这一伦理传统，学者樊浩认为，“人情主义”区别于西方“人道主义”“人本主义”，是对人本身所作的一种情感化、德性主义的理解，并由此形成了中国特有的伦理精神形态。他将人情主义概括为“所谓人情主义，就是以人伦秩序为绝对价值，主张通过主体的德性修养和心意感通的生活情理来维护社会关系和人伦和谐。人情的本质是人伦，而人伦是结构化、情感化的人际关系”。参见樊浩《中国伦理的概念系统及其文化原理》，《复旦学报》1993年第3期。倪愫襄则进一步从社会制度伦理的研究视角考察了这一伦理传统，她将人情主义与熟人社会、（转下页注）

西方的契约思想在近代中国遭遇"人情主义"的挑战。如何珍视我们的人情主义传统？如何重新科学认识人情主义与契约主义的关联？在中国式人情主义伦理传统的土壤上是否可以生出适应现代社会的新契约理论？这是事关中国现代伦理文明建设的关键性问题。如果中国现代伦理文明一方面立足于自身的现代化发展道路，另一方面又能保持开放学习的心态，广泛汲取世界各文明的优秀经验成果，那么，这种伦理文明就有条件创生出基于义利统一的新契约文明形态，成为人类文明新形态的重要有机组成部分。

一　从身份到契约：另一种伦理平衡

现代社会区别于古代社会的一个显著标志就是，它在社会构成上不再依托于地方性的宗族、团体等血缘共同体，而主要是由具有自由合意能力的个体自发组成的。这种个体的自发性表明其完全具备现代法律意义上的民事行为能力，它对应的是古代以宗族、血缘为纽带的缺乏完全自由行为能力的个体。伦理学的使命就是平衡各种利益关系以实现和谐的社会秩序，[①]契约是平衡的机制，在平衡中契约又构成了现代伦理要件本身，因为它突破了传统社会等级制的藩篱，以平等价值为现代社会奠基。

正是在这个意义上，梅因认为："一个古代社会的单位是'家族'，而一个现代社会的单位是'个人'。"[②]伴随着整个社会的全面转型个体逐步从家族、宗教等原生共同体的解体中走出来。面对工业化与城市化的迅猛发展，我们如今急需一种有别于传统乡土色彩、符合时代发展潮流的"社

（接上页注③）信任关系、人治等概念结合起来，认为人情主义文化的盛行与中国古代制度伦理的缺失有着紧密联系，并指出："讲求人情的同时如何克服人情主义对契约制度的忽视对于中国社会来说仍然任重而道远。"参考倪愫襄《制度伦理视野中的中西文化之差异》，《湖北社会科学》2007 年第 1 期。郭卫华则对人情主义作了道德哲学的解读，认为在科技理性日益发达的现如今，"儒家人情主义伦理精神形态以情感为本位的伦理特色在现代社会中仍是有正面功能的"。参考郭卫华《儒家人情主义的道德哲学解读》，《理论月刊》2007 年第 12 期。

① 具体参见李建华《伦理学是利益均衡之学》，《上海师范大学学报》（哲学社会科学版）2022 年第 2 期。

② 〔英〕梅因：《古代法》，沈景一译，北京：商务印书馆 2022 年版，第 83 页。

会想象”[①] 来凝聚个体间的价值共识，以维系社会秩序的健康稳定运转。质言之，这种社会想象一方面立足于传统身份伦理的瓦解，另一方面又需要为现代个人的主体性权利寻找理论根据与实践指南。这就使新的社会想象往往包含着一整套理想的道德秩序——伦理平衡机制。如果说以往的社会主要是借由身份伦理来协调处理社会中的人际关系，那么，现在主要是凭借以个人权利为中心的契约伦理来维系社会关系的再平衡。

首先，我们需要明确何谓“身份伦理”。这里的身份伦理主要是就古代社会而言的一套伦理规范，它以传统的自然经济为基础，功能在于维护统治者的政治权威与社会等级制度，注重个体在社会关系中的角色身份、地位以及其所应承担的责任、义务。在早期西方社会，诸如古希腊、古罗马，这种身份伦理的主体是由享有公民权利的市民、奴隶与外邦人所构成的，在具有公民身份的阶级内部个人的身份权利也是与财富、社会地位等外在条件密切相关的。后来中世纪的欧洲，这种身份等级制度披上了宗教化的神学外衣，而逐渐演化为一套等级森严、教义严苛的集体伦理规范。于是，原有的以家族、城邦等共同体为依托的身份伦理被基督教的团体组织加以改造。梁漱溟曾就此认为西方中古社会的集团生活是拉开中西方文化、社会差异的根本原因之所在。“中国逐渐转进于伦理本位，而家族家庭生活乃延续于后。西方则以基督教转向大团体生活，而家庭以轻，家族以裂，此其大较也。”[②] 早期西方社会与中国传统社会在身份伦理的建构上多少都有着“家父权”（Patria Potestas）的影子，即“显示出‘父’或其他祖先对于卑亲属的人身和财产有终身的权力”[③]；而在欧洲的中古时期身份伦理的话语权逐渐被基督教会，以及新兴城镇的工商业“行会”（guild）所掌控。至于其中的诸多原因，不是我们这章所讨论的主题。

回过头来看，中国传统社会中身份伦理建构的主要场所是以家庭为本

---

① 这里借用加拿大学者查尔斯·泰勒的理论术语。所谓社会想象指的是“使人们的实践和广泛认同的合法性成为可能的一种共识”，它具有客观实在性与道德规范性的双重向度。泰勒认为，现代社会想象源自 17 世纪由格劳秀斯所开启的自然法学派的理论传统，他们对后来西方现代社会的政治、文化、经济发展等产生了重大影响。具体参见〔加〕查尔斯·泰勒《现代社会想象》，林曼红译，南京：译林出版社 2014 年版，第 18 页。

② 梁漱溟：《中国文化要义》，上海：上海人民出版社 2011 年版，第 51 页。

③ 〔英〕梅因：《古代法》，沈景一译，北京：商务印书馆 2022 年版，第 89 页。

位的乡土社会。在崇尚“安土重迁”思想的传统社会中，家庭、宗族一直都是构成地方社会的最基本的生产单位，“比较确当的应该称中国乡土基本社群作‘小家族’”。[①] 在这种以小家族为基本组成单位的社会中，人际关系主要以血缘为纽带，“血缘的意思是人和人的权利和义务根据亲属关系来决定”。[②] 当这种以血缘来定亲疏、明礼制的传统逐步拓展至整个社会层面，它又会衍生为特有的风土人情、生活习俗等。这种文化特色在儒家的身份伦理中可略窥一二，它主要包含了三个方面的内容：“一是自我身名意识，即对不同人格标准和道德典范的体认；二是群体分殊意识，即对不同身份环境和人伦义务的体认；三是宗法纲常意识，即对各自依附的权力系统和宗法关系的体认。由于身份伦理是以社会关系的阶级差序和等级分殊为基本骨架，身份角色的区隔实际体现了强权关系下权利分配的内在本质”。[③] 从这个意义上来说，中国传统社会中的身份伦理主要由带有家长制色彩的“权力—身份”的二元结构所组成，并在此基础上发展为“家国同构”的社会组织形式。因此我们可以说，身份伦理在中西传统社会中虽有着几分相似性，但在组织结构、文化观念上更多呈现出的是差异性。

这里提到的“契约伦理”，主要是指近代西方工业革命之后出现的一套社会伦理规范，它发端于传统自然经济向现代商品经济的社会转型时期，服务于新兴市民阶层的生活生产方式，注重对个体价值的维护与肯定，表现出对自由、平等、财富等个人权利的高度重视。在前现代社会，个体与社会处于高度的统一状态，他总是不自觉地或被迫地依附于某个社会群体，这种生存样态表现为血缘、宗教等经典的原生伦理实体，它“是一种原始的或者天然状态的人的意志的完善的统一体”[④]。直到商品经济日渐发达，市场经济制度确立的现代资本主义社会，个体才得以摆脱原生家族、共同体等加之于其上的诸多身份规定。此时，人与人之间的社会关系

① 费孝通：《乡土中国》，北京：北京大学出版社 2012 年版，第 62 页。
② 费孝通：《乡土中国》，北京：北京大学出版社 2012 年版，第 115 页。
③ 郭洪纪：《儒家的身份伦理与中国社会的准身份化》，《学术月刊》1997 年第 7 期。
④ 〔德〕斐迪南·滕尼斯：《共同体与社会——纯粹社会学的基本概念》，林荣远译，北京：商务印书馆 1999 年版，第iii页。

不再以血缘、身份为纽带，“用以代替的关系就是‘契约’”①。一般来说，这种立契定约的双方在人格、身份上是平等的，他们都是自主的独立个体，并拥有为自身利益作出决定的能力与权利。恩格斯曾指出，“只有能够自由地支配自己的人身、行动和财产并且彼此权利平等的人们才能缔结契约。创造这种‘自由’和‘平等’的人们，正是资本主义生产的主要工作之一”。② 进而言之，这种资本主义的生产方式深入制度层面，强调基于国家法律、制度层面的程序正义。没有程序正义的制度保障，契约伦理就有可能沦为一纸空文；没有契约精神的价值引领，程序正义就有可能误入歧途，二者的关系是相辅相成的。总而言之，现代社会的交往伦理其本质特征就在于平衡、协调个体间的利益关系，而对利益的分配方式不再参照传统熟人社会的身份伦理，取而代之的是一种陌生人伦理，即以权利平等为旨归的现代契约伦理。

既然从身份伦理向契约伦理的转变的背后隐藏着一套理想的道德秩序，那么这种伦理致思的理论来源是什么？为了回答这个问题，对现代社会想象的思想谱系作系统性的梳理就成为我们首要解决的问题。塑造这一社会想象的任务主要落在了近代西方启蒙思想家的身上，他们对于现代国家、社会的起源问题的解答主要诉诸“自然状态”（state of nature）假说。所谓自然状态指的是在政治社会出现之前人类的原初状态，它总是与野蛮、未开化、前文明等概念相联系。此外，作为一种现代政治哲学的术语，自然状态也是理解自然权利以及社会契约论的前提条件。

霍布斯最早在《利维坦》中使用“人对人是狼”的战争状态来描绘在国家之前人与人之间所处的一种互相猜忌、彼此残杀的斗争状态：

> 在人类的天性中我们便发现：有三种造成争斗的主要原因存在。第一是竞争，第二是猜疑，第三是荣誉。第一种原因使人为了求利、第二种原因使人为了求安全、第三种原因则使人为了求名誉而进行侵犯……根据这一切，我们可以显然看出：在没有一个共同权力使大家

① 〔英〕梅因：《古代法》，沈景一译，北京：商务印书馆2022年版，第110~111页。

② 《马克思恩格斯文集》第4卷：北京：人民出版社2009年版，第93页。

慑服的时候，人们便处在所谓的战争状态之下。这种战争是每一个人对每个人的战争。①

在这段论述中，霍布斯首先塑造了一种自私自利的人类形象。竞争、猜疑、荣誉背后体现的是个人对各种权势、利益的欲望和追求。因此，可以说霍布斯在开始思考自然状态时就已经将受利益驱动的个人动机作为其人性预设的内在本质规定。然而，当每个人都无限度地如此行事就必然会造成每一个人对每个人的战争，在极端情况下，这种战争状态表现为“最糟糕的是人们不断处于暴力死亡的恐惧和危险中，人的生活孤独、贫困、卑污、残忍而短寿”②。于是，拥有理性能力的人们就不得不开始思考如何约束彼此的任意行为以确保生存。霍布斯就此强调共同权力对压制个体自然行为的重要性，他继而认为“没有共同权力的地方就没有法律，而没有法律的地方就无所谓不公正”。③ 由此可以推断，霍布斯在思考个体从自然状态过渡到社会状态时，一方面利用了个体出于自保的恐惧心理，另一方面更多征用了以理性为指导的自然法，其中暗含着“己所不欲，勿施于人”的道德原则。④ 因此，通过自然法来限定个体的自然权利，人类社会就实现了从混乱无序到稳定有序的社会转变。

洛克在改进霍布斯的“自然状态”假说的基础上，提出“天赋人权”的思想，认为现代政府的目的就在于保护人民在自然状态中享有的各种权利，诸如生命权、财产权与自由权等。他将“自然状态”界定为：

这也是一种平等的状态，在这种状态中，一切权力和管辖权都是相互的，没有一个人享有多于别人的权力。极为明显，同种和同等的人们既毫无差别地生来就享有自然的一切同样的有利条件，能够运用相同的身心能力，就应该人人平等，不存在从属或受

① 〔英〕霍布斯：《利维坦》，黎思复、黎廷弼译，北京：商务印书馆 2017 年版，第 94~95 页。

② 〔英〕霍布斯：《利维坦》，黎思复、黎廷弼译，北京：商务印书馆 2017 年版，第 95 页。

③ 〔英〕霍布斯：《利维坦》，黎思复、黎廷弼译，北京：商务印书馆 2017 年版，第 96 页。

④ 〔英〕霍布斯：《利维坦》，黎思复、黎廷弼译，北京：商务印书馆 2017 年版，第 99 页。

制关系……[①]

这表明，洛克将权力的平等追溯至人类的自然状态，这种平等性体现在三个方面：相同的种族地位、相同的自然权利、相同的能力水平。然而值得注意的是，洛克这里使用的是“人人平等”，这多少透露出人类并非如此平等的社会现实。由此推断，洛克在其中似乎隐藏着某种理想化的道德诉求。我们知道，霍布斯在《利维坦》中为了避免个体陷入无休止的战争状态，设想某个超越个人之上的绝对强权，以此来论证国家存在的必要性。洛克则通过界定个体权利的天赋性，否定了这种强权的合法性，“每一个人对于其天然的自由所享有的平等权利，不受制于其他任何人的意志或权威”。[②] 对个体平等、自由的自然权利肯定反映出在洛克的“自然状态”中，个体是区别于霍布斯式个体的，他具有温和、理性、相互尊重的特性。这就为进入政治社会设定了前提条件，即“开始组织并实际组成任何政治社会的，不过是一些能够服从大多数而进行结合并组成这种社会的自由人的同意”。[③] 自由人的同意说明现代政府的合法性来自人们自由合意的立约行为，而政府职责就在于保障个人的权利不受侵犯。

卢梭同样肯定自然状态中个体的权利，认为人在自然状态中是自由、平等的。但他将“自然状态”描绘成一种原始、淳朴的天然状态。以下是他的两段有代表性的论述：

> 野蛮人既然成天在森林中游荡，没有固定的工作，没有语言，居无定所，没有战争，彼此从不联系，既无害人之心，也不需要任何一个同类，甚至个人与个人之间也许从来都不互相认识，所以野蛮人是很少受欲念之累的……千百个世纪都像原始时代那样浑浑噩噩地过去：人类已经老了，但人依然还是个孩子。[④]

① 〔英〕洛克：《政府论》，瞿菊浓、叶启芳译，北京：商务印书馆 2023 年版，第 145 页。

② 〔英〕洛克：《政府论》，瞿菊浓、叶启芳译，北京：商务印书馆 2023 年版，第 176 页。

③ 〔英〕洛克：《政府论》，瞿菊浓、叶启芳译，北京：商务印书馆 2023 年版，第 61~62 页。

④ 〔法〕卢梭：《论人与人之间不平等的起因和基础》，李平沤译，北京：商务印书馆 1996 年版，第 82~83 页。

> 在所有各种各样的社会中，最古老而又唯一是自然形成的社会，是家庭。孩子只有在他们需要父亲养育他们的时候，才依附他们的父亲，而一旦没有这种需要了，他们之间的自然联系便宣告解体……双方都同样进入了独立状态。如果他们还继续联系在一起的话，那就不再是自然的，而是自愿的，这时，家庭本身便只有靠约定来维系。①

第一段论述表明，自然状态中的个体最开始处在一种孤独、蒙昧的状态，在官能上也无贪欲。但是孩童状态隐含着天然、纯真与质朴的品质，这多少又反映出卢梭对自然状态中个体抱有一种美好的道德幻想。在第二段论述中，卢梭将家庭视为唯一自然形成的人类社会。因此，他不可能像霍布斯那样完全将自然状态与社会状态截然二分。事实也是如此，他在自然状态的道德想象方面比洛克走得更远，家庭是温情脉脉的场所，人们原本都是和平、美好地生活在一起，“酿成战争的，是物的关系，而不是人的关系”②。这说明在卢梭那里，财产、私有权的出现才是人类社会步入战争、堕落的开端，亦是人类社会诸多不平等的起源。由此推断出，卢梭“自然状态”中的个体形象兼具美德和堕落的双重可能性。而正是后者导致“这种原始状态已不可能再继续存在”。③ 于是，依靠独立自主个体间的相互约定，构建具备公意的政治社会成为一种必要。前文表明，卢梭在个体的自然状态中倾注了过多的道德想象，人的天性在家庭中表现出仁爱、互助的品质。正是这种天性成了政治社会得以奠基的前提条件，即相互约定体现出的是个体间彼此的需要与互利性，“我们需要使我们彼此接近，而我们的贪欲却使我们互相分离”④。贪欲区别于人的天性，而如何限制贪欲以恢复人的自然天性？卢梭认为政治社会必然要被置于公意之下，即创

① 〔法〕卢梭：《社会契约论》，李平沤译，北京：商务印书馆 2021 年版，第 4 页。

② 〔法〕卢梭：《社会契约论》，李平沤译，北京：商务印书馆 2021 年版，第 12 页。

③ 〔法〕卢梭：《社会契约论》，李平沤译，北京：商务印书馆 2021 年版，第 17 页。

④ 〔法〕卢梭：《社会契约论》，李平沤译，北京：商务印书馆 2021 年版，第 160 页。

建所谓“有道德的共同体”[①] ——大写的人（公共人格）来保障人们服从于自己创建的国家法律。“单有贪欲的冲动，那是奴隶的表现，服从人们自己所制定的法律，才能自由。”[②] 可见，卢梭的政治社会包括了其对于“人的可完善性、社会道德和他的种种潜在能力”[③] 的浪漫憧憬，他的政治构想就是其自然社会中家庭的复刻版，只不过如今的“家庭”（国家）是通过彼此的立约而非人身依附的方式组建的。

综上所述，无论是霍布斯、洛克还是卢梭，都将缔结社会契约视为人类走出自然状态的唯一途径，现代政治社会是建立在具有理性意识、自由意志与互利倾向的个人主义想象之上的。正是这种个体想象为现代契约伦理提供了一套有别于传统身份伦理的理想道德秩序，即奠基于个体权利平等之上的互利伦理规范。虽然自然状态并非完全符合社会历史经验，但它作为一种理论假设却为现代权利政治与伦理、个人主义思潮等提供了合法性证明。正如梅因所言：“‘自然’学说及其法律观点之所以能保持其能力，主要是由于它们能和各种政治及社会倾向联结在一起，在这些倾向中，有一些是由它们促成的，有一些的确是它们所创造的，而绝大部分是由它们提供了说明和形式。”[④] 可见，契约伦理是适应了近代社会以来个体生活与共同体生活可能相对分离的情形，以个体权利来为共同体生活奠基，但它并非唯一选择，充其量是个体自认为的最佳选择，或许还只是一种思维逻辑起点的选择，而非生活的本真状态。社会生活的本质还是社会性的相互依存，共同体生活才是人类的归宿，社群主义与自由主义之争大体源于对此观点的不同看法。这一方面说明契约伦理是现代社会伦理的基本表现，另一方面，也说明契约伦理本身并非最完美无缺的伦理存在，需要有相应的伦理形式予以补充，中国的人情主义伦理或许可以作为补充的重要思想资源，成为中华民族现代伦理文明构建的途径之一。

---

① 〔法〕卢梭：《社会契约论》，李平沤译，北京：商务印书馆2021年版，第19页。

② 〔法〕卢梭：《社会契约论》，李平沤译，北京：商务印书馆2021年版，第24页。

③ 〔法〕卢梭：《论人与人之间不平等的起因和基础》，李平沤译，北京：商务印书馆1996年版，第85页。

④ 〔英〕梅因：《古代法》，沈景一译，北京：商务印书馆2022年版，第60页。

二　人情主义伦理的契约边缘

自古以来，中国社会就以富有“人情主义”的文化传统所著称，重关系、讲人情似乎是中国古代社会区别于近代西方社会的一个显著标志，并由此衍生出一套富有东方智慧的人际关系哲学。所谓东方智慧主要以儒家的人生哲学为基础，强调社会名实系统中个体所扮演的角色，以及应承担的道德义务，在个体的行为实践上推崇克己复礼、尚中庸等价值规范。这套人际关系哲学也被称作为人处世之学，它可以分为两个部分：做人的学问、做事的学问。做人、做事都是围绕传统伦理纲常的范畴来说的，它发端于家庭关系内部，并逐步拓展至整个“家—国—天下”的有机联结。这种人情主义伦理自有它形成的内在逻辑，也有它延伸的边界，界内的存在自有其合理性和适应性。当以个人权利为唯一基准的契约伦理因“他者意识”缺乏而无法发挥作用时，人情主义伦理也许可以作为契约伦理的重要补充。

我们深入中国社会的日常生活便不难看出，当为人处世之学主要依托血缘亲情而建构起来的时候，社会中的人际关系模式就不可避免地掺杂着过多的情感性因素，比如说中国人总是喜欢用同乡、同僚、同窗、同伴等词语来概括与他人之间的关系。一个“同”字便足够说明彼此的身份相同、关系相近、心意相通。《说文解字》：“同，合会也”。[①] 其本义指会合、聚集，后引申出相同、共同、和谐之意，如成语“同舟共济”“大同社会”等。可以说偏重于血缘亲情的身份伦理社会，发展出的是一套人情主义伦理，它基于相同性或相似性，容易让人产生道德上的同情、怜悯等“通感”，并由此产生利他行为。近代西方社会的契约主义伦理则主要以个体的差异性为前提，强调个体的自由与平等，这就导致难以形成“将心比心”的伦理移情，只能产生以自我权利为中心的个体伦理。人情主义伦理反映的是熟人社会中的个体生存样态，其伦理关系的本质是相互性，以义务为前提，即在相互付出的同时实现各自目的，这是一种“情谊关系，亦

① 许慎：《说文解字》，北京：中国书店 2017 年版，第 260 页。

即其相互间底一种义务关系”[①]。

质言之，人情主义伦理的特质主要表现在两个方面：一方面是它所得以创生的环境是乡土的熟人社会，另一方面是这种伦理关系主要用来明确、规范双方间的责任与义务。

就第一个方面而言，乡土社会总是与小农经济、家庭、宗族相互关联。小农经济的社会现实决定了个体必然依附于家庭、宗族来实现社会交往、分工与合作。这一社会组织结构的优势就在于它能够直接借助血缘亲情来维系人际关系的长期性、稳定性与紧密性，保障社会劳作的高效性。家族、村落内部的熟人圈子意味着个体间的生活习性总是相近、相同的，也就是有迹可循，这就使得其社交及合作的成本、风险都会远低于陌生人之间的社交、合作。这一特质可以通过剖析社会中的信任机制而得到充分的解释，比如，在前现代社会中人与人之间的信任关系主要是靠“亲缘关系、作为地点的地域化社区、宗教宇宙观、传统”[②] 四类社会条件所维系，这些社会条件越充足，建立在其上的信任关系网也就越可靠，“乡土社会的信用并不是对契约的重视，而是发生于对一种行为的规矩熟悉到不加思索时的可靠性”[③]。在这个意义上，个人行为的规矩不是靠法律来规定的，而是由传统的风俗、习惯所塑造的，习俗是伦理的范畴而非法律的范畴，它往往带有一种“软性约束性”，即主要靠个体自身的道德与外界的伦理评价来约束。因此，韦伯曾将中国古代的信任关系视作奠基于小农与熟识关系基础之上的私人信任，它难以被普遍化。[④] 而契约通常是就法律的范畴而言的，它是一种能够超越私人信任的范围，并将其普遍化、制度化的信任关系。但问题在于，普遍化的东西一旦具体化，往往就容易出现特殊性和情境性难题，而中国人的处事原则基本上是“大事讲普遍化原则，小事顾及特殊情况”。这样的大小兼顾、情理结合、普遍与特殊的统一伦理智慧，无疑是纯粹契约主义无法理解的。

---

① 梁漱溟：《中国文化的命运》，北京：中信出版社 2013 年版，第 146 页。

② 〔英〕安东尼·吉登斯：《现代性的后果》，田禾译，南京：译林出版社 2011 年版，第 88 页。

③ 费孝通：《乡土中国》，北京：北京大学出版社 2012 年版，第 15 页。

④ 〔德〕马克斯·韦伯：《儒教与道教》，王容芬译，北京：商务印书馆 1999 年版，第 260 页。

其实，中国传统的乡土社会区别于现代的“法理社会”（gesellschaft），可以被称作一种“礼俗社会”（gemeinschaft）。在礼俗社会中，社会的道德规范主要来源于以血缘亲情为纽带的家庭、宗族内部，这就导致其形成与运作总是离不开人情的参与。具体而言，如果我们将这种道德规范的形成视为“礼源于俗”[①] 的结果，那么就能清晰地看到其与社会结构之间的密切关联。社会结构即是“俗”的范畴，它是一种具体的历史经验。费孝通曾把中国乡土社会的基层结构定义为“差序格局”[②]，差序格局的特征就在于其所建构的社会秩序有赖于个体自身在社会结构中所处的位置，道德规范的标准是针对这种私人性的身份、地位来确立的。如前所说，乡土社会的信任关系是一种私人信任，它缺少法理、制度层面的设计，所以不具有普遍性。同理而言，差序格局中的道德规范总是相对个体“我”来界定的，总是要参照个体在具体关系中所处的身份、地位来确定，比如“父慈子孝”“兄友弟恭”“夫义妇顺”等，每一种身份都对应于某一确定的道德规范。因此，在这个意义上来说，差序格局所生成的也只是一种私人性的德性。从个人的“一切皆以修身为本”到国家的“以孝治天下”，反映出这种道德规范始终未能真正走出私人领域，而是具有阻止私人领域与公共领域彼此分离的倾向。中国人“修齐治平”的人生理想，似乎表明任何社会关系、社会事务最终都可以被还原至家庭中去寻求意义与答案，家庭总是象征着安身立命之所，亦是人情、人伦的生发之地。但也正是“由于与重生命本身的根本观念直接攸关，亲子情（父慈子孝）不仅具有巩固社会结构（由家及国）的作用，而且在文化心理上也培育了人情至上（非圣爱至上）的特征”。[③] 于是，透过这一人情主义的文化心理可以看到，“老吾老，以及人之老；幼吾幼，以及人之幼”（《孟子·梁惠王上》）和“民，吾同胞，物，吾与也”（张载：《西铭》）的天下理想就是“由情及理”的必然结果，它表现为私人性的情感总是为这套人伦规范提供着源自血缘亲情的道德辩护。由此观之，当立足于差序格局基础上的社会关系网被建构起来时，隐藏于关系网中的人伦之理也就不可避免地被注入这一源自家庭

① 李泽厚：《哲学纲要》，北京：北京大学出版社 2011 年版，第 18 页。

② 费孝通：《乡土中国》，北京：北京大学出版社 2012 年版，第 51 页。

③ 李泽厚：《哲学纲要》，北京：北京大学出版社 2011 年版，第 35 页。

的道德想象了。

就第二个方面而言，人情主义伦理遵循的是“由情及理”的实践逻辑，其建构起的社会行为规范——理想的道德秩序，也自然是以“情感—责任”为核心的伦理范式。为了说明这一点，我们把这种情感视为源自血缘、家庭内部的个体间伦理关系，这样就能够很好理解这种关系的实质了，它并非一种单一的权利关系，而主要指基于爱的责任与义务关系。在传统的乡土社会中，家庭不是讲求权利、公平的场所，而是讲爱与责任的地方，比如，亲子关系多半是强调父母对子女的爱是无条件的、不求回报的，兄弟姊妹间的关系也多是强调谦让、互助与团结等。一方面，这种基于爱的非对称关系强化了人与人之间的感情，关系网中的人及其利益都是深度捆绑在一起的；另一方面，这种深度捆绑却是以压制个人自身的“小我”意识为代价的。所谓“小我”意识，区别于族群的“大我”意识，是一种计较自身利益得失，注重维护个人的自由、权利，具有较强边界感的独立人格意识。由是观之，人情主义伦理所反映出的是中国乡土社会中的理想道德秩序，这套道德秩序具体表现为：人际关系主要依托于人伦规范来确立。而人伦的背后是基于血亲组织起来的社会关系结构。深入这一社会关系结构内部来看，个人总是带着某种特定身份参与其中，并与他人展开交往。而交往必然遵循已然确立起来的人伦规范，只有“在宗法等级‘人伦’关系中，才能认识道德规范的内涵及其实质——人们在等级角色对应关系中确立了各自的道德义务，如父慈子孝，长惠幼顺”①。那么，我们应该如何来理解这种带有浓厚人情色彩的人伦之理及其边缘呢？

首先，有必要指出人伦与人情是一对相互缠绕、相伴而生的概念。所谓人伦，指的是中国古代社会中的人际关系及其行为规范。费孝通将其定义为“从自己推出去的和自己发生社会关系的那一群人里所发生的一轮轮波纹的差序”。② 这种“差序”至少这说明了两个方面的问题：一是从自我出发建构起来的人际关系总是难免掺杂着某些情愫；二是根据自我的角色、身份来定位人际关系，便会孕育出不同的道德情感类型。具体而言，

① 朱贻庭：《“伦理”与“道德”之辨——关于“再写中国伦理学”的一点思考》，《华东师范大学学报》（哲学社会科学版）2018 年第 1 期。

② 费孝通：《乡土中国》，北京：北京大学出版社 2012 年版，第 44 页。

人伦包括五个维度："父子有亲，君臣有义，夫妇有别，长幼有序，朋友有信"。(《孟子·滕文公章句上》)父子、君臣、夫妇、长幼、朋友说明关系的双方并非陌生人，而是某一利益共同体内部具有亲密关系的个体，人伦就此便具有了人情的色彩。因此，可以说"人伦是传统伦理思想对人情的规定。其外在形式是礼，其内在心理是仁"，[①] 这也是中国伦理被视为情本体的原因。虽然情感的远近深浅可能会导致伦理观照的某些偏差，但情本身的真实性和驱动性足以为道德的觉悟与践行提供内驱力，特别是人作为"类存在"的情感如同情，是超越了个体局限的。诚如斯密所言："无论人们会认为某人会怎样自私，这个人的天赋中总是明显地存在这样一些本性使他关心别人的命运，把别人的幸福看成自己的事情，虽然他除了看到别人幸福感到高兴以外，一无所得。"[②] 伦理的情感性是相互性的，人情虽然源于"己"，但不等于私情；人情主义伦理虽然也是以"自我"为逻辑起点，但不能与等级主义伦理和利己主义伦理画等号。

其次，从道德发生学的角度来看，人伦规范的运作总是涵盖了两个方面：一个是立足于个体身心的微观层面；另一个便是来自社会调节的宏观层面。就个体的微观层面而言，人伦规范遵循的是"为仁由己"的实践径路，即一切道德品质都可以通过反躬内求的方式而获得，人在此基础上进而做到"推己及人"。这一路径具体表现为在构建与他人的伦理连接时，个体遵循的是"爱有差等"，即"亲亲—仁民—爱物"的实践原则。冯友兰就曾将此种道德实践的差等原则归因于个体间关系的强弱。[③] 一般来说，个人与亲友之间的关系总是要比陌生人更为亲密，关系的强弱决定自身情感的强弱（情感的强弱也会影响关系的强弱），情感的差异性导致个体的道德实践必然表现为"亲疏有别""内外有别"，而很难做到对所有事情一视同仁。至于这种情感如何作用于道德实践，前文已对这种"由情及理"的实践逻辑作过详细说明，这里不再赘述。由此观之，这种"人伦—实践"对应的正是乡土熟人社会的差序格局，个人总是先爱自己的父母家

---

① 翟学伟：《人情、面子与权力的再生产》，北京：北京大学出版社 2023 年版，第 105 页。

② 〔英〕亚当·斯密：《道德情操论》，蒋自强译，北京：商务印书馆 1997 年版，第 5 页。

③ 冯友兰：《中国哲学简史》，赵复三译，北京：生活·读书·新知三联书店 2014 年版，第 97~98 页。

人，其次是朋友乡党，最后才是陌生人。就社会宏观层面而言，当家庭、宗族乃至整个社会内部出现利益冲突时，人们通常都是要求个体的“小我”服从集体的“大我”，身份地位低的服从于身份地位高的。服从作为一种传统美德本质上体现的是以责任为导向的人伦规范的必然要求。换言之，对责任、义务的维护是内嵌于人伦关系的制度性规定之中的，传统社会的纲常礼教正是这套服从话语的制度化表达，它具有约束与规范双方关系的调节作用。梁漱溟曾指出，这种伦理本位的生活方式有宗教之功效，它能够激励起个人的责任意识，从而使个人获得人生意义之厚重感，即个人能够在其中获得一种超越于“小我”之上的人生追求与境界。[①] 因此，从这个意义上来说，人情主义伦理就是一种以私人情感为纽带，奠基于熟识、亲缘关系基础上的责任伦理。情感虽然是私人性的，但其关联又具有网状性，向外推移就是公共性的。可见人情主义伦理在呈现上也是源自个体性思维方式，由近及远，只不过与现代契约伦理相比，它没有把个体既当起点又当终点，而是把家国（共同体）生活当终点，通过私人情感拓展到了共同情感，弥补了契约伦理之不足。并且，在正常情况下，由近及远、推己及人的道德实践更加确保了道德行为的真实性和可靠性：一个连自己父母都不爱的人，难以想象他会爱他人，更不要奢望他爱国。

最后，从人情主义伦理的现代流变来看，人情主义日益凸显其适应性与边界。直至改革开放之前，中国社会从横向范围上来看，占人口多数的依然是扎根于农村的广大农民群体；从纵向范围上来，社会结构的基层依然是“乡土性”[②] 的。虽然传统的宗族社会已经分崩解体，儒家式的礼俗文化也遭到前所未有的批判与解构，但印刻于人们日常生活中的小农思维并没有得到根本改变。改革开放以后，社会生活的双重巨变，即从传统到现代，从现代到后现代的双重社会转型，外来文化与价值观的冲击，使得原本处于传统乡土观崩塌边缘的迷茫个体，无论是社会底层民众，还是精英群体，又重新拾起富有乡土温情色彩的人情主义伦理，来应对在现代化洪流中身与心所面临的双重挤压。所谓身的挤压，主要体现在市场经济与

---

① 梁漱溟：《中国文化的命运》，北京：中信出版社 2013 年版，第 151~152 页。

② 费孝通：《乡土中国》，北京：北京大学出版社 2012 年版，第 9 页。

都市化陌生人社会中的激烈竞争、理性算计等；心的挤压来自外来文化、价值观念对自我认同与归属感的挑战。实际上，这等于说，人情主义伦理观仍然拥有非常广泛、坚实的社会与文化心理基础。然而面对飞速发展的社会我们如何来审视人情主义的伦理传统，以及其可能发生的嬗变？

质言之，传统的人情主义伦理在现代社会中至少遭遇到市场化、法治化与全球化的三重冲击，并由此在社会中衍生出“亲属主义”“关系主义”两种变异形态，它们可以视为是对冲击的“应激反应”。而之所以会出现这种应激反应，在于面对以市场经济为主导的社会，个体间的社会关系出现信任危机与裂痕，原有的单位福利制开始破产，而西方的权利—契约观念在本土化的过程中逐渐蜕化为“谋求私利”“投机钻营”的权宜之计，难以在大众情感与官方意识形态两个层面获得认可与接受。于是，人们又普遍回到人情主义的伦理传统中去寻求关系的确定性与安全感。但问题并未得到真正解决，传统人情主义伦理从未真正区分私人领域与公共领域的界限，且有着将公共领域私人化的倾向，致使个人情感过度膨胀、泛滥，公共理性缺失。其实，这种社会现象与中国人特有的情理结构密切相关，即个人的“理性与情欲没有分家，常常交融混同，合二为一”①，同时个人的理性意志通常受情感、道义的挟持，表现为“由情及理”的日常生活实践。当理智与情感的比重进一步失衡之时，由人情主义所维系的社会关系就很容易缺乏边界感，以至于使人突破公与私的界限，滑向亲属主义、关系主义，身处其中的个人也时常是身不由己，为“情”所困、所累。因此，从这个意义上来说，“中国人的‘心’发达于‘脑’，这个‘心’并没有表现为个人的热情，反而是化为镇止个人热情奔放的社会化的‘人情’”。② 正是这种社会化的人情导致个人背负太多来自熟识关系的沉重债务，“不通人情”似乎在中国人的道德评价体系中并非一个褒义词。于是，当传统人情主义伦理面临功能失调、价值规范失效问题，且与现代市场经济中的“公平”“公正”原则相违背之时，构建一种有别于传统的、适应于中国社会健康发展的新式关系伦理就成为亟待解决的问题。以伦理为本

① 李泽厚：《哲学纲要》，北京：北京大学出版社 2011 年版，第 34 页。

② 孙隆基：《中国文化的深层结构》，北京：中信出版社 2021 年版，第Ⅵ页。

位的社会或人情主义社会，需要确立起一套理想的道德秩序（传统的那套已经失效），当代中国伦理道德建设的任务，就是要提出既能适应市场经济健康发展，又符合自身文化心理与历史经验的一套“价值—实践”体系。继而，如何将人情主义伦理限定在一定的范围之内，也就是做到“发乎情，止乎于理”，就成为解决这一问题的关键。讲人情当然可以，但人情主义伦理的限度在哪里？“人情”如何能顺利过渡到“公理”来处理公共生活中责权利的关系？这就涉及对现代社会中人与人之间交往的权利与义务关系的重新思考，其要点是：在现代契约中权利与义务何者是必然优先的？

三　不以权利为目的契约是否可能

关于契约的可能性，美国法学家麦克尼尔曾在《新社会契约论》一书中系统思考，他倡导一种关系性契约法，认为契约的初始根源有社会、劳动的专业化和交换、选择性、未来意识等因素，社会是源头，劳动的专业化和交换使互惠成为可能，选择性体现人独有的意志自由，未来意识使契约趋向成熟。因此，“劳动的专业化和交换、选择性、未来意识，根植在并且交互作用于社会中，使契约成为可能”。[①] 纵观西方社会契约理论的发展史，其大致经历了从古典社会契约论到现代新契约论的两个阶段。关于契约的本质，尽管有个别性与关系性之别，但从古典契约论对社会起源、国家权力合法性的思考，到现代契约论对个人权利的关注，都体现出西方契约理论的一个核心思想，那就是对个人的主体性地位的辩护。这种辩护反映的是西方个人主义的思想传统，即社会契约的建立需要奠基于具有独立人格与自主意识的主体之上，缺乏这一条件的个体自然不可能具有现代的契约精神与公民意识。然而，当代以罗尔斯为代表的新自由主义的契约理论，过于强调人的个体性维度（权利的优先性）而忽略人的社会历史性维度，导致给人一种“唯权利”的刻板印象。

① 〔美〕麦克尼尔：《新社会契约论》，雷喜宁、潘勤译，北京：中国政法大学出版社 1994 年版，第 4 页。

具体来看，罗尔斯的新契约论是对古典自由主义与功利主义的改进与超越。它强调的是正义权利的优先性，正义是社会制度的首要价值，其功能在于明确社会中个体的基本权利与义务，而如何实现社会之正义就需要诉诸“两个原则”。“（1）每一个人对于一种平等的基本自由之完全适当体制（scheme）都拥有相同的不可剥夺的权利，而这种体制与适于所有人的同样自由体制是相容的；以及（2）社会和经济的不平等应该满足两个条件：第一，它们所从属的公职和职位应该在公平的机会平等条件下对所有人开放；第二，它们应该有利于社会之最不利成员的最大利益（差别原则）。”[①] 第一个原则表明，首先，自由作为个人权利是正义社会中最基本的，也是最为首要的权利；其次，它是一种平等的自由，这反映到罗尔斯“无知之幕”的思想实验中，就是个体的原初存在状态，即每一个理性的个体都拥有平等的自由权利。不难看出，这里的自由在被强调具有支配地位的同时，又被限定为是一种人人平等的自由，而非无限度的自由，因此，它又被称为平等的自由原则。第二个原则表明，在现实社会中存在不平等的问题，而针对这一经济领域中的不平等则需要满足机会平等与差别原则。既然自由作为正义社会的首要价值，享有价值排序上的优先级，那么社会经济领域中的机会平等、差别原则就只可能在满足第一原则的前提下实行，任何假借善的名义而损害、牺牲个人的自由都将是非正义的，换言之，“财富和收入的分配及权力的等级制，必须同时符合平等公民的自由和机会的自由”[②]。在此意义上，可以说罗尔斯的权利优先指的就是个人的自由权利的优先。

实际上，从古代身份伦理转变为现代契约伦理开始，契约思想发展到今天。最早的古典社会契约论的代表人物，如霍布斯、洛克、卢梭等人，都还是基于一定的社会历史经验去谈论个人权利的，而罗尔斯的新契约主义则完全诉诸理性人假设来论证权利的优先性。质言之，罗尔斯在构建其契约理论时对立约人的思考，首先用一种“原初状态”替换了古典社会契

① 〔美〕约翰·罗尔斯：《作为公平的正义：正义新论》，姚大志译，北京：中国社会科学出版社2011年版，第56页。

② 〔美〕约翰·罗尔斯：《正义论》，何怀宏、何包钢、廖申白译，北京：中国社会科学出版社2014年版，第62页。

约论中的“自然状态”。按照罗尔斯的假设，这种原初状态中的立约人是相互态度冷淡且理性自利的，为了避免个体间由知识、品格、环境上的差异造成的不公正，就有必要构建起“无知之幕”来保障程序正义。“无知之幕”可以视为立约人构建正义社会的理想化条件，它包括三个方面的内容：(1) 无人知晓他自己在社会中的地位；(2) 无人知晓他自己的“善”观念；(3) 无人知晓自身所处之环境。不难看出，原初状态中的立约人除了满足相互态度冷淡、自利的主观条件，也应当同时具备“无知之幕”中三个方面的客观条件。由此推断出，个体虽然具有自利的倾向，但却不具备自利的各种条件。但实际情况是，如果个体是理性且自利的，就必然追求对自身有利的各种条件。为了弥合二者间存在的紧张关系，也为了能够从原初状态顺利推导出正义二原则，罗尔斯又作出一个理论补充：立约人除了满足主客观条件之外，还需要所谓的“正义感”作为“保证严格服从的假定”[①]。这多少反映出，如果缺乏“正义感”的约束，由理性、自利的个体所达成的契约就可能欠缺理论上的圆融。因此，这里就存在两个问题：一是作为“正义感”的道德人，是否能够与理性人的假设相容；二是罗尔斯并未解释清楚“正义感”的来源问题。就第一个问题而言，“正义感”的个体之所以被称为道德人，就在于其能够对他人的权利与诉求有所关切，但这显然违背了罗尔斯最初对理性人的预设：“假定各方是相互冷淡、不愿为了别人牺牲他们的利益。”[②] 来看第二个问题，如果说，个人的正义感纯粹是出于对社会理性设计的考量，那么，这种带有建构理性主义的致思方式，就使罗尔斯契约论中的权利观带有明显的乌托邦色彩，它忽略了一些来自现实经验层面的变量条件（如地域、风俗、习惯等），因此缺乏可操作性。

相反，我们认为诸如正义感、仁爱等个人德性绝非社会理性设计的产物，“它们主要经由社会的、经济的以及生物的进化力量而成型”[③]。于是，

---

① 〔美〕约翰·罗尔斯：《正义论》，何怀宏、何包钢、廖申白译，北京：中国社会科学出版社 2014 年版，第 144 页。

② 〔美〕约翰·罗尔斯：《正义论》，何怀宏、何包钢、廖申白译，北京：中国社会科学出版社 2014 年版，第 129 页。

③ 〔英〕肯·宾默尔：《博弈论与社会契约》第 1 卷，王小卫、钱勇译，上海：上海财经大学出版社 2003 年版，第 5 页。

对人与人之间权利与义务关系的思考，除了诉诸纯粹的理性构思，它还应当遵循的一条本土化的“现实原则”：“对于一个社会可行的全部社会契约进行观察，以及考虑这些契约中的某一个在我们当前的社会契约中是否能改进，这是合理的做法。”[①] 对这种合理的做法，我们更倾向于一种自然主义的建构路径，它可以粗略概括为下面这个问题：在对中国人的文化心理与习俗、传统进行审视之后，我们有没有一种基于“新义务论”的契约理论？这种“新义务论”指的就是权利与义务的对等，它既区别于传统的人情主义伦理，也不同于“唯权利”的现代西方契约文化，而是遵循“你对我好—我对你好”的理论范式。传统的人情主义伦理侧重个体的责任、义务，新义务论更加强调在义务、责任基础上立约的双方人格、身份的平等性；现代契约伦理以权利为中心，新义务论更注重在权责统一的视角下审视个体权利的合法性、合理性问题。由此观之，新义务论实际上是在确认现代西方权利—契约传统的同时，提出并论证不以权利为目的的新契约理论是否可能的问题。这并非一种“标新立异”的做法，而是在承认文化多元性、差异性的前提下，立足于本土化的现实考量；或者更确切地说，围绕不以权利为目的的新契约理论的广泛讨论与交流，已然为在不同社会、历史经验背景中思考一种合乎自身文化传统的现代契约理论提供了可能性。回过头来看，新义务论最终展开路径及目标是，通过审查以罗尔斯为代表的现代西方契约理论的演化及其内在张力，揭示社会契约的内在伦理机理及其多种可能性，亦即“西方契约伦理”之外的另一种或多种契约伦理的可能路径，比如立足于中国文化土壤中的契约伦理及其现实可能性。

因此，关于这种可能性的思考主要涵盖了三个方面的内容。其一，现代西方的契约论所呈现的是何种价值取向，或者更积极地说，从古代身份到现代契约的社会演化史中，我们可以学习些什么？或者应该向现代西方契约文明学习些什么？其二，具有人情主义色彩的契约伦理遵循的是何种道德原则？它的基本特征是什么？与现代西方的契约伦理的价值取向有何异同？其三，以这种价值原则为导向的社会伦常关系是否符合从“身份到

① 〔英〕肯·宾默尔：《博弈论与社会契约》第1卷，王小卫、钱勇译，上海：上海财经大学出版社2003年版，第10页。

契约”的社会演化进程？如果它不符合这一演化进程，又或是于中国人情文化的更新迭代无益，那么由它构建起来的社会契约论都将不具备有效性和生命力。

首先来看第一个问题。何谓“西方契约论”？一种初步的理论解答是：从历史的维度来看，它诞生于西方近代工业革命时期，上承文艺复兴、宗教改革的人文主义遗产，下启欧洲的思想启蒙与解放运动，历经古典契约论与现代契约论两个阶段；从其内容上来看，它以个人主义、自由主义为理论基础，表现出对个人自然权利的维护，强调“天赋人权”“主权在民”等价值理念，注重人的主体性地位之于政治、社会、经济的重要作用。20世纪，随着新自由主义思潮的出现，形成了以罗尔斯、诺奇克、德沃金为代表的现代新契约论，他们主张构建以权利为核心的契约论，关心程序正义、分配正义等系列社会问题。从其功能上来看，西方的契约论主要是为了协调个人、社会、政府之间的关系问题，旨在构建符合现代国家的民主政治，保障个人的生命权、财产权等不受侵犯。总的来看，西方社会的契约传统源远流长，其中个人主义、自由主义两大价值基石，与近代西方的工业革命与世俗化社会相契合，推动了西方社会政治制度法治化、民主化的进程。从这个意义上来说，近代西方的契约传统对于破除古代以身份为中心的伦理、政治文化，对梳理、明晰各主体间的权责关系，营造一个相对公平、自由的社会环境起了积极的促进作用，这可以视为是西方现代化的一个主要成就。其中，最值得关注和学习的是以“公共理性”[①]（public reason）的理念来协调多元主体间的社会关系，以维护公平、正义的社会秩序。但同样值得我们关注和反思的是身份到契约的历史转向所折射出的现实性问题，即过度关注自我权利的大众文化容易导致“原子化个人”

① 所谓“公共理性”是指平等自由身份的个人所展现出的一种超越私人性范畴的，对国家、公共事务、社会福祉所具有的那种能够进行理性的分析、辩论、协商的思维能力。从这个意义上来说，公共理性不仅是民主、正义社会中公民所不可缺少的精神品质，也是各政治主体之间达成合作、价值共识以实现共治的前提条件。正如罗尔斯所言：“公共理性是一个民主国家的基本特征。它是公民的理性，是那些共享平等公民身份的人的理性。他们的理性目标是公共善，此乃政治正义观念对社会之基本制度结构的要求所在，也是这些制度所服务的目标和目的所在。”参见〔美〕约翰·罗尔斯《政治自由主义》，万俊人译，南京：译林出版社 2011 年版，第 196～197 页。

“精致利己主义”等社会现象。

其次来看第二个问题。中国传统的人情主义伦理是依托于身份观念所建构出来的伦理制度，这套伦理制度曾经维护的是“君臣父子”“男尊女卑”的封建等级秩序。这套伦理制度虽然受到了现代伦理的冲击而式微，但其背后所隐藏的伦理文化与社会心理并未消除，而是蜕变为以“权力—身份”为核心，以“人情—责任”为纽带的带有“半封闭”性质的各种社会规范伦理。所谓“半封闭”性质主要体现在两个方面：就其开放性而言，这种社会规范伦理不同于私人性的家庭伦理，而主要是在公共领域中依托于一定的公权力，或公共资源构建起来的。就其封闭性而言，指的是规范伦理内部的人际关系是半私密性的，或熟人性质的。于是，就可能存在两种伦理困境。一是在围绕权力所筑造的各伦理场域中，往往存在不同的价值规范，且相互之间难以达成行之有效的价值共识。二是这种规范伦理是依托于“权力本位”建构起来的，等于说关系中的个体遵循的是“谁的拳头大谁有理”的价值逻辑，导致可能存在有的个体不受伦理、道德约束的风险。由此观之，公共领域的伦理规范是不能基于“权力—身份”观念来建构的，因为身份是不可均衡的，它暗含着一种等级制的文化观念。现代社会应该是一个契约伦理的社会，而契约伦理的基本特质主要表现在两个方面：一是立约双方人格独立且相互间是平等的关系；二是各立约主体一致诉诸公共理性的理念来协调多元主体间关系的均衡性。因此，从这个意义上来说，如果要保持人情主义伦理符合时代化的历史进程，那么，就必然需要思考这样一个问题：如何剔除掉传统人情主义伦理中的身份、权力本位的价值观，以构建起具有平等关系的契约伦理？这种人情主义的契约伦理如何达成多元主体间的价值共识，就不再是一个诉诸社会化的人情问题，而是如何与公共理性相结合的问题。

现代人情主义伦理与公共理性结合的关键是实现身份与权力的平等，这也就意味着由此所衍生出的一切社会关系都可以被简化为一种“责任—服从”关系。以“责任—服从”为导向的社会规范伦理可以视为是一种单向度的伦理，换言之，关系中主体间的交往更多是指令性而非互动性的。这种指令即一种单向度的道德命令，它遵循的就是“你必须对我好（这是你的责任）”的理论范式。这就导致关系中双方的义务、责任其实是不对等的，伦理关系的平衡性难以得到保证，又或者说维系这种伦理关系平衡的社会成本会非常高。于是，人情主义的契约伦理如果想要破除传统的权力—身份本位观，减少伦理关系平衡的维系成本，那就需要让人意识到立约双方的身份、地位是平等的，且立约的主体是拥有自由意志的独立个人。质言之，身份的平等性为主体间建立带有自治色彩，且公平、正义的契约关系提供了可能性，人格的独立则保证了立约者拥有自由决策的权利，而不受权力的干扰与支配。因此，这就意味着，在破除了“权力—身份”本位观的人情主义的伦理中，以情感为本位的价值观可以摆脱各种“道义”的裹挟与利用，从而通过承认个人的主体性地位来实现伦理关系的再平衡。从传统人情主义伦理的不平衡到现代契约伦理的平衡，是一种伦理的内生性变革，这种伦理的平衡机制所遵循的就是一种“你对我好—我对你好”的理论范式，是你对我好，我才对你好，而不是单方面强调牺牲、奉献与付出。可以看出，这种关系是带有互利性质的主体间交往行为，个体自身的责任不再是对一种“定言命令”式的服从关系的确认，而是基于立约者一致达成的某种价值共识。回过头来看，以权利为核心的现代西方契约伦理，如果过分专注于个体自身的小我，而忽视对他者、社会责任的承担，那么关系中的个体可能会迷失在“你必须对我好（这是我的权利）”道德幻象中，伦理关系的平衡性也将无法得到保证。无论是前者以权力为本位的身份社会，抑或是后者以权利为目的的契约社会，如果关系的双方缺乏一种“他者思维”，那么，都有可能形成以自我为中心的单向度的关系形态。

最后来看第三个问题。在了解了契约伦理对传统权力—身份观念的改造之后，现在有必要指出，“新义务论”的人情主义伦理之所以强调责任的价值导向，主要是出于对中国现代化的思考。就传统向现代的转型而言，虽然传统的人情主义伦理也强调对他者的责任、义务，但这种强调更多是基于权力—身份观所构建起来的“服从伦理”，关系双方的责任是不对等的，这就导致关系中的弱势方往往受到更多限制，对强势方的权力约束却是缺位的。反观新义务论的人情主义伦理，是基于现代社会中的平等、自由等价值理念所确立起来的“认同伦理”，它所强调的个体责任并不是由社会化的人情所规定的，而是借助公共理性所达成的价值共识。

因此，这种现代化的转型就在于：一方面它打破了唯权力—身份的传统价值观念，保障了个人的主体性权利；另一方面它借助公共理性来弥合多元主体间的价值分歧，明确了公共领域与私人领域的界限。与此同时，我们还须注意的是，中国的现代化转型受到了西方后现代主义的影响。这种影响主要是源于对现代主体性思维与唯技术理性的价值批判与反思。这样的价值批判与反思不仅是针对个人自由、平等权利的维护，而且更强调站在权责统一的立场来构建现代民主政治；此外，对技术理性的反思要求社会制度、程序的设计应当富有人文关怀，也就是俗语所言的“人情味”，它体现的正是基于个人情感自然流露出的对他者的责任感。总的来说，这种带有人情主义色彩的契约伦理，既强调公共理性对个人情感的节制与范导作用，也注重情感之于制度、程序设计的“润滑”作用。

四　走向中国式契约主义

不同于以权力为目的的契约理论，以责任为旨归的契约理论主要是面向以人情为伦理本位的中国社会现实，同时对现代西方唯权利的契约理论进行批判性反思，试图构建一种基于人情主义伦理的具有权责对等性质的中国式契约主义，它是对罗尔斯新契约主义的超越，也是中国传统人情主义伦理与现代契约精神相结合而形成的伦理文明新形态。中国共产党领导人民创造的人类文明新形态，一方面涉及如何正确处理与自身文化传统的关系问题，另一方面又需要吸收一切人类的优秀文明成果以回应时代之问。可以说，此种文明的价值观念反映的不仅是经过现代转换的人情主义，而且可以视为一种区别于西方权利契约主义的中国式契约主义。

质言之，义利统一的价值取向彰显出此种契约文明对道义与利益的重视。其中，利益涉及私人利益与社会公共利益，私人利益与公共利益的关系问题主要诉诸公共理性的维度，对社会道义、责任的评判则不可缺少个体的情感性维度。而两者统一的性质说明无论是协调主体间利益关系，还是规范主体的责任、义务，公共理性与个体情感都是必须要考虑的两个重要因素。举例来说，中国式新契约论不以权利为目的，这并非否认个人权利的重要性地位，而是更加注重责任之于权利的价值导向作用，即倾向于将个人权利放置在整体的社会责任中去思考，它所主张的义务和权利对等（而非权利和义务对等）说明义务对个人、社会的优先性作用，也就是说，责任、义务之于权利是第一位的，权利是出于对主体间相互责任规定之上的“现实考量”。正是这种现实考量，说明对于一种符合“社会想象”的契约伦理的建构有必要考虑诸多变量条件，如社会环境、文化传统与历史经验等，它可以有效避免由缺乏实际的权利诉求所导致的社会冲突与政治灾难。我们进一步从前文中所论述的人情主义视角来看，它所强调的责任就是指公民所必须履行的社会责任，这里的社会责任并不是建立在与私人领域完全对立的公共领域中，而是通过主体间的价值共识与私人性的情感体认两个方面才得以确立的。换言之，除了借助公共理性来达成主体间的价值共识之外，还应当注重个人情感的奠基作用。如果只是一味追求公共理性的社会建构，而忽略个体情感的现实需求，那么，这种理性设计的社会规范就可能有悖于人伦常情，由此创生的契约在多大程度上被人们所完全接受与认可就将是一个难题。

如果我们承认现代化不只有西方的单一模式，多元现代性是客观存在的，那么设想一种基于中国传统人情主义伦理的现代化转型的新契约理论是可能的。这种可能性一方面契合于现代社会从身份到契约的历史进程，另一方面又立足于中国人情主义伦理的日常生活常态化这一客观的社会现实。正是这两个方面的综合考虑，使得以责任为旨归的契约新论同时兼具理论与现实两个层面的参考价值。有关现代契约文明的界定不应当只存在一种标准化的形式。相反，每一个致力于现代化的文明国家都应当根据自身的实际情况来进行思考，从而丰富、扩充现代契约论的理论内涵、特质。尽管如此，现代契约文明的价值目标在某些方面仍旧应当具备可公度性和可理解性，但实现或建构一种“什么类型的契约社会”的问题可能且实际上也只能是差异化和多样性的。从这个意义上来说，中国式新契约论提供了一个更加开放和灵活的理论框架，以适应现代社会中复杂和动态的现实情况。换而言之，西方以权利为前提的现代理论比较适应于对法理的理解，而权利与义务对等的人情主义契约理论比较适应于伦理，这是两个层面的问题，尽管我们有充分的理由来说明现代法理与现代伦理的不可分割和平可替代性。此外，中国人情主义契约理论可以提供一个更加包容和平等的理论视角，以反映现代文明中多元和差异的价值观念。但这并不意味着新契约论的理论构思就此完成，它仍然需要回应如何构建出一套理想道德秩序的问题，即“维持均衡要求存在关于如何协调行为的共识性习俗”[①]，如果这种习俗体系的协调性无法得以保证，那么建构于其上的以责任为旨归的新契约论就会面临着理论合法性与现实有效性的挑战。

当然，我们提出构建以责任为根本旨归的中国式新契约论，仅仅是基于对西方契约伦理与中国人情主义伦理的传统反思，试图找到二者之间的“打通”方式。从理论创新的历史使命来看，需要对新契约论的理论内涵、外延及路径建构有进一步的思考，同时需要借鉴社会学、文化人类学、道德心理学、法哲学、政治哲学等相关学科的成果和经验，特别是要立足中国式现代化建设的具体进程，以丰富和拓宽新契约论的理论视野和应用研究，在此，拟提出以下几个思考要点。

第一，中国式新契约主义不是传统人情主义的简单回归。中国式新契约论是基于对中国传统伦理的充分考虑，同时又顾及了中国式现代化进程中社会结构、交往方式、思想观念、文明形态的新变化，它涵盖了更加复杂、更加宽广的经济、政治、文化、社会、生态、国际等因素。中国式新契约论坚持“情本体”的伦理旨意，但不会局限于“私情”，而是以现代公共生活中的“通感”与“共情”为机制，这无疑具有了“公共理性”的意味，更加侧重了承认与信任。在中国，人际关系一直被视为极为重要的关系，特别是在商业谈判和合同履行中，个人关系和信任往往起着关键作用。这与西方国家的契约主义有所不同，后者更强调合同文本的法律权威与效力。这意味着在中国的各种社会交往中，人际信任和友谊被认为至关重要，这意味着合作伙伴之间的关系通常会在交易中发挥作用，并且在合同履行中人情也至关重要。陌生人社会的交往何以可能，除了利益恐怕没有其他因素。中国式新契约论通常还更加注重长期关系而非短期交易，人们更倾向于建立长期的信任关系，并进行长期合作。中国式新契约关系已经不是共同体内部的约定，而是随着生存（生活）空间的扩大，不断向

① 〔英〕肯·宾默尔：《博弈论与社会契约》第 1 卷，王小卫、钱勇译，上海：上海财经大学出版社 2003 年版，第 10 页。

外部延伸，形成更加广阔的契约性团结。

第二，中国式新契约论不是传统德治主义的单一表现。我们传统理论的思维逻辑是人情主义必然导致德治主义，而德治主义又必定是人治，不利于现代法治建设。其实，从社会控制论的角度而言，人是社会控制的主体，只要是人采取的社会控制方式，都是“人治”的方式。只有当人彻底地从自然力的控制下摆脱出来，变为“真正意义上的人”的时候，才有真正意义上的“人治”。“人治”应当说是人的主体力量的真正体现。“人治”程度越高，说明人的自我解放程度越高。另外，从社会历史观而言，社会历史中的一切活动都是由人来承担的，人是全部历史活动的发动者、担当者、组织者和控制者。人们自己创造着自己的历史，“历史不过是追求着自己目的的人的活动而已”，① 人既是历史的“剧中人”又是历史的“剧作者”②。如果我们承认，人是社会的载体和主体，社会的治理是人的自我管理，那么，全部的社会治理都是“人治”，人类社会的历史就是“人治”的过程，法治、德治、科治（以科技治国）等都是“人治”的表现形式。所以，广义上的“人治”是指作为社会主体的人对社会的系统治理。就此而论，“德治”是“人治”的一种，它们是个别与一般的关系，二者不能等同。所以，人们对人治与法治的区分，往往不是从社会控制的具体方式和手段而言的，而是表达着一种政治理想和社会运作的模式。③就此而论，人治与法治是根本对立的，构成一对矛盾，而“德治”只有被理解为社会控制手段时，才与法治构成一对矛盾，人治与德治不能等同，德治在实现人治与法治两种政治理想时都具有十分重要的作用。传统德治主义就是强调道德是国家治理的唯一有效的手段，并且把个人设计为道德君子，把社会也想象为是道德王国。而现代德治主义，它本身包含了法治的要求，中国式新契约论是现代契约关系，是对原始契约关系的超越，实现了德治和法治的统一。即便如此，原始契约关系与现代契约关系，“都会产生内部的习俗与法律。但是除了婚姻和家庭外，现代关系的内部规则

① 《马克思恩格斯全集》第 2 卷，北京：人民出版社 1957 年版，第 118~119 页。

② 《马克思恩格斯选集》第 1 卷，北京：人民出版社 1995 年版，第 147 页。

③ 参见李建华《现代德治论：国家治理中的法治与德治关系》，北京：北京大学出版社 2015 年版，第 1~2 页。

通常带有大量的、精确的法律性成分，如管理指令或详细的集体谈判协议。这是可度量性和精确性达到很高程度的直接结果，与原始契约关系的比较散漫模糊的规则形成鲜明对照”。[①]

第三，中国式新契约论不是民族主义的狭隘圈套。民族主义是一种政治和情感上对自己国家或民族的强烈忠诚和认同感，在这个意义上讲民族主义无疑是情感主义的，或者可以称为“国情主义”。民族主义通常涉及国家的文化认同和身份认同，而不是简单的商业合作或契约关系。因此，中国式新契约论和民族主义是两个不同领域的概念，它们之间没有直接的联系，在理解和讨论这些概念时，需要将它们明确区分开来，以避免混淆。也许就是因为民族主义是以“爱国主义”情感为基础，我们常常把民族主义等同于爱国主义，而爱国主义在伦理世界话语体系中似乎有不可怀疑的地位。当我们把中国式新契约论置于国家间或国际社会这一维度时，它一定是一种开放、包容、尊重的伦理，这也决定了中华文化对世界文明兼收并蓄的开放胸怀，也决定了中国将不断追求文明的交流互鉴，而不是基于情感偏见的闭门造车。

---

① 〔美〕麦克尼尔：《新社会契约论》，雷喜宁、潘勤译，北京：中国政法大学出版社 1994 年版，第 21 页。

第十八章　合作*

合作是社会联系的重要纽带，是伦理生活的经验事实，也是伦理协调的重要机理。因为人猿揖别，社会便有了分工，有分工就有合作，而合作既有天然性，也有契约性。人类社会的分工合作不仅是出于内部的联结，更是为了抵御来自外部力量的侵扰，于是就有了社会团结的必要性。人在本质上是社会性的存在，绝大部分人类始终生活在社会共同体之中，人类从两性分工开始，再到参与某个特定职业的社会劳动，在接受社会供养的同时，也为社会共同体贡献自己的力量。所以，无论个体与个体的合作还是个体与群体的合作都是个人与社会关系的根本体现，没有合作，社会生活几乎是不可能的。19 世纪以来，许多哲学家和社会学家都借鉴了达尔文主义的隐喻，将人类社会形容为生物学意义上的有机体，将人群合作形容为有机体内部器官的活动，并且这种隐喻曾经一度对社会合作起到了促进作用。这也许就是分工与合作一直没有进入伦理学视野的重要原因。然而在社会分工越来越细的今天，个人和社会之间的关系呈现出明显的道德模糊性。[①] 这种模糊性并不意味着分工没有导致矛盾、合作就天然社会和谐，相反，群体冲突引发了对分工的规范意义上的忽视，极端个人主义破坏了合作的可能，局部战争、反全球化、贸易壁垒和经济制裁给人类团结蒙上了阴影。倡导一种出于公共利益的社会合作与团结的伦理精神，确保“分工—合作—团结”的伦理链条不被断裂，于社会的伦理协调就显得十分必要。

---

* 本章部分内容已经发表于《社会科学战线》2024 年第 3 期。

① 〔美〕安东尼·吉登斯：《资本主义与现代社会理论》，郭忠华、潘华凌译，上海：上海译文出版社 2018 年版，第 101 页。

一　社会分工：伦理秩序的始点

如果说秩序是通过一定的规章制度的约束力而形成的有序状态，那么这也就意味着秩序的前提是差异与次序，这种差异与次序就是事物的常规与次第，就是事物的关联与关系。“但作为关系它是事物的某种规则状态的体现，是事物的有规则的存在方式，又可以说是事物的存在秩序。”[①] 哈耶克在研究社会自由秩序时，认为秩序可以分为两类：一类叫“自生自发的秩序”，另一类叫“人造的秩序”，或称为“非设计的秩序”和“设计的秩序”。他视前者为“传统”，后者为“制度”，伦理是属于自生自发的秩序。在哈耶克那里，“秩序”就是事物的某种状态，在这种状态中，事物各要素之间是紧密联系的，以至于只要对系统中某个要素有一定的认识，就能对其他部分形成正确的预期，其前提是人的自由。在哈耶克自发社会秩序框架中有三个核心的概念，也是对自发社会秩序有益的必要条件：自由、一般性规则和竞争。自由具有创造力，引发了社会进步；一般性规则是自由得以存在的必要条件，只有在适应一般性规则的场合，有益的社会秩序才生成；竞争依赖于一般性规则而存在，有益于社会秩序的维续。[②] 其实是一般性规则规范了自由和竞争，才使自发社会秩序得以形成和延续。因为如果每个人只是按照自己的所知而无视他人的所知来调适行动，那么这种社会的有序性变化不可能是统一指挥的结果。“因此，所谓的社会秩序，在本质上便意味着个人的行动是由成功的预见所指导的，这亦即是说人们不仅可以有效地运用他们的知识，而且还能够极有信心地预见到他们能从其他人那里获得的合作。”[③] 当然，哈耶克对秩序的认识仅仅是局限于系统状态本身，并没有对系统内在的客观关系进行提示。事实上，人们之所以能通过对系统中的某些要素的认识就可以作出整体性的正

① 高兆明、李萍等：《现代化进程中的伦理秩序研究》，北京：人民出版社 2007 年版，“序言”，第 10~11 页。

② 参见〔英〕弗里德利希·冯·哈耶克《自由秩序原理》，邓正来译，北京：生活·读书·新知三联书店 1997 年版，第 26~27 页。

③ 参见〔英〕弗里德利希·冯·哈耶克《自由秩序原理》，邓正来译，北京：生活·读书·新知三联书店 1997 年版，第 200 页。

确预见，就因为社会存在客观的关系结构。正是这种社会关系结构本身的稳定与协调，才形成了交往过程中的通行规则，[①] 即一般性规则。

伦理关系是一种特殊的社会关系结构，任何具体的伦理关系都是这一结构上的一个纽结，这些纽结连接起来就形成伦理关系的“网状”结构，在宏观上就呈现为社会伦理秩序。哈耶克应该是以自由与竞争两大要素论证了伦理秩序是在社会生活中形成的道理，并且强调了伦理秩序的自发性，但他否认其自觉自为，未免有失偏颇。不仅如此，社会关系、社会结构与社会秩序是否就是始终一致的？三者中哪个更根本？社会的内在秩序与外在秩序是如何关联的？社会关系的起始是什么？这些问题哈耶克没有详细说明。如果我们承认社会关系是社会秩序的基础，那么可以推定，伦理关系是伦理秩序的基础也是成立的，伦理关系构成伦理秩序的自然前提和逻辑起点。同样，我们认定伦理关系就是人的关系本身，而“抽象的人”本身并不构成现实的关系，只有在基于差异性的具体的社会关系中才有伦理关系可言。社会的分工关系是人类最早的社会关系，也是最原初的伦理关系。

分工就是社会成员根据自身的特点或特长从事一定的社会工作，并以此作为主要的生活来源或实现自我价值的活动，可以有自然分工与社会分工两种类型。所谓的自然分工是按人的自然特性或禀赋的分工，就此而言，人类最早的分工是男女分工。这种分工为人类的进化提供了前提，曾创造了“男耕女织”的农业社会的美好生活图景，也成为人类最早的人伦关系及秩序。在男女分工的基础上演化出其他血缘及家族，直到民族与国家的伦理序列。社会分工是一个复杂的概念，涉及生产劳动、产业行业、社会分层等多个因素，我们从不同视角看，对它定会有不同的理解，因此我们对伦理秩序的理解也不尽相同。简单来说，社会分工是指在社会生产过程中，生产力的发展和社会结构的演变导致的工作和生活活动的不同现象。这种分工不仅存在于不同的经济领域，如农业、工业、商业等，而且也体现在这些部门内部的不同专业和工作领域。于是对于社会分工的理解

---

① 参见高兆明、李萍等《现代化进程中的伦理秩序研究》，北京：人民出版社 2007 年版，第 32 页。

就有了广义与狭义之分。广义的社会分工是指跨越单个经济单位的广泛的社会生产分工，涵盖了农业、工业、商业以及其他服务业等多个部门，并且在这些部门内还出现了进一步的划分，如机械制造、冶金、纺织、食品加工等。狭义的社会分工指的是人类历史上的几次重大分工事件，其中包括：随着畜牧业的兴起和人们对自然资源的开发利用，人们的生活方式发生了变化，导致了畜牧业与农业的分离；随着金属工具的使用和改进，手工业逐渐从农业中分离出来，促进了城市化进程和经济活动的专业化；商人的出现促进了商品交易的发展，并加速了财富的积累，使得社会阶层结构变得更加复杂，进而实现了从社会分工到社会分层的变化。

社会分工是人类文明发展的产物，它不仅是生产力的推动的结果，还受文化、政治等其他方面的影响。它对伦理秩序的影响至广至深，甚至成为伦理运行的重要机制。以往的伦理学理论没有把社会分工纳入自己的视野，没有充分认识到社会分工对于社会伦理秩序的特别意义，直到亚当·斯密时期，社会分工才开始被重视起来。斯密认为："劳动生产力上最大的进步，以及运用劳动时所表现的更大的熟练、技巧和判断力，似乎都是分工的结果。"① 也就是说，社会分工有利于提高劳动熟练程度、节省劳动时间、促进技术的发明与运用，分工是实现富国裕民的重要途径。与此同时，斯密特别强调，因为有了分工，就有了交换与交易，并且随着个体交换能力的提高，个体拥有的不同资源可以结成一个共同的资源，从而满足人与人相互帮助的需要，"哪怕是极不类似的才能也能交相为用"。② 这就是社会分工的伦理意义。马克思在《1844 年经济学哲学手稿》《德意志意识形态》《资本论》等著作中对社会分工问题进行了政治经济学的考察。马克思分析了分工的不同形态及其后果，强调在资本主义社会分工带来了严重异化劳动，使分工丧失了原本的身份（职业）伦理价值，分工越细，工人阶级就越被肢解。在马克思看来，分工带来了社会的分层，形成了剥削与被剥削的关系，甚至出现了阶级的对立。由于资本主义存在无法克服

① 〔英〕亚当·斯密：《国民财富的性质和原因的研究》上卷，郭大力、王亚南译，北京：商务印书馆 1997 年版，第 5 页。

② 〔英〕亚当·斯密：《国民财富的性质和原因的研究》上卷，郭大力、王亚南译，北京：商务印书馆 1997 年版，第 16 页。

的内在矛盾，包含了将自身推向灭亡的力量，最终无产阶级会战胜资本主义，推翻资本主义制度，最终消灭阶级本身。由此马克思预言分工终将被消灭，劳动真正成为人的第一需要，成为人自由全面发展和自我实现的重要方式，分工又回归于温情的伦理世界。马克斯·韦伯则认为社会分工不一定会导致阶级冲突，分工主要与人的社会地位相关，而社会地位主要是市场位置（market position），并由学位、文凭、技能等要素来决定。但随着社会生活的日益复杂，社会地位也是在不断变化，分工就会变成一个相对性概念，主要是通过生活方式表现出来，如住宅、衣着、言谈和职业，并且地位相同的人容易构成一个具有共享认同感的共同体。① 法国思想家涂尔干是社会分工理论的集大成者，他在《社会分工论》中特别强调社会分工的积极作用，认为现代社会基于高度分工才能形成道德纽带。分工是他的道德社会学的理论基石，分工的最大伦理价值在于社会团结。综合而言，社会分工不仅是生产力的范畴，也是生产关系的范畴；它不仅是经济现象，更是一种重要的伦理现象，因为它是人类生活的“第一秩序”。

社会分工是人类劳动的社会存在形式。“社会生活有两个来源：一是个人意识的相似性，二是社会劳动分工。”② 前者使得生物学意义上同种的人类有了聚合在一起的可能，后者是人类与其他生物种类截然不同的特点，也是人类社会相较于其他生物群体能够高度发展的原因。“社会容量和社会密度是分工变化的直接原因。”③ 劳动人口的大量增多和密集聚拢产生了分工，分工并非现代工业社会独有，却在人口爆发式增长和城市化加速的现代工业社会中凸显出其重要性。马克思将社会分工划分为“一般的分工”“特殊的分工”“个别的分工”。“单就劳动本身来说，可以把社会生产分为农业、工业等大类，叫做一般的分工；把这些生产大类分为种和亚种，叫做特殊的分工；把工场内部的分工，叫做个别的分工。”④ 在经济

① 参见〔英〕安东尼·吉登斯《社会学》，李康译，北京：北京大学出版社 2009 年版，第 251 页。

② 〔法〕爱弥尔·涂尔干：《涂尔干文集》第 1 卷，渠敬东译，北京：商务印书馆 2020 年版，第 279 页。

③ 〔法〕爱弥尔·涂尔干：《涂尔干文集》第 1 卷，渠敬东译，北京：商务印书馆 2020 年版，第 318 页。

④ 《马克思恩格斯全集》第 42 卷，北京：人民出版社 2016 年版，第 360 页。

领域中，社会分工包括社会不同行业之间的分工，如农业、工业、第三产业等行业的分工；包括行业内部部门的分工，如工业中的冶金、化工、纺织、食品加工的分工；包括生产线上各个环节的工人的分工，如采购、制造、检测、销售等工作人员的分工。对比之前的粗放式生产，工人和工人团体通过分工凸显出先进性，在工厂内部环节中创造了大量的社会财富。工作越是分化，生产出来的产品就越多。社会分工在一定程度上避免了漫无目的的重复劳动，节约了劳动力，提高了生产效率，进一步促进了商品经济的发展和市场的扩大。分工并非经济领域独有，其他社会领域都有广泛的社会分工，例如政府、法律、文化、艺术。分工使得人们在物质和精神领域创造出更多的财富，创造出更高级、更多样的产品，为人们获得尊严与幸福提供了多样化途径。

社会分工代表了社会关系的进步。“分工的扩大是经济进步的同义词……这种进步也是社会的进步，因为它包含着社会关系的强化。”[①] 生产和扩大再生产都是在一定的社会关系即生产关系中进行的，社会分工不仅是生产力发展的产物，也是人类主动建构的关系制度。马克思指出：“在宗法制度、种姓制度、封建制度和行会制度下，整个社会的分工都是按照一定的规则进行的。这些规则是由哪个立法者确定的吗？不是。它们最初来自物质生产条件，只是过了很久以后才上升为法律。分工的这些不同形式正是这样才成为同样多的社会组织的基础。”[②] 原始社会中生产力低下，所谓的分工仅仅是基于生理素质的男女分工或老少分工；进入奴隶社会和封建社会后，生产力得到一定程度发展，农业和手工业从游牧生活中剥离出来，基于职业的社会分工逐渐发展；到资本主义社会和社会主义社会，生产力得到极大发展，社会分工也有了充分的细化，个人经过教育和职业培训后有了更多的工作选择。拥有固定职业之后，个人不仅要立足于自身、融入社会生产，还必须遵守爱岗敬业的职业伦理。因此，分工带来的生产关系的进步极大地影响了其他社会关系，尤其是作为上层建筑的伦理关系。分工不但使伦理关系多元化，而且分工本身也成为调节伦理关系的有效手段。

---

① 〔奥〕路德维希·冯·米瑟斯：《社会主义——经济与社会学的分析》，王建民、冯克利、崔树义译，北京：中国社会科学出版社 2008 年版，第 262 页。

② 《马克思恩格斯文集》第 1 卷，北京：人民出版社 2009 年版，第 624 页。

社会分工构成了伦理秩序的起始点。经济是道德存在和发展的充分条件，经济发展不必然伴随道德进步，但如果经济不发展，道德的维系就相对较为困难。从分工现象的经验分析可以得知，人们因为不能够独自生活而选择群居在集体社会之中，他向社会索取物资的同时就必须为社会进行劳动。分工本身具有规范性，这种规范性先于现实的个人而存在，“分工的作用不仅限于改变和完善现有的社会，而是使社会成为可能”。[①] 对此，涂尔干举例说明，如果性别分工低于一定程度，那么就无法形成婚姻关系，男女之间就只有随意交媾的短暂关系，这种情况在原始社会曾经存在过，但在现代社会是荒谬和不道德的。“社会的凝聚性是完全依靠，或至少主要依靠劳动分工来维持的，社会构成的本质特性也是由分工决定的。”[②] 分工使得作为生物个体的人相互联系成人类群体，并且拥有共同的利益目标。作为个体而言每个人都有缺陷，但是经过分工和交换，不完整的个体形成了相互依赖的关系。这种依赖关系一旦形成，就会以规范的形式保留下来，形成各种道德、风俗和法律，它们成为社会不可或缺的上层建筑，其内容会在人们的实践中极大地丰富和发展。社会分工的规范意义和道德价值有两个层面，一是消极层面，“人们已经形成了一种根深蒂固的观念：劳动分工将会成为一种绝对的行为规范，同时还会被当作是一种责任。任何人凡是违反这种规范，虽说不受法律的明确惩治，但必然要受到公众舆论的谴责。”[③] 这就意味着分工形成的规范建制是有权威性的，不容任何个体对其进行挑战，否则会遭到规范的惩罚，至少是道德层面的谴责。二是积极层面，“分工所产生的道德影响，要比他的经济作用显得更重要些；在两人或多人之间建立一种团结感，才是它真正的功能”。[④] 分工的发展会促进社会有机团结，人们会更乐于参与社会劳动，主动维护共同

---

① 〔法〕爱弥尔·涂尔干：《涂尔干文集》第1卷，渠敬东译，北京：商务印书馆2020年版，第101页。

② 〔法〕爱弥尔·涂尔干：《涂尔干文集》第1卷，渠敬东译，北京：商务印书馆2020年版，第104页。

③ 〔法〕爱弥尔·涂尔干：《涂尔干文集》第1卷，渠敬东译，北京：商务印书馆2020年版，第80页。

④ 〔法〕爱弥尔·涂尔干：《涂尔干文集》第1卷，渠敬东译，北京：商务印书馆2020年版，第96页。

体内的一切规范，社会伦理秩序就可能相对稳定。

在历史进程中，分工的加剧可能会造成两个不利后果：贫富差距加大和极端个人主义。社会分工加剧是社会不平等和阶级产生的根源。社会分工具有双重历史效应：一方面能够促进生产力的发展和实现社会劳动的节约，另一方面则会造成阶级分化和社会不平等。社会分工越是发展，这种不平等的程度就越深。分工不仅使得利益相关者密集聚拢合作，也造成了其在私人利益上的竞争对立。分工使得一部分人丧失了原有生产资料，只能依附在某个经济团体中的某个生产环节，产生了剥削与被剥削，进一步造成了阶级对立。对此，马克思恩格斯提出要“消灭旧的分工”[①]，即消灭那种作为异己力量与人本身相对立、使人片面畸形发展的旧式分工，使人能够全面发展自己的能力，而不是被局限在某一特定领域内。“消灭旧的分工”并不意味着完全消除社会分工的现象，而是要通过生产力的高度发展和社会制度的变革来消除旧式分工所带来的负面影响。随着科技的进步和生产力的提高，一些传统的分工方式已经逐渐消失，人们的工作和生活方式也变得更加多样化和灵活化。进一步设想，未来社会是一个以人的自由和全面发展为基础的自由人的联合体，这一社会中的分工是基于自由个性原则的社会分工，因而是实现个人全面发展的条件。[②] 在某种意义上，分工应该理解为“人的行动”概念，只有这样理解分工时，人们才会去关注人的主体性，而不是只关注生产、交换、消费、经济增长、经济总量、技术水平等。后者固然是客观的社会事实，分工亦是，然而人的主体性才真正决定了人在社会生产中的内在价值。科学家是理解分工和主体性的最佳范本：“科学家非但不能兼容不同领域的科学，而且也无法占据某一科学的全部领域。他的研究领域只限于固定的某一问题域，甚至单独的一个问题。如此相反，以前的科学家总是在其职业范围以外，做一些赚钱的营生来自养自足。”[③] 这里提到的“以前的科学”就是哲学，它逐渐失去了传

① 《马克思恩格斯选集》第 3 卷，北京：人民出版社 2012 年版，第 681 页。

② 陈振航：《马克思的社会分工思想及其当代价值研究》，天津：天津人民出版社 2022 年版，第 59 页。

③ 〔法〕爱弥尔·涂尔干：《涂尔干文集》第 1 卷，渠敬东译，北京：商务印书馆 2020 年版，第 47 页。

统的问题域，分化为众多的独立学科。不仅多门科学学科的高速发展极大地推动了工业生产力水平的提升，日益发达的社会也在全力支持科学领域进一步细分深耕，以锚点的方式突破人类知识的边界，作为“脑力劳动者”的科技工作者群体相较于一般的分工者而言彰显了其重要性。同时，我们也应该看到，分工是基于差异性的，并且分工又会强化人的差异性，于是个体的社会性偏好会出现明显的异质性。“也就是说，我们不要看到人们有追求自私自利的本能冲动，也有与他人合作的社会性。”① 当然，这种合作也是条件性合作，即“你合作我也合作，你不合作我也不合作”，并没有达到社会的合作预期。如果个体的自私性进一步增强，反而会导致社会合作的减少。

二　基于分工的合作

尽管社会分工构成了伦理秩序的逻辑起点并不断促进道德进步，但分工也为在某种意义上形成极端个人主义的人格割裂提供了可能。社会分工可能会导致人的完整性的分解和个性的丧失，也就是专业异化，即人的生命潜力与激情很可能困在一个狭窄的专业技能里而无法得到张扬。在社会行业高度分化和不断细化的今天，有的人只能从事某个加工厂内某条生产线的第十八道工序，可能终其一生拿着一把铁锤，失去了对工作、对社会的整体理解，他的工作甚至可以被高度发达的智能人所替代。如果工厂中的工人、组织中的个体都陷入孤立，整个社会无疑将被割裂，而解决这一问题的途径只能是合作。分工使不同职业和不同区域的人们之间的依赖性增强了，以至于不合作就无法生活下去，甚至整个社会有机体都会发生断裂，有何伦理秩序可言？

合作是二人或多人为了实现共同目标而联合并有意无意地在行动上相互配合的行为方式。② 基于分工的合作是现代社会广泛存在的一种互利共

① 汪崇金：《走向合作的社会——基于公共品实验的研究》，北京：经济科学出版社 2018 年版，第 80~81 页。

② 曾钊新、孙仲文、陆立德主编《社会学教程》，长春：吉林教育出版社 1987 年版，第 213 页。

赢的模式。通过分工，不同的个体可以专注于自己擅长的领域，提高工作效率和质量；而通过合作，可以实现人际资源共享、技术交流和信息互通，进一步增强整个组织的竞争力和创新能力。在个人层面，立足于岗位的个人可以专注于自己的事业，通过合作实现优势互补和信息共享。在行业层面，产业链上下游企业可以分别负责不同的生产环节，通过合作完成整个产品的制造。在国际交流层面，各贸易国可以充分发挥本国产业优势，通过全球贸易互通有无、繁荣经济。譬如，2001年加入世贸组织后，我国加快融入全球经济体系，市场空间迅速拓展，对外贸易和外商投资快速增长。[①] 如果我国当时未抓住机遇，没能选择全球合作，没有及时成为世界产业链中的一环，那么再强的生产能力（或再精细的分工）也只会造成商品滞销，面临贸易壁垒。因此，无论是个人、组织还是共同体，合作能够实现资源的优化配置、提高生产效率，同时也能够降低成本、增强个人和组织的竞争力。在这个意义上，合作作为一种伦理协调机制是非常有价值的。

当然，这只是在社会功用层面对合作的肯定，却鲜有人去探究合作本身的精神结构及其深化。于伦理学理论而言，问题的重要性在于必须思考我们为什么可能合作，换言之，必须思考人类合作的前提条件是什么。为什么合作可以成为一种规范和制度？因为人类合作可能存在两大障碍：竞争与自私。而竞争的深层次根源还是自私。因此，合作已经受到进化生物学、实验经济学、博弈论、社会学、法学、文化人类学等学科的广泛关注。这些理论讨论的核心问题之一，就是：人生来就愿意合作并愿意助人，只是后来受到了社会的腐蚀才变得自私吗？或者人生而自私不愿助人，是后天受到社会的良好影响才肯合作并助人吗？如果我们承认人的天性是利他的，或具有利他的社会偏好，那么，合作就被理解成是自然而然的事情，非常容易；如果我们认定人的本性就是自私自利，那么，合作就会被理解为社会制度化的安排与强制。而人们在社会生活中的正常态度是相信第一种立场，但按第二种立场去具体实施。美国发展与比较心理学家迈克尔·托马塞洛在《我们为什么要合作》一书中通过对人类与动物心理

① 王一鸣：《百年大变局、高质量发展与构建新发展格局》，《管理世界》2020年第12期。

的比较研究发现，人是有利他社会偏好的，人具有“生来助人”的本性，并且通过告知、分享和互惠等形式来实现助人目的，人也只有出于利他目的才有合作的可能。但是仅仅依靠本能性的利他对于合作是不够的，因为“道德的原始场景并不是对彼此做了什么，而是我们在一起共同做了什么”。[①] 所以，社会合作必须由自发性互动模式上升到强制性的制度模式，这其中又有协调与交流、宽容与信任、规范与制度等形式。我们照此思路可以作些深究，从而揭示合作的可能性机理。

从合作的天然性来看，人是否天生具有利他（助人）倾向，单从理论思辨中是找不到答案的，必须诉诸具体观察并进行概率上的统计。托马塞洛曾区分人类最早的三种利他形式：物品、服务、信息。物品方面的利他是慷慨，与他人分享；服务方面的利他是助人；信息方面的利他是分享信息和对他人具有利他的态度（包括闲聊）。[②] 从三个方面的内容上看，人的物质与精神确实都具有利他的本性，当然这也仅仅是在与其他动物的比较中观察到的，是否能真正实现，还需要太多的条件。托马塞洛在此基础上提出了人天生具有助人倾向的五个理由：小孩出生 14 个月以后就有亲社会行为；父母的奖励不会增加小孩的助人行为；人类助人行为并不是文化环境产生的，黑猩猩也会有；助人行为与家境关联不大；共情是决定性的因素。[③] 这种助人倾向可以在一定程度上说明人有合作的“前社会”生物性结构，但也无法证实人在成人之后一定会合作和善于合作。只有当人真正具有了共享、互惠、遵规等社会意识时，合作才有可能，其中遵规是决定性的。从涂尔干到皮亚杰，再到内格尔，都拓展了规范主义的通道，无论是“互惠得利”还是“权威效应”，抑或“社会理性”，都说明社会规范的普遍性和它们在人类演化具有的重要作用。或者说，人类的合作同规范性原本是一体的，没有规范就难以防范人类自私的可能。

从合作的现实性来看，人类也许有天然合作的可能，但真正合作的产

---

① 〔美〕迈克尔·托马塞洛：《我们为什么要合作：先天与后天之争的新理论》，苏彦捷译，北京：北京师范大学出版社 2018 年版，第 44 页。

② 参见〔美〕迈克尔·托马塞洛《我们为什么要合作：先天与后天之争的新理论》，苏彦捷译，北京：北京师范大学出版社 2018 年版。第 4 页。

③ 参见〔美〕迈克尔·托马塞洛《我们为什么要合作：先天与后天之争的新理论》，苏彦捷译，北京：北京师范大学出版社 2018 年版，第 7~12 页。

生理由应该不是天然的利他，而是出于对人类自身生存的危险性、残酷性的考虑，具体而言就是生存竞争。满足人类生存与发展需要的资源（条件）相对于人类来说总是有限的，甚至存在巨大差距。按照社会达尔文主义的逻辑，人类社会也只能是“物竞天择，适者生存”，所谓适者就是强者，弱肉强食的丛林法则似乎在此就具有了天然的合理性。诚如阿克塞尔罗德所言：“按照达尔文的说法，我们悲观地假设在自然选择这一层面是极端自私的，对苦难无情的冷漠，残忍地损人利己。”① 可见，竞争虽然促进了人类社会的线性进步，但也对人类造成了伤害，甚至给未来带来了巨大风险；后工业社会的风险增大，跟工业社会的无序的恶性竞争有关。虽然我们在主观上无法消除“竞争是最自然不过的事”的观念，但也觉悟到解决社会问题的办法不只有竞争，合作也许是更好的路径。尽管合作的背后还是竞争，甚至合作只是一种“共渡难关”时的表面行为，但“竞合”成为现代社会人类的基本行为准则，虽不是最佳选择，也应该是不错的选择。特别是“随着人类命运共同体意识的觉醒，我们需要通过文化重构去再造人的行为模式，以实现合作文化对竞争文化的替代”。②

从合作的制度性来看，人类利益会因个体或群体的不同出现差异甚至冲突，但也有相同和一致之处，即人类利益是差异性与共同性的统一，于是竞争与合作就成为社会利益均衡制度设计的两个不可偏废的维度。制度设计是依存于社会规范的细究行为，而人类执行着两种基本类型的规范：合作性规范和一致性规范。合作性规范可能源于个体的利己与利他的权衡，追求相互认可的均衡结果而彼此配合，因此其“力量来自我们共同认识到的相互依赖性，以及我们对自身的其他人失败的自然反应”。③ 一致性规范是一种习俗性规范，行为表现的相似性是关键，因为“模仿和一致性能够产生高度的组内同质性与组间异质性”。④ 于是乎，现代利益均衡制度

① 〔美〕罗伯特·阿克塞尔罗德：《合作的进化》，吴坚忠译，上海：上海人民出版社 2007 年版，“序言”，第 1 页。

② 张康之：《社会治理的伦理重构》，北京：中国社会科学出版社 2020 年版，第 161 页。

③ 〔美〕迈克尔·托马塞洛：《我们为什么要合作：先天与后天之争的新理论》，苏彦捷译，北京：北京师范大学出版社 2018 年版，第 79 页。

④ 〔美〕迈克尔·托马塞洛：《我们为什么要合作：先天与后天之争的新理论》，苏彦捷译，北京：北京师范大学出版社 2018 年版，第 82 页。

设计遵循所谓“博弈”智慧，尽量避免“你死我活”式的“零和博弈”，追求最大限度的双赢或多赢。可不容回避的客观事实是，“在合作关系中，适应性挑战在于参与者之间利益的不完全一致”。[①] 合作如果仅仅是作为获得私利的某种“智慧”手段，甚至只是行动装饰，那么这样的合作毫无意义。我们现在的制度安排似乎只要是正当竞争就无可非议，也有反不正当竞争相关法律。但是，我们不要忘记，所有竞争的价值基点都是个人主义，都以自己利益为根本，如果是出于利他目的，人们就会放弃竞争，甚至人们间根本无竞争可言。如何从一种竞争策略转变为一种合作策略，这是现代社会治理和伦理建设面临的最大难题之一。

让我们对构建合作社会行动模式充满信心的最大理由是，人类进入全球化和后工业时代后，竞争模式开始自动失灵，以合作模式替代竞争模式本身不是博弈的结果，它是整个人类社会结构的整体性转型的必然结果，完全“是为了在社会高度复杂化和高度不确定性条件下去形塑出一种适应性的行为模式”。[②]这种适应性合作行为模式具有几个明显的伦理特征。

首先，合作的目的在于增加共同的善。在建立合作之前，各方需要明确自己的目标和需求，确保合作的方向和清晰明确的目的，避免合作过程中的误解和冲突，提高合作的效率。当合作的目标明确且符合广泛的需求时，合作的后果为所有参与者共享：在个别分工和特殊分工中，合作者熟练掌握岗位技能，明白自己的生产环节，共同促进行业和企业的效益；在一般分工中，合作的目标就是增加社会整体福祉和共同的善。在许多社会主义者看来，整体福祉和共同的善要优先于个人权益。在全局视角中，如果各方追求的目标不一致，导致合作方向分散，那就会形成你死我活的“零和博弈”。这个时候弱肉强食的“丛林法则”替代了合作的伦理，个人权利也就普遍无法得到保障了。

其次，合作的方式是建立伙伴关系。伯纳德·威廉斯指出，合作是一种对称关系：如果 X 同 Y 合作，那 Y 也同 X 合作。依赖则是一种非对称

---

① 〔美〕迈克尔·托马塞洛：《我们为什么要合作：先天与后天之争的新理论》，苏彦捷译，北京：北京师范大学出版社 2018 年版，第 100 页。

② 张康之：《社会治理的伦理重构》，北京：中国社会科学出版社 2020 年版，第 242 页。

关系：如果X依赖Y，那Y可能依赖X，也可能不依赖X。[①] 市场经济是自由行为，如果分工的两个个体完全不相关，那么他们也不会产生联系，至少不会产生直接联系；如果一方实力完全碾压另一方，那么优势方基于收益的大小也不可能选择和弱势方平等联系。合适的合作伙伴具有共同利益、互补能力和良好信誉，他们能够互相提供所需的资源、技术和市场渠道，共同推动合作的成功。如果每个合作者都能够清楚地认识到自己的责任和角色，那么经过身份认同之后个人的责任感会相应地增强，自觉履行自己的义务。在交往过程中，由于有了合作，人们不用再细致地考察个体的丰富特征，取而代之的是“合作伙伴”这一身份类别的交往。人与人之间的关系不再受血缘亲疏限制，分工的经济特征被凸显出来，合作则进一步将分工的相邻关系升级成伙伴关系。中国人日常生活中常用的“自己人”概念一般有“信得过”“靠得住”等信任或被信任的含义，而“外人”则有相反的含义。[②] 合作伙伴关系对个人行为起到了重要的伦理约束作用，合作与再合作不仅要考量利益的后果，往往也会涉及伦理考量，合作伙伴得到了“自己人”的称呼，这是友谊的建立和人情的交往。处于前合作阶段、未参与社会分工的未成年人很难获取这种伙伴关系，只有当他们参与分工劳动时才能实现社会化。完全可以说，基于分工的合作是决定参与者的道德水平和整个社会的伦理风气的关键环节。

最后，合作需要建立信任机制。信任是合作的基础，各方需要通过坦诚、透明和及时的沟通来建立和维护信任关系。除了牢固的血缘关系，婚姻、友谊、人情、职业伦理都要建立在信任之上。有效的信任机制有助于解决问题、协调行动和共享信息，提高合作的顺畅性和效果。在自由的行动者之间如果充满不信任，就不会出现合作。如果信任是单方面的，也可能不会出现合作。如果一方单方面地盲目信任另一方，那么就可能使另一方趁机进行欺骗。[③] 信任危机涉及规范伦理问题。一方或多方不遵守承诺，信任关系将会遭到根本破坏。罗伯特·比尔斯和托马斯·里普列举了破坏

① 郑也夫编《信任：合作关系的建立与破坏》，北京：中国城市出版社2003年版，第6~7页。

② 郑也夫、彭泗清等：《中国社会中的信任》，北京：中国城市出版社2003年版，第46页。

③ 郑也夫编《信任：合作关系的建立与破坏》，北京：中国城市出版社2003年版，第273页。

信任的诸多行为："违反规定、违反一般规定、破坏协议、破坏荣誉、逃避工作责任、违反诺言、撒谎、窃取别人的观点、对别人信心和秘密的暴露、滥用权力、不能容忍的老板、尊严被破坏、公开批评、错误地或不公平地遭到控告、对自己或集体的侮辱、文明秩序被破坏的感觉。"[①] 信任一旦遭到破坏，很大可能会引起其他合作者的报复行为，即便没有实际的报复动作，人们也会普遍认为"这些（有关合作信任的）规定没有任何意义了"，这就是对"信任"的不信任。在不信任时，合作者故意隐瞒关键信息损害合作基础，利用合作关系进行不公平竞争或谋取私利，这些都是对合作关系的根本否定。当然，信任并非合作的唯一基础，真正的合作所谋求的是关系的持续性。

总之，因分工产生的合作是人类道德进步的标志性成果，也是社会伦理关系缔结的重要纽带，更是伦理协调的坚实基础。但合作的进化和合作的复杂性也充分表明，在现代社会合作本身的伦理问题也日渐凸显，集中在合作的利益取舍上。

三　人己皆利：社会合作机理

从社会现实生活出发，如果要对伦理进行简单区分，无非是利己主义伦理和利他主义伦理两种类型，前者又可分为正当利己主义和损人利己主义，后者也可分为有意利他主义和无意利他主义。在我们的固有伦理思维中也许利己主义与利他主义是不可调和的，似乎利己必然要以损人为代价。如果真是如此，就有必要从道德心理和社会制度上进行双重审视，利己主义产生的原因要么是个人私心太重，要么是社会资源严重匮乏并且分配不公。所以，我们不能仅仅局限于指责人的自私，而是要尽最大可能使个体利益与群体利益一致，尽量避免通过损人来实现利己，而是要人己皆利。人己皆利不同于互利，前者强调利益目标的一致性，后者侧重于一种交易（交换）上的某种对称性。"因此互利并不一定让你友好。

① 参见〔美〕罗德里克·M. 克雷默、汤姆·R. 泰勒编《组织中的信任》，管兵等译，北京：中国城市出版社 2003 年版，第 337 页。

这是因为互利和利他合作所需要的思维模式可能相当不同。只有在个体看到了最佳选项且所有个体的利益都与群体利益一致时，互利才是稳定的",[①] 并且，互利可能会随着交易的中断而中断，双方很少考虑长远性，更没有利益共同体意识，很难有长期的合作关系。即便"诚实的沟通、相互信任和容忍在调和互利关系时极为有益。但诚实、信任和容忍在我们利益不大一致时都可能腐坏变质"。[②] 所以合作必须建立在共同利益基础之上，其机理就是人己皆利。

涂尔干在谈到社会分工问题时，抨击了流行的利己的功利主义，着重强调了利他主义对社会的意义，他主张："利他主义注定不会成为我们社会生活的一种装饰，相反，它恰恰是社会生活的根本基础。"[③] 人是具有类本质的，人与动物的区别在于分工劳动，以及基于分工的合作，因此共同生活的人类势必会相互影响、相互妥协甚至为集体利益牺牲。涂尔干进一步指出："假使我们整天忙来忙去，除了考虑自己的利益之外没有其他规范可循，我们怎么会体会到利他主义、无私忘我以及自我牺牲的美德呢？经济原则的匮乏，不能不影响到经济领域之外的各个领域，同样，公民道德也随之世风日下了。"[④] 人类社会是一个客观的道德社会，从古至今皆然，只是古代社会更多强调共同信仰，而现代社会更多强调经济合作。

严格来说，任何个人都不能自给自足，他所需要的一切都来自社会，他也必须为社会而劳动。[⑤] 个人和社会的关系随着人口的增加而变得越来越紧密，社会密度的增加不仅意味着频繁合作，还意味着竞争的加剧和失范。当个体对自身利益的追求损害整体的利益时，合作的根本问题就出现了。在著名的"囚徒困境"案例中，X 和 Y 入室偷窃被拘捕，警方将两人

---

① 〔美〕迈克尔·托马塞洛：《我们为什么要合作：先天与后天之争的新理论》，苏彦捷译，北京：北京师范大学出版社 2018 年版。第 101 页。

② 〔美〕迈克尔·托马塞洛：《我们为什么要合作：先天与后天之争的新理论》，苏彦捷译，北京：北京师范大学出版社 2018 年版。第 101 页。

③ 〔法〕爱弥尔·涂尔干：《涂尔干文集》第 1 卷，渠敬东译，北京：商务印书馆 2020 年版，第 281 页。

④ 〔法〕爱弥尔·涂尔干：《涂尔干文集》第 1 卷，渠敬东译，北京：商务印书馆 2020 年版，第 14 页。

⑤ 〔法〕爱弥尔·涂尔干：《涂尔干文集》第 1 卷，渠敬东译，北京：商务印书馆 2020 年版，第 281 页。

分开审讯。如果一人招供另一人不招供，则招供者立即释放，不招供者被判入狱 10 年；如果二人都招供则各被判刑 8 年；如果两人都不招供则证据不足但因私入民宅而各被判刑。X 和 Y 可以选择合作（不招供）或背叛（招供），每个人都必须在不知道对方选择的情况下作出自己的选择，不论对方选择什么，另一方选择背叛总比选择合作有更高的收益。而所谓的“困境”是指，如果双方都背叛，其结果比双方都合作要糟。① 为了解决囚徒困境，美国政治学家罗伯特·阿克塞尔罗德提出了“一报还一报”的策略。行为者最开始选择合作，在其后的行动中选择与对方相似的行动，如果对方选择背叛则自己也选择背叛，但只选择一次。②“一报还一报”策略使对方试着背叛一次后就不敢再背叛，有助于重新恢复合作，而且出于善良的动机，合作能够长久地维持下去。因此在广泛的社会生活中，合作共赢仍然是双方交往的最优解。

合作的伦理有力地反驳了利己主义，最终引向了人己皆利。利己主义是个人把他自己的最大幸福当作其行为的终极目的，并且“当一个人基于利己主义原则或其它原则致力于使他的行动系统化时，除了纯粹的快乐欲望之外，他总是意识到自身中的大量不同冲动与倾向”③。这一理论支撑了功利主义的幸福原则，功利主义者会认为，如果每个人都在增加自己的幸福，从结果上看社会整体福祉也会增加；即便有的人也会考虑到其他人的利益，那也是为了避免因为人际利益发生冲突而造成的严重损害，即霍布斯所谓的“一切人反对一切人的战争状态”。在零和博弈情况下，利己主义和利他主义都陷入了理论困境。利己主义认为人的行为目的只能利己，否定无私利他，他们把利己不损人奉为唯一的道德原则。在上述“囚徒困境”中，如果 X 和 Y 各自都从利己的角度出发，他们会共同得到一个糟糕的结果。长期来看，利己主义会得到一系列糟糕的结果，最终个人利益没有得到保障，而社会整体福祉也大幅减少。利他主义则认为人的行为目的

① 〔美〕罗伯特·阿克塞尔罗德：《合作的进化》，吴坚忠译，上海：上海人民出版社 2007 年版，第 6 页。

② 参见〔美〕罗伯特·阿克塞尔罗德《合作的进化》，吴坚忠译，上海：上海人民出版社 2007 年版，第 19~37 页。

③ 〔英〕亨利·西季威克：《伦理学方法》，廖申白译，北京：商务印书馆 1993 年版，第 159 页。

是无私利他，只要目的是利己的便是不道德的，从而把无私利他奉为唯一的道德原则。在上述“囚徒困境”中，如果X和Y都牺牲自己的利益成全对方，那看上去似乎都能获得一个不错的结果。但利他主义在何种程度上能普遍实现是一个难题，一味地自我牺牲不符合人们的道德常识。综上，人己皆利的观念是对利己主义和利他主义的调和。首先，在利己害他、害己利他、害人害己、人己皆利的逻辑矩阵中，人己皆利的后果一定优于其他三者，真正符合博弈的共赢原则。其次，在一个以利己主义为主导的社会中，人们可能会为了争夺有限的资源而相互竞争，甚至产生冲突。人己皆利的观念则鼓励人们在考虑自身利益的同时也关注他人的需求，通过合作来实现共赢。这种观念增进了人与人之间的信任和友谊，为社会的和谐稳定提供有力支撑。如果采用“有机体类比”来解释社会运行的必要条件，那进行分工后的个人是社会有机体的“器官”。分工越精细，合作越频繁，这不仅对社会有机体有所助益，也对作为“器官”的个体有所助益，自我与他者在合作中达到了动态平衡。

当然，正如所有人文科学的价值期待（预设）一样，人己皆利作为社会合作机理具有某种理想的先在性，尽管这种理想时常受到来自经验层面的种种挑战，但还是非常必要的。而伦理学作为“第一实践哲学”不能只提供简单的社会伦理标准就草草了事，而是要进入具体、生动的现实生活。社会现实生活给我们的基本告诫是，社会合作基本上是属于一种“社会博弈”。在社会合作的具体细节上，经济学、政治学、管理学、人类学的研究比伦理学要细致得多，进入了实验科学的具体层面。如美国著名的行为分析与博弈论专家阿克塞尔罗德教授立足于“重复囚徒困境博弈”实验，提出了合作的复杂性理论。他的《合作的进化》和《合作的复杂性》，提出了人类群体达成合作的基本思路，给人启发良多。立足于“合作是人类文明的基础”这一前提，我们无法回避的最大问题是：“人类合作能否从有着自己利益最大化推理逻辑的行动者的行为互动中自发产生？或更直接一点说，人们到底如何跳出这处处存在且没完没了的种种‘囚徒困境’的迷局？”①

① 〔美〕罗伯特·阿克塞尔罗德：《合作的复杂性——基于参与者竞争与合作的模型》，梁捷、高笑梅等译，上海：上海人民出版社2017年版，“韦森序言”，第3页。

可以说，自从有了人类社会，克服个体短期的私利，通过合作让人类的社会福祉整体最大化就一直是个问题。霍布斯提出，必须要有一个“利维坦”（强权政府）的机构，否则人类合作将不可能。而卢梭则认为可以在社会交往中形成所谓“社会公意”，并在此基础上达成某种契约，这样就可以达成社会合作。霍布斯和卢梭虽然出发点不同，但殊途同归，因为卢梭的“社会公意”也需要公民强制服从，表面上的人人自愿合作演变为以“社会公意”为名的社会强制。这样，实际上社会合作就体现为社会群体利益对个体利益的限制性剥夺，难以实现人与人之间的利益均衡，不可能是人己皆利。

哈耶克超越个体与社会的关系，具体深究到了个体与个体之间合作的原初发生机制和维系机理问题，也就是他所关心的人类合作的扩展秩序的外部条件和社会机制问题，这个条件就是基于自由的财产观念，机制就是法律。尽管这些条件的形成多么缓慢并受着多重的阻碍，但是“有秩序有合作毕竟在不断扩展，普遍的、无目标的抽象行为规则，取代了共同的具体目标”。① 要想保证个人之间的友好合作，政府必须维护公正，但如果不承认财产私有，就没有公正可言。美国经济学家奥尔森试图用“集体行动的逻辑”来重提霍布斯和卢梭问题，只不过他认为个体都是自利的，人人都想分享集体行动的成果，但不愿意分担集体行动的成本，这就使人类利益博弈中众人的“合作选择”难以成为可能，于是还需要一个集体权力来强制维护集体的共同利益。人在利益相容的集体中才容易合作，但是，“一个集团的行为是排外的还是相容的，取决于集团寻求的目标的本质，而不是成员的任何性质”。② 也就是说社会合作与个体关联度不大。其实，人类合作之必要和可能远不是政治学家眼中的政治制度问题，大到国际社会，小到夫妻之道，似乎充满着“囚徒困境”中的博弈，如果没有对单次或重复博弈均衡选择的超越，就没有人与人的合作，甚至就没有人类的文明社会。③ 所以，合作与其说是理论问题，不如说是如何选择的现实问题，

① 〔英〕F. A. 哈耶克：《致命的自负》，冯克利、胡晋华等译，北京：中国社会科学出版社 2000 年版，第 31 页。

② 〔美〕曼瑟尔·奥尔森：《集体行动的逻辑》，陈郁、郭宇峰、李崇新译，上海：上海三联书店 2004 年版，第 32 页。

③ 参见〔美〕罗伯特·阿克塞尔罗德《合作的复杂性——基于参与者竞争与合作的模型》，梁捷、高笑梅等译，上海：上海人民出版社 2017 年版，“韦森序言”，第 6 页。

因为它既涉及人类社群组织和社会政制深层的发生机制和原理，也牵涉个人层面的道德标准和个体选择的优化问题。阿克塞尔罗德在20世纪80年代连续举行了三次“重复囚徒困境博弈计算程序奥林匹克竞赛”，试图对这复杂问题进行简单化处理，对此有如下发现：第一，善良的策略总不首先背叛；第二，友谊对基于回报的合作的产生并不是必要的；第三，合作的基础并不一定是真正的信任，而是寻求关系的可持续。[①] 当然这种仅仅从成本—收益和博弈支付最大化的角度来使道德与社会伦理文化模型化的做法，本身是值得怀疑的，但这个实验也给道德哲学和伦理学提供了启示，即可以使以往我们感觉很模糊的“善有善报，恶有恶报”的朴素观念有了精确数据的证明。一种有限的实证方法得出了一个普遍的大道理，这就是只有出于善意，真正的合作才有可能，这种合作是长久的合作而非短暂交易。而人己皆利就是一种最基本的“现实善”，既非现实生活中不存在的“圣善”，也不是出于行为装饰的“伪善”，而是并非出于计算的切实互利，这就需要制定合作行动的规则。

那么，在人人都有自私动机情况下，社会合作如何可能呢？阿克塞尔罗德在《合作的进化》中认为，这是一个“囚徒困境”问题，“一报还一报”是基本模态，这样可以在没有集权的自私自利世界中产生合作。这种合作的进化可以分为三个阶段：一是起始阶段，合作可以在一个无条件背叛的世界里产生；二是中间阶段，基于回报的策略能够在许多不同的策略组成的环境里成长起来；三是最后阶段，基于回报的合作一旦建立起来，就能防止其他不合作的策略的侵入。因此，社会合作进化的齿轮是不可逆转的。[②]特别是“在全球化、后工业化进程中，社会活动将主要以合作行动的形式出现，社会治理体系也将转化为合作行动体系。在合作行动中，行动者不应被动地接受规则的规范，而是应当主动地超越规则要求”。[③] 规则何以可能被超越，一般有两个原因，一是规则可能滞后于现实生活，当新

① 参见〔美〕罗伯特·阿克塞尔罗德《合作的复杂性——基于参与者竞争与合作的模型》，梁捷、高笑梅等译，上海：上海人民出版社2017年版，“韦森序言”，第11~12页。

② 〔美〕罗伯特·阿克塞尔罗德：《合作的进化》，吴坚忠译，上海：上海人民出版社2007年版，第14页。

③ 张康之：《社会治理的经络》，北京：社会科学文献出版社2020年版，第390页。

规则还没有产生时，旧规则就可能被超越，形成新的行为模式，为新规则的产生提供前提；二是规则本质具有灵活性和广泛的适应性，特别是当合作行动在高度复杂和高度不确定的情况下时，它必然要求规则也具有一定的灵活性和更富弹性的解释空间，以便在合作中让行动者可以自己选择规则。当然，这种对规则的超越并不是合作本身的要求，而是体现合作的自主性及双方对彼此的尊重。在传统社会治理模式下，合作的规则是外在于合作本身的，选择合作就是先选择合作规则；而在现代社会治理模式下，合作是与对规则的选择与遵守同时进行的，这其中不但有充分的对话沟通机制，而且行动均出自人己皆利的价值立场，否则人们会各自强调对自己有利的规则而导致合作失败。与此同时，在当代合作行动体系中，既有政府机构，也有非政府组织，特别是大量的慈善机构和志愿者组织，如果各自都能在合作体系中各得其所，那这就是一幅社会大团结的伦理景象。

四　社会团结伦理

社会分工带来社会合作，社会分工的道德影响和伦理作用不亚于经济的影响和作用，特别是分工产生了社会团结，它在人与人之间构建了一个能够永久地把人们联系起来的权利义务体系。进入现代社会之后，个体的原子化倾向严重，个人主义价值观盛行，导致人与人之间存在严重区隔甚至冷漠，社会凝聚力下降，于是社会团结问题受到思想家们的广泛关注。西方思想家中有涂尔干、马克思、韦伯、滕尼斯、帕森斯、柯林斯、海希特、本迪克、贝克、麦卢奇等人。[①] 涂尔干是系统研究过团结问题的思想家，也是我们关注的重点。涂尔干认为，进入现代社会之后，社会结构的变化和社会阶层的分化，给社会带来了严重的失衡，社会整合艰难，团结就成了紧迫问题。团结是一种社会事实，其构成主要是集体意识和法律，其前提是分工和契约关系。马克思分析了现代社会的商品和剩余价值的生

① 具体请参见李汉林、渠敬东、夏传玲、陈华珊《组织变迁的社会过程——以社会团结为视角》，上海：东方出版中心 2006 年版，第 17~23 页。

产，认为社会存在二元阶级分化，所以社会团结不可能产生于资本家企业内部，也不可能产生于市民社会，只能有阶级的团结，因此鼓励全世界无产者联合起来。韦伯并不赞同由阶级利益构成的团结观念，因为阶级虽然有集体行动，但不构成充分条件，只有从现代意义的理性化行动上才能讨论团结。滕尼斯则认为社会团结的产生不仅依靠拥有共同体权利的个体，更需要有社会纽带，这种纽带就是社会性的依赖关系，核心是道德义务、道德律令或禁令。帕森斯也将社会团结问题视为原初性问题，规范文化是社会整合的来源，包括社会全体成员所分享的共同规范文化和分化了的规范文化。后来柯林斯又将上述理论与人的日常行为研究结合起来，提出“仪式性团结”概念，并提出团结的三个要素：个体成员的共同在场、共同的关注焦点和相互意识、共同的情绪。海希特还提出了一个社会团结的理论模型，认为社会团结其实就是群体的“群体性”，也就是在没有特别补偿的情况下群体主动遵守规范的程度。本迪克、贝克、麦卢奇等人则认为研究社会团结必须从现代性的基本转型出发，要以社会的状态变化为依据，特别是以福利国家的发育和确立为前提。因为福利国家造成了传统社会团结的瓦解，需要重新建立一种个人与社会的关系，特别是“差异权利”取代“平等权利”之后，我们不能再以个人中心论来构建社会团结，而是要建立以宗教和伦理为中心的“团结互惠网络”。其实，从我们的简单梳理中可以发现，社会团结问题从伦理起始又回到了伦理，其间只是由于对社会结构的变化和参与团结因素的强调不同，才形成了不同思想家的团结理论，但其伦理性是始终没有改变的。

社会团结伦理就是“遵规抱团”。团结不仅是主观的感受，它还体现在社会的某些客观符号中，其中最突出的就是法律制度安排。[①] 并且，“正因为法律表现了社会团结的主要形式，所以我们只要把不同的法律类型区分开来，就能够找到与之相适应的社会团结类型”。[②] 任何社会生活都有其

---

① 有反对者认为，社会团结可以表现在某种习俗之中，有时候这种习俗没有法律那么严格，但是这种情况只能出现在法律失效的时候。参见〔法〕爱弥尔·涂尔干《涂尔干文集》第1卷，渠敬东译，北京：商务印书馆2020年版，第106页。

② 〔法〕爱弥尔·涂尔干：《涂尔干文集》第1卷，渠敬东译，北京：商务印书馆2020年版，第109页。

组织形式，法律就是其中最稳固、最明确的形式。法律和伦理的功能是惩恶扬善：惩恶的后果包含了扬善，扬善是惩恶的内在价值；扬善是相对独立的环节，不一定依附于惩恶。涂尔干认为，任何一种法律都可以定义为能够进行制裁的行为规范。制裁一共分为两类，一类是有组织的压制性制裁，包括刑法；另一类是纯粹的恢复性制裁，包括民商法等。[①] 基于此，涂尔干把法律的精神从具体法律中抽离出来，他将社会团结分为“机械团结”和“有机团结”，压制性法律反映了社会的机械团结，而恢复性法律反映了社会的有机团结。机械团结指的是基于社会成员相似性和同质性的团结。在分工不发达不明显的前工业社会，个体之间的差异较小，社会秩序处于机械的稳定状态，此时的道德规范强调集体主义、服从和一致性，压制性法律占优势，人们往往相互依赖，形成一个相对同质的社会。压制性法律维护的是人权，正常运行的社会遵循惩恶扬善的制度，对犯罪始终保持压制态度。“如果一种行为触犯了强烈而又明确的集体意识，那么这种行为就是犯罪。”[②] 刑法的种种案例可以证明，一旦有人触犯了刑法，譬如杀人、电信诈骗、贪污腐败等，他与社会集体的普遍行为就存在一种强烈的差异性，或者他挑战了代表共同意志的政府机关，他所触犯和违抗的力量是一致的，压制性法律就是要保护这种力量，保护社会和政府，并且维护所有人之间相似性的最低限度，使得个人无法威胁到社会整体的安全。压制性法律不仅仅是为了报复犯罪，更多的是为了社会的自卫而实施惩罚，惩罚一例犯罪行为会使得人们普遍对这种惩罚产生心理恐惧，这种集体意识虽然是消极的，但仍然不失为聚合社会的一种方式。犯罪行为在任何国家都不被容忍，就意味着整个人类社会有团结一致的可能。此外，刑法也不是任何个体可以随意动用的，它要通过一种特定的中介机关即司法机关才能得以执行，因此惩罚就具有公共性，其代表的集体意识就是要将恶压制在一个较低的程度，将异化的犯罪行为驱离在社会之外。总之，一个组织的社会团结来自组织系统及其环境的规定性。没有对社会规则的

① 〔法〕爱弥尔·涂尔干：《涂尔干文集》第 1 卷，渠敬东译，北京：商务印书馆 2020 年版，第 110 页。

② 〔法〕爱弥尔·涂尔干：《涂尔干文集》第 1 卷，渠敬东译，北京：商务印书馆 2020 年版，第 123 页。

一致遵守，就没有社会团结。

社会团结伦理就是“抱团取暖”。团结不仅关乎社会中的个体，保护个体的生存，团结也关乎个体之间的相似性，使得个体对社会有归属感和温暖感，从而维系社会秩序并促进其发展。在发达资本主义形成之前的信仰时代，博爱是维系社会的纽带，“爱你们的邻人”成为一条神启的道德戒律。进入高度分工的工业时代以来，团结逐渐成为维系社会的纽带。“社会团结本身是一种整体上的道德现象。”[①] 团结不仅能够使得个人从属于群体，而且能够使人们具体的行为相互一致，形成社会性的整体，因为只有集体意识才是形成社会团结的价值结构。其实，一个社会组织的团结和聚合，并不完全依赖于组织内部，特别是社会的大团结，外部因素有时起决定性作用，比如社会总的政治目标、爱国主义情感、现行意识形态，乃至传统伦理等共同意识，更加有利于增强社会团结。所以，价值认同是社会团结的决定性因素，而价值认同不是自然强制力量使然，而是基于自我性的，由“我”过渡到了“我们”。共同体成员只有意识到“我们”，甚至更深一层的“我们如何更好地生活”，才会有真正意义的社会团结。并且团结越紧密，人们越能应对内部的矛盾甚至冲突，大家就越温暖。社会团结如果没有伦理的温情作保障，那社会团结无非一个“冰柜”；反之社会越团结，人心越齐，社会就越温暖。特别需要引起我们注意的是，在以个人主义价值观为核心的现代性造就的社会团结中，表面上社会是外在于个人的，个人是被社会或组织规定的，但其实现代性造就了每个具有自我指涉的社会成员，每一个人都具有组织的本性。“就此而言，组织成员的日常生活状态，以及由此达成的人际关系，都是构成组织团结的重要部分。”[②] 这就说明，社会团结不仅仅是个体与个体的关系问题，更重要的是个体与社会的关系，在此意义上，团结就是一种社会伦理。这不仅意味着个体应该服从社会整体利益，同样意味着社会要为个体利益的满足提供更多的机会与资源。只有双向满足，才会实现真正意义的社会团结。与此同

① 〔法〕爱弥尔·涂尔干：《涂尔干文集》第 1 卷，渠敬东译，北京：商务印书馆 2020 年版，第 105 页。

② 李汉林、渠敬东、夏传玲、陈华珊：《组织变迁的社会过程——以社会团结为视角》，上海：东方出版中心 2006 年版，第 15 页。

时，在特殊的社会生活情境中，也应该倡导社会为个体做出牺牲，特别是当个体生存受到威胁时，社会应该视个体生命为第一价值，生命大于天，要不惜一切代价拯救生命、珍爱生命，这是一种非常伦理，也能彰显人间大爱。

社会团结伦理就是“暖阳高照”。涂尔干将社会团结分为机械团结和有机团结两种类型，前者是基于相似性的团结，后者是基于社会分工形成的团结。所谓相似性无非是通过压制性中的惩罚机制来实现人的意识的统一，在压制性规范的约束下形成的团结显然不是长久的。有机团结是基于社会成员之间的差异性和相互依赖性，只要有分工就会有依赖，哪怕是最简单的商品交换，从长远意义上讲，也需要合作与团结，这样才能保证这种交换的长久，否则个体自身会出现生活（生产）品的供给困难。进入工业社会以来，工作越来越专业化，个人类型得到发展，法律体系越来越精细化，恢复性法律也将逐渐取代压制性法律的优势地位。恢复性法律维护的是物权，只有财产权、土地权、收益权等物权得到规范，才能使得人际关系得以确定。在机械团结被大力宣扬的社会中，人们的个性往往受到打压，似乎人只能作为集体而存在。涂尔干认为这里混淆了人权和物权，人不再成为人，而是成为社会所支配的物。[①] 在有机团结的社会里，劳动分工造成了个人的相互差别：分工劳动越是深入，个人就越贴近社会；个人活动越是专业化，他就拥有独特的个性。有机团结之所以能够存在，是因为每个人都有自己的分工和人格，每个人在社会上的功能不同。人口激增的工业社会不能保持大量传统的同质个体，可以设想，一家工厂如果90%的工人都处于第一个生产环节，那他们必将产生相同功能的冗余。面对部分环节的冗余和部分环节的匮乏，相关的机制势必要恢复其全过程的平衡，结构简单的有机体将会被内部功能具有较高专业化程度的有机体取代。涂尔干指出：“有机团结占主导地位的社会并不是由某些同质的和相似的要素复合而成的，它们是各种不同机构组成的系统，其中每个机构都有自己特殊的职能，而且它们本身也都是由各种不同的部分组成的。

① 〔法〕爱弥尔·涂尔干：《涂尔干文集》第1卷，渠敬东译，北京：商务印书馆2020年版，第176页。

社会各个要素不仅具有不同的性质，而且也具有不同的组合方式。它们相互协调，相互隶属，共同结合成为一个机构，并与有机体其他机构相互进行制约。”① 个体成为具有自由权利的个体，不受集体意识的道德压迫，他们享受着分工赋予的个体自由，保持意识和信仰上的差异，与此同时每个人仍然保持对社会的依赖。整个社会更像一个有机体，个体发挥着“器官”的功能，其差异和多样性得到包容。从机械团结到有机团结的转变构成了劳动分工的社会法则。在有机团结的社会中，唯个人利益是图等破坏团结的行为势必遭到抵制，挖掘潜在天赋、深化劳动分工、甘于回馈社会等加强团结的行为将受到表彰。这样一种源于个体差异又能高于个体利益的社会团结，汇聚了人的巨大潜力和无限的可能性，紧紧将人类社会凝聚在一起。团结合作是人类得以发展的永久纽带。

总之，分工—合作—团结是理解人类社会伦理的路径，研究它的实证主义方法提供了一种与契约论、义务论不同的视角：伦理学的历史起源和当代构建都是基于经验科学的。马克思主义伦理学建立在对资本主义的批判上，涂尔干的伦理学建立在对风俗、道德、法律、宗教的实证研究之上。他们避免了以往伦理学家构建理论时的主观性，尤其是康德式义务论“人的理性为自然立法”的主观性，这种主观性植根于立法者、先知和君主的自由意志，一旦离开了他们管辖的领域，其构建的伦理学往往会失去作用。在现代社会，他者给定的东西，如果不能被自由个体认识和承认为合理的，就不能有效地规范个体的行动，作为规范的伦理就有可能由于没有切中现实问题而失效。现代社会面临的问题不是抽象的善恶问题，而是分工失范、合作中断、社会割裂的挑战，分工失范是后两者产生的根本原因。在未来社会中，人类分工由于人工智能的参与而丰富起来，无人驾驶、物联网、虚拟现实等新技术将在多个领域内替代人类工作，为整个社会创造了大量的自由时间。② 这不仅导致了旧式分工的消失和新式分工的产生，还将使人类在全球化、区域化等多个领域的合作得以继续加强，促

① 〔法〕爱弥尔·涂尔干：《涂尔干文集》第 1 卷，渠敬东译，北京：商务印书馆 2020 年版，第 233 页。

② 陈振航：《马克思的社会分工思想及其当代价值研究》，天津：天津人民出版社 2022 年版，第 125 页。

进社会团结体系进一步完善。当然，我们也要警惕科技的过度使用，人工智能如果取代了人的基本劳动，使人丧失了劳动资格，那也就无所谓社会分工了，合作变成自然人向机器人的“讨好”，社会团结就变成了“人机团结”，这是人本主义的协调伦理学所要坚决反对的。

第十九章　赏罚

伦理法则仅仅是一些必要的价值承诺，其变为生活现实则需要一定的机制。如果说承认是伦理协调的心理机制，契约是伦理协调的制度机制，合作是伦理协调的目标机制，那么赏罚则是伦理协调的评价机制。也许我们可以本能地认为人类会自主自觉地践行伦理法则，甚至会争先恐后地去践行。但是，纵观人类伦理生活史，我们非常不情愿地发现，伦理生活始终与赏罚或制裁联系在一起。伦理价值的实现与伦理法则的实施需要评价手段的介入，通过赏罚分明的途径，使正义得到伸张，使反正义或非正义行为得到遏制，没有赏罚难以实现利益均衡的伦理目标。从某种意义上说，赏罚就是协调的最有效手段。因为协调无非是“治其两端”，于道德而言，就是扬善抑恶；于伦理而言，就是伸张正义与反对非正义。并且，人们对规则体系的遵守所带来的实惠和违反社会规则体系所受到的损失，使得任何形式的赏罚在功利性考虑上成为必要的和有效的。如果赏罚的度把握不好，容易产生伦理“破窗”和道德“绑架”效应，同样也会导致伦理生活秩序的混乱。当伦理赏罚成为伦理协调的必然手段时，我们需要考虑其适用范围或空间问题，即并非所有伦理领域均需要赏罚，而是“第三空间”抑或“不善不恶”“无所谓正义或不正义”地带才需要，由此也显现了伦理协调的某些“真空”性及有限性。对这种有限性的关注也是人们获得伦理上“自由与轻松”的条件之一。

一　社会赏罚的性质及其伦理效用

如果要对社会生活进行“价值二元”的分割并施之以评价制裁机制，那么从某种意义上可以说，社会生活始终离不开赏罚，伦理生活更是如此，因为伦理本身具有评价功能。社会赏罚从功能上讲，意味着社会用种种现实利益作为对个人或群体行为的奖惩，是借用经济、政治、法律、行政甚至宗教等多种实现手段，以利害为中介来促使主体（个体或群体）选择社会所期待或接受的行为，以实现最有效、最直接地影响个人道德面貌和社会伦理状况之目的。[①] 社会正是通过赏罚来实现对社会利益分配的某种干预，并以此获得对某些伦理文化指令或法则的约束力的保证。

“谁人背后无人说，哪个人前不说人”，这是中国人对日常生活的伦理发现，也是对社会功过现象的某种描述，甚至我们人类终其一生都在攻瑕指失、接受表扬和夸赞他人。“可预的生活愿景可能会包括比重各异的功与过，而我们之中无人能够遏制评价他人和自身行动的欲求，无论是褒是贬。”[②] 不仅如此，我们还总是希望有功之人得到褒奖，有过之人得到惩罚。这难道是人类有赏功罚过的天性？不是，是因为人类想在功过评价中寻求正义。我们要求罚当其罪，赏当其功，赏罚分明，这是一种正义的要求。虽然不同的共同体在不同的历史时期有不同的正义标准，但“正义的共通点比文化相对论者所想象的要多得多”。[③] 在此意义上讲，社会赏罚是一种实现正义的行为（活动），问题在于这种正义的理由是如何给出的。在一般情况下，对行为给出理由时会有三种考虑：一是依据既定的原则与惯例，或成型的技术性说明；二是依据与接收者的关系而给出系统化的差异性理由；三是人们彼此通过商议达成共同认可的理由。但正义与非正义评判给出的理由只能看是否有利于社会共同体利益。当我们为正义与否给出某种理由时，实际上就带有了功与过的评价，这种评价是普遍性的，由此形成所谓的“功过社会”。查尔斯·蒂利甚至给出了一个“万能正义度量表”，认为功与过的评价主要取决于价值变动、能动性、能力与责任。并且若“将能动性、价值变动、能力与责任的分值相乘，得出公值从-1

① 参见肖雪慧、兰秀良、魏磊主编《守望良知：新伦理的文化视野》，沈阳：辽宁人民出版社2020年版，第224页。

② 〔美〕查尔斯·蒂利：《功与过：社会生活中的赏罚》，李钧鹏译，上海：上海文化出版社2020年版，“序言”，第1页。

③ 〔美〕查尔斯·蒂利：《功与过：社会生活中的赏罚》，李钧鹏译，上海：上海文化出版社2020年版，“序言”，第3页。

（X 罪大恶极）到 0（X 无功无过）到+1（厥功至伟）的总分”。[①] 这当然只是一个功过归属的参考量，是否体现正义要求，则需要有关联性说明，即站在谁的利益角度去衡量。这种价值量表只能说明功过评价是社会的普遍性存在，甚至是社会生活的基本形式。换言之，功过评价与赏罚在一定意义上体现了社会生活的性质，但真正实现社会正义，则要复杂得多。这就需要我们的视角进入人性与心理的层次，如人为什么求赏避罚？人为何得到赞赏时就快乐，而受到惩罚时就痛苦？

社会赏罚权表面上是“高高在上”的，或者说，社会赏罚权是超越于个体之上的，往往被行政机构（行政权力）、舆论媒体（第三权力）和传统习惯（习惯势力）所掌控。但社会赏罚之所以有效，倒不是因为赏罚权有多大，而是它利用了人自身的诸种规定性，如趋利避害、趋乐避苦、趋荣避辱等。这些规定性是否为劣根性姑且不论，但趋利避害等本性是客观存在的。当我们说人的本质属性是社会性的时候，一方面表明人是社会性的自在存在，另一方面也表明人是社会性的自为存在，自为就包括了刻意地迎合社会化要求，有意回避社会谴责，努力使自己“合群”的含义，因为人对社会的依赖性总是大于自主性。于个人而言，物质利益、发展机会、各种资源大都是掌握在社会机构（他者）手中，在某些特定的社会条件下，社会机构甚至在很大程度上掌握着荣辱的“分配”。而恰恰是荣辱影响着个人现实需要的满足，特别是在伦理型社会，荣辱是资源分配的关键要素。如果要剥夺一个人的资源或权力，首先就是要让这个人“道德败坏”，一个道德败坏的人起码在资源占有上是处绝对劣势的。相反，一个人如果要成功，要获得更多的社会有效资源，首先必须是道德高尚者，起码也应该是合格者。所以，当我们追求社会资源分配正义时，当然首先要考虑“应得”与否，但“应得”也是有前提与条件的，符合道德要求就是重要前提。所以，从某种意义上说，道德上的褒贬本身就是一种利益的分配，因为人的功利心是无法回避的。而人的功利心决定了人倾向于按照最有利于自己生存、发展与成功的原则行事，以期获得他人与社会的更多肯

① 〔美〕查尔斯·蒂利：《功与过：社会生活中的赏罚》，李钧鹏译，上海：上海文化出版社 2020 年版，第 38 页。

定与褒奖，进而又获得更多的利益或资源或发展机会，如此构成了“功利—评价—功利—再评价—再功利”的循环往复，人类也由此也陷入无解的“怪圈”，因为人类行动的动力源与社会赏罚功能的力量源是如此地同构，同构的基础是人类普遍的心理需求。

社会心理学研究成果表明，人的原生欲望决定人的追求，而人的追求又支配人的行为。欲望的多元化决定了人生追求的多样性，当一种欲望满足之后又会产生新的欲望。而欲望的满足既取决于自身的能力，又取决于一定的外部条件，也与社会赏罚机制相关。关于社会赏罚的实质，美国行为主义心理学家 B. F. 斯金纳曾经通过动物实验断言，人的行为也受强化—消退作用的影响，主要表现在三个方面：一是某一行为如果能使行为者获得让他感觉到愉快和满足的东西，如食物、金钱、赞誉、爱等，行为者会倾向于重复该行为；二是某一行为如果能消除使行为者不快乐和令他感到厌恶的东西，如噪声、寒冷、酷热、谴责等，行为者也会倾向于重复该行为；三是某一行为如果带来令行为者不快的东西或取消令行为愉快的东西，行为者会倾向于终止或避免重复该行为。①尽管斯金纳把对动物的实验结果生硬地扩展为人类行为规律，显得过于简单，但他所提出的“强化—消退”过程与社会赏罚的作用机制还是有点类似。因为社会赏罚不仅充分利用了人们追求功利的心理，同时也把荣辱感调动起来兑现成现实名利，更是让人在畏惧感的驱使下不得不遵守社会（伦理）规范。赏是一种正面引导，会使人产生积极的心理体验，而罚则是一种反向禁止，会使人产生消极的心理体验。但也正是因为畏惧，才使得罚成为可能。畏惧往往源自两个方面，一是内心的良知良能，担心“受到良心的谴责”；二是外在的舆论压力，此所谓“人言可畏”。“总之，社会赏罚的实质是利用人的需要心理，在个人的价值选择天平上人为地增添砝码，从而使个人最终选择的价值目标和行为方式按照社会期待的方向倾斜。”②

一个行为如果要获得应有的奖赏取决于三个条件：原因的明了度、方

① 肖雪慧、兰秀良、魏磊主编《守望良知：新伦理的文化视野》，沈阳：辽宁人民出版社 2020 年版，第 227 页。

② 肖雪慧、兰秀良、魏磊主编《守望良知：新伦理的文化视野》，沈阳：辽宁人民出版社 2020 年版，第 227 页。

式的唯一度、结果的变化度。“行为的原因越明显，行为人所获得的奖赏就越少，反之，行为的原因越不明显，他所获得的奖赏就越多”，[①] 因为一旦原因明朗化，行为就可能被认为“不过如此嘛”，奖赏一个原本就是“不过如此嘛”的行为，本身没有任何意义。与此同时，如果一个行为获得其结果的方式是唯一的，而且没有其他理由可以解释行为者可以采取其他方式时，那我们会给予行为者更多的奖赏。如果一个行为尽管付出了巨大努力，但结果没有任何效果，甚至结果适得其反，那行为者不可能获得更多奖赏。所以一个行为的价值量又取决于行为主体的能力和行为环境的好坏。一个游泳运动员看见一个落水儿童，可以轻而易举地把儿童救起来，如果又是在炎热的夏天，那其价值量并不大。同样是一个儿童落水，一个不会游泳且已经怀孕的妇女下水去救，结果牺牲了自己的生命，还是在寒冬腊月，那这个价值量相比于前者要大得多。这绝不意味着我们反对道德能力的提高和道德环境的改善，更不是去鼓励一种无原则的自我牺牲，相反这是一种后果主义的客观伦理立场。从行为性质来讲，只要是舍己救人行为就都是善的行为，都是值得肯定、赞赏的行为，但善也有量的区分，这是伦理精细主义的应有态度。笼统、抽象、简单的善恶的判断，不足以起到社会赏罚分明的伦理效果，相反，适当的量化赏罚，特别是依据动机与效果的统一性原则的细节分析，可以更加让人心服口服，达到理想的评价效果。有了准确、精细的评价，才有更加科学、有效的社会赏罚。

那么，社会赏罚的伦理功用是什么？是通过赏善罚恶来实现社会的基本正义，从而为提升人的自由与尊严奠基。如果说伦理学的主旨是利益均衡，那么基础性的工作应该就是赏罚分明，让善者得其利，让恶者损其利；让好人有好报，让恶人有恶报，这是社会最基础、最原始的正义要求。我们对正义的理解往往有两种进路。古代社会的正义观念是基于身份的，如古希腊人强调统治者要有“智慧”，军人要“勇敢”，市民要“节制”，不同身份的人各尽其责、各履其职，就是社会正义。自近代以来，我们则强调基于平等（公平）的正义，也就是强调“得其应得”，强调责、

① 〔美〕B. F. 斯金纳：《超越自由与尊严》，方红译，北京：中国人民大学出版社 2018 年版，第 55 页。

权、利相一致才是正义，其中特别重视机会（起点）的均等与向弱势者倾斜，从而摈弃强者更强、弱者更弱的丛林法则。也许原始（古代）正义通过道德自律就可以实现，但现代正义则需要有制度化的社会赏罚机制才能实现，该机制具体可以有四个方面的伦理效用，即得失效用、约束效用、示范效用与提示效用。所谓得失效用就是通过合理的社会赏罚可以让善者得到应有的表扬与奖励，让缺德者受到应有的惩罚、失去不该有的利益，由此从直观、实在的层面警醒世人要从善避恶，否则没有好的下场与结局。约束效用就是通过社会赏罚活动所构成的巨大舆论场对其他行为者形成威慑，迫使其远离那些为舆论所不容、不齿的行为或动机，迫使其言行趋向于社会所认同的伦理法则。[①] 也许我们并不是社会赏罚活动的直接"在场者"，但通过对"他者"或"局外人"的评价与赏罚，可以促使我们对自己置身的生活、成长环境进行反思：什么是可以做的、什么是应该做的、什么是绝对不能做的。我们这是从社会舆论和褒贬指向上找到行为的正确方向，这种示范效用是不可低估的。虽然我们对别人所受到的奖惩并不在意、并不关心，甚至感到与己无关，甚至对受赏者心怀嫉妒、对受罚者幸灾乐祸，但哪怕"事过境迁"之后，只要想起"此事"，还是会在认知上有所"察觉"，可以让其作为自己行为选择时的重要参考，这就是社会赏罚的提示效用。这四种效用均可以使置身于社会赏罚环境（情境）中的个体或群体在"倡导"与"禁止"的双重作用下，使自身的言行甚至道德观念与社会伦理法则趋同。

当然，社会赏罚的伦理效用实现并不是无条件的，除了赏罚本身的科学、及时与得当之外，关键的是要社会大众有起码的良知、道德激情和正义感。良知良能是个体道德心理的集中体现，也是人之为人的道德底线。无论是孟子式的先天"善端"，还是荀子式的后天"教化"，良知决定了人的基本道德是非，也是社会赏罚是否生效的条件。一个没有良心的恶棍，任何社会赏罚对他都是无效的。当然，良知是自我性的，如果自我评价不当，或者被某种认知或情绪所遮蔽，就需要社会性的伦理教化来重新唤醒

---

① 参见肖雪慧、兰秀良、魏磊主编《守望良知：新伦理的文化视野》，沈阳：辽宁人民出版社 2020 年版，第 287 页。

或矫正，以免出现社会赏罚的“盲区”。良知的泯灭会带来“道德冷漠”，普遍化的道德冷漠是社会赏罚的大敌，道德冷漠的人对任何褒贬都会无动于衷。美国道德心理学家马丁·霍夫曼认为：“冷漠是一种人与人之间因为感情冷淡、温情匮乏所引起的低社会行为。”[①] 道德冷漠通常是一种“平庸的恶”，它作为一种善的缺乏，主要表现为道德敏感的缺乏、道德判断的搁置和道德实践的不作为。“道德冷漠并不是一般的感情淡薄，它主要是指人与人之间道德意识沟通阻塞，道德情感或同情丧失，道德心理互感缺乏，道德行为上互不关心。”[②] 在这样的麻木、冷淡、无情的社会伦理条件之下，社会赏罚往往是无效的。罗尔斯把正义当作社会制度的首要价值，认为需要一个持续良好的社会来支撑，正义的观念才能稳定，与此同时，参与这些社会安排的人就能获得一种相应的正义感。正是因为有了普遍的正义感，才能改变不正义的破坏性倾向，使不公正行为的冲动与诱惑减弱，正义感支持着正义观念的稳定性。尽管正义观念的稳定性依赖于各动机之间的平衡，但它所培育的正义感更能战胜非正义的倾向。[③] 可见，社会赏罚的伦理效用需要有更伦理化的社会文化心理来支撑，否则赏罚的伦理难以转化为伦理的赏罚。

二　伦理赏罚何以可能

赏罚是伦理实现的重要机制，相对于法律而言，它注重有赏有罚而非只罚不赏，在此意义上，它是比法律更健全的社会控制方式。但伦理上的赏罚又不如法律，因为它没有特定的主体，也没有相应的机关，更没有成文的条款。伦理赏罚如何可能就成了问题。

1. 伦理赏罚作为一种社会机理存在的可能

伦理赏罚指社会生活中的组织或个人依据主体行为的动机和效果，对

① 〔美〕马丁·L. 霍夫曼：《移情与道德发展——关爱和公正的内涵》，杨韶刚、万明译，哈尔滨：黑龙江人民出版社 2003 年版，第 26 页。

② 万俊人：《我们都住在神的近处》，沈阳：辽宁人民出版社 1998 年版，第 87 页。

③ 〔美〕约翰·罗尔斯：《正义论》，何怀宏、何包钢、廖申白译，北京：中国社会科学出版社 1988 年版，第 441 页。

主体行为进行人道主义的报偿或制裁，作为对个体行为善恶责任或其道德品质高低进行回报的一种特殊的伦理评价和调控方式。其特殊性主要体现在与法律处罚、经济赏罚、行政赏罚相比，其目的、实施主体、依据及形式均有所不同。伦理赏罚的目的是通过赏善罚恶、匡扶正义、扼制不正义来实现社会和谐与稳定。从实施主体看，伦理赏罚不单纯指有目的、有系统、有秩序的组织可以实行奖励或惩罚，还包括社会生活中临时聚集的群体以及单独的个体，它们也能实施奖惩。从赏罚的依据上看，伦理赏罚是从主体行为的动机和效果方面来综合考虑的。只要行为主体动机是善的，哪怕主体在实施行为中由于自身或外在的客观因素而未能达到最终目的，也应给予表扬、奖励。而如果行为主体动机不良，那他即便达到了一定效果，也应给予惩罚。如面对落水者，一位不会游泳的人不顾生命危险去勇救落水者，即使最后未能将落水者救起，但由于其在他人危难之际不顾个人安危、尽心救人的纯义务动机，人们也应给予赞扬，社会有关机关也应给予一定的奖励。如果一位会游泳的人在抢救落水者前先向其本人或同行者索要财物，事后即便救起了落水者，由于其动机不纯，社会、舆论也应该对其进行相应谴责。从赏罚的形式而言，伦理赏罚既可以采取物质赏罚形式，也可以采取精神赏罚形式，即把遵守道德规范的人所渴望获得的东西（如财富、荣誉、机会、自由等）奖给他们，剥夺行为不良者不愿失去的东西，使其因不义行为受到物质和精神的双重制裁。可见，伦理赏罚通过一定的利益赏罚使有德者有所得，使缺德者有所失，是扬善抑恶机制。

伦理赏罚以权利与义务的辩证统一关系为逻辑关联。伦理上的义务和权利的关系具有不同于其他领域权利、义务关系的独特性。这种独特性首先在于这种义务对于权利的先在目的性和主体自律性。伦理义务从它产生起就不以获取某种权利为目的前提，它作为诉诸人类内在德性光辉的调控手段，使得人们在履行义务时能够相对超越功利目的。同时，伦理义务的履行在个体属性上是一种自律精神，其价值主要建立在主动自觉地履行义务之上，体现了行为主体的自由选择和高尚意识。当然，伦理义务的先在目的性、伦理行为的非功利性，不应当在理论上成为无视甚至否认个人权利的理由。个人权利在伦理行为中当然不是主体的主要目的，但作为一种客观、受动的权利，则永远和义务同存。梁启超在《新民说》的“论义务思想”中认为，义务应当与权利有对应性：“义务与权利对待者也，人人生而有应得之权利，即人人生而有应尽之义务，二者其量适相均。苛世界渐趋于文明，则断无无权利之义务，亦断无无义务之权利。”[①] 主体履行义务的目的在于造福社会，不以报偿为条件，但并不等于主体履行义务之后得不到相应的权利。从结果看，道德主体在履行了一定的道德义务之后，客观上理应得到相应的权利回报。一个人自觉自愿地奉献社会，服务他人，也许他并不求对等的回报，但接受义务奉献的一方有义务同等地回报奉献义务的另一方。尊重他人的人，得不到他人的尊重；奉献社会的人，得不到社会的承认与奖赏；老实人处处碰壁，遭人耻笑，这些是伦理上最大的失衡，是极大的不公正。轻视个人的应得，只强调个人对社会的奉献和义务，少强调或不强调社会对个人的回报，这在理论上有缺陷，在现实中也必然使对义务的履行陷入不良的循环机制中。一种优良的伦理应当努力消除义务与权利、奉献与获得、德行与幸福的二律背反，注意伦理回报，使权利与义务形成相辅相成的良性循环关系。

2. 伦理赏罚作为一种社会机制存在的可能

现代市场经济与法治要求打破了传统伦理的血缘和地域界限，在价值实现过程中，所有的社会主体总是毫无例外地依赖他人来实现自身的需求，而自身同样也是他人实现其需求的保障。这样，人与人之间以物作为中介，不仅仅实现着物的平等交换，而且实现着人的意志和人格的平等交换，实现义与利的对等，这就要求伦理调控手段也应该体现赏罚公平。人与人之间的利益关系是伦理道德得以存在和发展的基础和必要条件，赏罚得以实现的人性前提就是承认利益并千方百计地满足人对利益的需求，所以伦理赏罚既突破了以往只讲自我牺牲、不讲自我利益的单向度的义务性指令关系，也确定了怀赏畏罚是伦理赏罚可能的心理机制。心理学研究表明，人类形成意识之后，在儿童阶段，人有渴望父母认可、赞许自身行为的愿望，而有害怕因自身行为不当被父母批评、惩罚的心理；到青少年阶段，人有期待老师、同学、朋友对自身行为效果进行褒贬的心理；到中年阶段，人更加希望自身的行为得到社会、家庭、别人的认同和褒扬，也为

① 梁启超：《新民说》，黄坤评注，河南：中州古籍出版社 1998 年版，第 177 页。

因自身行为不当受到社会、家庭、别人的贬斥而深感恐惧、羞愧甚至悔恨；到老年阶段，人则希望社会对其一生的价值有所评价。这些研究证实了人的道德需要是按由低到高的心理层次发展的。正因为怀赏畏罚的心理，人有渴望人们对其行为进行善恶评价、为其价值定位的欲求，从而使道德赏罚成为可能。正如罗素所言："在不具备刑法的情况下，我将去偷，但对监狱的恐惧使我保持了诚实，如果我乐意被赞扬，不喜欢被谴责，我邻人的道德情感就有着同刑法一样的效果。在理性盘算的基础上，相信来世永恒的报答和惩罚将构成一种甚至是更为有效的德性保护机制。"① 因此，要树立良好的社会道德风尚，就应该针对大多数人的这种心理状态，通过扬善抑恶的赏罚手段促使人们从得与失的权衡中学会去恶从善，特别是通过罚恶触动不道德者的既得利益，使他们在心理上产生痛苦，从而在根本上制止不道德行为，让他做一个有道德的合格公民。

3. 伦理赏罚作为一种现实操作存在的可能

伦理赏罚是伦理建设中一种有效的酵素，是引善渠，是治恶闸，伦理生活中充分运用赏罚机制，真正实现利益均衡。不可否认，在伦理实施中往往存在"奖才不奖德"的现象，如重奖有突出贡献的知识分子、运动员等，这是必要的，但很少重奖道德高尚者或对改善社会风气作出重大贡献的工作者，即使有也往往只是精神上的奖励，少有物质性的奖励，这也部分导致出现了"见义不为""见死不救"的现象。相当多的人在道德行为选择中存在消极冷漠、麻木不仁的心理状态；生活中一些扶危救困、见义勇为的行为常常被人误解、嘲笑、歧视，行为人甚至遭到冤屈、诽谤、打击。为了强化人们的正义感，应该奖罚分明并到位，特别是重奖见义勇为、扶危救灾等行为和品德，严惩见义不为、见死不救等丑恶行径。这不仅可以使人在危急关头挺身而出，维护人民群众的生命财产安全，避免一些恶性事件发生，而且还可以消除人们在实施见义勇为等行为时的后顾之忧。我国一些城市和地区制定了有关伦理赏罚的条例、制度，比如《北京市奖励和保护见义勇为人员条例（草案征求意见稿）》。该条例规定："对

① 〔英〕罗素：《伦理学和政治学中的人类社会》，肖巍译，北京：中国社会科学出版社1992年版，第73页。

公民见义勇为实行精神奖励和物质奖励相结合的原则。”“对事迹特别突出，贡献重大的，经区县人民政府推荐，由市人民政府授予‘首都见义勇为好市民’称号。并给予一次性物质奖励。”“见义勇为致伤、致残、牺牲人员应当认定为因公伤亡，享受工伤保险待遇。”“对见义勇为人员在生活、医疗、就业升学等方面遇到困难的，其所在地人民政府或者所在工作单位应当给予帮助。”“公安机关对需要保护的见义勇为人员及其亲属，应当采取有效措施予以保护；对行凶报复见义勇为人员及其亲属的违法犯罪行为，应当依法从严处罚。”这些规定就是保证道德高尚者失有所补、功有所奖、残有所养，让他们不仅不因讲道德而吃亏，而且还要有利可得。只有真正做到义利兼顾，才能引导人们去匡扶正义，激励和推动人们向更高的道德阶梯攀登。可见，伦理赏罚推动着人们按照社会所倡导的伦理法则严格要求自己，规范和约束自己的行为，并由此进一步推动着社会伦理风气越来越好。反之，如果一个社会缺乏伦理赏罚机制，或者是非混淆、善恶颠倒，那就必然会导致“好人不香，坏人不臭”，使道德蒙羞、伦理丧失。所以，不论作为一种伦理机理、一种社会机制还是一种现实操作过程，伦理赏罚都有存在的可能和必要。

三　伦理上的“破窗效应”

赏罚不到位就容易产生伦理上的“破窗效应”。“破窗理论”源于犯罪学的研究，早在 13 世纪 80 年代，英格兰爱德华一世颁布的《温切斯特法令》就提出了环境和犯罪之间存在关联性。18 世纪法国著名思想家孟德斯鸠对地域气候与道德、犯罪之间关系作出了的经验性判断，为早期环境犯罪学奠定思想基础。1967 年美国社会学家艾伯特·比德曼在“执法与犯罪委员会”的报告中指出主体不良的社会行为和犯罪一样都会造成其他公众的被害恐惧，此时，“破窗理论”思想已具雏形。1969 年，菲利普·詹巴多的实验结果表明特定的消极诱导性环境和人的不良行为之间存在关联性，将“破窗理论”从犯罪学定性提升到了社会实验心理学层面。在综合犯罪心理学理论、总结社会实验心理学的实验结果的基础上，詹姆斯·威尔逊和乔治·凯林在《“破窗”：警察与邻里安全》中正式提出了犯罪心理学中著名的“破窗理论”（Broken Windows Theory），他们指出：“如果一栋建筑的一扇窗户破了且无人修理，其他窗户很快也会被破坏……一扇未修补的破窗，代表那里无人在意，打破更多窗户也无所谓。”①“破窗理论”认为，若无人确实维护，邻里社区将可能堕入失序，甚至犯罪的境地。至此，“破窗理论”正式作为学术概念出现，在开创性地提出“破窗理论”之后，乔治·凯林和凯瑟琳·科尔斯又提出“修复破窗理论”，试图通过“修复破窗”来提高警察的执勤和巡逻的效率，提升民众的社会治理意识，促使公众积极承担社会责任，促进社会防治犯罪体系的建立。总而言之，“破窗”本质是人类社会行为受到特定诱导性环境影响的特殊存在样式，失序的社会环境若得不到切实的维护，将会诱使人的不良行为发生，甚至产生犯罪。窗户破了就要修补，秩序乱了就要恢复，因此“修补破窗”成为“破窗理论”发展的新的研究范畴。在伦理道德层面的“破窗现象”更多是指在缺乏道德自律、监督与约束，没有伦理制裁的情况下，主体无视大家所共同遵守的伦理法则，作出违背伦理道德规范的个体性道德失范行为。当这种失德行为没有得到及时制止反而被放任发生时，它一旦超过了那个“临界点”，就可能会引起个体性伦理失范向群体性伦理失范的跨越，诱使更多的主体作出相同甚至更恶劣的反伦理行为。

如果没有赏罚，就会出现伦理上的是非不分、好坏不明，甚至出现伦理上的松懈。在这种缺乏自律和他律的伦理环境中，主体出于“明智的选择”所作出的错误的选择阻碍了主体自我发展的可能性，从而出现个体性伦理失范行为。与此同时，主体间个体性伦理失范行为的相互模仿和组合又引发了群体性伦理失范现象，两者共同构成了伦理上的“破窗现象”。个体性伦理失范是指主体在缺乏自律的情况下，对伦理生活中出现的失范行为抱持一种放任的态度，丧失了养成良好道德人格的信心，甚至出于“明智的选择”自觉选择作出不道德行为，成为伦理“破窗现象”的始作俑者。

个体性伦理失范最显著的特征是无自律性，即主体自律的缺失。伊曼

① James Q. Wilson and George L. Kelling, “Broken Windows: The Police and Neighborhood Safety,” *The Atlantic Monthly* vol. 249, No. 3 (1982): pp. 29-38.

努尔·康德在《道德形而上学原理》中创造性地提出了著名的“意志自律”原则，他指出：“每个有理性东西的意志的观念都是普遍立法意志的观念。”[①] 按照这一理解，他进一步指出：“意志并不去简单地服从规律或法律，他之所以服从，由于他自身也是立法者，正由于这规律，法律是他自己制定的，所以他才必须服从。”[②] 意志自律实质上就是主体不受任何外界的干扰而按照自己的意志追求伦理本身，从而实现自我伦理约束。群体性伦理失范是指在缺乏群体性伦理规约的失序环境的暗示下，主体如果作出反伦理行为但没有得到相应的惩罚，那么，群体中的其他个体见状就会相应模仿该主体，作出同样的反伦理行为，最终使得整个伦理体系土崩瓦解。群体性伦理失范现象出现的最主要原因是伦理环境缺乏群体性伦理规约，即缺少伦理他律环境与赏罚手段，无法有效管制和约束主体行为。伦理上的他律是指，行为主体赖以行动的标准或动机，首先受制于外力，受外在的根据支配和节制。主体行为受到社会公认的伦理规约的约束和支配就是伦理他律性发挥作用的过程。群体性伦理失范现象通常发生在因缺乏公认的伦理规约而形成的失序环境中，社会伦理法则和核心伦理价值丧失了其普遍约束力，伦理的他律性无法发挥作用。主体的反伦理行为无法得到约束和惩罚，就会给主体以强烈的暗示，使之认为这是伦理的“法外之地”，从而诱使着越来越多的主体争相模仿，作出违背伦理规范的行为。

“破窗现象”在日常生活中是很常见的，例如，在车站排队进站时，如果有人公然插队但又没有人制止，那么之后就会出现更多的人插队；当有一个人闯红灯没有被惩罚时，集体闯红灯的现象就会出现。在这样的缺乏普遍伦理规约的道德环境中，任何个体都有可能成为“破窗行为”的第一人和扩大秩序溃口的“共犯”。在日常生活中，人们对业已出现的伦理“破窗现象”早已司空见惯，变得麻木，并且没有对其进行过多的关注和反思。《荀子·性恶》中提道：“人之性恶，其善者伪也。”荀子认为，人的本性就是恶的，“凡性者，天之就也，不可学，不可事”。人的本性是无

① 〔德〕康德：《道德形而上学原理》，苗力川译，上海：上海人民出版社 2005 年版，第 83 页。

② 〔德〕康德：《道德形而上学原理》，苗力川译，上海：上海人民出版社 2005 年版，第 83~84 页。

法去除的，正是这种本性才使得人们对存在的伦理“破窗现象”视而不见，认为这是正常现象，并且还逐步扩大其不良影响。康德在《单纯理性界限内的宗教》中提出了“根本恶”概念，总结了三个方面：“第一，恶构成了人类意愿的根基性的意向；第二，恶构成了自爱原则的首要动机；第三，恶构成了人类存在的普遍习性。”① 康德认为人并不是天生就具有美德倾向的，美德只是主体行为的结果，而根本恶就是产生这种经验性结果的根本理由，人们正是因为有恶的倾向，才会不断付出努力去产生善的结果，促使道德文明进步。正因为恶构成了主体伦理意愿的基本意向，所以未在理性的选择下而作出伦理上的“破窗行为”是正常的，并不需要加以制止和约束，恶才是人们的普遍本性。

1961 年，汉娜·阿伦特（Hannah Arendt）作为《纽约客》的特派记者，在奔赴耶路撒冷参与对阿道夫·艾希曼（Adolf Eichmann）的审判后，撰写了《艾希曼在耶路撒冷：一份关于平庸的恶的报告》，提出了“平庸之恶”的概念。阿伦特的“平庸之恶”并不是指作恶的人或其恶行是平庸的，而是指在肤浅的作恶动机的驱使下，主体未经理性思考犯下滔天罪行。② 虽然社会生活中的伦理“破窗现象”并不是严格意义上的“平庸之恶”，但主体未经理性思考，作出错误伦理判断和伦理选择，从而作出违背伦理道德的行为，形成伦理“破窗现象”；而其他个体在看到这样的行为并未受到约束和惩罚时，在利益权衡、理性算计或无知从众心理的支配下，模仿作出违背伦理规范的行为，伦理价值和规范被不断地挑战和违背，逐渐让生活在其中的主体一步一步地堕入了作恶的泥沼，形成群体性破窗现象，因此这也是一种伦理意义上的“平庸之恶”。

伦理上的“破窗行为”往往是主体出于自由意志，通过对社会风险的利弊权衡而自觉进行的利益选择，是一个道德风险博弈的过程。英国社会学家安东尼·吉登斯在《现代性的后果》中分析，“风险”起源于西班牙的航海术语，意指“遇到危险或者是触礁”，直到 17 世纪才作为英语词汇

---

① Sharon Anderson-Goldand Pablo Muchnik, *Kant's Anatcomy of Evil*, Cambridge: Cambridge University Press, 2014, p. 5.

② 刘文瑾：《重省〈耶路撒冷的艾希曼〉——当下美国学界关于“恶之平庸”的论战》，《学术月刊》2017 年第 4 期。

出现。[1] 道德风险作为风险的一种，最早也属于经济学术语。20 世纪 80 年代，美国学者哈尔·R. 范里安（Hal Ronald Varian）将道德风险定义为："道德风险指的是市场的一方不能察知另一方的行动这样一种情形。"[2] 市场一方由于"信息不对称"，在市场交易过程中需要承担经济上损失的风险结果。《伦理学大辞典》从伦理学角度定义道德风险："道德风险是指某些道德原则和规范的推行超越或严重滞后某一具体的社会组织或团体的实际情况，有可能导致道德价值的扭曲和失灵。"[3]

一方面，利益选择和风险权衡是道德风险的博弈的基本社会因素。从经济学的维度来看，道德风险是"从事经济活动的人在最大限度地增进自身效用的同时做出不利于他人的行动"。[4] 经济学将人视为"经济人"，其最重要特征就是最大限度地实现个人利益的最大化，当自身利益与他人和社会利益发生冲突时，主体为了更好地追求个人利益，必要时可能不惜违背伦理道德规范来逃避承担社会责任，道德风险由此产生。但人不仅仅是"经济人"，还是"道德人"，需要承担道德责任、履行道德义务。而主体履行道德义务不仅需要付出成本还要面对各种危险、诱惑。对道德行为的成本利益的计算使得主体在进行道德选择时犹豫不决，对于绝大多数道德主体而言，如若道德成本过高或过于危险，那么出于自身考虑就会放弃道德行为。这样最终导致恶性循环，主体道德实践活动不是出于道义的选择，而是自我利益的选择和风险的权衡，这就增加了社会道德成本、降低了不道德成本，不良道德风险加大。随着现代科学技术的高速发展，人们获得经济利益的同时也加大了道德风险，而且经济的发展和变化也有可能给道德带来潜在的伤害。社会的转型和变革深刻影响了主体的行为方式和思维逻辑，造成新旧伦理道德规范断裂，伦理环境失序，道德风险加剧，伦理上的"破窗行为"频发。

---

① 〔英〕安东尼·吉登斯：《现代性的后果》，田禾译，南京：译林出版社 2011 年版，第 27 页。

② 〔美〕哈尔·R. 范里安：《微观经济学：现代观点》，费方域、朱保华等译，上海：上海人民出版社 2006 年版，第 59 页。

③ 朱贻庭主编《伦理学大辞典》，上海：上海辞书出版社 2011 年版，第 21 页。

④ 〔英〕伊特韦尔等：《新帕尔格雷夫经济学大词典》第 3 卷，北京：经济科学出版社 2024 年版，第 588 页。

另一方面，主体自身道德行为的不确定性是影响伦理风险博弈的主观因素。道德行为的不确定性不仅是指主体对自身所作出的可能道德行为的不确定性，而且也指一种道德制度和措施的实施带来的可能道德后果的不确定性。[①] 而主体道德行为是个人自由意志的结果，体现了一个人的理性选择与意志自律。恩格斯认为："如果不谈所谓自由意志、人的责任能力、必然和自由的关系等问题，就不能很好地议论道德和法的问题。"[②] 作为道德主体的人是有自由意志的动物，具有自主进行道德选择的能力，可以自觉承担道德责任，履行道德义务。亚里士多德曾认为："我们成为具有某种品质的人，是由于对善的或恶的东西的选择。"[③] 他还强调："德性是在我们能力之内的。恶也是一样。因为，当我们在自己能力范围内行动时，不行动也在我们能力范围之内，反之亦然。"[④] 主体在道德行为的选择上是自由的，人的道德行为和不道德行为都出于人的自愿。正是主体自身在道德实践中存在的不确定性导致主体有可能在信息不对称、缺乏监督约束、道德责任分散、不完全承担风险后果的情境下自愿作出伦理上的"破窗行为"，导致伦理风险。

是否具有道德合理性是衡量制度建设优劣的基本标准，主体生活在一个好的社会中不仅能够拥有公平发展和生存的基本条件，而且还能通过社会对善的引导和鼓励不断优化自己的道德机制，养成高尚道德情操。[⑤] 富勒（Lon L. Fuller）在《法律的道德性》中提出："一个真正的法律制度必然蕴涵道德精神，一旦国家所制定的法律有悖于普遍而基本的伦理道德，就会导致一个根本不宜称为法律制度的东西。"[⑥] 道德和制度既是两个独立的维度，又相互联系、互相影响，所有制度的安排都应有伦理向度的考量。"制度的道德依托使制度的价值指向更加积极和明确，道德的制度支

---

① 朱贻庭主编《伦理学大辞典》，上海：上海辞书出版社 2011 年版，第 22 页。

② 《马克思恩格斯选集》第 3 卷，北京：人民出版社 1995 年版，第 454 页。

③ 〔古希腊〕亚里士多德：《尼各马可伦理学》，廖申白译，北京：商务印书馆 2003 年版，第 245 页。

④ 〔古希腊〕亚里士多德：《尼各马可伦理学》，廖申白译，北京：商务印书馆 2003 年版，第 246 页。

⑤ 杨文兵：《论德行成本》，《社会科学》2000 年第 8 期。

⑥ 〔美〕朗·L. 富勒：《法律的道德性》，郑戈译，北京：商务印书馆 2005 年版，第 8 页。

持促使道德的有效实现和践行。”[①] 道德的制度意指用来约束和限制主体行为的法律、法规、政策等制度和体系，它内蕴着伦理规范、道德价值以及至善的追求。

随着社会的发展，主体的伦理选择和伦理行为很难脱离现实经济生活和经济利益，只有社会制度才能保证遵守伦理法则的主体能获得应得利益，违背伦理法则的主体能受到应有惩罚。康德指出：“良好的国家体制并不能期待于道德，倒是相反地，一个民族良好道德的形成首先就要期待于良好的国家体制。”[②] 因此，完善相关制度体系一方面要体现公平正义的原则，保证制度的合理性，增强制度的有效性，另一方面，要遵循赏善罚恶的道德逻辑，利用制度的强制性确保伦理行为受到相应的奖励或惩罚，从而提高主体道德认知，规范主体伦理行为。

一方面，社会制度体系必须体现公平正义原则。只有公平正义的制度才能保障主体受到公平的对待，其伦理行为能得到相应的奖励和赞赏；同样反伦理行为也可以受到相应的谴责和惩罚，以确保社会利益的平衡。“这个制度，一方面要有效地保护社会的公平、正义和秩序，另一方面则要通过制度安排保证具体的不道德行为要付出代价，不能使违反道德的行为有利可图，更不能使遵从和弘扬道德者总是成为事实上的吃亏者，通过利益机制和法律手段建立一套奖惩措施，才能保证道德要求的实现。”[③] 鉴于制度的强制性的特点，保证制度的公正性才能使主体正确遵守行为准则，才能要求伦理主体遵守规范，作出正确的伦理行为；同时，才能有效防止反伦理行为的出现，使人们能够自觉地弃恶扬善。另一方面，社会制度体系要遵循赏善罚恶的价值逻辑。主体所处的社会制度和机制是影响主体道德水平和状况的根本因素，社会制度可以利用其强制性约束主体道德行为，对主体提出他律、外在的要求，从而改善伦理状况，营造一个良好的伦理氛围，促使主体将外在伦理要求内化为伦理信念，自觉自愿地作出符合伦理的行为。因此，只有当制度呈现出道德合理性，能正确扬善除恶

① 辛明：《制度论——关于制度哲学的理论建构》，北京：人民出版社 2005 年版，第 253 页。

② 〔德〕康德：《历史理性批判文集》，何兆武译，北京：商务印书馆 1990 年版，第 126 页。

③ 孙立平：《道德建设与制度安排》，《中国青年报》1996 年 10 月 29 日。

时，才能真正克服制度本身的缺陷。公正的社会制度是道德行为发生的基本保障，只有符合德性的制度才能培养出主体的德性素质。邓小平同志曾指出，“制度好可以使坏人无法任意横行，制度不好可以使好人无法充分做好事，甚至会走向反面”。[①] 一个公平正义的社会制度不仅要对不道德行为予以惩戒，树立制度的道德权威；还要坚持善有善报的原则，对主体的道德行为予以鼓励和嘉奖，为社会的好人好事提供物质性奖励，从根本上杜绝“英雄流血又流泪”的现象，增强好人的伦理地位。

四 赏罚中的“道德绑架”

如果社会赏罚过严，不论是有意还是无意，都容易出现“道德绑架”现象。特别是随着网络舆论监督的不断加强，社会上道德绑架现象的增多，人们开始质疑道德评价的合理性和社会伦理生活的意义。我们在深入思考如何让社会赏罚有利于社会伦理协调时，不得不考虑道德绑架问题。

道德绑架这一提法之所以让人有些发怵，关键就是“绑架”二字。在《现代汉语词典》中，绑架指的是“用强力把人劫走”。[②] 绑架的目的是以被绑架者的性命为砝码，通过胁迫被绑架者或其亲属，来达到获取钱财等的目的，当胁迫不成时，绑架者可能“撕票”，即“绑票的匪徒把掳去的人杀死”[③]。绑架带有强迫性与要挟性，以“绑架”来修饰道德，意味着这种道德行为带有强迫性和要挟性的双重特点。这里实际上是被歪曲了的“道德”。道德的本质是出于自由选择，但在“绑架”的语境中，这种道德行为就带有了强迫性，是不尊重他人的意志自由和道德选择的，这种强迫由外在社会舆论所刻意施加，是软约束意义上而不是暴力意义上的强迫。与此同时，这种道德绑架带有要挟性，虽然不是直接的强迫，但要挟是

① 《邓小平文选》第 2 卷，北京：人民出版社 1994 年版，第 333 页。

② 中国社会科学院语言研究所词典编辑室编《现代汉语词典》第 6 版，北京：商务印书馆 2012 年版，第 40 页。

③ 中国社会科学院语言研究所词典编辑室编《现代汉语词典》第 6 版，北京：商务印书馆 2012 年版，第 1231 页。

"利用对方的弱点，强迫对方答应自己的要求"[①]，这就意味着道德绑架是在要挟下完成的，他人若不按要求完成道德行为，就得付出丧失社会道德形象或使形象受损的代价。这样我们可以把道德绑架定义为"人们以行善的名义，通过舆论压力胁迫他人作出一定行为或中止与道德相冲突的行为。"[②]

社会整合在道德上的主要内容是内心信念、传统习惯和社会舆论，因而，不能将所有合理的伦理规范要求都看作道德绑架。例如，自然义务中的肯定性义务就属于合理的要求，尊重公序良俗、救助社会弱势群体等都是社会公民的基本道德义务。同时对一些拥有特殊身份并被赋予特殊职业伦理的群体，如党员干部、军人、教师、医生等，对这些特殊身份作较高的道德要求也不能称为道德绑架，而是道德要求的层次性的要求。如果我们身处不同社会生活层次或具有不同的身份，那当我们向所有人提出同一种较高的伦理要求时，道德绑架就在所难免。社会赏罚于伦理领域如果只是简单区分善与恶、正义与非正义，没有层次或量的考量，就有可能导致道德绑架，即用高道德标准去强迫低道德承担者，这就是无形的绑架。罗尔斯就曾区分过自然义务和"允许的行为"（permissions）[③]这两种不同的道德层次。他从契约论的观点出发推导出两种自然义务：第一种是互相援助的义务，在别人有需要或危险时伸出援手，这是肯定性或积极性的义务，第二种是不损害或伤害另一个人的义务，不对他人施以不必要的痛苦的义务，这是否定性的或消极性义务。否定性义务比肯定性义务更为重要，因为它守住了伦理"底线"，确保了人之为人的基本尊严。当然，罗尔斯同时也强调，自然义务有两个特征：第一，自然义务不是社会安排的规则，不需要经过人们的允诺，是人天生就该履行的，不管我们是否愿意都无法推卸，其履行不以人们明确的同意或自愿作为先决条件；第二，自然义务是无条件的，它们构成人类社会的基本存在

---

① 中国社会科学院语言研究所词典编辑室编《现代汉语词典》第6版，北京：商务印书馆2012年版，第1551页。

② 覃青必：《道德绑架内涵探析》，《江苏社会科学》2013年第5期。

③ 参见〔美〕罗尔斯《正义论》，何怀宏、何包钢、廖申白等译，北京：中国社会科学出版社2009年版，第87~90页。

条件，对全体公民具有普遍约束性，在平等的个体中得到公认，不管人们隶属于什么样的制度或社会阶层而始终有效。不同于自然义务，还存在一类在道德上属于中性的行为，这类行为被罗尔斯称为“允许的行为”（permissions）。这类行为是那些我们可以自由地作出或不作出的行为，分外行为就是“允许的行为”中的一类。与自然义务中的肯定性义务不同，分外行为并不属义务的范畴，因为通常涉及较大的风险或牺牲。

罗尔斯对道德义务的类型区分，给我们诸多启示，我们可以将道德划分为不同的层次。如我们可以把人己关系的利益关系区分为大公无私、先公后私、公私结合、损人利己四个层次；可以根据道德自身的要求不同把道德区分为高线道德、中线道德与低线道德；可以根据道德的适应性把道德区分为神圣道德与世俗道德；可以根据道德存在形式把道德区分为信仰的道德、言说的道德与行动的道德；等等。从道德绑架的性质来看，如下的划分可能更加便于认识不同的道德层次容易产生绑架现象的原因。在一般情况下，道德可以区分为三个层次：第一层次，是对于维护共同体具有基本价值的道德义务（如不伤害他人等），自然义务中的否定性义务就属于这个层次。这些义务属于底线道德，是社会共同体的存在和发展最基本、最重要的道德要求，不仅是应当履行的，而且是必须履行的，具有最大的强制力。这些底线道德中的大部分都被确定为法律义务，但在量上和要求上不完全等同。第二层次，是应当履行的道德义务（如诚信、友爱等），其强制力属于中等性质，如果不履行应该受到良心的拷问和舆论的谴责，基本上属于道德自觉或自律的层次，自然义务中的肯定性义务就属于这个层次。第三层次，是美德行为（如慷慨、奉献、自我牺牲等）。这是基于规范又超越规范的道德理想境界层次，趋向于高尚与神圣。① 前两个层次都属于义务范畴，美德行为层次则明显超出了“义务”的范畴，包括罗尔斯所说的“分外行为”在内，属于理想范畴。这类美德行为通常需要作出较大的牺牲或冒较大的风险，是社会所应提倡并鼓励但又不是一般人能做到的高尚行为，其履行与否完全取决于个人的道德素质和自由选择，不具有强制力。如果我们不对这些道德要求予以区分，就容易产生道

① 杨建强：《“道德绑架”的伦理反思》，《科学·经济·社会》2017 年第 1 期。

德绑架，至少在舆论上会造成“绑架”现象。

另外，在传媒业日益发达的今天，特别是网络“虚拟社区”的兴起，“自媒体”的方兴未艾，使社会凝聚为更为紧密的道德共同体，形成了新的社会舆论场，此时可以适时发声，对各种丑恶的道德现象施以道德谴责，净化社会道德风气。同时，我们也应该注意到，这种全网式道德谴责可能演变为道德绑架，因为它是不明真相下的“事前道德审判”[①]。网络社会的信息传播方式已然不同于传统社会了。在传统社会，信息传播主要依靠电视、报纸、广播等媒介。这些媒介的信息传播，虽然同样具有实时性，但是这种实时性往往是滞后的，并且呈现出的是一种“一对多”的传播方式。在网络社会当中，信息传播的方式实际上呈现出一种“裂变”的特征，而这种信息的“裂变”的泛滥容易造成道德绑架。因为裂变式传播意味着传播过程已不再是传统的一对一的传递或一对多的广播，而是一乘以多再乘以多的链式反应。[②] 在这种方式的作用下，信息可以在短时间内从一个节点扩散到无数节点，使信息流通的速度大大增加。在信息的加速流动中，巨大的社会能量被释放出来，其导致的结果就是，被多数人判定有价值的信息就可能在短时间内引起巨大的社会反响。表面上看，裂变式传播的重点在于加速了信息的流动，但隐藏在信息流动增速之下的，则是对原有的社会话语权结构的挑战。一方面，社会舆论的形成方式有了极大改变，社会舆论的形成时间也可能大大缩短；另一方面，只要信息有足够的价值，就可以借助微博这一平台获得“类病毒式”的传播。在这两个方面的综合作用下，社会话语权结构受到了巨大的冲击。在这种情况下，就产生了事实不明朗时的道德审判。道德审判是指对已经发生过的道德行为作出的一种道德评价，主要通过肯定、表扬、赞美或否定、批评、贬斥等体现出来。而道德绑架则是对“尚未发生的行为”所作出的道德评价，因此，其实质上是一种行为前的“道德预设评价”，是一种“事前的道德审判”。对尚未作出行为选择，或主观上虽已作出选择但没有付诸行动的人进行“道德审判”，这可以说是道德绑架最为荒谬之处。这种“事前的道德审判”也会借助一定的道德

① 参见杜振吉、孟凡平《道德绑架现象论析》，《学术研究》2016 年第 3 期。

② 卿立新：《微博时代网络事件传播规律与处置探讨》，《求索》2010 年第 12 期。

规范作为标准，但是“绑架者”却曲解或错误地利用了社会道德规范，这种“事前的道德审判”实质上是其个人好恶的体现，并非社会理性的表达和反映。诸多道德绑架事件说明，“绑架者”所期望的就是别人按照自己的意愿来行动，并且认为只有按照这种意愿来行动才是道德的，否则就是不道德的。因此，道德绑架不但是一种“事前的道德审判”，而且这种“事前的道德审判”具有极大的主观性和随意性。[①] 所以，我们反对道德绑架只是反对用一种不道德的方式去干涉道德，尽管道德的自律与他律同时发挥作用，但道德首先是对自己的要求，是自觉的自律，然后才是他律。

五　是否存在伦理“第三空间”

伦理上的“破窗”与“绑架”是社会赏罚的两个极端，都是社会赏罚的不及与过度，造成实际上的伦理松懈或伦理紧张。也许在社会赏罚过程中，人们更倾向于在道德与不道德之间粗略地分辨善与恶、正义与非正义，而伦理要求所具有的层次性以及伦理生活的复杂性与多样性很少被注意到。而事实上，伦理要求经常以整体的方式呈现，甚至在道德与不道德的标签之外，在底线伦理所禁止的“恶”和美德行为所倡导的“善”之间，还存在广阔的中间地带，这些行为虽然算不上是“善”，但也远远不能被称为“恶”，我们可以称之为“正当”，例如，市场经济中的公平交易行为或所谓的“利己不损人”的行为，既不是“应当”，也不是“失当”，而是属于一种“正当”。“正当”合法地满足自我利益是法律规定的人的基本权利，这种利己不损人的行为既谈不上高尚的善行，也不能称为不道德的恶行。这应该就是伦理上的“第三空间”，即“不善不恶”的“地带”。

这种伦理上的“第三空间”是客观存在的，只不过是过去受了伦理评价中“非此即彼”思维的影响，我们忽略了它。

在我们的伦理传统中长期存在重义轻利观念，它特别喜欢强调用自我牺牲来抬高道德的地位，将某些正当行为评价为恶的“失当”，而将某些属于人们可以自由地选择的且需要付出较大牺牲的美德行为看作“应当”

---

① 参见杜振吉、孟凡平《道德绑架现象论析》，《学术研究》2016 年第 3 期。

或必须履行的义务。与此同时，必须澄清的是，那些不履行“应当履行的道德义务”的行为，应该受到相应的社会舆论谴责，这不但不是道德绑架，而且是道德发挥作用的合理方式。但这不意味着可以使用不道德甚至不法的手段（如人肉搜索、人身威胁等）侵犯其他人的权利，谴责行为一旦超出合法合理的界限仍然可能是道德绑架，甚至是违法行为。伦理道德所反映的是人伦关系，而其核心是个人与群体、群体与群体、共同体与人类的关系，处理这些关系就会产生特定的伦理思维，而思维模式又必须用一定的致思途径来实现。所谓伦理思维的致思途径，是指把伦理生活感性材料上升到理性认识的方式和方法的总称，在我们伦理生活中最有影响的就是“二分法”。

“二分法”就是对事物和现象作机械的“对半开”。“对半开”的致思途径在道德生活中导致了对道德现象的不善则恶的机械裁剪。非好即坏、不是有德便是缺德、不是善就是恶、不是崇高就是卑鄙、不是大公无私就是自私自利，这些就是它的惯用说法。破除非此即彼、非善即恶的“对半开”的意义在于对“善恶三状态”的拓展。伦理价值世界是异常复杂的，它不是善与恶、正义与非正义的简单呈现，而是与丰富的人性结构和复杂多变的伦理生活紧密相连的。在现实的伦理生活中，“应当”“正当”“失当”三种状态联系在一起。“应当”的行为，是一种有道德评价意义的行为，是人际关系和社会交往中必须如此才能有助于利益的增长或维护的行为。“正当”行为则不然，它可能是于己有利、于人无害的行为，这种行为没有善恶评价的社会尺度，因而也无法进行伦理评价。“失当”行为则是不该发生的行为，它损害了他人或社会的利益，是缺德的表现。“应当”，是理想的、高尚的；“正当”，是该做的，既不缺德，也不高尚；“失当”，是不该做的，是缺德。这就是行为善恶的“三状态”，推而广之，就是伦理上的“第三空间”。伦理道德虽然对社会生活的影响深广，但并不等于人的任何行为都具有善恶的伦理意义。只有有利或有损于他人和社会集体利益时，才有伦理评价的必要和可能。伦理生活中的“可容许行为”并不少见，“道德真空”的确存在。如果对这种“道德真空”强行进行道德评价，只能导致道德泛化和君子型人格的产生。通常人们默许：不善但应当、不恶但失当的行为是正当行为，这是伦理生活中的广阔地带。而传统伦理思维的一个最大失误，就在于把“失当”“应当”作为统括伦理生活的全部内容，并将其置于正当地带。比如，把无私看作美德，反过来把个人打算当成缺德；把节俭看作美德，反过来把讲究吃穿当成资产阶级的腐朽作风；如此等等，不一而足。伦理生活中机械的“对半开”，还导致了思维的惰性和神秘主义的直觉方法。既然一切事物都是“对半开”，就无须研究事物的特殊性，无须探求道德生活中的复杂性，久而久之就形成了唯上、唯书、唯他人的思维惰性。因为一切伦理原则规范都是既定的，人的伦理生活就是对照这些伦理纲目去对号入座、去填空，无须进行理性分析。这种思想惰性源于神秘主义的直觉方法：从“上天下地”的直觉经验引申出阳尊阴卑的大道理，又从阳尊阴卑的大道理引申出封建道德的伦理秩序，神秘化为先验存在的宇宙伦理本体，让人们通过神秘的直觉来体认道德所具有的至高无上的威慑和强制力量。这种缺乏理性审视的思维方法，只能导致道德上的盲从。因此，破除两分法的机械性、简单化，拓展伦理新视野，一切以人的自由全面发展为准绳，才是伦理思维方式现代化的根本要求，才能充分显示伦理思维的特性及其独特的社会赏罚功效，否则会使人失去伦理上的自由感，甚至产生伦理异化。

伦理上“第三空间”的存在也与宽恕有关，这是事关伦理惩罚的关键性因素，没有伦理上的宽恕，就没有伦理“真空”。因为宽恕有可能不纠结于正义与否，而是实现一种伦理超越。

宽恕在中国文化语境中是一个正宗的伦理概念，而在西方文化中则是一个宗教概念。宽恕就是宽容与饶恕，宽宥之意。《论语·卫灵公》中记载：“子贡问曰：‘有一言而可以终身行之者乎？’子曰：‘其恕乎！己所不欲，勿施于人。’”这里的恕主要是讲推己及人的道德移情方式，自己不想的事情不要强加于他人，这是一种被动的道德方式，不是真正意义上的宽恕，真正的宽恕是原谅他人的过失。中国佛教讲的“慈悲”也不是宽恕，没有指向罪过的实施者的责任，而仅仅是纯粹的个体的果报问题，惩罚与宽恕都是自己，与他者无关。从中国古代政治思想角度理解宽恕，最早出现于《尚书·舜典》，其中有这样的文字记载：“象以典刑，流宥五刑，鞭作官刑，扑作教刑，金作赎刑。眚灾肆赦，怙终贼刑。”这些文字记载主要突出了早于法律的“宥”“赦”二字，反映了中国传统文化中的宽恕精神。在西方文化语境中，宽恕一般是在宗教意义上使用，如考赖特（Corlett）认为，在基督教和犹太教的传统中，宽恕首先是上帝的行为，通过宽恕可以打通人与上帝之间的隔阂与障碍。与此同时，宽恕也是人的宽恕，要宽恕别人的宽恕，甚至要宽恕你的敌人。[①] 报应主义是反对宽恕的，认为有恶（仇）必报，并且不反对以恶报恶。法律上的宽恕也是非常有限的，因为我们强调执法必严。相反，伦理上是主张宽恕的，并且是可证的，这充分体现了伦理的开放度和人情味。如《新大学字典》就把宽恕定义为"（1）愿意对侵犯者不再感到愤怒；（2）愿意解除债务；（3）愿意给错误或者软弱留出空间"。[②] 所以，从伦理情感的角度来说宽恕就是停止愤怒，甚至放弃愤怒，不再记恨。也正是在这个意义讲，宽恕可能超越正义，因为愤怒情感本身可能就是正义的体现，或者说对违法行为或不义行为的愤怒可能就是正义感。

当然，宽恕意味着放弃惩罚仅仅是在伦理学意义上的，并不是法律意义上放弃追责，而是要违反法律的人承担责任，对其减免惩罚，这也就体现为宽恕的伦理边界：（1）宽恕一个不当行为不意味着我们容忍他的不当行为；（2）宽恕并不意味着"我"想忘记发生的事情；（3）宽恕并不意味着我们原谅不当行为者；（4）宽恕并不意味着我们淡化不当行为的恶性；（5）宽恕并不意味着我们向正义交出我们的权利；（6）宽恕并不意味着我们邀请伤害过我们的人再次伤害我们。[③] 可见，宽恕并不是无条件的，更不是什么伦理上的社会义务。相反，只有当被宽恕者能够意识到自己的道德过错或犯罪行为并有后悔之意，有痛心、自责、羞愧、道歉等表现时，宽恕才是有伦理必要与意义的。也就是说，当我们发现一个行为过失者还有"道德自救"可能时，我们可以暂时放弃严厉的惩罚，以宽容之心促使其良心发现，让他痛改前非、重新做人，这远比"一棍子打死"有更好的伦理价值。所以，当我们说，宽恕是对正义的超越时，不是对矫正正义或处罚性公正的超越，而是对修复性正义的超越。

修复性正义（restorative justice）是在反思与批判报应性正义（retrib-

① 参见王立峰《惩罚的哲理》，北京：清华大学出版社 2006 年版，第 275 页。

② 转引自王立峰《惩罚的哲理》，北京：清华大学出版社 2006 年版，第 275~276 页。

③ 参见王立峰《惩罚的哲理》，北京：清华大学出版社 2006 年版，第 276 页。

utive justice）的基础上，一种旨在修复犯罪人、被害人、社区与社会之间正常利益关系并实现正义和谐的刑事理念或价值取向。[①] 修复性正义起源于古老的宗教仪式：佛教、基督教面对犯罪主张“以善制恶”（overcoming evil with good），印第安人的宗教仪式开始和结束都要说万事皆备于我（all my relation）。然而从一开始宗教教义中就包含着另一种似乎更有心灵穿透力的因果报应的内容。印度的原始佛教，发展、流变以至今日，其关于因缘、报应的说法有很大变化，但始终是佛教教义的主要组成部分。修复性正义不同于矫正正义，其不是强调以赔偿、强制履约、惩戒等方式予以刚性地矫正，而是指向蕴含情感、情操、情面等的伦常关系及其他利益关系的修复，也是对“宽容原则”和社会和谐的前瞻性追求。因此，修复性正义的基本目标在于平衡加害人、被害人、社区及社会利益，努力促成具体生命所构成的多元关系社群的动态和谐，而非仅仅终止于判决或惩罚，满足于非单纯形式化或抽象化的社会安全或正义之名。从根本上讲，修复性正义在于追求和实现和谐正义的伦理目标。

① 关于修复性正义的详细论述可参见李建华、张善燚《修复性正义：基于刑事司法展开的伦理》，《道德与文明》2006 年第 6 期。

第二十章　适应

适应作为一种重要的伦理机制于快速变化的社会生活具有特别的意义。面对日常伦理生活的快速而深刻变化，如何让自我的伦理发展融入他者存在的情境中从而实现伦理共同体的整体进化，已经成为一个伦理上的“世界问题”。一方面，人们对公共生活的发生不再视为形式的义务，现代社会造成了伦理在个体、群体、社会三位一体关系中的拆解与断裂，解决这种断裂的重要途径是强化伦理连接，其学理前提就是伦理适应。另一方面，一个公共生活的世界在人们的日常伦理生活中日渐显现，原有共同体日渐式微，处于一种“没有发展的增长”的内卷化窘境，原有共同体需要以命运共同体等新的形式在伦理适应中得以进化。在现代社会，人的失落、伦理的缺场、共同体的式微等问题，都迫切需要新的理论作出回应。从适应性理论的角度，对新型伦理共同体生成的路径进行反思，为现代伦理秩序的优化找到新的理论资助，是我们的主要出发点，也是对重大伦理问题进行“中国话语”回应的一种尝试。

一　适应性：一种新的分析框架

伦理共同体的生成与进化是伦理学始终关注的主题。从古希腊“城邦共同体”的正义制度设计到中国传统“家国一体”的和谐同构，再到今天“人类命运共同体”的全球构想，无不显示着人类的伦理智慧，其中都离不开一种普遍化的机制，这就是伦理适应性。伦理适应是植根于人的基础物质需求与精神交往需要之中的“伦理认知—认同”过程，是人类得以整体发展的独特精神生活方式，是对自然生物主义伦理观的超越。适应从本质上说是生物有机体通过身体或行为上的相应改变以应对持续变化的环境的方式，这意味着一旦触发适应机制，生物在外力作用下便会作出回应，并且难以恢复到它的原初状态。伦理适应是互为“他者”的伦理主体在多元文化碰撞中的伦理学考量，一方面，它是伦理主体生存、发展的内在需求；另一方面，它是维持社会公共秩序稳定、良序发展的必然要求。当下中国正处于社会转型时期，伦理关系处于不断调整之中。在这样一个时代，人们的伦理生活目标不是已知的、预先设定的，这也在一定程度上导致了伦理主体的某种价值迷失。同时，在社会转型中，社会矛盾冲突集中显现在伦理层面，伦理关系由以往的单一权威过渡到多方博弈，并由此衍生出多元的伦理诉求。而面对多元的伦理诉求，伦理共同体在传统的理论框架中往往缺乏解释力，而新的伦理共同体又尚未确立，这些都为伦理适应提供了有利契机，伦理适应也就作为一种善的指引成为人们面对陌生、开放社会的首要选择。伦理主体仿佛被扔进传统性与现代性交织同构的“熔炉”，在流动的现代性时代里接受考验。伦理适应成了将这两者合二为一抑或是区分开来的理性工具，而这样的建构抑或解构最终目的是将人们引向日趋美好的伦理生活。

尽管现代性视野下的伦理适应提供了自我与他者进行直接对话的可能性，但现代性已经把伦理主体从原有伦理共同体的束缚中分离开来，传统的距离感被时代所深刻地改变着，自我与他者的关系变得前所未有地重要与毫无来由地紧张。伦理主体因为个体的社会需求，离开了原有的居所，成为他者家门口的“陌生人”，漂泊异乡的“无根的人”，于是我们尝试探讨构建一种“能够解释这种无根性的理论。这种理论必须阐明：‘一方面是个人与个人以及群体与群体之间的异化状态和心理距离，另一方面则是那种天涯若比邻的电子幻觉’”。①

现代伦理是在主体间适应中获得与形成的。自我与他者在适应中求同存异，摒弃无法兼容的价值原则，包容并吸纳各自所不具备的优秀伦理元素，并最终达成公共领域内一致认可的伦理行为规范。或者说，我们可以把伦理适应理解为一种新的公共秩序重构，自我因现代性因素从原有私人

① 汪晖、陈燕谷主编《文化与公共性》，北京：生活·读书·新知三联书店 1998 年版，第 523～524 页。

领域中剥离开来，与他者在公共领域中形成一种复杂而流动的社会关系，自我与他者的关系再也不能用简单的“中心—外缘”模式所框定。这不仅仅因为在伦理适应语境中，这种以自我意愿为出发点的伦理需求经常表达为难以达成共识的集体性要求，更重要的是，在寻求将差异性共识作为伦理交往的根本出发点时，只有在多元文化背景下寻找“最大公约数”，伦理适应理论才能找到至少是抽象层次上统一的基础。

伦理适应作为伦理共同体的生成路径具有历史性，不应局限于心理维度，还应包含历史维度。对于伦理主体而言，德性是漫长的历史实践的产物，而以德性为基础的道德品格是在伦理共同体中进化而成的。伦理共同体随着历史而变迁，家庭血缘共同体、社会国家共同体直至现在的人类命运共同体无不包含着适应性。家国同构是传统中国社会区别于西方市民社会的典型特征，传统伦理共同体通过“忠”“孝”的伦理连接而得以稳固。依照费孝通先生提出的“差序格局”的理论逻辑，传统伦理共同体的极限是模糊不清的“天下”，而国是“皇帝之家”，“在差序格局中，社会关系是逐渐从一个一个人推出去的，是私人联系的增加，社会范围是一根根私人联系所构成的网络”。[①] 家国同构下的伦理适应以“孝—家”的初期形式找到了伦理共同体存在的第一个确证，“忠—国”则作为伦理适应的延伸形式消除了“家”“国”之间潜在的紧张，由此传统社会“移孝作忠”的“家”“国”关联超越了基于血缘的信任，完成了伦理共同体的边界延伸，我们可以将其理解为“差序格局”在伦理共同体形成过程中的宏观建构问题。这样的家国同构意识使“小户之家”得以强化，人们“累世同居”“世代相传”，进而形成“豪门巨族”，最终成为调节伦理关系的垄断力量，可见，“它固然始终是中国社会组织的真正的单位或基体，不过这基体发展得过于庞大了，过于畸形了，畸形之至，它自身便变做一种社会，或自身以外，更不承认有什么社会的存在，我们甚至于可以说，家族自身就是一个小天地，以外更无天地！”[②] 伦理关系发生在家族式的共同体社会中，伦理生活的基本单位是共同体而非个人。随着社会的转型、家国同构意识

① 费孝通：《乡土中国 生育制度 乡土重建》，北京：商务印书馆 2015 年版，第 33 页。

② 潘乃穆、潘乃和：《潘光旦文集》第 9 卷，北京：北京大学出版社 2000 年版，第 318 页。

的消退，传统的伦理共同体出现了一种瓦解或者说是功能式微的现象，它预示着一种新的伦理共同体将要产生。

新型伦理共同体是基于陌生人社会语境而建构的一种“与他者共在”“与他者平等”“为他者负责”的命运共同体。新型伦理共同体建构是现代伦理的理性之道、公共生活的道德之需、伦理主体的发展之维。我们所建构的新型伦理共同体是发生在现代社会，尤其是发生在以市场经济为经济基础或经济体制的社会。这样的社会是以陌生人社会为特质而区别于传统伦理共同体所赖以生存的熟人社会，在陌生人社会，人们之间的伦理关系更多地建立在彼此疏离、平等与非血缘的关系之上。新型伦理共同体的生成之所以要通过伦理适应的方式，主要是因为传统伦理共同体的构建是基于一种差序格局，或者是一种不平等性，人们之间的适应自然而然是以强制性的、单一性的方式来实现，而差序格局的形成往往是基于血缘、地缘等所产生的身份地位的差异性。“一个差序格局的社会是由无数私人关系搭成的网络”,[①] 体现一种未经中介的直接的伦理关系，其中所有的伦理法则都不能超脱于差序人伦而存在。譬如儒家思想历来强调“父父子子君君臣臣”“天地君亲师”，这意味着父子、君臣之间的伦理适应往往会基于三纲五常的封建人伦以及以此为基础而构建的传统权威，是以强制的形式实现的，这样的伦理适应显然是不平等的，呈现一种“强制—服从”的伦理样态。而现代社会的伦理共同体的前提是平等性，包括个人与个人之间的平等、共同体与共同体之间的平等、个人与共同体之间的平等。由于传统伦理共同体的式微，传统伦理所内蕴的权威力量被现代性因素所削弱，伦理主体处于一种相对开放的伦理空间，其伦理行为也难以被原有的传统伦理规约所框定，此时伦理交往的对象是不确定的、流动的，而伦理主体间的适应不能靠传统的伦理教化、伦理强制，甚至树立某种伦理权威来完成，而必须是通过平等、共赢的方式来实现，这样的伦理适应具有双向性。不管伦理适应双方的文化孰强孰弱，伦理适应主体间的互相渗透、互相影响都是恒常的。伦理适应双方总会以一种德性涵化的形式找到他者文化的适宜嫁接之处，兼收并蓄为自我文化的一部分。在这样一种基础上形

---

① 费孝通：《乡土中国 生育制度 乡土重建》，北京：商务印书馆 2015 年版，第 38 页。

成的新型伦理共同体，呈现一种“自愿—认同”的伦理适应样态，形成一个马克思所认可的“真正的共同体”，“只有在共同体中，个人才能获得全面发展其才能的手段，也就是说，只有在共同体中才可能有个人自由”。①

同时，伦理适应作为一种新的理论解释框架，其特别的意义在于以下几方面。一是从解释视角方面呈现出从“以物观之”到“以人观之”的转换。传统伦理共同体的形成与运行倚赖于传统伦理权威的教化，以此为基础的理论研究大多拘泥于传统文化、宗教神秘力量、社会风俗习惯等“物”的范畴。伦理适应的理论框架以个体、群体与社会作为理论阐释的切入点与落脚点，这三者的共性在于都是以“人”作为研究的基本标的，而伦理适应研究所要处理和解决的终极命题是“在伦理文化转换过程中，伦理主体该如何生活和行动”。可见，这是一个真正关心“人”的研究取向。二是从话语体系上呈现出从“权威主义”到“情境主义”的转换。话语转换是伦理文化发展亘古不变的主题。社会转型所带来的伦理空间转换导致了伦理学研究的现代性话语转换，新型伦理共同体的建构不能通过复活传统的“权威主义”话语来进行，即不能把伦理共同体的生成与发展归因于传统权威、宗教力量及风俗习惯等传统权威力量，而必须把新型伦理共同体的生成置于不同伦理文化所接触的伦理适应具体情境中来考察，这样才能为传统伦理共同体重构提供基本参照。因为相同的伦理行为在不同的伦理文化语境中有着不同的解读，而随着传统权威力量的式微，在现代性伦理语境中并不存在必须服从或是一成不变的伦理法则，只存在合情景性。很显然，伦理适应作为一种新的伦理话语体系，打破了权威和单一中心的话语结构，为新型伦理共同体的建构提供了“意义空间”。

人类社会相互依存的紧密关系使得伦理适应成为伦理主体间关系的轴心，于是道德主体在适应过程中或接纳，或批判，或抵触，我们在社会变迁中扮演相应的角色，以适应生存与发展的需求。我们在适应彼此时思考应该如何理解他者的行为、自我将如何自处等问题，同时我们又不可抑制地怀疑每一种解释的正确性。因为在自我与他者的意识表面一致的地方，实际上都隐藏着真实世界与可知世界的区隔，而这恰恰标志着熟悉人、陌生人

① 《马克思恩格斯文集》第1卷，北京：人民出版社2009年版，第571页。

伦理交往的质的区分。伦理主体生活在变化着的世界之中，风险与不确定性成为人们生活的常态，人们从现代性的“固体”阶段过渡到齐格蒙特·鲍曼所谓的“流动的时代”，“适应”成为人的一种生存手段与生活样态。一方面，为了生存需求，我们通过伦理濡化让传统文化得以延续，这往往成为伦理主体第一文化的获得源泉，这意味着伦理主体的“从哪儿来”；另一方面，为了适应生活，我们通过伦理适应对外来文化兼收并蓄，这通常成为伦理主体对外来文化的习得过程，这意味着伦理主体的“到哪儿去”。这样，伦理适应的过程把自我纳入无止境的拒绝与接受、失去与拥有的选择之中，因为伦理适应主体生活在一个个未知的状况之中，这通常会导致伦理主体不适应的状况发生，引起伦理与个体、群体、社会三者的断裂与脱节。

为了考察这些断裂与脱节，我们试图建构伦理适应研究的立体化框架，用以探寻伦理适应的三个维度之间的关系。这三个维度分别是：(1) 从自我到他者的个体图景；(2) 从他们到我们的群体图景；(3) 从熟人社会到陌生人社会的社会图景。我们用“图景”这个后缀意在表示伦理关系的流动与变化，生动体现伦理适应动态的、历时的变化过程，同时也深刻反映个体、群体与社会在伦理接触后在伦理态度、身份认同、伦理关系、文化观念上的变化。值得注意的是，这三个维度所标识的图景本身不是客观给定的关系，而是随着伦理环境的变化而变更。当自我在既定图景中接触到他者时，原初状态的“他在”仅仅作为“我在”世界中众多客体的一个而存在。显而易见的是，他者的“客体性”是不可能视而不见的，“他在”必然会导致伦理关系的再发生。如果自我想获得伦理上的真正自由，就必须承认他者的“属人性”，而不是一种物化的虚构体，“只要人不承认自己是人，因而不按照人的样子来组织世界，这种社会联系就以异化的形式出现”。[①] 同时我们不得不为他者的生存与发展留下特定的身份与合适的位置，或者说自我必须为包容他者作出应有的理解与妥协。伦理适应维度的这些假定特征，在我们对图景的分析时得到了说明。这些维度深受不同视角下的制约的建构，随着不同伦理主体的背景、境遇等元素的变化而发生变化。这些元素具体指公共性、共同体、乡村、城市等现代性话语。从现实来说，具

① 《马克思恩格斯全集》第 42 卷，北京：人民出版社 1979 年版，第 24~25 页。

体的伦理适应主体在上述图景的各种视野中显得“人微言轻”，甚至容易在共同体的进化中湮没不显，他者的突然闯入，“可能会从我身上偷走了这个世界”①，因为这些尚需要应验的图景最终由那些体验着也建构着的精英势力所控制，在很大意义上也是由他们对图景的感知能力决定着。这些决定无形中设置了一个通往想象世界的路标，这些路标必然导向一种充分的与他者共存的伦理适应理论。实质上，伦理适应所追求的想象的世界亦即由不同伦理背景的个人、群体在特定的社会伦理文化境遇中的想象所构成的多元世界，伦理主体所适应的这个世界的一个重要事实是，人们渴望生活在这种想象的世界之中，而不被其他力量诸如政治、经济等因素所左右。

具体而言，伦理适应作为新型伦理共同体的生成路径，实际上包含三个维度。维度之一是从“自我”到“他者”：新型伦理共同体生成的个体自觉。从“自我”到“他者”意味着“尊重他者，包容差异”。我们发现在现代性视域下的伦理适应场域，个人主体意识的增强与利益关系的发展逐步瓦解了传统共同体所内蕴的互助关系，这可能会使得人们因强调平等而过于依赖制度理性，人们之间的伦理关系更多地建立在契约的基础上，而逐渐淡化了情感、责任等因素的影响。而内蕴于社会内部的社群主义被用来维系集体认同，但依然很难唤醒高于个体的共同体意识。可见自我伦理的实现是伦理适应的重要一环，以便通过个体自觉的途径重新找到互助与责任。同时，由于伦理适应首先发端于具象的伦理个体，而伦理共同体亦由无数个伦理个体所组成，因而伦理共同体的生成一方面要规避伦理个体的“理性不及”，另一方面要避免对伦理共同体的集体盲从。维度之二是从“他们”到“我们”：新型伦理共同体生成的群体基础。从“他们”到“我们”的维度意味着伦理个体通过寻求伦理共同体的支持来应对伦理适应中的孤立无援，伦理共同体依循合作的理念来区分伦理适应中的“他们”或“我们”，而其中最关键的是让更多的充满流动性与异质性的“他们”成为“和而不同”的“我们”。在具体操作层面，我们认为要实现从“他们”到“我们”的过渡，我们要在道德适应进程中找到“他们”与

① 〔美〕弗莱德·R. 多迈尔：《主体性的黄昏》，万俊人译，桂林：广西大学出版社 2013 年版，第 83 页。

“我们”固有伦理认识上的“重叠共识”以及以此为基础的“合作属性”。实际上我们清晰地知道要想在伦理共同体内部的每个细节上都达成普遍一致几乎是不可能的，因为伦理适应的群体间存在特有的风俗习惯与群体特质，而这些特有的群体特质千差万别，甚至不可兼容。这种差异性意味着伦理适应中可能存在千万种伦理，但是倘若我们找到群体间的重叠共识与合作属性，那就只存在一种伦理，即共同体伦理。维度之三是从熟人社会到陌生人社会：新型伦理共同体生成的社会转换机制。从熟人社会到陌生人社会意味着伦理适应中伦理文化背景的转换，伦理共同体的生成由以往的伦理共识转向更多地依赖制度供给，伦理适应行为逻辑趋于理性化。为此，我们一是要优化熟人社会所运行的伦理内化机制，将传统伦理共同体中所蕴含的儒家“仁爱忠孝”、墨家“兼爱非攻”、法家“法制诚信”等理念经过合理提炼后兼收并蓄；二是要注重发挥陌生人社会所隐藏的制度功能，充分体现伦理适应过程中的程序正义；三是要实现熟人伦理与陌生人伦理的无缝对接，使得伦理适应既具备传统伦理的灵活性，又能避免陌生人社会治理体系中伦理责任设置的过度僵化。

二 伦理共同体的断裂

现代性并不是体现在一个点上，而是体现在一些平行衍化的过程中，这一过程会极大提升人的个体主体性，产生伦理适应主体原子化的特征。随着对原子式的主体性的过分强调与其自身的极度张扬，人们固有的共同体属性被人为地遮蔽在伦理适应的过程之中。现代生活越来越趋于碎片化，而个体在与共同体的分离中走向裂变，人的共同体属性的日渐缺失，造成了个体的人无法在纷繁复杂的伦理适应环境中寻求自身的统一，从而导致了伦理适应主体最深沉的生存困境，而这一结果直接导致了原有伦理共同体的断裂。

第一，集体记忆的断裂。“我们越往前追溯历史，个人，从而也是进行生产的个人，就越表现为不独立，从属于一个较大的整体”。[①] 这种未经

① 《马克思恩格斯文集》第 8 卷，北京：人民出版社 2009 年版，第 6 页。

中介的社会关系，在一定程度上导致了个体对共同体万般的依赖，形成了特有的集体记忆，深刻影响着伦理共同体的发展。伦理共同体所保留的集体记忆显然脱离不开费孝通先生所框定的乡土中国的架构，这就是中国特色的小农经济与封建传统社会背景下所形成的社会伦理秩序与文化观念。而伦理共同体所处的外在环境无论是经济形态抑或是社会结构，都与传统伦理环境有着本质区别，可以说是它在集体记忆上与过去的传统社会伦理观念与秩序断裂开来，从而开始一种新的社会记忆建构。

对于伦理适应主体而言，以往朴素的人际交往、习以为常的乡规民俗、古老的村庄设施、有着季节规律的务农经历等，这些承载着文化传统与乡愁情感的社会集体记忆，赋予原有伦理共同体相同的伦理观念、行为范式与文化底蕴，具有心灵抚慰、伦理认同与文化规约的作用。这些记忆不仅通过文字记载加以延续，更重要的是已经深入伦理主体的潜意识中，成为形塑伦理共同体的共识。当伦理共同体处在多元异质的空间领域时，集体记忆以一种建构的方式影响着伦理适应，人们可能会凭借这样的记忆（或经验）来确定自己的行为，建构自己对周围环境的认知。面对陌生的“他者”，当伦理适应参与方找不到行动上的重叠性与观念上的同源性时，集体记忆就会影响伦理适应主体的行为判断，对主体间关系加以定位，实现对伦理适应主体间关系的建构。因此，在伦理适应的现实世界中，我们通常可以看到，来源于同一个村落的迁移居民因为同样的地缘关系与传统习俗而交往频繁，也容易在伦理适应场域取得彼此信任；而那些文化同质部分少更谈不上有集体记忆的伦理适应主体之间的交流，就明显表现出关系的生疏与不信任感。

对于新的伦理共同体生成而言，记忆引导着伦理主体更好地生活，在伦理适应的价值评判上发挥着重要作用。例如，城市迁移人口所处的城乡二元环境与城市过渡地带的定位给他们带来独有的存在方式与生命体验，成为一种社会记忆。而这种社会记忆存在两种取向，一是对城市的不适应感；二是对城乡二元断裂式空间转换的陌生感。而这些记忆通常是集体性的城市迁移人口同质性的身份认同。历史和记忆使得伦理共同体得以重塑，并为伦理主体在城市适应中找到自我、认识他者提供了经验借鉴。同时，我们可以看到，在新的伦理适应环境中广泛存在对庆典、仪式的热衷，这实际上也是留恋集体记忆的体现。这样的集体仪式虽然在一定程度上造成了共同体所处环境的喧嚣，但实则体现的是人们对传统习俗的现实唤醒，是对集体记忆的一种总体性献祭。而这样的集体记忆方式之所以能够“缝合”伦理共同体，其背后显然隐喻着一种人所共知的“伦理适应规则”。同时，伦理适应过程中还存在一个清除过去集体记忆，让时间重新开始的问题，尽管在某种程度上这是伦理共同体进化过程中最难实现的部分。然而，伦理空间的转换让伦理关系急剧流动从而加速了集体记忆的断裂。伦理关系流动的现实意义在于人们远离传统的伦理空间，从存在样态上实现了个体的去传统化，个体意识的觉醒在一定程度上摆脱了集体记忆的遮蔽。伴随着传统力量的逐步退出，个人社会关系网络在伦理适应中显得尤为重要。这种伦理适应需求下的伦理主体交往模式摆脱了以血缘、地缘为基础的家庭、村落的地域限制，人们的伦理交往有了更为广阔的空间，个体化意识作为打破集体记忆的力量深入人们的伦理生活世界之中。

传统伦理总是通过一定的符号来构建伦理共同体独特的集体记忆，人们在伦理适应过程中面临着对原有伦理秩序的符号解构。旧的记忆符号象征的是与传统伦理标准与观念相一致的伦理秩序，更确切地说，这套符号体系是传统伦理生活方式的精神表达与记忆传承。这种符号意义放在当前伦理适应场域显然是不合时宜的，需要融入现代文明的理念来加以改造。集体记忆的形成不是伦理个体记忆的简单叠加，它需要通过大量的伦理主体在特定的时空以特定的行为不断复制与重现共同所需的内容。与此同时。伦理适应实质上也是现代性的一种后果，原有伦理共同体处于多个集体记忆成分并存且互相之间缺乏有机联系而难以形成有机体的社会环境。我们之所以重视集体记忆在伦理适应方面的作用，是因为伦理适应主体的集体记忆作为一种社会建构方式，最终目的是强化伦理主体的身份认同与行为约束，这对于伦理适应的最终实现极为重要。

第二，传统权威的衰落。在当前伦理适应进程中，基于现代文明进入伦理适应空间领域的需要，以往封闭式的传统伦理自治模式已然失去其存在的历史依据。当然，传统权威的影响不会马上因现代性的冲击而不复存在。“父慈，子孝，兄良，弟悌，夫义，妇听，长惠，幼顺，君仁，臣忠”（《礼记·礼运》）等传统伦理对人的伦理适应行为仍有一定影响。传统权威在以往封闭的伦理世界中占据绝对的主导地位，但随着社会开放度的扩大和城市化的加快，价值观念趋向多元化，维系社会稳定与发展的传统权威遭遇巨大冲击。

首先，传统权威的封闭性被打破。相对于以往封闭狭小的生活空间，伦理主体的存在空间日益呈现开放性特质，使得传统权威主导下的伦理规范无法适应变化了的外部环境，也无法发挥原有的作用，更无法附加在原有的伦理权威身上。以目前的中国农村境况为例，一方面，空心村成为目前绝大多数乡村的现实写照，乡村原有的维系生存与发展的能力无法满足伦理主体日趋多元化的需求，传统伦理危机与权威衰落的直接表现是日渐增多的乡村人口流向城市；另一方面，从乡村到城市的伦理主体在“面向他者的适应中”，原有的伦理教化空间存在的物质与心理基础被剥离，传统伦理权威的受体变空了。

其次，传统权威的等级性被打破。在家长制、父权制占绝对主导的传统伦理生活中，愈是经验丰富、年龄偏大、财富多的人就愈具有权威性。但是，在现代生存空间更加开放的条件下，伦理适应主体处于一个相对开放的地缘境况，人们自然没有以往那种强烈的生存恐惧感，相反，伦理适应主体的流动性强，很难让人培养起基于等级的归属感，随遇而安的心态便成为人们伦理生活的常态。特别是网络的兴起让人们的社会化过程呈现多元化的倾向，知识与德性并不构成权威的核心，因为二者都失去了垄断性和独占性，这样，随着传统权威的等级性被逐步打破，人们对传统权威不再畏惧，对维系其伦理生活世界的权威规范也不再无条件遵守。

最后，传统孝道的衰落。传统权威的衰落微观表现在伦理适应场域的每一个家庭中，这就是孝道伦理的衰落。在乡村社会，父母是绝对的权威，而在伦理适应的现代场域中父母的权威不再被神圣化，家庭的功能被学校、工作单位所逐步取代，对父母的遵循之意由于伦理适应途径的多元而日渐消失。这种变化就像是硬币的两面，一方面，父母不再因“父父子子”的传统规约而对子女任意支配，父母与子女之间不再是绝对的服从与被服从关系，而是日趋合理化与平等化。另一方面，父母权威被打破也预示着伦理约束力的一种削弱。年轻的伦理主体从传统家庭的庇护中脱离开来，又随即嵌入新的伦理机制之中，他们大多摒弃了传统孝道伦理的观念，形成了理性化、责权式的孝顺方式，以适应新的伦理生活。

第三，伦理规则的碎片化。传统社会的伦理秩序是一个逐步演化与积淀的过程，其伦理价值的最典型特质在于将思维的最终落脚点或价值的最后归宿，诉诸一种神秘的力量，人们在伦理适应中的行为很难超越“是”与“应当”的伦理指令。换句话说，我国的乡土社会长期是一种“伦理本位”的社会，特别重视通过对礼乐文化的反思达到对伦理的“自省”，强调伦理的自我适应性，努力做到如牟宗三所说的“尽人道之极致，立人伦之型范”①。但是随着现代伦理话语转换，多元的经济运行机制与角色分化解构了传统社会的农业单一化经济模式与务农者的单一角色定位，并直接投射到伦理适应主体的社会心理与伦理行为上，造成其价值取向的复杂化与多元化。这在很大程度上瓦解了传统伦理的承载基础，导致传统伦理观念的一系列变化，而这些变化又以伦理规则碎片化的形式呈现出来。

首先，伦理评价标准的失范。伦理适应活动是在充满流动性、开放性的风险社会中展开的，这对伦理主体提出了更多现实的要求，它归因于伦理动机背后的社会评价标准发生的变化。伦理适应主体的生活场域是一个伦理交往空间逐步走向碎片化的中间地带，社会碎片化深刻地反映在人们的伦理生活世界中，伦理交往的稳定性无法得到保障，人们的社会关系因复杂性而具有疏离感，伦理情感因陌生性而淡漠化。传统伦理标准的现代性迷失一方面让理性的力量（如法律）得以介入，另一方面让人们的伦理交往失去了保护性屏障，伦理适应主体需要花更多的精力与时间去适应这种伦理秩序的转型与伦理标准的变化。

其次，伦理主体价值的迷失。在陌生人社会的“需要体系”中，伦理个体以个人利益最大化为行动取向，但人的利益需求是无止境的，而伦理适应主体间的伦理交往由于各自所需使得其利益索取是有限制的，这必然需要一种公共伦理价值，为个人利益的无限扩张设定必要的边界。随着伦理交往倾向于复杂化、工具化与功利化，物质主义、消费主义覆盖了传统的朴素的价值理念，在伦理主体失去传统伦理价值指引的同时，伦理空间缺少一种强势伦理价值的及时介入，这使得伦理适应主体在道德交往中的

① 牟宗三：《历史哲学》，桂林：广西师范大学出版社 2007 年版，第 83 页。

行为趋向功利化，享乐主义、极端利己主义在伦理适应主体间日益蔓延。有些伦理适应主体在追逐私利的过程中不惜使用违法手段损人利己，这也导致了一些恶性公共事件。在传统宗法伦理解体、现代伦理体系没有完全建立的条件下，伦理适应主体无法抵御市场弊病与不良的社会风气的侵袭，从而导致了伦理共同体断裂危机的出现，在这种断裂中伦理主体已然失去了价值“家园感”。

三　从“自我”到“他者”

个体图景的伦理适应意味着从“自我”到“他者”的主体自觉。现代性将传统的封闭格局打破，中国社会进入了一个“自我—他者”互动竞争的现代语境，这种语境的规约使得伦理共同体的进化必然要在“自我—他者”的适应模式中展开。而在参照“他者”的历程中，伦理共同体进化的伦理情境、时代诉求、表征谱系和文化心理等方面都以个体的经验和探索的方式呈现出了更为复杂的内涵，其中包括了“自我”的解放、“他者”的引入、从“自我”到“他者”等环节因素。

“自我”的解放体现为伦理行为的自觉。人是伦理的载体，也是主体。“故人者，其天地之德，阴阳之交，鬼神之会，五行之秀气也。”《礼记·礼运》同时，人作为伦理主体是能够做到伦理行为上的自觉的：“为仁由己，而由乎人哉?”(《论语·颜渊》)“我欲仁，斯仁至矣。”(《论语·述而》)依此可以看出，对孔子而言，伦理行为上对“仁”的选择，是“愿不愿”，而非“能不能”的问题。自我的需要与感知是伦理适应的个体基础，对于伦理共同体而言，个体是建构共同体的基本单位，每一个个体都展现不一样的“自我”，他们总是以自身内在的行为逻辑与感情意向作为适应行为的参照标准，并以此为基础建立起一种面向“他者”的“对象性”逻辑。伦理共同体的形成离不开这些原子化个体的道义上的共通与共情。然而，伦理适应的现实情况是个体需要总是千差万别，同时个体感知总是因人而异，这使得不同伦理诉求的伦理个体在目标不一致时容易与共同体产生冲突。尽管这样，共同体仍然是人的存在的基本方式，因为一方面，只要个体存在就必然与他人产生关联，与他人共生共在，每个人在自己的联合中并通过这种联合获得自己的自由；另一方面，正是因为他人的存在，以及与他人联结而成的共同体的依附，人们克服了对传统社会中的诸多桎梏，将人从自然束缚中解放出来。故而，我们越来越希望遵从自己的内心，恰如黑格尔所认为的那样："个人从统一的共同体中独立出来，并将其他存在者作为客体加以对待。"① 在道德适应的过程中，我们的一切行为是在演一个成功者还是真正做自己？或者说，我们是否在失去自己的同时更失去了真正的幸福？这是一个值得思考的问题。正是人们有自我解放的需求，人们总是希望在一切领域证实"此在此身"，"他在"是一种现实情况，但未必会是最终依靠，主体性的话题依旧是人们在道德适应中的核心问题。换句话说，在伦理共同体的进化中，到底是"自我"适应"他者"，还是"他者"适应"自我"？是双向适应还是单向适应？这些问题对于伦理适应双方而言都显得极为敏感与重要，因为这既是利益与利益之间的博弈，也是意志与意志之间的较量。退一步讲，倘若"自我"与"他者"在最大期望值上达成共识，那个体就容易对共同体的规则缺乏足够的耐心，尽管这一规则是完全合法理性的。从主观"我在性"来看，"自我"与"他者"相比较而言，在任一适应场域，都会用一种别样的方式觉察到"自我"当前的体验："自我"触碰着、思考着、感受着一切东西。所以很难想象用"他在性"去代替"我在性"去感知这个世界，甚至在伦理适应的过程中用"同一性"去规划千差万别的个体性存在。从这个意义上来看，个人与共同体、"自我"与"他者"变成了现实对立的矛盾的两极，使个人主体性与共同体的统一性之间达到某种平衡。

在传统共同体社会中，自我意识或者说主体性意识在人们休戚相关的共同体中很难被激发出来，因为自我与共同体在很大意义上是基于血缘关系而被牢固地结合在一起。但社会的结构化转型使原有共同体的行为和经验确实为此在的伦理适应行为提供了可以合理地称为"关于我们自己过往"的意识。但是个人能动性的增强逐渐消解了共同体优先的传统观念，自我能否存在完全取决于自我意识流的连续性，如果没有被打断，我们就会继续存在下去，无论适应过程中会发生什么变化，自我经验的连续性都

① 〔德〕黑格尔：《法哲学原理》，范杨、张企泰译，北京：商务印书馆 1961 年版，第 308 页。

成为个体追寻存在意义的一个指征。在伦理适应中，经验的连续性通常表现为我们在日常意识经验中发现的连续性，一个时刻接着一个时刻的连续性。自我对生命的优先体验在伦理适应中意义尤其重大，所以，自我的解放成为伦理适应主体的一种内在要求。这一方面从某种程度上造成了个体与共同体的疏离与紧张，另一方面却让个体从封闭的共同体中解放出来，私人领域与公共领域相分离，个体的自我解放意味着伦理适应主体的行为需要更多地自觉地维护伦理共同体的总体性权威。可见，主体性是“存在于”伦理共同体之中的，而在伦理适应中，我们只有把伦理共同体的进化理解为伦理主体的存在与发展方式，把适应主体与伦理共同体定位为“共生共在”的紧密关系，才能真正实现个体自觉。用阿多诺的话来说：“主体愈能自律地超越于实体王国之上，它就愈是秘密地变成一个客体，因而也就具有讽刺意味地取消了主体的构成性作用。”[①] 这时“自我”与“他者”的区隔显得没那么重要，因为两者最终因为共同体而融合，实现自我价值、他者价值与社会价值的统一，自我的存在价值在这里可以与伦理共同体价值通约，自我的伦理行为符合了共同体的伦理规约，而共同体对自我价值的实现得以肯定与确认。

他者的引入就是作为他者的自身。在伦理适应中，他者作为伦理共同体建构的重要维度是一种客观存在。“在儒家的脉络中，‘礼’与人类沟通的社会视界紧密相关。——由《礼记》所代表的社会视界，不仅是将社会定义为一种基于契约关系之上的对立系统，而是一种强调沟通与协作的信赖社群，作为对这一协同运作有所贡献的成员，每一个人都有义务承认他人的存在并服务于公益。”[②] 伦理共同体的进化必须以他者的引入作为现实依据，这意味着自我在适应伦理生活时具备更多的开放性与包容性。但在伦理适应的现实境况中，我们发现，一方面在伦理接触中“自我”会存在主体中心主义色彩，这要求我们在伦理适应的伦理构建中要强调“他者”，只有我们把对“自我”的关注扩展到“他者”，我们才会从过度关注自我的狭隘视野中抽离出来。另一方面，突然而来的陌生人难免会给我们带来

---

① 转引自〔美〕弗莱德·R. 多迈尔《主体性的黄昏》，万俊人译，桂林：广西大学出版社 2013 年版，第 149 页。

② 杜维明：《何为儒家之道》，北京：中国社会科学出版社 2001 年版，第 184 页。

某种紧张，甚至会带来一种所谓的“伦理恐慌”。而对“他者”的恐惧源于对“他者”的不了解与不信任，因此在伦理适应的伦理话语中我们有必要引入“他者”视野，这也是伦理共同体构建“自我—他者”关系中的重要一环。

人只要在世界上存在，就必然与他者发生联系，个人也只有通过与他者的持续交往，才能真切而具体化地感受到自己的存在与价值。“他者”对“自我”而言不可或缺，“自我”不可避免地存在于“他者”的参照系中，因为“自我”的身份认知正是由于“他者”的存在，双方互相依赖。黑格尔曾在《精神现象学》中将“他者”概念主题化，他通过对奴隶主与奴隶之间关系的辨析，阐释了“自我”与“他者”之间的辩证关系。在这种“主奴”辩证法的论证中他指出：“奴隶主身份的获得在于奴隶的认可，或者说没有他者，自我无法证实其存在，他者是自我认识世界与证实自己的路径。”[①] 其实，“自我”与“他者”的关系不是基于某种利益需求的契约关系，而是在于“自我”的某种伦理的冲动。为了抵御主体极度自我化的缺陷，要把主体自我视为“他者”，将“他者”的视野纳入对“自我”的考察之中。

从“自我”到“他者”形成伦理共同体的主体建构。无论是“自我”还是“他者”，作为共同体的组成人员，依赖于共同体而获得自己的生存、发展空间，而共同体的意志和原则是伦理主体及其适应行为的最高伦理价值要求。“自我”在变化的伦理空间中想要争取更大的生存与发展空间，有必要与“他者”通过彼此间共通的方式给予相互认同、彼此接纳，以构建“共同的圈子”。这种圈子“具有某种类特征的存在，也就是处于某种共性关系之中的存在”[②]。而这种相似特征或共性所在并不会自然而然地成为共同体的外在形式，它需要通过“自我”的认同与“他者”的接纳的方式体现在人的共同体的形式之中。当然在这一过程中，个体需要部分放弃自己的独特个性，以共同体的利益为唯一取向，而这一取向具有一定的封闭性与排他性。这种封闭性体现在共同体对与其伦理价值相背离的人或事

① 张剑：《西方文论关键词：他者》，《外国文学》2011 年第 1 期。

② 郭湛：《主体性哲学——人的存在及其意义》，昆明：云南人民出版社 2002 年版，第 192 页。

物的排斥，间接抬高了伦理适应主体进入共同体的门槛，不具备与之相适应的伦理价值与特定共通性的伦理主体往往会被排斥在外面。正是通过这样的排他性取舍，不同的封闭性群体，将他者排斥在共同体所认同的圈子外，与共同体利益相悖的群体或个人被原则性地漠视，于是在传统社会形成了“家园共同体”，“自我”与“他者”由此分别开来。传统的伦理价值更多地体现于这种充满着共性的共同体之中，而对待他者，共同体更多地使用“弱肉强食的丛林法则”，这种处事逻辑在传统社会的日常生活中体现得淋漓尽致。人们生活在“阡陌交通，鸡犬相闻”的有限的封闭空间，彼此浸染着共同体所倡导的价值理念，要想在这一伦理空间中过得更好，必须遵守共同体的伦理规范，必须学会分清谁是自己人，谁又是他人。

然而，时代是变化的，就像时间永远不会凝结在一刻上，传统社会对“自我”“他者”的态度认知不能从实质上促进共同体的发展。在现代风险社会，共同体的进化究竟取决于什么？这是伦理适应理论研究者所必须关注的话题。因为“自我”与“他者”的伦理适应不是一种历史的陈迹，而是一种过去已经发生、现在正在发生、未来还会发生的伦理行为。我们认为，基于伦理适应的可持续性与普遍性，作为伦理适应过程中出现的可行性方案，伦理共同体的进化是一种必然，而这种必然包含了两种特性：一是确定性；二是自由。然而，“确定性与自由之间的争执，因而还有共同体与个体之间的争执，永远也不可能解决”。[①] 伦理共同体本身所蕴含的这种确定性与主体自由之间的内在矛盾说明人的存在的不完善性。正如雅斯贝斯所言：“人的生活，无论对于个人还是对于一般共同体来说，都只可能是历史的命运，只可能是技术成就、经济事业和政治法令的难以预测的过程。”[②] 正是基于此，在经济全球化与技术现代化的今天，我们需要借助世界哲学思维的范式，以构建一个真正以人的现实生活出发的共同体，这个共同体意味着“生活本身，是物质生活和精神生活、人的道德、人的活动、人的享

---

① 〔英〕齐格蒙特·鲍曼：《共同体》，欧阳景根译，南京：江苏人民出版社 2003 年版，第 7 页。

② 〔德〕卡尔·雅斯贝斯：《时代的精神状况》，王德峰译，上海：上海译文出版社 2005 年版，第 36 页。

受、人的本质"[①]。伦理共同体需要进化为一个真正能实现人的全面自由发展的共同体，这个共同体意味着"自我"和"他者"在自己的联合中获得真正的自由与自我实现。

四 新型伦理共同体生成的关系构成

群体图景的伦理适应意味着从"他们"到"我们"的伦理关系衍化。通过从个体维度的探讨，我们发现"自我"与"他者"在伦理接触中承受着适应所带来的紧张，并试图寻求伦理适应的融合之道。更重要的是，伦理适应的理论研究仅仅停留在个体维度是不够的，个体伦理行为倾向于"自主"，而群体伦理行为则需要在一定"秩序"下沉淀成某种稳定的行为特质。或者说，个人的认同和属性是由他所在的群体所决定的。在麦金太尔看来，个体的善与群体的善从某种程度上来说是同一的，因为个体会基于共同的善而形成价值共同体，也会由于共同享有的边界而形成政治共同体。同时，需要说明的是，在伦理接触中我们只有通过探寻个体伦理交往的具象场景或某些叙事细节才能更好地信任、适应。伦理适应需要叙事，需要叙事建立起码的对社会事实的共识，而个体的伦理叙事往往与群体叙事同时发生，群体叙事为个体叙事提供了共同感知、共同想象的集体记忆。因此，只有在群体的视角中才能理解个体，因为群体规定了这些叙事的边界、细则与文化属性。

其一，我们和他们是群体适应的接触样态。"我们"与"他们"之间的群体接触存在某种伦理张力，它通过不断调整、重塑，形成非正式的互动关系，并将这种关系标识为"伦理共同体"。群体内部人员将共同体中的人视为"我们"而不是"他们"。在伦理适应中，这通常是一种伦理交往的有效方式，人们通过这样的"贴标签"的方式将伦理主体归类。用亨利·泰弗尔的话来说："我们归类：我们发现将人，包括我们自己，归入各种类别是很有用的。在表述其他人时给他们贴标签，不失为一种简略的方法。我们将自己与特定群体、我们的内群体联系起来，并以此

① 《马克思恩格斯全集》第3卷，北京：人民出版社2002年版，第394页。

获得自尊。”[①] 但是，我们需要考量的是，倘若不同群体之间的伦理共识只是很少的一部分，甚至群体间存在某种观念上的冲突，那么在这样的群体伦理接触中“我们”应该如何对待“他们”的伦理？这是伦理适应中伦理共同体所必须面对的问题，因为异质性总是存在的，哪怕是在共同体内部，即便个体间由于伦理规约的需要存在某些相似的地方，但是谁也不是谁的模仿者，差异性总存在。从某种程度上说，不同群体间伦理接触的目的不是发现他们都有相同的终极价值观，而是要在其区隔化的道德中找寻某种一致性。“我们”与“他们”在伦理适应的场域中必然相遇，在伦理接触中彼此发现伦理上存在某种伦理共识，但这种共识所涉及的不是共同体的所有伦理，而仅仅是其中的一部分，良好的伦理接触的要义在于珍视这部分“最少的伦理”，以此为基点“我们”重新认识“他们”。这种“最少的伦理”具有伦理适应上的普遍意义，显然要区隔于爱情上主张的“最多的伦理”——一种特殊主义或最多主义。

通常来说，群体接触的结果通常存在两种倾向。一类是接触后趋于认同的情形。群体间的伦理认同会成为共同体形成的力量源泉，这既提升了群体成员的伦理自信，也提升了群体的凝聚力与向心力。对群体间关系的认定往往具有伦理学意义上的马太效应，即倘若“我们”对“他们”处于一种伦理认同的状态，那么“我们”会与“他们”融合交汇，形成新的“我们”，或者说是新的伦理共同体；相反，如果“我们”与“他们”的伦理规范相悖，新的伦理共同体则难以得到重塑，但这并不意味着这是件糟糕的事情，只不过经过群体接触后，“我们”与“他们”不能进行持久而真正的共同生活罢了，但这并不影响“我们”与“他们”成为独自的聚合共同体。另一类是接触后产生冲突的情形。我们清晰知道冲突是伦理适应过程中的一种常见形式，完全协调一致的伦理关系是理想化的，是没有生命力的。这一方面加强了伦理主体间适应的价值诉求，另一方面推进了伦理主体的发展。对于社会上的群体而言，分离是一种常态，他们像在共同体里一样，以和平的方式相互共处地生活和居住在一起，但是，他们基

---

① 转引自〔美〕戴维·迈尔斯《社会心理学》，侯玉波等译，北京：人民邮电出版社 2006 年版，第 257 页。

本上不是结合在一起，而是分离的。当然群体接触产生冲突不仅仅带来了分离，更多的是带来了群体间利益的损耗。“在共同体里，尽管有种种分离，仍然保持着结合，在社会里，尽管有种种的结合，仍然保持着分离。”① 值得注意的是，我们不能因为冲突带来损耗而武断地认定在群体接触中冲突等同于不好的结果，很多群体间的关系可能因为冲突这种极端情形的推动而加深彼此的理解，从而达到更深层次的认同。在伦理适应的群体接触研究中，群体接触行为既是一种主观上的需要，也“镶嵌”在伦理共同体互动网络之中，受到伦理规范的制约，于是群体在伦理交往互动中被塑造或重塑，伦理共同体或因冲突而保持原样，或因认同而形成新的共同体。

其二，突然与释然构成共同体在伦理适应中的双重变奏。依据存在的不确定性原则，人们从出生开始就有较强的从伦理适应环境中抽取意义和资源的动机，整个社会伦理环境的安排就是为了向他们提供可以用来把握和使用的意义和资源。为此，个体根据某种特定的文化倾向而形成“文化定位”，并依此形成特定的共同体。然而，共同体在伦理适应中总会因相关共同体的“闯入”而遭遇“从突然到释然”的心理活动的演变。

不同共同体的相遇是必然的，但特定的共同体间的遭遇则是偶然的，这让两个毫无瓜葛的共同体的伦理适应存在未知性，或者说两个共同体的突然遭遇加大了“我们”与“他们”之间的理解难度。大多数伦理适应行为的意义并不能仅仅由行为本身证明，假设“我”距离“你”很近，不小心碰了“你”一下，在一类共同体的伦理逻辑中这被认为是一种亲近行为，在另一类共同体的伦理逻辑中很可能被认为是一种有目的的侵犯。同样，即便如“我对你微笑”这种通常性的举动，别人也可以依赖不同的伦理情境线索将这种通识性行为解释为开玩笑、嘲讽或是不怀好意。共同体所赖以存在的伦理逻辑定义行为模式，文化背景提供这些行为模式的意义。而要化解这种“突然”的伦理适应心理感受，一个共同体，同其他的共同体一样，只有在有证据表明该共同体内部成员以相对一样的方式解释他们周遭的事物时，两个遭遇的共同体才会在彼此适应中走向融合。

然而，走向“释然”是共同体间伦理适应较好的结果取向。依据意图

① 〔德〕滕尼斯：《共同体与社会》，林荣远译，北京：商务印书馆 1999 年版，第 203 页。

性世界的原则，“你们”与“我们”互为主体和客体，而主体和客体不能被分析为独立变量和相依变量。对它们的认定是相互依存的，在假想的对比中，如果不从一方中借取具体的规定，另一方自身也无法定义。因而，在伦理适应中，人们总是存在自相矛盾的心理。人既无法忍受与别人相同，同样也无法忍受与别人不同。人如果与别人一样的话，就要追求与众不同，反之，又要求同化，人被两种欲望所分裂。一旦欲望开始活动，其终点无疑是消除差异。因此，当共同体间的伦理适应在“你们”与“我们”间发生时，如果大家在解释世界的时候存在某种相似性，并且这样的相似之处不可胜数，那就可以说“你们”与“我们”有更多的“共生共在”的可能了。其实，我们在伦理适应中下意识的打算暗含了一种默认给惯性行为制定方向的行动原理，在共同体间的伦理交往中，行动者的即兴发挥既是主观的，又是有章可循的。当这种伦理适应行为暗合了“你们”与“我们”之间伦理规则的同一性，融合交往便具有了可能性，“释然”便成为一种“理所当然”。

其三，从“他们”到“我们”是伦理共同体的关系构成的生成过程。伦理共同体生成的关系构成植根于“我们”与“他们”所隶属的群体，尽管在对待其他群体的态度上“我们”存在某些刻板印象，但这对伦理适应中“我们”与“他们”之间的关系处理具有指导意义。当然不可否认，与相反的证据抵触可能会造成偏见，我们甚至不清楚某些成员是否对“他者”持有不可置疑与不可改变的拒绝态度，我们有时候说个体因为伦理适应而接受了某种教化，但从这个意义上来说，最好是从群体关系的角度给予互为异质性的伦理主体以定义。群体是达到某种共同的善而组成的关系或团体，群体存在的最终价值在于达到某种善。不管是“我们”还是“他们”，都是在追寻某种共同善的实现，而其中最有效率的是寻求从“他们”到“我们”的关系链路径。

从“他们”到“我们”，伦理共同体的生成与进化首先要克服地域性。传统伦理共同体的一切伦理关系都发生在“地域”中，“祭祀同福，死丧同恤，祸灾共之。人与人相畴，家与家同畴，世同居，少同游”。(《国语·齐语》这样一种稳定而封闭的伦理生活状态，使得伦理关系的流动局限在“地域”中，“民不越乡而交，无百里之戚。……治之至也”(《韩非子·有度》)。当人们提到共同体时，人们最先想到的往往是自己“因何而聚，何地而聚”，“老乡见老乡两眼泪汪汪”“老乡会”等都是共同体情结在伦理适应中的深刻表达。地理意义上的共同体联结以个人出生和成长的所在地为核心要素。人们在共同体范畴内熟悉的地域中往往“出入相友，守望相助，疾病相扶持”。(《孟子·滕文公上》)对个人的认同影响最大的社群通常是地理意义上的社区，尤其是生于斯长于斯的家乡，因而克服地域性是共同体在伦理适应中首要的考量。

从“他们”到“我们”，伦理共同体的生成与进化其次要克服记忆性。伦理共同体赖以存在的基础是拥有共同的悠久历史，共同的传统甚至可以追溯到数代人之前。由于原有共同体拥有共同的历史经验，对未来的预期以及由此产生的行为也趋于一致。这样的记忆性群体对共同体的进化起着两方面的作用。一方面，他们因共同记忆而依循着固有的伦理传统，这直接为共同体成员的生活提供了价值溯源与叙述性统一，这种特殊的伦理传统深深烙印在共同体成员的共同记忆和期望之中。如果丧失了这部分记忆，中断了这部分伦理传统，那么他们在现实伦理适应中就因缺乏共同经验而茫然不知所措，也会因失去归属感而变得焦虑。另一方面，他们因共同记忆而独立于其他共同体之外，伦理信任的来源基于共同记忆，而这无形中阻断了与其他共同体形成新的共同记忆的机会。因此，“我们”要与“他们”一起构建新的共同记忆，这样大家就不会沉迷于过往的记忆而难以融合。

从“他们”到“我们”，伦理共同体的生成与进化还要克服心理惯性。伦理共同体从心理层面来讲是指在伦理适应中基于共同的经历而形成的共同心理体验。在伦理诉求上他们往往追求共同的善，这样的共同体基于彼此不间断的多次交往，人们越来越多地在公共空间中展开分工协作，人们伦理交往的基础更多是熟人社会视野下的信任、合作。因此，伦理共同体的生成与进化要突破这种心理惯性，因为陌生人存在的场景愈发常见，我们要与他者在共同目标的基础上展开合作，因合作而产生信任。在伦理适应中短视且排他的利己主义行为是致命的，所以不同共同体要在理性判断交往情形下保持彼此信任的心理状态。“农民工”难以真正融入城市不能不与“城里人”对农民的习惯性歧视心理有关。

五　背景转换：陌生人社会的伦理

社会图景的伦理适应意味着从熟人社会到陌生人社会的背景转换。马克思曾指出，“人的本质不是单个人所固有的抽象物，在其现实性上，它是一切社会关系的总和”。[①] 我们在伦理适应过程中总会存在这样或那样的问题，但在所有亟待解决的问题中，人的共生共在是一个最为基础的元问题。值得注意的是，群体伦理适应状况与其所在的社会文化语境有着密切关联。随着熟人社会向陌生人社会的过渡，人们的伦理适应状况呈现出前所未有的复杂性与不确定性。从社会建构的角度看，熟人社会框定下的伦理共同体建构是在同一性、普遍性的原则下进行的，而陌生人社会的到来打破了原有封闭、权威的社会体系。伦理适应成为新的道德要义、文化价值与适应行为标准的整合系统，使得特定的伦理共同体需要理解新的社会伦理规范，分享共同的价值理念，确认彼此的合作关系。在熟人社会体系下，人的共同行动所采取的是一种合作模式，当陌生人社会让文化意义体系如屏障般将“非我族类”的共同体疏离开来时，伦理共同体需要由合作共同体进化到命运共同体。或者说，要解决陌生人社会的伦理适应问题，需要去建构一种超越血缘、地缘、利益的“同呼吸、共命运”的命运共同体模式。

首先，熟人与陌生人形成伦理适应中的他者映射。费孝通先生在《乡土中国》中首次提出熟人社会的概念，在他看来，“乡土社会在地方性的限制下成了生于斯、长于斯的社会……这是一个熟悉的社会，没有陌生人的社会”。“人与人之间的关系就像石头丢入水中，在水面形成的一圈一圈的波纹，被波纹所推及的就产生关系。”[②] 而在熟人社会，伦理主体的流动性小且伦理主体长期生活在一起，人们以血缘、地缘为基础，从熟悉中获得了较高的信任度与安全感。可以说，在熟人社会，伦理主体的交往更多地基于习惯而不是适应，因为适应意味着要有陌生的他者的存在。

① 《马克思恩格斯选集》第 1 卷，北京：人民出版社 2012 年版，第 139 页。

② 费孝通：《乡土中国》，北京：人民出版社 2008 年版，第 6 页。

而随着社会转型与时代进步，人们因为发展的需要，走出了习惯场域，伦理交往面对的多数是陌生人。美国著名法学家劳伦斯·弗里德曼在《美国法简史》中首次提出陌生人社会的理念，他指出：“我们打开包装和罐子吃下陌生人在遥远的地方制造和加工的食品；我们不知道这些加工者的名字或者他们的任何情况。我们搬进陌生人……建造的房子。我们生活中的很多时间是被‘锁’在危险的、飞快运转的机器里面……因此我们的生活也掌握在那些制造和运转机器的陌生人手中。”[①] 我们的生活不仅仅是同近在咫尺的熟人发生联系，也同远在天边的陌生人息息相关。相对于熟人社会用情理去约束人，陌生人社会更多地用法理去规范人的伦理行为。

正是因为人们所处的伦理环境产生了质的转变，原有靠熟人联结而成的伦理共同体式微，然而面对陌生人社会，新的伦理共同体尚未完全建立起来。正如鲍曼所说：“我们时代的‘道德议程’充满了过去时代的伦理学家几乎没有或者根本没有接触到的题目，因为它们没有被清楚地表达为人类经验的一部分。”[②] 在充溢着不确定性的陌生人社会，适应主体要真正走出伦理责任的黄昏，伦理共同体必须回到伦理责任的原初场景，追寻伦理责任的生成要义。实际上，熟人与陌生人的区隔伦理是主体在不同环境适应中的他者映射，在陌生人社会中，伦理共同体的进化需要构建“为了他者”的伦理，在伦理适应中需要主要做到以下三点。一是“为了他者而存在”。由于伦理行为只有在共同存在、在“与他人相处”的背景下，也就是一种社交的背景下才可以想象，这意味着伦理原初背景的还原，人与人之间的伦理关系是简单明晰的。二是“与他者平等相处”。不论是合作共同体抑或是命运共同体，都要求共同体内部实现“去等级化”。应当指出的是，在等级森严的制度框架中，互相信赖的合作是一种无法实现的“乌托邦”。所以，平等成为共同体行动的基础和前提。三是“为他者负责”。这意味着一种纯粹的伦理责任，它并不依

① 〔美〕弗里德曼：《选择的共和国：法律、权威与文化》，高鸿钧等译，北京：清华大学出版社2005年版，第86页。

② 〔英〕齐格蒙特·鲍曼：《后现代伦理学》，张成岗译，南京：江苏人民出版社2002年版，第1页。

赖对客体性质的预先了解，也不依赖延伸至客体的有所图谋的意图。在伦理共同体的伦理要义中，伦理主体不是寻求一种基础的他律性的伦理，而是要获得一种升华了的自律性的道德，伦理成为伦理主体的个人事项，而与他者无关。“我”在为他者，而不管他者是否在为“我”，可以说，“他为我”是他的问题，他是否为我或者他怎样处理这个问题一点儿也不影响“我为他”。

其次，“熔炉”与“色拉拼盘”是伦理共同体生成的文化差异。文化作为描述人的道德行为的一种方式，文化的差异及其历史边界与伦理共同体的生成与进化息息相关。伦理共同体的生成基于文化差异的不连续性这一基本假设，换句话说，在伦理适应中，既存在本质上分享共同文化的共同体，也存在自成一体的“他者文化”的共同体。伦理共同体的生成不是简单依赖于频繁接触他者的流动性，而是必须包含排斥与包容的伦理适应过程。在以陌生人社会为主要背景下的伦理适应进程中，伦理共同体的生成主要从两种阐释意向入手。其一是熔炉式的同化论。自从芝加哥学派兴起以后，理论研究者习惯于用“同化”或者“文化适应”这些学术词汇来解读不同群体间的“接触”现象。实质上，这种所谓的“接触”可能是指共同体在一定国度内的共生共在，一是指地域层面上的空间关系，二是指社会人际交往层面上的相互接触。而熔炉（melting pot）一词被广为使用是在1909年美国作家伊斯雷尔·赞格威尔的话剧《熔炉》上演以后，在移民大量涌入美国时他们经常被这样一种“政治正确”来教导，那就是渐进地放弃自己的源文化，而代之以美国文化，进而成为一个拥有所谓“共同文化”的美国人的身份。移民在这一迁移与适应过程中就像进了“熔炉”，适应的结果就是移民失去了原有的文化特质而被完全同化，成为新的共同体的一部分。熔炉论实质是一种渐进的同化政策，强势文化或主流社会拥有话语权与主导权，而弱势文化的延续性中断，这意味着文化异质性与多元化的丧失，“一种声音，一种文化”在一定程度上减少了文化差异而造成冲突的风险，但由此造成的少数族群特征的消失也是不容忽视的。其二是色拉拼盘式的文化多元主义。多元的文化族群就像“色拉拼盘”（salad-bowl），在这个多元荟萃的拼盘中，作为部分的异质元素不是抛弃其固有的文化特质而是保留其各自的唯一性，同时，作为整体的这道

“菜”又别具风格。文化多元主义的提出是为了应对熔炉论的同化压力，美国犹太裔社会思想家霍勒斯·卡伦在《民主对熔炉》一书中明确表示反对用同化的手段将移民“美国化”，最合理的社会是保留文化的多样性与异质性。他认为简单的同化政策粗暴地剥夺了移民生理抑或是心理的继承性，之后他在《美国的文化与民主》一书中提出了“文化多元主义”一词。

就陌生人社会下的伦理适应而言，新型伦理共同体的建构应该跳出“熔炉”与“色拉拼盘”的二元分析框架。因为不管是同化论，还是多元文化主义，在共同体建构中都不是一个简单而绝对的选择。我们只是希望在两种分析框架角力的过程中，找寻一个兼收并蓄的理想方案，然而事实上，文化的差异反映了人们对不断变化的伦理环境的持续适应过程，伦理共同体的生成并不依赖于社会互动与认可的缺失，恰恰相反，多元文化的区分往往成为相互交织的共同体得以建立的基础。一方面，善的伦理共同体形态需要实现群体间的融合，但是文化的异质性或者习俗的传承性会使某些群体身份定格。共同体内部成员的自我认知局限，造成了对其他群体的排斥，从而损害了共同体的善。另一方面，多元主义的伦理适应需要国家力量的强势支撑，在多种叙事体系相继登场并以此展示自己的话语权时，我们需要一种理性而强大的力量来协调多元主义所带来的多元利益的冲突，否则社会就容易陷入“人人皆为敌”的“霍布斯状态”。就现实而言，伦理共同体的伦理适应策略是社会环境影响下，双方文化适应取向共同作用的结果。诚然，本地共同体伦理规范与流动共同体的伦理适应行为往往不能完全重合，但是当双方伦理意向趋于一致时，两者融合成同一伦理共同体则成为大概率事件。因而，伦理共同体的生成要具备足够的“文化弹性”，要同时为熔炉论与色拉拼盘论留下适应的弹性空间，因为如果说“同化”是一种社会融入的理性设计，那么“和而不同”就是伦理适应的现实方案。

最后，从合作共同体到命运共同体是伦理共同体生成的实现路径。合作共同体是协作共同体的进阶。“合作社会中的所有社会成员将成为独立的和自主的行动者，是真正不受任何异化困扰的行动者，人们因为是自由的而能够在多样化的组织形态中找到自己发挥才智的位置，人们因为是真正平等的而能够自由的展开行动。因而，人们能够用自己自由自觉的行动去履行他们对社会的责任，能够通过自主的对话和协商去谋求社会共识，能够通过为公共利益的实现所做出的贡献去增进合作社会中的和谐秩序。”① 而命运共同体区别于城邦优先于个体的“城邦共同体”，以血缘、地缘、宗教为基础的“精神共同体”，基于人民权利的“世界共同体”，以及因风险而产生合作的“合作共同体”，是一种超越血缘、地缘、利益的意义共同体。党的十八大报告首次提出“人类命运共同体”的新理念。这种新理念从全球视野探讨“自我”与“他者”之间共在的可能性，强调同一个地球，同一个世界，人类命运休戚相关，是一个相互依存的共同体。我们认为伦理共同体的生成需要“不忘本来，协商外来，面向未来”。作为合作共同体的进阶形态，人类命运共同体的实现要在伦理适应中做到三点。第一，要超越血缘伦理观念。人类命运共同体理念包含的一个重要思想就是，共同体的建构视野要超越以血缘为基础，以家族、宗祠为符号象征的封建人伦，要理性看待人伦亲情，要超越家庭种族，倡导对话协商、共建共享、合作共赢，在伦理交往中“承认他者、尊重他者”。第二，要超越地缘伦理观念。我们注意到伦理适应的一个显著特点在于伦理空间场域所呈现出的大规模人口流动以及由此带来的伦理接触，人们越来越多地从原有地域中脱离出来，进入一种吉登斯所谓的“脱域状态”。我们要超越地缘，也不能陷入地缘优越论，正如国家主席习近平在第七十届联合国大会一般性辩论时指出的：“不同文明凝聚着不同民族的智慧和贡献，没有高低之别，更无优劣之分。文明之间要对话，不要排斥；要交流，不要取代。人类历史就是一幅不同文明相互交流、互鉴、融合的宏伟画卷。”② 第三，要超越狭隘的利益伦理观念。然而随着时代的发展，我们觉得这样的利益观或者说发展观未免狭隘，新的时代需要新的共同体发展观。伦理共同体的生存与进化需要共同体拥有容纳天下百川的胸怀。要尽快从相“加”阶段迈向相“融”阶段，从“你是你，我是我”，变成“你中有我，我中有你”，进而变成“你就是我，我就是你”。而我们

① 张康之：《走向合作的社会》，北京：中国人民大学出版社 2015 年版，第 153~154 页。

② 《习近平外交演讲集》第 1 卷，北京：中央文献出版社 2022 年版，第 289 页。

所说的新型伦理共同体的生成要超越利益伦理观念不是指对利益的忽视，而是说伦理共同体的发展不要局限于利益，而是要超越“为我们”还是“为他们”的主体局限，不再执着于各自短期利益的认知局限，提倡一种超越利益的公共精神，这种公共精神就是伦理共同体的灵魂，就是要时刻关注人类自身共生、共在、共存、共赢的“命运”，从而最终实现人类命运共同体的构建，实现世界大同。

第五部分

摄养论

提示语：存在而生用，用而有养。于伦理而言，不但有自养，而且有摄养。摄养既有互养之义，更有统摄之功。特别是在社会变迁加快的历史进程中，伦理具备从整体上观照世界之流变的功用。换言之，社会的加速发展，伦理可以提供“润滑油”，也可提供“制动器”。伦理不是一种固定、僵死的存在，会随同社会历史的步伐而嬗变。这种嬗变不是单一的、直接的线性进步，而是呈多因素、多面向、多主体的伦理适应过程。伦理也不是纸上的规则和嘴上的教条，其真正的生命力在于对现实问题的关切。由于中国社会的双重转型，不但面临由传统社会向现代社会转变带来的风险，而且要遭遇由工业社会向后工业社会转型的不确定性。要构建风险社会的伦理秩序，其基础性的工作是建立良好的社会交换秩序并使之法治化。问题在于，中国的现代化是一种与西方现代化不同的现代化，其策略是实施“五位一体”总体布局，其伦理目标是实现人的自由而全面的发展。这中国式现代化必然催生出一种新的文明形态并呈伦理复杂性。人类文明新形态的伦理复杂性体现为伦理价值与文明如何联结、由社会结构要素产生的多种文明之间如何联结、多元治理时代伦理主体之间如何联结等问题。但如果我们跳出中国看中国，把中国问题置于人类命运共同体的视野中，也许更能识得“真面目”。构建人类命运共同体理念是解决国家间伦理问题的中国智慧，就是建立和谐世界，这就需要世界主义视角。世界主义相信所有人都有责任改善并丰富人类的总体人性，认为人类是一个种群意义上的整体，是一种原子式的构成，其中的个体皆为世界公民，他们从属同一个伦理共同体。

第二十一章　风险社会的伦理秩序*

一定社会的伦理秩序追求社会的稳定性，而我们现在面临的社会是一个风险社会，即社会的政治、经济和个人往往会越来越多地避开传统工业社会中的监督制度和保护制度而呈现出前所未有的不确定性，由此出现了以不确定性为基础的风险社会与以确定性为基础的现代伦理秩序之间的内在紧张。如何有效协调社会发展中的确定性与不确定性，规避现代伦理秩序建立过程中的风险，创造现代伦理文明，是我们应当思考的重要问题，也是当代伦理学的重要使命。特别是当代中国处于重要历史转型时期，这种转型是以从传统到现代同时又是现代向后现代（后工业社会）的双重转型为特点的。因此，必须建立一种适应这种社会双重转型的伦理秩序，作为确保中国现代化实现的条件之一。

一　风险社会：无法回避的境遇

德国著名社会学家 U. 贝克（U. Beck）所写的《风险社会》，是一部“朝向一种新的现代性”的社会学著作，被认为是 20 世纪末欧洲最有影响力的社会分析著作之一。在书中，贝克关注的是工业社会的“反身性现代化”（reflexive modernization）。他从两个角度给予说明：一是“以财富和风险生产为例讨论反身性现代化的连续性和非连续性的混杂”；二是“工业社会中蕴含的现代性和反现代性（modernity and counter modernity）的内在矛盾”。[1] 虽然贝克是在以家庭婚姻、性别身份作为个人生活方式的层面来

---

* 本章内容在我的《现代德治论》中已经使用，此次收入本书，做了大量修改，特别是增加了社会双重转型的视角。

① U. Beck, *The Risk Society*, London: Sage, 1992, pp. 12-13.

说明反身性现代化的，但是从另一角度理解，贝克书中所聚焦的两个核心概念“反身性现代化”和“风险问题”[①]，也在这一层面体现和展示出来。贝克尤其强调工业社会中的个体化（individualization）倾向，它导致了个人生活、性别身份、婚姻家庭在个体化浪潮中被重新定义，同时，变化了的社会又给个体带来新的危机和风险。“风险问题”是贯穿于《风险社会》始终的一个核心概念，而“个体化”则是在贝克分析个人生活方式这一层面凸显出来的，是“反身性现代化”的一种表现，它带来了新的“风险问题”。在贝克成名之前，即《风险社会》一书出版以前，他主要从事关于工业和家庭方面的研究。对于他来说，反身性现代化的特征也发生在这些领域。反身性现代化掀起个体化的浪潮，它消解了工业社会的传统变量：阶级文化和共识、性别和家庭角色。个体化促使新的社会形成不同的结构和变迁，使阶级的社会认同的区分失去了原有的重要性；但社会不平等并没有消失，而是在社会风险的个体化趋势中被重新定义；不同的群体和团体依据特定的利害关系问题和情境，建立或解散临时的联盟；而社会的长久冲突将体现在先赋的特征之上，如种族、肤色、性别、民族、年龄、同性恋、身体残疾等。[②]

由农业社会向工业社会的转变是现代化的起点或契机。西方现代化所走过的道路表明，以工业社会为标志的现代化本身具有无法克服的内在矛盾，即以自我为中心的社会决策产生的种种威胁作为“残留风险”不断增殖并被“合法化”。但是随着时间的推移，工业社会的危险开始支配公共生活尤其是政治生活，工业社会的制度成为其自身不可控威胁的生产者和授权者，此时，工业社会的某些主要特征本身就成了社会的政治问题（如政治民主化问题、司法制度问题）。这种潜在的、不受欢迎的社会风险，一旦格局化和规模化，就是风险社会。风险社会的格局的产生是由于工业社会的自信（众人都向往经济利益的最大化，都追求经济的无限增长，对自然资源无节制利用等）主导着人们的思想和行动。

作为一种社会理论和文化诊断，风险社会概念的提出确实有它特殊的

---

① Lash&Wynne 在《风险社会》英文版序言中认为，该书包含的两个相互联系的核心主题是“反身性现代化”和“风险问题”。

② U. Beck, *The Risk Society*, London: Sage, 1992, pp. 100-101.

意义，因为现代社会的发展并非一个“一往无前”的问题，同时存在一个自我限制问题：“只要现代社会不发生变化、不对其自身影响进行反思并我行我素地继续执行同一种政策，那么现代社会便会对抗其自身模式的基础和极限。”①

英国社会学家吉登斯概括了这样一幅现代性的“风险景象”：“一、高强度意义上风险的全球化，例如，核战争构成的对人类生存的威胁。二、突发事件不断增长意义上的风险的全球化，这些事件影响着每一个人（或至少生活在我们这个星球上的多数人），如全球化劳动分工的变化。三、来自人化环境或社会化自然的风险，人类的知识进入到物质环境。四、影响着千百万人生活机会的制度化风险环境的发展，例如，投资市场。五、风险意识本身作为风险，风险中的‘知识鸿沟’不可能被宗教或巫术转变为‘确定性’。六、分布趋于均匀的风险意识，我们共同面对的许多危险已为广大的公众所了解。七、对专业知识局限性的意识，就采用专家原则的后果来看，没有任何一种专家系统能够称为全能的专家。”② 概而言之，风险社会的基本特征是不确定性、不可预测性和“不应当怎样”的文化指令；而稳定社会的特点则是确定性、可预测性和“应当怎样”的文化指令。风险社会在现代化过程中的潜在形成，已成为一个不争的事实，并且在社会治理与伦理变革方面带来了新的参照。

首先是现代化的自反性。现代工业社会是建立在对自然资源的无限制开发与利用基础之上的，也就是说，现代化是一个自然资源不断耗尽的过程。如果有一天自然资源全部消耗尽，那么，现代化的根基在哪里？如果不充分利用自然资源，又怎么可能有丰富的物质生活？所以现代化本身就是一个矛盾，即现代化的基础与现代化的后果无法相容。现代经济主义、物质主义、技术主义把社会推到了风险的顶峰。现代西方发达国家并不谋求经济的飞速增长，有时甚至要放慢经济增长的步伐，主要是为了减少社会风险。这种资源依赖型现代化在发展中国家正遇到前所未有的困境，突

---

① 〔德〕乌尔里希·贝克等：《自反性现代化：现代社会秩序中的政治、传统与美学》，赵文书译，北京：商务印书馆 2001 年版，第 11 页。

② 〔英〕安东尼·吉登斯：《现代性的后果》，田禾译，上海：译林出版社 2011 年版，第 17~18 页。

破这种自反性现代化的出路在于加大科技创新，发展高技术产业，保护生态环境，实现人与自然的协调发展。

其次是福利社会的“坏处”。现代社会的目标是为人类谋福利，让人得到“好处”：好的工作、高收入、高消费、社会保障等。问题是“好处”的背后往往是无穷的“坏处”，如核技术、基因技术、化工技术带来的不良后果，以及日益的贫困化。这种好坏的冲突本质上是责任分配的冲突，即饱享了社会好处的人往往是不承担社会“坏处”风险的人。福利社会暴露出的最大伦理问题就是福利义务问题，即“人的福利最终由他们自己也只能由他们自己负责”。[①] 而福利义务的基本事实是：个人要想过上好生活必须亲自从事某种活动来实现；当我们想为他人作点贡献时必须考虑是否与他人的希望相契合；即便没有人以促进他人福利做任何事情，但其生活的美好还是可以设想的，每个人的生活都离不开他人的帮助。[②] 但是如果每个人不自强自立，只索取社会福利而放弃对他人的奉献，这种福利社会是不可持续的。

最后是个性化的加强。现代化背后的文化动因是个体化，特别是个人的自由和权利，这种意义之源支撑着西方国家和经济社会一直到20世纪下半叶。但是对个人自由、权利的过度张扬，必然导致集体意识的枯竭，而集体意识枯竭的必然后果就是个人权利的本位化。与此同时，每个人在争取个人权利时，无论在决策中还是在实施中，都要冒极大的风险。因为任何决策无非是利益的权衡与取舍，如果每个人的利益天平只倾向自己个人，只会产生一种结果，那就是利益争夺上的“你死我活”，这是一种巨大的社会风险。

二　市场经济的伦理风险及其规避

市场经济社会是充满活力的社会，但同时也是不确定因素较多的社

---

① 〔英〕约瑟夫·拉兹：《公共领域中的伦理学》，葛四友主译，南京：江苏人民出版社2013年版，第10页。

② 参见〔英〕约瑟夫·拉兹《公共领域中的伦理学》，葛四友主译，南京：江苏人民出版社2013年版，第12页。

会，或者说，真正的风险社会是从进入市场社会后开始的。讨论市场经济与伦理风险问题，首先需要弄清伦理风险于市场经济是一种内生性存在还是一种外在性现象的问题；不仅要考察个人行为正当与否，而且要着重考察现存外部秩序因其内在机理不可避免地对伦理所产生的种种影响。市场经济是一种以市场规则决定资源配置的经济，但并不意味着这些规则必然会导致社会的稳定，相反，除了它本身在价值层面的不确定外，还可能因“人为”因素使市场规则偏离市场的本性，使其充满着伦理风险。这种市场经济的内生与外生性伦理风险主要表现在利益驱动的正负效应、利益均衡的知行冲突，以及效率与公平的二难等方面。①

首先，从利益驱动负效应来看。市场经济的运行机制之所以有效，就其核心而言，在于利益的内部驱动形成经济主体的行为动机，推动着资源合理有效地配置。在现代市场经济中，社会分工越来越细，交换关系日益复杂，需求变化也是日趋纷繁，市场经济主体只有在利益驱动下，才能根据经济活动的变化规律权衡利弊、作出理性选择，形成一种自组织系统。因为，利益的驱动是无数企业和个人追求自身利益时不可遏止的冲动，而始终存在的市场竞争的外在压力又使这种追求成为不息的动因，更重要的是，这种冲动是内在的而不是外在的，是持久的而不是一时的，是自觉的而非强制的。这种基于利益驱动的自组织系统的宏观经济意义，在于各经济主体的选择和决策同各自的经济利益直接联系起来，成为一种可预测的行为，使经济主体既具有极强的对市场的应变能力，又能最大限度地回避不确定因素所带来的风险。从人类生存和发展的历史性需要来看，利益驱动不仅是社会生产力发展的内在动因，而且也是人自身发展的有力杠杆。因为，所谓利益，从本质上看它是人的需求的现实化，没有需求，就没有利益，人有什么需求，就会有什么样的利益。利益驱动的人性基础，就是人的需要。人的需要是多种多样的，实现途径也是五花八门，这就难免导致伦理风险。当然，当需要还只是“需要什么”时，没有什么伦理问题，只有当“需要怎样实现”时，才有伦理问题。所以利益驱动的正负效应，是在利益的现实化中产生的。这就意味着，市场经济如果按照市场理性来

---

① 参见施国光《市场经济的道德风险》，《浙江社会科学》1994 年第 1 期。

运行，它本身就包含了伦理的要求在内。但问题在于，市场经济也有非理性的一面，在利益驱动下，市场经济本身容易诱发出拜金主义、极端个人主义和消费主义的伦理风险。

经济运行的刺激作用带来伦理风险。市场经济有两个根本特点：一是商品化，二是货币化。在市场经济中，商品和货币作为一种物质力量，具有某种神奇的作用。它迫使人们在价值选择上，更关注物质的有效性和行为的求利性。市场经济的最大利益化需求，一方面为社会物质财富的急剧增长提供了动力，另一方面也为个人利益的膨胀提供了条件。即使单纯从经济运作机制来看，市场经济中公共产权的拥挤、环境污染以及权力寻租等市场导致的问题，本身就隐含了伦理风险。同时，经济活动的货币化，促使货币成为衡量一切价值的尺度。这样，追求金钱不能不成为一种普遍的和巨大的力量。特别是在资本的原始积累阶段，有不少人，为了金钱而冒险。拜金主义的伦理风险在于产生资本拜物教，产生资本万能的意识，使人丧失最基本的精神信仰甚至人格。

消费行为的非理性带来伦理风险。消费是生产的前提，没有消费，就没有生产，也就没有市场，所以，市场经济的发展总是通过刺激消费来实现。但是消费不是一种纯经济行为，而是与社会的文化、伦理密切相关。消费行为往往表现出两方面的伦理后果。一是个人的消费行为对他人的消费行为会有所损益。消费活动总是呈现为伦理关系：消费资料的来源是否正当？消费行为是否构成对他人的损害？人在消费活动中是克己为人还是损人利己？人的需要及其满足方式与人性的关系如何？什么样的消费行为是合乎伦理的？什么样的消费行为是不合乎伦理的？等等。二是个人的消费行为对他人的消费行为会产生“示范效应”。消费示范效应指人们在消费过程中，通过相互交往、相互作用和相互影响，会形成消费行为和消费趋向。人们在选择和奉行一定的消费伦理时，也是在有意无意地把他们的价值观念加之于人，也是在用他们的消费方式影响他人，而他人也在不由自主地接受影响。消费主义的伦理风险在于使人成为消费品的奴隶，丧失人的主体性。

市场关系的扩展倾向也带来伦理风险。由于经济活动的货币化，加上劳动在分配天平上的失衡，货币就成为衡量一切使用价值的尺度，包括肉体、权力、名誉、人格、良心在内，都可能产生转化为商品的内在冲动，从而产生使市场关系向其他一切社会关系扩展的倾向。所以，在市场社会中，人的思想行为都无法摆脱市场性的影响。即使是想保持清高的人，也会因为自己的行为没有市场而烦恼。这就会出现有价值的东西没有市场的局面，于是，人们一切以市场为取向，到市场中去检验价值，要人们固守某种伦理要求就困难得多。

其次，从市场经济的互利性来看。市场经济的伦理基础是什么，在西方有许多的争议。一般人都认为市场经济的伦理基础是功利主义。其实，西方许多学者已经提出功利主义的伦理上的缺陷。他们认为，以牺牲一部分人的利益来提高另一部分人的利益，从而最大限度地提高社会功利，这在伦理学上是难以自圆其说的。市场经济的著名倡导者，如约翰·洛克、亚当·斯密，都是从互利原则来论证市场的价值合理性的。尤其是现代市场经济更显示出从功利主义向互利主义转向的种种趋势。有的学者将此概括为五个方面。(1) 从最大的个人利益产生更高水平的社会福利，转向产生更高水平的社会福利需要社会协作行为。(2) 从利润最大化作为唯一的目标，转向将利益作为主要目标，但对社会目标有不断增长的知识，满足多种目标。(3) 从企业组织是个封闭系统，仅对市场和环境作出反应，转向企业组织是与环境相互作用的开放系统，应对许多利益集团与社会力量作出反应。(4) 从对政府的盲目放纵转向认识到政府在满足社会目标方面的作用。(5) 传统伦理思想认为，社会对企业的期待仅限于生产商品和劳务，而新的伦理思想则认为，社会希望企业考虑解决广泛的生活质量问题。[①] 这些都表明，互利是现代市场经济的核心价值。

但是，互利理论的实质内容还是“主观为自己，客观为别人”。在市场经济中，求利就必须交换，要实现交换就必须为他人所接受，为自己是目的，为他人是手段。如果没有必要的社会规范的约束，就难免留下侵犯他人利益和社会整体利益的空间。所以，以个人利益为本位的互利理论也难以协调个人利益同社会利益的关系，于是面对伦理风险，我们遇到了“二

---

① 〔美〕费里蒙特·E. 卡斯特、詹姆斯·E. 罗森茨韦克：《组织与管理——系统方法与权变方法》，李注流等译，北京：中国社会科学出版社 1985 年版，第 51 页。

难”。一难是对利益主体互含性的认识障碍。因为从认知层面上讲，社会整体利益是抽象的，有时甚至是一个符号，不像个人利益那样让人有切肤之感。人们对社会整体利益的认识不像物与物之间的信息传递、反映过程那样简单，而总是在一定的价值判断参照下才能进行。个人价值判断的形成是与自己的生活处境、文化知识、价值观念分不开的。价值判断深受利益关系的影响，甚至为利益所左右。二难是利益倾斜的困扰。当个人利益和社会利益一致时，互利理论是能成立的，问题在于当个人利益与社会整体利益发生矛盾的时候，人们该如何选择？互利理论最终还是以个人利益为唯一价值标准的。

最后，从社会公平与效率的关系来看。市场经济是效率经济，但社会的伦理理想是追求公平，所以公平与效率之间始终存在不好解决的矛盾。在当代西方经济哲学家关于公平的探究中，有三位著名人物的观点值得我们注意。一是新自由主义经济学家哈耶克的观点。他强调市场效率，反对利用国民收入的再分配来人为制造平等。哈耶克认为，平等虽然是值得争取的目标，但真正的平等是机会平等，而不是收入或财产的平等。他在《法律、立法与自由》一书中写道：“在自由社会中，不同的个人和群体的地位并不是任何人设计的结果——或者说，在这样一种社会里，他们的地位是不能依照一项具有普遍适应性的原则加以改变的。因此，把这种自由社会中所存在的报酬上的差异说成是正义的或不正义的，实是毫无意义的。”[①] 所以，他反对利用国民收入的再分配来人为地制造平等，他认为这样做是一种更大的不平等：它通过国民收入再分配把一部分人的收入财产分给另一部分社会成员，这样做才是真正的不平等。这不仅会损害效率，而且还会影响人们的劳动积极性，进一步造成效率的损失。所以，哈耶克主张国家要运用立法手段创造自由竞争的条件，保证机会平等，从而保证效率。显然哈耶克是主张效率第一的，他的理论甚至他的口气都活生生地再现了一个在资本主义市场经济中成功者的心态，他是完全站在私有财产制度一边的。二是新剑桥学派经济学家与福利经济学家们的观点。他们明

① 〔英〕弗里德利希·冯·哈耶克：《法律、立法与自由》第Ⅱ卷，邓正来、张守东、李静冰译，北京：中国大百科全书出版社 2022 年版，第 140~141 页。

确主张“平等优先”。这一经济学派较为客观地看到了资本主义制度的某些弊病。他们认为资本主义制度的分配格局是不公正、不合理的。福利经济学家庇古认为，在资本主义制度下，所有权极其不平等造成财产收入的极其不平等，进而造成整个收入的不平等。财产和收入的不平等必然引起资源配置的失调以及经济运行机制的混乱，从而缺乏效率。很清楚，庇古看到了分配不公将会引起效率的下降。三是美国经济学家阿瑟·奥肯的观点。奥肯的可贵之处是他看到了市场经济内部公平和效率之间的矛盾。他在《平等与效率——重大的权衡》一书中指出：平等是现代文明的价值观念，市场经济是一种以赏罚来刺激鼓励人们发展生产提高效率的制度，它创造了有效率且高效率的经济。但在很多情况下，平等与效率不可兼得。一方面，在市场上飞黄腾达的胜利者，他们使用货币来猎取原本属于民众应该公平分享的权利，而失败者，他的权利和机会会受到一定程度的侵害，这就出现了不公平现象；另一方面，为了求得公平而采用的减轻经济不平等的范围和程度的经济政策，却有损于生产者的积极性，人为地干预了市场的结果，从而使整个社会在市场竞争中所产生的经济效率降低，这就出现了低效率现象。对此，奥肯提出了一个折中的方案，他指出：“在有些时候，为了效率就要放弃一些平等；另一些时候，为了平等，必须牺牲一些效率。但无论哪一方作出牺牲，必须以另一方的增益为条件，或者是为了获得别的有价值的社会目的。”① 奥肯采用了“交替论”的办法来处理公平与效率之间的矛盾。他提出应当在有效率的经济中促进平等，在生产领域应效率为先，因为只有这样才能促进社会生产率的提高、增加社会财富，而社会财富总量的增加是达到较为平等分配的前提。

由此可见，西方经济哲学家虽然各自作了自己的努力，并得出了不少合理的结论，但是囿于意识形态的局限，他们不可能超越资本主义市场经济的视域，给予这一对矛盾以合理的科学的解决。效率不会自然而然地产生公平，这就需要对社会主义市场经济进行道德干预，以避免在追求效率时忽视了社会公平。可见，市场经济无论是运行机制，还是市场规则，都

① 〔美〕阿瑟·奥肯：《平等与效率——重大的权衡》，王忠民、黄清译，成都：四川人民出版社 1988 年版，第 122 页。

有道德风险存在的内在客观性。

要建立健康的、有序的市场经济，必须采取一切有效措施，规避伦理风险。伦理风险既是经济发展过程中不可避免的现象，又是经济发展的阻碍因素。因此，我们必须寻找有效的解决办法来抑制伦理风险，促进社会经济健康、持续、稳定发展，确保社会正常伦理秩序的构建。只有加强经济秩序的抗风险能力，社会秩序才能和谐稳定。

第一，正确估计伦理的作用，有效发挥伦理的秩序化功能。经济学家在研究中发现，仅仅用降低成本、完善信息收集渠道的方式并不能大幅度减少“伦理风险”。而包括价值观念、伦理规范在内的意识形态具有降低“伦理风险”的功能。包含伦理规范的意识形态，可以减少人们违反规则的可能性，淡化人们的机会主义行为。同时，意识形态是能产生极大外部性效应的“人力资本”，因此任何政府都可以通过向意识形态教育投资来对“人力资本”进行补贴，形成有效的意识形态，充分发挥意识形态降低“伦理风险”的作用。当然，随着社会的变迁，仅仅将人的伦理行为建立在良心发现和自觉性的基础上，是相当不可靠的。在很多场合，人们的伦理水平的高低，取决于外在监督。有关研究发现，伦理在一个便于监督的经济关系中，或确信有监督存在的情况下才有作用，而对于那些不道德者而言，伦理本身并不起作用。当社会处于流动的、陌生的、分工精细的、交易范围广泛的状态时，人与人之间相互监督就不太方便了，伦理约束就变得相对困难。由此，我们必须承认这样一个事实：随着熟人之间交往社会向陌生人之间交往社会的变迁，即随着熟人社会的消失，伦理对机会主义的约束力在下降。要有效发挥伦理的秩序化功能，在加强公民道德修养的同时，必须建立包括社会舆论、法律、经济等在内的外在监督体系。

第二，建立健全法律体系，充分发挥法律制度对“机会主义”行为的硬性约束作用。与伦理相比，法律制度对“机会主义”行为约束具有以下特点和优势。伦理在社会成员价值多元化、交换复杂化的情况下适用范围有限，而法律却有助于促进多元相容，具有广泛的适用范围。伦理具有模糊性和较大的伸缩性，而法律却具有明确性的特点，例如，一个商人到一个陌生的地方做生意，要他了解、接受当地的伦理很难，但要他了解、接受当地的法律却很容易。更为重要的是，伦理的实施是通过教育手段，以其说服力、劝导力来影响和提高社会成员的伦理觉悟，使人自觉遵守这些行为规范，因而伦理约束是软性的；法律的实施依靠的是强制性手段，在法律框架约束下，损人利己不是应该不应该的问题，而是能不能的问题。在法律约束下，损人行为被放弃是因为它将迫使损人者付出代价，而最终损害损人者自己的利益。因此，我们必须建立、健全法律体系，加强法律制度实施力度，尽可能使社会成员在合法的范围内实现个人利益最大化。

第三，加快产权制度改革，充分发挥经济杠杆对机会主义的抑制作用。诚然，经济领域中“伦理风险”问题的解决，有时可以借助政治思想教育、伦理约束、法律制裁等非经济手段。但是，它既然是经济领域的问题，其根本的解决办法主要还是依靠经济手段，其他手段只是一种辅助手段，它们无法代替经济手段。在抑制经济领域的“伦理风险”问题上，主要的经济手段包括：进行产权改革，建立“产权明晰、权责明确”的产权制度，防止产权界定不清、外部效应等现象带来的种种机会主义行为；进行管理制度的创新，建立科学的管理制度，使得“所有者放心、经营者尽心、劳动者用心”；利用经济杠杆，设计有效的激励机制，为相关的经济主体提供适当的激励，使得个人收益率接近社会收益率，发挥经济手段的刺激作用。

第四，充分发挥政府对防止伦理风险的作用。既然伦理风险的发生与信息的不对称有直接的联系，因此减少伦理风险的关键在于保证市场信息的完全性和均等化。由于信息的不对称是市场交易活动中客观存在的现象，单单依靠市场机制的作用是无法解决伦理风险问题的。因此，伦理风险的规避需要政府发挥作用。政府除了通过立法建立一套严密的规章制度对交易活动中违反伦理的行为进行惩罚外，更重要的是，应该采取各种有效的措施保证市场交易活动信息的公开性和真实性，使信息匮乏的一方能够获取充分的信息。这就给建设开放、透明、负责任的政府提出了更严格的要求。

总之，现代社会是以市场经济为基础的社会，没有市场经济就没有现代社会，就此而言，市场风险的大小决定了现代社会风险的大小。与此同时，这也决定了要防范社会风险必须从防范市场风险开始。市场不但是社会上层建筑及意识形态的基础，而且是个人与社会群体的联结点，更是人性潜能与社会规则的结合点，其不确定性无时不在，所以要建立政治、法律、伦理等多种手段参与的立体型的风险防范体系。

三　风险社会中构建伦理秩序是否可能

面对风险社会，如何构建伦理秩序是我们应当认真研究的问题。贝克认为，风险问题不能转换为秩序问题，因为秩序问题为风险问题所固有的多元性窒息，在统计数据的表面之下暗中变形为道德问题、权力问题和纯粹决策主义（decisionism）。[①] 吉登斯则试图超越古典社会民主主义和新自由主义，提出了走“第三条道路”的主张，认为在风险社会中构建政治秩序是可能的。中国的现代化际遇虽然在时间上是后发型的，但其过程性是同样的。这就意味着，中国在实现现代化过程中，同样面临风险社会的种种“待遇”，通过伦理秩序以防范风险不但必要而且可能。

（一）全球化趋势下的社会伦理生活

近些年来，虽然出现了一股逆全球化的潮流，单边主义、分裂主义又重新抬头，但全球化是不可阻挡的发展趋势。全球化已经成为大多数政治讨论的核心问题，但对于这个概念的理解仍然充满着矛盾。社会民主主义者认为，全球化多半只是一种神话，或者至多也就是一些长久以来的趋势的某种延续罢了。而在一些政策评论家和政策制定者看来，全球化过程不但确实存在，而且其发展程度已经相当高了。经济全球化是我们正在面临的现实，而且，它也不仅仅是过去年代的趋势的某种延续或回复。全球化的内容无论如何不仅仅是，甚至不主要是经济上的相互依赖，而是我们生活中时空的巨变。发生在遥远地区的各种事件，无论其是不是经济方面的，都比过去任何时候更直接、更迅速地对我们发生着影响。反过来，我们作为个人所作出的各种决定，其后果又往往是全球性的。通信革命与信息技术的广泛传播同全球化进程有着深刻的联系。一个瞬时实现电子通信的世界，使那些即使是生活在最贫穷、最偏远地区的人们也能参与这个世

---

① 参见〔德〕乌尔里希·贝克等《自反性现代化：现代社会秩序中的政治、传统与美学》，赵文书译，北京：商务印书馆2001年版，第14页。

界上的事务，从而瓦解了各个地域的地方习惯和日常生活模式。而全球化在创建那些不时打破民族—国家边界的、新的经济和文化区域的同时，也从各个侧面渗入人们的观念之中。国家的边界正在不断地变得模糊，但民族—国家并没有消亡。在政府、经济以及文化事务方面，各个国家仍然保留相当大的对其国内公民和在对外事务上所拥有的权力。总之，国家、商业团体和其他组织都积极促进了全球化的进程。因而，全球化是一个范围广阔的进程，它受到政治和经济两种影响的合力推进，甚至出现了文化的全球化，这本身就是一种秩序。

（二）个人与社会的分裂和反分裂

福利国家使西方国家在文化发展方面呈现出多元化，同时生活方式也不断地变得丰富多彩。社会民主主义者一直拒绝适应日益具有重要性的个人主义和生活方式的多元化；而新自由主义的以自我为中心的观念又不可避免地导致共同价值和公共关怀的瓦解。社会民主主义者把新自由主义归因于市场力量和“撒切尔主义”的意识形态所产生的冲击，因为新自由主义强调个人应当进行自我捍卫而不是去依赖国家。上述两种看法都失之片面。来自经验研究的结果表明，当今年青一代充满敏感的道德关怀，比过去几代人所关注的范围要宽广得多。但是，他们并不将这些价值与传统相联系，也不认同那些对生活方式进行立法的传统形式的权威，比如，他们更关注生态方面的各种价值、人权或者性自由。吉登斯称之为新个人主义。新个人主义与传统和习惯从我们的生活中消退有关。它是一种与全球化所产生的、范围非常广泛的冲击相关联的现象，并非仅仅市场造成的。福利国家一直在发挥着作用：在集体主义的庇护下建立起来的各种福利制度，有助于将个人从过去的某种僵化制度中解放出来。与其将我们所处的年代看作道德沦丧的时代，不如将它看作一个道德变迁的时代更有意义。我们必须采取比过去几代人更为积极的方式来塑造自己的生活；而且，我们还要更加积极地认同我们应当为自己行为所导致的后果承担责任的观点，认可我们所采纳的生活方式和习惯。责任，或者相互负有义务的主旨，存在于古典社会民主主义之中，只不过在很大程度上是潜在的，因为它在集体性规定的概念中被淹没了。因此，我们必须找到今天的个人责任与集体责任之间的新的平衡，这种平衡有利于现代伦理秩序的建立。

（三）伦理生活主体的变化也为伦理秩序的建立创造了条件

社会民主主义一般以国家为政治行动的主体，强调国家对社会生活与经济生活的干预；而新自由主义则一般以市场为主体，并坚持不懈地对政府在社会生活与经济生活中的角色进行批评，主张“政治终结”和“国家隐退”。尽管市场化是现代社会的特点，但在任何领域中，市场都不能取代政府，社会运动或者其他各种类型的非政府组织也做不到这一点。所以，这种国家主义的衰退，使伦理生活主体由国家转向了市民，国家伦理、政党伦理的主体控制，将让位于市民伦理。当然，全球化所带来的各种变化确实在削弱着、威胁着国家政府和政治党派的影响力。这与其说昭示着非政治化趋势，毋宁说是政治参与的扩大，贝克曾用“亚政治”思想来阐述现代性社会政治主体重构的必要性。所谓亚政治是指从议会向社会中单一问题团体的转移。许多这样的团体，如一些环境保护组织，在全球范围内开展着活动。尽管国家作为伦理主体仍是不可或缺的，但非政府组织在道德生活中的作用越来越重要，将为新的伦理秩序的建立提供新的主体力量。

（四）生态现代化包含新伦理秩序

生态现代化是可持续发展概念含义的延伸。“生态现代化意味着这样的一种合作关系：处于这种合作关系中的政府、工商企业、温和派环境保护主义者以及科学家们，在沿着更具有环境保护说服力的思路对资本主义政治经济进行重建的过程中相互进行协作。”① 可持续发展与生态现代化为社会主义政治行动主体提供了一种意识形态架构。由生态现代化引发出两个基本问题：我们与科学技术的关系，以及我们对于危机的反应。作为全球化的后果之一，科学技术已成为时空抽离化后再重组环境的基本手段，重组后的环境因人为的因素增加了不确定性，风险的出现是不可避免的，对此专家们也难以达成一致，这也是后现代性社会风险的特征之一。科学与技术不能被置于政治之外，决策不能只留给那些“专家”去做，而应该使政治家和公民也参与进来。“新的风险情形的复杂特性甚至已经扩展到

---

① 转引自李远行《吉登斯“第三条道路”政治思想述评》，《南京大学学报》2001 年第 3 期。

了如此的程度，以至于它们已经进入了公共讨论的领域之中。”[①] 现代伦理生活不是逃避风险，而是需要像向公民提供安全保障一样，对风险予以同样多的关注。我们所有的人需要具有以一种积极的方式应对风险的能力。风险不只是某种需要避免或最大限度地减少的负面现象，它同时也是从传统和自然中脱离出来的、让一个社会中充满动力的规则。新的风险复杂性把自我认同与科学技术变革所带来的广泛影响联系了起来。没有人能够逃避风险，更何况风险本身还意味着机会和创新。因此，最重要的是积极参与应对防范风险的工作，特别在重大决策时，寻求长远、寻求可持续、寻求对后世负责，才是防范风险的价值前提。有了科学的生态观，才能真正寻找到规避社会风险的有效方法和正确途径。

当然，我们只是从几个侧面简单勾画了风险社会中伦理秩序构建的可能性，也许在风险社会中构建伦理秩序本身也存在一定的风险，因为风险防范更多是依赖政治与法律等强制性手段，依赖市场经济所形成的交换秩序。

四　交换秩序：伦理秩序建立的前提

交换是人类自分工开始就贯彻始终的经济行为，但是交换从未像现在这样有着如此巨大的作用和意义，可以说没有交换就没有我们目前的社会。在通常意义上，交换本身是一个经济学的范畴，但在物与物交换的背后，潜藏的是人与人之间的关系问题，所以交换就不仅具有经济意义，而且具有伦理意义。交换是一种市场活动，它需要规则，但规则以交换主体的自主选择为前提。因此，交换是规制与自由的统一，也可以说是确定性和不确定性的统一，是制度与风险的统一。所以，我们从经济的视角，抓住交换性这一现代社会的特点，探讨如何在风险社会中建立伦理秩序问题。

秩序与交换同样都是人类社会亘古至今都存在的话题，是人类社会生

① 〔英〕安东尼·吉登斯：《第三条道路：社会民主主义的复兴》，郑戈等译，北京：北京大学出版社2000年版，第64页。

存与发展的基本条件，其中经济秩序与伦理秩序对人类社会的影响是久远的。在历史的长河中，经济秩序与伦理秩序分别调节着社会生活的不同侧面。但随着交换领域的扩大，经济中的伦理问题和伦理中的经济问题都不同程度地呈现出来。因此，经济秩序和伦理秩序对社会生活的调节作用就不再是孤立的，而是通过交换这个中介领域共同作用于社会生活，构成“经济—伦理”秩序。

随着我国的市场经济体制的逐步建立，交换的作用逐步体现出来，从而成了经济活动中最为活跃的部分。由于交换是基于双方自愿基础之上的，所以以往的“生产什么就消费什么”的模式被“什么能被消费就生产什么”的模式所取代，其中间媒介是货币的交换关系。所以马克思称其为一次“惊险跳跃”，“这个跳跃如果不成功，摔坏的不是商品，但一定是商品占有者”。[①] 这说明了生产如果不能通过交换顺利转化为货币，则企业（生产主体）便会面临破产的危险。如果说在社会再生产中，交换作为生产和消费的媒介，其作用是显而易见的话，那么在市场经济中，交换的媒介作用更突出地作用于生产和分配、消费和分配之中，即“双媒介作用”。所以，交换与社会秩序的关系不是社会秩序影响交换，而是交换决定社会秩序。

社会秩序的概念是复杂的，因为社会原本就是一个富有弹性的概念。就社会的范围来说，可以是家庭，也可以是群体、村落、城市，还可以指国家甚至指整个人类。就社会内容而言，可以包括人类的全部活动，也可以包括人类在经济和政治活动之外的各种活动。因而这里所说的社会秩序是指在广泛的人类活动领域内所形成的社会自身的秩序，它是以社会模式为基础的，也就是说有什么样的社会，就会有什么样的社会秩序。在社会生活中，伦理无疑是很重要的方面。当人类诞生于这个世界上时，人与人之间、人与生活之间的关系就摆在每个人的面前，人们所面临的不仅是个人自身的生存，而且也面临着人类生活的生存与发展。所以人必须为自己及他人制定一套秩序，来协调人所面临的各种关系，由此，伦理诞生了。从此伦理凭着自身独特的内涵，成为社会秩序中的一员，并发挥着不可替

① 《马克思恩格斯选集》第2卷，北京：人民出版社1995年版，第150页。

代的作用。

伦理秩序的根基是血缘关系。中国传统伦理以天然的血缘关系为顺序，由辈分构建出天伦关系，即父子、兄弟，然后推衍君臣、朋友等人伦关系，此所谓“人伦本于天伦而立”。夫妇关系也是伦理中的基本关系，介于天伦与人伦关系之间。由此可以看出，由血缘而来的五伦关系包括了整个伦理关系，使中国人无论在家里还是在社会上都有了参照系，知道了自己的位置，从而在位份上实现自我的权利和义务，因而中国社会的传统结构是长上合一型的。以家族为本位，以血缘亲疏来区分各种关系是这一社会结构的特点，所以中国人崇拜祖先，把家庭和宗族视为生活中最重要的。在这样的社会组织中，各种权利和义务都是非常确定的，只要各安其分，社会就会稳定，就没有风险可言，所以，首属关系构成伦理秩序的核心。

首属关系是美国社会学家 C. H. 库利首先提出来的。它是指一种直接的、具有亲密感情色彩的人际关系，主要包括血缘关系和地缘关系。由于中国社会关系的组织结构植根于血缘之上，这种结构使得每个人的角色是先天赋予的。先赋角色让每个人成为网络的结点，顺理成章地构筑好自己的生活秩序，按部就班地生活。为了使人们在这种环境下守本分，宗法制度也就以它的威严出现在人们面前，无论是人们愿意还是不愿意，等级森严的宗法制度迫使他们不得不顺着伦理的要求去做。因此，宗法制度是伦理秩序的强有力的保证。当然伦理秩序的形成与维持，不仅依赖于伦理的结构和组织状况，而且更直接地落实到人的行为上来。只有人们的行为符合伦理的要求，整个伦理秩序才会呈现出有规则的状态。所以伦理秩序不仅仅是针对人的外在生活秩序，它也同样为个体的生命秩序作了安排。由于伦理秩序是社会秩序的重要组成部分，所以伦理规范成为传统社会规范的核心，伦理也就成了传统社会价值判断的最后标准，成为一种最高的价值准则。交换在这样的社会环境下是极不发达的。没有交换，就可能没有风险；没有风险，社会秩序就形成“超稳定结构”。交换促使传统伦理秩序解体，把人们从先赋角色中解放出来，人成为独立自主的经济主体。借助于平等关系，人们可以通过交换中的各种机会争取自我的利益，而非一切只为家族谋利益，这使人们更懂得自我的价值，而不只是作为人伦关系网中的一个结点。由于交换改变了人的社会生存方式，伦理秩序必然随之发生变化。经济生活随着交换的发展构成社会生活的主旋律，伦理秩序和伦理秩序的价值导向也或多或少受到经济的影响，因而交换也将促进新的伦理秩序的诞生。所以交换和伦理秩序是相互影响、相互促进的。从行为的角度来理解，交换首先是经济行为，是人与人进行的经济行为，所以在交换的过程中，交换背后隐藏人与人的交往活动，这也说明了交换也在印证伦理行为。因此，从这个意义上来说，交换的实质是经济伦理行为，交换的过程就是经济秩序与伦理秩序共同作用的过程。所以有了交换这一涉及双方的领域，经济秩序和伦理秩序才可以相互渗透。因此，与其说交换是“经济—伦理”秩序的中介桥梁，不如说交换过程本身就是“经济—伦理”秩序建立的综合过程。

从经济意义上讲，交换关系以市场为中介，通过市场联结交换主体，结成各种关系。这种关系既满足了人的物质性需求，又满足了人想显示自我的精神需求。因此交换关系又含有伦理性的内涵。交换关系是各交换主体为了各自的目的而结成的。因为各自的利益，交换主体在市场的竞争中所采用的手段是难以控制的，具有很大的道德风险，因而为了制约交换主体的利己性，我们就需要用经济和伦理两种方法来进行协调，形成一定的交换秩序，保证交换关系的顺利进行。否则，当交换关系难以形成之时，人类社会所面临的将是毁灭性的灾难。交换既然涉及经济与伦理两个方面，那么交换秩序的塑造就必然关乎经济与伦理两个秩序的要求。交换秩序的经济要求是降低交换过程中的内耗成本，保证经济活动的正常运行、市场行为的顺利实现，使得交换的有利性一面得以扩大。而交换秩序的伦理要求则主要针对市场竞争，经济要发展，交换在其中的作用功不可没，但是保证经济效益的源头活水则是交换过程中的竞争，扼杀了竞争，交换的活力也不复存在。因此，在交换中，人们不惜借助任何手段来使自己超过别人，以次充好、假冒伪劣、自杀性的降价、虚假的促销手段等一系列问题就难免出现。因而为了纯洁交换秩序，急需相应的伦理要求来规范人们的行为。所以交换秩序不仅是经济秩序中的子秩序，而且是风险社会中伦理秩序建立的基础。

第二十二章　中国式现代化的伦理意蕴

当代中国社会变迁的显著标志莫过于中国式现代化新道路的形成。中国式现代化不是简单地突破了西方现代化的单一模式，其深远意义在于促成了世界新的发展模式的产生。挖掘中国式现代化背后的伦理意蕴，无疑对于我们正确认识当代中国的伦理变革具有特殊的意义。易言之，对于中国式现代化伦理精神的发现与提炼，更有利于从整体上呈现当代中国的伦理变迁。历史证明，现代化不能简单地等同于西方化，中国式现代化就是在吸收借鉴西方现代化经验基础上，走出的一条符合自身发展的现代化之路。这种新道路继承了中华文明优秀成果，如讲仁爱、重民生、尚正义、谋大同等伦理基因。“我国现代化是人口规模巨大的现代化，是全体人民共同富裕的现代化，是物质文明和精神文明相协调的现代化，是人与自然和谐共生的现代化，是走和平发展道路的现代化”。[①] 它在价值取向上符合广大劳动人民的根本利益，在人与人、人与社会、人与自然、人与世界等多重伦理维度上表现出协调、统筹、和谐、共生、互利共赢等多重价值理念，正是这些伦理特质体现了中国式现代化的独特性。

一　中国式现代化的伦理特质[*]

在中国，现代化[②]的进程始终与一系列变革、改革交织在一起。这种

---

① 习近平：《把握新发展阶段，贯彻新发展理念，构建新发展格局》，《求是》2021 年第 9 期。

* 本节部分内容已经发表于《武汉大学学报》（哲学社会科学版）2022 年第 4 期。

② 一般来说，现代化可以被定义为区别于传统社会并借助科学技术革命的，在社会政治、经济、文化、伦理价值观念等方面的一系列转变过程。经典社会学家马克斯·韦伯认为，西方的现代化源于一种资本主义的理性精神，它信奉的是金钱至上、精于算计的价值观念。参见〔德〕马克斯·韦伯《新教伦理与资本主义精神》，马奇炎、陈婧（转下页注）

革新本身就带有某种强烈的价值倾向，在不同的历史时期表现出不同的伦理主题。如国家、民族的独立自强，社会的稳定繁荣等，寄托着人们对美好生活的愿景。

近代以降，随着西方资本主义在全世界范围内的侵略，中国遭遇到了前所未有的文明危机。自鸦片战争开始，中国走上了向西方学习的现代化道路，并在洋务运动、辛亥革命、五四运动等社会变革中积累起了一定的现代化经验。这一席卷整个中国的变革运动，从最初的武器层面的变革发展到后来的思想文化层面变革，其目的都是为了创建一个现代之中国，但由于缺乏清晰的革命目标、科学的指导思想以及广泛的群众基础，都走向了失败。中国共产党成立后，从新民主主义革命时期到社会主义革命和建设时期，始终以争取广大人民的利益为自身奋斗的目标，并将这一价值目标融进了社会主义的现代化建设之中。改革开放之初，中国共产党就确定“要适合中国情况，走出一条中国式的现代化道路”①。这说明中国的特殊国情始终是中国现代化建设的一个参考标准，这条现代化之路不可能是西方现代化道路的翻版，也不会是国外社会主义实践的再版。现阶段，中国社会的主要矛盾已转化为人民日益增长的美好生活需要和不平衡不充分的发展之间的矛盾，始终把人民的利益放在发展的首位是中国式现代化新道路的题中应有之义。由是观之，这种新道路的本质就体现在它始终将广大人民群众的利益而非少数精英团体的利益作为其发展的立足点。从价值逻辑的角度来看，这条新道路设计的伦理价值取向（价值判断与价值选择）

（接上页注②）译，北京：北京大学出版社 2017 年版，第 41～71 页。社会学家贝克与吉登斯认为，经典的现代化首先是建立在工业社会形态基础之上的一种社会形式，它涵盖了政治、经济、文化、个体生活等多个领域，参见〔德〕乌尔里希·贝克、〔英〕安东尼·吉登斯、〔英〕斯科特·拉什《自反性现代化——现代社会秩序中的政治、传统与美学》，赵文书译，北京：商务印书馆 2014 年版，第 5 页。美国历史学家 C. E. 布莱克认为，现代化是人类逐步掌控自然环境的一个过程，它伴随着人类制度结构、功能的变革，科学技术的革命等。参见〔美〕布莱克《现代化的动力——一个比较史的研究》，景跃进、张静译，杭州：浙江人民出版社 1989 年版，第 6 页。美国学者罗兹曼认为，中国的现代化不同于西方的现代化，从历史的维度可以划分为“1840—1949 年”与“1949 年以后”两个阶段。参见〔美〕吉尔伯特·罗兹曼《中国的现代化》，国家社会科学基金“比较现代化”课题组译，南京：江苏人民出版社 2014 年版，第 6 页。

① 《邓小平文选》第 2 卷，北京：人民出版社 1994 年版，第 163 页。

就在于将人作为价值的主体而非载体、客体，始终把以人民为中心、为人民谋福祉作为其发展的价值原则，这既不同于西方式现代化道路，也有别于苏联式社会主义道路。

在传统观念中，西方式现代化道路通常被理解为一种经典的现代化模式。所谓“经典”就是现代西方多数发达国家的发展模式，它是以资本主义所制定的市场经济规则为基础，依靠资本自发调节所建立起的一套现代化发展模式。由于受资本逻辑的主导，这种现代化建设在发展中维护的是资本的权利，注重的是资本的价值增殖，这一增殖过程中的对象、条件都只是供其消耗的客体，其遵循的是单一主体性的逻辑。随着西方工业文明的兴起，传统的生产力和生产方式得到了飞跃性的变革与发展。正如马克思指出的：“资产阶级在它的不到一百年的阶级统治中所创造的生产力，比过去一切世代创造的全部生产力还要多，还要大。”[①] 但这种创造却是建立在资本的原始积累与对劳动者的剥削之上的，它以剩余价值为驱动，并在追求利润最大化的现代商业组织中催生出新的生产关系与交往形式。原有的以血缘、地缘为基础的乡土文明逐步被解构，讲求效率、资本至上的现代都市文明开始兴起。对这种充满金钱交易、陌生化的资本主义，马克思揭示出了资本逻辑的原始罪恶：“它把人的尊严变成了交换价值，用一种没有良心的贸易自由代替了无数特许的和自力挣得的自由。”[②] 资本的积累与扩大再生产，一方面推动了社会经济的快速发展，另一方面也加剧了贫富分化、剥削、异化劳动等社会现象。由此可见，以私有制为基础，以资本为价值导向的现代化模式虽然带来了人类世界物质的繁荣与科技的进步，但它是以牺牲人的主体性价值来换取物（商品）的价值的。这种西方的现代化突出地体现在科技的现代化上，却没能改善社会的伦理、道德状况，正如埃德加·莫兰所说，西方世界“成功在物质上，失败在道德上”[③]。首先，这种单一主体性的逻辑体现在人与物的关系上，就是人的主体性从属于物的主体性，人仅仅是一种工具性而非目的性的存在。美国学者马尔库塞通过对发达资本主义工业社会的研究，指出在高度技术化、理

① 《马克思恩格斯文集》第 2 卷，北京：人民出版社 2009 年版，第 36 页。

② 《马克思恩格斯文集》第 2 卷，北京：人民出版社 2009 年版，第 34 页。

③ 〔法〕埃德加·莫兰：《伦理》，于硕译，上海：学林出版社 2017 年版，第 120 页。

性化的工业社会下，人处于为物所奴役的悲惨状态，即成了思想贫瘠的“单向度的人”[①]。其次，在人与人的关系上，这种单一主体性逻辑体现的是一种他律原则，这不仅意味着对他者责任的无视，而且“与责任的原则和意志的德性相对立”[②]，表现为主体对客体的否定、压迫与剥削。最后，在人与自然关系上，这种单一的主体性逻辑就是主张人类中心主义，通过对自然资源的极端占有与掠夺式开采来维系资本主义的再生产，这导致各种工业污染问题，全球生态环境问题日益严重。

相较于西方式现代化道路，苏联式社会主义道路（又称苏联模式）在历史上曾一度显示出自身的先进性与优越性。但苏联式社会主义道路走向了另一个极端，即主体性价值被完全遮蔽了的整体性主义。它片面地追求整体利益的最大化，个体的权利湮灭于国家的权力意志当中，人的主体性地位得不到有效彰显。这种整体性的发展逻辑体现在政治方面，呈现的是一种权力逻辑的统治，由此衍生出一系列贪污、腐败，以及个人崇拜等问题，官僚主义、形式主义问题突出，官僚意志代替了民主集中制原则，社会主义的民主、法治建设遭到严重破坏。在经济方面，采用的是一种高度集中的计划经济体制，以行政逻辑取代市场自身的运作逻辑，把经济活动完全限制在行政指令之下，片面地追求国家的工业发展，不注重工农业协调发展，居民生活水平得不到显著改善。在社会文化方面，推行的是一种高度整体化的思想体系，打压或者限制多元社会文化、思潮的发展，而不是引导。社会思想逐渐走向封闭、僵化、落后，社会主义精神文明建设陷入停滞、倒退。在对外关系方面，秉持一种大国沙文主义的外交策略，带有典型的官僚主义与专制主义特征，对同为社会主义阵营的国家指手画脚、发号施令，甚至要求其牺牲自己的利益以符合苏联的国家利益。

历史的经验证明，无论是西方式的现代化道路还是苏联式的社会主义模式都存在自身特有的问题。运用单一的主体性逻辑与绝对的整体性逻辑并不能解决人类社会中最核心的价值问题，即人的生存状况的问题，无法真正达到马克思主义所设想的“人的自由而全面的发展”的理想社会。二

① 〔美〕赫伯特·马尔库塞：《单向度的人：发达工业社会意识形态研究》，刘继译，上海：上海译文出版社2006年版，第2页。

② 〔德〕康德：《实践理性批判》，邓晓芒译，北京：人民出版社2003年版，第43页。

者不是用资本的主体性原则来操控个体与社会的发展，就是用抽象的整体性原则来成就国家的权力意志。由此可见，只有实现伦理价值与政治实践的有机统一，才有可能避免“文明的粗暴”[①]。这就使得建设一条超越西方式现代化道路与苏联社会主义道路的现代化新道路成为摆在我们面前亟待解决的重大课题。事实证明，中国共产党带领中国人民进行的社会主义的伟大探索已经给出了答案：“党领导人民成功走出中国式现代化道路，创造了人类文明新形态，拓展了发展中国家走向现代化的途径。”[②] 这条新道路在生成上展现出的伦理特质大致可以归结为以下三个方面。

首先，实现中华民族的伟大复兴是中国式现代化生成的最高伦理目标。中华民族的近代史就是一部受尽磨难的屈辱史、苦难史，同时又是一部自力更生的奋斗史、发展史。从某种意义上来说，“国家是伦理理念的现实”[③]，这种伦理理念不是维护少数剥削阶级的统治工具，而是广大劳动人民集体性意志的彰显，它是对中华民族独立自强的伦理期盼。直至中国共产党成立，这种伦理期盼才逐渐成为现实，现代化新道路的生成才逐渐明朗起来。从新民主主义革命时期、社会主义革命和建设时期、改革开放和社会主义现代化建设新时期，直到中国特色社会主义新时代，这条新道路的奋斗的目标都是紧紧围绕着实现中华民族伟大复兴这一时代主题有序展开的。每个阶段或许具体的任务不同，但就整个新道路生成的价值目标来说却是统一的，那就是实现中华民族伟大复兴的“中国梦”。这个中国梦凝聚了广大人民群众的力量，有着坚实的群众基础，它不是某一个人的，或少数人的梦，而是属于广大人民群众的梦想，它彰显的是整个民族几代人的历史夙愿。为了实现这一价值目标，就必须以中国式现代化推进中华民族伟大复兴，团结广大人民群众，在全面建成小康社会的基础上推进社会主义现代化事业，最终建成富强、民主、文明、和谐、美丽的现代化强国。由此可见，这种新道路生成的价值目标一方

---

① 〔法〕埃德加·莫兰：《伦理》，于硕译，上海：学林出版社 2017 年版，第 133 页。

② 《中共中央关于党的百年奋斗重大成就和历史经验的决议》，《人民日报》2021 年 11 月 17 日。

③ 〔德〕黑格尔：《法哲学原理》，范扬、张企泰译，北京：商务印书馆 2019 年版，第 288 页。

面扎根于厚重的历史文明土壤，承载着一个民族优秀的思想文化传统与实践智慧，另一方面又展现了广大人民群众的美好愿景，体现着一个民族独有的精神气质。

其次，实施“五位一体”总体布局是中国式现代化生成的协调伦理策略。伦理在现代社会正出现由规范向协调的变化趋势，而伦理的最大功用就是均衡。中国社会主义建设事业与现代化发展是密切相关的，选择什么样的价值策略就决定了现代化生成的价值路径。“五位一体”总体布局就是在经济建设、政治建设、文化建设、社会建设、生态文明建设五个方面协调发展，有序推进现代化新道路的价值策略。其中“五位”与“一体”是辩证统一的，二者是相互促进、相互成就的关系。从其内在的价值逻辑来看：经济建设遵循的是“新发展理念”，即创新、协调、绿色、开放、共享，实现经济结构的转型升级，做到更高水平、更高效率的同时兼顾公平原则与可持续发展。政治建设遵循的是“人民当家作主”的价值理念，健全社会主义民主、法治体系，实现国家治理体系与治理能力现代化，保障人民群众的各种权益不受侵犯。文化建设遵循的是“文化自信”的价值理念，在中华优秀传统文化、革命文化与社会主义先进文化的引领下努力建设社会主义文化事业，提升文化软实力，宣传与践行社会主义核心价值观。社会建设遵循的是“以人为本”的价值理念，创新社会治理方式，坚持和完善共建、共治、共享的社会治理制度，保障和改善居民的生活水平，使人民群众拥有更多的获得感、幸福感和安全感。生态文明建设遵循的是“和谐共生”的价值理念，实现人与自然和谐共生的现代化。总之，各个部分的价值理念是耦合互动、融会贯通的，它们共同构成了新道路生成的价值策略。

最后，实现人的自由而全面的发展是中国式现代化生成的深刻伦理要求。现代化的核心是人的现代化。中国式现代化新道路与西方现代化的根本不同就在于其价值内涵不一样，这条新道路的生成体现的是人的价值，发挥的是人的主体能动性。社会的现代化归根结底是人的现代化，而人的现代化就在于其本质力量的彰显，即达到自由而全面发展的理想状态，这是社会主义现代性的本质特征之一。马克思认为资本主义最终会被共产主义所扬弃，而共产主义社会就是对人自身的解放，也就是对人自身价值的实现，它所建立的是一个“自由人联合体”，“在那里，每个人的自由发展是一切人的自由发展的条件”①。这种自由发展体现在人的自身素质、能力、兴趣爱好等方面不受阻碍地发展，它是人的全面发展的前提条件。同时这种自由也蕴含着某种伦理诉求，即康德所说的道德自由，一种超越了自然必然性的意志自律。② 全面发展指的是个体的德、智、体、美、劳全方位的发展，也是个体政治权利、经济权利与社会权利的实现。由此可见，一方面，人的解放亦即人的主体性价值的实现离不开自由与全面两个维度，没有自由与全面的发展就不可能实现人的解放。“只有在现实的世界中并使用现实的手段才能实现真正的解放”。③ 另一方面，这种自由而全面发展的实现也是康德所设想的“目的王国”④，它是将人永远作为目的而非手段或是工具的道德理念的实现，是达到人为自己立法的自由状态。这就是说，只有社会物质水平与个体伦理生活两方面的同时飞跃，才有可能促使人之为人的真正实现。遵循这一价值逻辑，新道路生成的价值内涵，在经济的现代化方面就是大力发展生产力，完善社会主义市场经济体制，为人的自由而全面的发展奠定物质基础；政治的现代化就是推进社会主义民主法治建设，为人的自由而全面的发展创造政治条件；文化的现代化就是加快社会主义精神文明建设，从思想道德与科学文化两个方面来培育时代新人。

二　中国式现代化的伦理诉求

中国式现代化新道路不仅是中国共产党百年伟大探索的必然结果，也是建设社会主义现代文明的必由之路。实践证明，这条现代化新道路成功地超越了西方的现代化模式与苏联的社会主义模式，中华民族实现了从站起来、富起来到强起来的伟大飞跃。具体来说，这条新道路的建设是在马克思主义的理论指导下，同中国具体国情相结合的伟大成果，它彰显出了

---

① 《马克思恩格斯文集》第2卷，北京：人民出版社2009年版，第53页。

② 〔德〕康德：《道德形而上学的奠基（注释本）》，李秋零译注，北京：中国人民大学出版社2018年版，第69页。

③ 《马克思恩格斯文集》第1卷，北京：人民出版社2009年版，第527页。

④ 〔德〕康德：《道德形而上学的奠基（注释本）》，李秋零译注，北京：中国人民大学出版社2018年版，第55页。

社会主义现代化建设在人与自然、人与社会、人与世界三个维度中所独有的伦理诉求。

第一，坚持绿色发展，以实现和谐共生。“创新、协调、绿色、开放、共享”五大发展理念，是中国共产党在经济发展新常态下总结过往发展经验、历史教训的重大理论创新。其中，绿色发展是中国式现代化新道路对人与自然的关系的发展规律、发展价值的深刻认识，它体现了人与自然和谐共生的价值诉求，为实现人类工业文明向社会主义生态文明的变革奠定了伦理价值基础。一般来说，人类文明的进程就是一部人与自然的交往史、关系史。近代以来，西方工业文明的发展促进了社会生产力的发展，但是以对自然的破坏为代价的。“如果懂得在工业中向来就有那个很著名的‘人和自然的统一’，而且这种统一在每一个时代都随着工业或慢或快的发展而不断改变，就像人与自然的‘斗争’促进其生产力在相应基础上的发展一样”。[①] 从人与自然的关系维度来看，中国式现代化新道路建设遵循的是人与自然和谐共生的价值理念。这一价值逻辑必然要扬弃那种“人与自然”关系紧张、对立的西方现代化发展模式，以人与自然和谐共生的现代化模式来建设社会主义生态文明。所谓绿色发展，不是用绿色来否定发展，也不是为绿色牺牲发展，而是在发展经济的同时，推动产业结构由高耗能向低耗能转变，发展绿色、环保、低碳、节能的绿色经济，坚持尊重自然、顺应自然、保护自然的发展原则。换言之，绿色发展的核心理念是在保护自然环境的前提下来满足人类自身的生存与发展需要，实现一种健康可持续的发展。由此可见，坚持绿色发展理念就是在处理生态环境与经济发展的关系中寻求一种价值判断与选择的标准，即实现和谐共生的价值诉求。

从发展规律论的角度来看，和谐共生的价值诉求就是要求掌握人的主观能动性与客观规律性的辩证统一。马克思主义的唯物史观正确地揭示了人类社会的历史发展阶段，即原始社会、奴隶社会、封建社会、资本主义社会和共产主义社会，人类的发展始终与对自然的改造联系在一起，人与自然的关系是一种双向互动关系。如果说传统社会中人与自然还能保持一种原始的有序和谐，那么到了近代工业社会，随着科学技术的发展与生产

① 《马克思恩格斯文集》第 1 卷，北京：人民出版社 2009 年版，第 529 页。

方式的变革，人与自然的关系已经转变为“征服—报复”的异化状态。恩格斯指出，“我们不要过分陶醉于我们人类对自然界的胜利。对于每一次这样的胜利，自然界都对我们进行报复”。[①] 生态环境问题的本质就是人与自然的关系出了问题，而人与自然的关系问题归根结底是人的实践方式出现了问题。近代西方的工业文明遵从的是资本为单一的主体性地位的价值逻辑，按照这一价值逻辑，任何自然资源都不过是满足资本增殖的手段，资本的增殖成为首要价值目的。在这一发展过程中，人的主观能动性异化为一种单纯的资本、技术的能动性，它是以对自然资源无节制地开发利用与不可持续性发展为代价的。与之不同的是，坚持绿色发展以实现和谐共生为其价值诉求，它遵循的是一种主体间性的价值互惠逻辑，它要求在实现人类社会发展的同时尊重自然规律，在认识自然、改造自然、发展自然的过程中自觉接受自然规律的支配与引导，推动自然与人类社会协调、共生的高质量发展。

从发展价值论的角度来看，和谐共生的价值诉求就是要实现人的价值与自然价值的辩证统一。人的存在首先是一种自然的存在，自然是人类存在的前提条件，“自然界是人为了不致死亡而必须与之处于持续不断的交互作用过程的、人的身体”，[②] 正是外在的自然界为人类的劳动实践提供了客观对象，它是人类自身价值得以实现的物质基础。没有自然作为实践的对象，人就无法生存，更无法实现自身的价值。近代以来，随着西方工业文明的迅速发展，生态环境问题日趋严重。其原因在于，社会的经济发展以利益、效用的最大化为目标，用资本的价值来否定、侵蚀自然的价值，导致资源的枯竭、环境的破坏，最终人与自然的价值关系呈现为一种尖锐的对立状态。“要发展还是要自然环境”成为摆在许多发展中国家眼前的一道难题。只有突破以资本为单一主体性价值的发展模式，才有可能化解这道难题。中国式现代化新道路坚持绿色发展，肯定人与自然和谐共生的价值理念。这一价值逻辑遵循一种主客体间价值互利的发展模式，即在坚持主体自身价值的同时，肯定与尊重客体自身的价值，单独发展或损害某

---

① 《马克思恩格斯选集》第 3 卷，北京：人民出版社 2012 年版，第 998 页。

② 《马克思恩格斯选集》第 1 卷，北京：人民出版社 2012 年版，第 55~56 页。

一方的价值，都不可能实现价值互利的最大化，反而会造成“双输”的局面。坚持人与自然之间的和谐共生关系，就是要树立和践行“绿水青山就是金山银山”的价值观念。“绿水青山”指的是自然的内生性价值，而“金山银山”体现的是属人的价值，“绿水青山”只有通过转化为属人的价值才能得到确证，“金山银山”只有依靠丰富的自然资源才有可能得以实现，两者是有机统一的关系。换言之，人与环境是一种相互统一、相互建构的关系，“人创造环境，同样，环境也创造人”①。这就要求在实现经济的可持续发展与维护生态环境之间寻找一种价值平衡，它既能满足人民日益增长的物质需要，也能满足人民对美好生态环境的需要。总之，实现人与自然的和谐共生就是坚持一种主客体之间的价值互利关系，它在承认人的主体性价值的同时也肯定了自然的内生性价值，实现了人的价值与自然价值的辩证统一。

第二，实现共同富裕，以维护公平正义。共同富裕是社会主义的本质要求，是中国式现代化新道路的重要特征，也是公平正义伦理价值的集中体现。改革开放初期，邓小平就曾指出：“社会主义的本质，是解放生产力，发展生产力，消灭剥削，消除两极分化，最终达到共同富裕。”② 共同富裕不仅是社会主义现代化建设的经济目标，而且是维护社会主义公平正义，促进人全面发展的现代化建设的伦理价值目标。它内在地蕴含着人们对美好生活的向往，这种美好向往不是属于单个人的、少数人的，而是体现着大多数人的美好向往。它的价值基础是全体人民，在价值的实现方式上遵循的是一种人本逻辑，平衡的是个人与他者、个人与集体、集体与集体之间的利益关系，追求的是一切为了人民和为了人民的一切。

作为社会主义现代化的一个重要特征，共同富裕就是指整个社会全面进入一个社会生产力发展水平极高，物质文明与精神文明极大繁荣，人民收入、生活水平极大提高的富裕社会。这种共同富裕有两个方面的特点：首先，它不是少数人的富裕，而是社会经济发展成果、福利保障惠及全体劳动人民的全面富裕；其次，它不是传统意义上“均贫富”的同等富裕，

---

① 《马克思恩格斯文集》第 1 卷，北京：人民出版社 2009 年版，第 545 页。

② 《邓小平文选》第 3 卷，北京：人民出版社 1993 年版，第 373 页。

也不是全社会整齐划一的同步富裕，而是在消除了贫富分化之后保持合理差距的普遍富裕。中国道路不同于西方道路，根本的区别就在于西方现代化是建立在生产资料私有制基础之上的，它在价值取向上以资本为中心，关注的是物的分配与发展，维护的是少部分精英阶层的权利。法国学者托马斯·皮凯蒂通过将财富分配问题重新置于经济分析的核心，发现欧美等发达资本主义国家经济发展水平虽然持续快速提高，但贫富差距与财富分配不公平等现象也达到历史最高水平，如果这种发展模式不加以改变将会持续恶化下去。[①] 中国式现代化发展遵循的是一种人本逻辑，这种价值逻辑在经济建设方面的展开就是要求从单纯对物的发展转移到对人本身的关注与发展上来，"生产将以所有的人富裕为目的"[②]。"把增进人民福祉、促进人的全面发展、朝着共同富裕方向稳步前进作为经济发展的出发点和落脚点"。[③] 由此可见，我们应当在维护社会公平正义的价值前提下，不断做大、做强经济这块"蛋糕"，并分好这块"蛋糕"。它类似于罗尔斯所说的"作为公平的正义"[④]，即这种正义是建立在个体间原初的公平状态之中的正义。社会主义的公平正义就是遵循一种平等性的价值逻辑，调节各方利益，坚持利益互惠、利益交往的价值法则，它主要体现在两个方面：一是对社会各方利益关系的平衡；二是对人民内部矛盾的正确处理。正是在居民收入分配、财富分配等方面做到了公平正义的价值原则，人与人、人与社会之间的良性互动才有可能促进共同富裕的实现。具体来看，这种主体间的良性互动体现在以下三个方面。

首先，维护公平正义的价值诉求就是要处理好个人富裕与他者富裕的关系。社会主义的公平正义是在社会生产资料公有制的前提下，平衡个人与他者利益关系的一套价值准则，它要建立的是一种良性的"人我富裕关系"。所谓良性的人我富裕关系，可以理解为每个人的富裕要以其他人的

---

① 〔法〕托马斯·皮凯蒂：《21世纪资本论》，巴曙松等译，北京：中信出版社2014年版，第16页。

② 《马克思恩格斯文集》第8卷，北京：人民出版社2009年版，第200页。

③ 习近平：《论把握新发展阶段、贯彻新发展理念、构建新发展格局》，北京：中央文献出版社2021年版，第62页。

④ 〔美〕约翰·罗尔斯：《正义论》，何怀宏、何包钢、廖申白译，北京：中国社会科学出版社1988年版，第10页。

富裕为其实现条件。这种人我富裕关系不以牺牲或损害他者的富裕为其实现条件，而是在发展自身富裕的同时促进与满足他者的富裕。一般来说，社会经济财富的不平等可能会导致个体间身份地位的不平等，而个体间身份地位的不平等又会进一步加剧整个社会的不平等。当经济与身份地位之间的这种不平等进一步加强时，它极易导致人我关系的紧张对立，使得共同富裕的实现变得尤为困难。社会主义的公平正义就是给予每个人追求富裕的平等权利并保障它，同时倡导一种“先富带后富”的社会主义价值观念。至于如何实现先富带后富，则可以采取第三次分配的形式，即鼓励个人通过慈善、捐赠、扶贫、救济等公益形式来补充、协调初次和再分配的制度，它对个体的要求主要以道德软约束为主，提倡一种奉献精神与社会责任感。

其次，维护公平正义的价值诉求就是要处理好个人富裕与集体富裕的关系。社会主义的公平正义是在社会生产资料公有制的前提下，平衡个人与集体利益关系的一套价值准则，它要建立的是一种良性的“群己富裕关系”。所谓良性的群己富裕关系，可以理解为个体富裕是集体富裕的具体表现形式，集体富裕为个体富裕提供必要的保障。这说明，个体富裕只有在国家、集体之中才有实现的物质基础与制度保障，同时集体富裕离不开每个人自身富裕的实现。只有在集体与个人两个维度都达到了富裕的标准，才能真正实现社会主义的共同富裕。在这个意义上，社会主义的公平正义就是要在经济发展与财富分配中处理好公平与效率之间的关系。既要追求高效率、高质量的经济发展，以促进集体富裕的发展，同时也要建立健全分配制度与福利保障体系，注意在初次与再分配中合理地进行财富分配，确保每个人的富裕都能有实现的机会，以寻求公平与效率之间的“帕累托最优”。

最后，维护公平正义的价值诉求就是要处理好集体与集体之间的富裕关系。社会主义的公平正义是在生产资料公有制的前提下，平衡集体与集体利益关系的一套价值准则，它要建立的是一种良性的“群群富裕关系”。所谓良性的群群富裕关系，可以理解为部分人群的富裕应以另一部分人群的富裕为其实现条件，双方应在相互合作、相互扶持的价值理念中实现共同富裕。目前，我国的群体性收入差距主要体现在两个方面：一是城乡、东西部区域之间的群体性差距；二是中低收入群体与高收入群体间之间的差距。如何解决这一困难，主要是需要健全社会保障制度，更加注重区域间的均衡发展、公平发展；要完善分配制度，通过“提低、扩中、调高”来规范收入分配秩序。这说明，我们在经济建设的过程中要做到程序正义，而在社会民生领域则更需要坚持补偿正义原则。当前我国的主要矛盾已经发生变化，人民日益增长的美好生活需要和不平衡不充分的发展之间的矛盾成为主要矛盾。只有不断缩小区域间、群体间的发展差距，实施乡村振兴、对口扶贫、平等互助等一系列利益平衡机制才能实现各个群体富裕之间的有机统一。

第三，构建人类命运共同体，以达成合作共赢。构建人类命运共同体不仅为一种新型的国际关系伦理提供了理论基础，也为创新全球治理体系贡献了“中国智慧”。当前经济全球化、政治多极化进一步发展，国家、地区间的联系交往更加紧密，同时各地区、民族间的矛盾冲突也日趋频繁，全球性的环境污染、恐怖主义、能源危机、疾病流行等问题亟待解决。面对世界这一百年未有之大变局，中国式现代化新道路就是要打造不同于西方资本主义所建构的国际秩序格局，通过在谋求自身发展的同时兼顾他国的合理利益，构建一种以追求合作共赢为价值共识的人类文明新秩序。

当前国际社会共同面临着全球性的环境、安全、经济等问题，它不仅对世界的和平稳定造成了威胁，也对人类自身的生存发展带来了挑战。全球性问题的实质是风险与危机的全球化，它与前现代文明的不同之处就在于其产生的一切后果早已超越了地方性政治事务所能统辖的范围，这不是单个或少数几个国家所能解决的问题。由此可见，全球性问题决定了各个国家无法独善其身，而必须携手同行，各个国家成为休戚与共的命运共同体。构建人类命运共同体就是在尊重各个国家主权平等的前提下，通过对话、协商、合作等良性互动方式来寻求互利共赢的价值共识，以促进各个国家主体的共商共建共享式发展。从价值基础上来说，“共同体的根源深深植于生命世界”①，它是由既相互竞争又相互依存的、有着相似利益的生命主体所共同构建的。因此，构建人类命运共同体，关切的不是少数几个国家的利益，而是站在全人类的高度来思考整个人类社会的生存与发展问题，寻求的是一种惠及各方利益的“最大公约数”。从价值理念上来说，

---

① 〔法〕埃德加·莫兰：《伦理》，于硕译，上海：学林出版社 2017 年版，第 217 页。

构建人类命运共同体根植于中华民族爱好和平、天下一家的价值传统，契合于当今世界发展的价值主题，即在维护世界的和平与发展中增进全人类的整体利益和福祉，使得全球化的发展成果和科技红利能够惠及全人类；它坚持一种正确的义利观，兼具价值合理性与工具合理性，即在实现人类对美好未来的向往这一价值目标的过程之中来讨论人类社会永续发展的时代方案。从价值的实现方式上来说，构建人类命运共同体立足于各国在政治、经济、文化等多个领域中的利益交往，通过平衡各方的合理利益来促成整个世界的和平有序发展，它不以牺牲发展中国家的利益来满足发达国家的经济发展，而是在尊重各方合理诉求的基础上实现共赢共享式发展。

至于如何构建人类命运共同体，则需要在合作共赢的价值前提下协调好各方的利益关系，寻求各方共同利益的最大化。具体来说，对各方利益关系的协调与均衡体现在以下两个方面。一方面，追求合作共赢的价值诉求就是要处理好发展中国家与发达国家之间的利益关系。西方现代化之路肇始于近代西欧的工业革命，它带来的经济全球化本质上是各类生产要素，如资本、商品等在全世界范围内的自由流通与有效配置，这无疑促进了各个国家、地区的联系与交往。但这种经济的全球化遵循的是一种资本的逻辑，服务的是西方发达国家的利益，在表现形式上是以发达资本主义国家为主导的一种“单向度的全球化”，这种全球化模式具有不平衡与不合理两个方面的特点：一是发达国家对发展中国家资源、市场的控制与垄断，发展中国家在经济、科学技术、金融等领域过度依赖发达国家，二者在经济上的差距越来越大；二是全球化的治理体系是由西方发达国家建立与主导的，发展中国家并没有话语权。正如马克思指出的，这种由西方现代化所主导的人类文明，“正像它使农村从属于城市一样，它使未开化和半开化的国家从属于文明的国家，使农民的民族从属于资产阶级的民族，使东方从属于西方。”[①] 不同于西方现代性“非此即彼”的霸权逻辑，中国式现代化新道路倡导的是一种相互尊重、公平正义、合作共赢的新型国际关系，它摒弃了西方的零和博弈、冷战思维，避免陷入修昔底德陷阱。中国式现代化坚持以和平、发展、公平、正义、民主、自由等全人类共同的价值观

① 《马克思恩格斯文集》第 2 卷，北京：人民出版社 2009 年版，第 36 页。

为基础，强调发展中国家与发达国家拥有平等的发展权利，坚持多元发展、互利互惠的“多向度的全球化”。面对世界经济不景气、全球气候变暖、粮食危机等全球性问题，发达国家与发展中国家应当携手推进“南北合作”进一步健康化、常态化发展。另一方面，追求合作共赢的价值诉求就是要处理好发展中国家与发展中国家的利益关系。在经历了 20 世纪亚非拉民族独立、解放运动之后，各发展中国家基本上摆脱了西方列强的殖民统治，但是仍面临着西方发达国家构建的维护自身利益的国际经济秩序的威胁，它们利用跨国企业、技术优势、贸易垄断、军事干涉等方式控制发展中国家。这就迫使发展中国家不得不团结起来，共同争取与维护自身的合理利益。在这个意义上，中国式现代化就是坚持和平共处五项原则，弘扬团结、友谊、合作的万隆精神，推动构建以合作共赢为核心的新型国际关系，推动国际秩序和国际体系朝着更加公正合理的方向发展。通过扩大多方的共同利益，积极促进亚非拉等发展中国家的合作交流，比如，秉持共商、共建、共享的价值原则推动“一带一路”倡议，由此形成中非命运共同体、中拉命运共同体等。就此而言，发展中国家必须清醒认识到，只有团结一致、合作共赢才有可能改变旧有的国际经济秩序。与其寄希望于受西方资本逻辑支配的世界市场主动让利给发展中国家，不如共同创造出一个开放创新、包容互惠的全球经济发展模式，促使全球经济治理格局由少数发达国家主导的“权力游戏”走向多方共同协商制定的“规则游戏”。总之，构建人类命运共同体的主体不是少数几个国家而是所有国家，它是全人类所共同面临的时代任务，这一方面离不开发展中国家与发达国家的交流合作，另一方面也需要处理好发展中国家间各方的利益。人类命运共同体不仅是一种利益的共同体，也是一种价值的共同体，只有建立以合作共赢为价值共识的新型国际关系伦理，才有可能找到惠及各方发展的“最大公约数”，促进各方发展。

三　中国式现代化的伦理精神

中国式现代化是中国特色社会主义伟大实践的创造性成果，它不仅给世界贡献了一种不同于西方现代化的“中国方案”，而且也彰显出中国特色社会主义制度巨大的优越性。历史与实践证明，中国的现代化建设之所以能够取得举世瞩目的成就，是因为有中国特色社会主义制度的支撑与价值保障。中国特色社会主义制度是党和人民在长期实践探索中形成的科学制度体系，它始终把“以人民为中心”作为制度建设与社会发展的价值逻辑，并由此构成了“中国之治”背后的制度密码。

社会制度是文明社会发展的产物，每一个社会都有自己不同类型的制度，每一历史时期也有不同类型的制度。社会制度往往体现着一个社会文明发展的程度，展示着一个社会变化发展的运动轨迹，“制度优势是一个国家的最大优势，制度竞争是国家间最根本的竞争”①。不同于西方的资本主义社会制度，中国特色社会主义制度体现的是一种基于对广大人民群众负责的政制伦理，这种政制伦理“实质是一种制度伦理、责任伦理”②。正是对广大劳动人民的负责，而非对少数社会群体的负责，使社会主义制度具有了一种广泛的群众基础。这套社会制度的优势就在于始终坚持中国共产党的领导，始终遵循着“以人民为中心”的价值逻辑。这一价值逻辑体现在国家治理中就是对社会内部矛盾的正确处理，对人民群众根本利益的有效保障。在这个意义上，国家治理的价值基础就奠基于一种责任伦理之上，即维护广大人民群众的根本利益，“国家治理的最高价值目标，就是基于伦理维度的‘善治’”③。所谓善治，本质上是国家（政府）与人民多元主体合作管理公共事务，由此形成政府与市场、社会的良性互动关系，最终实现公共利益与效用的最大化。公共利益说明了它不是隶属于某个集团或是少数人的利益，而是奠基于政府与人民共治基础之上的广大人民群众的利益，反映的是“人民至上”的价值理念。因此，实现以“善治”为价值目标的国家治理体系和治理能力现代化是中国特色社会主义制度的本质要求，它不仅是建设中国式现代化新道路的制度保障，也是创造人类文明新形态的价值保障。制度不仅规范着社会内部的结构与秩序，而且也具有相应的价值导向功能。例如在资本主义社会，其制度设计遵循的是资本的逻辑，维护的是资产阶级的利益，倡导的是一种资产阶级的自

---

① 习近平：《坚持和完善中国特色社会主义制度 推进国家治理体系和治理能力现代化》，《求是》2020 年第 1 期。

② 李建华：《国家治理与政治伦理》，长沙：湖南大学出版社 2018 年版，第 67 页。

③ 李建华：《国家治理与政治伦理》，长沙：湖南大学出版社 2018 年版，“序言”，第 3 页。

由、民主价值观。中国特色社会主义制度遵循的是“以人民为中心”的价值逻辑，反映的是广大劳动人民的集体意志，注重的是社会的公平正义。“不论处在什么发展水平上，制度都是社会公平正义的重要保证。我们要通过创新制度安排，努力克服人为因素造成的有违公平正义的现象，保证人民平等参与、平等发展权利。”① 在这个意义上，坚持和完善中国特色社会主义制度就是解决中国式现代化新道路“发展依靠谁？为了谁？”的终极价值问题，就是解决中国式现代化新道路“发展什么？如何发展？”的社会现实问题。具体来说，中国特色社会主义制度的价值维度主要体现在以下三个方面。

首先，中国特色社会主义的根本制度确立新道路的价值方向，保证了人民的主体性地位和权益，体现了主体伦理精神。所谓根本制度，就是体现着中国特色社会主义的本质特征，从根本上保证着现代化的发展方向，起着全局性、决定性、指导性作用的制度。社会主义根本制度的伦理价值主要集中在确立了“以人民为中心”“人民当家作主”的价值理念，它是对人的实践的能动性与“伦理的连接性”② 的肯定，它体现了主体伦理精神。中国共产党的领导作为根本制度，其初心和使命就是为中国人民谋幸福，为中华民族谋复兴。人民幸福与民族复兴是一种政治使命也是一种伦理责任，它是人的主体性价值理念的实现与保障，它为中国式现代化的发展确立了价值方向。方向决定道路，道路决定命运。历史与实践证明，百年党史就是一部中国共产党团结带领全国各族人民自强不息、奋斗拼搏、实现民族复兴的历史。中国共产党作为最高的政治领导力量，对推进社会主义伟大事业起着总览全局、协调各方的关键作用，为探索、形成一条中国式现代化新道路指明了方向。“人们自己创造自己的历史，但是他们并不是随心所欲地创造，并不是在他们自己选定的条件下创造，而是在直接碰到的、既定的、从过去承继下来的条件下创造。”③ 在这个意义上，坚持

① 《习近平著作选读》第 1 卷，北京：人民出版社 2023 年版，第 185 页。

② 所谓“伦理的连接性”就是指一种复兴社会责任—互助源泉的道德行为：“与他人连接，与社区连接，与社会连接，直至与人类种属连接”。参见〔法〕埃德加·莫兰《伦理》，于硕译，上海：学林出版社 2017 年版，第 47 页。

③ 《马克思恩格斯选集》第 1 卷，北京：人民出版社 2012 年版，第 669 页。

中国共产党的领导就是自觉坚持以人民为中心的价值立场，这不仅为努力实现中华民族伟大复兴提供了制度保障，也为形成中国式现代化新道路提供了远大的价值目标与不竭的精神动力。遵循“以人民为中心”的价值逻辑就需要继续健全为人民执政、靠人民执政的各项制度，如坚持和完善人民民主专政制度与人民代表大会制度。我国是工人阶级领导的、以工农联盟为基础的人民民主专政的社会主义国家，这一国体决定了广大劳动人民才是国家的主人，它体现的是一种“主体伦理精神”，“人民当家作主”是我国区别于西方国家的最显著的制度优势。它不仅能够保证人民群众的各项政治权益，维护人民群众的根本利益，而且也能够最为广泛地团结人民群众，调动人民群众参与到全面建设社会主义现代化国家的新征程当中。人民代表大会制度则是实现“人民当家作主”这一价值诉求的根本制度保障，这是社会主义民主政治优势的集中体现。这就是说，制度建设的关键就在于做到密切联系人民群众，依靠人民群众，从而实现人的主体性地位和权益。制度建设的内容就在于统筹兼顾各方利益，调节各方的利益关系，为正确处理人民内部矛盾奠定制度基础。制度建设的合法性就在于它是建立在伦理责任基础之上的制度。任何一种政治都必然受到一种责任之善的控制与批判，换言之，它应当经受得起伦理、道德的检验。① 我国是人民民主专政的社会主义国家，它体现的是“为人民服务”的责任伦理思想，这就要求在意识形态领域坚持马克思主义指导地位。马克思主义是尊重人的主体性价值、实现人的自由而全面发展的科学体系。

其次，中国特色社会主义的基本制度筑牢新道路的制度基础，保障了人民对美好生活的价值追求，体现了幸福伦理精神。所谓基本制度，就是从各个基本方面、基础领域贯彻社会主义价值理念，促进社会有效运行的制度管理体系。社会主义基本制度的伦理价值主要集中在保障人民群众的根本利益、实现美好生活的目标，它体现的是一种幸福伦理精神。中国特色社会主义基本制度主要有两个方面的内容，即基本政治制度与基本经济

---

① 〔法〕伊曼努尔·列维纳斯：《伦理与无限：与菲利普·尼莫的对话》，王士盛译，南京：南京大学出版社 2020 年版，第 48 页。

制度。基本制度的建设离不开对人民群众根本利益的关注，人民是社会主义制度建设的主体，而如何调节人民群众的利益则是摆在制度管理与建设中的首要问题。现阶段，我国的主要矛盾是人民日益增长的美好生活需要和不平衡不充分的发展之间的矛盾。人民对美好生活的向往即对幸福的追求，“幸福作为最高善”①，不仅需要“生活得好”，也要“做得好”。这表现在经济层面上就是共同富裕，政治实践上就是民主、平等与自治等，“美好生活需要的国家期待是建成富强民主文明和谐美丽的社会主义现代化强国”②，全面建设社会主义现代化国家是实现美好生活的题中应有之义。这就要求在基本制度的设计过程中及时回应广大人民群众的利益关切，通过筑牢现代化发展的制度基础，在经济制度与政治制度两个方面切实保障好人民群众的根本利益。具体来看，基本政治制度有着三个方面内容。一是中国共产党领导的多党合作和政治协商制度，它是符合我国基本国情的社会主义政党制度。西方的多党制建立在生产资料私有制基础上，代表的是少数利益集团、资产阶级的利益，在党派的竞选与执政过程中不可避免地产生彼此排斥倾轧、互相拆台、恶性竞争等乱象。中国政党制度是一种超越西方多党制的新型政党制度，它是马克思主义政党理论同中国实际相结合的产物，是中国共产党带领中国各族人民、各民主党派在百年探索中形成的具有中国特色的政党制度，能够最广泛、彻底、真实地反映“人民当家作主”的价值理念，在根本上是为中国人民的广大利益负责的制度。它的基本特色是“共产党领导、多党派合作，共产党执政、多党派参政”，这能够保证中国共产党的领导地位，并通过规范化、程序化的制度结构最大范围地听取民意，凝聚多方共识，最终提升决策的民主性、科学性与合理性，避免西方政党制度因囿于阶级利益、区域利益而产生的弊端。只有坚持中国共产党领导的多党合作和政治协商制度，才有可能实现中华民族伟大复兴的中国梦，形成独具中国特色的现代化新道路。二是民族区域自治制度，它是指在国家统一领导下，各少数民族聚居的地方实

---

① 〔古希腊〕亚里士多德：《尼各马可伦理学》，廖申白译注，北京：商务印书馆2003年版，第7页。

② 李建华：《伦理与事理——三思斋时评及其他》，北京：社会科学文献出版社2019年版，第64页。

行区域自治，设立自治机关，行使自治权的制度。鉴于我国是一个多民族的国家，民族区域自治制度有利于保障各民族人民共同当家作主的政治权利，协调各民族的关系，维护各民族的平等团结，稳步推进民族地区的现代化发展。中国式现代化不是少数区域、部分群体的现代化，而是全方位、各民族共同的现代化。民族区域自治制度是国家对少数民族利益重视的集中体现，为铸牢中华民族共同体意识，促进中国式现代化新道路的全方位发展奠定了制度基础。三是基层群众自治制度，是指基本政治城乡居民群众在党的领导下，依托基层群众自治组织，依法实行民主管理的制度。它本质上是“人民当家作主”价值观念在社会基层的一种具体表现形式，是人民主权原则的生动展现。基层群众自治制度有两种类型，即城市居民自治制度与村民自治制度，它不仅为人民群众进行自我管理、自我教育、自我服务、自我监督提供了制度基础，也为人民群众行使民主选举、民主决策、民主管理和民主监督等民主权利提供了制度保障。基本经济制度主要是指社会主义基本经济制度，它是指以公有制经济为主体、多种所有制经济共同发展，按劳分配为主体、多种分配方式并存的社会主义市场经济体制。资本主义经济制度建立在生产资料私有制基础上，遵循的是资本的逻辑，维护的是少数资产阶级的利益。社会主义经济制度建立在生产资料公有制基础上，其价值目标是为了消灭剥削、消除贫富差距，最终实现全社会的共同富裕。社会主义的基本经济制度本质上是劳动人民当家作主的经济制度，这不仅需要贯彻新发展理念，为经济的高质量发展提供制度保障，同时也要注意“在做大蛋糕的同时分好蛋糕”，调节好不同主体间的利益关系，建立健全社会保障机制，做到社会公平与经济效率的有机统一。在这个意义上，基本经济制度的运作逻辑就是以满足人民美好生活的价值追求为导向，形成“发展为了人民、发展依靠人民、发展成果由人民共享”的中国式现代化新道路。

最后，中国特色社会主义的重要制度规范新道路的具体发展，维护了社会稳定发展的价值理想，体现了和谐伦理精神。所谓重要制度，就是由根本制度、基本制度衍生出来的维系整个社会有序运转的具体制度及其体制机制。社会主义重要制度的伦理价值主要集中在规范了社会的各个领域，维护了社会的稳定繁荣发展，实现了人民的安居乐业，它体现了和谐伦理精神。重要制度涵盖了国家治理各领域各方面的主体性制度，它完善了国家治理的关键环节、重要领域与主攻方向，规范了中国式现代化新道路在经济、政治、文化、社会、生态文明等领域的具体发展框架，创造了和谐稳定的社会环境，为“五位一体”总体布局与“四个全面”战略布局提供了制度支撑，使得国家的总体部署、发展战略等一系列政策举措能够落实到位。具体来说，重要制度按照治理主体、治理范畴的不同，可分为国家治理、政府治理与社会治理三个方面的内容。

第一个方面是国家治理的重要制度，它是指中国共产党代表人民意志依法治理国家的全局性、综合性的制度。它有三项重要制度。一是中国特色社会主义法治体系，它是实现全面依法治国、依法执政、依法行政的必要保障，是推进法治国家、法治政府、法治道路建设的必然要求。社会主义法治体系不仅是党治国理政的制度基石，也是实现良法善治的制度保障。它遵循的是“人民当家作主”的价值逻辑，从根本上坚持党对法治体系建设的领导地位，贯彻党的方针政策，维护人民的根本利益，建设社会主义法治环境，为提升国家治理现代化与推进社会主义现代化建设提供了良好的法治环境。二是党和国家监督重要制度，本质上体现的是对权力运行的约束与监督，它是党领导中国特色社会主义和国家治理体系的重要制度，是党为人民谋幸福、为民族谋复兴的必然要求。在十九届中央纪委六次全会上，习近平总书记把“坚持完善党和国家监督制度，形成全面覆盖、常态长效的监督合力”列为“九个坚持”规律性认识之一，并强调“坚持构建自我净化、自我完善、自我革新、自我提高的制度规范体系，为推进伟大自我革命提供制度保障”。[①] 坚持党和国家监督重要制度，关键在于以习近平新时代中国特色社会主义思想为指导，坚持党的全面领导，层层压实主体责任和监督责任，巩固党对改革发展的全方位领导。具体内容包括健全监督检查机制，落实全面从严治党责任制等，为中国式现代化新道路奠定制度保障。三是“一国两制”重要制度，它是中国特色社会主义的一个伟大创举，是中国为国际社会解决类似问题提供的一个新思路新方案，是中华民族为世界和平与发展作出的新贡献，凝结了海纳百川、有

① 《习近平著作选读》第 2 卷，北京：人民出版社 2023 年版，第 591、594 页。

容乃大的中国智慧。[①]“一国两制”指的是一个国家两种制度，“两制”的前提是承认“一国”，“两制”是由“一国”派生而来又统一于“一国”之中的“两制”。坚持“一国两制”关键在于坚持中国共产党的统一领导，坚持依法治港治澳，维护宪法和基本法确定的特别行政区宪制秩序，落实中央对特别行政区全面管治权，坚定落实“爱国者治港”“爱国者治澳”[②]。

第二个方面是政府治理的重要制度，它是指党委领导下的政府主导与负责公共治理的具体制度。它有两项重要制度。一是中国特色社会主义政府治理制度，它是国家治理体系的重要组成部分，是在党和国家决策的部署下由各级政府行政机关和部门具体推进社会经济发展、社会管理、服务人民群众等事务的重要制度。政府治理的价值目标是实现社会的“善治”，关键在于以管理创新推动政府职能的转变，打造现代服务型政府治理模式。具体治理内容包括完善国家行政体系，优化政府职责体系、政府组织结构，理顺央地权责关系，促进区域间协调稳步发展，以制度创新赋能社会主义现代化的有序和谐发展。二是外事工作重要制度，它是在党的领导下实现中国特色大国外交的具体制度。推进中国特色大国外交关键在于坚持和平、发展、合作、共赢的价值观念，构建人类命运共同体，为民族复兴的中国式现代化新道路提供和平稳定的国际环境。

第三个方面是社会治理的重要制度，它是指党委领导、政府负责、公众参与的三方协同管理社会基本领域的制度。它有四项重要制度。一是共建共治共享的社会治理重要制度，它是“发展为了人民、发展依靠人民、发展成果由人民共享”的价值理念的具体展现。“共建共治共享”说明它是一元主导、多方参与、共同治理的制度模式，打造的是一种社会治理共同体，本质上是协调人民利益关系、保障人民自身权益、处理人民内部矛盾的有效机制。在这个意义上，提倡“共建共治共享”就是要团结社会各方力量，发挥社会组织的作用，共同促进社会治理的健康有序发展，为中国式现代化新道路凝聚共识与发展动能。二是统筹城乡的民生保障重要制

① 《坚持“一国两制”和推进祖国统一——新时代中国特色社会主义的伟大成就》，《人民日报》2021年12月13日。

② 《坚持“一国两制”和推进祖国统一——新时代中国特色社会主义的伟大成就》，《人民日报》2021年12月13日。

度，它是实现人民美好生活的必然要求，是正确处理我国当前社会主要矛盾的具体制度。坚持统筹城乡的民生保障重要制度，关键在于激发社会各方的积极性，共同努力改善社会民生，促进整个社会的公平正义。具体治理内容包括完善就业服务机制，健全社会保障体系，建立终生学习的教育体系，坚决兜牢民生底线，巩固提升人民群众生活的幸福感、获得感与安全感，为中国式现代化新道路奠定制度保障。三是中国特色社会主义文化重要制度，它为中国特色社会主义与国家治理体系提供了思想文化支撑，是社会主义现代化建设在精神文明领域的制度保障。坚持中国特色社会主义文化重要制度，关键在于坚持社会主义核心价值观的引领，实现社会主义先进文化、革命文化与中华优秀传统文化的有机统一，形成全民共创共享的社会主义优秀文化成果。具体治理内容包括完善人民文化权益保障制度，健全社会主义公共文化服务体系，建立新时代公民道德规范体系，为建设富有文化底蕴的中国式现代化新道路奠定制度保障。四是生态文明重要制度，它是推进构建人类文明新形态的制度保障，是建设人与自然和谐共生的现代化美丽强国的必由之路。坚持生态文明重要制度，关键在于坚持新发展理念，形成全民参与的体制机制，构建“生态脱贫”、“生态致富”与“生态振兴”的生态产业化道路。具体治理内容包括健全自然资源资产产权制，建立国土空间开发保护制度，完善环境和生态税费制度，落实生态环境保护责任制等，为绿色可持续发展的中国式现代化新道路奠定制度保障。

第二十三章　人类文明形态形成中的伦理变更[*]

中国式现代化创造了人类文明新形态。“文明形态”是人类文明在发展过程中所显示出的关涉生产、生活组织方式的社会秩序状态，它是文明高度发展的一种价值性成果，往往与个体生活质量、社会文明程度的高低有着密切联系。人类的历史就是一部文明形态不断演进、创新的发展史，不同形态的文明，其发展道路是不尽相同的，其社会结构要素，诸如政治制度、社会生活、文化风俗的伦理价值内核也有着很大差异，正是这种在价值层面所反映的内在差异性标示出了人类文明变革发展的前进方向。中国式现代化的发展模式意味着整个社会生活、秩序规范、价值观念的变革与重铸，由此不可避免地孕育出一种全新的文明形态。它在政治秩序、经济秩序、文化秩序、日常生活秩序、生态秩序等多个领域彰显出开放包容、和谐共生、守正创新、人民至上、共同富裕等独具中华民族价值特色的伦理精神。

一　人类文明形态变化中的伦理

纵观人类文明的发展历程，每种文明形态都有其组织、维系社会生活的不同方式，这种方式背后往往隐藏着一个巨大的“价值框架”①，它作为

* 本章部分内容已经发表于《江苏行政学院学报》2024年第1期。

① 这里借用加拿大学者查尔斯·泰勒的说法。所谓价值框架，就是为个体生活实践，乃至社会的发展提供“应当怎么做”的价值实践法则，“在这个框架内的思考、感觉和判断，就是这样一种意义在起作用，即某些行为、生活方式，或感觉方式无比地高于那些我们更加乐于实行的方式”。参见查尔斯·泰勒《自我的根源：现代认同的形成》，韩震等译，南京：译林出版社2001年版，第27页。

文明社会的内在价值规范支撑着整个社会秩序稳定、有效地运转。伴随文明形态的演变与发展，这种文明的价值内核——伦理形态也发生着相应变革，从而对个体的生活方式、社会群体的精神风貌产生深远的影响。从某种意义上说，文明的孕育过程，就是其内在的伦理价值形态不断整合、发展直至走向成熟的过程，而文明社会的衰变，最主要的表征就是整个社会秩序的逐步失范、失灵，社会内部伦理观念体系的解构、价值信仰的崩塌。

1. 人类文明形态的标准及伦理标识

"文明"（civilization）是一个广泛涉及历史学、文化人类学、社会学等人文社会科学的综合性概念，在英文中是由拉丁语 civilizaie（开化的）变化而来的一个单词，最早是法国启蒙思想家为了区别于"野蛮状态"而提出来的。从语义上来说，它既是指社会在物质层面所取得的成就价值，也暗含了社会在精神—道德层面所取得的成就价值。[①] 而所谓的文明形态就是这种价值性成就在社会秩序层面的表现形式，每一种文明形态都借此衍生出其独有的伦理实体与价值形态，它不仅是文明社会用以组织与维系社会各领域秩序的"调节器"，也是区分与界定某一文明形态的伦理标识。

人类文明形态的建构与其所反映的价值观念是一种系统性的生成过程，对文明形态的判定标准必然包括了对社会"器物"与"精神—价值"这两个方面的考察。因此，人类文明形态的研究首先离不开对文明社会类型的研究。比如，英国著名史学家汤因比以文明社会类型作为历史研究单位来定义文明，将人类从古至今所出现的文明划分为 21 种类型，[②] 这无疑是有合理性的。社会形态的样式是复杂、多变的，我们只有进一步深入社会结构内部，即深入个体生存状况的微观层面才有可能理解社会运作的价值逻辑，从而揭示出某一文明形态的内在独特性。德国哲学家雅斯贝尔斯提出"轴心时代"（Axial Age）文明说，他认为各轴心文明都以某种

① 〔法〕费尔南·布罗代尔：《文明史纲》，肖昶等译，桂林：广西师范大学出版社 2003 年版，第 25 页。

② 〔英〕阿诺德·汤因比：《历史研究》，刘北成、郭小凌译，上海：人民出版社 2010 年版，第 37 页。

宗教—伦理观“为自己确立了最为崇高的目标”[①]，即对“人之存在”这一终极命题的不断思索为后续文明发展奠定了坚实的精神基础。这从一个侧面表明，人类的生存状况成为判定文明发展程度高低的价值标准，而一个社会中群体与群体、群体与个体以及个体间的伦理关系能够直接反映出其对“人之存在”这一终极命题思考的深度。人类生存状况的判定是否有其科学依据？这种生存状况与文明形态之间又有着怎样的联系？

马克思的唯物史观从生产组织方式的演变角度，亦即通过人的存在方式，揭示出了人类文明形态的发展的一般规律。他在《政治经济学批判（1857—1858 年手稿）》中指出：“人的依赖关系（起初完全是自然发生的），是最初的社会形式，在这种形式下，人的生产能力只是在狭小的范围内和孤立的地点上发展着。以物的依赖性为基础的人的独立性，是第二大形式，在这种形式下，才形成普遍的社会物质变换、全面的关系、多方面的需求以及全面的能力的体系。建立在个人全面发展和他们共同的、社会的生产能力成为从属于他们的社会财富这一基础上的自由个性，是第三个阶段。”[②] 这说明，我们可以通过人存在方式的演变将文明形态依次划分为三种类型：以人的依赖关系建构的前资本主义文明形态；以物的依赖关系建构的资本主义文明形态；以人的自由而全面发展建构的未来共产主义文明形态。在前资本主义文明形态中，这种伦理标识展现为一种原始的自然共同体，它带有神秘、朴实、未开化等自然蒙昧色彩。在资本主义文明形态中，这种伦理标识转变为一种阶级间的冲突、对抗状态，它以社会中资产阶级与无产阶级的对立关系为标志。在未来共产主义文明形态中，这种伦理标识上升为一种“自由人的联合体”，这个社会“将是这样一个联合体，在那里，每个人的自由发展是一切人的自由发展的条件”[③]。一言以蔽之，马克思唯物史观对文明形态标准的划分，以社会生产组织方式为文明形态演进的基础，超越了一般文明社会类型演化说，揭示出了人的存在方式与文明形态之间的内在关联，赋予了人类文明发展规律以科学的价值形态。

---

① 〔德〕卡尔·雅斯贝尔斯：《论历史的起源与目标》，李雪涛译，上海：华东师范大学出版社 2018 年版，第 8 页。

② 《马克思恩格斯文集》第 8 卷，北京：人民出版社 2009 年版，第 52 页。

③ 《马克思恩格斯选集》第 1 卷，北京：人民出版社 2012 年版，第 422 页。

按照马克思的设想，未来的共产主义文明将创造出一种全新的伦理形态，它是摆脱了“人的依赖关系”与“物的依赖关系”的一种“自由王国”，是人作为目的而非工具、手段的价值形态的最终实现与完成。“人以一种全面的方式，就是说，作为一个完整的人，占有自己的全面的本质。”①

2. 人类文明形态的演进及伦理变革

一般来说，人类文明形态的演进方式有两种：一种是内生自发型，另一种是外生后发型。但无论是哪一种类型，文明形态的演进都离不开社会整体的变革与发展，它不仅涉及社会物质层面的变革，而且也包括了社会精神价值层面的变革。这种变革总是在一定社会秩序领域中进行的变革，变革起初或许只是经济、政治秩序的变化，如社会生产工具、方式的改良，政治制度的调整等，但这种变化将扩散至社会各领域，从而对整个旧有社会伦理价值形态造成结构性的影响，它通过新旧的伦理价值形态的更替实现人类文明形态的演进。

从文明形态的依次演进可以看出，人类文明形态的变化总是伴随着人的存在方式的变化，而人的存在方式又与社会主体间的伦理连接形式是密切相关的。这种存在方式背后往往涉及社会各领域中的一系列价值规范，正是这套行为规范为个体生活、交往方式提供了有效的实践指南。在以“人的依赖关系”为伦理标识的前资本主义文明形态中，主体间的伦理关系表现为一种人身依附关系，主体的价值性特征主要是服从、牺牲、克制、无畏等传统美德观念，强调的是主体对于共同体应尽的责任义务。在这种文明形态中，个体经常被视为共同体的财产，他在很大程度上离开共同体就无法生存，对群体的依赖性很强，个体往往以非主体性的存在方式受制于其生活的地域、宗族等血缘或地缘共同体。“我们越往前追溯历史，个人，从而也是进行生产的个人，就越表现为不独立，从属于一个较大的整体：最初还是十分自然地在家庭和扩大成为氏族的家庭中；后来是在由氏族间的冲突和融合而产生的各种形式的公社中。”② 但由于生产能力与科技水平的限制，这种文明形态还主要停留于农耕、畜牧、狩猎等自然状态，主体

① 《马克思恩格斯文集》第 1 卷，北京：人民出版社 2009 年版，第 189 页。

② 《马克思恩格斯文集》第 8 卷，北京：人民出版社 2009 年版，第 6 页。

间的关系还带有一种原生的“温情”色彩。

随着西方工业革命的爆发，资本主义的机器化大生产与社会化大分工逐渐改变了原有主体间的伦理关系。在以“物的依赖关系”为伦理标识的资本主义文明形态中，主体间的伦理关系主要表现为一种“社会契约关系”，它是奠基于现代商品贸易之上的一种主体间关系，维护的是主体自身的权利，诸如平等、自由、功利等。“只有到18世纪，在‘市民社会’中，社会联系的各种形式，对个人说来，才表现为只是达到他私人目的的手段，才表现为外在的必然性。”① 但是这种社会联系形式所表现出的人的相对独立性，却是以对“物的依赖关系”为前提条件的，其中的个体受资本逻辑的操控，其最典型的表现形式就是“人为物役”的异化状态。所谓的平等、自由等价值观念，只是生产资料所有者——资产阶级所享有的特权，旧有的共同体在现代资产阶级与无产阶级的分裂冲突中走向瓦解。人类虽然摆脱了原始的人身依附关系，获得了一定的独立性却又重新陷入一种新型的现代奴役之中。由此可见，现代资本主义文明以生产资料私有制为基础，以金钱至上的资本逻辑为价值准则，以内在的社会分裂与竞争对抗关系为主要特征，这是一种“建立在劳动奴役制上的罪恶的文明”②。

在以“人的自由而全面发展”为伦理标识的未来共产主义文明形态中，主体的存在方式超越了“人的依赖关系”与“物的依赖关系”，展现出独立与自由的个体化特征，主体间的伦理关系主要表现为相互成就的价值关系，它不仅是一种摆脱了内在对抗、分裂的新型文明形态，而且是“古代氏族的自由、平等和博爱的复活，但却是在更高级形式上的复活”③。不同于奠基于生产资料私有制的资本主义文明，未来的共产主义文明是建立在生产资料公有制基础之上的，是真正实现了人的主体性价值的文明。但值得注意的是，人的存在方式的变革不是一蹴而就的，它是建立在一定的物质基础之上的变革，没有物质极大丰富的条件保障，个体化的价值规范就缺乏实现的有利土壤。从这个方面来说，实现人的存在方式的变革就需要积极吸收、借鉴现代资本主义先进生产力的有益成果，为人的自由而

① 《马克思恩格斯文集》第8卷，北京：人民出版社2009年版，第6页。

② 《马克思恩格斯文集》第3卷，北京：人民出版社2009年版，第175页。

③ 《马克思恩格斯文集》第4卷，北京：人民出版社2009年版，第198页。

全面的发展奠定物质基础，同时又要求突破以资本为价值导向的社会运作逻辑，使得文明发展的有益成果能够惠及全体人民，包括“管理上的民主，社会中的博爱，权利的平等，教育的普及”[①] 等。

由此可见，实现人的自由而全面的发展一方面需要建立在生产力高度发达的基础之上，另一方面又需要使人摆脱为资本所奴役的异化状态，还人以真正的独立与自由。从这个意义上来说，当前中国所开展的社会主义现代化建设就是一种属于未来共产主义文明的新文明形态（雏形）。它虽然在现实基础与社会结构上还属于现代文明形态，但在发展理念与伦理导向上又已具有未来文明形态的价值特征，是一种在现实的历史土壤中孕育出的未来文明形态。

3. 文明形态与伦理形态的同步变化

人类文明形态的演进与其伦理形态的变革是密切相连的，二者是相互影响、相互促进的关系。伦理形态是指均衡利益分配的社会规范机制，它的构成要素涉及社会伦理实体、社会价值观念、社会精神气质等。当文明的发展催生社会变革时，即社会秩序各领域的关系结构发生变化时，原有的利益均衡状态被打破，就需要建构起新型的文明伦理形态来调节这种变化。它涵盖了人与自然、人与社会、人与人三方面的内容。正是这三方面伦理形态所发生的变化，展现出了人类文明形态的演变趋势。

从人与自然伦理形态的演变史来看，在前资本主义文明形态中，人与自然之间是一种和谐稳定的关系。在原始社会，由于生产力水平的低下，人们主要是通过狩猎、采集为生，对自然界还保持着朴素的敬畏情感。到了农耕社会，人们学会了耕种与驯养等农业技术，并逐步发挥自身的主观能动性获得了一定的独立性，不再盲目地崇拜与过度依赖自然界，而是在一定程度上利用与改造自然以实现自身利益的最大化，由此也出现了对农田的过度开垦与对森林的过度砍伐现象。但总体来说，人类自身的发展水平与科技能力还十分有限，人与自然的关系仍能维持相对和谐的状态。在资本主义文明形态中，人与自然的伦理形态演变为控制与征服的对抗形式。近代工业革命使得社会生产力水平有了显著提升，人类认识、改造自

① 《马克思恩格斯文集》第 4 卷，北京：人民出版社 2009 年版，第 198 页。

然世界的能力不断增强。但资本的逻辑决定了社会的发展必然是建立在对自然永无止境的索取与破坏之上的。只有超越了资本主义的发展模式，人与自然的伦理形态才能获得协调发展，这种伦理形态在本质上追求的是一种互利双赢的主体间性价值，而非资本“赢者通吃”的单一主体性逻辑。

从人与社会伦理形态的演变史来看，在前资本主义文明形态中，人与社会的关系处于高度统一的状态。社会生存环境恶劣与生产力水平低下决定了个人缺乏维系自我生存的充要条件，人总是自觉或不自觉地寻求某一社会群体、组织来提供庇护，此时人与社会的典型伦理形态是作为一种血缘、宗教共同体出现的，它“是一种原始的或者天然状态的人的意志的完善的统一体”[①]。在资本主义文明形态中，人与社会的关系演变为自由松散的状态。个体逐渐摆脱了共同体的控制，进入以纯粹的个人意志自由与契约关系为主导的现代社会。这种社会遵循的是资本的价值逻辑，它“应该被理解为一种机械的聚合和人工制品”[②]，不同于古代共同体的象征安全和谐的有机体，现代资本主义社会是一种高度原子化的个体社会，个人与社会间的情感纽带也被冰冷的金钱关系所解构。只有在未来的共产主义文明形态中，人与社会的关系才有可能重回统一的状态，它是一种克服了纯粹主观自由与绝对同一性的相对统一状态。

从人与人伦理形态的演变史来看，在前资本主义文明形态中，人与人的关系是一种人身依附关系。古代社会人身依附关系的核心是经济依附，这主要体现在农耕社会中佃农依附于地主、底层民众依附于上层统治阶层等。在资本主义文明形态中，人与人的关系发展成为一种竞争对立关系。随着社会生产力与生产关系的变革，个体逐渐获得了一定的经济独立，但这种独立往往是建立在对他者利益的剥夺、占有之上的。在现代资本主义社会，人与人之间的伦理形态表现为一种阶级间的对抗形式，原始共同体中的互助、友爱、奉献精神让位于社会达尔文主义的“丛林法则”。在未来共产主义文明形态中，人与人之间的紧张对立关系将得以消除，而展现

① 〔德〕斐迪南·滕尼斯：《共同体与社会——纯粹社会学的基本概念》，林荣远译，北京：商务印书馆1999年版，第Ⅲ页。

② 〔德〕斐迪南·滕尼斯：《共同体与社会——纯粹社会学的基本概念》，林荣远译，北京：商务印书馆1999年版，第54页。

为一种和谐友爱关系。社会共同富裕的价值取向决定了个体自由而全面的发展不再是建立在牺牲他者利益之上的，每个人都有实现自我价值的能力与机会，同时“他自己为别人的存在，同时是这个别人的存在，而且也是这个别人为他的存在”①，主体间是一种相互成就的伦理价值形态。

我们发现，人类文明形态的演进总是伴随着社会秩序各领域中矛盾关系的转化，这种转化过程集中体现在人与自然、人与社会、人与人之间伦理价值形态的演变中。马克思主义的唯物史观告诉我们，文明演变的价值逻辑与历史规律为我们揭示出人类社会发展的终极目标——所有社会矛盾的真正解决，“它是人和自然界之间、人和人之间的矛盾的真正解决，是存在和本质、对象化和自我确证、自由和必然、个体和类之间的斗争的真正解决”②。

二　人类文明新形态的伦理整合

伦理整合是人类文明形态变化的结果，同时又是人类文明新形态产生的重要前提之一。现阶段，中国式现代化建设正在开启一种全新的人类文明形态。这种人类文明新形态不仅是中国特色社会主义道路、制度、文化、发展的集中展现，也是世界文明交流互鉴的价值性成果。中国能够开启一种新的文明形态，得益于其在努力实现民族复兴的同时，能够对现代性本身进行扬弃与超越，并积极思考全人类未来的命运与出路问题。简言之，这种新文明形态所建构的价值内核体现在：确立生产资料公有制的根本经济制度是为了实现共同富裕，社会发展的最高价值目标是实现人的自由而全面的发展。正是在这个意义上，我们说这种新文明形态所实现的是对中国传统伦理、现代西方伦理价值整合基础之上的新伦理形态，其内涵的价值理念预示着它将不可避免地挑战以往社会中以“物的逻辑”“资本逻辑”为中心的运作法则，从而推动人类历史的总体性进程。在挑战中整合，在整合中迎接新的挑战，这也是文明发展与伦理变革的双向互动。

---

① 《马克思恩格斯全集》第3卷，北京：人民出版社2002年版，第298页。

② 《马克思恩格斯文集》第1卷，北京：人民出版社2009年版，第185页。

人类文明新形态一方面是在历史文化土壤之中被建构起来的，另一方面又是在对西方现代性危机深刻反思基础上开启的新文明形态。这意味着它在建构自身价值体系的过程中将涉及两个方面的主题：一是传统伦理价值观的现代转化与传承，二是对现代化本身所产生的社会问题的思考与应对。正是带着对这两方面主题的百年探索与实践，中国共产党成功带领中国人民，在马克思主义科学理论的指导下，扎根于中华优秀文化的沃土之中，总结与吸收西方现代化的有益经验，实现了对中华文明的继承与创新性发展。这种探索与实践意味着中国所开启的人类文明新形态不仅是现代化发展的阶段性成果，同时还要面临继续现代化和复兴中华民族的历史重任。从这个意义上来说，人类文明新形态的价值内核并非统摄于一个既成、完善的伦理实体之中，而是在现实的伦理变革过程中不断被建构起来。如果说，这种文明的建构过程聚焦于解决现代社会的普遍性发展难题，并致力于实现对西方现代性价值的批判与超越，那么由此开启的文明就不只是属于某个地域、民族的历史，它同时也获得了一种世界历史的意义。

中华文明有着悠久的历史，这种深厚的历史积淀不仅蕴含着丰富的实践智慧，而且反映出一个民族的内在信仰与精神追求。中国传统伦理指的是中华民族在农耕文明时代探索与总结出的一套涵盖生存实践法则、社会价值规范与人生道德理想的文化价值体系，它是中华传统文化的内在精髓与价值内核，其中儒家的仁爱中庸、墨家的兼爱非攻、道家的生态养生等优秀文化最具代表性。但也应当指出的是，中国传统伦理并不只有道德教化的功能，抑或只是某种文化观念的集合，其在现实性基础上，首先而且必然是作为维系各种社会秩序的重要手段而存在的，其主要的表现形式就是古代宗法社会中的伦理纲常等名教。如果忽略了这一点，我们就无法清晰地认识中国传统伦理所赖以生根发芽的文明土壤，也就不能理解中华传统文化与中国当前正在开创的新文明形态之间的内在关联。中国传统伦理不得不面对的挑战是来自当前中国式现代化建设所开创的一种新的文明类型，且这种新的文明类型必然呼唤一种新的伦理价值形态与之适应。也就是说，我们需要理解和把握的问题是：与中华民族近代以来求独立、富强与民主的历史性实践相对应的，中国传统伦理该如何重新认识自身？即如何在中国的历史性实践中不断转化并不断焕发生机？

正是在对传统陋习、守旧伦理观展开不懈斗争的基础上，人类文明新形态的伦理变革才实现了对优秀传统伦理的创造性转化与创新性发展。一般来说，中国传统伦理注重的是一种整体主义的生活观念，它以个体对家庭、宗族等团体组织的无限尊崇、效忠作为基础，反映的是以伦理为本的价值取向。所谓“伦理为本”的意思，就是以各种伦理关系为基础组织起来的一个社会的规范形式。它已经超出了普通意义上具有榜样精神的道德律令的范畴，而兼具了一种社会控制、调节的功能。在人际关系方面，这种伦理为本的社会关系，“即是情谊关系，亦即是其相互间的一种义务关系”①。它意味着主体间所形成的是一种富有道德属性的责任关系。这有别于现代西方社会原子个人式的生活方式，在一定程度上凝聚了社会共识与伦理认同。但是当这种伦理层面带有血缘、情感属性的义务关系结构化为一种权力依附关系时，它留给个体的只是无尽的道德债务，谈不上个体之道德自由与人格独立。在处世之道方面，中华民族向来以礼仪之邦、崇尚和平著称于世，中国传统文化中有着贵和尚中、协和万邦的和平发展理念。这种“和为贵”的文化形态表现为与邻和睦、友善的伦理观，它为人类文明新形态所建构的人类命运共同体的全球伦理观奠定了价值基础。在治国理政方面，中华文明蕴含着民本仁爱、政者为正、天下为公的政治伦理思想。中国自古就有重视民生、敬德保民的价值传统，人类文明新形态中以人民为中心的发展理念汲取了这种传统政治伦理中的合理内核。在自我修养方面，中华文明孕育出了内圣外王、知行合一、经世致用等崇高的道德人文精神。其中，自强不息的君子人格与心系天下的爱国主义情怀都为建构人类文明新形态的公民价值观提供了丰富的道德文化滋养。在人与自然的关系方面，古代中国人民信奉和谐共生、天人合一的生态自然观，比如，道家强调道法自然的客观规律，儒家荀子主张制天命而用之的思想，这都为人类文明新形态树立生态发展理念提供了丰富的理论资源。

审视当下，这种传统伦理的价值转化始终是一个同社会发展相协调、相适应的过程。如果不能很好地将传统伦理的价值理念融入中国的历史性实践之中，并由之开展出一系列具有实质性历史内容的伦理价值形态，那

① 梁漱溟：《中国文化要义》，上海：上海人民出版社 2011 年版，第 79 页。

么它就会蜕变为一种空洞抽象，甚至僵化的理论教条。正如梁漱溟所说，这种伦理原初作为个体至善的道德精神是难能可贵的，但是它一旦衍变为某种维系社会秩序的规范制度，就“原初精神意义浸失，而落于机械化形式化，枯无趣味”。[①] 封建统治阶级通常借助纲常名教来奴役劳动人民，其根本出发点是为了维护自身的统治，传统伦理不再只是教人成圣贤的道德理想，同时也成为方便食利阶层谋私与迫害个人的工具，亦即它不再具有道德批判、反思的革命精神。其结果是：中国传统伦理的蜕化不仅导致人的麻木与愚钝，而且造就了“吃人”的封建礼教。

从这样的历史悲剧中总结经验教训，近代中国的有识之士迅速认识到了封建王朝的腐朽与没落，作为官方价值学说的传统纲常礼教也自然成为人们日常批判的对象。中国共产党成立后，从新民主主义革命时期，到社会主义革命和建设时期，再到改革开放和社会主义现代化建设新时期，直到中国特色社会主义新时代，具有科学变革精神的马克思主义思想成为指导中国现代化实践的理论武器，它揭示的是社会发展的规律，反映的是广大劳动人民的根本利益，最终是要实现人的解放。正是这种有关人的解放的科学，以及它对人类生存状况的哲学沉思与道德关怀，为文明前进的方向提供了价值引领。马克思主义基本原理同中国具体实际相结合，开创出中国式现代化，也必然为中国传统伦理与民族精神的现代化提供科学指导。由此我们可以清晰地看到，对于中国共产党的百年实践来说，它面临的现实任务有两个方面：一个是实现现代化的问题，另一个则是如何处理好现代化与传统伦理之间的关系问题。进而言之，与一种关乎人的科学、与人的发展相适应的现代化建设正在开创出一种新的文明形态，它在努力实现中华民族伟大复兴的同时，也注定促使传统伦理步入新的历史发展阶段。

西方现代化进程最早始于17世纪的欧洲，它是以工业革命与社会化大生产为经济基础、思想启蒙为价值引领的社会整体性变革。现代性作为西方现代化的核心、基础，主要表现为一种个人本位的、宣扬主体性权利的、强调自由与平等的伦理价值学说。这种伦理学说虽然在一定程度上激

---

① 梁漱溟：《中国文化要义》，上海：上海人民出版社2011年版，第271页。

发了个人思想的觉醒，推动了社会风气的开化与进步，丰富了人们的物质与精神生活，但正如马克斯·韦伯认为的那样，西方的现代化源于一种资本主义的理性精神，它信奉的是金钱至上、精于算计的价值观念。[①] 由是观之，在其历史发展之中，其未能摆脱以资本为价值导向的社会实践模式。如果说，中国所开创的人类文明新形态是在反思现代西方文明基础上对西方现代性价值观念的扬弃与超越，那么，这种扬弃与超越主要表现在社会主义现代化建设中所贯穿的“人”的逻辑，正是这种以人为中心的发展逻辑，实现了对西方现代性“物”的逻辑、“资本”逻辑的根本超越。

现代西方伦理是西方社会发展的思想价值观念的总括，它涵盖了社会规范、意识形态、制度体系、生活方式等多个方面的内容，是维系现代西方社会秩序的价值内核。在西方社会的现代化进程之中，这一伦理价值体系面临着内在解构与崩塌的风险。现代西方伦理的吊诡之处在于，一方面它丰富与拓展了人类文明发展的价值维度，另一方面却在现代化的发展过程中走向了其价值的对立面。加拿大学者查尔斯·泰勒通过对西方现代性病症的剖析，将其概括为三个方面的隐忧：意义的丧失与道德褪色、工具理性导致的目的晦暗、自由的丧失。[②] 究其原因，这是资本主义文明片面发展现代性价值理念的结果，它使得个人本位原则滑向了纯粹的个体利益至上主义，工具理性则演变为技术社会唯一的评判标准。与之适应，在由这样的社会价值观念、制度体系建构的社会中，人与人之间的关系及个体自身均发生了不同程度的异化。这集中表现在现代西方社会以“资本”为价值中心的发展原则，正是受制于此种发展原则，现代西方文明造就了个体生活形态与实践方式的全方位异化，在这种文明发展的历史进程中，“人性的堕落与社会的进步是联系在一起的”[③]。不可否认，现代西方文明借助资本的力量推动了社会经济、文化、科学技术的进步，但这种进步却是以牺牲个体的本真性价值为代价的，亦即以对人的生命本质的戕害为代

---

① 〔德〕马克斯·韦伯：《新教伦理与资本主义精神》，马奇炎、陈婧译，北京：北京大学出版社 2017 年版，第 41~71 页。

② 〔加拿大〕查尔斯·泰勒：《现代性之隐忧》，程炼译，北京：中央编译出版社 2001 年版，第 12 页。

③ 〔德〕马克斯·霍克海默、西奥多·阿多诺：《启蒙辩证法——哲学断片》，渠敬东、曹卫东译，上海：上海人民出版社 2021 年版，第 4 页。

价。这种个体生活形态的异化，正是马克思所说的“以物的依赖性为基础的人的独立性”。[①] 它虽然摆脱了人的依赖关系建构的社会形态，使人获得了一定的独立性，但是又使人处于资本、机器的支配之下。这说明，现代西方文明所建构的社会秩序、法律规范、生活形态并没有使人真正摆脱被“物化”的命运。现代性在编织西方社会观念之网的同时，反映了西方文明内在的精神追求，但没有对经济领域“资本逻辑”的彻底改造，没有彰显政治领域人的解放的诉求，这就使现代西方伦理所塑造的平等、自由、博爱的生活范式注定只能是一种虚幻的价值“乌托邦”。

中国式现代化正在开启的是一种新文明形态，是对视资本逻辑作为首要发展原则的否定，强调人的价值的实现才是发展的最终目的。西方现代化是以资本为中心的发展逻辑，这种资本的逻辑一旦侵入个体生活的方方面面，人的主体性地位就难免会遭到挑战，并沦为资本逐利的手段与工具，它导致了资本主义发展晚期出现的技术理性对个体生活世界的系统性宰制。正如英国学者齐格蒙特·鲍曼看到的，这种社会的结构化力量将所有个体自发性的情感、行为都视为对现代西方文明秩序的公然挑战。[②] 由是观之，西方现代化的发展正在走向启蒙理性的反面，西方后现代思潮正是在这种社会秩序僵化、人文精神失落的乱象中应运而生的。有一种观点认为，中国的现代化只是重复西方业已完成的现代化历史发展轨迹，这一现代化轨迹依然走不出现有文明的发展困境。这样的观点是一种粗浅的论调：它只是停留于主观的臆断层面。但事实的本质绝非如此。如果只是拘泥于社会发展的表象，无法深入文明的内在价值维度以了解其本质性差异，看不到中国式现代化发展的最终目的是解决人民日益增长的美好生活需要和不平衡不充分的发展之间的矛盾，那么我们就会陷入西方中心主义与历史虚无主义的价值泥淖之中。

由是观之，中国的现代化之路就是在文明互鉴、交流的历史契机中，不断地重塑中华文明的内在价值体系，突破西方现代性打造的价值藩篱，构建起一种独具中国伦理智慧的文明形态，从而为世界人类文明的发展提

---

① 《马克思恩格斯文集》第 8 卷，北京：人民出版社 2009 年版，第 52 页。

② 〔英〕齐格蒙·鲍曼：《生活在碎片之中——论后现代道德》，郁建兴、周俊、周莹译，上海：学林出版社 2002 年版，第 55 页。

供中国经验与中国方案。社会主义现代化作为一种价值内涵丰富、具有属人的情感性与生命张力的现代化，遵循的是一种以人为本的实践逻辑与价值旨归，是对人作为价值主体而非客体、载体的捍卫，其最终目的是要实现人的现代化。正是从这个意义上来说，社会主义现代化可以视为对资本主义现代化的积极、全面的扬弃，它始终将人的发展内嵌于社会发展的现实性过程之中，从而实现了对西方现代性的根本超越。但是，应当认识到，这种超越并非全盘否定，而是建立在对西方现代伦理价值理念的批判与对文明有益成果的吸收基础之上的，“它是以扬弃了的现代性、扬弃了的资本主义为本质特征的，从而表明自身为一种新的文明类型”①。

三　人类文明新形态的伦理精神

人类文明新形态所开启的伦理变革实现了从自身价值理念到外在历史性实践的全方位推进。换言之，它不仅在理念上全景式地呈现出自身蕴含的伦理精神，也直接地在现实的社会秩序、生活实践、文化理念、社会发展中映射出这种伦理变革时代意义。这种伦理变革所开启的文明新形态是一种深入民族发展之内在特性的历史性写照，它彰显出的是这一民族千百年来不懈的精神追求与价值信仰。正如黑格尔所言：“民族精神便是在这种特性的限度内，具体地显现出来，表示它的意识和意志的每一个方面——它整个的现实。”② 从这个意义上来说，人类文明新形态在生成中产生的伦理变革正是在中华民族的具体化实践中逐步促成的。它在日常生活秩序、生态秩序、文化秩序、政治秩序、经济秩序等五个领域彰显出开放包容、和谐共生、守正创新、人民至上、共同富裕等独具中华民族价值特色的伦理精神。

开放包容。在日常生活秩序领域，人类文明新形态所展现出来的是一种开放包容的伦理精神。这种开放包容的伦理精神不仅形成于文明交流互鉴的时代浪潮之中，而且是继承与发展“亲仁善邻”“协和万邦”等中国

① 吴晓明：《“小康中国”的历史方位与历史意义》，《中国社会科学》2020 年第 12 期。

② 〔德〕黑格尔：《历史哲学》，王造时译，上海：上海书店出版社 2006 年版，第 64 页。

传统伦理观念的时代成果。具体而言，这种开放包容的伦理精神一方面离不开现实社会大环境的影响，另一方面它的形成又是由深层次的民族文化基因所决定的。之所以说这种伦理精神是由中华民族的内在特性所塑造的，是因为在文明的发展进程中，中华民族拥有海纳百川、兼容并蓄的开放精神与学习心态。如果我们将诸如汉唐盛世等仅归因于封建君主的英明统治，而没有看到文明发展背后的现实土壤，即社会的经济基础、实践基础与个体的生存状况等，以及由此所反映出的民族性格、素质（也就是整个民族、社会风气与外来文化、新生事物表现出来的关系样态），那么，我们就可能忽略文明发展的内在价值逻辑而停留于一种只对社会现实做片面化、形式化理解的肤浅认知。

当前，中国式现代化所开启的人类文明新形态，继承了改革开放以来中华文明所取得的最新的历史性成果。这种新的文明形态在社会发展、伦理变革上反映出的正是一种开放包容的伦理精神，它是与故步自封、守旧自大等落后、反动伦理观相对立的进步的、发展的伦理观。在国家层面，它遵循的是一种互学互鉴的发展策略，提倡的是文明间的积极对话、合作而非对抗，主张的是利益的双向共赢而非零和博弈。这意味着中华民族开启的新文明形态致力于建构一种新型大国关系，它从根本上区别于近代西方所建构的威斯特伐利亚体系（Westphalian System）。在社会层面，它表现为一种对新生事物、多元文化开放、包容的社会风气，最终重塑个体的日常生活实践与生活样态。进而言之，这种伦理精神反映在个人的生活样态之中，就是主体间的伦理连接行为："与他人连接，与社区连接，与社会连接，直至与人类种属连接。"① 正是这种基于"个人—社会—国家—人类"的伦理连接为建构出一种团结与互助的伦理共同体提供了可能。如果缺少这种开放包容的伦理精神，那么这种伦理的连接就有可能囿于单个或少数的"小我"，而无法最终形成一种基于生命价值维度的命运共同体。从这个意义上来说，个体会因秉持开放的价值观念而表现得热情友善，会因拥有包容的心态而表现得自信亲和。这种根植于个人自身的友善、自信的道德品质在彰显出了中华民族开放包容的伦理精神的同时，也必将为整

① 〔法〕埃德加·莫兰：《伦理》，于硕译，上海：学林出版社 2017 年版，第 47 页。

个文明的交流互鉴、生活交往提供不竭的内生动力。它不仅为社会经济、科技、文化的繁荣发展营造了自由宽松的社会氛围，也为个体日常交往的实践准则提供了内在价值支撑，继而为创造一种丰富多元的日常生活空间奠定了伦理基础。

和谐共生。在生态秩序领域，人类文明新形态所展现出来的是一种和谐共生的伦理精神。中国式现代化建设所开启的是一种富有中国人文底蕴与时代特色的新文明形态：一方面，这种人文性质集中体现在中国古代天人合一、道法自然的生态伦理传统之中；另一方面，这种时代性印刻在中国共产党人带领中国人民百年奋斗的历史实践之中。二者有机结合的结果是诞生了一种新的发展理念，它的价值旨归就是在满足人的需求基础之上坚持绿色发展。如果说，这种绿色发展模式作为现实化的实践原则，意味着和谐共生伦理精神的具象化展现，那么，它就不仅反映在这个国家、民族的历史进程之中，而且也直接地渗透于社会、个体的日常生活实践之中，即呈现为一种推崇健康、绿色的消费方式。这种生活方式展现出个体对于自然有着“寄情山水”的独特情感，即对自然的热爱、敬畏与尊重，它是中华民族在几千年文明发展史中实践智慧的结晶。这样的实践智慧——通过现实、生动的伦理情感而不是抽象、冰冷的理念——以一种现实化的实践方式具体展开，但它已经不是囿于现代性实践逻辑的价值框架，而是通过扬弃西方现代性后展现出的一种独具中国价值特色的社会发展理念，从而预示了一种新的文明形态的可能性。

“我们要建设的现代化是人与自然和谐共生的现代化，既要创造更多物质财富和精神财富以满足人民日益增长的美好生活需要，也要提供更多优质生态产品以满足人民日益增长的优美生态环境需要。”[①] 这就说明，中国式现代化不可能重蹈西方文明的覆辙，它所要构建的是一种人与自然和谐共生的现代化，和谐的人地关系将促成一种人与自然共生共存的生态文明共同体。这种发展可以被视为对西方工业文明的超越与发展，它是在马克思主义科学理论的指导下，在吸收西方文明发展的有益成果的基础上，

① 习近平：《决胜全面建成小康社会　夺取新时代中国特色社会主义伟大胜利——在中国共产党第十九次全国代表大会上的报告》，北京：人民出版社2017年版，第50页。

融合了中国古代的生态伦理智慧的新发展模式。由是观之，中国所开创的人类文明新形态所秉持的是一种和谐共生的发展理念，它从某种意义上可以看作对西方现代化发展的反思与回应，从而拓宽了人类现代化发展的现实路径，丰富了价值内涵。西方的现代化所推崇的技术与资本，在一定程度上实现了社会的发展，但这种发展的目的不是属人的发展，而只是遵循一种资本的价值逻辑，人、自然都被视为满足这一资本增殖的手段。就此而言，中国式现代化就在于打破以资本为中心的发展观，它树立和谐共生的发展理念最终是为了实现个体对美好生活的向往，这种美好生活不以牺牲自然、他者的利益为前提，而是要通过尊重自然、顺应自然、保护自然，最终建立一个人与自然和谐共生的生命共同体。

守正创新。在文化秩序领域，人类文明新形态所展现出来的是一种守正创新的伦理精神。当前中国正在经历着现代化发展的伟大变革，这种变革是人类历史上最独特而富有挑战性的实践与创新。我们之所以能够在社会变革的时代潮流中抓住机遇，进而实现中华民族的伟大复兴，是因为我们不仅依靠科学技术、社会经济等物质文明的发展，而且更为关键的是依靠在思想文化领域中，也就是精神文明建设中坚持守正创新的伦理精神。正是守正创新的价值观念融入了指导社会实践的方法论，整个社会的政治、经济、科技、教育的建设才得以确立了其发展的根本方向，才具有了其内在生发的精神动力。从这个意义上来说，守正与创新是一个事物发展的两面，二者是辩证统一的关系，即遵循客观规律与发挥人的主观能动的辩证统一、继承传统与推陈出新的辩证统一。守正创新的伦理精神不仅是马克思主义革命观的生动展现，而且也内在蕴含着中华民族恪守正道、求实创新的道德品质。虽然在中华民族历史进程中，出现过守旧自大、循规蹈矩的消极发展，阻碍了文明的进步，但这并不是中华文明发展的主旋律。如果我们从微观层面剖析中华民族的内在品格，就能直观地感受到求变、求新的价值追求与人生理想深深印刻于这个民族的道德记忆与文化血脉之中，它不会因为文明短暂的停滞、倒退而被遮蔽。正是秉持着守正创新的价值理念，中国式现代化才能够从容应对纷繁复杂的世界局势，并在世界百年未有之大变局中真正把握住时代发展的脉搏，从而引领未来世界文化发展的潮流。

人民至上。在政治秩序领域，人类文明新形态所展现出来的是一种人民至上的伦理精神。人民至上构成了中国特色社会主义伟大事业的本质特征，集中反映在两个方面：一是以人民为中心的价值导向，二是人民当家作主的政治实践。中国共产党是无产阶级的政党，它代表的是广大劳动人民的根本利益，从其阶级属性中我们能够得知，它的执政理念与宗旨必定是为人民服务。这种为人民服务的价值宗旨就意味着它一切工作必须以人民为中心，充分考虑人民群众的利益需求，自觉将人民对美好生活的向往视为自身奋斗的目标。

由是观之，这种伦理精神孕育于中国式现代化建设所开启的新文明形态中，它区别于西方资本主义文明，要实现的是人民当家作主，而非资本、少数人作主，是人的主体性价值的复归与真正彰显。正是将人民当家作主价值理念有机地融入全过程人民民主的政治实践之中，中国共产党赢得了民心，筑牢了自身执政的合法性基础。人民至上的伦理精神在呈现中国特色社会主义制度显著优势的同时，也实现了对中国传统政治伦理的创新性发展。具体来说，古代中国有着“民惟邦本，本固邦宁”的政治思想传统，其中以儒家文化推崇民本仁爱的王道政治最具代表性，它所要实现的是天下大同的政治理想。虽然这些思想在当初是为封建帝王将相所用，但其价值内核却突出了“民”在国家治理中的显著作用，体现出重视民生、尊重生命的政治伦理智慧。

共同富裕。在经济秩序领域，人类文明新形态所展现出来的是一种共同富裕的伦理精神。如果说，中国式现代化遵循的是一种人本逻辑，而非西方现代化的以资本为主导的价值逻辑，那么，这种以人为中心的发展原则就是要解决人民对美好生活的向往与发展不平衡不充分之间的内在矛盾，它在经济领域就必然体现为“发展为了人民、发展依靠人民、发展成果由人民共享”。这种发展观所秉持的是社会主义公平正义的价值理念，它不是代表少数人的公平正义，满足的不是少数人的利益发展，而是维护全体人民的共同利益，体现出的是一种共同富裕的伦理精神。进而言之，“社会主义的本质，是解放生产力，发展生产力，消灭剥削，消除两极分化，最终达到共同富裕”①。共同富裕的伦理诉求区别于现代西方社会发展

① 《邓小平文选》第3卷，北京：人民出版社1993年版，第373页。

的价值导向，它要实现的不是少数人的富裕，而是全体人民的共同富裕，它要消除的是经济秩序中的不公平现象，调节的是经济发展效率与公平的辩证关系，从而实现“做大蛋糕”与“分好蛋糕”的有机统一。

四　人类文明新形态形成的伦理复杂性

“复杂性”概念来源于法国哲学家莫兰。他将复杂性视为一种思维方式和思想方法，志在打破经典科学中的简单化范式。“复杂性”拒绝分离、还原和抽象的思维方式和研究原则，要求人类正视“纷繁、种种现象的相互纠结、迷雾、不确定性、矛盾”①。“复杂性”伴随错综化、多元化、多视角、连接、重组、特殊、开放、无序，它是认识对象的唯一科学手段。有别于伦理平面性，伦理复杂性侧重于在伦理实践和伦理价值上贯彻复杂性原则，避免线性化和简单化。

中国式现代化道路，创造了人类文明新形态。“创造了”暗含正在进行或已经完成，这是否意味着，人类文明新形态是一种实然性存在？如果不把人类文明新形态看作一种应然性追求，那么文明成果一旦形成，中国作为一个发展中国家是否可以就此停止现代化步伐、高枕无忧？无论如何，人类文明新形态既是已经形成的，又是正在形成的文明新模式。人类文明新形态的形成过程是面对艰难外部环境，历经百年的过程，其中隐藏各种伦理复杂性，需要我们珍视，这也更加凸显人类文明新形态的来之不易与时代意义。

1. 人类文明新形态形成过程的伦理复杂性

当“人类”与“文明”同义时，人类社会的存在即意味着文明的出现。然而，一种“新”的文明或“新”的文明形态是不可能凭空产生的，对新文明形态形成过程的分析需要借助三种力量：继承、借鉴和生产，即继承固有文明成分、借鉴外来文明成果和生产新的文明要素。这三种力量对新文明形态的作用相互交织，很难截然分开，呈现某种意想不到的复杂

---

① 〔法〕埃德加·莫兰：《复杂性思想导论》，陈一壮译，上海：华东师范大学出版社 2008 年版，第 8~9 页。

性，并且人们对三种力量中哪一种力量起主导作用也是莫衷一是。对于看重中华文明的连续性和因自身固有文明而感觉无比优越的人来说，人类文明新形态的出现离不开继承，其具有浓厚的中国传统色彩；对重视马克思主义在过去百年中国历史和当今中国社会中所发挥的作用的人来说，人类文明新形态大部分是因生产而出现的，社会主义成分在其中具有核心地位。正确审视人类文明新形态的形成过程，需要将其与中国的百年历史进程结合起来，将其放在历史的具体情境之下，着眼不同时代下文明主体的认知倾向和情感态度，理出相互联结的发展线索，寻找人类文明新形态在形成过程之中所呈现的不确定性和矛盾统一性。人类文明新形态的形成过程是中华文明推陈出新的过程，其中的伦理复杂性主要表现为两个方面：一是在百年历史进程中人们对中华文明的复杂性认知，二是伦理建设要素的复杂性构建。

一种积极健康的文明样式应该是一个保持文明各个维度和各个方面共同发展、平稳发展的文明类型。中华文明不是悬浮在思想世界和理想国度中的抽象，而是与特殊自然环境和具体人文环境结合在一起的。在中国最近的百年历史的进程中，中国人不断修正和改进自己的文明认知，努力发展中国自己的文明类型。人们不仅消除了对传统中华文明的偏见，更是将文明划分为物质和精神两个方面，文明的建设包括物质文明建设和精神文明建设。人们对文明的这种看法是基于对马克思主义文明观的理解：人无疑是人类文明的主体，但作为文明人，其既是改造社会环境的主体，又是被社会环境改造的客体、自我改造的客体。对文明具体内容的理解，一方面反映了社会历史发展的整体性协同趋势不可逆转，另一方面也表明某一特定文明形态绝非简单化的观念抽象，而是一种抽象的具体。人们只有运用复杂性思维，才能把握特定文明的真谛。

如果我们承认中华文明的特质是一种伦理型文明，那么人类文明新形态的形成过程自然少不了中国伦理建设复杂性的维度，其中有三个问题需要认真思考。

第一，在马克思主义中国化过程中，马克思主义伦理思想中国化的特殊性何在？马克思主义中国化是人类文明新形态形成的核心要素。要真正实现马克思主义中国化就必须创造中国马克思主义。在中国马克思主义的创造过程中，中国马克思主义伦理思想创造的特殊性表现为：在价值追求上着眼于每个人的自由发展。伦理的实践指向要求我们，在实现马克思主义伦理中国化的过程之中，要侧重中国的现实情况，而不是陷于某种僵化教条。当下中国急需一种在马克思主义指导下的与中华优秀传统文化相结合的现实伦理，以便真正实现马克思主义伦理指向的现实价值，实现每个人的自由全面发展。这说明马克思主义的中国化与人类文明新形态的形成几乎是同步的，而马克思主义伦理思想的中国化则要复杂得多，它除了要求作为上层建筑的意识形态发挥作用之外，还需要与人伦世界的风俗、习惯、日常生活法则相契合。这样，通过伦理文明实现人类文明新形态“上”与“下”的结合，其复杂性就可见一斑。

第二，在对中华优秀传统伦理文化的继承中，“继承”的复杂性何在？马克思主义中国化造就的是中国马克思主义，开创的理论资源可以与以往的中华文明一脉相承，即马克思主义同中华优秀传统文化相结合。“中国特色社会主义之所以能够开创出一条既不同于西方资本主义又不同于传统社会主义的新型现代社会主义道路，一条中国式现代化新道路，最直接地与中华文明这一特定的文明形态有莫大关系。”① 人类文明新形态的独特之处在于，它与中华文明或中华优秀传统伦理文化有着千丝万缕的联系。易言之，人类文明新形态的形成离不开对中华优秀传统伦理的继承，其中包含了诸多复杂的工作。一是在立足中国现实的前提下，从浩如烟海的中国经典书籍之中收集伦理资源，以构建伦理秩序，其中包括对古典文献的梳理、文言的现代转换等问题。这意味着人们需要解决从文献中来的规范性伦理与从实际而来的描述性伦理的统一问题。因为从社会实际来看，书籍之中的规范性伦理需要在历史演进中得到合理解释；而从伦理历史来看，社会当下的描述性伦理也需要切合经典书籍所展现的伦理传统。二是继承儒家伦理文化的优秀传统。如果我们承认儒家文化是中国传统文化的主体，那么如何来鉴别儒家文化的精华与糟粕？这不是一个简单的理论判断问题，甚至无法在复杂的理论谱系中对二者列出详细“清单”，只能遵循实践检验原则。一种理论是否正确反映了客观实际，

---

① 刘晨光：《“人类文明新形态”何以可能?》，《科学社会主义》2021 年第 4 期。

是不是真理，唯一的检验标准只能是社会实践。

第三，在西方伦理资源的转换中，“转换”的复杂性何在？人类文明新形态寻求的是“天下大同”和人类命运共同体的构建，具有开放与包容的姿态，积极拥抱任何优秀文化资源，促成与其他文明的共存与繁荣。回望历史，正是因为我们学习并掌握了诞生于西方的马克思主义，使其成为中国革命、建设和发展的指导思想，才形成了今天人类文明新形态。从文明互鉴的角度来看，中国人类文明新形态与西方资本主义文明不是对立关系而是前者是对后者的发展与超越，是对后者文明资源的借鉴和发展，这种借鉴是人类文明新形态的形成的关键一环和重要一步。就伦理维度而言，人类文明新形态的形成离不开对西方伦理资源的批判性借鉴，不管西方伦理资源指的是西方历史长河中所形成的伦理成果，还是如今在西方有影响力的伦理思想。对西方伦理资源的借鉴过程，除了语言的转换（翻译）之外，其中中国式解读也是必须要做的，更重要的是要合理鉴别、为我所用。思想借鉴的复杂性远大于技术的模仿与借用，除个体认知、偏好之外，更为困难的是思想的认同。所以，对西方伦理思想资源的借鉴与马克思主义伦理思想中国化的不同之处在于，必须首先进行中西伦理思想各方面的比较，从而确定西方伦理思想中要剔除的谬误和糟粕。总之，人类文明新形态形成过程的伦理复杂性，凸显了人类文明新形态的“新”意，即它是集各种优秀伦理文化之大成，由中国人民自主创新而得。

2. 人类文明新形态实质内涵的伦理复杂性

人类文明新形态在内涵上的复杂性主要体现在文明与伦理价值如何连接、不同的伦理主体如何连接以及各文明要素如何连接三个问题上。何谓“连接”？“连接”即实然的联系，以及由事实的关联引发的应然沟通。纵观近代以来的人类文化演进史，“我们的文明进行分离多于进行连接”[①]，其根源在于个人主义价值观的盛行。而人作为伦理道德的载体本身装有一个“双向软件”，一个是自我中心的，一个是利他主义的。[②] 而利他主义是一种连接的伦理，它要求保持对他者的开放、理解与负责，所以连接在现

---

① 〔法〕埃德加·莫兰：《伦理》，于硕译，上海：学林出版社 2017 年版，第 155 页。

② 〔法〕埃德加·莫兰：《伦理》，于硕译，上海：学林出版社 2017 年版，第 155 页。

代社会成为首要的伦理律令，是文明发展之必然要求。

文明和伦理价值在内涵上有着复杂的连接，即文明与伦理价值之间可能是直接同一的，也可能是交叉的，甚至有时可能是分离的。要使伦理价值成为文明的内核，最好的连接是同构，其实现机制就是包容与开放。亨廷顿在分析了其他学者对文明的看法后指出，“文明”作为一个整体概念，是一个判断社会的标准，是一个民族全面的生活方式。在他看来，“一个文明是一个最广泛的文化实体”。[①] 如果人类文明新形态是一种实然性存在，那么可以说，人类文明新形态是中华民族在现实生活中凝结的文化实体和生产生活方式，是中华文明在当代中国社会中的具体呈现形态，它包括了“儒家思想、中国人的思维方式、家族联系和习俗、人际关系、家庭、孝道、祖先崇拜、价值观、独特的哲学体系……”[②]当然，这并不意味着人类文明新形态就是中华文明特别是伦理文明的自然延伸，而是在文化多元时代背景下的综合创新。特别是中国处在从传统到现代再从现代向后现代双重转型的过程中，新文明形态的形成与对其他伦理因素的汲取更加复杂，单一的阶段性伦理精神无法直接上升到文明形态。这也就决定了人类文明新形态是一个综合概念，是集道路、理论、制度、文化于一体的人类文明发展史上的一次深刻“话语革命”[③]，其价值取向是关键。价值取向是文明建设的核心，它规定着文明的性质，也规定着伦理的合法性。任何文明形态——当然也包括人类文明新形态——所蕴含的价值取向都必定是一种伦理价值标识，它随之成为伦理的目标和研究对象。伦理作为一种应然追求，是某种价值理念的具体化，是对良好社会秩序的建构。在价值多元化的时代，克服对其他地域文明存有的偏见，达成基本的价值共识，以开放包容的心态，确立中国特色社会主义价值取向以巩固和发展人类文明新形态，就显得特别重要。如果人类文明新形态既是中国与世界文明同向发展的结果，又是中华民族自己独有文明模式的创新性转化，那么正确处

---

① 〔美〕塞缪尔·亨廷顿：《文明的冲突》，周琪等译，北京：新华出版社 2013 年版，第 21 页。

② 〔英〕马丁·雅克：《当中国统治世界：中国的崛起和西方世界的衰落》，张莉、刘曲译，北京：中信出版社 2010 年版，第 161 页。

③ 田鹏颖、李雨珊：《论人类文明新形态的未来指向》，《思想教育研究》2022 年第 1 期。

理世界文明与人类文明新形态的关系就显得特别重要。解决好这一问题的关键可能就是重新确立全人类共同价值和中国价值之间的关系。就二者的共性与个性关系而言，共性离不开个性，不是作为共性的全人类共同价值如何决定中国价值，而是包括中国价值在内的世界各国不同价值来体现全人类共同价值。当然全人类共同价值的形成也不是世界各国价值的简单相加，而是在各国价值观的基础上集中提炼的结果，在一定程度上体现着世界文明的发展大势。全人类的共同价值与普遍伦理实现了天然的契合，而人类文明新形态就是在这种契合中形成的。与此同时，确立世界文明蕴含的价值普遍性，或肯定伦理价值、道德规则的普遍性存在，并不排除各国文明建设的特色发展，因为文明没有高下、优劣之分，只有特色、地域之别。“人类社会中有一些‘人类的公共生活规则’，这是共同生存于一个社会之中的任何人与人之间所应该遵循的简单规则。”① 这些公共生活规则既是伦理规则，也是文明本身，伦理价值与文明的连接就是在复杂的社会生活中找到共同点而完成的。

伦理主体是具有伦理意识并在伦理关系中进行具体伦理实践的人，可以是行为个体，也可以是一定的组织，如家庭、民族、国家、企业、社群等。每种伦理主体因自身的权利—义务关系不同，其具体要求也存在差异，特别是伦理个体与伦理共同体的要求差别较大。把不同的伦理主体连接起来，找到其根本属性，形成一种统一的价值主体，能促进人类文明新形态的形成，其实现机制是互利和共赢。从某种意义上说，人类文明新形态的形成过程就是实现“人民至上”文明价值的过程。尽管我们可以通过“人民至上”来进行伦理主体的价值“统合”，继而促进人类文明新形态的形成，但“统合”的具体细节复杂得多，不可简单处理。

人类文明新形态的最大特点是内在文明要素的全面性和有机联系，即中国特色社会主义物质文明、政治文明、精神文明、社会文明、生态文明协调发展与复杂联动。“五大文明”的提出是中国不断突破实践困境的过程。人类文明新形态内在结构用“两分法”划分，就是中国特色社会主义

---

① 张岱年：《中国伦理思发展规律的初步研究　中国伦理思想研究》，北京：中华书局 2018 年版，第 15 页。

物质文明和精神文明，“马克思国家治理文明的结构从物质生产与精神生产来看可划分为物质文明和精神文明”[①]。尽管在这里，伦理建设作为社会主义精神文明建设的重要内容，在人类文明新形态中获得了应有地位，但伦理并没有发挥好制度性连接作用，在“两个文明”的具体建设中出现了不同步甚至相悖的情况。尽管我们一再强调“两个文明”一起抓，“两手都要硬”，但难免顾此失彼。为了“两个文明”的有效连接，政治文明呼之欲出。有人认为，“在今天建设精神文明中，伦理的方式不能再作为一种占主导地位的方式，”[②]必须倡导政治文明，于是就有了社会主义文明的“三分法”，即社会主义物质文明、政治文明、精神文明。政治文明的提出，在物质文明与精神文明之间架起了连接的桥梁，确保了社会主义文明建设的整体性。但随着社会生活不断向纵深领域的拓展，在人与自然之间、政治国家与独立公民之间出现了紧张关系，生态文明与社会文明建设就提上日程，于是“五种文明”就成了人类文明新形态的基本构架。其中，物质文明遵循的是“新发展理念”，政治文明遵循的是“人民当家作主”的价值理念，精神文明遵循的是“文化自信”的价值理念，社会文明遵循的是“以人为本”的价值理念，生态文明遵循的是“和谐共生”的价值理念。如果我们把“五种文明”对应为“五位一体”建设，其有机、有效连接是不难理解的。即使我们把“五种文明”简单转化为经济伦理、政治伦理、文化伦理、社会伦理、生态伦理，其内在连接也不容置疑，因为“伦理的使命可以集中于一个词：连接”[③]。其实，这些文明之间的连接不是一种要素“就序”排队，而是社会结构要素之间的“梯级”依赖。人类文明新形态的内在要素连接同样存在层级依赖性，并且表现为双向层级依赖，形成有机的内在勾连，由此显示出文明形态的新特征和新气象。

3. 人类文明新形态外部环境的伦理复杂性

任何文明都是社会历史条件的产物，都是对具体环境的生动呈现。甚至可以说，如果缺乏相应的良好环境，文明不会“着陆”，也不会生成。

---

① 王世泰、余达淮：《中国式现代化道路开创人类文明新形态的逻辑架构及世界意义——基于马克思国家治理文明观的话语叙事视角》，《南京社会科学》2022 年第 1 期。

② 蒋德海：《伦理文明，还是法治文明?》，上海：华东师范大学出版社 2001 年版，第 41 页。

③ 〔法〕埃德加·莫兰：《伦理》，于硕译，上海：学林出版社 2017 年版，第 281 页。

同样，如果环境不适甚至恶劣，最好的文明也可能消失。社会科学意义上的环境是指“与人的生产、交往和生活相关的自然因素、地理空间和社会空间，以及空间中的物理事实、社会事实和精神事实”。[①] 由此可见，外部环境是具体情境中各类因素的集合，具有特殊性和客观性，对文明形成的影响是显而易见的。比如，孟德斯鸠在对不同地区的法律条文的差异性进行论证时，引用了气候这一外部环境因素，“不同气候的不同需要产生了不同的生活方式；不同的生活方式产生了不同种类的法律”。[②]人类文明新形态是中国人民在中国这片广袤土地上，融合不同地域的风俗习惯，着力发展社会生产力，加强文明建设的成果结晶。中国共产党成立后的百年历史所形成的宏观环境对人类文明新形态产生了积极影响。一方面，这种环境的特殊性造就了人类文明新形态的独特性，使其能够区别于地区的文明形态和中国以往的文明形态；另一方面，成分复杂的外部环境影响人类文明新形态的价值取向和内容建设。同时，我们也应该清醒地看到，伦理环境不同于物理环境，后者可以直观、可以度量，前者却是一种复杂综合体。法国伦理学家莫兰对伦理的复杂性有精深的认识，他认为，伦理本来就是复杂的，因为它既是一又是多；因为它本质上具有二向逻辑，经常会遭遇模糊性和矛盾性；因为它的结果具有不确定性，带有打赌和谋略的特性；因为它没有基础却有源头活水；因为它不要求以善恶二元论看待世界；因为它是一种理解的伦理，而理解自身包含了对人类复杂性的承认。[③] 当然，莫兰对伦理复杂性的认识过于复杂，但复杂性伦理于人类文明新形态的影响不可小视。抛开气候条件、地理位置等自然环境不论，如果说人类文明新形态受到了或还将受到外部伦理复杂性的影响，那么可以想见的是，这种影响主要来自西方文化和科学技术的挑战，而“复杂性问题首先是努力认识现实向我们精神发出的不可回避的挑战”。[④]

---

① 晏辉：《伦理环境的原始发生及其归责问题》，《伦理学研究》2020 年第 3 期。

② 〔法〕孟德斯鸠：《论法的精神》上册，张雁深译，北京：商务印书馆 1961 年版，第 235 页。

③ 参见〔法〕埃德加·莫兰《伦理》，于硕译，上海：学林出版社 2017 年版，第 282～283 页。

④ 〔法〕埃德加·莫兰：《复杂思想：自觉的科学》，陈一壮译，北京：北京大学出版社 2001 年版，第 138 页。

从横向比较来看，人类文明新形态的伦理环境影响主要来自西方文明的渗透及其伦理观。应该承认，近代以降，中国向世界敞开了大门，不但学习西方先进的科学技术，而且也学习西方思想文化。但问题的复杂性在于，西方的思想文化难免泥沙俱下、良莠不齐。西方伦理对人类文明新形态所蕴含的伦理诉求可能形成危害的主要是个体主义和拜金主义两种价值观。在“这个向度上，主体本身暗喻他者之死”。① 如果“社会主义的集体主义的伦理原则是标识社会主义伦理精神与资本主义伦理精神的根本区别所在”②，那么，将集体生活或集体利益放在首要地位的利他主义，是我们任何行动的第一价值。区分个人主义和集体主义可以看主体首先考虑的是集体利益还是个人利益，但区分两者的唯一标志，是将集体还是将个人视为组织社会生活的第一要素。个人主义的极端形式就是利己主义，它面临的是虚无主义的深渊，它在“文明的边缘，凸显的是社会肌体的肢解”③。人类文明新形态必须坚守集体主义道德原则，摒弃任何形式的极端个人主义。如果文明的生命力依赖于伦理的生命力，那么伦理的生命力就在于个体—社会—种属的循环力，而个体的绝对化和封闭化，就使这种循环成为不可能，因此“我们这个时代的伦理危机也就是个体—社会—种属的连接危机”④。拜金主义价值观就是一种“认钱不认人”的价值观。资本主义社会借助资本的强大力量，制造出了巨大的物质生产力，生产出了大量的物质财富，映射到社会就是“一切生活关系都以能否赚钱来衡量，凡是不赚钱的都是蠢事，都是不切实际的，都是幻想”⑤。拜金主义引发了人们对资本、金钱和物质的无限度崇拜，让人丧失理想信念、人文关怀和社会责任，文明就剩下金钱的外壳。人类文明新形态尽管是“体现了开放包容、命运与共的天下情怀的文明形态”⑥，但并不反对西方选择自己的现代化创

---

① 〔法〕埃德加·莫兰：《伦理》，于硕译，上海：学林出版社 2017 年版，第 33 页。

② 郭广银等：《伦理新论：中国市场经济体制下的道德建设》，北京：人民出版社 2004 年版，第 239 页。

③ 〔法〕埃德加·莫兰：《伦理》，于硕译，上海：学林出版社 2017 年版，第 46 页。

④ 〔法〕埃德加·莫兰：《伦理》，于硕译，上海：学林出版社 2017 年版，第 47 页。

⑤ 《马克思恩格斯文集》第 1 卷，北京：人民出版社 2009 年版，第 477 页。

⑥ 寇清杰：《中国共产党百年奋斗与人类文明新形态的创造》，《思想理论教育导刊》2021 年第 9 期。

造的资本主义文明，不反对各国选择适合自己的现代化道路和文明模式。不过，我们对个人主义和拜金主义价值观的防范是不可松懈的。

科学技术对人类文明发展的积极影响在任何时候都不可低估，同样其负面作用也不可小视。“现代化是一个革命性的文明转型过程，它包括经济、政治、社会、文化等领域整体的变迁。”① 历史表明，现代化模式不仅限于西方现代化，中国探索出了自己独有的现代化模式。然而，无论西方现代化模式还是中国式现代化道路，都需要借助科学的翅膀，借助技术力量，由此带动生产力的发展和社会的全面进步，促进文明形态的变革。我们将以往的文明区分为农业文明、工业文明与信息文明，就是以科学技术的发展为标志的。但科学技术的负面作用是，它使作为文明主体的人在科技面前对象化和异化，以至于人被当作单纯的工具，使文明主体的人丧失尊严、人格、思想和道德。这样，科学技术与文明进步之间会产生一个循环悖论：一方面，现代科学技术促成了人类文明的新形态，另一方面，人类文明新形态的伦理诉求暗示着文明主体的人不能成为科学技术的奴隶，相反要为科学技术的发展装上“导航仪”和“制动器”。现代科技对伦理在内的文明形态的强烈冲击，是有目共睹的。科学促使技术进步，促进生产力的提高，所走的是一条切合经济发展的单一道路。而科学技术对文明的冲击或毁灭，并不单纯是在思想文化层面，更多的是在实际生活中对伦理常识造成颠覆。人们在日常生活中的伦理判断，要么借助社会氛围中的伦理传统，要么根据自我生活经验带来的伦理直观。科学技术可以让老鼠的背上长出人的耳朵，这着实让平常人感觉不自然或恶心，有悖日常伦理直观；科学技术可以让人像鱼产卵那样制造出成千上万个受精卵，这也会让人的尊严烟消云散，有违人伦常理。这些科技成果应用不但违背了伦理，也是反文明的。如果再让人体增强技术、人机接口、基因编辑等技术到处泛滥，人将不成其为人，谈何人类文明？可见，科技给人类文明发展带来的最大问题是不确定性，抑或高风险社会，而文明是追求确定性的，特别是文明主体与共识价值上的确定性，否则不成其为文明。特别值得注意的是，中国社会进入全面转型期，即经济、政治、文化、社会、生态等

① 高力克：《中西文明与现代化：亨廷顿的启示》，《浙江社会科学》2022 年第 1 期。

诸要素的协调发展期。我们期待超越个人差别，形成一致的伦理行动。科技活动也不再具有高高在上的价值，而必须置于人类文明新形态的总体框架内。这就需要构建适应社会全面转型的伦理秩序和新的伦理文化。唯其如此，才有可能实现人类文明新形态的进一步发展和完善，消除“科技为王”的阴影，真正创新“以人为本”的文化精神世界。

总之，人类文明新形态的形成过程、内涵聚合与外部环境异常复杂，而伦理本身也是一个复杂的结构体，所以，分析人类文明新形态的伦理复杂性，就显得更加复杂，任何一种简单的处理都可能招致质疑。但从伦理复杂性视角去看人类文明新形态的形成，一是会让人觉得来之不易，二是会让人觉得任重道远。人类进入后工业时代之后，人类文明会出现新的特质，这种新特质就是“以人为本”的整体性文明，从而拒绝以单一因素为标识的文明形式。整体性文明的达成需要思想革新与生活革新，而思想革新和生活革新更需要复杂性伦理来巩固和发展自己。复杂性伦理谋求一种开放、多元、创新、再生的态度与方式，“追求的是一种自我澄明和理解中的智慧，而非那种不可能存在的理性生命的智慧”。①

① 〔法〕埃德加·莫兰：《伦理》，于硕译，上海：学林出版社 2017 年版，第 284 页。

第二十四章　人类命运共同体构建与世界主义伦理

构建人类命运共同体是一种新型的全球治理理念，是协调国家间伦理关系的中国智慧，是我国在参与全球治理过程中自觉形成的基本方略，是解决当今世界各种难题、消弭全球各种乱象、促进世界和谐发展、实现人类社会合作共赢的“中国方案”。特别是在出现全球化逆流、单边主义和霸权主义盛行的背景下，构建人类命运共同体成为我们所处时代的特殊际遇。而要构建人类命运共同体，在伦理上必须要有世界主义价值观相辅佐，即必须有形成现代世界主义伦理的基本共识，这是协调国家间伦理关系无法回避的重大理论问题。

一　世界主义伦理观的回归与人类命运共同体构建

世界主义（cosmopolitanism）一词源于希腊语，是希腊语 cosmos（世界）和 polis（城邦、人民、市民）组成的，原意为“世界公民”（world citizen）。世界主义思想最早可追溯到古希腊时代的智者学派（Sophists）思想家安提丰（Antiphon），他“以毫不含糊的词语断言，所有的人都是平等的，并谴责贵贱之分和希腊人野蛮人之分”，他的见解“表述了一种坚定的世界主义”。[①] 苏格拉底（Socrates）和犬儒学派（Cynicism）的第欧根尼（Diogenes）是这一思想的前驱。在被问及“你属于哪个城邦”时，第

① 〔德〕E. 策勒尔：《古希腊哲学史纲》，翁绍军译，济南：山东人民出版社 1992 年版，第 97 页。

欧根尼答曰“我属于世界”。[①] 斯多葛学派（Stoicism）创始人芝诺（Zeno）提出“世界城邦”和“世界公民”的思想。芝诺根据理性统一性的宇宙因式，认为有理性的人类应当生活在统一的国家之中，这是一个包括所有现存的国家和城邦的世界城邦。它的存在使得每一个人不再是这一或那一城邦的公民，而只是“世界公民”。斯多葛学派提出大一统的国家学说和世界主义有一定的思想背景。早期斯多葛派哲学家大多出生于希腊本土以外地区。他们生活在文化交流空前活跃的大希腊化时期，反对希腊哲学家狭隘的民族优越感和城邦政治。古希腊时期的世界主义是一种原始朴素而又富于理想化的世界主义。“世界城邦”的思想启示了后来兴起的大一统的罗马人统治的国家，客观上有助于希腊哲学和文化的传播乃至基督教的产生。由于古罗马治下秩序与和平的催生作用，世界主义思想在古罗马时期得到了一定的系统化与细化。《论世界帝国》是第一部世界主义思想的专著，但丁在该书中阐述了其关于人类需要统一与和平、世界政体的建立与治理的思想。这表明古罗马时期的世界主义是以世界帝国的理想为主要诉求。近代以来，各种不同形式的世界主义理论纷纷亮相，其中以理性主义、民本精神和道德取向为特征的启蒙世界主义是主流，对西方政治思想和道德哲学的发展产生过重要影响。

近年来世界主义在西方思想界日渐兴起，其影响力也随着经济全球化和国际局势的发展而不断增强，世界主义回归到当代西方思想界的主流话语体系之中，并在国际政治领域以规范理论的姿态诠释和评判国际问题。世界主义伦理观亦即伦理世界主义，是世界主义立场的类型之一，这种伦理观的“评价和规定的依据是把所有人的利益纳入平等的考虑”[②]。世界主义伦理观以博格（Thomas W. Pogge）、贝茨（Charles R. Beitz）、布朗（Chris Brown）、阿基布吉（Daniele Archibugi）、赫尔德（David Held）和坎尼（Simon Caney）等学者为主要代表人物，其国际政治议题主要涉及世界主义民主、世界主义法、世界公民、国际（全球）分配正义和人道主义

① Diogenes Laertius, *Lives of Eminent Philosophers*, Vol. II, Book VI, London: William Heinemann, 1925, p. 65.

② 〔美〕涛慕思·博格：《康德、罗尔斯与全球正义》，刘莘、徐向东等译，上海：上海译文出版社 2010 年版，第 520 页。

干预等国际政治研究领域的热点问题，与法律世界主义、文化世界主义和社会正义世界主义形成一定程度的议题交叉。

世界主义伦理观的当代回归建立于深刻的背景之中。首先从历史背景来看，近现代主权国家的纷争为世界主义伦理观回归提供了现实契机。从欧洲协调（Concert of Europe）到国际联盟（League of Nations），再到联合国（United Nations）的建立与运作，都诠释了世界主义伦理观的这种现实意义。从演进内涵的变迁路径来看，人类历史的发展呈现“价值引导”的特征，在这种特征里面，人类的行为逻辑受到了价值追求的强烈影响，理想动机对世界文明的发展乃至国际政治的现实都形成了明显的塑造作用。作为一种伦理观的世界主义，其理念、原则和动机等世界主义伦理观的基本成分在以欧洲协调、国际联盟和联合国等国际政治机制与实践中得到一定程度的体现与运用。主权国家体系在极大地保障了辖区内人民的安全并促进其发展的同时，也在近现代历程中暴露出种种弊端。主权国家拥有巨大的社会动员能力、对外战争中的毁灭性打击能力和对内意识形态与思想观念的塑造能力，这在一定程度上导致了连绵不断的战争和一个碎片化的世界。因此，世界主义伦理观是对威斯特伐利亚体系的现代性反思与回应，也意味着威斯特伐利亚体系“利空出尽”的可能。

世界主义伦理观的回归也有其社会发展背景。以第三次科技革命为标志的新一轮社会发展大潮持续有力地向前推进，而自工业革命以来就一直延续的传统的现代化模式存在诸多根本性缺陷与弊端，这些缺陷与弊端在近代以来的工业化历程与二战后的高速持续发展中逐渐积累，日益严重。生产力的无节制膨胀为人类带来了巨大的破坏力，导致不可再生资源和能源的日益短缺，地球生态环境的迅速恶化。科学技术，特别是高新科技产生的始料未及的负面后果愈来愈明显，经济全球化造成了新的国际不平等和不公正现象，信仰冲突、文化冲突和民族冲突不断加剧，恐怖主义对社会文明造成了持续冲击，“世界风险社会”已然形成。与此同时，国家间的合作也在逐步加强。总体来看，世界的安全与发展亟须人们以更加宏大的视野与更加细腻的眼光来看待目前的事态及其对未来的启示。在此背景下，世界主义伦理观被更多地置于解决国际政治的种种基础性矛盾、消弭不同民族之间与不同文化之间的国际政治伦理认知差异、减少“国家公民”间的不平等现象、促成国家间更大程度上的合作等范畴与利益基础的语境之中。

全球意识的强化是世界主义伦理观当代回归的思想背景。世界主义者首先需要一种积极的、属于更广大的世界的归属感，有能力去体验一种距离性的认同感。在保有对民族国家的心理认同与情感忠诚的同时，越来越多的人开始将关注点投向更大地域，开始思考全球认同与全球正义的可能。当代社会中跨国交往行为空前增长，因产业链和生产要素自由流通而形成的跨国获益现象业已司空见惯，思想观念与传统习俗相互交融，文化非领土性扩张，这些因素都逐渐促使人的认同感与归属感发生着潜移默化的变迁，人们在挑选和享用着来自诸多不同民族国家和文化地域的不同对象物和资源碎片的同时，完全可能不认为自己绝对地从属或依赖于某一特定文化母体和价值基础，反而认为特定的政治实体也仅为保障个体权利的工具，不再具有传统意义上的价值理性功能。

世界主义伦理观的回归也有其直接的国际政治背景。在全球化与不断更新的国际伦理的共同作用下，国际政治议题低级化趋势和国内政治国际化趋势愈加明显。当代国际政治中，战争、媾和、划界等传统高级议题不再是主流议题，诸如传染病流行病防治、低碳节能减排、气候变化、有组织犯罪、人权保护、贫富差距、经贸往来和文化交流等“低级”议题占据了国际政治舞台的显著位置，国际政治议题日益由高级化趋向低级化。同时，全球相互依赖的时代特征不断凸显，世界经济国际化进程对传统国内政治发挥着日益重要的影响力，国际力量通过国内结构得以内部化与合法化，国际规范与机制被持续内化到国家内部事务之中。此外，发生在某个国家内部的事件也更频繁地与万里之外其他国家的人民发生密切的利害关系，国家发展与国民福祉越来越广泛而深刻地受到了国际因素的影响。

在上述背景下，世界主义伦理观基于一种抽象的人性论和道德价值，以原子论解释和判断个体的价值本质，将自治原则与世界主义原则相结合，主张建构制度化的世界主义民主法，认为世界主义原则应在民主的国际化和跨国发展中得到证明，强调人权价值的普遍性，对当今国际社会中不断的政治危机主张人道主义干预方案，并呼吁整个国际社会层面的分配正义。作为一种“道德的全球地方主义”，世界主义伦理观也是一种新的研究视角和分析工具，具有复杂的思想内涵和理论光谱，同时也是对传统国际伦理观一定程度的否定，因此，解析世界主义伦理观的实质，甄别其思想意蕴的不同成分，尤其是剖析其在国际政治领域中的困境，对于人们看待复兴中的世界主义伦理观的方式具有重要作用。构建人类命运共同体作为一种新型的全球治理理念，具有坚实的现实实践基础与深厚的理论渊源，它既体现着当今全球治理实践的迫切需要，又闪烁着中华优秀传统文化创造性转化与创新性发展的哲学智慧与光芒。

人类命运共同体构建的历史必然性。马克思主义认为："不是人们的意识决定人们的存在，相反，是人们的社会存在决定人们的意识。"① 理念作为一种观念并不会凭空产生，任何一种理念都有其得以产生的社会历史根源。在马克思主义理论的分析框架中，事实和价值是统一的，价值理念作为一种意识亦有其社会存在的事实基础和根源。构建人类命运共同体的重要战略思想亦有着坚实的现实基础，它是当今全球治理实践的现实需要的理论反映，它体现了中国共产党人对当代全球发展大势的准确把握，以及对当代人类生存处境与命运的深刻洞察与理性自觉。具体来说，建构人类命运共同体作为一种全球治理理念导向，是建立在对当今世界人类日益交融为一个相互影响的命运共同体这一基本事实的深刻洞见与体认之上的理论自觉。显而易见的基本事实判断是："这个世界，各国相互联系、相互依存的程度空前加深，人类生活在同一个地球村里，生活在历史和现实交汇的同一个时空里，越来越成为你中有我、我中有你的命运共同体。"② 首先，随着经济全球化广泛而深入地发展，世界各国已然深度嵌入全球市场体系之中，各个经济体或各国之间形成了深度交融与相互依存的经济关系，甚至成为一个共同利益纽带上的一环，任何一环出现问题，都可能导致全球利益链中断。在此背景下，一个经济体或一个国的经济决策或贸易政策，特别是经济危机的发生会迅速通过全球市场机制的传导而波及全球，甚至影响世界整体的经济发展。例如，1998 年的亚洲金融危机波及全球，2008 年美国次贷危机引发全球经济大衰退，没有一个国

① 《马克思恩格斯选集》第 2 卷，北京：人民出版社 2012 年版，第 2 页。

② 《习近平谈治国理政》，北京：外文出版社 2014 年版，第 272 页。

家能毫发无损或幸免于难，至今许多国家的经济仍然未能完全恢复元气。这些现象至少说明，人类已然生活在全球经济命运共同体之中。其次，随着科学技术的高度发展，人类面临的各种安全挑战日益全球化，人们已然生活在一个共同的安全境况之中，面对着共同的安全挑战。一方面，核武器、生化武器等大规模杀伤性武器的出现，使人类面临着自我毁灭的生存挑战，一旦爆发大规模战争，人类将无一能够幸免。另一方面，互联网技术的广泛应用，不仅把世界各国空前紧密地连在一起，而且使人类经济社会生活的方方面面对互联网形成了高度依赖，因此在世界任何一点发动网络攻击，都可能给世界各国的经济社会带来难以估量的损失。另外，交通工具及其技术的快速发展，把人类居住的星球变成了“地球村”，在极大地缩短了人类交往的距离的同时，也缩短了疾病全球扩散的距离。最后，全球性的环境资源和气候问题的出现，直接威胁着世界各国的生存与发展，将人类生存和发展的命运紧紧连接在了一起。一方面，二氧化碳过度排放引起的温室效应导致了气候变化，也带来了一系列问题，诸如冰川融化、海平面上升、降雨失调、气候异常等问题，不仅给海洋岛国和沿海各国的大陆居民带来严重灾害，也直接威胁着全人类赖以生存的生态环境和粮食安全，影响着经济社会的可持续发展。另一方面，随着人口持续增长和资源的快速消耗，以及环境污染的全球性扩散，我们这个星球迟早达到极限进而崩溃，这不仅关乎人类能否持续发展的问题，更直接涉及人类文明的命运问题。构建人类命运共同体重要战略思想的提出顺应了人类社会发展规律具有必然性。

人类命运共同体构建的价值必要性。尽管人类已然处在同一个命运共同体之中的现实要求人类从命运共同体的视角，寻求维护人类共同价值和现实人类共同利益的新型全球治理理念，而且构建人类命运共同体理念也已经被正式写入联合国决议，但是，狭隘和短视的民族国家利己主义利益观念的蒙蔽，加上陈旧的全球治理理念和思维方式“像梦魇一样纠缠着活人的头脑”①，致使构建人类命运共同体的思想尚未成为具有普遍意义的人类自觉意识或全球政治家的普遍共识。当然，也正因此而彰显出构建人类

① 《马克思恩格斯选集》第1卷，北京：人民出版社2012年版，第669页。

命运共同体的必要性、紧迫性，从而体现其重大的现实意义与价值意蕴。具体来说，构建人类命运共同体思想的必要性及其重大规范价值主要体现在以下三个方面。一是构建人类命运共同体重大战略思想是对资本驱动的经济全球化发展道路的超越。经济全球化发轫于近代资本主义的全球扩展，迄今为止，这一全球化进程本质上走的是一条资本驱动的发展道路。这一由资本驱动的经济全球化发展道路，不仅不可能真正实现全球经济的可持续发展，反而会带来全球性的发展危机，如经济危机、生态危机、资源危机等。一方面，它通过掠夺式的血腥剥削造成了世界范围内的巨大的贫富悬殊的鸿沟，"导致了中心与边缘国家之间富裕与贫穷、发达与落后的不平衡关系，制约着世界的发展与稳定"①。另一方面，资本驱动的经济全球化发展道路可能带来人类生存环境的崩溃。资本驱动的经济全球化道路服从的是资本增殖的逻辑，而自然环境资源只能以有用性的方式呈现在这一逻辑面前，成为资本增殖的一个因素，因而这一由资本驱动的经济全球化必然导致资本对全球资源的残酷掠夺，事实上，这种掠夺已经触及自然的底线，即将导致人类生存环境的崩溃。构建人类命运共同体的重要战略思想的提出，具有扭转或超越这种发展道路的现实针对性和重大规范价值。一方面，构建人类命运共同体重要战略思想倡导世界各国杜绝损人利己的行为，"坚持合作共赢"的发展理念，改变中心与边缘国家之间富裕与贫穷、发达与落后的不平衡状态，扫清制约世界发展与稳定的消极因素，"建设一个共同繁荣的世界"②。另一方面，人与自然是共生共存的关系，伤害自然最终将伤及人类。自然环境资源用之不觉、失之难续，因此人类应该坚持永续发展之路，"坚持绿色低碳，建设一个清洁美丽的世界"③ 的经济全球化发展之路。二是构建人类命运共同体重要战略思想是对霸权主义安全观的否定。全球安全治理体系一直朝着霸权主义的方向演变，它们抛弃平等与民主原则，在国际上实行强权政治，在极力维护"一

① 陈学明等：《科学发展观与人类存在方式的改变》，《中国社会科学》2008 年第 5 期。

② 习近平：《习近平主席在出席世界经济论坛 2017 年年会和访问联合国日内瓦总部时的演讲》，北京：人民出版社 2017 年版，第 27 页。

③ 习近平：《习近平主席在出席世界经济论坛 2017 年年会和访问联合国日内瓦总部时的演讲》，北京：人民出版社 2017 年版，第 29 页。

国独霸”的优势和大国“几方共治”的势力均衡的同时，肆无忌惮地践踏弱小国家的主权，肆意干涉他国内政，妄图把本国的安全建立在他国的动荡之上，其结果不仅未能实现世界和平与安全，反而使自己也陷入了恐怖主义袭击的不安之中。显然，习近平主席提出的“坚持对话协商，建设一个持久和平的世界”“坚持共建共享，建设一个普遍安全的世界”等倡议，① 就是对这种霸权主义全球安全治理理念的彻底否定。“坚持对话协商”就是倡导一种主权平等与全球共治的民主协商原则，就是对强权政治与霸权主义的否定；而“坚持共建共享”则是旨在提倡互帮互助、责任共担、利益共享，共同营造合作共赢的全球安全治理新模式，是对“单边主义”“以邻为壑”的“零和博弈”思维的彻底否定，它要求命运共同体成员在追求本国发展时要兼顾他国的合理关切，在交往过程中坚持“合作共赢”的价值原则，在谋求本国安全中促进命运共同体的整体安全，增进人类共同利益。三是构建人类命运共同体重要战略思想是对“西方文化中心主义”的摒弃。“文明的冲突”是当今世界动荡不安的根源之一，而“文明的冲突”现象的出现，在很大程度上是源于“西方文化中心主义”的错误观念。“人类文明多样性是世界的基本特征，也是人类进步的源泉。”“不同历史和国情，不同民族和习俗，孕育了不同文明，使世界更加丰富多彩。文明没有高下、优劣之分，只有特色、地域之别。文明差异不应该成为世界冲突的根源，而应该成为人类文明进步的动力。”② 但在“西方文化中心主义”错误观念的左右下，“作为强势文化的西方文化常常将自身的文化价值观强加于其他国家，并且标榜自己代表了‘进步’和‘文明’，而给对方贴上‘落后’和‘愚昧’的标签”，③ 这必然会招致其他文明群体的反对，甚至激烈的反抗，由此文明差异演变成了文明的冲突，甚至演变成世界冲突的根源。习近平主席指出，“每种文明都有其独特魅力和深厚底蕴，都是人类的精神瑰宝”，不同文明之间要开放包容，要“坚持交

① 习近平：《习近平主席在出席世界经济论坛 2017 年年会和访问联合国日内瓦总部时的演讲》，北京：人民出版社 2017 年版，第 24、25 页。

② 习近平：《习近平主席在出席世界经济论坛 2017 年年会和访问联合国日内瓦总部时的演讲》，北京：人民出版社 2017 年版，第 28~29 页。

③ 刘同舫：《人类命运共同体的价值超越》，《光明日报》2017 年 9 月 23 日。

流互鉴”、取长补短、共同进步，要“让文明交流互鉴成为推动人类社会进步的动力、维护世界和平的纽带”。[①] 毫无疑问，构建人类命运共同体重要战略思想的这些主张是对“西方文化中心主义”的彻底摒弃。

人类命运共同体构建的实践创新性。构建人类命运共同体重要战略思想不仅仅是对当代人类生存处境与命运的深刻洞察和理性自觉，更是在对近现代以来资本主义全球治理理念认真反思的基础上提出的一种新型全球治理理念。作为一种新型全球治理理念的“中国方案”和“中国智慧”，它既是中华优秀传统文化的创造性转化和创新性发展，也鲜明地体现着中华优秀传统文化的“和合”精神与“天下为己任”的情怀，彰显着“以人民为中心”价值立场，是一种实践上的伟大创新。构建人类命运共同体重要战略思想彰显着“以人民为中心”价值立场。人类命运共同体，顾名思义，就是每个民族、每个国家的前途命运都紧紧联系在一起，各个民族和国家应该风雨同舟、荣辱与共，努力把我们生于斯、长于斯的这个星球建成一个和睦的大家庭，把世界各国人民对美好生活的向往变成现实。也就是说，把世界各国人民对美好生活的向往变成现实是构建人类命运共同体的价值追求。

构建人类命运共同体重要战略思想的实质是一种合作共赢的全球治理思想，其核心是人民主体论，“合作共赢”是其引导性价值规范。“合作”就是要将世界各国人民的利益结合起来，共同应对全球性挑战，“共赢”就是全世界人民共享文明发展成果。此外，构建人类命运共同体重要战略思想也是对全球治理实践经验的理论总结和升华。随着全球性的经济、资源、气候、环境等非传统安全问题的不断涌现，国际社会也逐步建立了一些应对这些问题的全球性合作机制，同时，这些非传统安全问题的层出不穷也迫使人们对传统国家利益观进行反思。在这样的背景下，人们对共同利益也有了新的认识，并逐渐认识到人类社会是一个相互依存的共同体，一种以应对人类共同挑战为目的的全球价值观亦逐渐开始形成。

构建人类命运共同体重要战略思想作为一种新型全球治理理念的“中

---

① 习近平：《习近平主席在出席世界经济论坛2017年年会和访问联合国日内瓦总部时的演讲》，北京：人民出版社2017年版，第29页。

国方案”充满着中国情怀与中国智慧。中华优秀传统文化充满着“以天下为己任”“天下一家亲”的家国情怀和“以民为本”“以民为先”的为民情怀，以及充满智慧的“和合”精神，这些传统文化的优秀基因，是中华文明得以传承和繁荣的精神支柱，也是构建人类命运共同体的思想渊源。对此，习近平总书记曾深刻地指出：“中华民族历来是爱好和平的民族。中华文化崇尚和谐，中国‘和’文化源远流长，蕴涵着天人合一的宇宙观、协和万邦的国际观、和而不同的社会观、人心和善的道德观。”① 我们既要反对历史虚无主义，强调“文化自信”，又要反对复古主义，强调对传统文化的创造性转化与创新性发展，而构建人类命运共同体重要战略思想中的中国情怀与中国智慧正是对此主张的生动写照。具体来说，一方面要始终以实现各国人民对美好生活的向往为目标，积极推动中国与世界各国的共同发展，充分展现其“以天下为己任”“天下一家亲”的家国情怀和“以民为本”“以民为先”的为民情怀。另一方面要“平等相待、互商互谅”，文明交流要“和而不同、兼收并蓄”，生态体系方面要“尊崇自然、绿色发展”，这些充分彰显了中华优秀传统文化充满智慧的“和合”精神。

人类命运共同体构建的共生前提性。人类命运共同体的建立，离不开当代人类生存与发展的视角，或者说，建立共享共赢的人类命运共同体的价值前提是共生，没有共生就不可能构建人类命运共同体。生存或存在，自古以来就是人类所关心的核心问题，我们究竟处于怎样的生存状态？我们的生存意义是什么？应该怎样生存？这些是哲学社会科学一直思考的问题。我们借助什么赋予“生”最根本的价值？答案是必须诉诸“共生”这一途径。我们看到，现在的世界充满着违背共生的悲剧：人类严重破坏和侵蚀自然环境，付出了沉重的代价，最终威胁自身的存续；人与人之间沉醉于激烈的相互竞争中，在群体性掠夺和欺骗中互相伤害，甚至通过战争等极端暴力的方式让群体之间、人与人之间的关系分外紧张。面对种种现象，共生成为人类生活的美好愿望，构成人类命运的第一需要。

① 《习近平在中国国际友好大会暨中国人民对外友好协会成立60周年纪念活动上的讲话》，《人民日报》2014年5月16日，第2版。

“共生”这一用语已经成为现代的一种流行语，但其准确含义有待进一步明确，特别是在当下中国。我们讲的“共生共存”与生物学意义上的“共生”有本质上的区别。达尔文的进化论在阐释世界进化的过程中过分强调了“共同存在”中的竞争关系，即所谓物竞天择、适者生存。所以进化论之后的物种关系被单调地，或者片面地解释为征服与被征服、优胜劣汰的关系。特别在自然面前，人类通常以征服者的姿态出现，试图通过战胜自然而保持自身的优先性。当然，自然界中也有共生现象，但其并非我们现代意义的“共生”，而是同质物种的共栖状态，即属于同种的物种为了生存、满足最基本的生理需求而展开的本能性合作，比如狼群和蚁群。受到自然的限制，在本能驱动下，它们通过共栖而增强自己的生存概率，更易于获得食物、逃避其他物种的猎捕。显然，这种被动的共生只可发生在相同物种之中，此类合作绝大多数情况下是对异质物种关闭的。作为现代概念的“共生”是冲破物种界限，在接受异质性前提下肯定不同群体的自由和交往能力，并由此建立起的积极社会联系。现代的共生是一种“积极共生”，它不再呈现出相互对立的局面，而是开始积极地理解对方、主动谋求各方合作共赢。时代为积极的“共生”创造了历史机遇：全球化辅之以日新月异的网络技术让人际沟通变得轻松便捷，把看似遥远的世界紧密联系在一起；多元合作的经济模式让各个国家你中有我、我中有你，相互支持、相互依赖；主要基于意识形态差别的冷战已经落下帷幕，频繁的文化互动让人们不再囿于自己狭隘的文化视野而盲目排斥异质文化元素，代之以更多的文化宽容和相互认同、欣赏。这些深刻的变化都让“共生”成为可能，并且产生对“共生”的诉求。“共生”是现代社会不可或缺的基本理念。人类的“共生”理念当然蕴含于人是社会性的存在这一客观事实当中，但是，人的“共生”需要具有条件限制，或者说需要前提。日本学者山口定把这种制约概括为五个方面：“第一，在我们现今的竞争社会中，必须是对生存方式本身的自我变革之决心的表白。因为在竞争关系中，站在优势一方者虽然也说‘共生’，但若没有相当的自我牺牲的觉悟的话，就不会得到弱者的信赖。第二，不是强求遵从现成的共同体价值观，或是片面强调‘和谐’与‘协调’而把社会关系导向同质化的方向。而必须是在承认种种异质者的‘共存’的基础上，旨在树立新的结合关系的哲学。第三，它不是相互依靠，而必须是以与‘独立’保持紧张关系为内容的。第四，是根据‘平等’与‘公正’的原理而被内在地抑制的。第五，必须受到‘透明的公开的决策过程的制度保障’的支撑。”[①] 人类“共生”与动物共栖的区别在于，人类除了赤裸裸的利益关联，还有道德、伦理、情感等因素的参与。人对他人的需要并不仅仅是为了生存或者谋利，人际间有着广泛的同情，也可建立纯真的友谊，而且可以通过理性认识到普遍的道德和规则。

二　世界主义伦理观的核心命题

世界主义伦理观是一种规范性概念，是对个体与他者关系的一种认知与定位，涉及个体与他者关系范畴中的道德界定与价值判断。世界主义相信所有人都有责任改善并丰富人类的总体人性，认为人类是一个种群意义上的整体，是一种原子式的构成，其中的个体皆为世界公民，他们从属于精神与伦理共同体。“世界主义伦理观坚持正义的优先权”,[②] 这对全球化时代的当今世界独具意义。在复杂的思想理路与理论光谱之中，需要首先厘定世界主义伦理观的核心命题。

1. 理论内涵的演进

出于某种时境之中人类自身发展情势的需要，世界主义伦理观总体上时而勃兴、时而沉寂，因此在理论史上经历了一个曲折的发展历程。古希腊城邦制度解体后，代之而起的是一个广袤而多元化的帝国，从“文明人”与“野蛮人”之间界限的模糊到众族平等地生活于同一帝国治下、从亚历山大大帝所倡导的与“外邦人”广泛联姻到哲人对世俗社会想象视野的空前开拓，这些都意味着个体与群体（城邦）之间的紧密关系已经演变为个体与群体（帝国）之间的疏离关系。“作为政治动物，作为城邦或自治的城市国家的一分子的人已经同亚里士多德一道完结了，作为一个人的人则

---

① 转引自〔日〕尾关周二《共生的理想：现代交往与共生、共同的思想》，卞崇道等译，北京：中央编译出版社 1996 年版，第 118~119 页。

② Christine Sypnowich, “Cosmopolitans, Cosmopolitanism, and Human Flourishing,” in Gillian Brock, Harry Brighouse, eds., *The Political Philosophy of Cosmopolitanism*, Cambridge: Cambridge University Press, 2005, p. 57.

是同亚历山大一道开始的。这个个人既要考虑如何安排他自己的生活，又要考虑同其他个人的关系；为了满足前一需要，就产生了研究行为的种种哲学，而为了满足后一需要，则产生了有关四海之内皆兄弟的某些新思想。”[①] 在此背景下应运而生的斯多葛（Stoicism）世界主义伦理观宣扬人类是一个整体的世界公民理念，“提倡一种世界主义的团结和人性”，认为“内在的、不可违反的个人权利的观念，与永恒的普遍的法的观念联系在一起”。[②] 古希腊时期这种朴素的世界主义伦理思想，被古罗马时期后继的斯多葛主义者所延续，这意味着世界主义伦理观步入第二个发展阶段。在此时期，罗马帝国通过武力拓展，将一个宏大的治理空间呈现给哲人，促使他们必须以更加明确的思想来看待并解释当时的多样化世界。不仅西塞罗（Cicero）将人的定义扩大到包括奴隶在内的所有人，塞涅卡（Seneca）也称：“我来到世界并非因为想占有一块狭小的土地，而是因为全世界都是我的母国。”[③] 而奥勒留（Aurelius）则认为：“就我们是理性的存在者来说，理性也是共同的……这样，我们就是同类公民（fellow-citizens）了，因而在某种意义上，这个世界就是一个国家。”[④] 此外，影响深远的罗马法也采纳了世界主义“一切人共有的物”的概念。之后是基督教世界主义阶段，基督教吸收了古希腊遗产中的世界公民思想和希伯来文化中的天下大同观念，将教内信徒归于单一的共同体之下，倡导人们拥有平等地位与共同身份，相互之间保有道义责任。中世纪结束之后，近代民族国家不断形成之中，世界主义伦理观淡出了人们的视野。而在18世纪之后的启蒙时代和民权时代的洪流中，世界主义与民族主义、个体主义等共同成为多位先驱人物的思想利器，康德的世界公民理论成为世界主义伦理观在此阶段的思想巅峰。之后，一战与二战的结束和国际联盟与联合国的成立及其运转，再次证明了人类每经历一次社会发展历程的重大曲折与变革、每经历

---

① 〔美〕乔治·霍兰·萨拜因：《政治学说史》，盛葵阳等译，北京：商务印书馆1986年版，第178页。

② 〔挪威〕G. 希尔贝克、N. 伊耶：《西方哲学史——从古希腊到二十世纪》，童世骏等译，上海：上海译文出版社2004年版，第114页。

③ 转引自〔美〕莫蒂默·艾德勒、查尔斯·范多伦：《西方思想宝库》，《西方思想宝库》编委会译编，长春：吉林人民出版社1988年版，第1625页。

④ 安希孟：《从国家主义到世界主义》，《世界民族》2003年第5期。

一次痛苦和反思，世界主义伦理观便会受到青睐，人们再次对其进行某种程度的尝试与探索。冷战结束后，全球化浪潮席卷世界每一个角落，在与社群主义、国家主义和民族主义等思潮的论战中，世界主义受到越来越多的关注并步入其新的理论演进阶段，或将再度成为人们应对全球化时代众多全球性议题的法宝。

从主要的代表性观点来看，世界主义伦理观呈现出各具特色的理论光谱。但纵观其时沉时浮的思想流变脉络，世界主义伦理观也保持着属于自身不变的核心命题，而且这些命题首先是由对人的自身关系定位的追问引起的。古希腊时期，在被问及“你属于哪个城邦”时，第欧根尼答曰“世界”。[①] 第欧根尼此答之用意虽在于批评城邦，但他在此将“自我”置于一个极大化的可知空间中，确立了以“自我”为中心的个体与宇宙之间的定位关系。斯多葛学派创始者芝诺则根据理性统一性的宇宙因式，认为人类应当生活在统一的政治实体——世界城邦——之中，该实体导致个体不再有身份之别，均为“世界公民”。斯多葛学派接受了原子式的个体存在观，由此引申出个体的衍生权利，在个体与宇宙间建立了个体的定位方式，认为“因为所有的人都分享神圣的逻各斯，所以人人都是一个共同的人类社区亦即构成这一世界城即国际性都市的一个人类兄弟会的成员，而且，每个个人都被要求积极参与世界事务，从而履行自己对这一大社区的义务”。[②] 斯多葛学派强调：“所有的人被认为参与了一种宇宙—逻辑的和道德的整体，他们对此具有一种宗教的信仰。”因此，“在个人和宇宙之间建立起和谐”。[③]

康德的世界主义伦理观则是一个精深的完整体系，包含了相应的哲学原理、正义理念与制度设计，因此康德被认为是近代世界主义思想之集大成者。康德认为一个自由和理性的公民，既属于其所在的民族国家，同时也属于整个世界，即他是所谓的世界公民。这些公民所秉持的普遍的理性

① Diogenes Laertius, *Lives of Eminent Philosophers*, Vol. II, Book VI, London: William Heinemann, 1925, p. 65.

② 〔美〕理查德·塔纳斯：《西方思想史》，吴象婴等译，上海：上海社会科学院出版社2007年版，第87页。

③ 〔挪威〕G. 希尔贝克、N. 伊耶：《西方哲学史——从古希腊到二十世纪》，童世骏、郁振华、刘进译，上海：上海译文出版社2004年版，第114页。

律则，当然超越了包括民族国家在内所有社群界限，在所有社群之间均得到根本承认和相互尊重。在此基础上，康德开列出永久和平的三项条款：（1）每个国家的公民体制都应该是共和制；（2）国际权利应该以自由国家的联盟制度为基础；（3）世界公民权利将限于以普遍的友好为其条件。在此三项条款中，康德因认为自由国家间的和平乃自然生成，且世界国家或将导致某种专制，因此并未主张世界国家；第三项条款中所谓普遍友好意味着“一个陌生者并不会由于自己来到另一个土地上而受到敌视的那种权利”。[①] 这种主张体现了康德世界主义的普遍主义思想。同时，康德采用了第三个公法概念：世界公民法（cosmopolitan law）。在其视角中，国家法适于规范国内政治行为，国际法调整国家间关系，而在世界公民法中，个人则作为世界公民而非某个特定国家的公民而享有权利。

罗尔斯在《万民法》中继承了康德的个体关怀方式，将讨论的基本单位定位为人民而非国家。罗尔斯使用“人民”而非“国家”，旨在将其思想与传统构想的政治国家区分开来，也与“三十年战争”后国际法中包含的政治国家的主权概念区分开来。他提及的主权包括为追求国家政策而发动战争的权利和由国家理性慎思的利益而设定的政治目标以及国家所拥有的对待自己人民的自主权。而在罗尔斯看来，这些自主权纯属错误。他明确强调：“必须在合理的万民法的指引下重新规定主权权力，而否认国家传统的战争权利以及漫无限制的国内自主权。”[②] 罗尔斯的这些观点，被认为在一定程度上认可了世界主义的普遍主义内涵，从而在一定程度上加固了政治世界主义的理论基础。他否认了国家利益至上的天然合理性，将自由民主国家公民之间的平等正义原则扩展到国际社会，由此超越了民族国家狭隘的利益视角，为世界市民社会确立了基础性的正义原则。在此，罗尔斯以全球普遍正义的规范主义为基准，不再沿用传统的民族国家利益至上的功利主义法则，认为自由国家人民的根本利益在于按照普遍正义之原则，对国家边界之外的人民予以同样的尊重和认可。

---

① 〔德〕康德：《历史理性批判文集》，何兆武译，北京：商务印书馆 1990 年版，第 105～119 页。

② 〔美〕约翰·罗尔斯：《万民法》，张晓辉等译，长春：吉林人民出版社 2001 年版，第 28～29 页。

贝茨的世界主义观点则主要属于正义世界主义（juridical cosmopolitanism）的范畴。正义世界主义是西蒙·卡尼（Simon Caney）的用词，博格早期采用制度世界主义（institutional cosmopolitanism），后来采用社会正义世界主义（social justice cosmopolitanism），这三种用词皆主要涉及分配正义问题。正义世界主义涉及分配正义的范围与性质，主张“包括所有人在内的全球分配正义原则”，反对“分配正义仅适用于同一民族或国家成员之间”的观点。[①] 贝茨认为，个体的目标选择与追求具有其内在价值，这种价值不能被对社会善的考虑所压倒；除非有正当缘由，作为自治体的个人不应屈服于他者的意志。[②] 在贝茨看来，国际政治的主要行为体——国家，因参与了复杂的国际关系而不再自给自足，因而必须渗透到某种全球社会合作的体系之中。如同国内社会合作为国内社会正义原则提供了支持，国际经贸合作因促进了全球相互依赖亦为全球性分配正义原则的确立提供了支持。在此背景下，国家边界仅为强化这一全球分配正义原则的工具而非其樊篱。值得注意的是，贝茨不仅将罗尔斯的正义原则应用于国际分配正义领域，而且同样采用了个体关怀的分析方式。

世界主义民主理论学者赫尔德（David Held）亦珍视个体的价值地位，他将个体公民的政治参与和公民权从地方到全球的扩展视为世界主义民主模式的核心特征之一，他认为：“人们可以享有对他们有至关重要影响的形形色色共同体的成员地位，并因此有途径进行各种形式的政治参与。原则上，公民权会被扩展为从地方到全球的所有重叠交错的政治共同体的成员资格。”[③] 赫尔德在 2005 年 5 月于西班牙召开的国际法哲学与社会哲学协会（IVR）第 22 届世界大会上作题为“世界主义秩序的原则”的发言，提出了世界主义价值观的八项普遍共享原则：（1）平等的价值与尊严；（2）能动的行为主体；（3）个人的义务和责任；（4）同意；（5）以投票程序对公共事务进行集体决策；（6）参与性与辅助性；（7）避免严重

---

① Simon Caney, “Cosmopolitanism and Justice,” in Thomas Christiano, John Christman, eds., *Contemporary Debates in Political Philosophy*, Oxford: Wiley-Blackwell, 2009, pp. 388-389.

② Charles R. Beitz, *Political Theory and International Relations*, Princeton: Princeton University Press, 1999, p. 76.

③ 〔英〕戴维·赫尔德：《民主与全球秩序：从现代国家到世界主义治理》，胡伟等译，上海：上海人民出版社 2003 年版，第 286 页。

损害；（8）可持续性。[①] 显然，上述八项原则中的前六项均直接涉及个体价值的主体性。

在将世界主义伦理观运用于道德世界主义和政治世界主义的道路上，博格（Thomas W. Pogge）走得更远一些。在博格的世界主义伦理观中，个体在命题域中处于核心地位，个体的道德价值与优先序列得到了毫无疑问的确认。博格认为各种世界主义都共享三种基本要素：一是个体主义，这意味着终极关怀单元是人类或个人，而非家庭、部落、种群、文化或宗教共同体、民族或国家等；二是一般性，意为终极关怀单元的地位以平等方式联结每位个体；三是普遍性，表示作为终极关怀单元的世界上的每个人，并非仅指其同胞或教友，而是普遍意义上的每个人。博格坚持道德世界主义，认为所有人都处在相互尊重的道德关系之中，人们应互相视对方为道德关怀的终极单元。道德世界主义的中心主旨在于每一个人都拥有作为道德关怀终极单元的全球性身份，这种道德关怀可以用无数方式予以充实。[②]

2. *核心命题的建构*

从前述世界主义伦理观的演进脉络及其代表性观点来看，作为个体的人和作为整体的人类在各种世界主义论述中始终占据着中心地位。“尊重人的尊严意味着承认所有人都是主体，都是一个共同世界的共同建造者”。[③]

世界主义伦理观虽因人类发展的情势变化而在理论史上经历了曲折的发展历程，但从其演进脉络来看，各种分野的世界主义伦理观皆保持着核心命题的传承。世界主义伦理观始终关心的是人（个体的人与整体的人类）究竟占据何种道德地位以及是否认可世界公民身份，前者涉及道德的关怀对象，而后者则涉及伦理的价值主体。因此，世界主义伦理观的核心命题在于，就道德的关怀对象而言，个体的人与整体的人类被视为最根本的价值目标和道德关怀的终极单元，每个人都具有同等的道德地位与价值

① 转引自黄文艺：《全球化时代的法哲学——第 22 届 IVR 世界大会综述》，《法制与社会发展》2005 年第 6 期。

② Thomas W. Pogge, *World Poverty and Human Rights*, Cambridge: Polity Press, 2002, p. 169, pp. 169-171.

③ Hannah Arendt, *The Origins of Totalitarianism*, Cleveland: World Pub. Co, 1958, p. 458.

序位；就伦理的价值主体而言，所有个体皆被视为普遍意义上的世界公民，个体彼此之间的世界公民关系是先天自在的。

韦尔托维奇（Steven Vertovec）和科恩（Robin Cohen）的观点对于分析和理解世界主义伦理观的核心命题大有裨益。韦氏从以下六个视角对世界主义的理论进行梳理：世界一体化的社会—文化状态；希望所有人都成为“世界公民”的哲学或世界观；致力于建立超国家体系的政治设计；承认人的多元身份与从属关系的政治纲领；对各种文化均平等相待、都保持开放沟通态度的价值取向；理解、尊重和深入其他文化的能力与实践。[①]就上述世界一体化的社会—文化状态这一概念而言，世界主义相信人类所生活的这个世界被无所不包的正义原则所支配，世界范围内的物质与观念皆会趋向整合（integration）；社会和文化高度交融，人们不将自己局限于区域性的身份归属，而视自身为一系列的同心圆（如个体、家庭、团体、市镇、国家和人类等）所包围，其中的每一个圆都被认为代表着一种不同类型或层级的依附或认同，人的特定的政治利益与行为注定要从一个圆向另一圆转换；世界主义政治观强调人具有多重归属身份，同时也代表着对文化多样性的肯定与赞赏；世界主义认为人类发展呈现出全球化、一体化趋向。在此背景下，个体对于“世界公民”身份的认同得以加速，全球化条件与科技化条件下的种群归属感逐渐取代了前现代时期流传下来的国家、民族认同感；某种超国家体系（当然未必是世界政府）的确认与建立将在更大程度上与更广泛范围内保障种群认同感的凝聚过程，而且这种超国家体系也将为人们对多元价值的接受与内化提供合理化平台，对多元价值与多元文化的理解与认可将会成为世界公民的标志。在韦尔托维奇和科恩对世界主义的认知中，人的地位与世界公民身份的建构并列处于中心位置。

价值主体问题是政治哲学与规范理论的基础性问题。世界主义伦理观的价值主体是有世界公民取向的个体。在永久和平的第三项条款中，康德提出世界公民权利将限于以普遍的友好为其条件，这种普遍的友好意指

---

① Steven Vertovec, Robin Cohen, *Conceiving Cosmopolitanism: Theory, Context, and Practice*, Oxford: Oxford University Press, 2002, pp. 9-13.

“一个陌生者并不会由于自己来到另一个土地上而受到敌视的那种权利”，而且“这种权利是属于人人都有的，即由于共同占有地球表面的权利而可以参加社会，地球表面作为一个球面是不可能无限地驱散他们的，而是终于必须使他们彼此互相容忍；而且本来就没有任何人比别人有更多的权利可以在地球上的一块地方生存”。同时，在这种权利的保证与促进之下，“相距遥远的世界各部分就可以以这种方式彼此进入和平的关系，最后这将成为公开合法的，于是就终于可能把人类引向不断地接近于一种世界公民体制”。[①] 这种以普遍友好作为满足世界公民之重要条件的基本认识，表明了康德对具有强烈普遍主义价值取向的世界公民思想的肯定。康德的这种思想，从其后的理论史来看，为世界主义伦理观价值主体的确立奠定了基础。一个明显的例子是，康德将每个人都视为理性存在者、在政治上皆为具有同等权利的公民的思想，影响到了罗尔斯的政治自由主义理论。

在博格早期的世界主义论述中，世界主义被分为法律世界主义（legal cosmopolitanism）和道德世界主义（moral cosmopolitanism）。法律世界主义意味着在全球秩序中，每个人都享有个体平等的地位、相同的权利与义务。而道德世界主义则将所有个体指为终极关怀对象，只要身为人，便有义务去关心世界上每一个个体，每个人皆享有同样的权利和义务，皆为一个普遍道义秩序的成员和维护者。博格再把道德世界主义分为制度世界主义（institutional cosmopolitanism）和互动世界主义（interactional cosmopolitanism），前者涉及以世界主义原则为中心的各种制度建构与法则设置，以消除不公，实现共享平等之目标；后者则为人权的实现而将直接责任赋予了其他个人和集体机构，并须随时具有行动的准备。[②] 因此，如前文所述，在关怀对象问题上，博格将人确立为道德关怀的终极单元。博格在后来的研究中，将世界主义分为法律世界主义、社会正义世界主义（social justice cosmopolitanism）、一元论世界主义（monistic cosmopolitanism）和伦理世界主义（ethical cosmopolitanism）。后三者未如同法律世界主义那样倡导世界

---

① 〔德〕康德：《历史理性批判文集》，何兆武译，北京：商务印书馆 1990 年版，第 115~116 页。

② Thomas W. Pogge, *World Poverty and Human Rights*, Cambridge: Polity Press, 2002, pp. 169-171.

制度性秩序，而是主张世界主义道德准则，因此泛属道德世界主义，并共同持有四项基本承诺：第一是规范个体主义（normative individualism），道德关怀的终极单元是个人，而以国家、民族为代表的社群只能借助个体成员并以间接方式才可能成为道德关怀单元；第二是公正性（impartiality），这要求世界主义伦理观的基本准则与评价方式应该被平等公正地适用于各个个体；第三是完全性（all-inclusiveness），每个个体皆被纳入道德关怀与道德评价的对象之内；第四是普遍性（generality），世界主义伦理观的道德要求与内在规定具有普遍权威与全球效力，超越所有个人和社群。① 这四项基本承诺，将世界主义伦理观的关怀对象命题与价值主体命题有机地包容于一体。

具有世界公民取向的个体成为世界主义伦理观的价值主体意味着其基本原则具有实质性的普遍意义，而不应该因国家、族群、文化、习俗等因素的不同而发生改变，亦不因原本并不存在而被人为指定的边界所限制。因此，无论个体或人群置身于何种文化域或国家、民族圈内，他们皆为世界公民之一分子，皆应享有人的基本尊严与平等关怀。从政治世界主义来看，“政治世界主义主张应该存在超国家机构，个体皆为世界公民，在此意义上，应该存在包括所有人在内的政治机构”，“某些政治世界主义观点还认为，应该有一种多层级治理体系，该体系中既有超国家机构，也有类国家机构和次国家政治结构”。② 因此就价值主体的主张而言，政治世界主义具有显著的世界公民取向，甚至认为作为种群的整个人类应该整合为一个世界国家或世界城邦。当然，这未必意味着政治世界主义对特定文化观念与价值传统持完全否定的态度。在涉及分配正义之范围与性质的正义世界主义方面，成为道德关怀终极单元的个体与具有普遍主义色彩的世界公民倾向共同构成正义世界主义自在的理论预设。正义世界主义理论的实际奠基者罗尔斯不仅直接将人作为基本的论述单位，而且还主张一种具有普

① Thomas W. Pogge, “Cosmopolitanism,” in Robert E. Goodin, Philip Pettit and Thomas Pogge, eds., *A Companion to Contemporary Political Philosophy* (2nd Edition), Oxford: Blackwell, 2007, p. 316.

② Simon Caney, “Cosmopolitanism and Justice,” in Thomas Christiano, John Christman, eds., *Contemporary Debates in Political Philosophy*, Oxford: Wiley-Blackwell, 2009, pp. 388-389.

遍主义色彩的正义观。这种正义观认为所有的社会基本价值均应平等分配，某种道德上的偶然性不应成为非正义分配的依据。罗尔斯认为，作为个体的人的天赋所具有的偶然性，根据正义原则不应必然决定最终分配；而贝茨则强调，自然资源全球范围内的偶然分布不应成为最终非正义分配的权利或原因。此外，与天赋、性别和族群等因素相比，国籍对于诸多个体更具偶然性，而且同样会以制度性方式深刻地影响最终分配。这说明在正义世界主义的语境中，论者始终将个体的人置于整体人类的框架下，以世界公民的价值视角对分配正义问题给予理论阐释与价值判断。

3. 规范视角的检视

因上述核心命题内在价值观的独特性，某些具有与世界主义命题域高度相关的规范性问题便会衍生出新的“非传统”外延。在世界主义伦理观的核心命题中，就道德的关怀对象而言，个体的人与整体的人类被视为最根本的价值单元与分析单位，并处于同等的道德地位与价值序位；就伦理的价值主体而言，世界主义伦理观视个体为普遍意义上的世界公民。这种核心命题，既继承了传统个体主义的基本理念，也体现出一定程度的普遍主义成分，即将个体置于一个更大的规范视角中，使个体具有更多的定位内涵与道德责任。由于“每个人对其天赋拥有权利，能够控制其发展及运用”,[①] 个体也便有权利将其忠诚与认同投放于更大的群体之中。因此，世界主义伦理观便认为民族国家的樊篱不应阻碍个体权利和价值的实现，而且全球公民社会的形成与世界主义理念的推广也或将超越传统的主权国家界限，“全球社会理念的发展，必然要打破过去的国家主权观和‘不干涉’的国际关系原则”。[②] 这意味着在世界主义的语境中，人的基本权利的优先性是普遍正义的基本原则与首要条件，这种观点与契约思想也完全一致。在契约观念中，对于人的基本权利及责任的承担者是所有自由而平等的个人，同时他们也构成了契约的确立者和契约主体，自然也是国家—社会结构中的主宰者，更是所有权利的最终来源。确立契约之后，相关责任虽部分地转移到了特定的代理组织、机构或共同体，但并未改变人是契约主体

① Thomas W. Pogge, *Realizing Rawls*, Ithaca: Cornell University Press, 1989, p. 251.

② Martin Shaw, *Global Society and International Relations: Sociological Concepts and Political Perspectives*, Cambridge: Polity Press, 1994, p. 134.

这一事实，也未改变人在契约中的最终责任地位。这说明社群仅是人的基本权利与责任契约中的某种附属产物，并无转化成为契约主体与最终责任者的资质。

事实上，世界主义伦理观所主张的某些理念在全球化时代的今天拥有了更多适合的土壤，也拥有了更多的观念基础和认同取向。经济全球化的态势打破了国家主权的绝对概念，越来越多的国家发现他们只需要将主权的坚冰打破一点儿，便有可能获得比预期更加丰厚的收益。绝对主权的外壳最终经受不住广义国际准则的冲击，国家之间物质与资金的超规模流动使得很多国家不再拥有货币政策的完全自主权，信息技术的成功导致国家边界的功能弱化，区域性与世界性国际组织的道德地位日益提高。

世界主义伦理观的普遍主义成分恰与国际社会的此种发展情势相呼应。早在古希腊时代，“世界公民”和“普遍主义”就联系在一起。在斯多葛学派看来，“世界城邦”（cosmoplis）和“世界公民”（cosmopolites）寓意相同。[①] 在当时，人们需要了解的，一个是个人的概念，所谓个人就是人类的一个单位，他有纯属个人的和私人的生活；一个是普遍性的概念，这指的是全世界的人类，人类中所有的人所具有的共同人性。[②] 现代意义上的普遍主义则强调个体之间具备超越民族、国家与种族的普遍共性与基本人性，整个人类的聚合不仅可以促进彼此间的共同利益，还可以使共同人性得以不断丰富和完善。因此，人性问题，特别是构建于原子论基础之上的人性观，就构成了世界主义伦理观的逻辑基点。这种原子论认为，社会乃为个体所组成，社会之主旨在于实现个体目标，个体及其权利拥有优先权，而且这种权利存在于任何一种特定形式的社会生活——当然也包括社会—国家——之前。因此，由于这种时序关系的存在，社会—国家结构等诸社群不可以成为这种优先权主体和价值观主体的替代物。

在人类这一种群之下，基于文化与价值传统构建而成的社群是否一定成为人们垄断性的忠诚对象，人们对本国人的责任与对外国人的责任之间的差异究竟达到何种程度才可以让人接受，是相当有争议的问题。米勒

---

① 徐贲：《世界公民和理性破碎的世界》，《天涯》2007 年第 4 期。

② 〔美〕乔治·霍兰·萨拜因：《政治学说史》上册，盛葵阳等译，北京：商务印书馆 1986 年版，第 180 页。

(David Miller) 认为，国家是一种伦理共同体，人们对本国人所负有的责任不仅不同于人们对一般人所负有的责任，而且在广度上也远大于后者。在特定领土上形成的民族共同体的人们有权要求与政治相关的自决权。[①]但事实上，国家形成的原因、背景与方式，都具有很大程度的偶然性、被动性和地域性，国家通常并非在某些共同信念与价值原则之下而形成，亦非一定因具有某种独特的共享文化和历史传承而形成。林克莱特（Andrew Linklater）认为，国家因成为诸如法律、政治和经济等公共物品的唯一提供者而获得其公民的忠诚。[②] 因此，世界主义伦理观的核心命题也就拥有了优先权的正当性与合法性，它所衍生的分配正义观、全球正义观与现代社会的国家观，为解决包括非传统安全问题在内的诸多全球性议题提供了新思路。此外，在世界主义伦理观的核心命题中，文化因素依然占据着重要地位，“世界主义将差异与他性的价值判断，同建立一种新的、民主的政治统治形式的努力结合起来”[③]，不断吸收多元文化中的积极因素与共享价值，并将对传统文化的认同与对社群的忠诚进行某种程度的区分。

从身份角色的进化角度看，个体身份、国家公民、世界公民三者间也存在内在的历史传承基因。基于国际社会发展情势的论证，威斯特伐利亚式的民族国家体系与自由人的基本人性和自然追求之间必然包含着某种内在矛盾。在民族国家体系内，社会成员对边界内的国家倾注了政治忠诚，而且这种忠诚超越了村落、地区的阻隔，在国家范围内达到了普遍性。但反过来。这种忠诚及其普遍性却又被局限于边界范围之内及其成员之间，无视或漠视边界之外同一种群者的基本权利及其道德地位。与人类整体概念和地球村概念相比，这种忠诚显得狭隘和尴尬。但这非但未必成为阻隔世界公民取向的巨大障碍，反而还可为达致世界主义认同奠定基础。比如林克莱特就认为，前述内在张力中隐含着现代国家在组织形态上发生变化的最终可能。在公民身份的概念及内涵的基础上，从公民研究路径和价值

① David Miller, *Citizenship and National Identity*, Cambridge: Polity Press, 2000, p. 27.

② Andrew Linklater, *Critical Theory and World Politics: Citizenship, Sovereignty and Humanity*, London & New York: Routledge, 2007, p. 95, pp. 45-53, 80-81.

③ 〔德〕乌尔里希·贝克：《世界主义的欧洲：第二次现代性的社会与政治》，章国锋译，上海：华东师范大学出版社 2008 年版，第 16 页。

主体的角度，林克莱特强调世界公民的角色演进，认为公民身份的内涵具有不断扩展的总体趋势，呈现出由政治—法律权利、社会—经济权利，到文化多样性的不断扩充的过程；而且作为历史产物的现代国家公民身份本身就包含着自由、平等的内涵，因此现代国家公民身份与世界主义伦理观的核心命题并行不悖，其解决方案在于实现超越威斯特伐利亚模式的政治共同体的转型。[①] 在此意义上，政治共同体的转型会促进后主权时代国际关系的形成，次国家、国家、超国家三个层级的政治社群分享政治认同，国际社会或将呈现出政治权威多元化和政治忠诚多样化格局。

三　世界主义伦理观的国际政治困境

在世界主义看来，所有人都有责任改善并丰富人类的总体人性，人类是一个种群意义上的整体，是一种原子式的构成，其中的个体皆为世界公民，他们从属于精神与伦理共同体。[②] 世界主义伦理观采纳了个体主义的一个基本预设：集体是抽象存在的，个体是具体实在的，一切伦理准则均以个体为旨归，每个人都具有同等的道德价值地位和可通约的道德责任。个体主义与普遍主义构成世界主义伦理观的哲学基础，跨国价值观成为世界主义伦理观的基本价值取向之一。然而，国际政治的特殊主义因素和主权原则与世界主义伦理观的个体主义、普遍主义和跨国价值观主张之间存在张力，世界主义伦理观在国际政治现实中呈现出较大程度的非适切性，面临着各种规范性和现实性的国际政治困境，突出表现在国际政治伦理的有限性、普遍主义思想的迷思、国际分配正义的悖论和人道主义干预的困局等方面。

1. 国际政治伦理的有限性

国际政治伦理的有限性是指国际政治伦理在国际政治系统中的低位运行状态。一般认为，国家的道德标准远低于个人，由此类推，社群组成的国际社会因广泛而深刻的利益冲突，其伦理水准至多维持在底线状态。如尼布尔（Reinhold Niebuhr）所言，社群具有强烈的利己倾向，个体的无私

---

① Andrew Linklater, *Critical Theory and World Politics: Citizenship, Sovereignty and Humanity*, London & New York: Routledge, 2007, pp. 80-81.

② 参见李建华、张永义《论世界主义伦理观的核心命题》，《哲学动态》2010 年第 5 期。

冲动在社群中受到抑制，社群的道德低于个体的道德，社群甚至可能以牺牲个体的无私道德来满足其利己取向。[①]

卡尔（E. H. Carr）分析了国家道德标准低于个体道德标准的原因。第一，国家的道德标准问题。国家的道德行为往往由国家情况决定，国家的利他行为与富裕程度等因素有关。可见，国家的行为不是道德约束的结果，而是国家情况的体现。第二，国家的行为会比个人的行为更加无道德。从个人的行为上看是无道德的行为，在国际的行为中却往往是有道德的行为。人的自私行为是无道德的，一旦这种自私行为表现为爱国主义，爱自己的国家就是一种道德行为。第三，在国际社会中不存在一个权力机构可以评判道德行为，道德在国家的行为中并没有强制约束力。第四，任何道德的存在都依托一个行为体，但在国际社会中却并不存在这样的行为体。某些原则在一些国家看来是正义的，在其他国家看来却不是正义的。[②]这种由国家利己主义引发的国际政治伦理的限度问题成为世界主义伦理观遭遇的主要困境之一，对国家利己主义的认可度成为世界主义与其他流派在国际政治伦理限度问题上的分歧点之一。

秩序与正义的关系问题是世界主义与其他流派在国际政治伦理限度问题上的另一个分歧点。针对这一问题，主要有现实主义、国家道德主义和世界主义三种代表性的国际政治伦理观。[③] 在我看来，现实主义坚持秩序价值取向，认为在国际政治领域，混乱是最大的危险，道德选择的深度与广度在国际社会中受到严格的限制。现实主义承认对境域外的其他居民应该持有某些低限度的道德义务，但这种义务极其微弱。在其代表人物摩根索（Hans J. Morgenthau）那里，与正义价值相关联的规范理论具有乌托邦色彩。[④] 在现实主义的语境中，对安全与均势之下的国际秩序的追求高于

① 参见 Reinhold Niebuhr, *Moral Man and Immoral Society: A Study of Ethics and Politics*, Louisville: Westminster John Knox Press, 2002, pp. 83-112。

② 参见倪世雄等《当代西方国际关系理论》，上海：复旦大学出版社 2001 年版，第 54~55 页。

③ 参见 Charles Beitz, "Bounded Morality," *International Organization* vol. 33, 1979, pp. 405-424。

④ 参见 Steve Smith, "Paradigm Dominance in International Relations: The Development of International Relations as a Social Science," Hugh C. Dyer and Leon Mangasarian, eds., *The Study of International Relations*, London: Macmillan Press, 1989, p. 9。

正义的价值取向。现实主义者看到正义的实现有赖于稳定的秩序，秩序应该被排列在优先的位置。“虽然现实主义者阐述了一个强有力的观点，但是他们过于绝对了，认为秩序总是优先于正义。”① 但现实主义者也不认为秩序是一种绝对的价值，从而排斥对正义的追求，他们认为在秩序和正义之间仍需要某种程度的平衡。当然，这种平衡在更多情况下偏向于秩序一端。

国家道德主义强调国家的道德主体地位，认为国家主权具有道德上的优先性，国家间的公正秩序才是国际政治的主题，而不应简单地将道德诉求贯彻于国际政治之中。国家道德主义的代表人物沃尔泽（Michael Walzer）主张，“当代男女作为历史共同体成员具有生活的权利，通过他们之间形成的政治形式表达其文化的权利”。② 国家权利是所有公民生命权利和自由权利的集体表现形式，主权国家这一数百年来的现代国际政治主体便是其国民物质利益与道德诉求的共同表达途径。按照这种观点，几乎一切国际干预行动都应该被视为不合法，但沃尔泽又同意诸如防止屠杀等条件下的干预行动，所以国家道德主义在处理人道主义干预问题时仍将国家视为公民个人权利的集体表达就未必有说服力。沃尔泽认为，国家天然就是管辖区内所有个人为了共同的生活目标而建立起来的组织形式。事实上，只有真正基于契约理念而组建的国家才能成为沃尔泽所言的“集体表达”。这种情况下的国家道德主义与世界主义已经没有本质区别，它们都建立在主权与人权重叠的基础上，通常也不会产生招致外来干预的各种因素。

世界主义则关注人类共同的基本人性，持有一种跨国价值观。这种跨国价值观认为，虽然国家边界客观存在，但它仅仅是一种安全边界，而并不具备道义上的地位，更不应成为国际范围内分配问题、道德问题和人权问题的边界。“对享受其他权利而言，……安全和生存的权利是必要条件。没有它们，人们难以作为。因此，基本权利是普遍性的。它们并不尊重政治边界，需要普遍性政治将它们付诸实施，即使这意味着破坏国家主权的

① 〔美〕约瑟夫·奈：《理解国际冲突：理论与历史》，张小明译，上海：上海人民出版社2002年版，第39页。

② Michael Walzer, “The Moral Standing of States,” *Philosophy and Public Affairs* Vol. 9, 1980, p. 211.

城墙亦在所不惜。"[①] 正是基于上述跨国价值观，世界主义承认个体价值的优先地位，认为这个世界首先由个体组成，其次才由主权国家组成，国际政治仅仅是对主权国家体系的一种描述，但并不能改变世界是由个体组成的本质。因此，所谓正义就不应该是指国家间的正义，而应指个体间的正义，即人的正义。国家间的公正未必会促成个体间的公正，国家间的公正与个体间的公正并不存在必然的因果关系。在世界主义看来，不应由国家间秩序掩盖个体间正义，国家间秩序不是个体间正义的前提，个体间正义却是国家间秩序的基础。只有充分的人的正义的存在，才能有人的衍生组织——国家与国家间的正义和秩序的存在。作为个体的人可以有很多效忠对象，例如不同层级的地域、国家、宗教团体和世界等，人既可以同时效忠上述所有对象，也可自主地选择其中的某一个作为效忠对象。

除了对国家利己主义持有不同看法，对秩序与正义关系作出不同评判外，现实主义、国家道德主义和世界主义对国际政治伦理限度认知的区别还集中在如何平衡跨国价值观与国家价值观。世界主义强调跨国价值观，质疑国家利己主义的正当性，强调个体间正义乃是国家间正义和秩序的必要条件，反对以国家价值观为导向的国际政治伦理。但由于当代政治理论光谱的复杂性，上述三种国际政治伦理观之间也未必泾渭分明，它们只能是韦伯意义上的"理念型"。例如，复杂的现实主义者可能会承认公正影响秩序的合法性，复杂的国家道德主义者可能会承认跨越边界之义务的可能性，复杂的世界主义者可能会承认国家边界的政治重要性。[②] 我认为，无论其如何演变，世界主义仍然会坚持全部的国际政治行为皆为"人格化"的价值判断与道德选择。这在伦理学上固然有其合理之处，但各个国家对主权原则在维系国际秩序过程中重要性的认识尚存很大差异，多元化的国际政治伦理主体在道德发展水平上也存在广泛的非均衡性，这不仅导致了国际政治伦理的有限性，也决定了国际政治伦理共识的有限性。

---

① David Luban, "The Romance of the Nation State," *Philosophy and Public Affairs* Vol. 9, 1980, p. 392.

② 参见〔美〕约瑟夫·S. 奈《硬权力与软权力》，门洪华译，北京：北京大学出版社 2005 年版，第 61 页。

2. 普遍主义思想的迷思

普遍主义是世界主义伦理观的主要哲学基础。普遍主义认为每个人都具有超越种族、民族、文化与国家的普遍共性与基本人性，这些普遍共性与基本人性在任何地域的人身上都得到程度基本相同的体现，同时也是不同地域、文化、民族与国家的人们相互沟通、交流和共同发展的基础。世界主义伦理观的主要创立者斯多葛学派认为，作为个体的人事实上皆为生物学意义上的相同类，具有共同的基本人性和理性，共同受自然法的支配。当代的世界主义者亦将普遍主义视为世界主义的理论基石，甚至提出民族国家的藩篱不应阻碍个体权利的实现。强命题式的世界主义还持有类似道德普遍主义的观点。总体而言，道德普遍主义包含有绝对主义、本质主义和一元论的成分，认为人类社会中存在某种终极的、绝对合理的价值标准。

世界主义伦理观的普遍主义思想在仍具无政府特征的当代国际政治中坠入迷思。在"丛林"状态下的国际政治环境中，世界主义伦理观面临秩序与正义两者关系造成的两难困境，国际政治伦理只能在狭小的限度内"潜性"存在。作为暴力垄断组织形式的国家，在很多情况下也扮演着文化共同体的角色，每个国家所代表的一定地域内的居民拥有独特的文化习俗、思想意识与身份观念，这是以普遍主义作为哲学基础的世界主义伦理观无法解决的悖论。无疑，世界主义伦理观在不同国家中受到认可的程度不尽相同。有些国家的居民向来有个人主义传统，有些国家的居民向来以集体原则为主导；国际政治伦理发展阶段不同，这些居民对世界主义伦理观的理解也大相径庭。

从学理上探讨普遍主义思想的迷思的内在机制，必须深入当代国际政治理论的光谱之中。如同政治哲学领域存在自由主义与社群主义的争论，世界主义与社群主义的争论也是国际政治伦理研究的重要对象，区分世界主义与社群主义成为各种规范性国际关系理论关注的核心问题。[①] 社群主义即共同体主义，其伦理观建立在共同善、社会实践、历史传统、文化特

---

① 参见 Chris Brown，*International Relations Theory*：*New Normative Approaches*，Hertfordshire：Harvester Wheatsheaf，1992，p. 12。

征和社会责任的基础上，强调普遍的善和公共利益，主张社群之于个体、公共利益之于个体权利的优先性，认为个体的自由选择能力及其权利皆以社群为依托，公共的善优先于权利和正义。社群主义认为，人不是抽象的个体，而是具体的个体；人不是单个的概念，而是一个群体意念之下的概念，应该被置于家庭、血缘、地域、民族和国家等共同体之中加以讨论。在国际政治中，社群主义强调民族和国家等实体性的社群机构在个体价值建构进程中的重要作用，"社会归属对个体所具有的价值，和这种归属对于国际实践中国家的道德地位所具有的意义是完全一致的"。[①] 丹尼尔·贝尔指出："在国家政治制度里实行的国家政治对把公民和民族连接起来的共同纽带有重大的意义。多数公民强烈地认同他们的国家在历史上确立下来的管理与习俗。"[②]

在对国际政治伦理主体的认知、国际政治价值主体的判断和国家边界道德意义的评价等问题上，特殊主义取向的社群主义与普遍主义取向的世界主义之间存在着若干重大分歧。世界主义的关注点在于个体，而社群主义的关注点则在于社群（在国际政治中通常指主权国家）；世界主义注重个体的道德地位，并将其视为道德关怀的终极目标，而社群主义则强调包括主权国家在内的社群的道德地位，并将其视为个体道德地位的最终来源；世界主义采用原子论的观点来分析个体价值的本质，认为人类社会是由单个的人组成，每个个体均有自由选择的意志与权力，而社群主义则采取构成论的视角，将个体视为社会和历史的产物；[③] 世界主义承认个体价值及其道德地位，认为个体价值与其所处的社群并无因果关系，而社群主义则否认个体价值及其道德地位，认为不仅个体价值与其所处的社群紧密相连，而且是社群将这些价值赋予其中的个体的。总体而言，世界主义与社群主义两种国际政治伦理观分别沿着普遍主义与特殊主义的路径展开，其他分歧亦由此衍生。

---

① Molly Cochran, *Normative Theory in International Relations*: *A New Pragmatic Approach*, Cambridge: Cambridge University Press, 1999, p. 52.

② 〔加〕丹尼尔·贝尔：《社群主义及其批评者》，李琨译，北京：生活·读书·新知三联书店 2002 年版，第 136 页。

③ 参见白云真、李开盛《国际关系理论流派概论》，杭州：浙江人民出版社 2009 年版，第 319 页。

世界主义伦理观面临的普遍主义思想的迷思深刻地体现在社群主义基于特殊主义立场提出的挑战。特殊主义认为对人的个性、认识的主体性和价值的特殊性的正确把握是伦理学的前提，唯一、终极且永恒不变的价值体系及其判断标准是不存在的，人类价值的多样化是政治哲学研究的基础，只有充分考虑事物的特殊性才能正确理解价值问题。兰克（Leopold von Ranke）在历史哲学的高度上看待特殊主义，其政治思想的核心就是将民族国家这一社群视为“个体”，提出“每个都与其他相似，但本质上独立于其他”① 的观点。由此可见，全球诸文明之间呈现出很大差异，各个民族国家之间政治思想文化的差异更是大到了虽共处于同一时空之中，却相差几百年的程度。

3. 国际分配正义的悖论

国际分配正义是世界主义伦理观的价值追求，也是国际政治伦理的核心问题之一。世界主义伦理观认为，作为世界公民的每个个体对世界范围的资源享有共同的权利和平等的机会，“一些人正好处在了有利的资源位置上的事实，并不意味着他们拥有将其他人从这些资源的收益中排除在外的权利”②。但在人们的思想观念之中，富裕国家无理由与贫弱国家分享财富或资源。对于贫困者的援助虽然在现代国际政治实践中不断增多，但这些援助大都建立在一种“慈善”概念的基础上，尤其是在被援助者处于极端困境中才可能会发生。布尔（Hedley Bull）提出，正是国家阻碍了国际分配正义的实现：“国家体系通过两个方式妨碍经济和社会公正目标的实现。国家体系由于阻碍了人员、货币和商品在地球表面上的自由流动，或者阻碍它们根据全球经济发展计划而进行流动，从而制约了世界经济的增长。与此同时，由于每个国家只关心特定人类群体的利益，所以国家体系导致了一个结果，即无法根据某种世界共同利益的观念，在国家、民族和个人中间对经济和社会利益进行公平的分配。”③ 可见，世界主义的国际分

① 转引自〔德〕弗里德里希·迈内克《马基雅维里主义：“国家理由”观念及其在现代史上的地位》，时殷弘译，北京：商务印书馆 2009 年版，第 526 页。

② Charles R. Beitz, *Political Theory and International Relations*, Princeton: Princeton University Press, 1999, p. 138.

③ 〔英〕赫德利·布尔：《无政府社会：世界政治秩序研究》，张小明译，北京：世界知识出版社 2003 年版，第 234~235 页。

配正义观关注的并非国家内部的共同价值，而是由所有个人组成的整个人类社会的共同价值。

与世界主义伦理观不同，社群主义的国际分配正义观认为，同胞之间存在着不同于非同胞之间的特殊责任与道德义务，而这种道德义务并不必然延伸到非同胞；以国家为代表的共同体成员在历史、文化、语言与信仰方面拥有共同经验，使人们对同胞拥有的特殊情感与认同感，导致包括资源禀赋、社会福利、自由迁徙权与就业机会等在内的资源配置并不能向非同胞无限制地开放，因为这种开放对同胞而言意味着一种新的非正义。

世界主义对于分配正义问题的探讨具有多种思路，诸如契约论、功利论、义务论等，[①] 但基于罗尔斯正义理论之上的世界主义契约论的分配正义理论俨然成为当代主流思潮。世界主义契约论的分配正义理论是以罗尔斯的普遍性正义理论作为基础，尽管它并非罗尔斯本人的观点。在罗尔斯设计的“原初状态”中，各契约方“处在一种无知之幕的背后。他们不知道各种选择对象将如何影响他们自己的特殊情况，不得不仅仅在一般考虑的基础上对原则进行评价”。[②] 罗尔斯提出了两个正义原则：一曰自由优先原则，二曰机会平等前提下的差别原则。众所周知，罗尔斯认为其正义理念适用于国内社会，而非国际社会。他是基于三个原因提出这一观点的。一是正义的概念仅适于一个具有社会合作体系的自足社会之中，国内社会符合此条件，国际社会却并非如此；二是国际社会缺乏正义原则所需要的社会基本结构；三是正义原则的实施需要强制性的社会制度，而这也是国际社会一直欠缺的。贝茨和博格希望罗尔斯的正义理论应用于国际社会，这成为世界主义契约论的分配正义理论的出发点。为此，贝茨提出了“资源再分配原则”和“全球分配原则”，认为全球范围内如果分配正义缺失，就会导致全球不平等的加剧和不公正现象得到宽恕，“不同国籍人之间相互存在着一种类似于国内公民之间的分配义务，国际分配义务建立在正义

① 参见 Simon Caney, “International Distributive Justice,” *Political Studies* vol. 49, 2001, pp. 975-979。

② 〔美〕约翰·罗尔斯：《正义论》，何怀宏、何包钢、廖申白译，北京：中国社会科学出版社 1988 年版，第 131 页。

而非仅限于相互援助的基础之上的。……把社会正义的契约原则限制在民族国家的范畴之内是错误的；相反，这些原则应该被运用于全球范畴”。[1]贝茨进一步主张分配正义原则在全球层面上的具体运用：“由于全球经济相互依存的兴起，对这个世界以国家为中心进行描述失去了规范方面的适切性。所以，分配正义原则必须首先应用到作为整体的世界，再衍生应用于民族国家上来。罗尔斯的差异原则作为全球原则是适宜的，但或许要做一些修改，即：只要达到了国际再分配义务的门槛标准，就要对相对富裕国家的国内再分配做一些规定。”[2] 贝茨的这一看法，反映了他在资源禀赋问题上与罗尔斯的差异。贝茨认为，资源禀赋分布的偶然性并不能决定正义原则的应用范围，也不能因资源禀赋分布的偶然性而导致正义原则的扭曲或转向，每个人对于这些资源禀赋的权利都是平等的。贝茨赞成罗尔斯的差别原则不能局限在国家的边界之内，而应该在国际分配领域也贯彻这一原则。贝茨不赞成罗尔斯将国家理解为一种自给自足的联合体的观点，他认为当今世界并非由自给自足的国家组成，在这个全球化的时代，国家都卷入了复杂的国际经济、政治和文化关系之中，这些关系证明了存在某种全球性的社会合作安排体系。对这个问题的分析牵涉到国家间正义与个人间正义的关系问题，引发了国家间正义是否等同于个人间正义、国家间关系是否等同于个人间关系、国家间的相互权利是否等同于个人间的相互权利等一系列问题。“我们说一个国家对于另一个国家的道德义务并不等于说国家是一个道德人，而是强调一个政府作为其国民的代理机构，代表着该国人民对其他国家人民所负有的道德责任。同样，政府也代理本国人民行使这种权利。”[3] 国际分配正义在本质上履行着道德人之间的道德义务和责任，这种义务与责任并不会因国家边界而消失。

从更深层次上讲，世界主义伦理观对超越国界的责任、对跨国价值观的承诺和对国际分配正义的实现并未被彻底否定，只是面临着现实性方面

① Charles R. Beitz, *Political Theory and International Relations*, Princeton: Princeton University Press, 1999, p. 128.

② Charles R. Beitz, *Political Theory and International Relations*, Princeton: Princeton University Press, 1999, pp. 169-170.

③ Frank J. Garcia, “Building a Just Trade Order for a New Millennium,” *The George Washington International Law Review* vol. 33, 2001, pp. 1016-1017.

的质疑。米勒（David Miller）认为，弱命题式的世界主义很容易得到绝大多数人的认可，但严格意义上的世界主义则面临着与国际政治现实脱节的尴尬："世界主义具有两种不同的形式。弱式伦理视角的世界主义——按照同等的道德价值或者同等的道德关注的原则来阐述——可被除些许种族主义者及其他顽固者之外的几乎所有人所接受。但是强命题式的世界主义要求我们作为主体者应该承认对世界上的每一个人都毫无例外地具有同等义务或同等责任，这只有在与全球政府的政治要求相关联的时候才有意义。"①

世界主义国际分配正义观的困境在于这个问题：在主权国家的边界面前，契约精神所引发的罗尔斯式正义原则在国际社会中是否具有适用性？围绕该问题的争论最终指向了罗尔斯所提出的正义理论不适于国际社会的三个原因是否成立。有学者认为，罗尔斯对社会正义所提出的这三个条件（原因）在全球层面上基本都得到了满足：在全球化的推动下，国际社会已形成一个具有社会合作体系的自足社会，不平等的全球秩序也已构成了罗尔斯所声称的"社会的基本结构"，全球秩序在很多方面已经是强制性的。② 然而，我认为，全球化的浪潮依然不能造就一个可以等同于国内社会的国际社会，国际社会的经济交流与合作虽久已有之，但其终究与各生产要素都能自由流通的国内社会相差甚远，国际社会仍然只是一个部分程度上的经济合作体系，而非罗尔斯意义上的社会合作体系。自发性的且处于底线状态的全球性经济秩序的软性约束，远不能与具有暴力垄断性质的国内社会秩序的强制力相比。毕竟，合作性的软性机制与强制性的硬性机制之间存在本质区别，这是世界主义伦理观在国际政治实践中不得不面临的困境。此外，对国际分配正义的忽视必然导致部分世界公民的不平等状态，而对国际分配正义的全盘接受又会引发新的非正义——对共同历史经验与合作建构现实的忽视。或许，这种悖论的解决有赖于国际分配正义向人际分配正义的转化。

4. 人道主义干预的困局

在较为广泛的意义上，干预指在国际政治、国际法和外交领域中外来

---

① David Miller, "Cosmopolitanism: A Critique," *Critical Review of International Social and Political Philosophy* Vol. 2002, p. 84.

② 参见徐向东编《全球正义》，杭州：浙江大学出版社 2011 年版，第 27 页。

力量或外来意志对一个国家国内事务的介入，有些情况下被理解为一种强行干涉，即外来力量或外来意志“强行介入另一个国家的国内事务”。[①] 在世界主义看来，正义是最基本的价值观，个人组成的社会是最重要的国际制度。因此，世界主义伦理观认为人权具有绝对的正当性和普遍性，它主张人与人之间的关系只存在于人类种群里的个体与个体之间，并不需要主权国家这一社群形式当中介。在不同地域内个体之间的关系问题上，社群组织并不具有先天的优先权，人类种群中个体之间的关系是人的一种自然属性，也是个体彼此间形成共同利益的基础。“在这个社会里，每个人都与‘人类有关联’……共同利益的范围将会扩大，而且某些权利将会被视为人的个性本身的属性，并非纯粹以部落式约定的方式归属于整体的这一或那一部分的附属物。”[②] 在后冷战时代，世界主义的人权观获得了生长的空间。在一些西方国家看来，通过人道主义干预来推进世界主义，让人权这一合乎“公理”的权利安排取代充斥着利益争夺的旧的权力体制的历史时机已经到来，因为“国家”的对外关系是改进人权的重要领域，而且衡量这种改进的标准是主权和维护既得利益的秩序让位于世界主义的程度。为此，世界主义将国际政治和外交问题直接与人权改进挂钩，鼓吹以人道主义干预促进世界主义的拓展，主张如果人道主义干预行为伸张了正义并促进了人权，那么就具备正当性与合法性。世界主义伦理观的人权观在理论与实践两个层面都得到了某种程度的呼应。在理论层面，学界支持人道主义干预的声音越来越多，认为“冷战结束以来的事实表明，反干涉主义的体制已经与涉及公正的现代理念格格不入了”[③]；在实践层面，联合国在冷战结束以后开展的维持和平行动都体现出人道主义特征。

世界主义的人道主义干预主张可以追溯到康德，其主张的人权所具有的超验的正当性与普遍性与康德的“世界公民权利”类似，它们共同的目标都是“为了达到全球范围的公正，要提高某一地的人民对另一地发生的

① R. J. Vincent, *Nonintervention and International Order*, Princeton: Princeton University Press, 1974, p. 13.

② 〔英〕R. J. 文森特:《人权与国际关系》，凌迪等译，北京：知识出版社 1998 年版，第 164 页。

③ Michael J. Glennon, “The New Interventionism: The Search for a Just International Law,” *Foreign Affairs* May/June 1999: p. 2.

错误行为的敏感程度”。[①] 康德的政治哲学支持某种形式的伦理共同体，这为人道主义干预提供了理论支持。康德相信，由于德性义务涉及人的整个族类，伦理共同体是一个关系到所有人的整体的理想，单个的共和国并非伦理共同体，只是进入这种伦理共同体的整体之一。单个国家应该致力于追求与所有人的一致，“以期建立一个绝对的伦理整体；而每一个局部的社会，都只是它的一个表现或者一个图型，因为每一个局部的社会自身都又可以被想象为处在与其他这一类的社会的关系中，即处在伦理的自然状态中，连同这种状态的全部不完善性”。[②] 对于如何构建伦理共同体的问题，康德主张所有国家都成为共和国，在此基础上形成一个自由国家的联盟。在这一构想中，很容易出现如何处理人权与主权关系的问题。康德认为，对处在“公民—法治”状态之外国家的干预具有正当性与合法性。对处于“公民—法治”状态的国家而言，敌对行为和战争行为都是不正当的；但对处在“公民—法治”状态之外的国家来说，当这一国家影响到了处于这一状态的国家的时候，则可以视之为“敌对”。这一主张在现代国际政治中体现为世界主义的人道主义干预。

国际政治中人道主义干预的手段通常是非和平的，尤其以暴力作为主要方式。这导致世界主义的人道主义干预的第一个困局——以暴制暴的伦理两难。从义务论的角度出发，暴力是一种恶，这种恶的实质不因情势的不同而发生改变，以暴制暴并不具备伦理正当性，暴力的固有特点和内在价值决定了以暴制暴的非正当性。但从目的论来看，当一种具有道德情怀的暴力手段成为阻止某种暴力罪恶的唯一可能时，这种暴力手段的目的就成为对其评价的出发点，以暴制暴的行为便可获得正当性辩护。即便如此，世界主义伦理观仍然面临着一系列的困难。例如，如何认定这种具有道德情怀的暴力一定是一种小恶，与其对应的那种暴力一定是一种大恶？如何保证这种认定不仅在人道主义干预发生的当下确实如此，在难以预料的未来也依然如此。

目的论虽然有助于人们对人道主义干预的接受，但会形成一种普遍性

---

① Kant, *On Permanent Peace*, Cambridge: Harvard University Press, 1948, p. 257.

② 〔德〕伊曼努尔·康德：《康德著作全集》（第6卷），李秋零主编，北京：中国人民大学出版社2007年版，第96页。

人道主义干预的心理定式，以至于人们越来越倾向于支持包藏着各种非道德的利益动机的人道主义干预，甚至将人道主义干预作为一种常态性手段运用于国际政治之中。这种去道德化的普遍性人道主义干预与国际社会奉行的主权原则和不干涉内政原则之下的不干预主义形成冲突，造成世界主义的人道主义干预的第二个困局——普遍性人道主义干预与不干预主义的伦理两难。面对国际政治危机，世界主义伦理观难以在普遍性人道主义干预与不干预主义之间获得具有足够道德正当性的平衡，尤其是当某些人道主义干预包藏着非道德的利益动机之时。

人道主义干预问题也与国家的道德目标紧密相关。霍夫曼（Stanley Hoffmann）认为，国家通常具有两种道德目标：一种道德目标属于自我取向，它促进国家共同体的长期利益，避免损害或尽量减缓损害其他共同体的利益；另一种道德目标属于他者取向，它不仅与国家这种社群组织构成的国际社会有关，也与本国之外其他国家的居民有关。[①] 国家他者取向的道德目标表明一种对本种群之内而在本国之外的居民的道德义务，这种道德义务并不依赖国家这一社群组织而存在，在国家这一社群组织出现之前，它就已经存在。人道主义干预意味着国际政治领域增加了道德与伦理的考量，道德与伦理在处理国际事务中的作用日益凸显，也意味着国际政治伦理水平的提升。

在当代国际政治的语境中，世界主义伦理观既面临国际政治伦理限度和普遍主义思想的迷思造成的规范性困境，也遭遇国际分配正义悖论和人道主义干预困局的现实性困境。世界主义对跨国价值观的强调，对国家利己主义的质疑，对秩序和正义关系的判断，难以突破国际政治伦理的局限。对个人价值本质的原子论认知，对国家实体道德地位的低估，使世界主义伦理观陷入了普遍主义思想的迷思之中。在对国内与国际社会合作体系之间的实质差异、国际社会结构及其强制力性质的分析上，世界主义伦理观缺乏严谨的论证，它的国际分配正义和人道主义干预的主张也面临着难以克服的障碍。

① 参见 Stanley Hoffmann, *Duties Beyond Borders: on the Limits and Possibilities of Ethical International Politics*, New York: Syracuse University Press, 1981, p. 190。

第二十五章　后疫情时期的共生伦理

新冠疫情是第二次世界大战以来最大的公共卫生事件，使全球陷入一种综合性危机，导致经济全球化进程受阻甚至倒退，造成国际关系、族群关系甚至人际关系不同程度的撕裂。疫情影响下，全球公共价值、公共秩序与公共治理问题，迫使我们重新思考现代化和全球化：现代化是不是人类唯一的选择？现代化的陷阱有多少、有多深？有没有多元现代性？全球化是不是不可逆转的？国际秩序究竟应该如何构建？在逆全球化的情况下人类命运共同体建设是否可能？加强人类的联合以应对共同的风险挑战，谋求合作共生便成为时代所需。共生是人类生存与发展的前提，在历史发展中不仅体现为对生命的“生”的需要，而且呈现出对人的生命意义和文明共生的追寻。构建人类命运共同体的中国方案内在包含着共生的伦理旨向，而这一旨向也将融贯在构建人类命运共同体的整体思想及其具体的实现路径之中，换言之，在逆全球化的情况下，共生伦理对于后疫情时期人类新秩序“大重构”具有较高价值。

一　共生的伦理意涵

共生原为生物学上的概念，它指的是两个或两个以上的不同质生物体在自然进化过程中出于原始的向生本能而彼此相连、共同生存，由此所形成的乃是一种简单的互利共生关系。生物界虽然也存在共生现象，但只是纯粹生物规律使然，并不具有伦理的性质，因为伦理性的存在必须具备两个初始条件：一是现实的利益关系，二是人对这种利益关系调节的自觉认识。显然，除人之外的生物体虽有生存竞争或互相帮助，甚至有对同类的同情心，但这些并不是人伦关系所产生，并不是伦理行为而仅仅是生理行为。当我们用“生态伦理”“动物伦理”甚至“植物伦理”等概念去描述人与外部世界的关系时，也仅仅是从人或社会自身的利益关系单方面去“推演”和“放大”，因为外部世界并不能意识到人在同它（们）发生利益关系。只有置共生于人类社会，探寻种属之别下人与自然如何共处，探寻相同社会需求下人与人之间如何共生共在，探寻价值追求相异的文明与文明之间如何共生共存，从中以求人的可持续生存与发展之道，才能使共生超越纯粹的生物学意义而具有复杂、深刻的伦理深蕴。

首先，从伦理的立场出发，共生首先意味着人与自然的和谐相处。人本于自然，亦生于自然，或人本身就是自然的一部分。自然给予了人们活动的场所与生活资源，是人们生存与发展的无可替代的依托，而人们的实践活动也在影响着自然的存在状态，人与自然的关系是人类社会最基本的关系。[①] 马克思站在整体性的立场上看待人和自然之间复杂而矛盾的联系，他在强调人类与自然一体性的同时指出人和自然相互对立的倾向，这一倾向为人类所独具的类本质即人有自觉意识的实践活动所规定。马克思认为自然界“是人的无机的身体”[②]，“所谓人的肉体生活和精神生活同自然界相联系，不外是说自然界同自身相联系，因为人是自然界的一部分”。[③] 也就是说人不仅需要借由实践活动从自然界获取自身生命所需的产品，诸如食物、药品、建筑住所和制作衣物的材料等，还将自然界变为自己的精神对象、思维对象、审美对象，比如，人在面对宽广的海洋、巍峨的山峰时内心产生崇高感，无数的文学、音乐、绘画都曾借助自然表达人的处境、情感，人既斥责自然灾害对生命的无情又歌颂着自然母亲对生命的哺育。显然，人对自然从身体到精神上所具有的普遍性依赖不同于非人类生物。非人类生物由于自觉意识的缺乏，只能直接从自然中获取资源以维持基本生命，而无法对直接获取的自然资源进行再次加工、多次创造。人除了依赖自然直接提供的诸如水、空气、土壤等生存资源外，还在实践活动中凭借知识对获取的自然资源进行再生产，创造出自然无法自发产生的人类产

---

① 李贵成、夏承海：《着力构建人与自然和谐共生的生命共同体》，《理论导刊》2018 年第 11 期。

② 《马克思恩格斯选集》第 1 卷，北京：人民出版社 2012 年版，第 55 页。

③ 《马克思恩格斯选集》第 1 卷，北京：人民出版社 2012 年版，第 56 页。

品，既不同于自然之物又与自然密切联系着的各类人造物。正是由于这一点，人才是类存在物，能凭借自身的意识将自然转换为自身的认识和改造对象，从而有了和自然的分离倾向，有了和他类的区别，但人与自然的一体性又为弥合人与自然关系的断裂提供了可能性。基于这种对人与自然关系的整体性认识，人与自然的共生承认："人与自然的同质性中二者仍有本质上的差异性，并包含着相互干涉和抗争，但在整体上二者是一起生存的。"① 就此而言，对人与自然共生关系的承认指向人对自身在大自然中地位的正视，即承认人并非独立于自然生态系统之外的物种，人的实践活动局限于自然环境之内，人的实践活动范围、活动程度、活动性质等都会引起自然生态系统或大或小的变化。当这一变化超出自然自发调整的限度时，就会导致部分物种的灭绝、物质循环的中断，人与自然的关系便表现为破坏的关系，相应的自然也将表现出不利于人生存的一面。因此，人在实践活动中应与自然建立起和谐互动的关系，在通过人的本质力量改善人在自然中的生存处境，体现自然的人的价值时，面对自然表示出恰当的谦卑品质，以保持自然生态系统之平衡，使人与自然呈现出共生之势。而问题往往在于，自现代以降，人的主体性过度张扬，人视自然为征服对象，无节制地消耗自然资源，这些给人类自身带来了巨大的生存危机。如果没有对人类中心主义的放弃和保护自然环境的伦理自觉，人类将最终走向自我消亡。这里要特别注意的是，人与自然共生伦理关系同一般的人伦关系不同，其调节是单向度的，因为自然没有自我意识，这不但决定了人与自然关系和谐的难度，也决定了人类生态伦理意识的至关重要性，事关人类生存的命运。

其次，共生是个体与共同体的共同生存、共同发展。如果说人与自然的单向共生是一种"被迫"的伦理觉醒，那么个体与共同体之间的共同生存、共同发展则是"主动"的伦理激活。人是一种社会性存在，离不开共同体，并且不同的共同体之间也因各种利益的勾连而自觉谋求共生。人与人、人与社会的共生即意味着每个人都能在社会中满足自己生存需要以及收获才能的需求、实现自身价值的平等机会，人与人之间不是丛林中"你

① 〔日〕尾关周二：《共生的理想：现代交往与共生、共同的思想》，卞崇道等译，北京：中央编译出版社1996年版，第149页。

死我活”的关系，而是相互合作的共生共赢关系。然而，自文明历史以来，人们在社会中所拥有的生存发展机会并不平等，奴隶社会是奴隶主对奴隶的压迫，封建社会是封建地主对农奴或农民的压迫……虽然资产阶级以其对资本逻辑的遵循和技术的倚仗，围绕“自由”“民主”之理念构建起现代资本主义社会，使人类总体生产力水平实现了历史性跨越，从而极大改善了人们的生活质量。但也正如马克思所指出的，资本主义社会“只是用新的阶级、新的压迫条件、新的斗争形式代替了旧的”，① 人与人之间形式平等而实质不平等。并且在资本主义的生产方式下，“人和人之间除了赤裸裸的利害关系，除了冷酷无情的‘现金交易’，就再也没有任何别的联系了”。② 也就是说，在遵循资本逻辑的社会中，物质利益关系成为人与人之间的唯一联结，人的情感被忽视、人的道德以既得利益的多少为取向，而人存在的社会价值需要通过金钱来表现，其结果是人与他人相疏离，社会变成“适者生存”的强者法则，而不是相互合作、共生共赢，少数人占据社会绝大多数的资源。在存在剥削和压迫的资本主义社会，平等只存在于观念之中而非现实之中。这种非现实性的平等，表现于社会中便是共同体对人的压迫，马克思认为共同体分为虚假的共同体和真正的共同体，在他看来，资本主义社会即为虚假的共同体，在这一虚假共同体中个人作为社会某一阶级的一员与其他阶级成对立状态，而不是作为自由自觉的个人的联合。因此对于被统治阶级来说，这种共同体“不仅是完全虚幻的共同体，而且是新的桎梏”③。事实上对于掌握生产资料的资产阶级来说，也并没有获得真正的自由，因为资本家是人格化的资本，其活动服从于资本增殖的逻辑。当共同体对人来说是一种压迫，人无法在共同体中通过实践展现人自由自觉的力量时，社会共同体和人就不是处于一种共生的关系中。资本条件下人对人的压迫和不平等表现在世界范围内，即为民族对民族的压迫，资本的全球扩张使一切民族都进入世界市场，参与市场竞争。但由于世界范围内各民族历史发展的差异性，并非所有民族都具备进行全球竞争的同等条件，世界市场的秩序由率先进行工业化建设的发达资

---

① 《马克思恩格斯选集》第 1 卷，北京：人民出版社 2012 年版，第 401 页。

② 《马克思恩格斯选集》第 1 卷，北京：人民出版社 2012 年版，第 403 页。

③ 《马克思恩格斯选集》第 1 卷，北京：人民出版社 2012 年版，第 199 页。

本主义国家所主导，它们占据着更多的发展资源，获得更多的发展成果。与经济上的主导权相伴的是政治上的霸权，它使未开化和半开化的国家被迫地毫无准备地卷入现代化的洪流中。一个民族国家的发展建立在另一个民族国家的不发展上，这样一种共同体之间的关系同样违背了共生的准则。因此，只有在真正的共同体——自由人联合体中，社会资源才得以公平分配，才能满足个人生存与发展所需，从而使人的个性得到解放，由此联合而成的共同体乃是自由而公正的，也唯此才能形成“每个人的自由发展是一切人的自由发展的条件”[①]，人与人才能事实上处于共生状态，才能以“活在世上”的个体与他人的你我他（她）的“共在”关系，来代替个体与being或上帝的单向而孤独的“圣洁”关系[②]。社会对人来说也不再是一种压迫，在此基础上民族国家共同体间也就会处于共生共赢的状态。近代以来，受社会达尔文主义的影响，国际关系由适者生存演变为强者生存，丛林法则演变为霸权主义，严重影响了人类命运共同体的构建。但在如今的世界，任何个人、共同体、民族国家，都不可能无视“他者”而独立存在，因为它在损害他者利益的同时，也损害自身利益。

最后，共生蕴含着多元文明的共生共存。文明的存在是人走出无序和野蛮之自然状态的证明，文明的发展指引着人与社会的前进方向。资本扩张的本性使市场由局部地区向世界拓展，而经济上的交易必然引发文化上的交流。不过由于各民族所处的地理环境、历史发展的进程、语言等的不同，各民族文明也有自身的独特性，没有完全相同的民族文明。形式内容各异的文明体现了不同社会历史环境下人们思想观念、价值追求等的特殊性，是所属社会民众生存与发展的支撑与动力。文明差异虽然会对人们的交流构成障碍甚至会在具体事务上造成冲突，然而异质文明间的冲突并非不可跨越。因为思想的力量不在于造成“文明冲突”，而在于多元共存，彼此尊重，和而不同，美人之美，美美与共，实现不同文明的和谐共存与和平发展。[③] 现代社会出现的文明冲突现象，更多是因为西方中心主义的

① 《马克思恩格斯选集》第1卷，北京：人民出版社2012年版，第422页。

② 李泽厚：《伦理学纲要》，北京：人民日报出版社2010年版，第93页。

③ 肖群忠、杨帆：《文明自信与中国智慧——构建人类命运共同体思想的实质、意义与途径》，《中国特色社会主义研究》2018年第2期。

文化观。在西方中心主义文化观之下，一方面，西方将自身文化置于其他民族文化之上，拿孕育在西方社会环境的价值标准来衡量其他国家的事务；另一方面，某些发展相对落后的国家将西方文明奉为圭臬，未对本民族和西方文化进行合理的反思与取舍，导致本民族内部价值体系混乱，引发了诸多社会矛盾。历史发展证明西方文化存在自身的局限性，人类社会发展道路不是唯一的。如果取消文明的差异性，那么人所独具的个性与创造性也将随之消失，正是文明的差异性展示出了人本质的丰富性和创造性、发展方式的多样性、人类未来发展方向的多线性，也正是文明的差异给予了各民族相互交流和借鉴的机会。交流、反思、借鉴不同文明的优越之处能够更新本民族的文明面貌，不同文明的共生共存使得人类社会具有更多的发展潜能。其实，这里需要进一步思考的问题是，不同文明抑或文化之间为何可以共生？这个问题涉及的实际上是文明演化发展的机制问题，对此比较有影响的观点就是美国政治学家塞缪尔·亨廷顿的文明冲突论。亨廷顿认为，文明是最广泛的文化实体，文化的冲突主要表现为文明的冲突，而“文明是对人最高的文化归类，是人们文化认同的最广泛范围，人类以此与其他物种相区别”。① 但是，无论是文明的内涵还是外延都会随着时间的变化而变化，一个文明衰落，另一个文明就会兴起，所以，文明的冲突是常态。亨廷顿把文化差异看作国际冲突的根本原因，显然具有片面性，他把儒家文明的兴起看成对世界秩序的潜在威胁，这更是荒谬。显然，亨廷顿只看到了文明冲突的一面，没有看到世界文明的交融互鉴的一面，文化或文明共生的机制是文化适应，这种适应不是以“战胜”对方为目的，而是各取所长、共生共存。

二　共生的伦理界面

人如何“生”存，为何“生”活？“生”是一个经久不衰的元问题。一方面有人生命才有希望，才能思及命运，这个“生”是人在自然意义上

① 〔美〕塞缪尔·亨廷顿：《文明的冲突与世界秩序的重建》（修订版），周琪等译，北京：新华出版社 2010 年版，第 22 页。

的生命的生存，生命的延续。另一方面人有生活才有动力，才能谋求改变命运，这个“生”是人在社会意义上的生，是对人的社会存在的承认。受制于人自身的有限性，无论何种意义上的“生”都无法依靠单个人的力量实现，彼此联结、和谐共生是人类的必由之路。人类对共生的这一需要从根本上讲是由人的本质决定的，共生在现代社会的进程中成为人的必然诉求，具有实体化伦理的特殊意义，具体体现在人类与自然、个人与社会群体、民族国家与世界共同体三重伦理关系之中。

首先，人的本质所具有的类特性构成了人对共生的整体性追求，这种追求即实现人在自然意义上的生命共生。在人的类本质问题上，马克思继承了费尔巴哈关于人是感性存在的观点，肯定人的自然属性，当人作为类存在的时候，是大自然的一部分，是活生生的有血有肉的人，人和其他动物一样需要依赖大自然提供的生产生活资料来延续自己的生命，这也是生而为人所要面临的第一个现实问题。正如马克思所认为的，“一切人类生存的第一个前提也就是一切历史的第一个前提，这个前提是：人们为了能够‘创造历史’，必须能够生活。但是为了生活，首先就需要吃喝住穿以及其他一些东西”。[①] 这表明生存或者说生活的需要是人类的基本需要，而人的基本生存需要的满足必须依靠人类从事物质生产活动以从自然环境中获取生存资料。也就是说人的存在以自然意义上生命形式的延续为第一要义，它是劳动的个体进行联合的直接动力。没有对人自然需求的满足，人就无法“生”，更谈不上“活”，活着是最大的伦理。生活是以“生”为前提的，并且这种“生”的状态是“共在”的，这不是逻辑前提，而是实事前提，容不得半点置疑，人的所有行为现象的解释都必须从此出发，否则就是念“歪经”，就是最大的伦理失序。即使在科学技术发达的今天，人类也要屈从于自然，特别是作为个体的人的力量极其有限，需要联合起来进行共同劳动以共享劳动成果，共同抵御自然灾害和其他物种的侵害，使自己得以在集体力量的庇护下获得生存。然而近一个世纪以来，人类社会沉浸在相对繁荣的氛围下，科学技术取得爆炸式发展。我们赋予理性以至高地位，在理性的指导下生存问题的解决、社会的进步似乎是必然的。

① 《马克思恩格斯选集》第1卷，北京：人民出版社2012年版，第158页。

可是，科学技术的发展并未改变我们对自然的依赖，实际上每个人自始至终都处于自然环境之中，尽管我们通过发挥人的理性能力认识了部分自然规律，对自然的改造力量更为强大，但自然所具有的偶然性、不确定性并未有任何改变，自然对人类生存与发展仍具有破坏性甚至毁灭性的力量。生存危机始终围绕着人类，面对生存危机，人的生命存在不再理所当然而是具有不确定性，人作为类的生命存续显露出根本重要性，成为可感的真实存在。因此，人们出于维持自身生命的需要，必然通过个人联合以谋求共同生存。不过在生存问题上，受到地理区域、历史文化、贫富差距等影响，发展程度不同的地区、收入不同的人们所能够获得的生存资源并不相同，因而人与人之间并不具有平等的生存机会。因此，有必要促进诸如粮食、医疗等生存资源的平衡分配，使人们获得平等的生存机会以实现人类自然生命的世代延续。当然，人类自身也需要节制，保护好自然资源，决不可对其无限制开发，否则会在表面短暂的繁荣发展中受到自然的惩罚。

其次，人的本质的社会性构成了对共生追求的第二个界面，即人在社会意义上的共生。人不仅于自然界中共同生存，也在社会中谋求共同获得幸福生活。幸福如亚里士多德所定义的：“幸福是灵魂的一种合乎完满德性的实现活动。”[①] 他从人的功能视域论述了幸福的本性，最先排除人的植物性功能即营养和生长，其次排除了属于动物性功能的感官生活，最后强调理性的生活才是属于人的功能，即灵魂的生活。这样一来，便实现了从生活仅是为了吃饱穿暖到为了更体面的生活的逻辑转化，指明人们所追求的应是独属于人的生活，有尊严、有价值的生活才是幸福的生活，并且这种幸福生活是具有实践性的现实活动。人对幸福生活的追求使其实践活动富有多样性和创造性，但因为个体力量的局限性，个人的实践不足以获得幸福生活所需要的全部资源，所以人们在从事物质生产实践过程中不可避免地需要联合，人与人之间的复杂关系随之产生。马克思将人在实践活动中所形成的错综复杂的关系称为社会关系，人的本质“在其现实性上，它是一切社会关系的总和”[②]，从而使人超越了生物学的意义而具有了社会的

① 〔古希腊〕亚里士多德：《尼各马可伦理学》，廖申白译，北京：商务印书馆 2003 年版，第 32 页。

② 《马克思恩格斯选集》第 1 卷，北京：人民出版社 2012 年版，第 139 页。

性质。人们不仅处于维系自身的物质生活实践中，还在此基础上创造着人的政治生活、精神文化生活、伦理道德生活等，通过在自然和社会双重环境中的创造性活动，人们不仅促进了社会发展，而且塑造了人自身，使自身的爱好、才能得以发挥，面对实践产生的成果时感受到自身具有的价值。也就是说，人除了要保证自身的自然生命存在，还要感受到自身的社会存在，认可自身存在的意义，即获得社会对人自身本质力量的肯定。人的本质力量体现在社会生产实践中，人们根据自身的主客观条件从事不同的生产活动，从而处于不同的社会关系中，这造成个体的价值需要和利益追求的差异。对人的本质力量的肯定亦即对每个人不同的需要和追求的肯定，它使每个人都能在社会中展现自身价值，从而获得存在的意义。而人自身价值的实现一方面要借助于实践，即劳动；另一方面建立在对自由全面发展需求的满足上，人在此基础上培养才能，树立人生价值目标。但资本的逐利性使得人只有在资本需要其时才有进行劳动的权利，劳动这一本来促进人类意识产生、用于实现人的价值的活动丧失了自主性和创造性这两个与人的自由个性密切相关的特性，劳动不再是人的必然需要，而主要是谋生的手段，因而具有了偶然性。不自然的分工，也就是劳动者以满足生存需要为目的、资本以实现盈利为逻辑的分工，使得“任何人都有自己一定的特殊的活动范围，这个范围是强加于他的，他不能超出这个范围：他是一个猎人、渔夫或牧人，或者是一个批判的批判者，只要他不想失去生活资料，他就始终应该是这样的人”。[①] 在缺乏自由自主性的分工条件下，人的活动是固化的，人们的大部分时间都用于满足生存所需，不具有进行其他活动所需的足够的能力和自由时间，即使有也往往是以牺牲个人的生命健康为代价的。在此情况下人很难形成全面发展和实现自身的本质力量。罗纳德·英格尔哈特认为，“在经历了几十年高度安全的社会里，我们会看到从生存价值观到幸福价值观的转变”，[②] 如自我表现、性别平等、生活质量、人生意义等具有了更加优先的位置。保证人们在社会中拥有同等的劳动权利和平等的发展机会，让人们能够进行自由自觉的活动以

① 《马克思恩格斯选集》第1卷，北京：人民出版社2012年版，第165页。

② 〔美〕罗纳德·英格尔哈特：《现代化与后现代化——43个国家的文化、经济与政治变迁》，严挺译，北京：社会科学文献出版社2013年版，第46页。

展现自身的价值、平等地享有现代文明的成果、收获幸福的生活便成为人们的共同夙愿。如果说获得生命权利与机会是“共生”的基础，那么共享则是在“共生”基础上的升华，因为“共享”就是“分蛋糕”。虽然分配不公没有直接威胁到“生”，但同样让人无法“共生”，这就是分配正义成为近代以来思想家们特别关注的问题的根本原因。在社会发展中，让所有的社会成员能够平等地分享社会发展的成果，需要有公平正义的分配机制进行保障，这是现代政治伦理的根本要求，我们实施的“精准扶贫”就是实现分配公平的重要举措。经济增长虽然是脱贫的前提，但并不能自动地实现分配正义，无法自动地消除贫困，这就需要有健全的分配机制。只有这样，才能保证社会成员在进行分配时有制度可依，这也是共同体对社会成员负责的重要体现。分配问题与社会成员的生活具有紧密的联系，只有当这个分配机制是正义的时，才能使社会成员平等地分享社会发展的成果，提升社会成员对共同体的认同感、归属感。分配正义虽然是国内正义之要义，但也是与世界对接的前提，同样关涉构建人类命运共同体。

共生的理想伦理界面当然是民族国家间的共生共赢，即人类命运共同体的构建。人类的共生不仅仅是人与自然的和谐共处，也不能局限于社会成员间的平等共享，而是更应该着眼于国家间的友好共赢。自民族国家产生以来，国家间的竞争似乎遵循的是社会达尔文主义，强调弱肉强食与适者生存，在“丛林法则”的支配下，国家间的生死竞争从来未停止过。与此同时，随着国际贸易的日益增长，全球金融体系随之而来，在此基础上，国际旅游和文化交流日益增多，形成了经济全球化。随着互联网技术的发展，经济全球化带动了政治、文化、生态等方面的全球化。这种全球化对于民族国家而言尽管是一把“双刃剑”，但也预示着人类历史的发展需要一种共生的状态。一方面，人与自然关系的失衡促进了跨地域跨民族的全球联合，确保人类赖以生存的自然环境的安全，实现人与自然的世代共生成为形势所需。近代以来人的理性和主体性高扬，人超越了自然而被置于世界的中心地位，在资本逻辑的主导下人同自然界日益疏离，自然所具有的丰富价值被降低至只有工具的作用。现代化生产的发展与科学技术的进步紧密结合在一起，这一进步将人类从自然的奴役之下解放出来的同时令人产生了技术理性能支配自然的幻想，人对自然呈现出征服者的姿态，毫不掩饰地表现自身的欲望与野心，不加限制地从自然攫取所需的各类资源，这在破坏自然的同时也毁坏了人类自身生存与发展的基石。因而现在人们面临着气候变暖、水资源短缺、臭氧层空洞、空气污染、土地沙漠化、极端天气、大型海洋生物体内存在人类垃圾等生态环境问题。由于自然环境的变化具有复杂的整体性和影响的广泛性，生态环境危机不仅威胁着自然界其他物种的生存，而且使得人类自身未来的生存与发展问题比前现代时期呈现出更加复杂和不确定的态势。自然界的危机昭示着人类社会自身的危机，生态失衡的后果直接或间接地波及各国、各地区，这需要人们勇敢审视现代社会的弊病，从而相互协作以调整当前的社会机制，只有这样才能应对已经存在的生存挑战。另一方面，在现代化建设的浪潮中，交通、通信等技术的发展，相应的基础设施的完善，从时间和空间上缩短了人与人之间的交往距离，各民族文化交流的深度、广度与频率也远胜以往。但由于现阶段的全球化处于资本逻辑主导下，各国在国际政治经济秩序中所处的实际地位并不平等，奉行霸权和强权的国家以自己的利益为中心，忽视各地区发展阶段的差异性和文化的独特性，将自己所奉行的价值体系奉为圭臬，来衡量所有国家。然而在文化交流的过程中，不同文明所蕴含的风俗习惯、道德准则、精神需求等体现出差异性。文明之间的碰撞诚然不可避免，但文明之间的差异性并不排斥它们的交流与互鉴，也不能成为评判各文明高低好坏的理由。若不顾文化差异存在的现实性，任意排斥和打压异质文化，将会影响全球经济交往的畅通，阻碍人类社会的前进。因而，无论是国家内部还是人类共同体，都需要构建包括经济、政治、法律、伦理等秩序体系来肯定每个人、各民族、各国家不同的价值追求。社会历史发展到全球化阶段，谋求不同文明的共生共在无疑是符合人们共同利益的正确选择。我们必须坚信，全球化进程尽管可能受阻，但其向前推进的必然趋势是不可怀疑的，因为共生是维系人类共同命运的前提与基础。没有“你死我活”，只有“生死与共”，这就是人类命运共同体的伦理逻辑。

三　以命运共同体思维建构共生伦理

从城邦共同体、民族国家共同体到经济共同体、文化共同体、网络共同体，共同体的性质、形式、功能等在不断变化，然而人类始终处在一定形式的共同体中，这是不变的。人通过共同体实现自身的生存与发展，可以说共同体承载着人类生存的需要、自由的目标和进化的希望。在当今世界，共同体有利益共同体与命运共同体之分，前者强调发展意义上的利益的双赢或多赢，而后者强调生存意义上的“要活一起活”与“要死一起死”，是“退一步”的人类保全。但是，由于资本逻辑、科学技术本身的中立性、生态系统失衡等因素，人类现在面临的是一个前所未有的充满风险和不确定的时代。因为“我们不能是既没有确定性也没有自由的人”①，所以在全球化的浪潮将世界各国人民的命运直接或间接地联结在一起的今天，构建将每一个地球公民置于其中的人类命运共同体已然是时代所需。既然共生伦理包含着人与人之间的联合与合作，那么在世界历史之下，共生也将伦理旨向融贯在人类命运共同体的实践中，或者说，共生伦理唯有通过人类命运共同体构建的具体思维方式，方可彰显其独特价值，

首先，以整体性思维构建共生伦理。当前，国际关系的主要矛盾在于各个国家的利益与人类普遍利益之间存在张力。国家是国际社会的主体，促进国家的繁荣强盛、增进本国人民的福祉是各国政府的基本职责。但各国之间的利益需求既有协调一致的一面，也在某些条件下具有相互矛盾的一面。如果各国只追求自我利益的实现而忽视其他国家的利益诉求，就无法有效应对时代的挑战，相互间的矛盾和冲突就难以避免。这就需要突破狭隘的国家利益，树立人类整体利益观念，这样才能实现共生。一是因为共生所包含的是自然、人、社会、文明四部分生成的具有整体性的联结伦理，这四部分并非孤立的、与彼此无关的关系，而是处于相互交织的状态。具体而言，人与自然关系的和谐是人际共生关系存在的基础，而人与人之间的共生关系是共生伦理的中心。因为“我们人类的内部互动关系也影响着我们自己（例如，改变了大脑），影响我们周围生机勃勃的自然”。②共生伦理以人与自然的和谐关系为基础又影响着人与自然关系的处理，它

① 〔英〕齐格蒙特·鲍曼：《共同体》，欧阳景根译，南京：江苏人民出版社 2007 年版，第 83 页。

② 莎伦·斯诺伊思、李玲：《马克思“共生”理论的意义及其生态思维》，《武汉理工大学学报》（社会科学版）2019 年第 2 期。

强调在保证人基本生存需要的基础上对每个人追求幸福生活权利的承认，而幸福生活于社会共同体中才能获得，人与所处社会在此基础上才能达成和解，即社会共同体要使生活于其中的人们感受到丰富的意义而非沉重的压迫，从而实现人与社会的共生。文明共生最终要依靠人与人之间的交流互动，文明之间的共生也将促进人、社会的发展。二是因为人类社会本身具有整体性，它由经济、政治、文化、法律、道德等部分所建构，其发展与否受到多方面的影响。滕尼斯认为不能把条件（制约）和原因相提并论，[①] 经济是必要条件却不是这个整体的社会变化的唯一因素和确定因素；经济同样是不可确定的，它会受文化、制度等的影响；各个部分的相互作用影响着整个社会的运行。相应地，影响人类命运的因素也具有很多，例如自然环境的好坏、道德风尚的优劣、贫富差距的大小、经济政治环境的有序与否、国际合作程度的高低等。因而，人类命运共同体的构建是整体的，它不仅需要建立起合理的国际政治经济新秩序，作为对传统族域共同体的超越，人类命运共同体还需要建构起人类共同的伦理秩序。所以，共生伦理在人类命运共同体建构中的实践，也应融入经济、政治、文化、生态各领域之中，使之成为各项建设的价值旨归。习近平总书记指出，各国人民应同心协力，“构建人类命运共同体，建设持久和平、普遍安全、共同繁荣、开放包容、清洁美丽的世界”。[②]

其次，以责任性思维建构共生伦理。在现代化的进程中，人类活动自然无序的扩张，不仅给人也给自然的其他生命体的生存带来了威胁，影响着整个人类社会的可持续发展。人类命运共同体不仅因人类有共同的经济利益而成立，也因其共同的价值追求而成为现实。习近平主席指出：“和平、发展、公平、正义、民主、自由，是全人类的共同价值，也是联合国的崇高目标。”[③] 而全人类的共同价值恰恰以“生命”的存在为根本前提，而人类的“生命”的延续有赖于自然之基石的稳固。为此，我们要提升公

① 〔德〕斐迪南·滕尼斯：《新时代的精神》，林荣远译，北京：北京大学出版社 2006 年版，第 196 页。

② 《习近平谈治国理政》第 3 卷，北京：外文出版社 2020 年版，第 46 页。

③ 习近平：《习近平在联合国成立 70 周年系列峰会上的讲话》，北京：人民出版社 2015 年版，第 15 页。

民对自然的责任和义务感，我们都是地球的公民，理所应当担负起对自然的责任和义务。薇依认为，在每个人的身上都存在义务，只因为他是人，无须涉及任何其他条件，也不管他是否承认这义务。[①] 现代技术扩展了人的实践能力，启蒙运动所带来的理性之光让人意识到“我”的权利，却让人日渐忽视了人“天赋”的义务。自然意义上的生存是一种权利同时也是一项义务，这一项义务所体现的是对自然生命的尊重，包括自己和其他人的生命、下一代人的生命以及非人类的生命。既然自然意义上的生存是人的一项义务，那么每位地球公民都应参与进保护生态环境的行动中，从日常生活中做起，例如节约用水用电、减少塑料制品的使用、做好垃圾分类、不购买使用野生动物制品、监督企业生产对环境的影响等，从而为自己和他人维护良好的居住环境，为非人类生命提供生存空间。此外，应强调每个国家和地区对保护自然环境的责任和义务，因为当前民族国家和地区为人类社会最大的行为主体，自然环境的保护涉及全球，需要各民族国家和地区共同付出行动来保障全体人类的自然生命安全。鲍曼指出：“使共同体成为道德共同体的承诺，将是一种‘兄弟般的共同承担’的承诺，它重申的是每个成员享有避免错误与灾难（这是与个体生活分不开的风险）的共同体保障的权利。”[②] 就此可见，民族国家和地区对其所属的公民有保障其自然生命安全的义务，但由于自然生态环境的整体性，单个民族国家和地区履行义务的成效有赖于其他民族国家和地区对义务的履行，因而处于人类命运共同体中的每个国家和地区应共同承担起维护自然生态环境平衡的责任和义务。人类共处于一个地球上，共生就是在一个地球上，我们共同生存与生活，这就亟须实现“我如何过上美好生活”向“我们如何在一起”的伦理思维转向。

再次，以合作性思维建构共生伦理。社会共同体的发展是一个由低级到高级的演变过程，它从血缘共同体发展到民族国家共同体再发展到世界共同体，但“真正的共同体”是人的自由联合体。只有在人的自由联合体

---

① 〔法〕西蒙娜·薇依：《扎根——人类责任宣言绪论》，徐卫翔译，北京：生活·读书·新知三联书店2003年版，第2页。

② 〔英〕齐格蒙特·鲍曼：《共同体》，欧阳景根译，南京：江苏人民出版社2007年版，“序曲”，第7页。

中，人与人才能形成事实上的共生关系，才能真正实现共生伦理。构建人类命运共同体重要战略思想倡导共商共建共享的全球治理观，彰显出各民族国家、各国人民的命运紧密相连的关系。这一新型全球治理体系的实践离不开各个国家和地区之间的开放合作。各国只有坚持开放合作才能获得更多发展机遇和更大发展空间，必须坚持扩大开放，不断推动共建人类命运共同体。因此各国各地区应以开放合作的姿态积极参与全球化进程，对欠发达国家和地区提供必要的支持，以保障各国和各地区享有平等的发展机会，使彼此都能够享受全球化带来的便利，在世界市场中获益，从而促进各国各地区内部的发展，以满足其社会内部民众生存与发展需要，提升其生存与发展质量。此外，如波拉克所说："不确定性总是伴随我们，它绝不可能从我们的生活（无论是个人还是作为社会整体）中完全消除。"① 在人类社会面临生存的极大威胁和突发事件时，各国各地区更需要通过合作加强相关信息的国际交流，共建合作应对危机的有效机制，才能维护人类社会的生存与发展的安全。

最后，以理解性思维建构共生伦理。人类命运共同体倡导尊重世界文明多样性，以文明交流超越文明隔阂，以文明互鉴超越文明冲突，以文明共存超越文明优越。这种文明互鉴便内含着对西方中心主义以及其他任何类型的文化中心主义观的摒弃，彰显着对文明共生的追求。而文明共生的真正实现需要彼此的相互理解，以理解为出发点意味着在人类命运共同体的实践过程中各方不仅要在开放的文化交流中谋求文明之间的相"同"之处，还要在相互交流中去充分理解对方文明的相"异"之处。求"同"固然有利于交流各方更快速地建立友谊，但了解对方的差异性同样重要，因为对文明之间差异性的把握有利于促进各方在合作中尊重彼此不同的价值追求，尊重各自选择不同发展道路的自由。相互理解有利于"积极化解相互对立的局面，以互相理解为前提，谋求双方的合作共赢，主张'积极共生'"②，有利于促进人与人之间的价值共生和各文明的价值共生。而就具体实践而言，文明的相互理解要落实到个人的生活之中。这是由于文明从

① 〔美〕亨利·N. 波拉克：《不确定的科学与不确定的世界》，李萍萍译，上海：上海科技教育出版社 2005 年版，第 3 页。

② 李建华：《构建人类命运共同体的哲学意蕴》，《云梦学刊》2019 年第 2 期。

根本上讲是由人的实践活动所创造的，人对于文化或文明来说是最生动和活泼的承载体，文明的继承、传播、发展都有赖于人的活动。在全球化潮流中，个人的命运也同世界紧密联系在一起，现代信息技术的发展扩大了文化传播的速度、范围，人们能够更加容易地获取全球各地的信息，与世界各地人士的交流机会增多。因而，个人在面向世界的社会生活中，应以包容的心态参与文化交流，在保持文化自信的同时应尽力摒弃对他人所属的文化传统的偏见，理解他人的文化，尊重他人对事物的不同看法，尊重不同的人生选择。这种对不同文化的理解，有助于我们认识和反思自己的文化，从而在交流互鉴中促进自身所属文明的进步，推动各文明的共同发展。我们倡导文明互鉴秉持“文化就是人化”的理念，把人类自身的活动及轨迹纳入文化视野，重新确立以人为本的文化生态主义。文明互鉴也是对文化领域中的社会达尔文主义的有力回击，社会达尔文主义强调，强者为王，无视弱势群体。

总之，世界发展存在诸多的不确定性因素，人们在全球化的潮流中获得巨大发展的同时面临着自然生态危机、社会矛盾激化、极端民族主义、恐怖主义等的威胁。新冠疫情的全球性蔓延与人类活动的全球化有一些关系，但这并不意味着要切断人类的全球化进程，“闭关锁国”并非解除人类共同风险的良策。此次疫情加深了我们对全球人民命运与共的体认，人类应深刻反思在疫情中显现出来全球治理的缺陷，追问生存伦理的现实意义，在后疫情时代将共生之伦理融入人类命运共同体的构建之中，以合作共生促进人类联合清除疫情所带来的不良影响，推动人类全球化的历史走向新阶段。

结语　努力构建当代自主性中国伦理学

“当代自主性中国伦理学”是一个基于中国特色、问题导向和中国经验，具有自主知识体系的新的伦理学范式，它有别于苏联模式的马克思主义伦理学，也不是中国传统伦理学的当代催生，更不是西方伦理学的中国化。①无论是传统的伦理学研究范式，还是以协调为主旨的伦理学，都应该服务于构建当代自主性中国伦理学这一重大命题。协调的伦理学的提出只不过是路径之一，构建当代自主性中国伦理学需要系统思考与整体谋划。

为何要构建当代自主性中国伦理学

构建当代自主性中国伦理学，首先是因为现行伦理学理论的相对滞后。我国现行的伦理学理论基本上是用历史唯物主义原理解释道德现象的一种理论体系，为我国的伦理学建设和社会主义道德建设作出了重要贡献。但不可回避的是，这种理论体系已经明显地滞后于世界伦理理论的前沿和鲜活的中国伦理生活现实，其主要原因是传统伦理学未能实现现代转型，以苏联马克思主义伦理学为基础的伦理学体系与中国话语之间存在“间隙”。就传统伦理学而言，作为文明古国，我国有着丰富的传统伦理资源，也对世界文明作出了突出贡献。我国传统文化在历史长河中连绵不绝，本身就是世界文化的奇迹——曾与中华文明同时期的其他文明都出现了历史的断裂，有的甚至淹没在历史的尘沙之中。但是我们的传统伦理也有着自身的局限性。我国传统伦理文化长期处于独自发展的状态，缺乏与其他伦理文化的交流。虽然我国传统伦理思想流派众多，但基本属于“同

① 关于“当代中国伦理学”问题，在李建华、周谨平、袁超《当代中国伦理学》（中国社会科学出版社 2019 年版）第一章中有所体现，此次部分收入时，做了大量修改。

质异构性的内部文化”。[①] 这使得我国的传统伦理显现出封闭的倾向，最终走向了一元化的道路——儒家伦理由此走向传统伦理的中心。虽然儒家学说也在历史的沿革中形成了不同的理论流派，但一元化的知识结构让其缺乏完备的自我批判能力，无论“我注六经”还是“六经注我”，都以儒家伦理原典的真理性作为前提，致使传统伦理体系固化。传统伦理建立在以宗法关系为基础的社会结构之上，强调人们对于宗法伦理的服从，并将伦理生活与政治生活紧密结合。这种特质产生的后果在于：人的主体精神受到压制，伦理更多变成外在的规范；伦理不但成为人们参与政治的资格，也成为政治人格的衡量标准，而且家庭内部的伦理要求泛化为政治伦理规范，形成了“家长制”的伦理秩序。这与现代社会高扬人性，倡导自由、平等的伦理理念相去甚远。因此，传统伦理学难以适应开放的现代伦理结构，也很难对当下出现的伦理诉求作出有效回应。

20 世纪初当我们打开通向世界的大门时，未能完成现代性转型的传统伦理受到了严峻挑战。由于我们无法从中获得与现代文明对话的给养，我们在国际文化对话中处于被动的地位，由此产生了对传统伦理的质疑与批判。打破旧伦理、构建新伦理成为当时急切的呼声。新中国成立后构建以马克思主义为内核的社会主义伦理体系成为伦理学建设的中心工作。但是，为了满足从旧伦理向新伦理转换的紧迫需求，我们的伦理建设一度过于粗放，一定程度上缺乏学术的从容，建设有些仓促。这种仓促性表现在以下几个方面。其一，我们对传统文化采取了简单否定的态度。我们没有系统分析中西伦理的差别，不是站在现代性的视角谋求传统伦理的转型，而是把传统伦理完全置于现代伦理的反面。其二，我们没有深入马克思主义思想之中提炼马克思主义伦理观念，而是套用了苏联马克思主义伦理学的基本理念、学术框架和学术方法。这种不加批判的搬用偏离了辩证唯物主义的方法论原则。其三，由于缺乏深层的反思与检验，我们对伦理学的认知出现了误解。诚如万俊人教授所言，受到苏联伦理学影响，我们将伦理学的研究对象定义为“道德现象”和“道德关系”，而道德则被理解为调整人们相互关系的行为原则和规范的总和。这种理解显然

① 万俊人：《论中国伦理学之重建》，《北京大学学报》（哲学社会科学版）1990 年第 1 期。

带有片面性，缩小了伦理学的研究领域，让伦理学成为规范性的学科。事实上，规范性研究只是伦理学的一部分，所有与价值相关的问题都在伦理学的视野之内。[①] 我们没有找到传统伦理与现代性的结合点，囿于苏联模式的伦理学框架又限制了伦理学的研究对象和方法，导致我们传统的伦理学不能及时跟上社会发展的脚步，表现出在知识内容和研究范式上的滞后。

其次，提出建设当代自主性中国伦理学，是因为现行的伦理学没有较好地体现中国特色。如前所述，我国现行主流伦理学带有明显的苏式风格，具有“舶来品”的特点。这就造成我国现行伦理学的言说方式和建设路径没有完全融入中华民族的特殊语境。现行伦理学中国特色的缺失主要表现在以下几方面。其一，伦理理论缺乏民族维度。由于近代以来对传统文化的排斥，动摇了我们的伦理自信。当我们站在现代性视角批判传统伦理的时候，我们也否定了其合理性，忽视了传统伦理的形成与民族历史的必然联系。我们的伦理观念源自独特的民族生活方式和历史境遇，包含在民族对自我、他人以及社会的认知之中，是民族文化的有机组成部分。但现行伦理学消极地看待传统伦理，没有充分发掘其中的伦理资源，一些优秀的伦理元素没有融入伦理学体系之内。即便我们现在开始正视自己的伦理文化，为汲取传统伦理营养作出了积极努力，但在宏观层面依然没有建立系统化的民族伦理理论。其二，伦理范式缺乏中国特质。任何哲学学术范式都既具有普遍性，又具有特殊性。普遍性在于，所有哲学学科都有其自身的知识获取方式和发展规律；特殊性在于，哲学学科的学术范式都依系于所处的人文环境而生成、存在。这就是为什么即便我们可以就某些价值和伦理原则达成共识，但在不同的社会情景中，价值的内涵、伦理原则的践行方式都存在显著的差异。现行伦理学无论是学科的划分、知识的提炼、分析工具的采用还是学术评价，都更多借用国外的既有成果。在全球化背景下，我们更为频繁地与其他地区的文明接触、交往。在这一过程中，由于西方文化的强势，我们更多地扮演倾听者的角色。伦理学界出现了大量引入、介绍西方理论的现象，也倾向于借助西方的学术方法研究中

① 万俊人：《论中国伦理学之重建》，《北京大学学报》（哲学社会科学版）1990 年第 1 期。

国问题。而我们却不同程度忽视了从中国的伦理脉络和伦理叙事中形成属于自己的伦理范式。其三，伦理立场缺乏中国态度。伦理学观照的是价值世界，而价值即便处于构建之中，也会在特定时期呈现出客观规定性。这种客观规定性表现在，处于伦理共同体的人们总是会就基本价值理念达成共识并共同遵守其要求。作为中华民族的一员，我们生而在伦理共同体之内。如何将共同体的伦理立场表达于伦理学之中，就成为学界亟待解决的重大课题。回溯已有的伦理理论，每一流派都呈现出鲜明的伦理态度，比如自由主义将个人自由置于伦理话语的中心位置、社群主义观照共同体的利益等。我国以集体主义作为基本的伦理价值原则，但尚未形成独特的学术范式和学术流派。

最后，提出建设当代自主性中国伦理学，是因为现行伦理学在世界话语权方面还有理。在信息高度发达的今天，文化在全球各个角落交流，不同文化的对话已成常态。在全球化趋势中，如何通过对话表达本国、本民族的伦理诉求，增进其他国家、民族对自己的伦理理解和伦理认同，是摆在中国伦理学人面前的时代任务。国际对话不是简单意义上的语言交流，而是赋予权力的方式。“话语不仅仅是思维符号和交际工具，而且是人们斗争的手段和目的。”① 伦理学的国际对话除了向世界传递我们的价值观念、伦理内涵，更要以我们的伦理理论影响，甚至引导其他文化群体对伦理进行理解和价值判断。这就要求我们不但要形成自己的伦理话语，更要在伦理的言说中形成比较优势，成为世界性伦理价值的引领者。现行伦理学过多沉浸在其他文明的伦理话语之中，从理论内容到表达方式都遵循他人（主要是苏联和西方）的规范与标准。以并不属于我们，或者我们不擅长的方式参与交往，让我们难以完成对既有理论的超越而处于被动地位。这就不难理解，为何在国际伦理学的舞台，我们很少听见中国的声音。当然，很多学者进行了有益的尝试，也在国际有影响的论坛和期刊发表了自己的成果。但发出的更多的是个人层面的声音，通过学术整合发出中国伦理学界集体的声音，依然任重而道远。

---

① 陈正良等：《国际话语权本质析论——兼论中国在提升国际话语权上的应有作为》，《浙江社会科学》2014 年第 7 期。

当代自主性中国伦理学的本土资源

要让我国的伦理学散发民族文化的光彩，具备国际伦理话语的对话、引领能力，就必须开创新的学术体系，建设当代自主性中国伦理学。

第一，当代自主性中国伦理学要植根于中国伦理土壤。唯有植根于我国伦理文化，当代自主性中国伦理学才能形成独特的气质与风骨。当然，中国伦理学不是要将现代社会置于传统伦理的规导之下，也不是将后者作为前者的伦理解释体系或者伦理解决方案。如果我们将传统伦理直接“合理化”，甚至谋求将之作为现代伦理体系，那么，这种脱离时代背景的文化移植势必造成传统文明与现代文明的冲突。当代自主性中国伦理学则是基于当代中国的伦理共识，以我们所熟悉的伦理话语表达伦理诉求，以我们的伦理思维对现代生活进行伦理反思，以我们普遍认同的伦理生活方式促进伦理价值的实现。在马克思主义伦理思想的指导和传统伦理的滋养下，我国伦理文化蕴含着强烈的使命感与责任感，既强调个人私德的完满，又强调个人要为国家、社会作出贡献。这是我国伦理与西方伦理的分野。西方近代受自由主义的影响，伦理文化呈现出“消极”的态势。贡斯当和伯林都认识到了这一问题，指出目前西方在伦理生活中过分关注个人权利，追求“消极”的自由。对于个人权利的维护也成为西方伦理学的核心话语。个人自由、权利的绝对性造成了个人与社会的紧张，这种紧张广泛见诸西方伦理学研究之中。当代自主性中国伦理学倡导人与社会的和谐共生，兼顾个人主体性与社会实在性，从相互依存的视角看到社会伦理生活。这就决定了当代自主性中国伦理学具有与西方伦理学极为不同的理论维度。

第二，当代自主性中国伦理学要立足于当代中国实践。实践是伦理学的基本向度。从亚里士多德提出“伦理学”的概念开始，伦理学就致力于构建“善”的城邦，为公共生活提供“善”的指引。亚里士多德认为：“每种技艺与研究，同样地，人的每种实践与选择，都以某种善为目的。”①

① 〔古希腊〕亚里士多德：《尼各马可伦理学》，廖申白译，北京：商务印书馆 2003 年版，第 3 页。

这就决定了伦理学与伦理实践有着不可分割的内在联系。实践知识是伦理学的主要知识类别，伦理学知识也有着强烈的实践指向。亚里士多德区分了理智德性与道德德性，明确指出伦理学研究与其他研究的本质区别在于这种研究“不是思辨的，而有一种实践的目的”①。自然赋予了我们伦理能力，而此能力需要在实践中体现和完善。中国伦理学的生成与发展显然必须立足于中国实践。我国有着与其他民族、社会极为不同的伦理实践环境。其一，我国积淀了独特的伦理传统。千百年来，伦理一直处于我国社会话语的中心地位。伦理生活与政治生活、社会生活密不可分，伦理价值发挥着统合性作用。这种传统延续至今，人们在生活中仍旧对伦理予以更多的关注。其二，我国社会保留着熟人社会的诸多特征。虽然我们开始从熟人社会向陌生人社会转换，但社会行为和心理还是受到熟人社会的影响，延续着熟人社会的伦理习惯。“血缘”是熟人社会联结人与人的纽带，以此为基础的伦理关注人们的伦理身份，强调伦理秩序。其三，我国正处于社会转型之中，社会流动性增强，社会分层趋势明显。群体间的伦理关系日趋复杂，也衍生出新的伦理诉求。独特的社会条件既为伦理学带来了挑战，也让中国伦理学的重塑成为可能。一方面，社会转型过程中传统与现代的交织催生出新的伦理话语和伦理元素，为伦理学提供了更为广阔的知识来源。另一方面，当面对中国特有的社会现象和文化语境时，我们必须寻找与之相适的伦理学研究方法，探寻有效实现主流价值引领、达成伦理共识的伦理机制。伦理学的中国气象恰恰需要在上述学术努力中得以塑造和展现。新中国成立以来，从树立社会主义新风、社会主义伦理培育到改革开放之初的“四有新人”培养，再到当前的社会主义核心价值观的培育，我们结合自己的社会、文化特点进行了一系列的伦理实践，积累了丰富的经验，也逐渐构筑了具有中国特色的伦理建设道路。②

第三，当代自主性中国伦理学要着眼于中国重大问题。观照现实、服务国家是中国伦理学应有的情怀与担当。对于国家重大问题的回应也是伦

① 〔古希腊〕亚里士多德：《尼各马可伦理学》，廖申白译，北京：商务印书馆 2003 年版，第 37 页。

② 葛晨虹：《回顾与展望：伦理学理论与实践六十年》，《道德与文明》2010 年第 1 期。

理学形成中国特色、保持学术活力的主要途径。当代中国的重大问题主要源自以下几方面。一是世界格局的变化内生出对于新型国际正义秩序的需求。在全球化背景下，我们不得不应对诸如气候变暖、消除贫困等人类面临的共同挑战。在共同而有差别的责任面前，只有准确定位国家的伦理角色，才能在充分保障国家权益的基础上履行我们应尽的义务。同时，一些原本属于国家内部的问题也被上升到国际层面，需要伦理学为国家的主权伸张提供正当性支持。二是社会生活的变革引发了伦理话语的改变。改革开放以来，我国社会结构、运行机制都发生了深刻变化。近年来，社会组织日渐成熟。社会主义市场经济中，市场决定资源的配置。市场经济在推动我国经济高速发展的同时也凸显出效率与公平、自由与平等的价值张力，有待权利理论与正义理论的关切。公共领域的形成与扩展期待公共伦理的支撑，社会成员不但要做一个好人，更要成为一位好公民。三是新技术的出现与推广产生了新的伦理难题。比如网络技术、移动信息技术的普及，人工智能等深刻改变了人的交往方式，形成了虚拟化社会；生物技术特别是克隆技术在提高人们生命质量的同时也改变了人类的繁衍方式，打破了自然伦理关系。要让我们免于陷入新技术的道德困境，就必须进行伦理观念和思维模式的革新。着眼于中国重大问题不但能帮助我们深化对国家现实的认识，更能为伦理学提供新的增长点。中国伦理学以对接中国重大需求、解决中国重大问题作为内驱动力。

当代自主性中国伦理学的逻辑起点

伦理学的研究对象总是人，不管这里的“人”是抽象意义上的群体人还是具体意义上的个体人，人学——以人为唯一研究对象的学问——的研究成果将在很大程度上促进中国伦理学的科学构建。换言之，当代中国伦理学的成功重塑与完整构建离不开人学理论的支撑。因为在人学中，对人的存在本质的思考，即对“人是什么”的思考使伦理学成为必要；对人的应然状态的研究，即对“人应该是什么”的追问使伦理学具有正当性理由；对人的伦理实践能力限度的思考，即对“人能成为什么”的探讨又使人的伦理理想返回到伦理现实之中，三者共同组成当代中国伦理学在其自身重塑与构建过程中向人学回归的基本维度。[①]

人是什么？这是人学的古老命题，也是思考伦理问题的前提，因为人是伦理的载体或主体，其本质性的存在是什么，决定了对所有伦理问题回答的取向以及伦理学类型的分野。自从苏格拉底开启“认识你自己”，“人是什么”的哲学追问一直未断，它构成了各种伦理学说的基础性问题。如果重塑与构建过程中的伦理学试图向人学靠拢和回归的话，那么人们就会发现伦理问题被讨论的必要性在很大程度上来源于人学领域中人的自然性与社会性的双重性存在这一事实。人的自然属性是真实存在的，只不过不能仅仅局限于自然属性并将其当作唯一目的。“无论是在人那里还是在动物那里，类生活从肉体方面来说就在于人（和动物一样）靠无机界生活，而人和动物相比越有普遍性，人赖以生活的无机界的范围就越广阔。”[②] 人与动物的区别在于社会属性，这种社会性存在也是伦理的前提，但是绝不能用社会性去否定人的自然性，社会性只不过是对自然性的超越，或者说，人的自然性是以社会存在的方式呈现的，这就是伦理学产生的机理。伦理学从来不排斥人的自然属性，而是引导人升华、超越自然属性。“因为只有在社会中，自然界对人来说才是人与人联系的纽带，才是他为别人的存在和别人为他的存在”。[③] 伦理学的人学回归（人的真实性存在样式）要求我们伦理学研究者“绝不能是一个想规定人类如何生活的人。恰恰相反，正是从人类的真正的生活，人类做些什么和不做些什么，正是从这些东西里，伦理学家才能学到，哪些道德准则能够取得胜利，而哪些则没有成功。”[④] 只有基于“人类并非天使”的客观认识，才能使伦理学成为必要，同时也使“现实的”“没有幻想的”伦理学成为可能。[⑤] 人学中“人应该是什么”的问题是伦理学家们对人的伦理理想的追问，对此不同的思

---

① 李建华：《当代中国伦理学构建的人学维度——关于“再写中国伦理学”的一种可能性进路》，《华东师范大学学报》（哲学社会科学版）2019 年第 1 期。

② 《马克思恩格斯文集》第 1 卷，北京：人民出版社 2009 年版，第 161 页。

③ 《马克思恩格斯文集》第 1 卷，北京：人民出版社 2009 年版，第 187 页。

④ 〔奥〕弗朗茨·M. 乌克提茨：《恶为什么这么吸引我们？》，万怡、王莺译，北京：社会科学文献出版社 2001 年版，第 5 页。

⑤ 〔奥〕弗朗茨·M. 乌克提茨：《恶为什么这么吸引我们？》，万怡、王莺译，北京：社会科学文献出版社 2001 年版，第 7 页。

想家或者不同的伦理思想流派各抒己见，他们之间可能有不同的甚至相悖的看法。人类伦理规则的要求与设计，同其他社会规范一样是人类公共生活的要求，是一种“应然性”的追求，也是一种“想象中的美好”。正因为人类对“应然”生活充满了想象，自然就有了各种不同的预设与理解。“人能成为什么”的问题，在伦理学上就是伦理实践能力问题，它涉及三个基本要素：有限理性、行为能力和社会（环境）的不确定性，这是伦理学之理想不成为空想的关键。

可见，当代自主性中国伦理学构建的逻辑起点只能是“人”，具体来说就是“现实的人”“社会的人”“实践的人”。“我们的出发点是现实的、有生命的人”,① 人是社会的存在物，只有通过社会人才能够获得真正的存在。伦理学的存在要促进人的全面自由发展，只有参与社会活动人才能够实现自我的合理性的存在。任何一个理论体系都是从其理论出发点开始展开逻辑思考的，伦理与经济基础的关系长期以来是我们伦理学思考的出发点，我们将伦理解释为是对社会经济基础的反映，是一种意识形态的存在。② 这种观点固然有其存在的合理性，但是其没能充分表达伦理不同于政治的特殊性，更为重要的是其忽视了“人”的价值，将“人”当成伦理的附属性存在。“人”似乎是为了伦理而存在，作为伦理主体的“人”的主体性被忽视了。

构建当代自主性中国伦理学的出发点是“现实的人”。“现实的人”是“有生命的人”“从事实际活动的人”。当代自主性中国伦理学毫无疑问是为“人”服务的，“人”的现实存在是明确服务主体的前提条件。“人”的现实存在首先就是保证“现实的人”是“有生命的人”，人只有生存下来才能够从事伦理活动。人的生存又必须依靠实际活动，从事实际活动是保证人生存的基本手段。因此“现实的人”受到物质条件的制约，物质条件是“现实”的人存在的必要条件。“现实的人”是伦理主体确定的根本，“人”只有现实存在才能作为伦理的主体。

构建当代自主性中国伦理学的出发点是“社会的人”。“人”具有群体

---

① 《马克思恩格斯选集》第 1 卷，北京：人民出版社 1995 年版，第 73 页。

② 龚天平：《实践的人：中国当代伦理学的逻辑起点》，《郑州大学学报》（哲学社会科学版）2002 年第 2 期。

性和社会性特征，只有在社会中人才能够获得真正的存在，“不是单个人所固有的抽象物，在其现实性上，它是一切社会关系的总和”①。社会的个人并非仅仅作为单个的个体而存在的，为了进行物质生产，社会个体必然会发生联系。独立存在的个人与其他社会个体紧密联系在一起，个体一方面具有独立性，使自己与他人区分开来；个人同时又具有社会性，只有成为一定的社会成员才能够存在。人具有自然属性的同时也具有社会属性，这样的“社会的人”是从事伦理活动的重要主体，也是构建当代中国伦理学的理论基础和起点。

构建当代自主性中国伦理学的出发点是“实践的人”。“实践的人”是构建当代中国伦理学最为重要的理论出发点。个人首先是“现实的人”，之后是“社会的人”，最后是“实践的人”。“实践的人”是有伦理需要、追求全面发展的人。“现实的人”的存在具有二重性也就意味着人的利益需要同样具有二重性，作为“个人存在”的人有着个人利益需要；而作为“社会存在”的人有着社会共同利益的需要。伦理就是在个人与社会之间发挥调节作用，伦理需要也就成为人的本质需要。“实践的人”不仅有伦理需要，更追求全面发展，成为能够充分展示自己真正人性的人。这是“实践的人”作为人的根本目的，“实践的人”将伦理需要作为人的本质需要，其目的就是要追求人的全面发展，因为伦理是人全面发展的必要条件，只有伦理的发展和完善才能保证人的其他方面的全面发展。

将“现实的人”“社会的人”“实践的人”作为构建当代自主性中国伦理学的理论出发点是中国伦理学发展的需要，这决定了中国伦理学的发展要以人与社会的辩证统一为基础，立足中国社会主义发展现实来规范人的行为，同时更注重从关注当代社会的伦理问题出发，解决具有时代性的伦理生活的矛盾。作为一种特殊的人学，伦理学是对人类生存和发展的理论反思，以此为当代社会个人的生存和发展提供伦理价值标准和行为选择规范，为整个社会提供终极价值理想和评价尺度。

总之，我们在当代自主性中国伦理学的构建过程中应该重视与伦理学有关的人学事实，这些事实包括人的伦理存在事实、人的伦理理想事实和

① 《马克思恩格斯选集》第 1 卷，北京：人民出版社 1995 年版，第 60 页。

人的伦理能力事实。伦理存在表明人既是一种双重性存在又是一种差异性存在，伦理理想表明中国社会中的大多数人都在自觉或不自觉地追求和谐社会和争做好人，而伦理能力表明，人只在可能性上可以达成伦理。因此，当代中国伦理学向人学的回归，既要伦理学重新回到现实中去寻找必然性的伦理谋划，又要从人的伦理能力的实际出发重新考量人的伦理理想。人的伦理存在是基本事实，由人的伦理存在引发出了人的伦理理想和伦理能力，而伦理能力的提高又对人的各种伦理理想形成新的规约，甚至对个别伦理理想形成批判性的否定，三者在有机整合后的合力中对伦理学的构建形成重要影响。中国伦理学重构的社会历史文化背景与自身内在要素的复杂化，构成了复合型伦理建设的紧迫性。“这种复合型伦理大思路的特点就在于超越个体、超越单一性，进而在复杂中求明晰，在不确定中求选择，在选择中求再生，在再生中求蜕变，建立基于‘人类’思维的共同体伦理，从而避免伦理的区隔化、碎片化”，[①] 避免伦理学的“有理无伦化”和“有伦无人化”。

当代自主性中国伦理学的重新定位

多元文化思潮共存的今天，面对社会主义市场经济发展过程中出现的日益复杂化的伦理问题，中国伦理学似乎处于一种失语的状态。在现代社会出现的诸多新的伦理问题面前，伦理学被边缘化，甚至处于一种缺席和不在场的状态，话语权也在逐步丧失。这并不意味着现代社会的复杂性已经不再需要伦理学的调节，恰恰相反，没有什么时候比当今社会更需要伦理学了，也没有哪一个现象能比伦理现象更引发全社会的思考了。然而中国现有的伦理学体系带有浓厚的计划体制色彩，面对日益复杂的社会生活没有办法发挥其应有的作用，无法很好地承担起调节社会伦理生活的重任。构建当代自主性中国伦理学要对现有的伦理学体系进行反思，对其进行重新定位。

当代自主性中国伦理学应当是历史性、现实性和前瞻性的统一，构建

① 李建华：《新时代中国伦理学的使命》，《中南大学学报》（社会科学版）2018 年第 1 期。

过程中需要注意三个维度：前现代性、现代性以及后现代性。社会转型是中国目前面临的最大现实，社会正处于“前现代性—现代性—后现代性”的转变过程当中，更为关键的是，经济全球化以及世界性文化冲突给我们带来了更为复杂的情况——共时性与历时性的并存。与西方国家相比较，我们所面临的情况更为复杂，前现代性、现代性以及后现代性三者并非按照循序渐进的模式进行转变的，我们目前的现实生活所面对的并非单一的前现代性、现代性或者后现代性而是三者社会性状的交错。由此，构建当代自主性中国伦理学应当正视这一现实情况，从前现代性、现代性以及后现代性三个维度出发，体现历史性、现实性和前瞻性的统一，不仅仅要有共时态的概括更要有历时态的透视，努力做到普遍性与现实性的统一。

构建当代自主性中国伦理学应当体现历史性。当代中国伦理学的历史性要求我们要充分吸收前现代性伦理资源的精髓，以社会发展历程为基础进行历时态的透视，特别是注重中国传统文化当中的优质资源，充分表达中华民族独有的价值理念，体现出中国特色。任何一个时代的伦理都具有其对应的经济基础和社会基础，农业经济时代的伦理是与家庭关系、血缘关系、宗教影响以及政治权力密不可分的。虽然说这一时期所建立的伦理学体系已经不能与中国现实完全契合，但是我们同时也不得不承认其中还有一部分思想对现代社会的伦理生活具有重要的参考意义，例如墨家的兼爱思想、儒家的中庸之道、道家的生态思想，这些对建设当代自主性中国伦理学有一定参考意义。构建当代自主性中国伦理学要充分吸收这些资源的精华，为己所用，做到古为今用、西为中用，融合多方优势，打造中国特色。

构建当代自主性中国伦理学应当体现现实性。当代自主性中国伦理学的现实性要求我们要充分研究现代伦理思想，结合现代伦理实践，以经济全球化和文化多元化为大背景进行共时态的概括，反思现有伦理学体系存在的不足。中国正处于完善社会主义市场经济的关键时期，对现代性的关注是尤为重要的，现代社会转型对中国社会伦理生活带来的变化是我们不可回避的问题。作为现代社会的重要特征，自由、民主、平等、法治等观念为人类社会的进步作出了不可磨灭的贡献。但是我们也应当看到，与市场经济相适应的伦理模型是具有片面性的，契约伦理等理论都建立在等价交换原则的基础之上并且服务于等价交换活动，其具有极强的操作层面的意义却由于过度工具化而缺乏生活层面、信仰层面的意义。“我们的道德生活是一个整体”，[①] 人类的社会生活是一个立体的存在，生产、生活以及交往都是其中必不可少的部分，而现代性伦理体系过于注重操作层面的伦理模型，自由、民主、平等、法治等诸多理念被工具化、功利化，生活层面和信仰层面被忽视，伦理模型最终陷入了片面化的泥淖。当代自主性中国伦理学的构建要努力克服现代伦理模型的片面性，注重人们生活层面以及信仰层面伦理范型的构建。

构建当代自主性中国伦理学应当体现前瞻性。面对日益复杂的社会生活，当代自主性中国伦理学要对未来中国伦理生活中可能面临的难题进行科学的预判，使体系具备前瞻性。“道德滑坡”“社会失范”现象出现的原因，在于社会急剧转型的时期人们的伦理思维方式无法与社会现实发展状况相适应。构建中国特色伦理学体系要在进行共时态的概括以及历时态的透视的基础之上，找到其中的普遍性和发展规律，结合社会发展现实和发展趋势，做到普遍性与现实性的统一，弘扬与时代精神相契合的伦理精神，对时代的发展作出科学的评估，在坚持普遍意义的价值原则和伦理观念的基础上根据时代发展需求动态调整伦理原则和伦理规范。后现代社会最典型的特征就是“信仰活动世俗化、生活内容片面化、需要结构平面化、精神需要边缘化、伦理尺度隐匿化”[②]，后现代是对现代性的批判与反思，中国特色伦理学体系要充分考虑后现代社会的特征，保证伦理体系与社会发展、时代要求相适应。

当代自主性中国伦理学是历史性、现实性和前瞻性的统一，这其实也意味着其是普遍性与现实性的统一。我们要从历史优秀伦理资源中吸收具有普遍意义的价值理念，以中国社会发展现实为基础，对未来中国社会伦理状况作出科学的预判，从而实现普遍性与现实性的统一。“前现代性—现代性—后现代性”的转变其实也是人们的伦理生活从操作层面的伦理范

---

① 〔美〕查尔斯·L. 坎墨：《基督教伦理学》，王苏平译，北京：中国社会科学出版社 1994 年版，第 10 页。

② 〔美〕A. 麦金泰尔：《德性之后》，龚群等译，北京：中国社会科学出版社 1995 年版，第 25~50 页。

型转向信仰层面的伦理范型的“原始合一—分离—历史统一”的转变过程。[①] 构建当代自主性中国伦理学，我们要牢牢把握操作层面的伦理范型与信仰层面的伦理范型的历史统一，充分吸收古今中外的优秀伦理思想和伦理文化，结合现代社会经济全球化和价值多元化的现实，充分考虑后现代社会的特征。

当代自主性中国伦理学的话语体系

话语体系是规范化的言说系统，既生成于特定的历史文化传统，又保持着动态的开放性。话语有别于一般的语言，如福柯所论述的，语言可以自由随意，而话语则有着基本的规则和禁忌。不是任何对象都可被纳入话语的范畴，话语的表达与环境和主体权力密切相关。有效性是话语体系的重要特征。福柯举了疯人自说自话的例子，指出如果某种言说方式违反常人认同的理性标准，或者不能被赋予确切的意义，则被认为是无效的。话语体系的有效性还与“真理意志”相关，在福柯看来，真理与谬误之分构成了话语的一种排斥系统。真实的话语建立在“真理意志”之上，这种意志为我们提供了获取知识的普遍形式。[②] 话语体系内生着对话语进行分类、排序、分配的机制，以保持话语的连贯性和一致性。因此，话语体系表现出多层次的结构，低层级的话语可能转瞬即逝，高层级的话语则不断被重复、诠释、评论。[③] 话语体系与伦理学之间具有紧密的内在关联。

话语体系为伦理学提供基本语境。伽达默尔指出：伦理学的基本问题在于追寻“人类的善”（humanly good）或者善的行为。而人们对于善的认识总是基于特定的环境。[④] 只有在具体的情景中，我们才能获得伦理知识，

---

① 晏辉：《论一种可能的伦理致思方式》，《北京师范大学学报》（人文社会科学版）2002年第2期。

② 〔法〕福柯：《话语的秩序》，肖涛译，载许宝强、袁伟选编《语言与翻译的政治》，北京：中央编译出版社2001年版，第3~8页。

③ 〔法〕福柯：《话语的秩序》，肖涛译，载许宝强、袁伟选编《语言与翻译的政治》，北京：中央编译出版社2001年版，第8~11页。

④ See Mary Candace Moore, “Ethical Discourse and Foucault's conception of Ethics,” *Human Studies* 10, pp. 81-82.

或者知道何种行为是道德的。美国学者摩尔援引福柯的论述，认为伦理学关注我们应该与自我建立何种关系，其中主要包括四个方面的问题。一是我们或者我们的哪一部分需要伦理引导？二是我们如何确认自己的伦理义务？三是我们通过何种方式让自己成为伦理主体？四是当我们遵照伦理行事时我们成为怎样的存在？要回答这四个问题，我们唯有进入当下的话语之中。话语体系隐藏在指导我们实践的规则和信息之后，通过它，我们才能掌握相关的伦理知识。摩尔认为，个人可能发生的行为是构成伦理知识的偶然事件，促成这些行为的根源在于围绕某种善所建立的话语体系。① 在某种意义上，伦理学需要通过话语体系维系其概念的清晰和理论的连贯。事实上，任何伦理概念和观念，在不同的话语体系中都表现出不同的内涵。比如自由主义和新自由主义虽然都将自由作为核心价值，但对于自由的理解却存在明显的差别。如果我们不能构建话语体系，那么伦理理论就会因为研究主体和受众的差异而显现截然不同的面貌。只有将伦理知识置于话语体系中，我们才能保证从同一维度对之进行解析，伦理理论方才得以保持原来面目。

话语体系为伦理学提供交往基础。在多元社会背景下，个体的伦理认识呈现出多样化趋势，人们有着极为不同的伦理价值倾向和伦理表现方式。在多样化的伦理生活中如何实现伦理交往，进而达成伦理共识就成为伦理学面对的重要问题。要进行伦理交往，我们必须形成自己的伦理态度，为自己的伦理思想提供畅通的表达渠道。伦理学的概念、理论只有在话语体系之中才能拥有确定性的意义，得到完整的表达。只有借助话语体系，我们方可体现自己的伦理姿态并为所提出的伦理诉求和理论提供合法性依据，否则，我们的伦理观念就有可能沦为空泛的概念。如我国学者吴晓明所言，有的学者套用西方理论定义传统概念，导致了概念本义的弱化和歪曲。他说道："当有的学者把中国传统哲学的'天'定义为'超越的、形而上学的实体'时，这样的定义也开始变得非常可疑了；因为除非中国传统哲学同样依循于范畴论性质的理智劈分，并从而依循所谓超越和内

① Mary Candace Moore, "Ethical Discourse and Foucault's conception of Ethics," *Human Studies* 10, pp. 82-84.

在、形而上学和形而下学、实体和属性等等二元对立的话语体系，否则，上述的定义就是根本不可能的。”① 要避免伦理学语言的滥用和误解，就必须将其限定在特有的话语体系之中。伦理交往还需要有效的沟通，这种沟通意味着处于不同道德体系中的人们可以彼此理解、谋求共识。这必须依靠交往各方共同接受的程序、方式来传递信息，否则，交往过程将充斥着嘈杂的语言。话语的限制原则中包含对于话语条件的设置，决定了话语的应用规范。福柯发现了话语体系中仪规的作用，它以“话语的姿态、行为、环境，以及一整套符号”界定了话语个体的资格。② 对话语资格的认定确立了伦理交往的基本范式，从而把个体联结起来，组成更为广泛的伦理共同体。

话语体系为伦理学提供权力支撑。话语权是全球化浪潮中不可回避的话题。在全球化进程中，知识、思想、观念早已突破了时空的限制而汇聚交织。我国伦理学建设显然不能闭门造车、故步自封。要让中国伦理学立足于世界伦理文化之林，就必须掌握伦理话语权。话语往往与欲望和权力有着必然联系。这种联系大都隐含在话语的诉说语言之中。菲尔克劳（Fairclough）指出，话语体系不可能保持价值中立，而必定具有某种价值倾向，而且具有为这种倾向辩护的功能。用奥洛夫斯基（Orlowski）的话来说，话语体系要么维持一种权力，要么挑战权力。他列举种族主义者对“白人至上”论的论证诠释话语，来说明这种话语体系是如何通过让人们构建一种与其权力目的一致的意识形态的方式让人们确认其权力主张的。遵循同样的逻辑，呼吁种族平等的话语则让种族主义话语失效。马丁·路德·金基于消除种族歧视的著名演说“我有一个梦想”让基因优先主义话语在20世纪逐渐被边缘化。③ 话语体系的权力源自话语的意识形态功能而其程式化形式又促使置于其中的人们接受它的权威。对于学科而言，话语体系将相关知识有机整合，并形成特有的知识组织模式。只有掌

① 吴晓明：《论当代中国学术话语体系的自主建构》，《中国社会科学》2011年第2期。

② 〔法〕福柯：《话语的秩序》，肖涛译，载许宝强、袁伟选编《语言与翻译的政治》，北京：中央编译出版社2001年版，第15~16页。

③ Paul Orlowski, *Teaching About Hegemony*, Springer Dordrecht Heidelberg, London, New York, 2011, p. 37.

握或者跟随这一模式，才具有进入此话语系统的机会。所以话语系统既表现出开放性，又表现出封闭性和排斥性。那些违背话语体系原则的知识或者话语将被拒之门外。所以话语体系也在不同学科之间划定了清晰的边界，学科据此辨识自我的归属。在某种意义上，边界的划分有效维护了学科的自我空间。这对中国伦理学建设显得尤为必要。如果不能形成话语体系，我们的伦理学就会出现身份的含混，难以有效防止其他伦理元素的渗入。中国的伦理主张无论站在国内还是国际的角度，都需要凭借话语体系掌握话语的主导权，形成伦理认同的牵引力量。因为上述原因，构建当代自主性中国伦理学的话语体系对于建设有中国特色的伦理学具有至关重要的意义，成为当代伦理学界的重大任务。要突破我们当前伦理学话语体系面临的困境，增强它的解释力和国际对话能力，根本途径在于构建当代自主性中国伦理学话语体系。

基于民族继承来塑造伦理话语体系的中国气质。在长达数千年的伦理生活中，中华民族形成了独特的伦理观念、伦理理论、伦理标准，也结成了有别于其他社会的伦理关系，构建了富有民族特质的伦理知识体系。民族伦理文化早已融入所有民族成员的血液之中，存在于我们的伦理语言之中，深刻影响着人们的伦理行为和伦理心理。民族伦理文化的形成与发展主要在于传统伦理的灌溉和民族伦理的实践。对于传统伦理，我们不能将之作为孤立的话语体系而搁置于民族历史之中，而应通过现代性的牵引激发唤醒它生命的活力。传统伦理是动态的系统，谓之传统，是因为它承载了我们的伦理历史，融汇了民族的伦理智慧。传统伦理无疑是中国伦理学的重要民族标志。继承传统伦理的要义在于搭建传统伦理话语与现代伦理诉求之间的桥梁。一方面，要以内生于我国伦理历史的伦理思维方式、言说方式对当代伦理生活进行审视和评论；另一方面，也要通过当代伦理生活丰富传统伦理话语的内容，促进言说系统的自我调整。

对于民族伦理实践，中国伦理学必须面向中国问题，着眼于当代中国的重大伦理需求。中国问题的解答需要中国智慧。我们社会所产生的伦理现象，即便也可能在其他社会出现，但它们所处的社会条件和伦理语境存在差别。我们不能寄希望套用外来的理论为中国问题提供完备的答案。只有立足于中国伦理情景、综合考虑我国的伦理要素，才能探寻解答中国问题的方法。以中国问题为导向也是形成中国特色的内在要求。对中国问题的探究可以帮助我们更深刻地认识我们的伦理现实、更全面地把握伦理环境、更系统地建立伦理机制，从而推动伦理学研究思路和研究方法的创新。源自对中国问题的探索而构建的话语体系定然有别于思考其他社会伦理现象所形成的伦理话语体系，使我们的伦理言说富有中国气质。

在我国伦理学的发展历程中，我们的学科门类不断拓展、完善，研究领域也日渐开阔，取得了丰硕成果。但整体看来，伦理学界虽然涌现了许多优秀的伦理学家，但尚未形成有国际影响的伦理学系统理论。这就为我们坚持、表达自己的伦理立场带来了困难。当然，由于伦理学结构具有多维性，伦理学涉及领域也很广泛，我们支持不同伦理观念的共存，这也是伦理学研究的必然结果。但是作为伦理共同体，我们又必须就最基本的伦理价值达成共识，以此勾勒清晰的共同体身份轮廓。唯如此，我们才能划定中国伦理学话语体系与其他话语体系的界限。以社会主义核心价值观引领伦理学的学科建设和学术研究，通过团队建设凝练学科特色、学术传统，发出维护国家伦理主张的“合声”，是坚定当代自主性中国伦理学话语伦理立场的本质要求。

基于全球视野来搭建伦理话语体系的中国平台。全球化是我们所处时代的突出特征，在网络信息技术助推下，全球化进程加快。全球化既为多元文化提供了广阔的交流平台，又表现出强烈的平整化趋势。在伦理文化的交织中，不同伦理话语之间相互作用、相互影响。如上文所述，处于优势地位的伦理话语内含着对其他话语的解构力量，模糊了伦理话语的民族身份界限。要抵御伦理文化的平整化，除了在我们的伦理学话语体系中建立坚韧的民族伦理内核外，还要搭建国际文化交往的中国平台。

一方面，中国伦理学话语体系要以中国平台包容和解析多元伦理文化。我们只有对其他话语体系予以充分了解，才能吸纳有益的伦理元素。保持开放的姿态是保持话语体系活力的必要条件。在伦理话语的交流中，我们不仅能接触、吸纳前沿理论和范式，以此促进自我话语体系的发展，还能迸发思想火花，启迪新的伦理研究思路。但是，我们对于多元文化不是无原则、无底线地包容，而是以中国伦理学话语体系为坐标，对之进行审视和借鉴。更为重要的是，中国伦理学要让别人聆听我们的伦理话语。

过去我们总是处于伦理对话的被动地位，以消极的方式应对其他伦理文化的输入。事实证明，无论是屏蔽外来伦理话语还是跟随其后亦步亦趋，都无法有效应对伦理文化输入的挑战。只有积极参与，在把握国际话语规则的前提下成为伦理文化交往的主导者，才能从根本上改变我们在国际伦理对话中的地位。要从伦理文化的输入者成为输出者，就必须将多元文化的交流纳入我们的话语平台，以我们的话语规则确保交往的有效性，以此消除误解和偏见，引导持有不同伦理语言的人们准确了解我们的伦理理念，进而认同我们的伦理文化。

另一方面，中国伦理学话语体系要勇于面对全球共同伦理难题的挑战。要搭建我们伦理话语的交往平台，就必须让我们的伦理话语具有对现实伦理生活的引导、诠释能力以及对国际伦理问题的解决能力。全球化在诸多领域为我们带来了国际社会的共同挑战。比如，如何促进人类的可持续发展？如何缩小发达国家与发展中国家的贫富差距？如何构建符合正义原则的国际新秩序？应对这些问题，不仅需要利益层面的考量，还需要伦理的规导。而且，全球化程度的深化衍生出新的伦理生活方式，亟待新的伦理话语为之提供合法性依据或者伦理规范。以往公共伦理生活的开展通常建立在公民身份之上，囿于国家和民族之内。但在全球化进程中产生了世界公民的概念，无论这一概念是否得以证成，超越国家、民族的伦理共同体之形成无疑将逐渐成为事实。对于这些问题的探究无疑可以为我国伦理学提供新的发展契机，让我们找到新的学术和学科增长点。关键在于，我们需要通过当代自主性中国伦理学话语为解决上述问题提供有效方案，使我们的伦理研究站在世界伦理领域的前沿。

当代自主性中国伦理学的特殊机遇

中华民族已开启实现第二个百年奋斗目标新征程。这意味着我们有着不同寻常、无限可能的机遇，于当代中国伦理学的发展，同样如此。无论从增强中国特色社会主义理论自信的角度，还是从建构中国社会发展的伦理秩序的角度，抑或从推进中国伦理学自身发展的需要的角度来说，建设具有中国特色的当代伦理学已然成为一个紧迫问题。要实现构建当代自主性中国伦理学的目标，除了进一步促进伦理学研究者的学术自觉以外，还要充分认识到我们所面临的特殊机遇。

第一，社会全面转型的复合型伦理呈现。当代中国正处在大发展的历史关键期，此处的“关键”的背后是社会的整体大转型，这也是当代中国伦理学所面临的特殊境遇。社会全面转型时代已经来临，这就迫使中国伦理学人要在经济社会发展和思想文化建设诸领域全面创新理念和方法，形成适应社会全面转型的复合型伦理大思路，以此来适应单一经济社会的转型向社会全面的转型转换时所发生的深刻的变化。这种复合型伦理大思路的特点就在于超越个体、超越单一性，在复杂中明晰，在不确定中选择，在选择中再生，在再生中蜕变，建立基于“人类”思维的共同体伦理，从而避免伦理道德的区隔化、碎片化。这一思路是构建当代自主性中国伦理学首先必须正视的客观前提。不可否认，我国改革开放所推动的社会转型的方式是一种以经济转型带动社会转型的单一性方式。在单一性经济社会转型模式中，伦理道德话语总是围绕着经济要素而构建，我们的伦理道德标准总是向市场经济倾斜，不但肯定个人价值、肯定经济利益，而且把经济价值的实现作为道德评价的主要尺度。正因如此，一种被极大简化的功利主义道德开始出现并蔓延。从单一社会转型的现实来看，偏重某一价值的伦理道德体系是无法有效统领全面的社会建设的，只会导致社会伦理道德的狭隘与偏差，甚至带来道德价值的内在冲突。党的十八大之后，中国社会进入全面转型期，即经济、政治、文化、社会、生态文明等诸方面的建设的协调发展期。在社会全面转型的伦理秩序中，经济、政治、文化、社会、生态文明等诸领域的价值目标都应受到同等尊重和认同，没有任何价值目标处于绝对的优先地位而排斥其他价值。当然，我们承认社会各领域的价值诉求的同等重要并不是要否认价值共识，相反，对于社会生活而言，价值共识是不可或缺的，唯有如此，我们才能期待超越个人差别形成一致的伦理行动。问题在于，促成社会合作的价值目标要具有广泛的包容性，要能够兼容社会各个领域的价值标准，这就需要复杂性伦理思维和统合性伦理思维，只有这样才能建立复合型的价值目标体系并由此构建适应社会全面转型的伦理秩序。如果说单一经济社会转型以经济理性为基础，那么社会全面转型则需建立在公共理性之上。公共理性本身具有“共同意识”的含义，在它的牵引下，人们才能本着对社会“公共善”的追求，通过重叠共识达成基本的、一致性的伦理认同，借以消除因个人差异或群体差异而形成的道德张力，使公共伦理生活成为可能。公共理性将为我们综合地、均衡地考虑社会诸领域的多元道德需求提供支持，由单一规范性向规范与协调合力转向的当代中国伦理学就成为可能。

第二，传统、现代与后现代的三重伦理参照。在社会全面转型的背后，就伦理道德的文化观念而言，实际存在传统、现代与后现代三者共存且交织复杂的状况，这是中国伦理学发展从外部境遇向内部机理的过渡。这同时也就预示着中国当代伦理学的学术生态优化必须兼顾传统、现代以及后现代三种坐标，实现历史性、现实性和前瞻性的统一。社会转型是中国目前面临的最大现实，也是最真切的学术生态。社会性状是我们正处于由传统到现代的转型过程中，现代化还没有完成，后现代作为“未完成的谋划”，其观念已经在影响着我们的生活日常与意识形态。中国当代伦理学对传统资源的借鉴要求我们充分吸收优秀的伦理资源的精髓，以社会发展历程为基础进行历时态的透视，充分表达中华民族独有的价值理念，体现出中国特色。虽然说中国传统伦理思想无法与当下中国现实完全契合，但中华民族的优秀道德传统仍然对现代社会的道德生活具有重要的参考意义，如墨家的兼爱思想、儒家的中庸之道、道家的生态思想等。当代自主性中国伦理学的现代性则要求我们对当代中国社会伦理生活带来的变化给予高度关注，特别是要关注作为现代社会的价值表征的自由、民主、平等、法治等伦理观念。这些观念为人类社会的进步作出了不可磨灭的贡献。

第三，“中西马”的伦理思想资源有机整合。构建当代自主性中国伦理学面临如何打通“中西马”的问题，这也是当代中国伦理学发展的内部生态优化问题。应该承认，目前的主导性伦理学知识体系多少有些滞后于国际伦理学理论前沿和飞速变化的现实伦理生活，其主要原因是以苏联马克思主义伦理学为基础的伦理学体系与中国传统伦理话语之间存在“间隙”，同时也与西方伦理学保持着“距离”，没有完全形成自主创新的内在机理。在“中西马”伦理思想资源整合的基础上，形成具有自主性、原创性的中国伦理学理论迫在眉睫。首先，必须坚持以马克思主义理论为指导，形成当代中国伦理学的“出场风格”。伦理学研究以马克思主义为指导，一方面我们要真正掌握马克思主义经典作家的伦理道德思想，为中国伦理学“奠基”；另一方面，要坚持马克思主义的基本立场与方法，密切结合中国实际和世界发展趋势，丰富和发展马克思主义伦理思想。其次，习近平新时代中国特色社会主义思想从方法、内容、发展要求等方面为当代中国伦理学发展与实践提供了指导。构建当代自主性中国伦理学具体的任务是整合中西伦理文化的资源，实现“主辅兼修”。一是要以传承中华优秀伦理文化资源为“主”，充分挖掘和阐释积淀了几千年的中华文明丰厚的伦理文化资源，推进传统伦理的现代转型，实现创造性转化和创新性发展，从而消弭传统与现代的割裂，充分体现当代中国伦理学发展的继承性和民族性。二是要以更加开放包容的姿态吸纳世界多元伦理文化，为中国当代中国伦理学发展注入时代生机和新鲜营养。这就要求我们不但要积极吸纳西方伦理文化资源的先进之处、社会伦理建设的先进经验和伦理学发展取得的积极成果，而且要全面了解、跟踪西方伦理学研究的理论前沿，进行分析比较、取长补短。当然，真正实现“中西马”伦理思想资源的有机整合并实现思想超越的关键，在于中国伦理学人必须具有超越创新的学术自觉与学术能力。

第四，中国实践的伦理协同与担当。当代中国正在进行着中国特色社会主义的伟大实践，努力建设社会主义现代化强国，实现中华民族的伟大复兴。因此，观照现实、关注社会、关心人民是中国伦理学应有的情怀与担当，也是伦理学本身具有的实践逻辑，更是优化学术生态的内在动力。对这场伟大实践，伦理学不能简单地、“看客”似地回应与解读，而是要参与其中，用伦理的理性与力量，协同并进、形成合力，只有这样方可显示当代中国伦理学的应有作为，这也是伦理学形成中国特色、保持学术动力的重要途径。通过对中国实践的伦理慎思，实现行为选择的价值优化，找到伦理研究的真问题，这无疑是当代自主性中国伦理学的神圣使命。不仅如此，当代自主性中国伦理学还要通过价值审理和价值引导，对重大理论命题和实践课题给出答案。目前，中国伦理学亟须参与到中国式现代化新道路的实现和人类文明新形态的建构中来。对于中国式现代化新道路，中国伦理学研究需要思考如下问题：如何正确认识现代性？中国现代性的伦理根基是什么？中国式现代化的伦理意义是什么？中国式现代化的新道路可否普遍化为世界伦理秩序的要素或模式？等等。对于中国式现代化新道路的具体伦理行动，需要我们思考如下问题：如何实现人与自然的和谐共生？如何从生态伦理角度确保不再以牺牲自然资源为代价来换取现代化？如何正确处理发展与生存的关系，尤其是当高风险社会来临的时候，从生命伦理的角度确保生命价值的优先性？如何实现共同富裕，缩小贫富差距，确保社会分配的基本正义？如何实现社会发展与人的自由全面发展的有机统一，确保人本身的现代化，避免人在现代化过程中被异化？等等。人类文明新形态更是基于中国式现代化新道路的宏大课题，需要哲学社会科学的整体参与。于伦理学而言，首先必须确证的问题是，人类文明新形态目前是“实然”性存在还是“应然”性追求？如果它是实然状态，人类文明新形态应该怎样用伦理话语去描述？它具备哪些新的伦理特征？其核心的伦理价值标识是什么？它是否具有可普遍化的伦理精神？如果它还仅仅是“应然”的价值追求，那么，伦理学必须努力探索人类文明形态的标准是什么？人类文明新形态所内含的伦理精神是什么？人类文明演进过程与文明新形态的产生有何种必然性？人类文明新形态在世界文明体系中应该处于什么地位？伦理学在人类文明新形态构建过程中起何种作用？等等。对这一系列问题的理论回答与探索实践，在有助于解决实践问题的同时，也预示着当代自主性中国伦理学强劲发展与范式变革的可能。

主要参考文献

陈嘉映：《何为良好生活：行之于途而应于心》，上海：上海文艺出版社2015年版。

陈嘉映：《说理》，上海：上海文艺出版社2020年版。

陈瑛主编《中国伦理思想史》，长沙：湖南教育出版社2004年版。

程炼：《伦理学导论》，北京：北京大学出版社2008年版。

甘绍平：《伦理学的当代建构》，北京：中国发展出版社2015年版。

江山：《法的自然精神导论》，北京：法律出版社1997年版。

李建华：《道德原理——道德学引论》，北京：社会科学文献出版社2021年版。

李泽厚：《伦理学纲要》，北京：人民日报出版社2010年版。

李泽厚：《伦理学纲要续篇》，北京：三联书店2017年版。

李泽厚：《伦理学新说述要》，北京：世界图书出版公司2019年版。

梁上上：《利益衡量论》，北京：法律出版社2013年版。

卢风、肖巍主编《应用伦理学概论》，北京：中国人民大学出版社2008年版。

罗国杰、宋希仁：《西方伦理思想史》，北京：中国人民大学出版社1999年版。

罗国杰主编《伦理学》，北京：人民出版社1989年版。

马永翔：《心智、知识与道德——哈耶克的道德哲学及其基础》，北京：生活·读书·新知三联书店2006年版。

苗力田：《古希腊哲学》，北京：中国人民大学出版社1990年版。

莫宏伟 徐立芳：《人工智能伦理导论》，西安：西安电子科技大学出版社2022年版。

唐代兴：《生境伦理的知识论构建》，上海：上海三联书店2013年版。

万俊人：《寻求普世伦理》，北京：商务印书馆2001年版。

王臣瑞：《伦理学》，台北：台湾学生书局1970年版。

王立峰：《惩罚的哲理》，北京：清华大学出版社2006年版。

王伟光：《利益论》，北京：中国社会科学出版社2010年版。

王小锡：《中国伦理学60年》，上海：上海人民出版社2009年版。

魏英敏主编《新伦理学教程》，北京：北京大学出版社1993年版。

肖雪慧主笔《守望良知：新伦理的文化视野》，沈阳：辽宁人民出版社1998年版。

杨玉荣：《中国近代伦理学核心术语生成研究》，武汉：武汉大学出版社2013年版。

张康之：《社会治理的经络》，北京：社会科学文献出版社2020年版。

张康之：《走向合作的社会》，北京：中国人民大学出版社2015年版。

赵永刚：《美德伦理学——作为一种道德类型的独立性》，长沙：湖南师范大学出版2011年版。

郑维伟：《个体自由与社会团结：理查德·罗蒂政治思想研究》，北京：中国社会科学出版社2015年版。

〔印度〕阿马蒂亚·森：《以自由看发展》，任赜、于真译，北京：中国人民大学出版2002年出版。

〔德〕阿克塞尔·霍耐特：《不确定性之痛——黑格尔法哲学的再现实化》，王晓升译，上海：华东师范大学出版社2016年版。

〔德〕阿克塞尔·霍耐特：《为承认而斗争——论社会冲突的道德语法》，胡继华译，上海：上海人民出版社2021年版。

〔英〕阿拉斯代尔·麦金泰尔：《现代性冲突中的伦理学：论欲望、实践推理和叙事》，李茂森译，北京：中国人民大学出版社2021年版。

〔美〕阿瑟·奥肯：《平等与效率——重大的权衡》，陈涛译，成都：四川人民出版社1987年版。

〔法〕埃德加·莫兰：《复杂性思想导论》，陈一壮译，上海：华东师范大学出版社2008年版。

〔法〕埃德加·莫兰:《伦理》，于硕译，上海：学林出版社 2017 年版。

〔法〕爱尔维修:《论精神》，杨伯恺译，上海：上海人民出版社 2019 年版。

〔德〕安德雷亚斯·莱克维茨:《独异性社会：现代的结构转型》，巩婕译，北京：社会科学文献出版社 2019 年版。

〔英〕B. 威廉斯:《伦理学与哲学的限度》，陈嘉映译，北京：商务印书馆 2017 年版。

〔美〕保罗·弗朗哥:《奥克肖特的政治哲学》，赵波译，北京：人民出版社 2013 年版。

〔美〕彼得·L. 伯格、托马斯·卢克曼:《现实的社会建构——知识社会学论纲》，吴肃然译，北京：北京大学出版社 2019 年版。

〔英〕边沁:《道德与立法原理导论》，时殷弘译，北京：商务印书馆 2016 年版。

〔美〕布劳:《不平等与异质性》，王春光、谢圣赞译，北京：中国社会科学出版社 1991 年版。

〔美〕查尔斯·L. 坎墨:《基督教伦理学》，王苏平译，北京：中国社会科学出版社 1994 年版。

〔美〕查尔斯·蒂利:《功与过：社会生活中的赏罚》，李钧鹏译，上海：上海文化出版社 2020 年版。

〔美〕查尔斯·霍顿·库利:《人类本性与社会秩序》，包凡一、王源译，北京：华夏出版社 1989 年版。

〔加〕查尔斯·泰勒:《世俗时代》，张容南等译，上海：上海三联书店 2016 年版。

〔加〕查尔斯·泰勒:《现代性的隐忧》，程炼译，南京：南京大学出版社 2020 年版。

〔美〕戴维·B. 雷斯尼克:《科学伦理学导论》，殷登祥译，北京：首都师范大学出版社 2019 年版。

〔美〕E. A. 罗斯:《社会控制》，秦志勇、毛永政译，北京：华夏出版社 1989 年版。

〔德〕斐迪南·滕尼斯:《新时代的精神》，林荣远译，北京：北京大学出版社 2006 年版。

〔奥〕弗朗茨·M. 乌克提茨:《恶为什么这么吸引我们?》,万怡、王莺译,北京:社会科学文献出版社 2001 年版。

〔英〕弗里德利希·冯·哈耶克:《法律、立法与自由》第Ⅱ卷,邓正来、张守东、李静冰译,北京:中国大百科全书出版社 2022 年版。

〔英〕弗里德利希·冯·哈耶克:《自由秩序原理》,邓正来译,北京:生活·读书·新知三联书店 1997 年版。

〔德〕哈贝马斯:《交往与社会进化》,张博树译,重庆:重庆出版社 1989 年版。

〔英〕哈特:《法律的概念》,张文显等译,北京:中国大百科全书出版社 1996 年版。

〔英〕哈特:《法律的概念》,张文显等译,北京:中国大百科全书出版社 1996 年版。

〔英〕哈特:《法律的概念》,张文显等译,北京:中国大百科全书出版社 1996 年版。

〔德〕赫尔曼·哈肯:《协同学——大自然构成的奥秘》,凌复华译,上海:上海世纪出版集团 2001 年版。

〔德〕黑格尔:《法哲学原理》,范扬、张企泰译,北京:商务印书馆 1982 年版。

〔德〕黑格尔:《自然哲学》,梁志学等译,商务印书馆 1980 年版。

〔美〕亨利·N. 波拉克:《不确定的科学与不确定的世界》,李萍萍译,上海:世纪出版集团 2005 年版。

〔英〕亨利·西季威克:《伦理学方法》,廖申白译,北京:中国社会科学出版社 1997 年版。

〔法〕霍尔巴赫:《自然的体系》上卷,管士滨译,北京:商务印书馆 2017 年版。

〔美〕霍尔姆斯·罗尔斯顿:《环境伦理学》,中国社会科学出版社 2000 年版。

〔法〕吉尔·德勒兹:《差异与重复》,安靖、张子岳译,上海,华东师范大学出版社 2019 年版。

〔法〕吉尔·德勒兹：《差异与重复》，安靖、张子岳译，上海，华东师范大学出版社 2019 年版。

〔苏〕季塔连科：《马克思主义伦理学》，愚生、重耳译，上海：上海译文出版社 1983 年版。

〔德〕京特·雅科布斯：《规范·人格体·社会——法哲学前思》，冯军译，北京：法律出版社 2001 年版。

〔德〕康德：《历史理性批判文集》，何兆武译，北京：商务印书馆 1990 年版。

〔美〕J. P. 蒂洛：《伦理学：理论与实践》，孟庆时、程立显、刘健等译，北京：北京大学出版社 1985 年版。

〔德〕克劳斯·施瓦布、〔法〕蒂埃里·马勒雷：《后疫情时代——大重构》，世界经济论坛北京代表处译，北京：中信出版集团股份有限公司 2020 年版。

〔德〕孔汉思、库舍尔编《全球伦理——世界宗教会议宣言》序，何光沪译，成都：四川人民出版社 1997 年版。

〔美〕劳伦斯·哈里森：《多元文化主义的终结》，王乐洋译，北京：新华出版社 2017 年版。

〔美〕林南：《社会资本：关于社会结构与行动理论》，张磊译，北京：社会科学文献出版社 2020 年版。

〔美〕罗伯特·K. 默顿：《社会理论和社会结构》，唐少杰、齐心等译，南京：译林出版社 2015 年版。

〔德〕罗伯特·阿列克西：《法概念与法效力》，王鹏翔译，北京：商务印书馆 2020 年版。

〔美〕罗伯特·阿克塞尔罗德：《合作的复杂性》，梁捷、高笑梅等译，上海：上海人民出版社 2017 年版。

〔美〕罗伯特·阿克塞尔罗德：《合作的进化》，吴坚忠译，上海：上海人民出版社 2007 年版。

〔美〕罗纳德·英格尔哈特第：《现代化与后现代化》，严挺、祁玲玲译，北京：社会科学文献出版社 2013 年版。

〔美〕罗纳德·英格尔哈特：《发达工业社会的文化转型》，张秀琴译，北京：社会科学文献出版社2013年版。

〔美〕罗纳德·英格尔哈特：《现代化与后现代化——43个国家的文化、经济与政治变迁》，严挺译，北京：社会科学文献出版社2013年版。

〔美〕罗斯科·庞德：《法律与道德》，陈林林译，北京：中国政法大学出版社2003年版。

〔加拿大〕马歇尔·麦克卢汉：《理解媒介：论人的延伸》，何道宽译，译林出版社2019年版。

〔英〕迈克尔·欧克肖特：《政治中的理性主义》，张汝伦译，上海：上海译文出版社2004年版。

〔英〕迈克尔·欧克肖特：《政治中的理性主义》，张汝伦译，上海，上海译文出版社2004年版。

〔美〕迈克尔·托马塞洛：《我们为什么要合作》，苏彦捷译，北京：北京师范大学出版社2018年版。

〔美〕曼瑟尔·奥尔森：《集体行动的逻辑》，陈郁、郭宇峰、李崇新译，上海：上海三联书店、上海人民出版社2004年版。

〔法〕西蒙娜·薇依，《扎根——人类责任宣言绪论》，徐卫翔译，北京：生活·读书·新知三联书店2003年版。

〔法〕孟德斯鸠：《论法的精神》（上册），张雁深译，北京：商务印书馆，1961年版。

〔美〕帕森斯：《现代社会的结构与过程》，梁向阳译，北京：光明日报出版社1988年版。

〔美〕帕特里克·林、凯斯·阿布尼、乔治·A. 贝基主编《机器人伦理学》，薛少华译，北京：人民邮电出版社2021年版。

〔英〕齐格蒙特·鲍曼：《共同体》，欧阳景根译，南京：江苏人民出版社2007年版。

〔意〕乔万尼·詹蒂利：《社会的起源与结构》，邬蕾译，北京：商务印书馆2022年版。

〔法〕让·弗朗索瓦·利奥塔尔：《后现代状态：关于知识的报告》，车槿山译，南京：南京大学出版社2011年版。

〔美〕塞缪尔·P. 亨廷顿：《变化社会中的政治秩序》，王冠华译，北京：三联书店 1989 年版。

〔美〕塞缪尔·亨廷顿：《文明的冲突与世界秩序的重建》（修订版），周琪等译，北京：新华出版社 2010 年版。

〔新西兰〕罗莎琳德·赫斯特豪斯：《美德伦理学》，李义天译，南京：译林出版社 2016 年版。

〔德〕石里克：《伦理学问题》，张国珍、赵又春译，北京：商务印书馆 1997 年版。

〔荷兰〕斯宾诺莎：《伦理学》，贺麟译，北京：商务印书馆 1995 年版。

〔德〕滕尼斯：《共同体与社会》，林荣远译，北京：商务印书馆 1999 年版。

〔美〕托马斯·内格尔：《利他主义的可能性》，应奇、何松旭、张曦译，上海：上海译文出版社 2015 年版。

〔法〕托马斯·皮凯蒂：《21 世纪资本论》，巴曙松等译，北京：中信出版社 2014 年版。

〔美〕温德尔·瓦拉赫、科林·艾伦：《道德机器：如何让机器人明辨是非》，王小红主译，北京：北京大学出版社 2017 年版。

〔美〕伍德：《黑格尔的伦理思想》，黄涛译，北京：知识产权出版社 2016 年版。

〔英〕休谟：《道德原理探究》，王淑芹译，北京：中国社会科学出版社 1999 年版。

〔英〕休谟：《人性论》（下册），关文运译，北京：商务印书馆 1983 年版。

〔英〕亚当·弗格森：《道德哲学原理》，孙飞宇、田耕译，上海：上海人民出版社 2005 版。

〔英〕亚当·斯密：《国民财富的性质和原因的研究》上卷，北京：商务印书馆 1997 年版。

〔古希腊〕亚里士多德：《尼各马可伦理学》，廖申白译，北京：商务印书馆 2013 年版。

〔法〕伊曼努尔·列维纳斯：《伦理与无限：与菲利普·尼莫的对话》，王士盛译，南京：南京大学出版社 2020 年版。

〔以色列〕尤瓦尔·赫拉利：《人类简史：从动物到上帝》，林俊宏译，北京：中信出版集团 2017 年版。

〔澳〕约翰·L. 麦凯：《伦理学：发明对与错》，丁三东译，上海：上海译文出版社 2007 年版。

〔美〕约翰·罗尔斯：《正义论》，何怀宏、何包钢、廖申白译，北京：中国社会科学出版社 1988 年版。

〔英〕约瑟夫·拉兹：《公共领域中的伦理学》，葛四友主译，南京：江苏人民出版社 2013 年版。

图书在版编目（CIP）数据

人伦至理：协调的伦理学 / 李建华著 . --北京：社会科学文献出版社，2024. 11. --ISBN 978-7-5228-3977-6

Ⅰ. B82

中国国家版本馆 CIP 数据核字第 20246MX597 号

人伦至理

——协调的伦理学

著　　者 / 李建华

出 版 人 / 冀祥德
组稿编辑 / 周　琼
责任编辑 / 刘同辉
责任印制 / 王京美

出　　版 / 社会科学文献出版社 · 马克思主义分社（010）59367126
　　　　　地址：北京市北三环中路甲 29 号院华龙大厦　邮编：100029
　　　　　网址：www. ssap. com. cn
发　　行 / 社会科学文献出版社（010）59367028
印　　装 / 三河市东方印刷有限公司

规　　格 / 开 本：787mm × 1092mm　1/16
　　　　　印 张：45. 25　字 数：710 千字
版　　次 / 2024 年 11 月第 1 版　2024 年 11 月第 1 次印刷
书　　号 / ISBN 978-7-5228-3977-6
定　　价 / 188. 00 元

读者服务电话：4008918866